국제기업론

박 길 상

북 넷

들어가는 말

오늘날 세계시장은 하나로 되어가고 있고, 기업도 범세계적인 경쟁체제에 놓여있다. 이러한 글로벌시대에 한국기업이 성공적으로 해외시장을 확대하고 국제화를 추진하기 위해서는 새로운 전략을 추구하지 않으면 안 된다. 즉, 해외의 여러 환경변화에 따른 전략의 수립과 함께 체계적인 관리를 수행하여야 한다.

이와 같은 점을 토대로 이 책은 국제기업이 경영활동을 수행하는 있어서 당면하고 있는 여러 가지 해외환경과, 이에 따른 전략 및 조정의 문제를 다루고 있다. 그런데 한국의 기업들은 미국이나 유럽 등의 선진국 기업들에 비해 국제화수준이나 해외시장 진출범위, 기업의 내부 보유자원이나 능력 면에서 차이가 있는 것이 사실이다. 따라서 한국기업들은 현재 큰 변혁기에 서 있다고 할 수 있으며, 기업경영도 새로운 시각에서 펼쳐져야 한다.

이 책은 독자들이 국제기업을 체계적으로 이해하고 연구하는데 도움이 되도록 다음과 같은 순서로 서술하였다. 즉, 1부에서는 국제기업의 이해, 2부에서는 국제기업의 환경, 3부에서는 국제기업의 전략, 4부에서는 국제기업의 관리를 다루고 있다. 큰 틀에서 본다면 이 책은 환경, 전략, 관리 등 3박자를 기본적으로 하여 종합적이고도 체계적으로 집필하였다. 즉, 첫 단계는 기업경영 수행을 위한 해외환경에 대한 이해를, 두 번째 단계는 이와 같은 기업환경에 대한 이해를 토대로 구체적인 국제기업의 전략수립을, 세 번째 단계는 이러한 전략에 의한 국제기업의 관리를 다루고 있다.

결국 이 책의 특징은 첫째, 국제기업의 환경, 전략, 관리에 대한 내용을 체계적으로 집필하였다는 점이다. 둘째, 대학에서 뿐만 아니라 실무현장에서도 활용할 수 있도록 이론과 함께 최근의 생생한 사례들을 제시하였다는 점이다. 셋째, 기업활동의 다양성 및 중요성과 관련하여 국제기업의 기초적인 이해와 더불어 조정 및 통제에 대한 내용까지 심도 있게 저술하였다는 점이다. 따라서 이 책을 통해 학생들에게는 국제기업에 대한 전반적인 흐름과 이해를, 기업인에게는 국제기업의 바람직한 방향을, 연구자에게는 국제기업에 대한 이론 및 전략수립의 가능성을 모색할 수 있기를 기대한다.

이 책이 출판될 수 있도록 도움을 주신 북넷 유재식 사장님과 편집부 직원 모두에게 깊은 감사를 드린다. 아울러 평소 많은 지도와 편달을 아끼지 아니한 무역학과 동료 교수님께 감사의 마음을 드린다. 또한 힘들 때 뒤에서 많은 위로와 격려를 보내준 가족에게 고마운 마음을 전하고 싶다. 무엇보다도 여기까지 인도해주신 하나님께 깊은 감사를 드린다.

모든 영광 하나님께 올리며
2014년 1월
저자 씀

차 례

PART 1 국제기업의 이해

PART 2 국제기업의 환경

CHAPTER 03 국제통상환경

CHAPTER 04 국제금융환경

CHAPTER 06 국제문화환경

PART 3 국제기업의 전략

CHAPTER 07 해외시장 진입전략

CHAPTER 08 국제경쟁전략

CHAPTER 09 국제협상전략

CHAPTER 12 국제생산관리

CHAPTER 13 국제재무관리

PART 1 국제기업의 이해

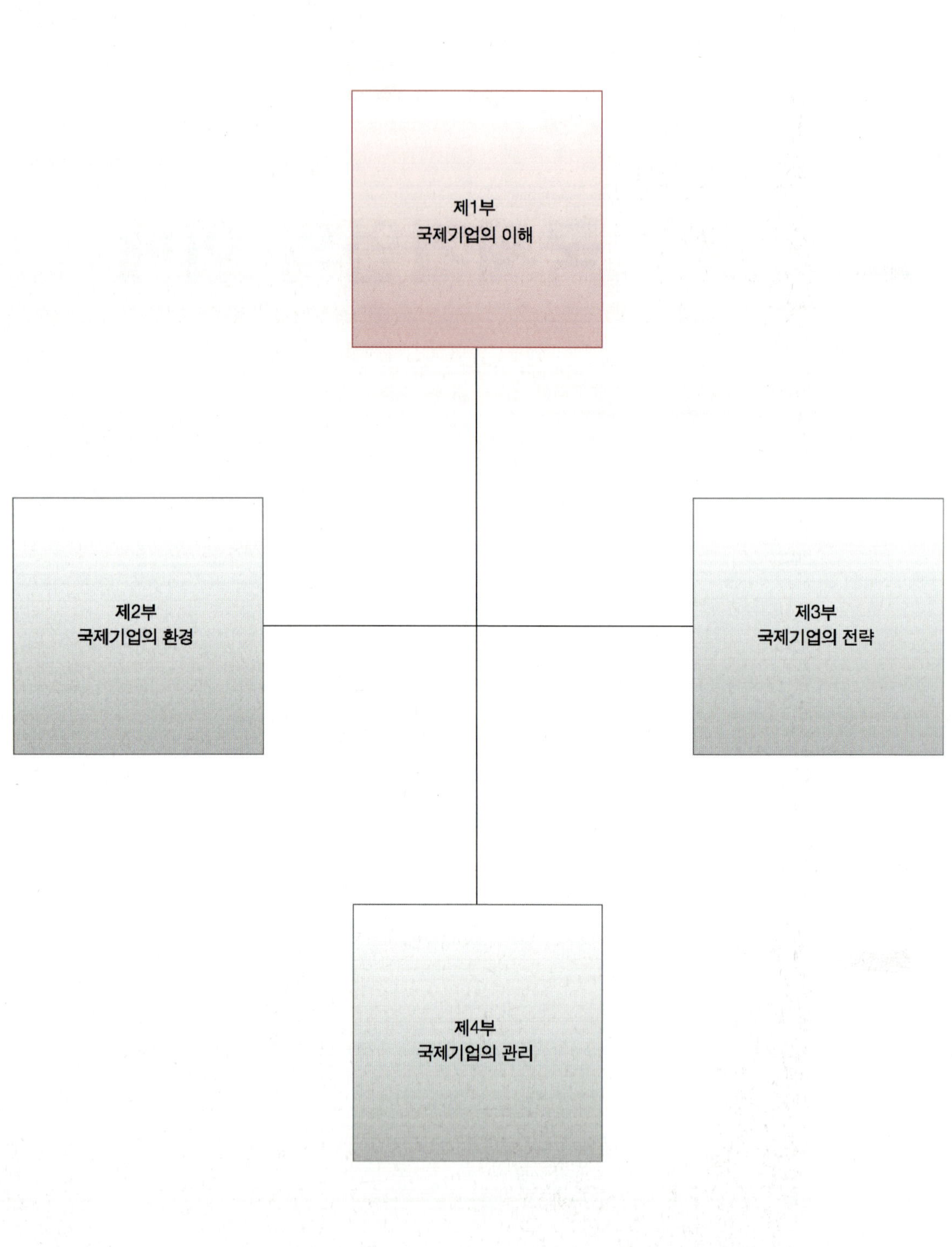
제1부
국제기업의 이해
제2부
국제기업의 환경
제3부
국제기업의 전략
제4부
국제기업의 관리

01 Chapter

기업의 국제화

1. 기업국제화의 개념
2. 기업국제화의 과정
3. 기업국제화의 동기
4. 기업국제화의 결정요인

학습목표

국제기업의 출발점이 되는 기업의 국제화와 관련하여 국제화의 개념 및 과정에 대하여 알아본다. 그리고 기업국제화의 결정요인으로 어떤 것이 있는지에 대하여 학습한다.

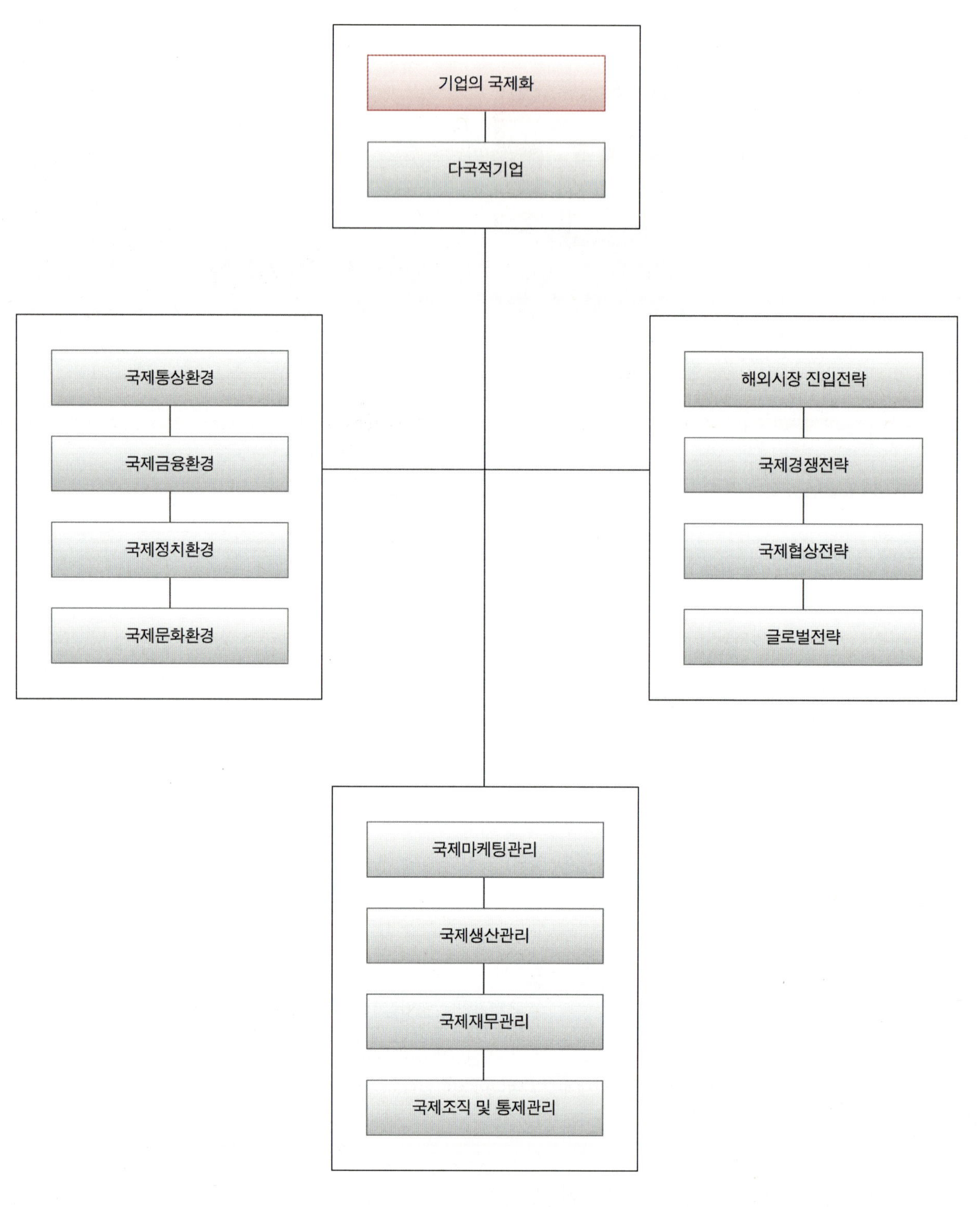

기업의 국제화
다국적기업
국제통상환경
국제금융환경
국제정치환경
국제문화환경
해외시장 진입전략
국제경쟁전략
국제협상전략
글로벌전략
국제마케팅관리
국제생산관리
국제재무관리
국제조직 및 통제관리

한국기업의 국제화

지난달 31일 오전 11시 베이징 공항에 내리자, 공항 바깥쪽에 현대차 로고를 단 주황색 택시 수십대가 한눈에 들어왔다. 아반떼 구형 모델로 뒤편엔 '北京現代'(베이징현대) 'ELANTRA'(엘란트라)라는 이름이 붙어있다. 베이징 택시의 65%는 바로 엘란트라다.

베이징현대는 경쟁사인 폴크스바겐보다 17년이나 늦은 2002년에 출범했지만 올해 중국 시장 점유율은 7%다. 올 9월을 기준으로 상하이(上海)폴크스바겐(10.8%), 이치(一氣)폴크스바겐(10.4%), 상하이GM(10.3%)에 이어 4위다. 출범 이후 11년간 연평균 판매 증가율은 30%대로 글로벌 자동차 메이커 중 가장 높다. 글로벌 자동차 메이커들의 '완전경쟁시장'인 중국에서 현대차가 선전하는 이유는 무엇일까. 여기엔 현지화란 비밀이 있다.

중국 소비자의 특징은 '다치(大氣 : 대범하고 당당함)'란 말로 요약된다. 크고 화려한 것을 좋아한다는 것이다. '다치'를 읽어내는 역할은 2007년 설립한 베이징현대기술연구소가 맡고 있다. 이곳에는 디자인 · 설계 · 차량 시험평가 등 600여명이 근무하고 있으며, 한국 차를 가져다 중국 시장에 맞게 리모델링하는 역할을 한다. 현대차가 2008년 아반떼를 중국형으로 새로 디자인해 내놓은 '위에둥(悅動)'이 대표적이다. 중국인의 취향에 맞고 전장(앞범퍼에서 뒤범퍼까지의 길이)을 늘리고 차고(車高)도 높였다. 라디에이터에 반짝이는 크롬도 갖다 붙였다. 준중형차이지만 마치 중형차인 것처럼 보인다. 위에둥은 출시 이후 선풍적인 인기를 끌어 지난 5년 반 동안 총 110만대가 팔렸다. 우리나라 한 해 승용차 판매량과 맞먹는 양이다.

13억 인구가 있다보니 소비자층이 다양하다는 점을 노린 현지화 전략도 있다. 베이징현대는 한국에선 이미 단종된 구형 아반떼를 포함해, 총 3종의 아반떼를 팔고 있다. 1세대가 택시로 주로 팔리는 엘란트라(아반떼XD), 2세대는 위에둥(아반떼HD), 3세대는 랑둥(朗動 · 아반떼 MD)이다. 가격은 각각 9만, 11만, 12만 5000위안으로 차이를 뒀다. 한국으로 치자면 EF쏘나타와 YF쏘나타를 함께 팔고 있는 셈이다.

락앤락은 현지에서 '러코우러코우'로 불린다. 중국어로 '즐겁게 잠근다'는 뜻으로 절묘하게 이름을 붙였다. 지금은 스카치테이프나 제록스처럼 밀폐용기의 대명사가 됐다. 지난해 중국 매출은 2600억원으로 이 회사 전체 매출액의 51%를 차지한다. 중국 매출이 국내 매출보다 더 많은 것이다. 락앤락 중국법인 안병국 대표는 "중국에서 락앤락 브랜드 인지도는 나이키보다 더 높다"고 말했다.

오리온 중국법인 매출 그래프 비결은 역시 현지화다. 이 회사에서 판매하는 차통은 중국에서만 7000만개가 팔린 베스트셀러다. 차를 많이 마시는 중국인들을 겨냥해, 차를 걸러낼 수 있는 여과 뚜껑을 장착한 것이 특징이다.

주방용품도 현지화했다. 노석주 부장은 "한국은 파스텔톤으로 컬러풀하면서 깊이가 얕은 평평한 프라이팬을 선호하지만, 중국은 검은색 같은 금속 본연의 색상을 선호하고, 볶을 때 편하게 프라이팬 깊이도 깊은 것을 좋아한다"고 했다. 보온병도 한국은 연한 파스텔톤의 제품이 인기지만 중국은 진한 빨간색, 녹색과 같은 원색 제품이 더 잘 팔린다.

다목적 수납용기(리빙박스)는 한국은 55L 단일 사이즈로만 판매한다. 하지만 중국은 천장이 높은 데다, 아주 작은 평수부터 넓은 평수까지 다양한 주택이 있기 때문에 44사이즈부터 66, 88까지 다양하게 출시되고 있다.

오리온은 지난해 중국 매출 1조원을 넘는 등 중국에서 가장 성공한 한국 업체 중 하나로 꼽힌다. 중국 전역 3755개 도시에 거래처를 두고 영업망을 갖추고 있다. 오리온은 2000년대 후반부터 월마트 · 까르푸 등과 같은 글로벌 유통업체가 아닌 중국 현지업체 영업을 강화했다. 화룬완자(華潤萬家), 용후이(永輝), 자자예(家家悅) 등으로 유통 범위를 넓힌 것이다.

그 결과 지난해 용후이에서만 8500만위안(148억원)의 매출을 올렸다. 용후이는 푸젠성(福建省)을 기반으로 2001년 설립된 중형 수퍼마켓 체인이지만, 2012년 매출이 279억 3000만위안(약 4조 8600억원)에 이른다. 글로벌기업을 포함한 중국 내 소매유통업체 중 7위다.

임창배 오리온 중국법인 영업부장은 "한국기업들은 이름조차 모르는 중국 지방 유통업체들이 급속도로 성장하며 글로벌 업체들을 추월하고 있다"며 "이런 트렌드에 맞는 영업전략을 세운 것도 오리온 현지화의 비결"이라고 말했다.

• 조선일보, 2013.11.15

토의과제

1. 한국기업의 중국진출 성공요인은?
2. 현대, 오리온, 락앤락의 핵심역량은 각각 무엇인가?
3. 향후 한국기업의 국제화를 위해서 어떤 노력이 필요한가?

1 기업국제화의 개념

1.1 기업국제화의 의의

(1) 기업국제화의 정의

기업의 국제화(internationalization of the firm)를 설명하기 위해서는 국제화와 유사한 개념들, 예컨대 세계화(globalization), 다국적화(multinationalization) 등과 같은 개념들의 올바른 정립이 필요하다. 그러나 실제로는 이러한 개념들의 사용된 오랜 역사와는 달리 아직까지 일반화된 정의가 정립되어 있지 않은 실정이다. 학문적으로도 기업활동의 국제화라는 거시적 현상에 이론의 초점을 맞추기보다는 국제화에 수반되는 사업방식이나 경영활동에 중점을 두고 이론이 전개되어 왔다.

기업의 국제화에 대한 정의는 조한슨(J. Johanson), 발네(J. E. Vahlnc), 비더샤임 폴(F. Wiedersheim-Paul), 보르첼(L. H. Wortzel) 등 학자마다 매우 다양한데 이들의 견해를 종합하면, 기업의 국제화란 기업의 성장과 이윤획득 등 기업의 목표달성을 위하여 기업이 보유하고 있는 지식·자원·경영관리 능력 등의 각종 경영자원을 해외로 이전시켜 국제시장을 내부화함으로써 진출대상 국가의 수를 확대하고, 국제적 기업활동의 개입수준을 높이며 동시에 기업경영관리의 국제화를 꾀하는 점진적·단계적 과정이라고 말할 수 있다.

국제적 개입의 증가에는 두 가지 방향이 있는데, 그 하나는 어느 특정국가시장을 대상으로 기업이 활동영역을 증가하는 수직적 확장이 있을 수 있고, 다른 하나는 기업이 거래대상국을 추가하면서 활동무대를 넓히는 수평적 확장이 있을 수 있다. 여기에서 어느 형태의 국제화가 선행될 것인가에 대해서는 분명히 말할 수 없지만 대개 선진다국적기업의 경우에는 후자의 의미가 강하다고 말할 수 있고, 국제화의 초기에 있는 개도국의 경우에는 전자의 의미로 기업의 국제화를 파악하는 것이 적절하다고 할 수 있다.

(2) 기업국제화의 당위성

기업의 국제화를 논의할 때 기본적으로 전제가 되는 것은 기업의 국제화는 기업이 추구해야 할 하나의 당위라는 것이다. 특히 한국기업에 있어서는 거부할 수 없는 커다란 흐름으로 받아들여지고 있다. 이는 기업의 국제화가 기업의 전략적 필요성에 의해서 주체적으로 선택하거나 또는 선택하지 않을 수 있는 문제가 아니라, 대부분의 기업이 거부할 수 없는 추세라는 것을 의미한다.

따라서 국제화의 본질과 당위성을 파악하고 여기에 적절하게 대응하는 기업은 국제화를 통해 계속적인 성장이 가능한 데 비해, 그렇지 못한 기업은 도태될 수밖에 없다는 것을 의미한다. 이러한 인식은 1980년대 이후 한국기업의 해외진출이 급속하게 증가하고 있는 추세와도 연관이 있다.

그러므로 우리가 기업의 국제화를 보다 잘 이해하기 위해서는 어떤 요인들이 기업의 국제화를 촉진하고, 어떤 요인들이 기업의 국제화를 억제하는 가에 대해 살펴볼 필요가 있다. 이를 정리하면 〈표 1-1〉과 같다. 그러나 기업이 국제화를 추구하지 않을 수 없는 보다 본질적인 측면을 파악하기 위해서는 이들 실증적 요인만으로 설명하기에는 한계가 있다.

〈표 1-1〉 기업국제화의 촉진 및 억제요소

	촉진요소	억제요소
국제무역환경	· 무역자유화 · 경제의 개방화	· 신보호무역주의 · 지역별 경제통합
기술 및 경제요인	· 기술개발비용의 증가 · 규모의 경제 · 운송수단의 발달 · 수송비의 감소	· 유연제조시스템(flexible manufacturing system)의 발전 · 규모의 비경제 증대 · 수송 및 물류비용 감소의 한계
정보시스템	· 지구적 조정 및 통합능력의 증대 · 지구적 정보탐색능력의 증대 · 정보지식의 국제교류 활발	· 조정비용의 증가 · 지구적 정보수집 비용의 증가 · 지구적 조정 및 통합비용의 증가
소비자 기호 및 시장구조	· 소비자기호의 동질화 · 제품의 현지적합성의 증가 · 지구적 단일시장의 등장	· 각국 시장구조의 차이 · 기호 및 관습의 국가별 차이 · 소비자 기호의 세분화

1.2 기업국제화의 특징 및 이점

(1) 기업국제화의 특징

기업국제화의 특징을 구체적으로 살펴보면 다음과 같다.

첫째, 기업의 지식, 자원, 제품 등 각종 경영자원이 국경을 넘어 해외로 이전된다.

둘째, 국제시장에 대한 국제기업의 시장내부화가 진행된다. 시장내부화란 외부시장이 불완전할 때 이를 기업내부로 끌어들여 기업내부에 내부시장을 창출하는 것을 말한다. 기업의 국제화는 이러한 시장내부화가 기업 내에서 국경을 초월하여 이루어지는 것을 의미한다.

셋째, 진출대상 국가의 수가 증가한다.

넷째, 기업의 국제화가 진전되면 될수록 피투자국 현지에 대한 국제기업의 시장개입 수준이 심화된다. 예컨대 수출을 통해 특정국 시장진입에 성공한 기업은 라이센싱・해외직접투자 등의 방법으로 시장개입 수준을 점차 고도화시켜 나간다.

다섯째, 경영관리의 국제화가 추진된다. 외국시장에서 국제기업활동을 효율적으로 추진하기 위해서는 국제기업의 경영관리 또한 국제화단계에 적합하도록 국제화되어야 한다. 국제기업의 경영관리전략은 그 기업이 범세계적 표준화를 추구하느냐, 아니면 피투자국 현지시장에 적응하여 차별화전략을 추구하느냐에 따라 그 내용이 달라진다.

여섯째, 기업의 국제화는 점진적・단계적으로 이루어진다. 일부학자들은 기업의 국제화를 기업내부에서 시작된 혁신이나 갑작스런 의사결정의 산물로 보기도 한다. 그러나 기업이 국제화를 추진하면서 직면하는 여러 가지 불확실성과 위험, 기업내부의 자원제약, 외국시장에 대한 정보와 지식의 부족, 국제시장활동에 대한 경험과 능력부족 등으로 인한 제약요인을 고려할 때 기업의 국제화가 돌발적으로 발생한다는 것은 무리가 있다.

(2) 기업국제화의 이점

기업국제화를 수행하는 기업은 국내기업에 비하여 기업의 성장과 생존이라는 면에서 유리한가? 이러한 의문에 대하여 이익기회의 측면에서 긍정적인 답을 제시할 수 있다. 이는 물론 모든 산업에 일률적으로 적용시킬 수 있는 것은 아니다. 기업국제화는 기업 또는 산업에 따라서 정도의 차이는 있지만, 일반적으로 국내기업에 비해 다음과 같은 이점이 있다.

① 규모 · 범위 · 학습의 경제효과 등 경제성을 창출할 수 있다는 점
② 추가적 성장기회를 제공할 수 있다는 점
③ 위험을 분산할 수 있다는 점
④ 노하우와 기술의 습득이 가능하다는 점
⑤ 무역규제를 회피할 수 있다는 점
⑥ 정부영향력을 배제할 수 있다는 점
⑦ 기업 및 제품이미지를 제고할 수 있다는 점 등을 들 수 있다.

결국 국제화가 고도화된 기업일수록 국내기업에 비해 전 세계적인 이익기회를 발견하는데 있어서 유리하다고 할 수 있다. 또한 다국적기업은 해외 자회사와의 연결을 통해 지구 전체를 조감할 수 있는 시야를 가질 수 있으므로 각국에 산재한 이익기회를 포착할 수가 있을 것이다.

1.3 기업국제화의 측정

(1) 측정 방법

기업의 국제화를 현실적으로 측정하는 대표적인 방법은 국제화의 수준을 잘 반영할 것으로 생각되는 단일변수를 사용하는 것이다. 국제화를 측정하기 위한 변수로 가장 널리 사용되는 것은 아하로니(Y. Aharoni)가 분류한 세 가지 변수군인데 그 내용은 다음과 같다.

① **구조적 기준에 의한 정의** : 대상국가의 수, 최고경영자의 국적분포, 현지 자회사의 수
② **성과기준에 의한 정의** : 순익, 종업원의 수, 매출액 등에서 해외부문이 차지하는 비중
③ **행태적 기준에 의한 정의** : 경영자의 국제적 사고여부 등이다.

(2) 문제점

아하로니의 구조적 기준, 성과기준, 행태적 기준에 해당하는 변수를 사용하여 국제화정도를 측정할 경우, 비슷한 측정을 쉽게 반복할 수 있으며 그 결과를 비교하기가 용이하므로 일반화를 가하기 쉽다는 장점이 있다. 그러나 현실적으로 다음과 같은 문제점이 발생

한다.

첫째, 기업의 국제화에 관한 일반화된 중심개념이 뒷받침되지 않음으로 인해 측정을 위해 사용된 변수들이 기업의 국제화라는 개념의 전체영역을 잘 측정하였는지, 아니면 국제화의 특정 영역만을 측정하였는지에 대해 알 수가 없다.

둘째, 이들 변수들이 통일된 중심개념으로 수렴되지 못하기 때문에 측정치를 종합하여 최종적 결론을 도출하는데 어려움이 있다. 즉, 어떤 기업이 한 변수에서는 국제화의 정도가 높고, 다른 변수에서 국제화의 정도가 낮을 경우 이를 전체적으로 어떻게 해석할 것인가 하는 문제가 발생한다.

셋째, 두 번째 문제로 인해 가장 중요시되는 단일변수를 선정하여 측정할 경우 방법론의 엄밀성이 뒷받침되지 않을 때 연구결과의 타당성에 의문을 제기하지 않을 수 없다. 이런 문제점을 해결하기 위해 최근에는 국제화를 측정하는 다항목척도(multi-item scale)를 개발하여 국제화의 정도를 측정하고 있다.

2 기업국제화의 과정

기업의 국제화과정은 두 가지 의미로 파악할 수 있는데 하나는 기업활동 측면에서 기업이 세계 여러 나라로 확대되어가는 과정을 말하며, 다른 하나는 기업주체의 측면에서 기업이 국제경쟁력을 향상시킴으로써 세계 일류수준으로 변화되어가는 과정이라고 말할 수 있다.

2.1 기업활동의 변화

기업활동의 변화는 기업의 활동이 세계의 여러 나라로 확대되어가는 과정을 말하는데, [그림 1-1]에서 보는 바와 같이 일반적으로 네 가지 의미를 내포하고 있다. [그림 1-2]는 서로 다른 두 기업의 실제 예를 보여주고 있다. A기업은 특정 지역시장을 중심으로 다양한

[그림 1-1] 기업활동의 변화

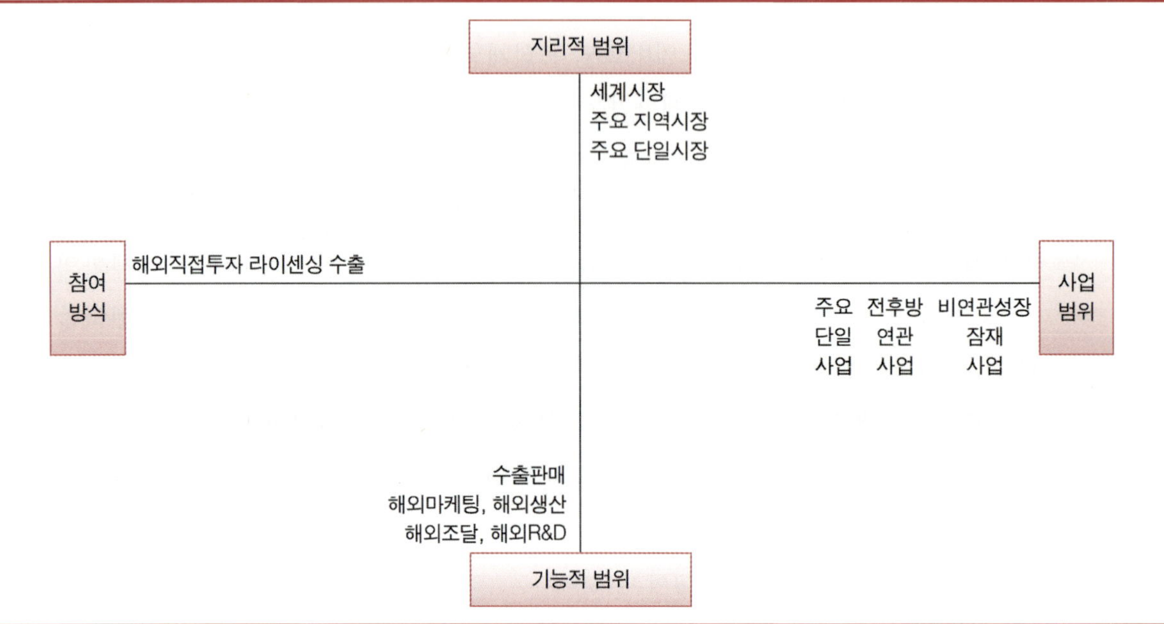

사업을 전개하는 국제사업의 다각화에 중점을 두고 있는 반면, B기업은 주요 단일사업을 중심으로 시장, 참여방식, 경영기능 범위를 확대해가는 특징을 보여주고 있다.

(1) 지리적 범위

지리적 범위(geographic scope)는 기업활동이 한 국가로부터 세계 여러 나라로 넓어진다는 것을 의미한다. 보통 국내시장에서 출발하여 소수의 해외시장으로 침투한 후 전 세계시장으로 확대하게 된다. 예컨대 한국기업의 경우 지리적 또는 문화적으로 가장 가까운 시장인 중국이나 일본시장에 진출한 후, 다음에는 아시아시장 그리고 전 세계시장으로 기업활동을 확대시키게 된다.

(2) 사업범위

사업범위(business scope)는 세계에서 여러 사업을 동시에 수행할 수 있을 정도로 영업범위가 넓어지는 것을 의미한다. 즉, 국제사업다각화를 가리킨다. 예컨대 Sony의 경우 처음에는 밥솥이나 소형라디오와 같은 단일사업으로 시작하였으나, 점차 TV나 비디오와 같은 제품으로 다각화하여 현재는 첨단제품은 물론 영화와 음반사업까지 진출하였다.

[그림 1-2] 기업활동의 변화 예시

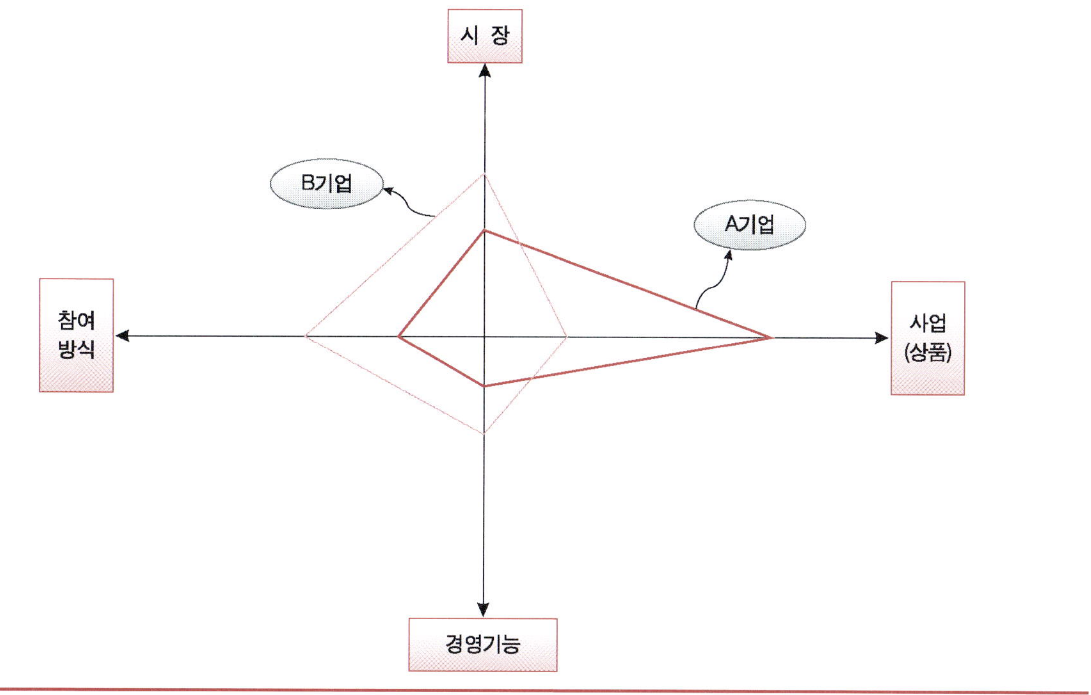

(3) 기능범위

기능범위(functional scope)는 기업의 경영기능이 세계 어느 곳이든지 가장 효율적인 국가에서 수행할 수 있도록 확대되어가는 과정을 의미한다. 즉, 처음에는 단순히 제품의 판매에만 국한되었으나, 점차 그 기능이 확대되어 생산, 원자재조달, 연구개발, 재무, 인사 등의 경영기능이 세계 여러 나라에서 수행하게 된다는 것이다.

(4) 참여방식

참여방식은 기업이 새로운 국가에 진출하는데 있어서 수출, 라이센싱, 해외직접투자 등으로 다양해지는 것을 의미한다. 예컨대 기업이 해외시장에 참여할 때 처음에는 자원투입 및 위험이 낮은 수출방식으로부터 시작하여 점차 높은 해외직접투자방식으로 변화되어 가는 것을 말한다.

2.2 기업주체의 변화

기업의 활동이 세계적으로 변하면 결국 기업의 변화를 가져온다. 기업주체의 변화라는 측면에서 보면 기업국제화는 국내기업, 수출기업, 해외투자기업, 다국적기업, 세계기업 등으로 진화하는 과정을 가리킨다. 여기서는 일반적으로 많이 알려진 펄뮤터(H. Perlmutter), 로빈슨(R. D. Robinson), 팅(W. Ting), 그라이너(L. E. Greiner) 등의 견해를 설명하기로 한다.

(1) 펄뮤터의 기업국제화 과정

차크라바티와 펄뮤터(B. Chakravarthy & H. Perlmutter)는 국제화에 따른 기업의 변화를 〈표 1-2〉에서 보는 바와 같이 본국중심기업(ethnocentric firm), 현지중심기업(polycentric firm), 지역중심기업(regiocentric firm), 세계중심기업(geocentric firm) 등 네 가지로 범주화하였다. 이를 영어의 머리글자를 따서 'EPRG 프로파일'(EPRG profile)이라고 부른다.

가) 본국시장 중심기업

본국시장 중심기업(ethnocentric corporation)은 기업의 생산활동이 본국시장(home market)

〈표 1-2〉 펄뮤터의 기업국제화 과정

	본국시장중심기업	현지시장중심기업	지역시장중심기업	세계시장중심기업
목 표	수 익	공적수용	수익 및 공적수용	수익 및 공적수용
전 략	범세계적 통합전략	국별 반응전략	지역통합 및 국별 반응전략	범세계적 통합 및 국별 반응전략
조 직	계층적인 제품사업부	계층적인 지역사업부	매트릭스를 통한 제품 및 지역조직	네트워크조직
관 리				
(목표설정 방향)	상→하	하→상	지역과 자회사간 상호타협	모든 수준에서 협상
(커뮤니케이션)	계층적	거의 없음	수직적 및 수평적	수직적 및 수평적
(자원의 배분)	본사 결정	자회사 결정	지역본사가 자율배분	범세계적 배분

자료 : B. Chakravarthy and H. Perlmutter, "Strategic Planning for a Global Business," *Columbia Journal of World Business* (Summer 1985), pp.3-10.

을 중심으로 이루어진다. 해외시장은 본국에서 생산한 제품의 수출시장으로서 의미를 갖는다. 즉 본국에서 대부분 연구개발과 제품생산이 이루어지고, 외국에는 생산제품 중 일부를 수출하는 형태의 기업들이 여기에 해당한다. 이러한 기업들은 주로 수출전담부서, 해외영업부서 등을 운영하여 국제적인 활동을 수행한다. 우리나라의 경우 무역회사(상사)를 통한 해외영업이 활발하다. 조직은 수출부 혹은 제품별 국제사업부 형태를 가지고 본사에서 설정한 목표에 따라 세계적 통합전략을 수립하고 해외의 판매지점 및 지사에 명령을 하달한다.

나) 현지시장 중심기업

현지시장 중심기업(polycentric corporation)은 기업의 활동과 자원배분이 현지시장(local market)을 중심으로 이루어진다. 즉, 기업의 해외직접투자에 의해 현지시장에 자회사가 설립되고, 현지시장은 상품의 생산지인 동시에 판매시장으로서 중요한 의미를 지닌다. 본국 모기업의 조직은 지역별 사업부 형태를 가지며, 해외자회사는 자율적으로 목표를 설정하고 현지 시장환경에 맞는 전략을 수립하고 기업활동을 수행한다.

현지시장 중심기업은 현지국 시장에서 판매할 제품의 전부 혹은 일부를 현지에서 생산하나, 중요한 기술혁신은 일반적으로 본국에 있는 본사에서 이루어지고, 자회사에서는 본사로부터 기술지원을 받아 약간의 개량을 통해 현지국 시장에 적합한 제품을 내어 놓게 된다. 다국가기업(multidomestic firm)이라고도 지칭되는 이 형태는 해외에 생산기지를 설립한 초기에 흔히 나타난다. 그러나 어느 정도의 시간이 지나면 글로벌 조정과 통제의 필요성에 따라 지역중심기업(regiocentric firm)이나 세계중심기업(geocentric firm)으로 발전해 나가게 된다.

다) 지역시장 중심기업

지역시장 중심기업(regiocentric corporation)은 기업의 활동과 자원배분이 지역시장(regional market)을 중심으로 이루어진다. 해외자회사의 수가 늘어나면서 지역내 자회사간의 협력이 요구되는데, 모기업은 다국적기업으로서 소수의 지역본사를 통하여 해외자회사들을 관리한다. 지역본사는 그 지역내 해외자회사들과 협의하여 경영목표를 설정하고 전략을 개발함으로써 현지시장에 적응하는 동시에 지역적 통합을 꾀한다.

지역시장 중심기업은 해외활동의 지역적 범위를 다수 국가로 정하여 각 지역별로 다소 독립적인 연구개발, 생산, 판매가 이루어지도록 하는 기업형태이다. 예컨대 북미, 중남미,

중동, 서유럽, 동유럽, 동남아, 아프리카 지역 등으로 구분하여 각 지역별로 본국의 본사와 유사한 역할을 하는 지역본사(regional headquarters)를 설립 운영하며, 각 지역 내에서의 독자적인 운영을 가능케 하고 있는 경우이다. 몇 개 국가들의 블럭을 하나의 목표시장으로 삼고, 지역 고객들의 요구사항에 적합한 제품을 개발해 그 지역 내에서 분업 생산하여 판매하고 이익은 지역 내에서 재분배하는 시스템이다.

라) 세계시장 중심기업

세계시장 중심기업(geocentric corporation)은 기업의 활동과 자원배분이 전세계시장(global market)을 중심으로 이루어진다. 본국과 해외시장의 구별이 없이 세계적 관점에서 최적의 국가에 기업활동을 배치하고, 전사적 관점에서 전략을 수립하고, 해외자회사들의 경영관리를 통합한다. 연구, 생산, 마케팅, 물류, 정보 등의 기업활동이 네트워크 조직구조를 통하여 전세계적으로 연계된다.

예컨대 연구개발은 기술수준이 높은 지역의 연구소에서, 생산은 생산비용이 가장 싼 곳에서, 판매는 전 세계 시장을 대상으로 가장 물류비용이 적게 드는 방법으로 국제분업을 통해 기업을 운영한다. 이 기업은 전 세계적으로 표준화된 제품을 가장 적은 비용으로 생산할 수 있는 지역을 찾아 생산 판매하는 기업활동의 글로벌 배치와 조정이 매우 활발하게 이루어지는 형태의 기업이다.

(2) 로빈슨의 기업국제화 과정

로빈슨(R. D. Robinson)은 기업의 해외활동 및 세계적 자원배분의 정도, 소유국가, 경영관리 특성 등을 기준으로 기업국제화 과정을 5단계로 구분하여 단계별 기업의 명칭을 각

〈표 1-3〉 로빈슨의 기업국제화 과정

명 칭	해외사업 내용	해외사업 비교	소유국가	경영관리 주체
국가기업	상품수출 및 기술제휴	국내산업의 일환	본사국	본사국 모기업
국제기업	상품수출 및 현지생산판매	상호의존성과 독립성이 공존	본사국	본사국 모기업
다국적기업	상품수출 및 현지생산판매	국내 해외 동등화	다수국	본사국 모기업
초국적기업	상품수출 및 현지생산판매	국내 해외 일체화	다수국	다수국
초국가기업	상품수출 및 현지생산판매	국내 해외 일체화	국제기구	국제기구

자료 : R. D. Robinson, "Beyond the Multinational Corporation," *Unpublished Manuscript*, 1973, p.27.

각 부여하였다. 즉, 〈표 1-3〉에서 보는 바와 같이 기업은 국가기업(national firm), 국제기업(international firm), 다국적기업(multinational firm), 초국적기업(transnational firm), 초국가기업(supernational firm)으로 발전하면서 국제화를 이루어 나간다고 설명하고 있다.

(3) 팅의 기업국제화 과정

팅(W. Ting)은 〈표 1-4〉에서 보는 바와 같이 제품개발전략을 중심으로 신흥공업국 기업의 국제화 과정을 모방기, 개량기, 선도기의 3단계로 구분하였다. 신흥공업국 기업은 선진국 제품을 모방하여 자국의 여건에 적합하도록 제품을 개량하여 경쟁우위를 얻고, 이를 기반으로 새로운 시장을 개척해 나간다. 이러한 과정에서 신흥공업국 기업의 국제화가 이루어지는데, 기업의 국제화가 진전될수록 마케팅 기능과 연구개발 기능이 중요한 역할을 하게 된다는 것이다.

〈표 1-4〉 팅의 기업국제화 과정

의사결정 요소	모방기	개량기	선도기
마케팅	저	중	고
디자인 및 설계	고	고	고
생 산	고	고	저
구 매	고	중	저
생산자 관리	고	고	저

자료 : W. Ting, "The Production Development Process in NIC Multinationals," *Columbia Journal of World Business*, Spring, 1982, pp.76-81.

(4) 그라이너의 기업국제화 과정

그라이너(L. E. Greiner)는 환경변화에 적응하여 기업이 성장해 가는 과정을 제1단계 창출단계(growth through creativity), 제2단계 지도단계(growth through direction), 제3단계 위임단계(growth through delegation), 제4단계 조정단계(growth through coordination), 제5단계 협력단계(growth through collaboration)로 구분하였다. 그는 각 단계별 혁신의 위기요인으로 지도력, 자율성, 통제, 비능률 등을 지적하였다. 그라이너가 주장한 기업성장과정상의 각 단계별 기업경영관리의 특징을 요약하면 〈표 1-5〉와 같다.

〈표 1-5〉 그라이너의 기업국제화 과정

	1단계 창출단계	2단계 지도단계	3단계 위임단계	4단계 조정단계	5단계 협력단계
경영의 초점	제조 · 판매	활동의 효율성	시장확대	조직강화	문제해결 및 혁신
조직구조	비공식	집중적 · 기능적	분산적 · 지리적	라인-스탭 제품그룹	팀의 매트릭스
최고경영자의 스타일	개인주의적 · 기업가적	지도적	위임적	감시적	참가적
통제제도	시장 · 결과	표준 · 비용센터	보고서 · 이익센터	계획 · 투자센터	상호 목표 확립
경영보상의 주안점	소유권	봉급 · 공적	개별보너스	이익분배 주식옵션	팀 보너스

자료 : L. E. Greiner, "Evolution and Revolution as Organizations Grow," *Harvard Business Review*(July-August, 1972), pp. 34-44.

3 기업국제화의 동기

기업은 왜 해외시장에 진출하고 그 활동을 세계적으로 확대하는가? 기업의 국제화 동기 및 목적이 분명해야 해외시장 진출 여부를 결정할 수 있고, 진출 후에도 영업활동을 효과적으로 수행할 수 있다. 여기서는 기업의 국제화동기를 수출동기, 해외직접투자동기로 나누어 살펴보기로 한다.

3.1 수출동기

(1) 원가절감

기업은 수출을 통하여 생산량을 증대시킬 수 있다. 생산량의 증대는 규모의 경제효과, 경험축적에 따른 경험곡선효과, 원자재의 대량구매나 대량수송 등으로 인하여 어느 정도의 원가절감을 가져올 수 있고, 가격경쟁력과 시장점유율을 제고시키는 원천이 되기도 한다. 일본기업이 국제화 초기단계에서 미국시장에 성공하고 이를 교두보로 세계시장을 석

권하게 된 것은 수출에 의한 규모의 경제 및 경험곡선효과가 중요한 역할을 하였다.

(2) 이익증대

국내경영환경과 국제경영환경이 다르기 때문에 기업들은 똑같은 제품을 국내에서 판매하는 것보다 해외에서 판매함으로써 더 큰 이익을 얻을 수 있다. 예컨대 경쟁이 치열한 국내시장에서의 판매이익보다는 해외시장에서의 판매이익이 증대될 가능성이 많을 것이다.

(3) 유휴시설활용

다른 제품의 생산으로 쉽게 전환될 수 없는 특수한 생산시설에 의해 생산되는 제품의 경우, 국내시장 규모가 작으면 유휴시설 문제가 발생하게 되며, 따라서 유휴설비를 활용하기 위해 기업들은 수출을 계획하게 된다. 한국의 자동차, 조선, 철강산업 등은 그 좋은 예가 될 수 있다.

(4) 위험분산

기업이 다수의 국가시장에서 여러 가지 사업을 하는 경우, 위험을 분산시킬 수 있다. 국가 및 산업에 따라 경제발전단계가 다르고 경기상황이 다르기 때문이다. 예컨대 중국의 경제개발에 따른 철강수요의 증가와 수출기회의 증대는 한국의 기업들에게 국내수요의 감퇴에서 오는 위험을 어느 정도 완화시킬 수 있다. 또한 수출시장이 다변화되어 있을 경우, 경쟁상황의 변화나 수요패턴의 급격한 변화에서 오는 판매량 감소를 극소화할 수 있다. 선진국시장에 수출하는 상품의 고급화가 진전되는 동안 아시아의 다른 개도국은 중저가상품의 수출시장으로 큰 몫을 할 것이기 때문이다.

(5) 제품수명주기 연장

제품수명주기는 제품과 국가에 따라 다르다. 예컨대 미국에서 신제품이 개발될 경우 그 제품이 일본이나 기타 선진국시장으로 비교적 빨리 이전되지만, 개도국에는 상당기간 지나야 도입된다. 다시 말하면 한국시장에서는 수요가 줄어드는 성숙기 후반에 있는 제품이라고 할지라도 아시아의 다른 국가에서는 도입기에 있을 수 있다. 이때 기업은 아시아의 다른 국가에 수출 또는 해외직접투자를 통하여 판매시장을 지속적으로 유지함으로써 제품의 수명주기를 연장할 수 있고 투자된 설비를 오랫동안 활용할 수 있다.

3.2 해외직접투자의 동기

해외직접투자는 자본의 한계수익이 낮은 국가에서 높은 국가로 이동하는 것이 일반적이다. 그러나 개별기업의 입장에서 보면 해외직접투자는 본국의 기업환경이나 경영전략에 따라, 그리고 현지국의 투자환경에 따라 변화하며 이러한 동기와 목적이 복합적으로 작용한 결과로 투자가 이루어진다.

개별기업의 입장에서 해외직접투자의 동기는 〈표 1-6〉에서 보는 바와 같이 ① 전략적

〈표 1-6〉 해외직접투자의 동기

해외직접투자 동기	주요 내용
전략적 동기	· 시장지향형 · 생산효율지향형 · 자연자원지향형 · 지식지향형 · 정치안정지향형
행동적 동기	(1차요인) · 외국정부, 자사제품의 해외대리점 및 고객 등의 권유 · 자사제품의 판매시장 상실에 대한 우려 · 선도적 역할수행효과의 기대 · 국내시장에서 외국기업과의 경쟁예상 (2차요인) · 생산요소 및 개발제품의 시장창조 · 노후화된 기계 등의 생산설비 재이용 · 노하우의 자본화 – 연구개발 및 기타 고정비의 분산 · 현지국과 무역관계협정을 맺고 있는 제3국시장으로의 우회진출
경제적 동기	· 규모의 경제 · 전문적 경영관리기법 · 제품 및 생산요소시장에 대한 충분한 지식 · 전문적 기술 · 충분한 자금공급능력
재무적 동기	· 기업가치의 극대화를 위해 투자 · 국제분산투자
공격적 동기 방어적 동기 복합적 동기	· 생산시설, 경영조직 등을 활용하는 공격적인 해외직접투자 · 수입장벽의 증가 내지는 압력에 대한 방어목적 · 공격적 동기와 방어적 동기를 결합한 복합적인 성격

동기, ② 행동적 동기, ③ 경제적 동기, ④ 재무적 동기, ⑤ 공격적 · 방어적 · 복합적 동기 등 5가지 유형으로 나눌 수 있다.

(1) 전략적 동기

기업이 전략적으로 해외직접투자를 추구하는 경우는 그 동기에 따라 ① 시장지향형, ② 생산효율지향형, ③ 자연자원지향형, ④ 지식지향형, ⑤ 정치안정지향형 등 5가지 유형으로 구분할 수 있다.

가) 시장지향형 해외직접투자

시장지향형 해외직접투자(market-oriented FDI)는 수입국의 무역장벽을 회피하여 기존의 수출시장을 계속 유지하거나 새로운 해외시장을 개척하기 위해 현지 생산 및 판매를 목적으로 투자하는 경우이다. 이때 현지국의 시장수요를 충족시키기 위하여 이루어지기도 하지만 더 큰 제3국시장에 공급하기 위하여 특정국가에 투자하기도 한다. 한국의 섬유기업들이 도미니카 등 중남미에 투자하여 미국시장을 겨냥한 것이나, LG가 미국 현지시장을 위해 투자한 경우는 좋은 예이다.

나) 생산효율지향형 해외직접투자

생산효율지향형 해외직접투자(production-efficiency-oriented FDI)는 생산요소의 가격이 상대적으로 저렴한 지역에서의 현지생산을 통해 제품의 국제경쟁력을 제고시키기 위해 투자하는 경우이다. 특히 노동력이 풍부하여 임금이 저렴한 국가에 투자하는 경우를 노동지향형 해외직접투자라 하는데, 미국이나 일본 등의 선진국들이 동남아에 투자한 경우나 한국의 섬유기업들이 동남아나 중남미에 투자한 경우는 좋은 예이다.

다) 자연자원지향형 해외직접투자

자연자원지향형 해외직접투자(natural resource-oriented FDI)는 부존자원이 풍부한 지역에 진출하여 자원을 안정적으로 확보하여 본국으로 수입하거나 가공하여 제3국에 수출하기 위해 투자하는 경우이다. 이러한 투자는 단순히 해외자원의 개발에 그치지 않고 가공, 정제, 판매 등 수직적으로 통합하는 경우가 많은데 상당수의 대기업들이 이러한 자원개발 투자를 통해 다국적기업으로 성장하게 되었다. 한국기업의 경우 인도네시아의 원목과 원유개발에 투자한 경우는 좋은 예이다.

라) 지식지향형 해외직접투자

지식지향형 해외직접투자(knowledge-oriented FDI)는 선진국의 고도화된 제품생산기술, 마케팅기술, 경영관리기술 등을 습득하기 위해 투자하는 경우를 말한다. 유럽이나 일본기업들이 미국계 기업들을 인수한 경우나, 한국기업들이 미국 실리콘벨리에 현지법인을 설립한 경우는 좋은 예라 할 수 있다.

마) 정치적 안정지향형 해외직접투자

정치적 안정지향형 해외직접투자(political safety-oriented FDI)는 사기업을 간섭하거나 수용하지 않을 것으로 생각되는 미국과 같은 선진국에 기업을 새로 설립하거나 인수하는 방법의 해외직접투자를 말한다.

(2) 행동적 동기

행동적 동기에 의한 해외직접투자는 외부환경 또는 조직 내부에서 최고경영층의 개인적 편견이나 필요에 따라, 혹은 기업의 조직구성원이나 그룹에 대한 공약 등의 이유에서 이루어지는 경우이다. 행동적 동기에 의한 해외직접투자는 보통 특정한 사업이 추진되게 된다. 아하로니(Y. Aharoni)는 행동적 동기를 유발하는 외적 자극요인을 다음 두 가지로 설명하고 있다.[1)]

1차요인으로 ① 외국정부, 자사제품의 해외대리점 및 고객 등의 권유, ② 자사제품의 판매시장 상실에 대한 우려, ③ 선도적 역할수행 효과(band wagon effect)의 기대, ④ 국내시장에서 외국기업과의 경쟁예상 등을 들고 있다.

2차요인으로 ① 생산요소 및 개발제품의 시장창조, ② 노후화된 기계 등의 생산설비 재이용, ③ 노하우의 자본화－연구개발 및 기타 고정비의 분산, ④ 현지국과 무역관계협정을 맺고 있는 제3국 시장으로의 우회진출 등을 들고 있다.

(3) 경제적 동기

경제적 동기는 국제기업이 이윤을 추구하는 과정을 경제적 관점에서 고려한 것으로서, 해외직접투자는 각국의 실물자산, 생산요소, 금융 등 국내시장이 불완전한 상태에 있기 때문에 이루어진다는 것이다. 일반적으로 불완전한 실물자산시장은 정부의 국내시장보호

---

1) Y. Aharoni, *The Foreign Investment Decision Process* (1966), p.248.

정책이나 독과점기업들의 경쟁 때문에 형성된다. 이러한 불완전한 실물자산시장일지라도 충분한 잠재수요만 있으면 국제기업들은 해외직접투자를 감행한다.

국제기업들이 이러한 불완전한 실물자산시장에 해외직접투자를 단행하는 이유는 ① 규모의 경제(economy of scale), ② 전문적 경영관리기법, ③ 제품 및 생산요소시장에 대한 충분한 지식, ④ 전문적 기술, ⑤ 충분한 자금공급능력 등 여러 요소들을 보유하고 있기 때문이다.

(4) 재무적 동기

해외직접투자는 주주(株主)의 부의 극대화, 즉 기업가치의 극대화를 위해서도 이루어진다. 기업이 국제시장포트폴리오(international market portfolio)를 구성할 경우 위험분산효과가 국내의 것보다 크기 때문이다. 일반적으로 투자가는 위험에 대한 보상을 요구하기 때문에 어떤 투자안에 대한 최저필수 수익률은 다음과 같이 구성된다.

R_j = r + 위험 프리미엄

(R_j: 자산 j에 대한 최저필수 수익률　r: 무위험 수익률)

이때 투자자산의 위험은 투자규모 및 포트폴리오를 구성하는 자산의 수에 따라 차이가 있는데, 분산투자는 집중의 경우보다 위험이 적다. 이는 적절히 분산투자되어 구성된 포트폴리오의 체계적 위험(systematic risk)은 그 자산의 총위험(total risk)보다 적기 때문이다.

총위험은 체계적 위험과 비체계적 위험으로 구성되는데, 체계적 위험(시장위험 또는 분산불가능 위험)은 분산투자를 하여도 더 이상 제거할 수 없는 시장전체가 받는 위험으로 β 위험이라고도 한다. 반면에 비체계적 위험(기업 특유의 위험 또는 분산가능위험)은 어느 기업의 특수한 상황, 예를 들어 재무구조가 취약하다든가, 노사관계가 악화되었다든가 등에 따라 부담하게 되는 위험이다.

해외직접투자는 투자위험에 대한 프리미엄의 수준이 국내시장에서 분산투자가 이루어졌을 경우, 부담해야 할 체계적 위험에 대한 보상보다 클 경우에 이루어진다. 그러나 분산투자효과(diversification effect)를 얻기 위해 해외직접투자가 일어난다는 데에는 많은 반론이 있는데 그 이유는 다음과 같다.

첫째, 분산효과를 얻기 위해서는 국제시장 포트폴리오를 구성하면 되는데 굳이 힘들고 어려운 해외직접투자를 통해 분산효과를 얻을 필요는 없다. 즉 직접투자와 간접투자의 동기 구별이 불분명하다.

둘째, 다국적기업의 경영자들은 분산투자에서 전제하고 있는 가정대로만 행동하는 것은 아니다. 이 동기가 설득력을 가지려면 국제자본시장이 통합되어 기본적으로 자본자산가격결정모형(CAPM: capital asset pricing method)의 가정들이 충족되어야 한다.

(5) 공격적 · 방어적 · 복합적 동기

공격적 동기는 국제기업의 투자동기 중에서 일반화된 것으로서 수출이나, 기술협정과 같은 소극적인 자세로는 현지시장의 잠재력을 개발하기가 어렵기 때문에 국제기업은 현지의 생산시설, 경영조직, 마케팅조직 등을 활용하는 공격적인 해외직접투자를 단행하게 된다는 것이다.

방어적 동기는 기존의 해외시장을 보호하기 위해서 투자하는 경우이다. 즉, 현지국의 고율관세, 수입제한 등 수입장벽의 증가 내지는 압력으로 기존시장을 상실할 우려가 있는 경우, 또는 여타 경쟁기업이 공장설립을 추진하려고 하는 경우에 이에 대처하기 위해 국제기업은 해외직접투자를 단행하게 된다.

복합적 동기는 현지의 저렴한 노동력을 이용한 생산비용의 절감이나 로지스틱스(logistics)시스템을 개발할 목적으로 투자하는 경우이다. 즉, 공격적 동기와 방어적 동기를 결합한 복합적 동기에서 투자하는 경우인데, 이것은 기존시장을 보호할 뿐만 아니라 시장잠재력을 확대하기 위해 해외직접투자를 단행하게 된다.

4 기업국제화의 결정요인

기업의 국제화를 가져오는 요인들을 살펴보면, 기업국제화의 과정과 마찬가지로 여러 학자들에 따라 주장하는 바가 다르다. 여기서는 국제화단계에 따라 영향을 미치는 단계별 결정요인과, 주변 여건에 따라 영향을 미치는 환경적 결정요인으로 나누어 설명하기로 한다.

4.1 단계별 결정요인

기업국제화의 단계에 따라 영향을 미치는 단계별 결정요인으로는 모든 단계에서 공통적으로 영향을 미치는 공통적 요인과, 특정단계 또는 다음 단계로의 이행과정 중 영향을 미치는 개별적 요인으로 나눌 수 있다.

(1) 공통적 결정요인

그라이너(L. E. Greiner)는 기업의 국제화에 공통적으로 영향을 미치는 요인으로 기업조직의 나이와 능력을, 요한슨과 비더샤임-폴(J. Johanson and F. Wiedersheim-Paul)은 사회・문화・심리적 거리감이나 현지시장의 규모를 중요시하였다. 빌키(W. J. Bilkey)는 기업특

〈표 1-7〉 기업국제화의 공통적 결정요인

연구자	결정요인	특 징
Greiner (1972)	・기업조직의 연륜과 능력	
Johanson & Wiedersheim-Paul (1975)	・사회・문화・심리적 거리감 ・현지시장의 규모	현지판매법인의 설립은 심리적 거리의 영향을 받지만 현지생산법인의 경우에는 그렇지 않음
Davidson & Harrigan (1977)	・제품의 특성 ・시장의 특성 ・시장진출 순서 ・시장진출 시기	
Johanson & Vahlne (1977)	・기존시장에 대한 위협 ・시장기회 ・기업내부 능력 및 경험 ・성장의지	
Bilkey & Warren (1978)	・기업특유의 비교우위 ・경영관리자의 기업목표 달성의지 ・예상되는 수출의 기업목표에의 기여도 ・수출에의 조직참여 정도	
Cavusgil & Nevin (1981)	・Bilkey와 Warren이 제시한 네 가지 변수간의 상호작용	통계적 기법을 사용하여 실증적으로 검증
Wortzel & Wortzel (1981)		신흥공업국의 국제화단계 결정요인을 실증적으로 연구

유의 비교우위, 경영관리자의 기업목표 달성의지, 예상되는 수출의 기업목표 기여도, 수출에 대한 조직참여 정도 등을 중요시하였다. 카부스길과 네빈(S. T. Cavusgil and J. R. Nevin)은 빌키와 워렌이 제시한 네 변수간의 상호작용을, 요한슨과 발네(J. Johanson and J. E. Vahlne)는 기존시장에 대한 위협, 시장기회, 기업내부 능력 및 경험, 성장의지 등을 중요시하였다. 데비드슨과 해리건(W. H. Davidson and R. Harrigan)은 제품 및 시장의 특성, 시장진출 순서 및 시기를, 보르첼과 보르첼(L. H. Wortzel and H. V. Wortzel)은 제품에 대한 경험, 마케팅 필요조건, 제품의 유통구조, 무역장벽 등을 강조하였다. 이들이 주장한 내용을 요약 정리하면 〈표 1-7〉과 같다.

(2) 개별적 결정요인

카뷔스길과 네빈(S. T. Cavusgil & J. R. Nevin)은 〈표 1-8〉에서 보는 바와 같이 선진국 기업의 국제화과정을 5단계로 나누어 각 단계별 국제화의 결정요인을 제시하고 있다. 이들의 주장에 의하면 기업국제화의 결정요인은 기업국제화의 정도에 따라 단계별로 다르기 때문에 각 개별 단계에서의 공통적인 최적 결정변수는 존재하지 않는다. 개별 이행의 주된 결정요인은 당해 기업이 위치해 있는 국제화 단계에서 개별기업의 능력과 경험에 따라

〈표 1-8〉 기업국제화의 개별적 결정요인

단 계	결정요인
1단계 - 국내마케팅단계	· 제품의 성격 · 현재 영업활동의 성격 · 해외시장 정보의 부족
2단계 - 수출 이전단계	· 외부로부터의 자극 · 최고경영자의 적극적인 자세 등 내부로부터의 자극
3단계 - 시험적 진출단계	· 국제마케팅활동에 대한 경영자의 태도 · 심리적 거리감
4단계 - 적극적 진출단계	· 수출활동의 결과로 얻어진 수출에 대한 기대감 · 소요자본의 확보 가능성 · 경영자의 태도
5단계 - 국제기업단계	· 마케팅믹스 능력 · 장애요인의 극복 능력 · 수출기회의 파악 · 수출활동의 유지 및 확대

달라진다.

한편 보르첼(L. H. Wortzel and H. V. Wortzel)은 위 다섯 단계 중 3단계에서 5단계까지의 결정요인을 제시하였다. 3단계에서 4단계로의 이행에 있어서는 시장요인과 제품요인이 중요하다고 주장하였다. 기업 간의 경쟁심화로 보다 적극적인 외국시장진출이 요구되기 때문이다. 제품요인으로는 제품 간의 품질경쟁강화 등이 중요한 변수라고 주장하였다. 4단계에서 5단계로의 이행에 있어서는 시장요인으로서 현지시장의 방어 및 확대, 제품요인으로서 자사상표 사용의 필요성, 기업요인으로서 경영자의 성장의지 등이 중요하다. 그러나 카부스길과 마찬가지로 보르첼은 산업별 또는 국가별 최적결정요인은 있을 수 없다고 주장하였다.

4.2 환경적 결정요인

기업의 국제화를 가져오는 환경적 요인으로는 [그림 1-3]에서 보는 바와 같이 기업요인, 시장요인, 경쟁요인, 제품요인 등을 들 수 있다.

[그림 1-3] 기업국제화의 결정요인

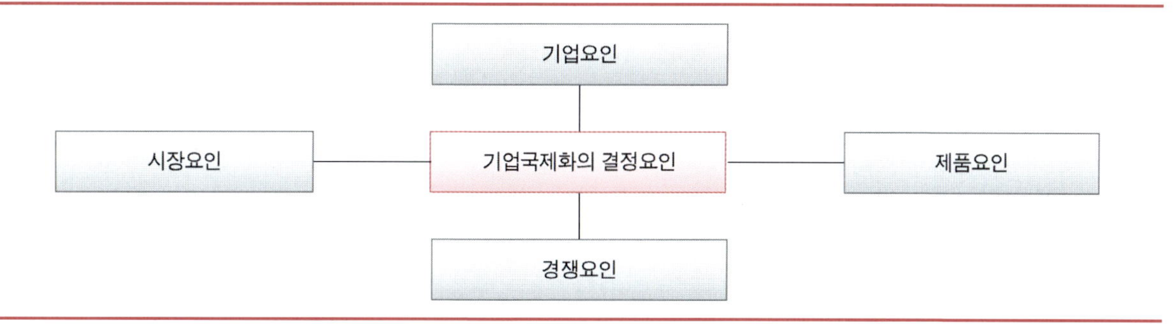

(1) 기업요인

기업조직의 능력과 국제적 경험, 제품과 산업특성, 회사의 규모 및 경영관리자의 목표달성 및 성장의지, 기업특유의 비교우위 등 기업 내적인 요인들은 기업의 국제화를 촉진시키는 주요한 요인이 된다. 특히 경영자의 의식구조는 기업국제화의 가장 중요한 요인으로 작용하고 있다. 즉, 최고경영층의 기업국제화에 대한 강한 욕구가 있느냐 없느냐에 따라 많은 기업들이 국제화의 추진여부가 결정되는 것으로 나타나고 있다. 더욱이 이러한 기업내적인 요인들은 외부요인과는 달리 국제화를 추진하면서 어느 정도 수정을 가할 수가 있기 때문에 기업국제화를 결정하는데 있어서 중요한 역할을 하게 된다.

(2) 시장요인

오늘날 세계는 소비자행동, 유통구조, 마케팅 등에서 점차 동질화 및 하나의 시장으로 변하고 있는데, 이는 곧 기업의 국제화를 촉진시키는 주요한 요소가 되고 있다. 즉 각국 소비자의 생활패턴과 기호수준이 동질화되어 가고 있으며, 각국의 경제발전으로 인하여 세계 어느 곳에서나 상품의 소비자가 존재하게 되었다. 이러한 요인은 해외여행의 증가와 인터넷의 발달로 상품 및 시장정보가 신속하게 전파되어 세계의 소비자를 하나로 만들고 있기 때문이다. 또한 세계적 유통망의 증가와 다양한 광고의 출현으로 세계가 하나의 시장이라는 인식을 강하게 심어주었고, 시장 및 소비패턴의 동질성을 중요시하게 만들었기 때문이다.

(3) 경쟁요인

범세계적 경쟁은 기업의 국제화를 촉진시키고 있다. 관세 및 비관세장벽 등 보호장벽이 점차 제거되고 자유무역이 확대되면서 세계시장은 각국 기업들의 경쟁심을 불러일으키고 있다. 기존시장을 잃지 않으려는 국내기업들과 새로운 시장을 확보하려는 외국기업들과의 경쟁은 불가피한 실정이다. 세계시장점유율은 곧 기업의 영토라고 할 수 있는데, 영토를 많이 차지할수록 규모의 경제, 상호지원 및 상승효과, 세계적 이미지 제고 등 여러 면에서 이점을 누릴 수 있기 때문이다.

(4) 제품요인

자사상표 사용의 필요성, 해외직접투자를 통한 규모경제의 효과 등 제품생산과 관련된 여러 요인들은 기업의 국제화를 촉진시킨다. 즉, 기업들은 해외직접투자를 통한 생산량의 증가를 위해 노력하고 있으며, 제품생산비용을 절감하기 위해 규모의 경제에 의한 생산방식의 변화를 꾀하고 있다. 기업들은 제품수명주기의 단축에 비해 급증하는 제품개발비용을 낮추기 위해 단일시장보다는 전 세계시장을 하나의 시장으로 고려하여 제품을 개발 및 생산하려고 노력한다.

연습문제

1. 기업활동의 국제화란 무엇인지 설명하시오.
2. 펄뮤터와 로빈슨의 국제화 과정의 차이점은 무엇인지 설명하시오.
3. 기업국제화의 결정요인 및 동기에 대하여 설명하시오.
4. 기업이 국제화를 추진하는 이유는 무엇인지 설명하시오.
5. 미국기업의 국제화방식과 한국기업의 국제화방식의 차이점에 대하여 설명하시오.

02
Chapter

다국적기업

1. 다국적기업의 개념
2. 다국적기업의 동기 및 효과

학습목표

다국적기업의 개념, 효과, 현황 등에 대해서 알아본 후, 세계의 다국적기업 및 한국의 다국적기업에 대해서 실태차원에서 살펴본다.

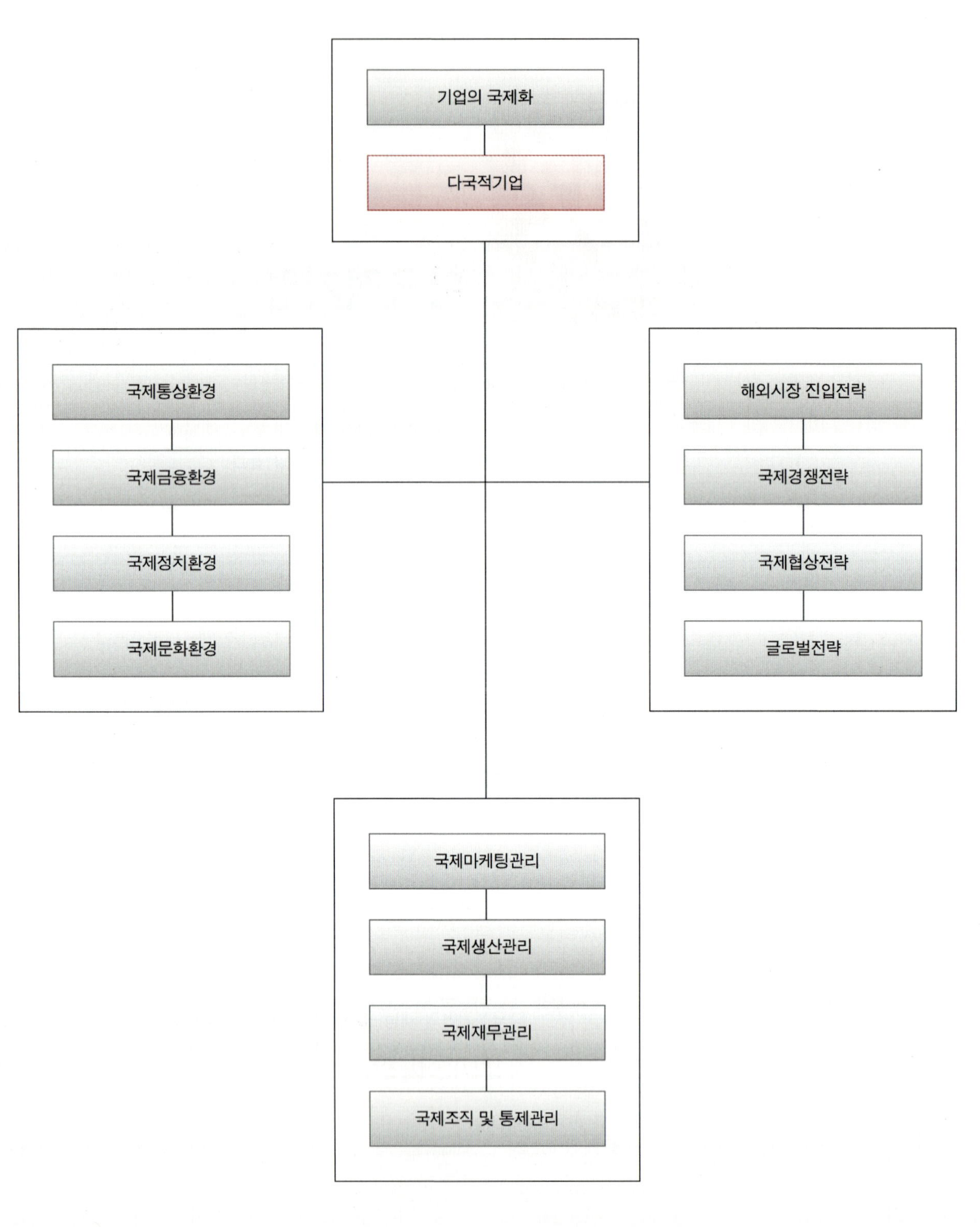

기업의 국제화
다국적기업
국제통상환경
국제금융환경
국제정치환경
국제문화환경
해외시장 진입전략
국제경쟁전략
국제협상전략
글로벌전략
국제마케팅관리
국제생산관리
국제재무관리
국제조직 및 통제관리

중국에서 성공한 다국적기업들

'게릴라'란 용어는 나폴레옹이 점령했던 스페인에서 소규모 비정규군(guerrilleros)이 기습으로 프랑스군을 괴롭혀 결국 격퇴한 것에서 유래했다. 게릴라는 적과 정면대결을 하기보다 치고 빠지는 식의 변칙적 전술을 구사한다. 게릴라에 얼마나 시달렸는지 프랑스군은 마드리드에서 봉기한 시민들을 무자비하게 처형했다. 고야의 명화 '1808년 5월 3일'의 배경이다.

게릴라를 미화하는 전쟁 영화가 많은 탓인지 우리는 게릴라에 대해 은근한 동정심을 갖고 지지를 보내는 것 같다. 그런데 입장을 바꾸어 생각해 보자. 만일 우리가 정규군의 입장이고, 적이 게릴라 전법을 사용하면 어떻게 대응할 것인가?

이는 가상의 질문이 아니라 중국에서 일어나는 실제의 문제이다. 지금 중국에서는 통신의 화웨이, 자동차의 질리, 소비재의 룽리치 같이 뛰어난 기업가들이 경영하는 신흥기업들이 사업을 확장해 나가고 있다. 이 기업들의 두 가지 중요한 경쟁우위는 의사결정 속도와 유연성이다. 시장을 잘 이해하고, 방대한 유통망을 갖고 있으며, 시장 변화와 기회에 빠르게 대응하고 있다. 신제품이 나오기 무섭게 모방제품을 내는 등 다국적기업의 허를 찌르는 게릴라 전법을 구사하고 있다.

필자는 지난 10년간 중국 시장에서 자동차, 통신, 컴퓨터, 소비재, 맥주, 철강, 중전기 산업을 영위하는 성공적인 다국적기업 30여개 사를 방문해 경영진과 인터뷰했고, 이들이 신흥기업들의 위협에 어떻게 효과적으로 대처하는지를 연구해 왔다. 필자가 인터뷰한 다국적기업 중 일부는 경영의 현지화를 통해 자신도 속도와 유연성을 높이려고 했지만, 이런 시도는 대부분 실패로 돌아갔다. 일부 중국 기업은 허접스러운 제품을 판뒤 회사문을 닫거나 다른 사업으로 신속하게 전환하는 전략을 구사한다. 브랜드가 없기 때문에 소비자의 불만도 걱정하지 않는다. 때로는 터무니없는 가격으로 덤핑을 하기도 하며, 관리들에게 뇌물을 주며 사업을 한다. 이러한 중국 기업을 따라 하는 전략은 마치 치고 빠지는 게릴라를 쫓아 이리저리 허둥대는 것과 마찬가지이다.

필자의 연구에 따르면, 다국적기업은 속도와 유연성이 아닌 다른 경쟁우위로 현지기업에 대응할 때 더 효과적이었다. 왜냐하면 다국적기업이 아무리 노력해도 중국 기업보다 더 현지화될 수는 없고, 따라서 더 빠르고 더 유연하기도 어렵기 때문이다.

오히려 중국에서 성공한 다국적기업들의 특징은 다음과 같다. 첫째, 중국에서 성공한 다국적기업들은 속도보다 정확성을 추구했다. 현지기업들은 속도를 위해 시장조사나 안전관리와 같은 절차를 생략하는 경우가 많다. 이에 반해 성공적인 다국적기업들은 면밀한 사업 프로세스를 통해 리스크를 감소시켰다. 한 다국적 가전기업 경영자는 “중국 기업들이 마치 산탄총을 쏘듯이 열 가지 제품 중 세 개만 성공하기를 바랄 때, 다국적기업들은 단 한 발을 쏘아 적중시키듯 정확도를 높여야 한다”고 말했다.

둘째, 성공적인 다국적기업은 변화에 빨리 대응하기보다 스스로 변화를 주도했다. 존슨앤드존슨은 저가 생리대를 남보다 먼저 출시해 이 시장을 주도했다. 물론 이런 저가 제품은 자신의 고가 제품시장을 잠식했지만, 중국 기업들의 저가 공세를 사전에 차단할 수 있었다. 한 경영자는 “중저가 제품 출시와 같이 피할 수 없는 시장 트렌드가 있으면 오히려 그런 시장을 선도하는 것이 낫다. 나중에 떠밀려서 따라 하면 이미 늦는다”고 말한다.

셋째, 정책결정에서 ‘내부자’가 되려고 노력했다. 중국에서는 예상치 못한 정책변화와 그에 따른 시장 환경변화가 많고, 이를 잘 파악하는 중국 현지기업들이 우위에 서게 된다. 그러나 다국적기업도 중국 정부의 의사결정과정을 이해하고 대응한다면 불이익을 줄일 수 있다. 현대자동차는 중국 정부의 공장 신축 허가를 받은 뒤 보통 2~3년이 걸리는 공장 건설을 단 6개월 만에 해냈다. 중국 시장 개방 이전부터 미리 정책 당국과 긴밀하게 협조하며 준비하였기 때문이었다. GE는 중국에서 변호사를 많이 고용하고 있다. 그 이유는 소송을 위해서가 아니라, 정책결정과정과 법적 절차를 이해해 미리 준비하고자 하기 때문이다.

경쟁자가 게릴라 전법을 구사할 때에는 다른 전략으로 대처해야 한다. 속도보다는 정확성을 추구하고, 대응보다는 변화를 주도하며, 정부 정책을 미리 파악하는 것이 중국에서의 성공 요인이다.

• 조선일보, 2013.11.16

토의과제

1. 중국에 진출한 다국적기업의 특징은 무엇인가?
2. 선진국 다국적기업들의 성장원동력은 무엇인가?
3. 한국의 다국적기업들이 성장을 유지하기 위해서는 어떤 노력이 필요한가?

1 다국적기업의 개념

1.1 다국적기업의 정의

다국적기업(multinational corporations: MNC)에 대해서는 여러 명칭과 평가기준이 병존하고 있으며 아직까지 이에 대한 통일된 정의가 존재하지 않고 있다. 다국적기업은 국제기업(international firm), 초국가기업(transnational corporation), 세계기업(world enterprise), 지구기업(global firm), 무국적기업(stateless enterprise) 등 다양하게 불리고 있다.

다국적기업이란 용어를 1960년 처음 사용한 릴리엔탈(D. E. Lilienthal)은 다국적기업을 '1개국 이상에서 해외생산활동을 전개하면서 경영자가 세계적인 차원에서 연구개발, 생산, 판매 등에 대한 의사결정을 내리는 기업'이라고 매우 포괄적으로 정의하고 있다.[1] 버논(R. Vernon)은 '포춘(Fortune)지의 500대 기업에 연 2회 이상 등재되어 있는 동시에 6개 이상의 국가에서 제조업투자 및 영업활동을 벌이고 있는 기업'이라고 구체적인 평가기준을 설정함으로써 대형의 제조기업만을 한정하고 있다.[2]

결국 다국적기업에 대한 정의는 학자에 따라 다른데, 일반적으로 '국경과 국적을 초월해 여러 개의 자회사를 설립한 후 현지 국민의 주식소유와 경영참여 조건하에서 생산, 판매, 무역, 연구개발, 서비스 등 모든 분야에서 사업활동을 하는 기업'이라고 집약할 수 있다.

한편 다국적기업과 직접투자와의 관계를 명확히 할 필요가 있는데, 직접투자란 외국기업의 경영에 참가하기 위해 그 주식을 취득하거나 혹은 직접 경영활동을 추진하기 위해 외국에서 공장, 설비, 부동산 등의 기업자산을 취득하는 경우를 의미한다. 직접투자의 개념은 거의 공통적으로 밝혀지고 있으나 다국적기업의 개념은 여러 가지 뜻으로 사용되고 있다. 그런데도 불구하고 양자는 때때로 대개 동의어처럼 사용되고 있다. 그러나 다국적기업의 투자방식은 직접투자형태를 취하고 있고, 또한 다국적기업은 직접투자 중에서 높

1) D. E. Lilienthal, "Management of Multinational Corporation," in Anshen, M. H. and Bach, G. L. eds., *Management and Corporation* (New York: McGraw-Hill Book Company, 1960), p.119.

2) R. Vernon and L. T. Wells, *Manager in the International Economy*, 4th ed. (Prentice-Hall, 1981), pp.3-6.

은 비중을 차지하고 있으나, 직접투자 중에는 다국적기업과 관계가 없는 부분이 적지 않다. 따라서 다국적기업과 직접투자는 가끔 중복되지만 양자의 범위는 반드시 일치되지 않는다고 할 수 있다.

1.2 다국적기업의 특징

다국적기업은 국내기업과는 달리 국경을 넘어 기업활동을 하므로 국내기업과는 여러 가지 면에서 다른 특징을 가지고 있다. 다국적기업이 지닌 주요 특징을 정리하면 다음과 같다.

① 다수의 국가에서 활동한다.
② 초대규모의 경제력을 지닌다.
③ 최첨단의 기술력을 보유하고 있다.
④ 범세계적인 분업이 이루어지고 있다.
⑤ 연구, 개발, 제조활동을 통하여 피투자국가의 GNP성장에 기여한다.
⑥ 경영이 다수의 국적인에 의하여 관리된다.
⑦ 주식이 다수의 국적인에 의하여 소유된다.
⑧ 국내활동, 국외활동의 구별없이 이익획득을 위한 장소와 기회만 있으면 어디든지 진출한다.
⑨ 세계의 어디든 활동의 본거지로 보며 본국은 단지 그 활동의 한 분야에 지나지 않는다.
⑩ 국가, 국적, 국경을 넘어 활동하므로 세계각지에 분산되어 있는 영업의 거점에는 세계 각국의 국적을 갖는 현지 법인으로서의 기업이 각각 설립된다.
⑪ 유가증권에 의한 간접투자가 아니라 직접투자에 의한 현지사업 단위를 외국에 두고 생산 및 마케팅 활동을 수행하는 기업이다.
⑫ 다국적기업에 있어서의 해외사업 활동은 본사와는 상대적인 독립성을 가지고 있으며, 그것은 본사를 중심으로 통일적 원리에 의하여 지배되고 수행된다.

1.3 다국적기업의 현황

최근의 UN통계에 의하면 전 세계적으로 약 50,000여 개의 다국적기업이 존재하며 이들은 200,000개의 해외자회사를 거느리고 있다고 한다. 그러나 실제로 글로벌산업에서 중요한 역할을 하는 것은 이들 중 소수의 다국적기업에 불과하다.

〈표 2-1〉은 2012년도 포춘(Fortune)지 선정 전 세계 다국적기업의 순위를 보여주고 있다. 연간 매출규모를 보면 Royal Dutch Shell이 4,844억 달러로 1위, Exxon Mobil이 4,529억 달러로 2위, Wal-Mart가 4,469억 달러로 3위이다. 한국기업 중에는 삼성전자가 1,788억 달러로 14위, SK가 1,063억 달러로 57위, 현대자동차가 752억 달러로 104위, LG전자가 452억 달러로 225위를 차지하고 있다.

다국적기업은 수많은 해외직접투자활동을 통해서 각국에 활동거점을 확보한 후 이들

〈표 2-1〉 2012년도 Fortune지 선정 다국적기업 순위

순 위	회 사	매출액($ millions)	수익($ millions)	국 적
1	Royal Dutch Shell	484,489	30,918	네덜란드
2	Exxon Mobil	452,926	41,060	미국
3	Wal-Mart Stores	446,950	15,699	미국
4	BP	386,463	25,700	영국
5	Sinopec Group	375,214	9,453	중국
6	China National Petroleum	352,338	16,317	중국
7	State Grid	259,142	5,678	중국
8	Chevron	245,621	26,895	미국
9	ConocoPhillips	237,272	12,436	미국
10	Toyota Motor	235,364	3,591	일본
		- - - - - - -		
14	Samsung Electronics	178,860	20,600	한국
57	SK Holdings	106,300	900	한국
104	Hyundai Motor	75,227	7,611	한국
225	LG Electronics	45,277	100	한국

자료 : Fortune, 2013. 7. 23.

자회사와 본사를 연결한다. 해외직접투자는 1993년 이후부터 전 세계적으로 빠른 속도로 증가하였는데, 이는 세계경제가 1990년대부터 더욱 급속히 글로벌화 됨에 따라 단순한 무역에 의한 글로벌화보다는 직접투자를 통하여 글로벌화 되었다는 것을 의미한다.

한국기업의 다국적화는 1980년대 중반 이후부터 본격화되었다. 초기에는 신발산업과 봉제업을 중심으로 시작하였으나, 1990년도에 들어오면서 업종을 가리지 않고 전산업분야에서 이루어지고 있다. 특히 최근에는 하이테크 중심의 전자와 자동차, 철강, 화학 등 첨단 및 중화학산업의 해외진출이 두드러지고 있다. 진출지역도 미국 · 유럽 등 선진국을 비롯하여, 동남아 · 중국 · 중앙아시아 등 다양한 지역에 이르고 있다.

2 다국적기업의 동기 및 효과

2.1 다국적기업의 해외진출동기

(1) 시장확보 내지 확대

다국적기업은 기존시장을 유지하거나 새로운 시장을 개척하기 위해 해외로 진출한다. 즉, 현지국의 시장규모가 크고 잠재력이 클 때 다국적기업은 시장확보 내지 확대하기 위해 현지국에 진출하게 된다. 다국적기업이 외국에 자회사를 설립하여 생산 및 매매거점을 확보한다면 시장확보 내지 확대는 그만큼 용이하게 된다.

(2) 관세 및 비관세장벽 회피

다국적기업은 무역장벽을 피하기 위해 해외로 진출한다. 무역자유화에도 불구하고 현지국은 자국산업의 보호를 위해 알게 모르게 각종 무역규제를 취한다. 따라서 기업은 현지국의 이러한 무역규제를 회피하기 위해 해외로 진출하게 된다.

(3) 경제발전 수준 격차의 이용

다국적기업은 각국의 경제발전수준 격차를 이용하여 이윤을 증가시키기 위해 해외로 진출한다. 일반적으로 자본의 한계생산력은 경제발전수준이 높은 나라보다 낮은 나라에서 크므로 기업이 개발도상국으로 진출하면 이윤을 증가시킬 수 있다.

(4) 노동의 저코스트 이용

다국적기업은 노동의 저코스트를 이용하기 위해 해외로 진출한다. 선진국 내에서는 임금수준이 높으므로 제품의 생산비도 높다. 그러나 임금수준이 낮은 외국에서 생산한다면 제품의 생산비가 낮게 되므로 당해 제품의 비교우위가 강화된다.

(5) 현지정부의 혜택 및 장려책

다국적기업은 현지국 정부의 특정 기간동안 조세상의 혜택을 받을 수 있으므로 이 혜택을 얻기 위해 외국으로 진출한다. 일부 개발도상국에서는 외국기업을 유치하기 위해 특정 기간동안 외국기업에 대해 조세상의 특혜를 부여한다. 또한 다국적기업은 현지국 정부의 장려책에 따라 진출한다. 자본이 부족하고 기술수준이 낮은 일부 개발도상국에서는 자국의 경제적 곤란을 해결하기 위하여 해외의 자본과 기술을 받아들이고 있다.

(6) 기 타

기타 다국적기업의 해외진출동기로서 해외시장에 대한 상품의 운송비 절약, 공장건설비용 절약, 원자재 확보 및 그 비용 절약, 자사 제품에 대한 현지 국민의 저항 배제, 해외시장조사 용이, 재고 축소, 전략상의 이점 등을 들 수 있다.

2.2 다국적기업의 효과

다국적기업은 본국과 현지국경제에는 물론 세계경제에까지 많은 영향을 미침으로써 국제경제질서의 재편성을 초래하고 있다. 즉, 다국적기업은 세계경제적 차원에서 물적 및 인적자원을 개발하고 우수한 제품을 생산함으로써 국제적인 자원배분을 보다 효율화하여 세계전체의 생산량과 후생을 증대시킨다는 긍정적인 측면이 있다. 반면에 다국적기업은 스스로 세계시장을 불완전하게 만듦으로써 오히려 자원의 최적배분을 저해하고, 또한 독과점적 시장지배력을 통해 경제의 효율성을 감소시킨다는 부정적인 견해도 있다.

그러나 다국적기업이 본국(home country) 및 현지국(host country)의 국민경제에 미치는 영향은 현실적으로 보다 다양하며 각국의 기업환경이나 제도 및 정책에 따라 그 성과가 상이하게 나타나게 된다. 다국적기업이 본국 및 현지국에 미치는 긍정적 효과와 부정적 효과를 살펴보면 다음과 같다.

(1) 본국에 미치는 영향

먼저 긍정적 효과로는 ① 해외소득에 대한 과세로 정부수입이 증대된다는 점, ② 해외자회사로부터의 과실송금과 로열티수입 등으로 국제수지가 개선된다는 점, ③ 자원의 효율적 이용으로 높은 수익성을 실현하고 국민소득을 증대시킬 수 있다는 점, ④ 국제경영활동에 필요한 인재를 양성해야 함으로 고용기회를 창출할 수 있다는 점 등을 들 수 있다.

다음으로 부정적 효과로는 ① 자본의 유출로 생산직의 실업이 늘어나 고용수준이 저하된다는 점, ② 조세피난처의 활용이나 이전가격의 조작 등으로 조세수입이 감소될 수 있다는 점, ③ 선진기술의 유출로 국제경쟁력이 약화될 우려가 있다는 점, ④ 현지국과 충돌이 발생할 경우 본국에게 정치외교적인 부담을 안겨줄 수 있다는 점 등을 들 수 있다.

(2) 현지국에 미치는 영향

먼저 긍정적 효과로는 ① 다국적기업의 자본, 기술, 경영노하우 등을 공급함으로써 현지국의 경제성장과 안정에 기여한다는 점, ② 다국적기업의 직접투자에 따른 자본유입으로 국제수지가 개선될 수 있다는 점, ③ 다국적기업의 진입에 자극을 받아 현지기업들의 경영합리화가 개선될 수 있다는 점, ④ 현지국이 개도국인 경우 국민소득, 고용, 국제수지 등에 걸친 총체적인 효과가 긍정적인 방향으로 나타날 수 있다는 점 등을 들 수 있다.

다음으로 부정적 효과로는 ① 다국적기업의 자본유입으로 장기적으로는 원리금 상환, 이익과 배당금의 송금, 기술이전에 대한 대가지급 등으로 국제수지가 악화될 수 있다는 점, ② 다국적기업의 경제적 우위가 현저하여 현지기업이 경쟁에서 살아남지 못할 경우 비효율을 초래할 수 있다는 점, ③ 현지국의 천연자원을 독점 및 채취함으로써 부당한 이득을 취할 수 있다는 점, ④ 본국의 법률을 현지국에 연장 및 적용함으로써 현지국의 주권을 침해한다는 점, ⑤ 본국의 가치관과 문화를 현지국에 전파하여 현지국의 전통적 가치를 파괴한다는 점 등을 들 수 있다.

연습문제

1. 다국적기업의 정의 및 유형에 대하여 설명하시오.
2. 다국적기업이 본국 및 현지국에 미치는 효과에 대하여 설명하시오.
3. 다국적기업의 해외진출동기에 대하여 설명하시오.
4. 한국의 다국적기업 특징에 대하여 설명하시오.
5. 미국 등 선진국의 다국적기업과 한국의 다국적기업의 차이점은 무엇인지 설명하시오.

PART 2 국제기업의 환경

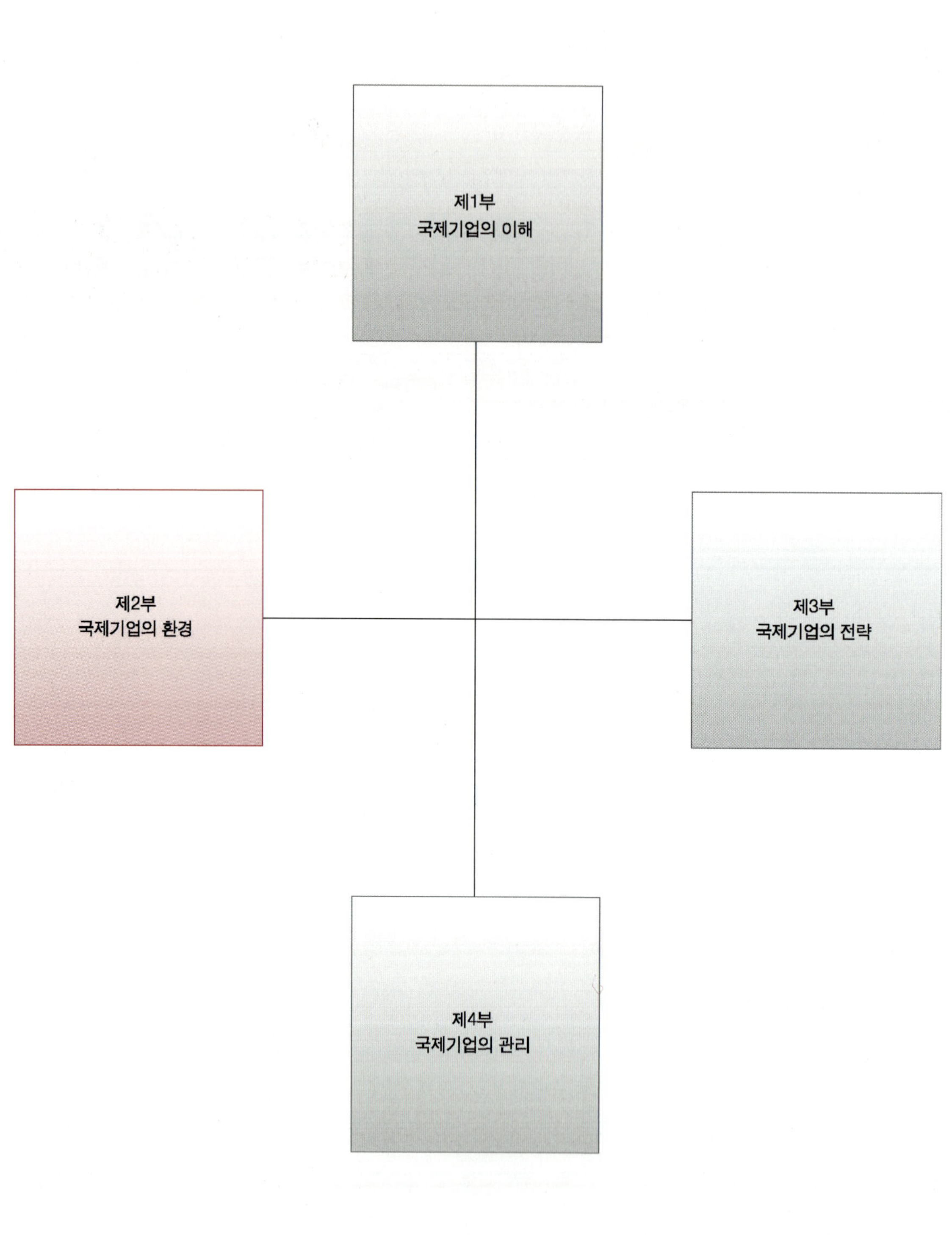
제1부
국제기업의 이해
제2부
국제기업의 환경
제3부
국제기업의 전략
제4부
국제기업의 관리

03
Chapter

국제통상환경

1. 국제통상환경의 특성
2. WTO
3. 뉴라운드
4. 경제통합

학습목표

국제통상환경을 구성하고 있는 국제경제의 변화추세, 국제통상체계, 국제경제기구 등에 대하여 알아본다. 구체적으로 WTO 출범에 따른 의미, 특징 등에 대하여 알아보고, 뉴라운드와 경제통합에 대하여 학습한다.

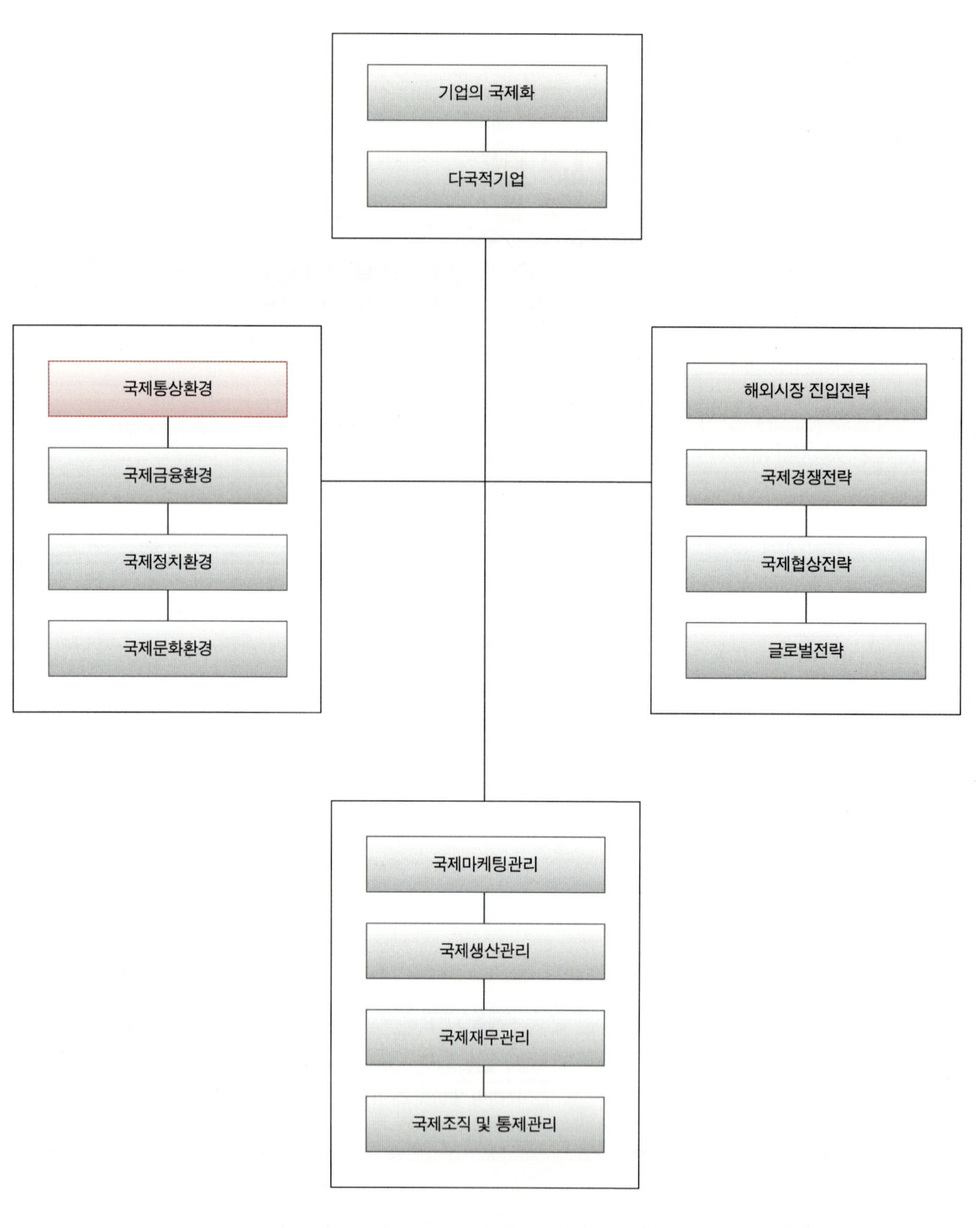
기업의 국제화
다국적기업
국제통상환경
국제금융환경
국제정치환경
국제문화환경
해외시장 진입전략
국제경쟁전략
국제협상전략
글로벌전략
국제마케팅관리
국제생산관리
국제재무관리
국제조직 및 통제관리

12년 만에 타결된 DDA

세계무역기구(WTO)의 다자간 협상체인 도하개발아젠다(DDA)가 비록 제한된 분야지만, 사상 처음으로 타결에 이른 것은 일단 WTO에 대한 국제적 신뢰의 불씨가 되살아 났다는 점에서 의미가 있다.

무려 159개국이 참여하는 대규모 협상체에서 관세 보조금 등의 핵심의제를 일괄 타결짓는 것이 사실상 불가능하다고 보고 합의 가능한 분야의 협상부터 먼저 진행하는 '조기수확(early harvest)' 방식을 택한 것이 주효했다는 평가다. 하지만 궁극적으로 이번 '발리 패키지'가 자유무역협정(FTA)으로 대변되는 새로운 통상 패러다임을 거스르기엔 역부족이라는 평가도 만만찮다.

DDA는 2001년 11월 카타르 도하에서 열린 제4차 WTO 각료회의에서 출범했다. WTO 출범 이후 첫 번째 다자간 무역협상으로, 농산물 공산품 서비스 등 다양한 분야에서 무역장벽을 제거하는 것을 목표로 했다. 출범 당시 WTO 회원국들은 2005년까지 모든 분야에서 협상을 한꺼번에 일괄 타결하겠다는 원대한 포부도 내비쳤다. 하지만 농산물에 대한 수입국과 수출국의 대립, 공산품 시장에 대한 선진국과 개발도상국 간 대립 등으로 협상은 난항을 겪었다.

전 세계가 FTA체결에 열을 올린 것도 DDA 협상의 속도를 더디게 만든 요인이다 미국(TPP), 중국(RCEP) 등 거대 교역국들이 지역 중심의 다자간 FTA를 추진하기 시작하면서 급격히 힘이 빠져나간 것. WTO체제에 대한 의구심은 갈수록 높아져 갔다. 'WTO가 죽었다' '새로운 다자기구가 탄생해야 한다'는 비난이 나올 정도였다.

영국 가디언은 이번 타결 소식을 전하면서도 "WTO가 2001년 도하 라운드 협상을 시작할 때 농업과 공산품에 서비스까지를 모두 포함한 것이 무리였다"며 "씹기에 너무 많은 음식을 한입에 넣은 것"이라고 지적했다. 협상이 선진국과 개도국 간 세력 다툼으로 변질돼 지난 12년간 밀고 당기기만 했다는 것이다.

WTO는 이번 패키지에 무역원활화가 포함되면서 전 세계적으로 무역 1조달러, 일자리는 200만개 이상 각각 늘어날 것으로 보고 있다. 우선 앞으로 WTO 회원국들은 한국의 관세청처럼 통관서류 처리를 한 기관에서 담당하도록 해야 한다. 이른바 '싱글 윈도'로 한국의 제안으로 협정내용에 포함됐다. 또 위험이 인지됐을 때도 모든 수입 컨테이너가 아닌 일부 컨테이너에 한해 조사하도록 해 물품 통관 시간 등이 줄어들 전망이다. 수입인지 등을 위해 지급하는 수수료도 줄어든다. 이에 따라 수출의존도가 높은 한국이 큰 혜택을 입을 전망이다. 2011년 대외경제정책연구원 연구결과에 따르면 무역원활화 협정이 발효될 경우 한국의 국내총생산(GDP)은 장기적으로 8.74% 증가할 것으로 분석됐다. 후생과 수출은 각각 8.45%, 11.3% 증가할 것으로 추산됐다.

농업부문에서는 저율할당관세(TRQ)방식 개선 의무는 선진국만 지도록 함으로써 개도국으로 분류되는 한국은 큰 부담을 안지 않아도 되게 됐다. 오히려 선진국에 대한 농산물 수출이 늘고 있는 한국에는 호재라는 설명이다. 이번 협정은 2015년 7월31일까지 WTO 회원국의 동의절차를 받게 된다. 회원국 3분의 2 이상이 수락하면 해당 회원국에 한해 협정이 발효된다.

12년 만의 성과에도 불구하고 갈 길이 여전히 멀다는 지적도 많다. 영국 공영방송 BBC는 "일부 선진국들은 여전히 '21세기에 걸맞은 협상으로 업그레이드하자'고 압박하고 있다"고 전했다. 협정내용이 만족스러운 수준은 아니라는 것이다.

• 한국경제, 2013.12.8

토의과제

1. 부분적이지만 DDA의 타결로 우리나라가 얻게 될 유익은 무엇인가?
2. DDA의 타결에 따라 우리가 준비하고 노력해야 할 것은 무엇인가?
3. 향후 국제통상환경의 변화를 예측한다면 무엇을 중심으로 개편될 가능성이 높은가?

1 국제통상환경의 특성

최근 국제통상환경은 상이한 두 가지 현상이 나타나고 있다. 하나는 다자주의로 상징되고 있는 '세계화(globalization)'로서 세계무역체제가 WTO를 중심으로 쌍무간의 공정거래와 회원국내의 상품 및 서비스부분 시장의 개방을 거세게 요구하고 있다. 다른 하나는 개방화와 상충되는 것으로 지역화 또는 지역경제통합이라는 '지역주의(regionalism)'의 대두이다.

1.1 세계화

경제의 세계화(globalization) 현상은 무역, 금융, 투자 등 여러 부문에서 진행되면서 국가들 간의 상호의존도를 갈수록 높이고 있다. 예를 들어 무역부문에 있어서는 7년여의 어려운 협상 끝에 1993년 말 우루과이라운드가 타결됨으로서 WTO체제가 탄생했고, 전 지구적 차원에서 무역부문의 상호의존관계를 규제할 중심기관으로 자리 잡게 되었다. WTO를 중심으로 상품과 용역의 자유로운 수출입뿐만 아니라, 이제 무역과 관련된 국내생산 조건에 대한 규범화 작업까지 시도될 것으로 예측되고 있다. 예를 들어, 환경문제뿐만 아니라 노동조건, 경쟁정책 등의 쟁점들도 WTO를 중심으로 앞으로 더욱 심도 깊은 논의가 진행될 것으로 알려져 있다.

이러한 세계화의 주요 원인은, 첫째로 과학 및 기술적 측면에서 정보통신과 교통의 발달 등으로 국가 간의 활동영역 및 시간적 거리가 크게 단축되었다. 둘째로 경제적인 측면에서 소비수요의 세계적 동질화, 국가 간 무역규제의 감소, 재화 및 생산요소의 이동비용 감소 등으로 국경을 넘는 경제활동이 용이하게 되었다. 셋째로 사회문화적인 측면에서 국가 간 이질성이 감소되고 가치관이 세계적으로 보편화되었다. 넷째로 정치적으로는 사회주의 국가들의 붕괴로 체제간 장벽이 와해됨으로써 자유경제활동의 영역이 확대되었다.

1.2 지역주의

80년대 이후에 나타난 국제경제상의 중요한 변화 중의 하나는 전후 GATT체제를 중심으로 하는 세계화를 표방하여 온 미국 등 주요 선진국들이 점차 지역주의(regionalism)로 바뀌어 가고 있다는 사실이다. 지역주의의 속성상 지역외 국가에 대해서는 어떠한 형태로든지 부정적인 영향을 끼칠 가능성이 매우 크기 때문에 이러한 지역주의의 확대는 새로운 혼란을 야기할 가능성이 크다. 즉, 지역통합을 이룬 나라들 간에는 교역이 확대될지는 모르나 그 외의 지역이나 상호 다른 지역 블록 간에는 대립 또는 배타적일 수도 있다. 특히 앞으로는 전 세계가 커다란 블록으로 나누어질 양상을 보이고 있어, 지역 간 지역이기주의에 대한 우려 또한 커지고 있다.

2차 세계대전 이후 이루어진 최초의 지역경제협정은 1958년과 1960년에 각각 발족된 유럽경제공동체(EEC)와 유럽자유무역연합(EFTA)이다. 이후 1960년대에 남미, 아시아, 아프리카지역에서 개도국간 특혜무역지역협정(Preferential Trade Arrangements: PTAs)이 계속해서 체결되었지만, 생산입지의 선정과 통합에 따른 이득의 공평한 분배에 대한 회원국간 이해관계의 차이로 EEC를 제외하고는 유명무실하게 되어버렸다. 1970년대까지 잠잠하던 지역주의 추세는 1980년대 중반이후 새롭게 확산되기 시작하였다. 지역주의의 새로운 확산은 GATT중심의 다자주의적 국제무역체제의 위기로부터 비롯되었다고 할 수 있다. 이러한 지역주의 현상은 유럽연합(EU), 북미자유협정(NAFTA) 및 그 외 기타 소지역 경제블럭의 형성으로 나타나고 있다.

한반도를 둘러싸고 있는 동아시아 지역도 마찬가지로 이러한 세계화의 흐름과 지역주의의 흐름이 동시에 나타나고 있다. 공기업 매각, 노동시장의 유연성, 금융부분의 개방, 시장규제에 대한 철폐 등이라는 신자유주의 질서를 따르면서도 아세안(ASEAN)과 같은 지역국가 간의 경제이익을 위한 지역간의 협력도 동시에 이루어지고 있다. 그런 전통적인 동아시아 지역기구와는 달리, 아시아・태평양 경제협력체(APEC)와 아시아・유럽회의(ASEM)이라는 새로운 기구가 등장하였다. 이러한 국제경제질서 변화에 따라 등장한 APEC과 ASEM에 동아시아 지역국가들이 공통적으로 가입되어 있다.

2 WTO

2.1 WTO의 설립배경

우루과이라운드(Uruguay Round)의 협상결과로 1995년 1월 1일 WTO(세계무역기구: World Trade Organization)가 정식으로 출범하였다. 여기서 주의할 것은 WTO의 출범으로 기존의 GATT(General Agreement on Tariff and Trade)가 폐기되거나 모든 GATT규정이 무효화되는 것은 아니라는 사실이다. 즉, 국제협정으로서의 GATT는 '1947년 GATT' 및 '1994년 GATT'의 형태로 WTO관할하의 UR최종협정에 저촉되지 않는 범위 내에서 계속 효력을 갖게 된다. GATT를 대신하여 새로운 국제무역기구로서 역할을 수행할 WTO의 설립배경은 다음과 같다.

첫째로, 70년대 2차에 걸친 석유파동과 달러를 기축통화로 하는 고정환율제도의 붕괴는 선진국의 고실업, 고인플레, 저성장 등으로 이어졌는데, 이러한 세계무역질서의 불안은 신보호주의의 만연과 비관세장벽의 역할을 증대시키는 계기가 되었다. 이에 따라 각국은 자유무역의 흐름을 저해하는 이와 같은 요인들을 과감하게 억제할 수 있는 강력한 제재력을 지닌 국제기구를 필요로 하게 되었다.

둘째로, 단순한 국제협정에 지나지 않는 GATT만으로는 확대되고 복잡화되는 앞으로의 국제통상질서를 뒷받침할 수 없기 때문에 이를 국제기구화해야 한다는 생각이 깔려 있다고 할 수 있다. 나아가 종래 GATT에서 규율되지 않던 서비스교역이나 지적재산권 등 새로운 분야를 포괄하고, 또 동경라운드 부수협정이 일반협정과 분리되어 각 협정을 관장하는 기구가 나누어져 있던 것을 한데 묶을 수 있는 구심점으로서 새로운 기구가 요구되었던 것이다.

셋째로, 선진국과 개도국간의 무역확대의 필요성이 증가하였다는 것이다. 선진국은 그들이 비교우위를 지닌 서비스와 지적재산권 분야에서의 시장확대를 기대하였으며, 후진국들은 수출자율규제나 반덤핑의 남용 등 비관세장벽의 부과 근거를 명확히 함으로써 수출확대를 필요로 하였다.

2.2 WTO의 협정내용 및 특징

(1) WTO의 협정내용

WTO협정은 설립취지와 목적을 언급한 전문, WTO의 조직 및 운영에 관한 16개 조항이 들어있는 본문, 그리고 많은 양의 국제무역규범을 담고 있는 4개의 부속서로 구성되어 있다. 한편 협정상호간에 적용상의 우선순위는 가장 먼저 WTO 설립협정을 적용하며, 다음으로 GATT 이외의 다자간무역협정을 적용하며, 그 다음으로 GATT 1994를 적용하게 된다.

가) 전 문

전문에는 WTO의 설립취지 및 목적을 명시하고 있다. 전문에 나타난 WTO의 설립목적은, 첫째로 국가 간 교역증대와 경제협력을 통한 국가경제발전, 둘째로 지속가능한 발전 속에서 세계자원의 최적 이용, 셋째로 각국의 경제발전단계에 상응하는 환경보존과 보존수단의 탐색, 넷째로 개도국의 경제발전에 필요한 국제무역증대, 다섯째로 상호 호혜 속에서의 무역장벽 감소와 국제무역상의 차별대우 폐지, 여섯째로 GATT를 포함한 이전의 무역협정들을 포괄하는 영속성 있는 다자간 무역체제의 구축, 일곱째로 다자간 무역체제에 대한 기본원칙의 확립 등이다.

나) 본 문

본문에서는 WTO 자체에 대한 규정을 두고 있고, 방대한 양의 실질적인 국제교역규범은 부속서에 두고 있다.

다) 부속서

부속서(Annex)에는 다자간무역협정(MTA: Multilateral Trade Agreement) 17개, 복수국간무역협정 4개로 총21개로 구성되어 있다.

① 부속서1A : 상품무역협정(Agreement on Trade in Goods)
　부속서1B : 서비스무역 일반협정(GATS: General Agreement on Trade Services)
　부속서1C : 무역관련 지적재산권협정(TRIPs: Agreement on Trade Related Aspect of Intellectual Property Rights)
② 부속서2 : 분쟁해결규칙 및 절차협정(Agreement on Dispute Settlement Rules and Procedures)

③ 부속서3 : 무역정책 검토제도(TPRM: Trade Policy Review Mechanism)

④ 부속서4 : 복수국간 무역협정(PTA: Plurilateral Trade Agreement)

(2) WTO의 특징

WTO체제는 이전의 GATT체제보다 국제무역에 있어서 그 포괄하는 범위가 확대되었고, 더 체계적이고 강력하게 국가 간의 무역관계를 관리할 수 있게 되었다. WTO체제의 달라진 특징들을 기존의 GATT체제와 비교하여 정리해 보면 〈표 3-1〉과 같다.

가) 규범의 명료화

GATT에서는 매우 단순한 GATT협정의 규정과 선언 등에 의존하여 왔기 때문에, 규정상의 미비 또는 불명확으로 인하여 국가 간의 실행과 해석차이로 마찰이 자주 발생하였다. 그러나 WTO에서는 반덤핑협정을 비롯한 여러 개별협정으로 문제가 되었던 GATT규정을 구체화하고 규범의 내용을 보다 명확하게 함으로써 이로 인한 분쟁의 가능성을 방지하게 되었다.

〈표 3-1〉 GATT와 WTO의 차이점

	GATT	WTO
무역협정	· 포괄적인 무역규범의 제정실패 · 보조금협정과 반덤핑협정의 제정	· 다자간협정(MTA) 및 복수간협정(PTA) 타결 · 서비스협정(GATS) 제정 · 무역관련 지적재산권협정(TRIPs) 제정
대상품목	· 공산품과 일부 농산물	· 농산물, 공산품, 서비스 등 모든 교역상품
무역규범 강화	· 비관세장벽에 대한 규범제정 실패	· 반덤핑 관세부과기준 강화 · 보조금의 운용기준 강화 · 세이프가드협정을 통한 회색조치 철폐 의무화
분쟁해결	· 상설기구가 없으며 무역분쟁에 대한 권고안만 제시 · 교차보복 없음	· 상설기구 설치(DSB) · 분쟁해결 절차 및 이행기간 명료화 · 교차보복 가능
의사결정방식	· 총의제	· 다수결방식 및 반대총의제
기구성격	· 국제협정의 성격 · GATT 1947이라고도 함	· 국제법인으로서 국제기구의 성격 · GATT 1994라고도 함

나) 자유무역의 강화

WTO체제에서는 무역자유화가 더욱 강화되었다. 즉, WTO에서는 GATT체제하에서의 매우 심각한 무역장벽이었던 비관세장벽이 대거 제거되고 관세의 수준도 이전에 비하여 크게 감축되었을 뿐만 아니라 국제무역 전반에 걸쳐 개방과 자유화의 기조가 더욱 강화되었다.

다) 대상품목의 확대

무역대상품목은 지금까지는 주로 공산품과 일부 농산물에 한정되었으나, WTO에서는 농산품, 섬유류, 무역관련 투자 등의 분야를 규범대상에 추가시키는 한편, 서비스무역, 무역관련 지적재산권을 다자간 협정의 규율범위 내에 포함시켰다. 이런 결과로 WTO는 국제무역에 직접적으로 관련되는 문제전반을 포괄할 수 있게 되었다.

라) 국제기구로서의 역할

GATT는 기본적으로 무역협정에서 출발하였기 때문에 국제기구로서의 역할에 한계가 있었다. 그러나 WTO체제에서는 세계무역기구로서 출범하여 법·제도적 능력을 갖추었기 때문에 다자간 무역관계를 주관하게 됨은 물론, 국제무역관계를 보다 효율적이고도 원활하게 운영할 수 있게 되었다. 결국 국제무역에 있어서도 국제금융에서의 IMF나 IBRD와 같은 국제기구를 갖추게 된 것이다.

마) 분쟁해결능력의 강화

분쟁발생시 과거에는 권고안의 제시에 불과하였으나, 이제는 WTO내에 전담기구로서 분쟁해결기구(DSB: Dispute Settlement Body)를 설치하고 이를 통해 강력한 해결을 시도하고 있다. DSB는 신속한 분쟁해결을 위해 분쟁해결 시한을 규정하고 있으며, 사법적인 분쟁해결 절차를 채택하고 있다. 결정사항에 대해서는 DSB가 만장일치로 반대해야 결정사항이 번복될 수 있다는 반대총의제(역만장일치제: reverse consensus system, negative system)를 도입하였다. 그동안 GATT에서는 총의제를 사용하였다. 그리고 상품교역에 관한 분쟁해결기구의 결정을 받아들이지 않을 경우 지적재산권 및 서비스부문에 대한 교차보복(cross-sector retaliation)을 할 수 있도록 제도화하고 있는데, 이는 무역분쟁을 해결할 수 있는 국제법적인 권한을 WTO에 부여한 것이라고 할 수 있다.

바) 신속한 의사결정

WTO의 의사결정방식은 기본적으로는 GATT와 마찬가지로 총의를 기본으로 하고 있지만, 신속한 의사결정을 위하여 회원국간에 합의가 안 될 경우 다수결에 의한 표결방식을 채택하고, 의사결정시한도 엄격히 설정하고 있다.

사) 정책적 협력강화

무역장벽 완화를 비롯한 무역상의 제반 문제를 해결하기 위하여 무역정책검토제도 협정과 함께 WTO내에 무역정책검토기구(TPRB: Trade Policy Review Body)를 두고, 모든 회원국의 무역관련 정책, 제도, 관행 등을 주기적으로 검토 및 평가하여 국가 간의 정책적인 협조 속에서 국제무역의 발전이 이루어지도록 하고 있다.

2.3 WTO의 원칙

(1) 최혜국대우의 원칙

최혜국대우(MFN: most favored nation treatment)의 원칙이란 회원국은 한 국가에 부여한 대우보다 불리하지 않은 대우를 다른 회원국에게 무조건적으로 즉시 부여해야 한다는 원칙이다. 만약 어느 국가가 특정국가에만 최고 유리한 혜택을 주는 경우, 수혜국가의 상품은 다른 국가의 상품보다 훨씬 우월한 경쟁력을 갖게 되기 때문에, 이러한 최고의 혜택을 모든 국가에 대하여도 무차별적으로 적용하여야 한다는 것이 바로 최혜국대우의 원칙이다.

(2) 내국민대우의 원칙

내국민대우(national treatment)의 원칙은 외국인과 내국인을 똑같이 대우해야 한다는 의미로서, 이는 어느 국가가 자국 내의 과세나 기타 규제 및 절차에 관하여 수입품을 국산품보다 불리하게 대우하지 않도록 하여야 한다는 원칙이다. 앞의 최혜국대우의 원칙이 외국의 모든 수출국에 대하여 공정한 경쟁기회를 보장한다는 것이라면, 내국민대우의 원칙은 수입국 내에서의 수입품과 국산품간의 공정한 경쟁을 할 수 있도록 보장함으로써 자유무역을 실현하고자 하는데 목적이 있다.

(3) 시장접근의 원칙

시장접근(market access)의 원칙은 수입상품에 대한 국내의 제반 장벽을 제거하여 외국의 상품이 국내상품과 동일한 조건으로 시장접근을 할 수 있어야 한다는 원칙이다. 시장접근의 판단기준은 외국업자가 국내시장에서 그 기업의 경쟁력과 시장의 경쟁상태 등에 비추어 적당하다고 판단할 수 있는 시장점유를 하고 있을 때 시장접근이 이루어지고 있다고 할 수 있다. 그렇기 때문에 시장접근은 관세 및 비관세장벽 외에도 국가 간의 무역과 기업의 자유경쟁을 제한하는 국내정책이나 사회문화적인 장벽까지 포함하여, 상품이 소비자에게 접근하는데 있어서 장애되는 요소가 없도록 해야 한다는 것을 말한다.

(4) 투명성의 원칙

투명성의 원칙은 각국의 행정부나 사법기관의 의사결정 또는 법령적용, 제도운용이 합리적이며 예측 가능하여야 하고, 그러한 결정에 관한 이유를 고지하고, 또 결정의 기초가 되는 모든 법령 및 자료들이 공중에게 공개되어야 한다는 원칙이다. 즉, 투명성의 원칙은 무역관련 제도와 그 운영에 있어서 공개성, 명료성, 공정성, 검증가능성 등의 보장을 포함하고 있다. 이러한 투명성의 원칙이 필요한 이유는 무역제도에 대한 정보의 제약으로 집행절차의 예측가능성이 없으면 무역은 장애를 받기 때문이다.

(5) 공정한 경쟁의 보장

한 국가 내에 국내외의 경제주체들이 공정하고 자유롭게 경쟁할 수 하여야 한다는 것이다. WTO체제에서는 무역규범의 범위를 확대하고 명료화하였을 뿐만 아니라 공정경쟁을 보장하기 위한 많은 규정을 두어, GATT체제에 비하여 교역조건에서의 공정성 확보를 훨씬 더 보장하게 되었다.

(6) 경제개발의 촉진

WTO 회원국 2/3 이상은 개도국이거나 비시장경제체제로부터 경제체제를 전환하는 과정에 있는 국가들이다. 우루과이라운드에서는 이전의 어느 라운드보다 개도국과 시장경제전환 국가들이 더 많이 참여하였다. 개도국의 이해를 최대한 고려하여 개도국에 대한 양허는 상호주의를 따르지 않게 하고, 무역이 개도국의 발전에 도움이 되도록 원조를 제공하고 있으며, 최빈개도국에 대해 무역상의 특혜와 기술원조의 증대를 모색하고 있다.

즉, 국제무역체제가 선진국들만의 이해를 위해서 존재한다는 관념을 불식하고, 선진국과 개도국이 동일한 입장에서 다자간 무역기구에 참여한다는 점이 강조되었다.

2.4 WTO의 조직 및 전망

(1) WTO의 조직

세계무역기구의 조직은 [그림 3-1]에서 보는 바와 같이 각료회의, 일반이사회, 위원회, 무역정책검토기구, 분쟁해결기구, 사무국 등으로 구성된다. 각 개별기관의 주요 기능을 살펴보면 다음과 같다.

가) 각료회의

각료회의(Ministerial Conference)는 세계무역기구의 기능수행에 필요한 모든 문제에 대한 의결권을 갖는 최고의 의사결정기구이다. 각료회의는 모든 회원국의 대표들로 구성되며

[그림 3-1] WTO 조직도

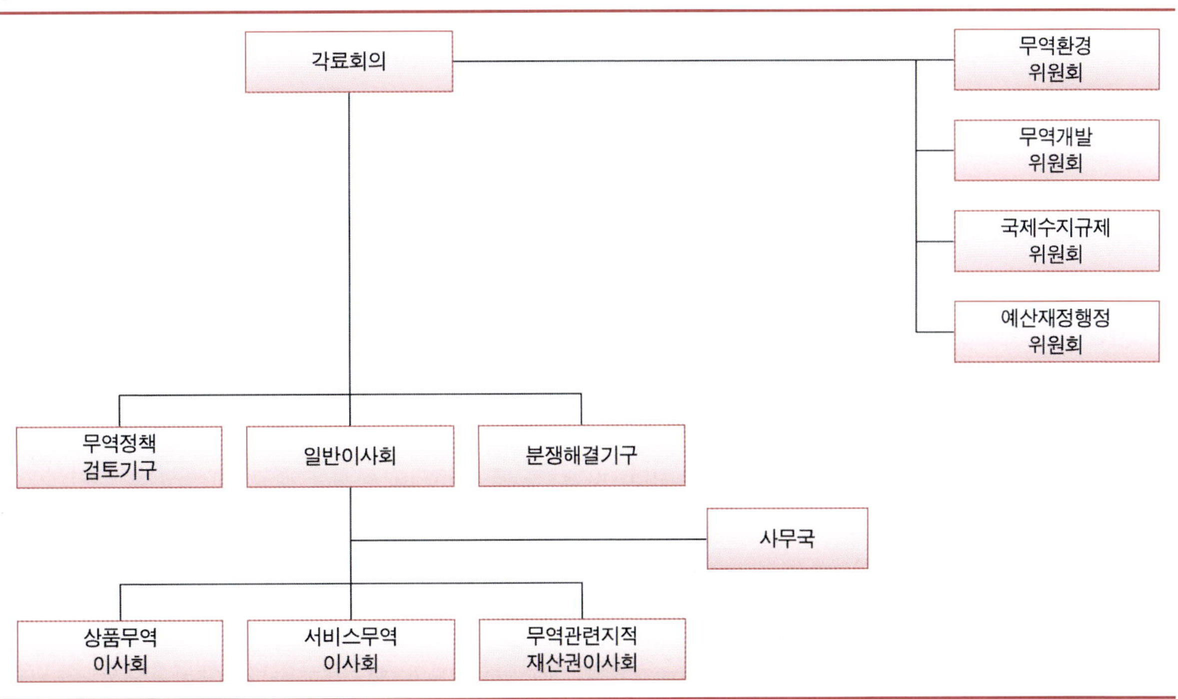

2년에 1회 이상 개최된다. 각료회의는 회원국의 요청이 있을 경우 세계무역기구협정에 따라 다자간 무역협정에 관련된 모든 결정을 내릴 권한을 가진다.

나) 일반이사회

일반이사회(General Council)는 각료회의 비회기 기간 중에 각료회의의 기능을 수행하고, 또한 본 협정에 의하여 부여받은 기능을 수행하게 된다. 일반이사회는 분쟁해결규칙 및 절차에 관한 협정에 규정된 분쟁해결기구의 임무, 또는 무역정책검토제도협정에 규정된 무역정책검토기구의 임무를 수행하기 위하여 필요시마다 개최된다. 일반이사회는 세계무역기구의 업무와 연관된 업무를 갖는 여타 정부 간 기구들이나 비정부기구들과 협의 및 협력하거나 이를 위한 협정을 체결할 수 있는 권한을 갖고 있다. 일반이사회 산하에는 상품무역이사회, 서비스무역이사회, 무역관련 지적재산권이사회가 설치되어 있다. 이들 각 이사회는 해당분야에 관련된 협정의 운영을 감독하며 관련분야 및 일반이사회에서 부여한 역할을 수행하게 된다. 모든 회원국은 이들 이사회의 회원국이 될 수 있다.

다) 위원회

각료회의는 그 산하에 무역환경위원회, 무역개발위원회, 국제수지규제위원회, 예산재정행정위원회를 두고 있다. 이 위원회들은 본 협정과 다자간협정들에 의하여 맡겨진 임무들을 수행하며, 또 일반이사회가 부여한 임무들도 수행하게 된다.

라) 무역정책검토기구

무역정책검토기구(TPRB: Trade Policy Review Body)는 회원국의 무역정책 및 국제무역환경의 진전에 대해 검토하는 기능을 수행한다. 무역정책검토기구는 자체적으로 의장을 둘 수 있으며 임무수행을 위하여 필요한 경우 의사규칙을 제정할 수 있다.

마) 분쟁해결기구

분쟁해결기구(DSB: Dispute Settlement Body)는 회원국간의 분쟁을 해결하는 기능을 수행한다. 분쟁해결기구는 자체적으로 의장을 둘 수 있으며 임무수행을 위하여 필요한 경우 의사규칙을 제정할 수 있다.

바) 사무국

사무국은 세계무역기구의 업무수행을 지원하는 행정관리기구이다. 사무총장은 사무국의 최고책임자로서 각료회의에서 임명되고 그 직무, 권한, 근무조건은 규정에 따라 정해진다. 사무총장 및 직원의 임무는 전적으로 국제적인 성격을 가진다.

(2) WTO의 전망

가) 무역패턴의 변화

WTO의 출범은 시장접근분야, 무역관련 투자조치, 다자간 규범분야, 지적재산권과 서비스부문의 다양한 산업분야 등을 협상대상으로 하고 있기 때문에 경쟁력이 있는 선진국의 경우에는 혜택이 예상되지만, 한국이나 개도국의 경우에는 국내의 보호수단이 사라지게 됨으로써 타격이 클 것으로 예상된다. 시장접근분야의 경우 관세인하를 통한 자유무역이 더욱 증가될 것으로 기대되므로, 그동안 관세에 의해 혜택을 받았던 자동차나 전자제품 등은 국내시장의 개방으로 많은 타격이 예상된다. 무역관련 투자조치의 경우 현지부품사용의무, 특정제품의 제조나 기술의 사용제한, 내국인지분 보유의무 등 외국인 투자와 관련된 일련의 조치완화를 규정하고 있으므로 해외직접투자가 활성화될 것으로 예측된다.

나) 세계무역량의 증가

WTO의 출범은 공정하고 자유로운 세계무역질서의 확립을 기본으로 하고 있기 때문에 전 세계적으로 경제적 의미의 국경이 사라지고, 자국의 이익이 있는 곳이라면 어떤 국가와도 무역이 발생하는 경제제일주의의 무한경쟁시대에 돌입하게 될 것이다. 더욱이 노동, 자본, 기술 등 생산요소의 국가 간 활발한 이동이 예상되고, 생산과 판매시장의 급속한 확대를 가져올 것이다. 그리고 관세장벽과 비관세장벽의 완화로 인해 세계무역량의 급속한 증가가 예상된다.

다) 금융부문의 변화

특히 금융시장은 경상・자본거래 및 정부의 외환시장의 개입 등으로 인해 외환시장이 발달하지 못한 국가나 자본이 부족한 나라의 경우에는 외국자본의 국내진출로 말미암아 타격이 클 것으로 예상된다. 반면에 이러한 선진국의 상대적으로 저렴한 국내자본유입을 개도국이나 후진국의 입장에서 볼 때 자금조달의 비용절감효과와 선진금융기법의 도입이라는 측면에서 긍정적으로 보는 견해도 있다.

3 뉴라운드

3.1 뉴라운드의 의의

1994년 4월 15일 UR의 타결에 이어서, 2001년 11월 14일 카타르 도하에서 열린 WTO 제4차 각료회의에서는 뉴라운드(New Round)의 출범을 결정하는 각료회의 선언문을 만장일치로 채택했다. 선언문의 공식명칭은 도하개발의제(DDA: Doha Development Agenda)로 결정했다. 이 선언문은 보호무역의 억제와 무역자유화의 지속적인 확대를 추진하기 위해 농업, 서비스, 관세, 보조금 등 각 부문의 향후 협상의제(Agenda)와 각 협상이 지향해야 할 가이드라인을 확정하였다.

앞으로 진행될 뉴라운드 협상결과는 기존의 UR을 대체하는 21세기의 새로운 세계 무역질서가 될 것이다. 1995년 WTO체제 출범으로 가시화된 세계무역의 국경없는 자유화가 구체적이고 실천적인 이행의 단계로 들어선 것이다. 〈표 3-2〉는 뉴라운드가 출범하기까지의 과정을 보여주고 있다.

각국의 이해관계가 달라 난항이 거듭되던 WTO 각료회의가 급진전을 이루어 합의에 도달한 것은 9.11 테러사건 이후 급속히 확산된 전 세계적인 경기침체와 무역위축의 우려에 대한 절박성을 각국이 공유했기 때문이다. 그래서 뉴라운드 출범만으로도 세계 각국 경제의 심리적 안정에 일정한 기여를 하게 될 것이라는 기대를 받고 있다.

한편 세계화 반대세력들은 뉴라운드 출범에 대해서도 선진국에 의한 후진국 경제의 예속화, 농업기반의 붕괴 등을 우려하며 비난의 목소리를 높였다. 그렇지만 세계화의 변방지대로 남아있던 유일한 대국인 중국마저도 대만과 함께 WTO에 가입한 사실이 말해주듯이, 경제와 무역의 세계화는 어느 나라에게도 불가피한 현실이 되었다. 현실을 인정하는 가운데 거기에서 생존과 발전의 방법을 찾아내는 일만이 유일한 선택이 되었다.

〈표 3-2〉 뉴라운드 추진일정

	뉴라운드 추진일정
1994년 4월	· 우루과이라운드(UR) 종료
1995년 1월	· UR 결과로 세계무역기구(WTO) 발족
1996년 12월	· 한국의 경제협력개발기구(OECD) 가입 · 싱가포르 제1차 WTO 각료회의
1998년 5월	· 스위스 제네바 제2차 WTO 각료회의에서 새로운 다자간 무역협상 준비하기로 결정 · 1999년 말 미국 시애틀 제3차 WTO 각료회의에서 뉴라운드 출범을 결정하기로 합의
1999년 11월	· 미국 시애틀 제3차 WTO 각료회의는 주요국간 협상의제 의견 차이로 뉴라운드 무산
2001년 1월 2001년 3월 2001년 5월 2001년 6월 2001년 7월 2001년 11월	· WTO 일반이사회 11월 9일부터 카타르 도하에서 제4차 각료회의 개최 결정 · 농업과 서비스분야 협상 중 1단계 협상 마무리 · 제3차 아세안(ASEAN)+3 경제장관회의, OECD각료이사회, 아시아유럽정상회의(ASEM) 외무장관회담 등에서 뉴라운드 출범 노력 공동성명 발표 · 아시아태평양경제협력체(APEC) 통상장관회의, 뉴라운드 출범지지 공동성명 발표 · 제네바 WTO 이사회에서 뉴라운드 출범 준비를 위한 특별이사회 개최 · 카타르 도하 제4차 WTO각료회의에서 뉴라운드 출범선언
2002년 1월 2002년 6월 2002년 12월	· 무역협상위원회 첫 회의 시작 · 서비스 협상 상대국 개방요구안 제출완료 · WTO협정 이행 협상 완료
2003년 2월 2003년 3월 2003년 5월 2003년 11월	· 일본 동경에서 WTO 비공식 각료회의 · 3월까지 농업부문 협상방식 수립 및 서비스부문 양허안 제출 · 분쟁해결 양해에 관한 협상완료 · 제5차 WTO 각료회의
2004년 12월	· 농업 등 모든 분야 협상완료
2005년 1월 2005년 12월	· 1월 1일부터 뉴라운드 공식적용 · 제6차 WTO 각료회의
2006년 7월	· G8정상회담 타결의지 재천명
2007년 1월 2007년 1월	· DDA 협상재개합의 · 농업, 비농산물(NAMA) 분야 세부원칙 잠정타협안 초안 배포
2008년 7월	· NAMA 세부원칙 잠정타협안 마련
2009년 9월 2009년 11월	· 2010년까지 DDA 타결목표 합의 · 제7차 WTO 각료회의
2011년 12월	· 제8차 WTO 각료회의 · 러시아, 몬테네그로, 사모아(최빈개도국), 바누아투(최빈개도국) 등 4개국 신규 WTO회원국이 됨
2013년 12월	· 제9차 WTO 각료회의, 인도네시아 발리 · 무역장벽을 낮추고 농업보조금을 줄이지만 저개발 · 최빈국의 지원을 늘리는 내용을 담은 '발리패키지' 최종 타결

3.2 뉴라운드의 주요내용

(1) 뉴라운드 협상내용

뉴라운드 협상내용은 농산물의 시장개방 확대 및 보조금 축소, 남발되는 반덤핑협정 개정, 지적재산권에 앞서는 개도국의 의약품 접근권 인정 등 총 7개 분야에 걸쳐 있다. 이를 정리하면 〈표 3-3〉과 같다.

가) 농산물부문

한국은 시장접근과 국내보조 항목에서 '실질적(substantial)'이라는 용어를 빼려했으나 무산됐다. 실질적이라는 표현은 시장개방과 국내보조 삭감이 대폭적임을 예고한다. 물론 마지막 순간 농산물 수입국의 요구 중 하나인 '실질적, 단계적 감축 등의 표현이 결과를 예단

〈표 3-3〉 뉴라운드의 협상내용

	뉴라운드 협상내용
서 문	· 보호주의 억제, 무역정책 개혁 및 자유화 계속 추진 · 개도국과 최빈국 이익 반영 노력 · 노동기준에 대한 싱가포르 선언문 재확인 · 진행중인 28개국 가입 신속 완료 희망
이행문제	· 2002년 무역협상위원회에 보고
농 업	· 시장접근의 실질적 개선 · 수출보조의 단계적 폐지를 목표로 한 감축 · 국내 보조의 실질적 감축 · 2003년 3월 협상방식 수립 · 양허안 제출은 5차 각료회의 이전까지
서비스	· 2001년 3월 28일 협상 가이드라인 재확인 · 2003년 3월 양허안 제출
비농산물	· 관세 비관세장벽 삭감 철폐 협상 개시 · 개도국 및 최빈개도국의 이익 고려
환 경	· 환경관련 상품 · 서비스의 관세 및 비관세장벽 철폐 · 결과를 예단하지 않으면서 협상개시
최빈개도국	· 무관세, 무쿼터 목표에 대한 약속 확인
작업계획	· 2005년 1월 1일 협상 종료 · 협상감독기구로 무역협상위원회 설치

해서는 안 된다'는 문구가 추가됐다. 한국은 양허안을 낼 때 농업분야는 이전처럼 개도국 대우를 받으려고 하지만, 국제적인 분위기는 더 이상 받아들이기 어렵다는 분석이다.

나) 서비스

우루과이라운드 타결 때 후속협상 의제로 규정돼 이미 2001년 3월 협상가이드라인이 채택된 바 있다. 때문에 이번 뉴라운드 때 의제에 포함되긴 했지만 관심의 대상이 아니었다. 오히려 2003년 3월 이행계획서를 모두 검토해 양허협상에 들어가는 등 가장 신속하게 진전된 분야다. 한국은 경제협력개발기구 가입과 구제금융 사태로 인해 상당수준 개방을 해 놓은 상태다. 때문에 내줄 것보다 개도국이나 중국을 상대로 금융, 통신, 에너지, 환경기술 등에서 얻을 게 많다는 평가가 우세하다.

다) 지적재산권과 공중보건

합의안은 특허권 보호에 관한 합의가 공중보건 보호 조처를 방해해서는 안 되도록 규정하고 있다. 반덤핑과 함께 미국이 양보하면서 합의가 이뤄진 사안이다. 애초엔 선진국과 개도국 차이가 워낙 커, 초안에 각각의 의견을 반영한 2개안이 함께 제시되었을 정도였으나, 회의가 종반으로 치달으면서 개도국과 선진국간의 새 남북대결 양상으로 번지자 선진국이 한발 물러섰다.

라) 투자와 경쟁

투자와 경쟁은 초안보다 후퇴했다. 초안에는 처음 2년 동안 협상내용을 논의하고 이후 협상방식을 결정한다고 되어 있었다. 한국은 '2년 뒤 협상방식결정'이 협상을 전제하고 있는지가 애매해 도하회의에서는 협상을 전제한다는 점을 명확히 하려했다. 하지만 '2년 뒤에 협상방식을 결정한다'는 글귀마저 빠져버려 아쉬움을 남겼다.

마) 반덤핑협정 개정

고립된 미국이 양보한 분야이다. 대부분의 나라들은 미국의 반덤핑 남발 때문에 피해를 보았기 때문에 결국 아무도 미국에 동조하지 않았다. 미국도 뉴라운드 출범 자체가 절실했기에 초안의 '즉각 협상' 문맥을 받아들였다. 그러나 미국은 '국내 전통산업 노조와 의회의 강한 목소리를 무시하기 어렵다'는 이유로 자국의 이해가 반영된 글귀를 끼워 넣었다. 애초 한국 등이 미국의 처지를 고려해 협정의 기본개념과 원칙은 유지한다는 단서조항을 초안부터 넣어주었는데, 미국은 이에 만족하지 않고 '협정의 조처들의 유효성을 유지한다'고 추가했다.

바) 기 타

그 밖의 협상내용으로는 정부조달의 투명성, 무역의 원활화, 투자, 경쟁 등이 포함되었다. 정부조달과 무역원활화의 경우 초안에는 '협상을 시작하며 약속의 성격을 협상에서 결정'하는 것으로 되어 있었지만 결과는 초안대로 타결되었다.

(2) 뉴라운드의 특징

1999년 말의 시애틀 각료회담이 합의점 없이 끝난 것에 비하면 카타르 도하 각료회담은 성공작이었다고 할 수 있다. 각국이 세계무역질서를 지키기 위해 어렵게나마 합의 도출에 주력한 결과라고 할 수 있는데, 뉴라운드의 주요 특징을 살펴보면 다음과 같다.

가) 신무역질서의 수립

뉴라운드의 출범은 21세기 신무역질서의 수립이라는 점에서 커다란 의미를 갖는다. 뉴라운드는 21세기 들어 처음으로 개최되는 다자간 무역협상으로서 UR협정에서 규정한 광범위한 분야에 대한 후속조치와 이행점검, 새로운 이슈의 검토 등을 통해 새로운 무역질서를 수립할 것으로 예상된다. 특히 농업분야와 서비스분야의 자유화라는 지난 우루과이라운드의 후속 조치 이외에, 반덤핑제도의 투명성 제고교섭에 합의한 점은 큰 진전이라고 할 수 있을 것이다.

나) 자유무역의 확대

지난 1990년대 하반기에 세계교역이 빠르게 팽창했던 이유 가운데 하나는 우루과이라운드 타결과 WTO출범에 따른 자유무역 분위기의 확산이라고 할 수 있다. 이런 점에서 뉴라운드의 출범은 21세기 무역자유화의 초석이 되는 한편, 교역확대의 중요한 계기가 될 것으로 예상된다. 더욱이 뉴라운드에서는 상품교역 뿐만 아니라 서비스교역을 주요 논의 대상으로 삼게됨에 따라 향후 서비스교역 환경의 개선과 확대가 예상된다. 또한 반덤핑협정의 개선협상으로 미국을 위시한 선진국의 무분별한 반덤핑규제는 크게 감소할 것으로 보인다. 자유무역 분위기가 확산되면 기업들은 무역장벽 회피목적의 투자보다는 원가절감 및 첨단기술 확보를 위한 투자를 늘릴 것이며, 이는 원자재, 부품, 반제품, 완성품 등의 수출을 동반하여 세계무역 확대에 긍정적인 영향을 줄 것으로 예상된다.

다) 신통상의제 대두

환경, 노동, 투자, 경쟁, 정부조달 등의 뉴이슈 부문에서는 선진국과 개도국간의 시각 차이가 여전히 큰 것으로 나타났다. 선진국들은 뉴이슈분야에서 국내관련 법체제와 규제시스템을 제대로 갖춘 반면, 그렇지 못한 개도국들은 뉴이슈를 무역제한 요인으로 간주하고 있기 때문이다. 이에 따라 지난 싱가포르 각료회담에서 새로운 이슈로 제기됐던 투자, 경쟁, 무역원활화 및 정부조달 투명성 등에 대한 논의는 다음으로 연기되었다. 또한 환경문제는 무역환경위원회(CTE)에서 작업을 계속하며, 그 결과를 5차 각료회담에 보고하고 협상 필요성에 대한 권고안을 제출키로 했다. 그러나 개도국들의 반발을 고려하면 환경규제를 명분으로 한 강력한 수입규제 제도가 WTO의 인정을 받게 될 가능성은 낮아졌다. 또 개도국의 반발이 가장 심한 노동이슈는 싱가포르 각료선언문의 '핵심노동기준' 내용을 재확인하는 수준에서 그쳤다.

3.3 뉴라운드의 평가와 전망

(1) 뉴라운드의 평가

도하협상은 선진국들이 일방적으로 주도해 부익부 빈익빈의 불평등 구조를 심화시켰다는 지적을 받는 지금까지의 협상과 달리 '그동안 무역자유화에서 우리가 얻은 것은 없다'는 개도국들의 목소리가 충분히 표출됐다는 점에서 상당한 평가를 받을 만하다. 선진국의 성의를 가늠하는 리트머스 시험지였던 공중보건을 위한 의약품 특허권 제한과 미국이 휘둘러온 반덤핑 규정 개정논의가 합의문에 포함된 것이 그 대표적 사례다.

도하 각료회의에서 개발도상국이 얻은 최대 성과는 의약품으로서 기존 특허를 무시하고 값싼 의약품 수입 및 자체 개발을 위한 통로를 마련한 것이다. 또 아시아, 남아메리카, 아프리카 전체적으로 보았을 때 개도국들은 협상을 통해 서방 선진국시장으로의 수출을 대폭 늘릴 수 있는 기회를 얻은 것으로 평가된다. 특히 미국이 반덤핑 규정을 손질하기로 약속한 것은 개도국엔 큰 성과다. 하지만 뉴라운드의제에 환경 등 새로운 항목들이 추가된 것은 개도국에 적잖은 부담이 될 것으로 전망된다.

한편 각료회의에서 최대수혜자는 유럽연합(EU)이라고 할 수 있다. EU는 협상에서 환경과 투자분야를 뉴라운드의 새로운 의제로 채택하는데 성공했다. 이에 따라 지난 수년간 다른 지역에 비해 상대적으로 환경문제에 적극적으로 대처해온 유럽 국가들이 주도권을 가지게 됐다. 환경은 수입규제를 위해 더할 나위없이 좋은 새로운 장벽이다. 예를 들어 유럽은 수중생태계를 파괴하면서 잡힌 해산물의 수입을 거부할 수 있는 명분을 얻게 됐다. 또 투자분야가 의제로 채택됨으로써 유럽지역 기업들은 개도국투자에 있어 미국의 다국적기업들과 동등한 지위를 보장받게 됐다. 또 유럽은 농업분야에서 다소 양보하기는 했지만, 농업보조금을 완전히 없애라는 요구는 피함으로써 피해를 최소화했다.

결국 도하회의를 통해 무역자유화를 앞세운 신자유주의적 경쟁의 확산은 경쟁력 없는 산업들을 벼랑으로 내몰게 함으로써, 관련종사자들의 생활터전 상실과 대규모 실업・고용불안정 등 삶의 질 하락이 불가피할 전망이다. 또 환경과 노동기준 개선 등 인류공통의 가치 향상을 위한 주제들은 각국의 이해다툼 속에 이번에도 뒷전으로 밀려버렸다.

뉴라운드의 앞길은 결코 밝지만은 않다. 합의문 자구마다 치열하게 부딪쳐 간신히 봉합된 각국의 이해대립이 세부 이행계획마련 과정에서 봇물처럼 터져 나올게 분명하기 때문이다. 특히 지적재산권과 반덤핑부문에서 상황에 떠밀려 많은 양보를 했다고 여기는 미국 등 선진국들이 국내업계의 불만을 내세워, 자국에 불리한 부문을 속빈 강정으로 만들거나 판을 뒤흔들 가능성도 없지 않다.

(2) 한국의 대응방안

우리 경제와 관련하여 논란이 될 만한 주요 안건들은 농업개방, 반덤핑의 문제, 서비스 산업 개방, 환경 문제 등이다. 우리 경제의 현실과 부문별 체질에 비추어 볼 때 기대와 우려, 또는 이익과 손실이 엇갈릴 수밖에 없는 대목이다.

특히 지난 우루과이라운드에서 유예받은 쌀시장 개방문제도 이제는 구체적인 방향을 결정해야 한다. 우선 관세화 유예는 그에 상응하는 대가를 지급해야 한다. 현재 우리는 최소시장 접근방식(MMA: minimum market access)에 따라 국내 소비량의 4%에 해당하는 쌀을 점진적으로 수입하고 있지만, 다시 관세 유예화를 꾀할 경우 MMA 규모는 큰 폭으로 늘어날 수밖에 없다. 이는 비축미가 매년 늘어나는 현실에서 감당하기 어려운 조건이 될 것이다.

쌀 관세화 또한 문제점이 적지 않다. 국내가격이 국제가격보다 7~8배나 비싼 상황을 감안할 때 국내외 가격차를 줄일 수 있을 만큼 수백 %의 관세를 부가하도록 하는 협상이 진행될 수 있을지도 의문이다. 미국은 벌써부터 농산물 관세 상한을 25%로 하자고 우기고 있다. 미국의 주장이 그대로 수용될리 없겠지만 관세율 책정에 압박요인이 될 것은 자,

명하다. 따라서 쌀의 경우 관세화, MMA 등 과연 어느 쪽이 우리에게 가장 좋은 선택인지 또 그 내용은 어떻게 구축하는 것이 좋을지 치밀하게 따져봐야 한다.

뉴라운드의 출범과 함께 우리에게 가장 유리하게 작용할 부문은 선진국의 자의적인 반덤핑판정 남용을 완화시킬 수 있는 여지가 커졌다는 점이다. 특히 우리나라는 세계 2위의 반덤핑 피조사국이자 철강, 자동차, 반도체, 조선분야에서 수시로 미국 등의 반덤핑 제소에 의해 제동이 걸렸던 점을 감안하면 유리한 여건이 조성된 셈이다.

서비스시장 개방은 건설, 유통, 해운분야에서 중국이나 동남아 시장진출에 유리하지만, 문화, 법률, 교육, 의료분야에서는 선진국의 진출로 타격이 예상되는 양면성을 갖고 있다. EU에서 가장 강력하게 주장하여 채택된 환경관련 부문은 환경친화적 공산품이 아닐 경우 수입제한을 할 수 있도록 함으로써 환경기술이 빈약한 개도국에 불리하지만, 우리로서는 어차피 넘어서야 할 부분이라고 할 수 있다. 가장 어려움이 클 것으로 예상되는 부문은 농업분야다. 농산물의 완전한 시장개방확대가 불가피한 이 분야에서 취약한 우리 농업 기반이 붕괴되지 않고 존속할 수 있는 묘책이 요구된다. 그러나 이번 뉴라운드 출범은 완결된 규정이나 결정사항이 아니기 때문에 선택된 의제와 기본방향을 놓고, 이제부터 실무협상에 들어가야 한다.

최근 우리경제는 수출산업의 경쟁력 상실, 설비투자 부진, 노동시간 단축 등으로 성장잠재력이 위축되고 있는 것으로 지적되고 있다. 이런 상황에서 뉴라운드 출범으로 세계교역이 증가하고 우리 경제가 이런 국제경제의 흐름을 잘 이용한다면, 농산물 등과 같은 일부 산업부문에서의 손실에도 불구하고 지속적인 성장을 가능케 하는 원동력이 될 수도 있을 것이다. 결국 WTO 뉴라운드가 우리에게 주는 시사점은 우리 경제가 보다 대외지향적인 모습으로 탈바꿈하여 수출증가를 통한 성장원동력의 창출 기회로 삼아야 함을 의미한다 할 것이다.

앞으로의 경과에 대한 구체적인 예측은 불가능하지만, 최종 타결까지의 정해진 기간동안 우리의 협상능력과 준비에 따라 뉴라운드는 행운이 될 수도 있고 재앙이 될 수 있다. 따라서 앞으로의 과제는 유리한 결과를 이끌어내기 위한 실무적인 협상력의 제고와 아울러, 각 분야의 경쟁력 제고를 위한 산업구조 개편이 신속하고 확실하게 이루어져야 한다는 점이다. 뉴라운드 출범과 함께 무역전쟁은 이제부터 시작되었다. 우리의 과제는 개방경제에 걸맞게 우리 경제 각 산업분야의 고도화를 단기간에 이루어내는 일이다.

3.4 향후 통상의제

(1) 환경라운드

환경라운드 일명 그린라운드(GR: green round)는 지구상의 환경오염 문제가 심각하기 때문에 국제무역이 환경을 악화시키는 역할을 해서는 안 되며, 환경을 보호하는 방향으로 이루어져야 한다는 것이다. 환경규제 문제가 실질적으로 무역과 관련하여 관심을 갖게 된 것은 1991년 OECD차원에서 논의하면서부터라고 할 수 있다.

그 후 환경문제는 1996년 싱가포르 제1차 WTO 각료회의에서 협상의제로 다루어졌으나 결론을 맺지 못하였다. 2001년 11월 카타르 도하에서 열린 제4차 WTO 각료회의에서 환경문제는 무역환경위원회(CTE)에서 작업을 계속하였다. 그러나 개도국들의 반발을 고려하면 환경규제를 명분으로 한 강력한 수입규제제도가 WTO의 인정을 받게 될 가능성은 그리 높지 않을 것으로 예측된다.

환경보호가 무역과 연계되는 가장 핵심적인 이슈는 공정 및 생산방식(PPMs: process and production methods)의 환경적 차이에 근거한 제품차별화, 즉 제품을 생산하는 각 공정이 환경에 미치는 영향이 다르다는 점에 착안하여 이에 대한 국제기준을 마련하고, 그에 맞지 않는 방법으로 생산된 제품에 대해서는 국제무역거래에서 제재를 가한다는 것이다.

그러나 이러한 배경과는 달리 그린라운드는 환경보호라는 미명아래 주로 선진국의 후발개도국에 대한 무역규제조치로 악용될 소지가 있다. 예컨대 미국의 경우 그린301조라 하여, 환경규제가 허술한 나라로부터 수입되는 상품에 대하여 환경기준의 격차에 따른 생산비의 차이만큼 환경관세를 부과하자는 주장이 제기되고 있다.

한국의 입장에서는 생산되는 제품에 대한 국제환경기준을 충족시켜야 하기 때문에 수출증가에 어려움이 있을 것으로 예측된다. 따라서 한국으로서는 각종 환경협약과 회의에 적극 참여하는 등 환경외교가 요구되며, 관련정보수집 및 활용을 위해 환경정보의 공유가 요구된다. 기업측에서는 에너지절약, 환경보호형 상품개발 및 대체자원의 획득을 위해 연구비를 확충하는 등의 노력이 요구된다.

(2) 노동라운드

노동라운드 일명 블루라운드(BR: blue round)란 노동이나 근로조건을 국제무역과 연계시키는 것을 말하는데, 블루라운드의 핵심은 국제노동기준을 세계무역기구의 규정에 포함시켜 이를 위반하거나 이 기준에 미치지 못하는 국가에 대해서는 무역거래상 불이익을 주자는 내용이다. 선진국의 입장에서는 제3세계가 죄수나 아동을 이용하여 지나치게 낮은 저임금을 제공하는 등 자국의 노동력을 착취하여 선진국 경제를 위협한다고 주장한다. 반면에 개도국의 입장에서는 국가별 차이가 있는 근로조건을 등한시하고 선진국이 새로운 형태의 보호주의를 강화하려는 목적으로 이 이슈를 도입하려 한다고 주장한다.

국제무역에 있어서 노동라운드에 대한 국제적인 논의는 1994년 4월 우루과이 마라케시에서 열린 각료회의에서 노동권에 대한 문제가 미국에 의하여 제기되었으나 협상의제로 채택되지 않았으며, 1996년 12월 싱가포르에서 열린 제1차 WTO 각료회의에서도 논의되었으나 국제적으로 인정된 핵심노동기준이 준수되어야 한다는 선언을 하는데 그쳤다. 그 후 2001년 11월 카타르 도하에서 열린 제4차 WTO 각료회의에서도 노동라운드에 대한 의제가 검토되었으나, 개도국의 반발이 매우 강해 이 문제는 싱가포르 각료선언문의 '핵심노동기준' 내용을 재확인하는 수준에서 그쳤다.

선진국이 노동라운드를 제기한 배경에는 인건비면에서 우위가 있는 저임 개도국의 근로조건을 무역규제와 연계시켜 이들의 국제경쟁력을 약화시키려는 의도가 숨어있다고 볼 수 있다. 이외에도 선진국의 노동집약적 산업의 경쟁력을 보강시켜 신규고용을 창출하고 선진국의 실업문제를 해결하고자 하는 목적과, 선진국내 노동단체의 고용압력보장 등에 선진국 정부가 굴복한 것이라 할 수 있다.

향후 노동라운드에 대한 논의가 본격적으로 개시되고 최저임금제와 각국의 노동시간, 노조의 정치활동보장, 복수노조의 허용, 공무원의 단결권까지 확대된다면 한국경제 및 노동계에 미치는 영향이 매우 크기 때문에 여러 개도국과 함께 연대협상노력이 필요하다 하겠다.

(3) 경쟁라운드

경쟁라운드(CR: competition round)란 국가 간 시장구조 및 경쟁조건의 차이를 제거하여 외국상품의 시장접근을 원칙적으로 보장하여 주고, 국내외 기업들이 공정하고 자유로운 조건하에서 경쟁할 수 있도록 하자는 취지에서 시작되었다. 이러한 주장은 결국 공정한 경쟁을 제한하고 있는 각국의 독특한 시장구조나 기업관행까지도 통일화하자는 것이다.

국제무역에 있어서 경쟁라운드에 대한 국제적인 논의는 1994년 4월 우루과이 마라케시에서 열린 각료회의에서 미국, EU 등이 다자간 협상과제로 제기하였으며, 1996년 12월 싱가포르에서 열린 제1차 WTO 각료회의에서는 '무역정책과 경쟁정책에 관한 작업반'이 설치되어 이에 대한 검토가 있었다. 그 후 2001년 11월 카타르 도하에서 열린 제4차 WTO 각료회의에서도 경쟁라운드에 대한 의제가 검토되었으나 선진국과 개도국간의 시각차이가 여전히 큰 것으로 나타났다.

이 라운드가 발효되면 일부 개도국의 경우와 같이 정부로부터 직간접적인 지원을 받아 경쟁우위를 갖고 있는 특정기업이나 산업의 경우 영향이 미칠 것으로 보인다. 또한 일본의 경우 복잡한 시장구조와 기업관행 때문에 경쟁이 제한받고 있으므로 자유로운 경쟁이 보장되어야 한다는 주장이 있다. 즉, 담합이나 지명입찰제도 덕분에 일본기업이 세계시장에서 경쟁우위를 누리고 있다고 판단하고 이 같은 기업관행을 없애야 한다는 것이다. 한국의 경우에는 공정거래법이 제정되어 있으나 그 실시가 미약한 상황에 있으므로 강력한 실행이 요구된다고 하겠다.

(4) 부패라운드

부패라운드(corruption round)는 국제무역거래에서 발생하는 부정 및 부패행위를 국제적으로 규율할 수 있는 제도적인 장치를 마련하자는 취지에서 비롯되었다. 국제거래에는 부정 및 부패행위가 많이 발생하고 있으며 상당부분 관행화되어 있는데, 문제는 이에 대한 법적 제재가 불충분하다는 점이다. 대부분의 국가에서는 뇌물을 받은 내국공무원의 행위에 대해서는 처벌할 수 있는 반면, 뇌물을 제공한 외국기업에 대해서는 법적으로 처벌하기가 어렵게 되어 있다.

미국은 1977년 해외부패관행법을 제정하여 해외기업활동에서의 부패관행을 범죄로 규정하여 처벌하도록 하고 있으나 다른 국가들은 이에 대한 법적인 제재가 없다. OECD에서는 1994년 국제상거래에서의 뇌물공여에 관한 이사회 권고가 채택되었으며, 1997년 5월에는 개정권고안이 채택되어 외국공무원의 뇌물공여행위에 대한 형사처벌, 외국공무원에 제공된 뇌물의 세금공제불허, 구제부패퇴치를 위한 국제협력과 후속조치 등을 규정하였다.

WTO에서는 1996년 12월 싱가포르에서 열린 제1차 각료회의에서 논의되었으나 ASEAN을 비롯한 개도국들의 반대로 논의의제로 채택되지 못하였다. 그러나 이 회의에서 복수국간협정인 정부조달협정과 관련하여, 정부구매상 부패행위로 인한 무역왜곡을 방지하기 위하여 정부조달절차의 투명성문제를 다룰 실무작업반의 설치에 합의하였으며, 이 연구결과를 토대로 다자간의 협정으로 발전시켜 나가기로 하였다. 한편 2001년 11월 카타르 도하에서 열린 제4차 WTO 각료회의에서도 부패라운드와 관련하여 정부조달 투명성 등에 대한 논의가 있었으나 선진국과 개도국간 입장차이가 커 별 진전이 없었다.

한국의 입장에서 부패라운드는 계속해서 WTO의 검토과제로 남아 있고, 언젠가는 의제로서 채택되어 협상대상이 될 것이므로 지금부터 장기적 대응과제로서 대비할 필요가 있다. 즉, 부패라운드와 관련하여 국제적 규범에 맞는 국내제도의 정비와 더불어 규제개혁을 실시하는 것이 필요하며, 세계시장에서의 상거래를 보다 투명하게 하면서 경쟁력을 유지할 방안을 찾는 것이 요구된다고 하겠다.

(5) 투자라운드

투자라운드(investment round) 또는 다자간투자협정(MAI: Multilateral Agreement on Investment)은 기업은 물론 주식, 채권, 부동산, 지적재산권 등에 이르기까지 모든 유·무형의 자산에 대한 국경간 자유로운 이동을 보장하자는 내용이다. 지금까지는 대부분의 국가들이 무역 및 투자에 있어서 자국기업에게는 혜택을 주지만 외국인 투자자에게는 불이익을 주는 경우가 많았다. 이러한 차별조치는 결국 기업의 국제투자를 왜곡시키며 기업활동의 세계화와 세계경제에 부정정적인 영향을 미치게 된다. 이런 상황에서 국제투자가들이 전 세계 모든 지역에서 현지기업들과 동등한 조건에서 경쟁할 수 있는 국제투자환경을 조성하자는 주장이 제기된 것이다.

국제무역에 있어서 투자라운드에 대한 국제적인 논의는 1995년 OECD에서 추진한 다자간투자협정(MAI)에서 비롯되었지만 타결하지 못하였다. 그러다가 1996년 12월 싱가포르에서 열린 제1차 WTO 각료회의에서 무역과 투자 간의 관계를 검토하는 작업반이 설치되어 이에 대한 검토가 이루어졌다. 그 후 2001년 11월 카타르 도하에서 열린 제4차 WTO 각료회의에서도 투자라운드에 대한 의제가 검토되었으나 선진국과 개도국간의 시각차이가 여전히 큰 것으로 나타났다.

투자에 대한 협상과정에서 난항을 겪는 이유는 개도국의 다자간투자규범의 반대, 투자협정 추진에 대한 미국의 미온적인 태도, 각국의 시민단체를 중심으로 한 투자협정에 대한 비판적 분위기, 투자협정 자체의 난해성 등을 들 수 있다.

한국의 입장에서는 외국인 투자제한업종을 대폭 완화하는 등 외국인 투자유치에 적극적으로 나서고 있는 상태에 있기 때문에 WTO에서 투자문제를 다루는 것은 큰 부담이 아니라고 생각할 수 있다. 그러나 환경, 노동, 경쟁 등과 함께 투자의제가 공인받게 되면 선진국들의 의도적인 무역제한조치로 악용될 소지도 있기 때문에 신중한 접근이 필요하다.

(6) 인터넷라운드

인터넷라운드(internet round)란 인터넷을 통한 전자상거래가 새로운 국제교역수단으로 급부상함에 따라 인터넷을 기반으로 한 새로운 국제교역질서의 구축을 위한 국제활동을 지칭한다. 국제기구에서의 전자상거래에 대한 논의는 OECD의 주도로 1994년 이후 본격화되었으며, 국제무역거래법위원회(UNCITRAL)에서는 1996년 6월 '전자상거래에 관한 모델법'을 제정하였고, APEC에서는 '민간부문의 인프라투자촉진을 위한 기본틀'을 채택하였다. 그리고 ESCAP는 UNCTAD와 공동으로 1997년 5월 '아・태 정보기술 및 전자상거래에 관한 회의'를 개최한 바 있으며, 세계지적재산권기구(WIPO)와 국제상업회의소(ICC) 등도 전자상거래 촉진을 위한 논의가 활발하게 진행되고 있다.

WTO에서는 1998년 5월 '전자상거래에 관한 각료선언'에 따라 전자상거래 논의를 위한 작업계획이 채택되어 이에 관한 문제를 검토하게 되었다. 전자상거래에 대한 각국의 입장을 보면, 미국의 독주에 대하여 경계하는 입장이고 그 의제는 매우 광범위한 반면에 아직 뚜렷한 입장을 표명하지 않고 있다.

미국은 이미 1997년 7월 전자상거래에 대한 정부의 청사진을 내놓으면서 인터넷을 자유무역지대로 만들자고 선언했는데, 그 핵심내용은 인터넷 상거래의 무관세화와 지적재산권 보호 등이다. 미국은 이 인터넷라운드를 통해 우선 컴퓨터 소프트웨어, 영상자료 등 인터넷망을 통해 직접 거래될 수 있는 제품부터 자유화할 것을 주장하고 있다. 미국은 현재 사이버 세계의 핵심적 내용인 컴퓨터 통신기술, 보안기술을 대부분 독점하고 있으며, 이것은 미국이 현실세계에 이어 사이버세계에서도 세계 최강국으로 군림하겠다는 의지로 볼 수 있다.

미국이 바라는 대로 인터넷 전자상거래가 자유화되면, 세계무역의 기존 패러다임이 크게 바뀌고 장기적으로는 상품교역의 무관세화가 일반화될 것이다. 이것은 무역과 유통에만 국한되는 것이 아니라 금융서비스는 물론 제조업도 예외가 아닐 것이다.

4 경제통합

4.1 경제통합의 의의

경제통합(economic integration)이란 일정지역의 국가 간에 경제적 장벽을 제거하여 지역내 국가들의 이익을 도모하기 위해 결성된 경제협력조직이라고 말할 수 있다. 따라서 경제통합을 체결한 역내국에 대해서는 하나의 국가내 거래와 동일하게 무역제한을 철폐하지만, 역외국가에 대해서는 차별적인 무역제한조치를 취하게 된다. 이처럼 지역경제통합을 결성하는 이유는 인접하고 유사한 경제환경을 가진 국가 간의 경제통합에 의한 이익도모, 경제적 협력관계의 구축, 다른 지역의 지역통합에 의한 자극, EU의 성공적 발전에 따른 영향 등의 요인을 들 수 있다.

경제통합은 그 역내로 보면 무역장벽의 제거로 무역자유화를 촉진하지만, 역외로 보면 비회원국에 대한 차별성을 가지기 때문에 보호주의적인 성격을 지닌다. 따라서 경제통합으로 인하여 국제무역의 발전에 도움이 되는지에 대해서는 논란의 여지가 있다. 이와 함께 지역경제통합으로 인한 지역주의가 WTO가 지향하는 다자주의를 저해하게 될 것인가, 아니면 보완적으로 발전시켜 나갈 수 있을 것인가에 대한 논란도 있다.

경제통합은 역내국과 역외국을 차별적으로 대우하므로 다자간 국제무역체제의 기초가 되는 최혜국대우원칙에 위배된다. 지역주의가 배타적으로 확산될 경우에는 다자주의와 양립하기 어렵게 되고 WTO체제를 근본적으로 약화시키게 될 것이다. 그러나 지역경제통합은 이해관계가 다양하고 복잡한 다자협상에서보다 더 많은 양허와 더 높은 수준의 무역자유화를 실현할 수 있다. 이러한 국가 간의 자유화는 결국 세계 전체적인 자유무역체제로의 통합에 기여할 수 있을 것이라는 긍정적인 측면도 있다.

4.2 경제통합의 형태

경제통합은 국가 간의 경제적 장벽의 제거수준과 내부결속도의 크기에 따라 몇 가지 형

〈표 3-4〉 경제통합의 형태별 특징

	자유무역지역	관세동맹	공동시장	경제동맹	완전경제통합
역내 무역제한 철폐	○	○	○	○	○
역외 공동관세	×	○	○	○	○
역내 생산요소 자유로운 이동	×	×	○	○	○
역내 경제정책조정	×	×	×	○	○
초국가적 통합운영	×	×	×	×	○

태로 구분할 수 있다. 발라사(B. Balassa)는 경제통합을 다섯 단계로 구분하고, 점점 결속력이 강한 형태로 진행해 가는 하나의 과정으로 보았다.[1] 각 형태별 특징을 정리하면 〈표 3-4〉와 같다.

(1) 자유무역지역

자유무역지역(free trade area)이란 가맹국간의 교역에 부과되는 모든 무역장벽은 철폐하되, 비가맹국간에 대해서는 각국 간의 독자적인 무역정책의 실시가 가능한 경제통합의 한 형태이다. 자유무역지역에서는 역외의 상품이 역내의 저관세국을 통하여 수입되어 역내의 다른 국가에 재수출될 가능성이 있기 때문에 이를 방지하기 위하여 원산지규정과 같은 국가 간 협력적인 무역정책이 필요하게 된다. 대표적인 예로는 북미자유무역지역(NAFTA), 유럽자유무역연합(EFTA), 라틴아메리카자유무역연합(LAFTA) 등이 있다.

(2) 관세동맹

관세동맹(customs union)이란 가맹국 사이의 무역에 있어서는 자유무역지역과 마찬가지로 관세나 비관세장벽 등 무역장벽을 철폐하여 자유무역을 실시하지만, 비가맹국간의 무역에 있어서는 공통의 관세를 부과하는 형태이다. 대표적인 예로는 베네룩스관세동맹(Benelux Customs Union), 적도아프리카관세동맹(ECU) 등이 있다.

(3) 공동시장

공동시장(common market)이란 가맹국간에는 상품의 자유로운 이동이 보장되고, 역외국

1) B. Balassa, *The Theory of Economic Integration* (Homewood Illinois: Richard D. Irwin Inc., 1961).

가에 대해서는 공통의 관세를 부과할 뿐만 아니라, 노동·자본 등과 같은 생산요소의 자유로운 이동까지도 보장되는 형태이다. 따라서 개별국가는 관세동맹보다 더 많은 영역에서 공동의사결정을 해야 하기 때문에 독자적인 의사결정권이 크게 줄어들게 된다. 대표적인 예로는 유럽공동시장(EC), 남미공동시장(MERCOSUR), 중미공동시장(CACM) 등이 있다.

(4) 경제동맹

경제동맹(economic union)이란 비가맹국에 대해서는 관세부과 등 공동의 무역정책을 취하지만, 가맹국 상호간에는 상품과 생산요소의 자유로운 이동뿐만 아니라 재정·금융·통상·노동 등 경제정책을 조정하여 수행하고, 또한 주요 경제부문에서는 통합하여 운영하는 형태이다. 유럽연합(EU)이 여기에 거의 근접한 형태이다.

(5) 완전경제통합

완전경제통합(complete economic integration)이란 가맹국간에 독립된 경제정책을 포기하고 단일 경제체제하에 모든 경제정책을 통합하여 운영할 뿐만 아니라, 정치·사회적인 통합까지도 추구하는 형태이다. 아직까지 여기에 해당되는 것은 없지만, EU의 경우 장기적으로는 완전경제통합에 이를 것으로 예상된다.

4.3 경제통합의 효과

경제통합의 효과는 국가와 산업에 따라 다양하게 나타나고, 긍정적인 효과와 부정적인 효과가 동시에 발생하기 때문에 결과를 정확하게 분석하기는 매우 어렵다. 여기서는 경제통합의 정태적 효과를 분석한 바이너(J. Viner)·미드(J. Meade)·립시(R. G. Ripsey)·존슨(H. G. Johnson) 등의 관세동맹이론과, 경제통합의 동태적 효과를 분석한 시토프스키(T. Scitovsky)·드니오(J. F. Deniau) 등의 대시장이론을 바탕으로 역내국, 역외국, 전 세계에 미치는 경제적 효과를 살펴보기로 한다.

(1) 역내국

가) 무역창출효과

경제통합으로 인해 역내관세가 철폐되면 각 가맹국 상호간의 수입가격이 저하되고, 이에 따라 지금까지 무역이 이루어지지 않던 상품의 무역이 증대되는 무역창출효과(trade creation effect)가 발생한다. 이로 인해 역내의 높은 가격의 상품은 퇴장하고 낮은 가격의 상품에 대한 거래가 증가하게 된다. 따라서 동맹을 맺기 전보다 동맹을 맺게 되면 역내국에는 유효한 자원배분이 이루어지게 된다.

나) 규모의 경제효과

경제통합에 따른 시장규모 확대로 생산의 특화와 대규모 생산이 가능하게 됨으로써 경제의 효과가 발생한다. 일반적으로 상품생산에 있어서 생산공정과 경영관리면에서 적정규모가 있으나, 경제통합 이전에는 그 최적단위에 미달함으로써 단위당 생산비가 높다. 그러나 통합 후에는 시장규모가 확대됨으로써 대량생산이 가능해 생산비용이 절감될 수 있다.

다) 경쟁력 강화

경제통합 후 가맹국들 간에 관세장벽이 제거됨에 따라 각국의 기업들은 보다 치열한 경쟁에 직면하게 되며, 경쟁에서 이기기 위해 또는 원가의 절감과 신제품개발을 위해 기술혁신에 대한 투자를 늘릴 것이다. 이러한 기업들의 활동은 기업의 체질을 강화시킬 것이며 아울러 지역 내의 경제성장을 촉진시킬 것이다.

라) 경제효율성 증대

경제통합은 자본과 노동의 자유로운 이동을 보장하게 됨으로써 역내무역의 확대, 자본유입 증대, 기술개발 촉진 등 역내국들의 경제적인 측면에서 효율적인 자본이용과 경제적 성장을 이루게 될 것이다.

마) 투자의 촉진

수요증대와 기업 간 경쟁의 심화는 역내기업의 투자를 촉진시킨다. 이와 함께 역외국가들에 대한 차별적 관세부과는 역외국 기업들로 하여금 관세장벽을 피하기 위해서 역내에 생산시설의 설립을 촉진시킬 것이므로 역외로부터의 자본유입이 증가할 것이다.

(2) 역외국

가) 무역전환효과

역외국에 대해 차별적인 공동관세가 부과되면 역내국간의 수입가격이 역외국으로부터의 수입가격보다 상대적으로 혹은 절대적으로 하락하게 된다. 그 결과 종래 역외국에서 수입하던 상품을 이제는 역내타국에서 수입하게 되는 무역전환효과(trade diversion effect)로 인해 역외국의 역내국에 대한 수출은 감소하게 된다.

나) 치열한 경쟁에 직면

경제통합으로 인해 통합지역내 기업의 경쟁력이 강화될 경우, 역외국 기업들은 통합지역 내에서는 물론 제3시장과 심지어 자국시장에서도 통합국 기업들과 치열한 경쟁에 직면하게 될 것이다.

다) 경제블록의 가속화

경제통합으로 인한 역내국 상호간의 장벽완화는 그 자체가 역외국에 대한 차별조치이며, 이 같은 차별조치가 강화될 경우 배타적인 경제블록화를 가속시켜 세계교역의 자유화를 저해하는 요인으로 작용할 가능성이 있다.

(3) 전 세계

가) 자유무역의 확대

경제통합은 일반적으로 역내국에는 유리하게 작용하나, 역외국에는 상대적으로 불리하게 작용한다는 견해가 지배적이다. 그러나 경제통합으로 역내국의 경제효율성을 높여 성장을 촉진시킬 경우 세계교역은 더욱 확대될 것이며, 역외국에 대해 관세 및 비관세장벽을 완화할 경우 세계교역의 자유화에 기여할 것이다.

나) 후생증진

범세계적인 자유무역이 제한을 받고 있는 현실적 제약여건 하에서 국지적으로나마 자유화영역을 확대할 경우, 역내국은 물론 나아가서 세계전체의 경제적 이익을 제고시킬 수 있는 긍정적인 측면도 있다.

4.4 경제통합의 실례

(1) EU

가) 설립과정

유럽연합(EU: European Union)의 역사는 〈표 3-5〉에 정리한 바와 같이 제2차대전 직후까지 거슬러 올라간다. 1950년 프랑스 외상 슈망(R. Schuman)의 제안에 따라 1951년 4월 서독, 프랑스, 이태리, 네덜란드, 벨기에, 룩셈부르크의 6개국이 유럽석탄철강공동체(ECSC: European Coal and Steel Community)를 결성하였다. 그 후 1957년 로마조약에 의하여

〈표 3-5〉 EU의 추진과정

	EU의 추진과정
1950년 5월	· 유럽석탄철강공동체 설립을 위한 슈망선언(Schuman Declaration)
1951년 4월	· 유럽석탄철강공동체(ECSC)조약 체결(서독, 프랑스, 이태리, 네덜란드, 벨기에, 룩셈부르크 등 6개국)
1957년 3월	· EEC와 Euratom 창설을 위한 로마조약 체결
1958년 1월	· 유럽경제공동체(EEC)와 유럽원자력공동체(Euratom) 출범
1967년 7월	· 유럽공동체(EC) 체결
1973년 1월	· 영국, 아일랜드, 덴마크 가입(EC 회원국: 9개국)
1981년 1월	· 그리스 가입(EC 회원국 10개국)
1986년 1월	· 스페인, 포르투갈 가입(EC 회원국: 12개국)
1987년 7월	· 단일유럽법(Single European Act) 발효
1992년 2월	· EU 창설을 위한 마스트리히트(Maastricht)조약 체결
1993년 1월	· 단일유럽시장(Single European Market) 출범
1993년 11월	· 유럽연합(EU) 출범
1994년 1월	· EU와 유럽자유무역연합(EFTA)간의 유럽경제지역(EEA) 출범
1995년 1월	· 오스트리아, 스웨덴, 핀란드 가입(EU 회원국: 15개국)
1999년 1월	· EU의 단일통화인 Euro화 출범
2002년 12월	· 체코, 폴란드, 헝가리, 에스토니아, 라트비아, 리투아니아, 슬로바키아, 슬로베니아, 몰타, 키프로스 등 10개국의 EU 가입을 최종 승인(2004년 5월부터 가입절차 착수)
2003년 12월	· 12월 현재 회원국수: EU(15개국) + EFTA(4개국) = EEA(18개국, 스위스가 빠짐)
2005년 10월	· 터키 가입협상 타결
2007년 1월	· 불가리아, 루마니아 가입
2010년 1월	· 회원국간 조세 단일시장, 현재 회원국수 27개국
2012년 8월	· 유럽 재정위기 이후 EU의 재정 및 금융 안정화 조치
2013년 7월	· 크로아티아 가입(28번째 회원국이 됨)

1958년에는 유럽경제공동체(EEC: European Economic Community)와 유럽원자력공동체(Euratom: European Atomic Energy Community)가 출범하였다.

1967년 7월 EEC는 ECSC 및 Euratom과 통합하여 유럽공동체(EC: European Community)로 되었다. 1973년에는 영국·아일랜드·덴마크, 1981년에는 그리스, 1986년에는 스페인·포르투갈, 1995년에는 오스트리아·스웨덴·핀란드가 가입함으로써 회원국은 총15개국이 되었다. 그 후 EC는 공동시장의 조속한 완성을 위하여 1986년에 제정하여 1987년 발효된 단일유럽법(Single European Act)을 근거로 상품, 자본, 용역의 자유로운 이동을 위한 세부적인 조치를 추진하여 1993년 1월 1일 공동시장 성격인 단일유럽시장(Single European Market)을 출범시켰다.

그 후 EC는 1993년 11월 1일 마스트리히트(Maastricht) 조약에 의해 유럽연합(EU: European Union)을 발족시켜 단일시장에서 더 나아가 보다 강력한 경제통합기구가 되었다. 또한 EU는 1994년 유럽자유무역연합(EFTA: European Free Trade Association)과 유럽경제지역(EEA: European Economic Area)협정을 체결하여 자유무역의 지역적 범위도 확대해 나가고 있다. EFTA는 1960년 5월에 EEC에 대항하기 위해 영국, 덴마크, 스웨덴, 노르웨이, 오스트리아, 스위스, 포르투갈의 7개국이 설립하였으나 대부분 탈퇴한 후 당시 EEC에 가입하여 2003년 12월에는 아이슬란드, 리히텐슈타인, 노르웨이, 스위스의 4개국만이 남아있었다. 당시 스위스는 EFTA 회원국이지만 EEA에는 가입하지 않았다.

한편 EU는 2002년 12월 13일 덴마크 코펜하겐에서 열린 정상회담에서 체코, 폴란드, 헝

[그림 3-2] EU의 발전과정

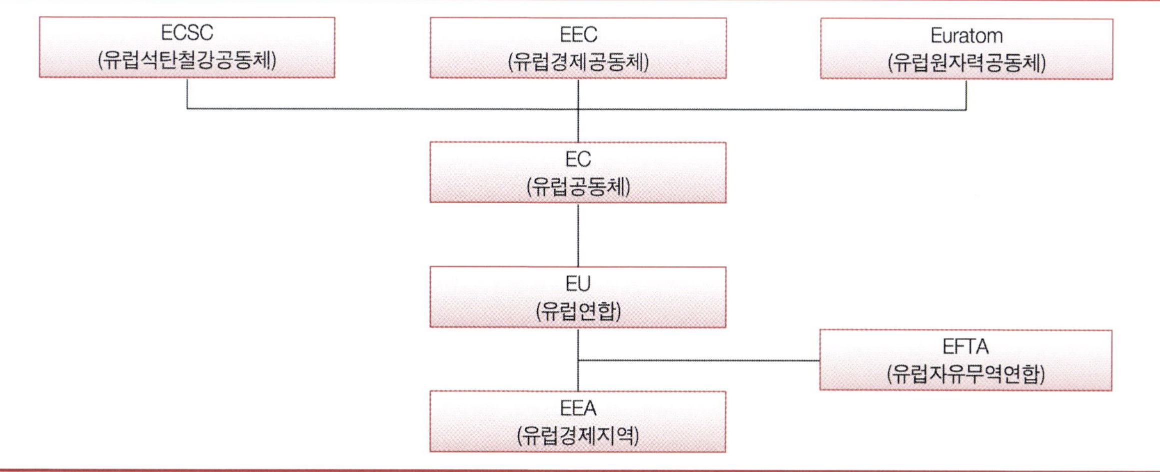

가리, 에스토니아, 라트비아, 리투아니아, 슬로바키아, 슬로베니아, 몰타, 키프로스 등 10개국의 EU 가입을 최종 승인하였다. 2014년 현재 EU의 회원국은 28개국으로 역내 인구 4억 1,600만 명인 북미자유무역협정(NAFTA)을 넘어서는 역내 4억 4,500만 명의 인구를 자랑하는 세계 최대의 단일시장으로 자리매김하고 있다. EU의 발전과정을 그림으로 나타내면 [그림 3-2]와 같다.

나) 주요내용

EU의 주요 내용을 살펴보면 첫째로 상품, 서비스, 노동 등의 이동을 자유롭게 하여 제품의 다양화와 규모의 경제가 실현되도록 함으로써 역내의 산업경쟁력을 향상토록 하였다. 둘째로 유럽통화제도(EMS: European Monetary System)와 은행단일면허제도를 시행하여 금융서비스의 자유화를 추진하였다. 셋째로 무역관련제도를 통일시키고 부가세의 대상과 세율을 하향조정하여 역내교역비율을 높이고 무역장벽을 제거하도록 하였다. 넷째로 역내제품을 표준화하고 규격 및 인증에 의한 기술적 장벽을 철폐하여 상품규격상의 무역장벽이 제거되도록 하였다.

(2) NAFTA

가) 설립과정

북미자유무역협정(NAFTA: North America Free Trade Agreement)은 1989년 미국과 캐나다 간에 자유무역협정이 체결되었는데 1992년에는 멕시코도 합류하였다. 그런 다음 각국의 비준절차를 거쳐 NAFTA는 1994년 1월 1일에 정식 발효되었다. 북미자유무역협정은 시장접근, 무역규칙, 서비스, 투자, 지적재산권, 분쟁해결절차 등에서 회원국 상호간에 자유무역과 정책협조를 위한 규범을 마련하여 시행하고 있다.

나) 주요내용

① **시장접근** : 회원국가의 상품에 대하여 모든 관세를 철폐하기로 하였다. 그러나 각국에서 수입에 의한 국내산업에 미칠 영향을 고려하여 관세철폐대상 상품을 즉시 철폐품목, 5년 내 철폐품목, 10년 내 철폐품목, 15년 내 철폐품목의 4가지로 나누어 단계적으로 시행하기로 하였다.

② **무역규칙** : 반덤핑관세, 상계관세, 긴급수입제한조치 등의 공정한 운용과 표준 및 검사규정이 통일되도록 각국의 무역규칙을 정비하기로 하였다.

③ **서비스** : 역내국가의 기업에 대해서는 무차별원칙을 적용하여 자유로운 서비스교역의 확대를 도모하기로 하였다. 그러나 개별국가의 사정을 감안하여 항공산업, 해운산업, 통신산업, 금융산업 등의 일부산업에 대해서는 예외를 허용하였다.

④ **투자** : 역내국가의 기업에 대해서 내국민대우 및 최혜국대우를 부여하기로 하였으며, 투자에 대하여 부과되는 수출실적, 국산품사용의무, 기술이전 등의 부수요건은 폐지하고, 투자수익에 대해서는 자유로운 본국송금을 허용하였다.

⑤ **지적재산권** : 지적재산권 보호의 구체적인 대상과 범위를 규정하고 이를 적용해 나가기로 하였다.

⑥ **분쟁해결절차** : 역내국간에 분쟁이 발생할 경우 2국간 또는 3국간 패널을 구성하여 판정토록 하고, 이 판정에 불복하는 국가는 특별패널을 소집하여 재판정을 요청할 수 있도록 하였다.

⑦ **기타** : 환경보호를 위해 역내국가의 환경보호의무를 규정하였고, 간소화된 절차에 의하여 역내기업인들이 임시 귀국할 수 있도록 하였다.

다) 협정의 의미

NAFTA의 타결은 북미시장의 확대로 인한 새로운 경제권을 형성함으로써 EU와 아시아지역에 대응할 수 있는 공동체를 체결하였다는 정치적 의미도 포함하고 있다. 또한 당사국인 미국, 캐나다, 멕시코에게는 상호보완적인 이해관계가 일치하고 있음을 알 수 있다. 왜냐하면 EC가 통합하는 데에는 무려 5년이 소요된 반면, NAFTA는 1년 6개월밖에 걸리지 않았기 때문이다.

먼저 미국의 경우 자국의 비교우위요소인 자본과 기술을 캐나다의 풍부한 자원과 멕시코의 노동력과 결합하여 세계시장에서 경쟁력을 강화하는 계기로 삼았다. 또한 EU 및 일본과 동아시아 경제권에 대한 대응책으로서 NAFTA를 활용할 수 있다는 정치적 의미도 포함하고 있다.

멕시코는 절대적인 경제관계를 맺고 있는 미국과의 관계강화를 통하여 안정적이고 대규모의 수출시장을 확보하였다는 점에서 큰 의의가 있다고 할 수 있다. 멕시코는 대규모의 외채와 만성적인 인플레를 보이고 있으며, 특히 총교역의 70% 이상을 미국시장에 의존하고 있다. 이런 면에서 NAFTA의 최대 수혜국은 바로 멕시코라는 평가를 받고 있다.

캐나다의 경우는 NAFTA 체결의 의미가 그다지 크지 않다. 단지 1989년 1월부터 발효된 미국과 캐나다간 자유무역협정체제를 유지하고, 미국 및 제3국의 멕시코 투자확대로 캐나다가 소외되지 않도록 하는 소극적인 의미를 갖고 있다.

(3) APEC

가) 설립과정

아시아 · 태평양경제협력체(APEC: Asia Pacific Economic Cooperation)는 태평양 연안국들로 구성된 경제협력기구이다. 1989년 11월 호주 캔버라에서 한국, 미국, 캐나다, 일본, 오스트레일리아, 뉴질랜드, 그리고 ASEAN 6개국(태국, 말레이시아, 인도네시아, 싱가포르, 필리핀, 브루나이) 등 총12개국이 참가하여 결성하였다. 그 후 1991년 중국 · 대만 · 홍콩이 가입하였고, 1993년 멕시코 · 파푸아뉴기니아, 1994년 칠레, 1998년 러시아 · 베트남 · 페루 등이 가입하여 2014년 현재 총 21개 회원국으로 되어 있다.

APEC의 추진배경은 첫째로 1970년대 이후 세계경제에서 아시아경제가 차지하는 비중이 크게 확대되고, 아 · 태지역의 역내의존도가 증가함에 따라 경제협력의 필요성이 증가된 때문이다. 둘째로 우루과이라운드의 타결지연에 따른 세계경제의 급속한 블록화에 대한 대응책으로서의 역할도 중요했기 때문이다. 셋째로 냉전체제의 종식으로 세계질서가 경제적 이해관계를 중심으로 재편되면서 범세계주의(globalism)와 지역주의(regionalism)의 현상이 두드러지게 발생했기 때문이다. 넷째로 특히 유럽연합(EU), 북미자유무역협정(NAFTA) 등 유럽과 북미의 지역주의의 심화현상이 가속화되면서 이러한 지역주의 협력체에 대응하고자 동아시아지역을 포함하는 지역주의의 움직임이 시작됐기 때문이다. 다섯째로 태평양지역 경제협력을 위한 민간기구들의 노력이 계속되는 한편, 이러한 민간기구들의 한계를 극복하고 보다 실질적인 역내 경제협력을 도모하기 위해 정부 간 경제협력기구가 필요했기 때문이다.

나) 목표 및 특징

APEC의 목표는 첫째로 지역내 무역 및 투자의 자유화, 둘째로 지역내 통신 · 교통 · 인력 등 특정분야에서의 경제협력과 기술이전, 셋째로 지역내 공동경제정책의 수립과 협력, 넷째로 무역 및 투자의 사업기회에 대한 정보교환과 데이터시스템의 구축 등을 들 수 있다.

주요 특징으로는 첫째로 목표에서 제시한 역내무역 · 투자자유화를 실현하며, 중 · 단기적으로는 무역활성화 조치와 함께 경제 · 기술분야의 협력증진을 추구하는 것, 둘째로 다

〈표 3-6〉 APEC 정상회의 일정

	회의명(장소)	주요내용
1993.11.20	제1차 APEC 정상회의 (미국)	· 경제비전 성명서 채택
1994.11.15	제2차 APEC 정상회의 (인도네시아)	· Bogor선언 채택
1995.11.19	제3차 APEC 정상회의 (일본)	· APEC 경제지도자 행동선언 채택
1996.11.25	제4차 APEC 정상회의 (필리핀)	· 마닐라 Action Plan(MAPA) 채택 승인
1997.11.24~28	제5차 APEC 정상회의 (캐나다)	· 분야별 조기자유화(EVSL) 15개 분야 승인
1998.11.17~18	제6차 APEC 정상회의 (말레이시아)	· 경제위기 극복을 위한 경기부양책 승인
1999.9.12~13	제7차 APEC 정상회의 (뉴질랜드)	· 무역투자 자유화 및 원활화(TILF), 경제기술협력(Ecotech) 이행 상황 점검
2000.11.15~16	제8차 APEC 정상회의 (브루나이)	· 회원국간 정보격차 해소를 위한 공동노력 추구 · 2001년 중 뉴라운드 출범에 합의 · 신경제를 위한 행동계획 채택
2001.10.20~21	제9차 APEC 정상회의 (중국)	· Bogor 목표 달성 촉진을 위한 상하이합의 · 반테러 APEC 정상선언문 채택
2002.10.26~28	제10차 APEC 정상회의 (멕시코)	· 반테러리즘과 경제성장, 공동체들과의 연대강화 등을 골자로 한 5개 분야 44개항의 정상선언문 채택
2003.10.20~21	제11차 APEC 정상회의 (태국)	· 무역 투자 자유화 · 보건 안보 정상성명 채택
2004.11.20~21	제12차 APEC 정상회의 (칠레)	· 지식기반 경제 논의 · 무역확대를 위한 산티아고 구상 채택
2005.11.18~19	제13차 APEC 정상회의 (부산)	· 보고르 목표 이행방안 보완 · 투명성 확보와 비즈니스 환경 확보
2006.11.18~19	제14차 APEC 정상회의 (베트남)	· 보다 자유로운 무역 투자 자유화 진전 · 보다 강력한 사회와 조화로운 공동체 건설
2007.9.8~9	제15차 APEC 정상회의 (호주)	· 지역경제통합 촉진에 관한 시드니선언 채택 · 기후변화와 DDA에 대한 특별성명 채택
2008.11.22~23	제16차 APEC 정상회의 (페루)	· 무역장벽 신설 자제 · DDA협상 돌파구 마련키로 결의

	회의명(장소)	주요내용
2009.11.14~15	제17차 APEC 정상회의 (싱가포르)	· 2010년까지 DDA 타결촉구 · 균형적, 포용적, 지속가능한 성장의 추구
2010.11.13~14	제18차 APEC 정상회의 (일본)	· 주요 주제: 변화와 행동(Change and Action) · 지속적 성장을 위한 신성장전략
2011.11.12~14	제19차 APEC 정상회의 (미국)	· 정상선언 및 녹색성장(Green Growth) 강조 · 지적재산권 보호 강화
2012.9.8~9	제20차 APEC 정상회의 (러시아)	· 성장을 위한 통합, 번영을 위한 혁신을 강조 · 무역·투자 자유화 및 지역경제통합 · 안정적 공급망 구축 · 식량안보 강화
2013.10.7~8	제21차 APEC 정상회의 (인도네시아)	· APEC과 진화하는 지역경제통합 · 다자무역체제 지지 및 보고르 목표 달성 · 연계성 증진 · 형평성 있는 지속가능 성장 등을 논의

른 기구와는 달리 역내 자유화조치의 혜택을 역외국에 대해서도 상호주의에 입각하여 부여하는 것, 셋째로 운용해 나가는 과정에서 필요에 따라 탄력적으로 제도를 마련하고 기구를 확대해 나가는 것, 넷째로 전원합의(consensus)에 입각한 의사결정 과정 등을 들 수 있다.

다) 주요내용

APEC은 1989년 11월 호주 캔버라에서 아·태지역의 지속적인 경제성장과 공동의 번영을 위한 협의체로 출범하여 정상회의 및 각료회의가 매년 1회 당해 의장국에서 개최된다. 정상 및 각료들은 APEC 발전을 위한 목표 및 원칙을 채택하고 구체적 이행을 고위관리회의에 지시하는데, 1993년 11월 시애틀에서 제1차 정상회의를 개최하였다. 〈표 3-6〉은 그 동안에 열린 APEC 정상회의 내용을 정리한 것이다.

주요내용으로는 1994년 인도네시아 제2차 정상회의에서 채택한 보고르(Bogor)선언에서 선진국은 2010년까지, 개도국은 2020년까지 역내의 무역 및 투자를 자유화하기로 하여 단계별 목표를 설정하였고, 1995년 일본 제7차 각료회의에서 채택한 오사카선언에서 무역 및 투자의 자유화를 위한 행동지침이 마련되었다. 1997년 캐나다 제5차 정상회의에서는 아시아 금융위기와 관련하여 안정적인 통화체제구축을 위한 금융협력방안이 집중 논의되었다. 그리고 2002년 10월 멕시코의 로스카보스(Los Cabos)에서 개최된 제10차 정상회의에서는 반테러리즘과 경제성장, 공동체들과의 연대강화 등을 골자로 한 5개 분야 44개항의 정상선언문을 채택하였다.

연습문제

1. 뉴라운드에 대한 우리의 대응방안에 대하여 설명하시오.
2. 경쟁라운드가 한국기업의 수출에 미치는 영향을 설명하시오.
3. 자유무역지대와 관세동맹의 차이점은 무엇인지 설명하시오.
4. WTO체제의 출범에 따른 국제경제환경의 변화에 대하여 설명하시오.
5. APEC의 발전방향에 대하여 설명하시오.

04

Chapter

국제금융환경

1. 국제통상환경의 특성
2. WTO
3. 뉴라운드
4. 경제통합

학습목표

국제통상환경을 구성하고 있는 국제경제의 변화추세, 국제통상체계, 국제경제기구 등에 대하여 알아본다. 구체적으로 WTO 출범에 따른 의미, 특징 등에 대하여 알아보고, 뉴라운드와 경제통합에 대하여 학습한다.

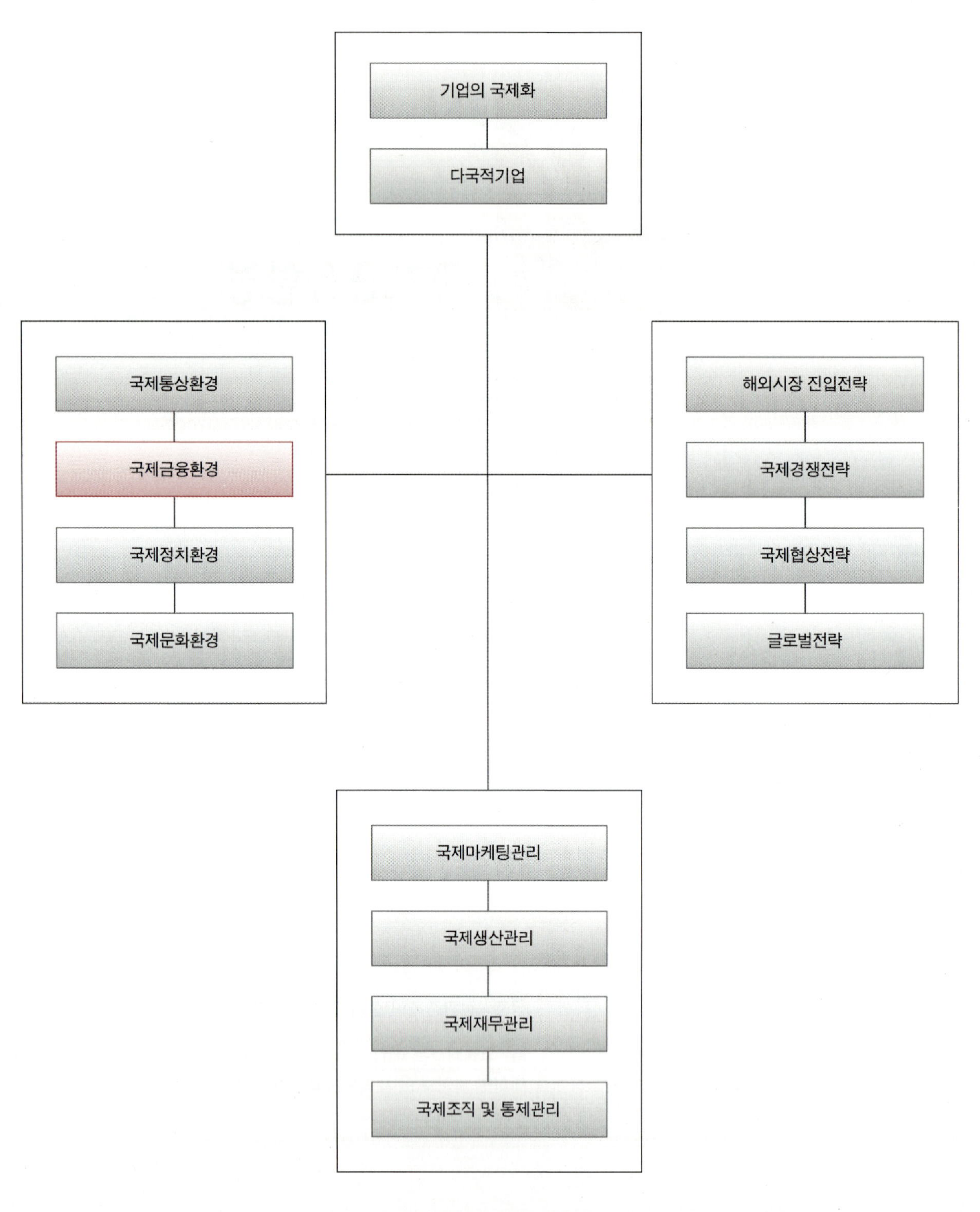

기업의 국제화
다국적기업
국제통상환경
국제금융환경
국제정치환경
국제문화환경
해외시장 진입전략
국제경쟁전략
국제협상전략
글로벌전략
국제마케팅관리
국제생산관리
국제재무관리
국제조직 및 통제관리

세계에서 통용되는 한국 돈, 불가능한 걸까!

최근 우리나라 정부와 한국은행이 인도네시아, 아랍에미리트(UAE), 말레이시아 등과 원화를 해당국 통화와 교환할 수 있는 통화 스와프를 연이어 체결하면서 '원화 국제화'에 대한 관심이 높아지고 있다.

원화 국제화란 쉽게 얘기하면 원화를 국제적인 거래에서 쓸 수 있게 된다는 것이다. 현재 우리나라 기업들이 수출하면 달러 등 외화를 받고, 이렇게 모은 외화를 수입을 위해 사용하고 있다. 만약 원화 국제화가 되면 원화를 주고 원자재를 사다가 반도체 · 자동차 등을 만들어 수출해서 원화를 받을 수 있어 환율이 변동해서 손해를 볼 일이 사라지게 된다. 또 외국인들은 해외에서 원화를 모아다가 우리나라 주식이나 채권에 직접 투자할 수도 있게 된다.

현재 국제화된 통화라고 하면 달러, 유로, 엔, 영국 파운드, 스위스 프랑 등 경제 선진국들의 통화가 대표적이다. 이 밖에 캐나다 달러, 호주 달러, 뉴질랜드 달러 등도 현지기업에서 통용된다. 최근 중국의 위안화가 국제화를 위해 박차를 가하고 있다. 그렇다면 우리나라 원화의 국제화 가능성은 얼마나 될까?

한 나라의 생산량과 무역량이 크다면, 이 나라와 교역하는 국가들은 그 나라의 통화를 사용할 가능성이 크기 때문이다. 경제규모 다음으로는 통화가치가 일정하게 유지될 수 있어야 하기 때문에 환율변동이 적고 인플레이션이 낮은 통화가 국제적으로 사용되기 쉽다. 이 밖에도 주식 · 채권 등 자본시장이 잘 발달해 있어야 하고 자본거래에 대한 까다로운 규제나 통제가 없어야 한다.

우리나라는 2010년 기준으로 세계경제에서 차지하는 비중이 1.9%로 세계 15위 정도의 경제규모다. 이는 완전한 통화 국제화에 도달한 G5(달러, 유로, 엔, 파운드, 스위스 프랑)의 경제비중 평균인 9.7%에는 못 미친다.

그러나 국경 간(cross-border) 외환거래 규모가 국내 외환시장보다 커서, 통화의 부분 국제화를 이뤘다고 평가받고 있는 호주(1.3%), 뉴질랜드(0.4%), 홍콩(0.4%), 싱가포르(0.4%) 등 16개국의 평균(1.3%)보다는 높다. 또 우리나라의 무역이 세계에서 차지하는 비중은 2.6%로 16개국 평균(1.5%)은 물론이고 호주(1.2%), 뉴질랜드(0.4%)보다 역시 높다. 그래서 경제규모만 본다면 우리나라 원화는 통화 국제화가 가능한 수준이라고 볼 수 있다.

또 환율변동성을 살펴보면 경제규모와 환율의 변동성이 '역(逆)U자형'의 관계를 갖고 있어 경제규모가 일정 수준을 넘어 커질수록 환율의 변동성이 낮아지기 때문에 통화 국제화에 유리하다고 볼 수 있다. 이런 관점에서 본다면 한국경제는 경제규모와 환율변동성 관계에서 원화 국제화의 '문턱(threshold)'에 와 있다고 할 수 있다.

그렇지만 자본시장 규모나 규제 정도를 따져보면 원화 국제화 가능성은 작아진다. 원화 국제화를 위해서는 시장에서 외국인이 원화와 원화표시 자산을 확보하기 쉬워야 하는데 그렇지 못하기 때문이다. 우리나라의 GDP 대비 주식시장 가치는 79% 정도로 G5 국가들의 평균치인 133.1%보다 낮고 아시아 경쟁국인 홍콩(618.5%), 싱가포르(186.1%) 등보다 낮다.

각종 규제로 인해 자국통화 표시 해외채권 발행 비중은 우리나라는 0.1%에 불과해 호주(20.3%), 홍콩(49.6%) 등에 비해 눈에 띄게 낮다. 국제적으로 금융개방 정도를 따지는 대표적인 지수인 친-이토(Chinn-Ito) 지수로 따진 한국의 금융개방도는 45.2로 인도네시아(69.3)보다도 낮다. 외국인이 무역결제나 주식, 채권 등에 투자하기 위해 필요한 원화의 공급이 부족해 원화의 국제적 활용은 제한적인데, 이는 외환거래의 절차적 규정이 복잡하고 번거롭기 때문이다. 외국인이 원화에 투자하기 위해서는 자국통화를 달러화로 바꿔 한국에 들어와 환전해야 가능하다.

이런 의미에서 최근 정부와 한은이 추진하는 원화 통화 스와프가 원화 국제화의 길을 여는 역할을 할 수 있다. 최근 통화 스와프의 특징은 달러를 매개로 하지 않는 원화와 상대국 통화 간의 스와프(교환)라는 점이다.

통화 스와프를 활용하여 원화가 원활히 공급되어 무역결제에 사용되고 무역결제의 잉여 원화 자금이 주식과 채권에 자유롭게 운용할 수 있도록 관련 외환규정이 완화된다면 원화 국제화의 길은 그리 멀지 않을 것이기 때문이다. 우리나라는 1980년대 후반부터 원화 국제화에 대한 논의를 시작했고 2006년 동북아 금융 허브 추진과정에서 정책적으로 다뤄지기 시작했다. 그 결과 무역 등 경상거래에서는 원칙적으로 자유로운 원화거래와 결제가 허용돼 있다.

• 조선일보, 2013.11.7

토의과제

1. 한국 원화의 국제화를 위해서 보완해야 할 점은 무엇인가?
2. 국제통화가 되기 위해서는 어떤 요건을 갖추어야 하는가?
3. 통화 스와프의 활성화를 위해서 어떤 조치가 필요한가?

1 국제금융

1.1 국제금융의 개념

(1) 국제금융의 의의

국제금융(international finance)은 국제적으로 이루어지는 경제활동 가운데 자금의 이동과 관련된 모든 현상이라고 말할 수 있다. 국제적 자금이동은 물물교환이나 실물원조 등과 같이 화폐적 경제를 필요로 하지 않는 거래도 있으나 대부분의 국제적 거래는 결제가 뒤따르며, 자금의 이동으로 인한 국제금융현상이 수반된다. 예컨대 국가 간의 상품 및 용역거래는 이에 따라 국제대차관계를 발생시키며, 상품 및 용역 이동의 반대방향으로 상품대금결제를 위한 자금의 이동이 발생한다. 용역이 이동하는 경우에도 마찬가지이다.

이와 같이 상품·용역거래에 수반되는 자금이동은 결제를 목적으로 하는 것이지만, 그 밖에 자금의 신용내지는 대차를 목적으로 하는 자금의 이동도 있다. 즉, 한 나라의 기업, 가계, 정부 혹은 금융기관이 다른 나라의 기업, 가계, 정부 혹은 금융기관을 상대로 자금을 대부하거나 차입하는 경우는 자금의 결제보다는 자금의 신용을 일반적으로 국제금융이라 부른다. 이는 한 나라의 수출업자가 다른 나라의 수입업자에게 상품을 수출하면서 그 대금의 지급을 일정한 기간 동안 연기하여 주는 공급자신용의 공여나, 국제기구에의 출자·출연 등과 같은 국제자본이동도 국제금융현상으로 볼 수 있을 것이다.

(2) 국제금융의 기능

가) 국제대차결제

국제금융은 국제간 재화 및 용역거래와 자본거래의 결과 이미 발생되어 있는 국제간 채권·채무를 원활하게 결제하여 주는 기능을 갖고 있다. 국제간 결제를 원활하게 수행하기 위해서는 이종통화간 교환을 위한 외환시장이 발달되어 있어야 하며, 주요 국제금융시장에 위치하고 있는 세계 일류은행들과 환거래계약을 체결, 당좌계정(current account)을 개설하여 동계정의 대・차기를 통한 결제방법을 미리 마련하여 둘 필요가 있다.

나) 국제무역금융의 지원

국제금융은 국제간 상품 및 용역의 수출입대금을 융자해줌으로써 국제교역을 촉진해 주는 기능을 갖고 있다. 세계 제2차대전 이후 국제무역량이 크게 증가되면서 수출 또는 수입금융의 원활한 지원이 국제금융시장의 주요 임무가 되었으며, 또한 국제금융시장의 이와 같은 무역금융지원이 국제교역량을 꾸준히 신장시키는 원동력이 되었다.

이와 같은 수출입금융은 상품의 원료구입에서 생산, 판매를 거쳐 그 대금을 회수할 때까지 소요되는 1회전기간 동안의 자금지원으로서, 당해상품의 판매대전으로 상환토록 되어 있는 단기금융이다. 또한 국제적 신용조사의 어려움 때문에 수출입업자간의 직접금융 형태보다는 전문기관인 금융기관의 중개를 통한 간접금융형태 중심으로 발전하였다. 한편 금융기관의 입장에서 보더라도 상품수출입 거래에 따른 진성어음을 견질 또는 담보로 한 단기금융이기 때문에, 금융취급상 진성상업어음원칙(real trade bill principle)에 입각하여 건전한 은행경영을 기할 수 있게 된다.

다) 국제유동성의 조정

국제금융은 단기무역금융에서 한 걸음 나아가 중장기 국제투자 및 시설금융까지 취급하게 되었으며, 만성적인 국제수지적자 및 국제유동성 부족상태에 놓여 있는 비산유개발도상국의 국제수지적자 보전용 금융(balance of payment loan) 및 경제개발 소요자금금융(project loan)까지 취급하게 됨에 따라, 국제투자 및 개도국의 경제개발계획수행을 촉진시킴으로써 소위 남북문제해결에도 기여하게 되었다. 그러나 한편으로는 금융기간의 장기화, 진성상업어음원칙의 무시, 개도국의 외채비율 누증 등에 따라 국제은행의 건전경영을 위협하는 단점이 노출되기도 하였다.

라) 국제자금관리의 수단

국제금융은 국제개방경제체제하에서 기업 및 금융기관이 국제화 내지 다국적화됨에 따라 그들의 자금조달 및 운용상 지역 및 통화가 다원화되었으며, 이를 국제적으로 종합 관리할 필요성이 대두되게 되었다. 특히 국제금융시장은 이와 같은 국제은행 및 다국적기업의 국제자금관리상 필요한 각종 금융수단과 기법을 제공함으로써 더욱 번창할 수 있었다. 또한 국제금융시장은 다국적기업의 번창과 더불어 그들의 자금조달 및 운용시장으로서 크게 활용되고 있는 바, 그들이 필요로 하는 유동성관리, 팩토링, 자금관리 및 결제기능 등 각종 금융서비스를 취급하고 있을 뿐 아니라, 환율 및 이자율 변동위험의 관리시장으로서의 기능까지도 수행하게 된다.

1.2 국제금융시장의 의의

(1) 국제금융시장의 개념

국제금융시장(international financial market)이란 국제무역, 해외직접 및 간접투자, 장단기적 자금의 국제적 대차거래에 의해 야기된 금융자산 및 부채를 결제하기 위해 국제적인 차원에서 이루어지는 장소 또는 종합적인 거래조정프로세스 및 메커니즘을 말한다. 즉, 국제금융시장이란 구체적 장소의 개념과 국제자금의 수요와 공급을 연계시켜주는 계속적인 거래형태에 관련된 기구, 기능, 거래내용을 총괄하는 추상적 개념으로 구분할 수 있다. 최근에는 장소적 개념보다도 세계적으로 24시간 동안 거래가 가능해짐에 따라 추상적 개념의 시장이 그 비중을 더해가고 있다.

(2) 국제금융시장의 요건

국제금융시장의 주요 기능은 첫째로 거래를 통해 국제간의 환율의 균형과 외국무역에 신용을 제공하고 환위험을 연계시키는 기능을 갖고 있다. 둘째로 각국 경제발전계획의 수행 또는 국민경제운용상 필요한 자금의 조달을 원활히 해주고, 특히 자본이 부족한 개도국의 입장에서는 국제금융시장을 통한 자금조달이 경제발전의 주축을 이루고 있다.

이러한 기능이 효율적으로 운용되기 위해서는 몇 가지 선행요건이 갖추어져야 하는데 첫째로 국제금융시장이 되고자 하는 국가의 통화는 국제적인 결제통화인 동시에 준비통화이어야 한다. 둘째로 당해국의 금융시장은 국제적인 업무를 수행할 수 있는 제반시설 및 헤징제도 등의 여건이 갖추어져 있어야 한다. 셋째로 거주자는 물론 비거주자의 대외거래가 자유롭게 보장되는 등 외환관리가 없어야 한다. 넷째로 금융과 관련된 상업적 기능을 수행하는 상품운송 보험시장이 발달되어 있어야 한다. 다섯째로 외환시장이 존재해야 한다.

1.3 국제금융시장의 구성

가) 국내금융시장과 국제금융시장

시장참가자의 국적에 따라 국내금융시장과 국제금융시장으로 나눌 수 있다. 국내금융시장(domestic financial market)은 자금의 대출자와 차입자, 그리고 이들을 연결하는 금융기관의 삼자가 모두 거주자이고, 금융기관이 국내에 소재한다. 국제금융시장(international financial market)은 자금의 대출자, 차입자, 그리고 이들을 연결하는 금융기관 중 적어도 하나가 비거주자이거나, 혹은 금융시장이 외국에 소재하는 경우이다.

나) 직접금융시장과 간접금융시장

자금의 최종수요자가 자금을 직접 조달하느냐, 아니냐에 따라서 직접금융시장과 간접금융시장으로 나눈다. 직접금융시장(direct financial market)은 차입자가 직접 대출자로부터 자금을 차입하는 시장을 말하고, 간접금융시장(indirect financial market)은 차입자가 직접적으로 대출자로부터 자금을 차입하는 것이 아니고, 양자 사이에 존재하는 어떤 중개기관을 통해서 자금을 조달하는 시장을 말한다. 예를 들면 어떤 기업이 회사채를 발행하여 자금을 조달하는 것은 직접금융시장에 해당되며, 반면 은행이 예금자들로부터 예금을 받아 그것을 다시 어떤 기업에 대출해 주는 것은 간접금융시장에 속한다.

다) 외국금융시장과 유로금융시장

거래통화 또는 표시통화를 기준으로 〈표 4-1〉에서 보는 바와 같이 외국금융시장과 유로금융시장으로 구분된다. 외국금융시장(foreign financial market)은 거래당사자 일방에게 외국통화로 거래가 이루어지는 경우를 말하며, 유로금융시장(Euro financial market)은 거래당사자 모두에게 외국통화로 거래가 이루어지는 경우를 말한다.

유로금융시장은 거래 표시통화에 따라 유로달러시장, 유로엔시장, 유로마르크시장 등으로 지칭되며, 그 시초가 유럽에서 생성되었기 때문에 이러한 명칭이 사용될 뿐 유로금

〈표 4-1〉 외국금융시장과 유로금융시장

	국내통화	외국통화
국내통화	국내금융시장	외국금융시장
외국통화	외국금융시장	유로금융시장

〈표 4-2〉 역내금융시장과 역외금융시장

	거주자	비거주자
거주자	국내금융시장	역내금융시장
비거주자	역내금융시장	역외금융시장

융시장은 아시아, 북미, 중남미 등 어디에서나 발견될 수 있다. 유로금융시장에는 간접금융시장 형태인 유로커런시시장과 직접금융시장 형태인 유로채시장이 있다.

라) 역내금융시장과 역외금융시장

시장참가자의 국적 또는 통화를 기준으로 〈표 4-2〉에서 보는 바와 같이 역내금융시장과 역외금융시장으로 나눌 수 있다. 역내금융시장(onshore financial market)은 외국차입자들이 금융기관 소재국의 통화로 발행된 금융자산을 거래하는 시장을 말한다. 즉, 한 국가의 국내금융시장에 비거주자가 참여하여 이루어지는 시장을 말하는데, 외국금융시장과 동일한 개념이다. 여기에는 간접금융시장으로서의 외국중개시장과 직접금융시장으로서의 외국채시장이 있다.

역외금융시장(offshore financial market)은 거래당사자 양방이 모두 거래지의 국적과 다른 경우에 이루어지는 것으로서 비거주자와 비거주자 간에 이루어지는 시장을 말한다. 즉 외국통화표시 금융자산이 표시통화국 영토 밖에서 거래되는 시장을 말하는데, 이는 유로금융시장과 동일한 개념으로 사용되기도 한다. 그러나 유로금융시장은 거주자도 포함하지만 역외금융시장은 반드시 비거주자 간에만 거래가 이루어지므로 차이가 있다. 역외금융시장으로는 홍콩, 싱가포르, 동경역외시장 등이 있다.

마) 단기금융시장과 중장기자본시장

거래되는 금융수단의 기한에 따라 단기금융시장과 중장기자본시장으로 구분된다. 단기금융시장(short-term money market)은 일 년 이내에 만기가 도래하는 금융수단이 거래되는 시장을 말하는데, 기업어음(CP), 은행인수어음(BA), 양도성예금증서(CD), 환매조건부 채권(RP), 단기재정증권(T-bill) 등을 들 수 있다. 중장기자본시장(medium and long-term capital market)은 일 년 이상의 만기를 갖는 금융수단이 거래되는 시장을 말하는데, 주식 및 채권, 그리고 중기어음(medium term note: MTN) 등을 들 수 있다.

바) 외환시장 · 국제채권시장 · 국제주식시장 · 파생상품시장

거래되는 금융상품에 따라 외환시장, 국제채권시장, 국제주식시장, 파생상품시장으로 나눌 수 있다. 외환시장(foreign exchange market)은 국제금융거래에 있어서 야기되는 이종통화표시 통화나 외환의 매매거래가 이루어지는 시장을 말하는데, 현물환, 선물환, 통화선물, 통화옵션, 통화스왑 등의 직접매매가 행해진다.

국제채권시장(international bond market)은 기업이나 정부기관, 국제기구 등이 국제적으로 채권을 발행하여 자금을 조달하는 발행시장, 그리고 발행된 국제채권이 매매되는 유통시장으로 구성되는데, 국제금융시장에서 중요한 부분을 차지하고 있다. 국제채권은 기채국 이외의 특정국에서 그 국가의 통화로 표시하여 발행되는 외국채와 표시통화국 이외의 국가에서 발행되는 유로채로 구분된다.

국제주식시장(international stock market)은 각국의 주식시장이 국제화되면서 주식의 국제적 발행과 유통이 일어나고 통합된 국제주식시장이 성립되어 가고 있으며, 외국거래소에 상장된 주식에 대한 투자를 자유화하거나 본국 이외의 외국거래소에 복수상장하여 거래가 이루어지는 방식으로 추진되고 있다. 국제주식은 런던국제증권거래소, 뉴욕증권거래소, 동경증권거래소 등을 통해 거래되고 있다.

파생상품시장(derivative market)은 환율, 이자율, 상품가격 및 주식가격 등 가격위험으로 인해 치명적인 영향을 받지 않도록 이를 관리하기 위한 수단으로 다양한 파생금융상품이 형성 · 발전하였는데 이들이 거래되는 시장을 말한다. 파생상품은 거래장소에 따라 장내거래상품과 장외거래상품으로 나누어지며, 기초자산 내지 기초변수별로 통화 · 이자율 · 채권 · 주가지수 등을 기초로 한 금융파생상품과 원자재 · 귀금속 등을 기초로 한 물품파생상품으로 나눌 수 있다. 그리고 계약유형에 따라 선도 · 선물 · 옵션 · 스왑 등을 중심으로 한 기본파생상품과 고객의 다양한 욕구에 맞춰 기본파생상품을 변형시킨 특이파생상품으로 나눌 수 있다.

1.4 주요 국제금융시장

(1) 런던금융시장

런던은 금본위체제가 채택되었던 19세기 후반부터 제1차 세계대전 전까지 유일한 국제금융시장이었으며 외환거래의 중심지였다. 따라서 런던은 단기자금이 집중되고 다각적인 결제가 이루어졌으며 세계의 금, 상품, 해운, 보험의 중심시장이기도 하였다. 그러나 제1차 세계대전과 제2차 세계대전을 거치면서 파운드화의 가치하락으로 런던은 국제금융시장으로서의 위치가 크게 약화되었다. 그러다가 1950년대 말부터는 유로달러시장이 형성됨으로써 다시 활기를 되찾게 되었다. 오늘날 런던금융시장은 외환거래에 대한 기술적인 경험과 시차상의 유리한 점을 활용하여 뉴욕금융시장과의 외환거래를 연결하는 중심적인 역할을 담당하고 있다.

런던금융시장은 다섯 가지로 구성되었는데, 첫째로 영란은행(Bank of England)을 중심으로 예금은행, 상업은행, 할인상사, 외국은행의 지점 등이다. 둘째로 할인시장을 중심으로 한 단기금융시장이다. 셋째로 세계 최대의 자유금시장이다. 넷째로 증권을 발행하고 유통하는 장기금융시장이다. 다섯째로 국제상품, 보험, 해운시장이다.

한편 런던금융시장의 주요 기능을 살펴보면 첫째로 대금결제의 기능을 갖고 있다. 대금결제는 주로 런던의 외환시장을 통해서 이루어진다. 둘째로 자금조달 장소로서의 기능을 갖고 있다. 즉 주식, 공사채 등의 유가증권에 대한 발행과 이를 매매하는 기능을 한다. 셋째로 자금의 운용장소로서의 기능을 갖고 있다. 주요 투자대상으로는 영국 재무성증권 외에 런던의 상업어음, 파운드표시 정기성예금증서, 은행인수어음, 국채 등을 들 수 있다.

(2) 뉴욕금융시장

뉴욕금융시장은 런던금융시장에 비하여 늦게 발전하였으나 제2차 세계대전 이후 미국의 주도하에 탄생한 IMF체제하에서 미국의 달러가 기축통화의 역할을 함에 따라서 급속하게 발전하게 되었다.

뉴욕금융시장이 중심시장으로 등장하게 된 배경은 첫째로 제1·2차 세계대전으로 막대한 자본과 국제수지 흑자로 달러화가 기축통화로서 인정을 받게 된 점, 둘째로 경제력 지위향상과 함께 국제금융기관이 급속도로 발전하여 국제금융시장으로 그 기능을 다할 수 있었던 점, 셋째로 양차대전으로 인하여 영국의 경제력 및 파운드화의 불안은 런던금융시장의 권위와 지위를 약화시킨 점, 넷째로 1931년 미국 연방준비제도이사회의 창설로 대규모 은행인수 어음시장이 성립된 점 등을 들 수 있다.

뉴욕금융시장은 상업어음시장, 은행인수어음시장, 연방기금시장, 재무성증권시장, 자본시장 등 다섯 가지로 구성되어 있다. 첫째로 상업어음시장은 기업이 자금조달을 위해 발행하는 4~6개월의 단기약속어음이 유통되는 시장을 말한다. 둘째로 은행인수어음시장은 은행인수어음이 유통되는 시장을 말한다. 셋째로 연방기금시장은 연방준비은행에 있는 가맹은행의 준비예금에 대한 청구권이 유통되는 시장을 말한다. 넷째로 재무성증권시장은 미국의 재무성이 발행하는 단기증권시장을 의미한다. 다섯째로 자본시장은 국내외 증권이 신규로 발행되고 유통되는 시장을 말한다.

한편 뉴욕금융시장의 주요 기능으로는, 첫째로 대금결제 장소로서의 기능을 들 수 있다. 미국은 세계 최대의 교역국일 뿐만 아니라 자금 수출국가이기 때문에 뉴욕은 확대된 달러경제권의 최종 결제장소로서의 기능을 갖고 있다. 둘째로 자금조달 장소로서의 기능이다. 많은 외국의 상업은행들은 자금이 부족할 때 미국의 상업은행으로부터 자금을 대출받거나 어음을 발행하여 자금을 조달한다. 셋째로 자금운용 장소로서의 기능 등을 갖고 있다. 외국의 상업은행들은 무이자의 당좌예금을 보유하고 있으며 달러의 잔고를 결제에 이용하고 있다.

(3) 유로금융시장

유로금융시장이란 유로커런시(Euro currency)를 대상으로 한 장단기 금융시장을 말한다. 유로커런시란 그 통화의 발행국 이외의 지역에 예치되어 있는 통화를 의미한다. 예컨대 미국인이 영국의 상업은행에 예금을 하였다면 그 커런시는 유로달러라 부른다. 처음에는 달러만이 이러한 형태로 이용되었고 이러한 금융시장을 유로달러시장이라고 불렀으나, 그 후에 파운드, 마르크, 엔, 프랑 등도 이러한 방법으로 이용되기 시작하였다. 총 유로커런시 중에서 절반 이상은 유로달러로 구성되어 있다.

유로금융시장의 생성동기는 유로달러의 생성동기에서 찾을 수 있다. 즉 제2차 세계대전 후 미국과 소련간의 냉전상태가 심화되자 동구권 국가들이 미국에 예치한 자금을 유럽은행에 이체하면서 유로달러가 창조되었던 것이다. 특히 미국이 대공황이후 금융기관의 과당경쟁과 부실화를 방지하기 위하여 금리의 상한을 규제하고 보험료를 징수하며 증권업무 겸업을 금지한데 반하여, 서방 유럽 국가들은 경제성장 추진에 필요한 막대한 자금을 조성하기 위하여 금리 상한선을 적용하지 않고, 지불준비와 보험료 부담을 면제하는 등 각종 규제를 철폐하면서 외환자유화, 자본자유화를 실시함에 따라 유로달러시장은 본격적인 성장의 기반을 구축하였다.

유로금융시장은 간접금융시장인 유로커런시시장과 직접금융시장인 유로채시장으로 대

〈표 4-3〉 유로금융시장

	간접금융시장	직접금융시장
단 기	유로자금시장	유로단기채시장
장 기	유로신용시장	유로장기채시장

별할 수 있다. 〈표 4-3〉에서 보는 바와 같이 유로커런시시장(Euro currency market)은 다시 유로자금시장과 유로신용시장으로 구분되며, 유로채시장(Euro bond market)은 다시 유로단기채시장과 유로장기채시장으로 구분된다.

유로자금시장(Euro money market)은 어음지불 만기가 1년 미만인 단기자본시장을 의미하는데, 유로머니는 유럽 전체시장의 70% 이상을 차지하고 있다. 유로신용시장(Euro credit market)은 어음지불 만기가 1년 이상의 중장기 금융시장으로서, 다국적기업 및 정부기관의 시설재수입금융이나 개도국의 경제개발까지 취급하고 있다. 유로단기채시장(Euro short- term bond market)은 단기국채, 양도성예금증서, 유로상업어음 등이 국제적으로 거래되며, 유로장기채시장(Euro long-term bond market)은 장기채권과 주식이 국제적으로 거래되는 유로자본시장을 말한다.

(4) 동경금융시장

1980년 12월 신법이 실시되어 엔화가 자유화됨으로써 국내와 해외로의 자금이동이 자유롭게 이루어졌으며 기축통화로서의 자격을 마련하게 되었다. 동경시장은 단기시장과 공사채 유통시장으로서 크게 발전되어 가고 있다. 양도성예금증서, 대장성증권, 해외발행 상업어음을 취급하고 있다. 또한 달러 콜시장이 활성화되어 있어 외화자금을 융통할 수 있다.

(5) 싱가포르금융시장

싱가포르 정부는 1970년 가을 비거주자에게 무기명의 예금구좌를 개설할 수 있도록 하였으며, 예금에 대한 이자과세면제, 비밀보장조치, 지불준비율 적용의 면제 등을 취하고 양도성예금증서의 발행을 허용함으로써, 싱가포르를 중심으로 한 아시아제국에 예치된 달러인 아시안달러(Asian dollar) 시장으로서 가장 먼저 출발을 하였다.

싱가포르시장이 발전 할 수 있었던 요인 중에는 정치적인 안정, 통화가치안정, 국제금융서비스를 위한 전문가 양성 및 통신네트워크 완비, 동경과 런던과 동일 시간대에 속하는 지리적인 이점 등이 크게 작용하였다.

2 외 환

2.1 외환의 개념

(1) 외환의 의의

외환(foreign exchange)이란 국가와 국가 간에 재화, 용역, 자본의 거래로 인하여 발생되는 대차관계를 결제하는데 사용되는 일체의 대외거래수단을 의미한다. 따라서 외환은 내국환과는 몇 가지 점에서 차이가 있다. 첫째로 거래당사자가 서로 다른 나라에 속해있고 서로 다른 화폐단위를 사용한다는 점, 둘째로 결제에 상당한 시간이 소요된다는 점, 셋째로 환시세의 변동으로 인한 환위험이 발생한다는 점, 넷째로 각국의 외환통제로 자금의 이동이 자유롭지 못하다는 점 등이다.

(2) 외환의 특징

첫째로 외환거래는 외국과의 채권, 채무를 결제하기 때문에 일국의 국제수지에 큰 영향을 미친다는 점이다. 외환거래의 결과, 수취가 지급보다 많을 경우에는 국제수지 흑자의 요인이 되며, 그 반대일 경우에는 국제수지 적자의 요인이 된다.

둘째로 내국환의 경우에는 채권·채무관계가 모두 한 나라 안에서 일어나므로 당해 국가의 법률의 적용을 받게 되지만, 외환의 경우에는 채권자와 채무자가 서로 다른 국가에 있게 됨으로써 채권·채무관계는 상대국의 법률이나 상관습에 영향을 받게 된다.

셋째로 내국환의 경우에는 환거래의 대상이 되는 통화가 하나이지만, 외환의 경우에는 환거래가 국가 간에 이루어지는 관계로 환거래의 대상이 되는 통화가 여러 가지로 많게 됨에 따라 통화간의 외환비율 즉, 환율의 문제가 생긴다.

넷째로 환거래가 발생하면 내국환의 경우에는 일국내의 환거래인 관계로 중앙은행과 같은 중심기관에 의해 그 결제가 청산되지만, 외국환의 경우에는 그 거래내용이나 거래지역 등이 상이하고 복잡하며 각국의 금융관습이나 법률이 다르므로 외환거래를 결제하는 집중결제기관이 별도로 없기 때문에 환의 결제구조가 복잡하다.

다섯째로 외환의 경우 결제시간이 국내거래보다 길어지고 거래금액이 대규모이기 때문에 양당사자간의 금리문제가 발생할 수 있다.

여섯째로 외국통화가 부족한 국가들과 거래할 경우 이들 국가의 외환통제로 말미암아 거래규모가 제한될 수 있다.

(3) 외환의 종류

가) 송금환과 추심환

송금환(remittance by draft) 또는 순환이란 채무자가 결제대금을 채권자에게 송금하는 방법을 말하며, 추심환(negotiation by draft) 또는 역환이란 채권자가 추심의 방식을 통해 대금을 회수하는 방법을 말한다.

나) 딩빌환과 타빌환

외국으로 자금을 송금하기 위해서는 해당 국가의 은행을 각각 경유하여야 하는데, 이때 환거래의 시발점이 되는 은행을 당발은행이라 하고 당발은행에서 취급하는 외국환을 당발환(outward exchange)이라고 한다. 그러나 같은 거래가 종결되는 은행 측에서 보면 자금을 송금한 은행은 타발은행이 되고, 상대측 송금은행이 취급한 외국환은 타발환(inward exchange)이 된다. 즉, 외국환은행의 입장에서 직접 송금환을 취결하거나 추심을 하는 경우를 당발환이라고 하며, 이와는 반대로 상대방 외국환은행으로부터 송금환을 받거나 추심을 받게 되면 타발환이라고 한다.

다) 매도환과 매입환

매도환(selling exchange)이란 환매매의 중개기관인 외국환은행이 환을 매도하는 경우를 말하는데, 수입어음의 결제가 이에 해당한다. 매입환(buying exchange)은 반대로 환을 매입하는 경우를 말하는데, 수출환어음의 매입이 이에 해당한다.

따라서 당발송금환과 타발추심환은 외환을 필요로 하는 채무자에게 이를 매각하는 것이기 때문에 외국환은행의 입장에서 보면 매도환에 해당된다. 반면, 외국환은행이 타발송

[그림 4-1] 외환의 종류

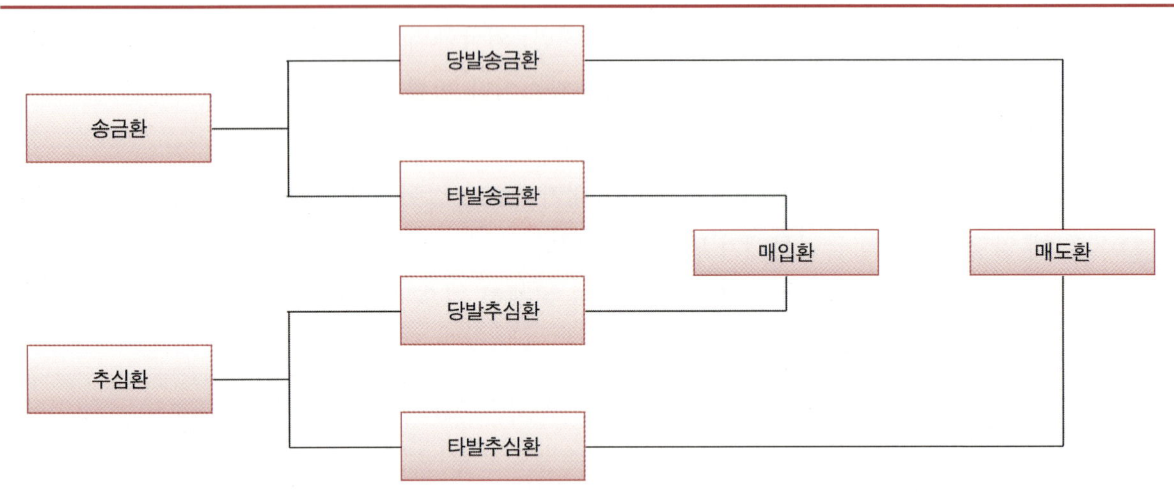

금환에 대하여 지급을 하거나 당발추심환을 추심하게 되면 외환을 자국통화를 대가로 매입하는 결과가 되기 때문에 매입환에 해당된다. 이상의 내용을 그림으로 나타내면 [그림 4-1]과 같다.

라) 보통환과 전신환

보통환(ordinary remittance)이란 자금의 결제를 우편으로 하는 경우의 환을 말하며, 우편환, 환어음, 송금수표가 이에 해당한다. 전신환(telegraphic transfer)이란 지급지시서를 전신으로 송부하는 경우를 말하는데, 전신환은 전신에 의하여 당일 결제되므로 이자문제가 개입되지 않는다.

마) 현물환과 선물환

현물환(spot exchange)이란 외환거래가 매매계약과 동시에 이루어지는 경우를 말하며, 선물환(forward exchange)이란 매매계약후 장래의 일정시기에 계약시 정한 환율로 매매가 이루어지는 경우를 말한다. 현물환의 경우 동시라는 의미는 계약체결후 2영업일 이내를 뜻하며, 선물환의 경우 선물기간은 보통 1~3개월 또는 길어도 6개월 이내인 것이 보통이다.

2.2 외환시장의 의미

(1) 외환시장의 의의

외환시장(foreign exchange market)이란 외환의 매매거래가 이루어지는 특정 장소 또는 거래 메커니즘을 말한다. 일반 재화시장이 유·무형의 재화를 매매대상으로 하는 것에 비하여 외환시장에서는 외국통화를 대상으로 한다.

초기의 외환시장은 외환거래가 형성되는 장소 또는 건물이라는 구체적 의미가 강했으나, 국가 간 경제교류가 활발해지면서 외환의 거래내용·규모·방법 등이 복잡·다양해져서 장소의 개념인 부스(bourse)의 의미를 점차 잃게 되었다. 따라서 현대적 의미에서의 외환시장은 일반적으로 추상적·총체적 개념의 오픈마켓(open market)을 말한다.

오늘날 세계의 외환시장은 24시간 계속해서 거래가 일어나고 있는데, 하루 평균 거래량이 약 1조 5천억 달러에 이르고 있으며 계속해서 증가하고 있는 추세이다. 세계의 3대 외환시장으로는 영국의 런던외환시장, 미국의 뉴욕외환시장, 일본의 동경외환시장을 들 수 있는데, 이 세 나라에서 이루어지는 외환거래량은 세계 외환거래량의 약 70%정도를 차지하고 있다.

(2) 외환시장의 특징

가) 범세계적 시장

오늘날 외환시장은 각국의 자본 및 외환규제의 완화와 더불어 자본이동이 급격히 증가하였다. 이에 따른 각종 새로운 외환거래기법과 전자통신기술의 급격한 발전은 외환시장의 거래규모나 거래장소를 세계 여러 지역에 위치할 수 있게 하였다. 또한 외환시장은 모든 시장정보의 확산과 가격결정이 컴퓨터 터미널의 연결을 통해서 전 세계에서 동시에 같은 가격으로 이루어지고 있다. 이와 같이 오늘날의 외환시장은 하나의 통합시장으로서 범세계적 시장(global market)의 특성을 가지고 있다.

나) 점두시장

외환의 거래는 증권거래소와 같은 특정 장소에서만 이루어지는 것이 아니라, 은행 및 딜러들의 거래실(dealing room)에서 거래자들이 전화나 텔렉스 그리고 컴퓨터단말기 등을 이용하여 은행 간 또는 고객 간 거래를 행하는 점두시장(OTC: over-the-counter market)의 특징을 가지고 있다.

다) 제로섬시장

외환시장에 참여하는 한 거래자가 외환거래 이익을 실현하였다면, 다른 거래자는 필연적으로 이에 상응하는 외환거래 손실이 발생하였기 때문에, 외환시장은 기본적으로 제로섬시장(zero sum market)의 성격을 갖고 있다.

라) 24시간 운영

외환시장은 일반 재화시장과는 달리, 지리적 시차로 인해 거래시간이 중복되어 연결됨으로써 세계 전체적으로는 하루종일 종장이 없는 24시간 시장(24-hours market)이라는 특성을 갖고 있다. 즉, 한 시장의 파장이 다른 시장의 파장과 겹치는 것이 아니라 각 시장간에 중복 연결되어 하루종일 연속적으로 외환거래가 이루어지는 풀타임시장(full-time market)이다.

마) 은행간거래

외환시장은 외환거래의 90%~95%가 대고객 거래보다는 주로 은행간거래(interbank transaction)로 이루어지며, 또한 외환거래의 50% 이상이 현물환거래로 이루어지는 특징을 가지고 있다.

(3) 외환시장의 참가자

가) 외국환은행

외환거래는 국가 간 통화의 거래가 이루어진다는 의미에서 각국 통화의 자금결제를 중개하는 외국환은행(foreign exchange bank)이 반드시 참가하게 된다. 외국환은행은 외화가 필요한 개인이나 기업의 요구에 따라 각종 통화를 교환해 주는 단순한 매매중개행위에서부터 자본이득이나 환차를 이용하기 위한 적극적인 참가자로서의 역할도 담당하고 있다. 한국의 경우 시중은행, 지방은행, 외국은행 국내지점, 종합금융회사 등이 이에 해당된다.

나) 고 객

외국환은행과 거래하는 모든 고객(customer)을 들 수 있다. 수출입을 행하는 무역회사나 해운회사, 각종 목적으로 외국통화를 필요로 하는 개인이나 기업, 외환가격의 지역적 차이나 시간 차이를 이용하여 이익을 얻고자 하는 투기자 등이 여기에 해당된다.

다) 중앙은행

중앙은행(central bank)은 투기나 재정거래 등을 위한 단기자금이동이나 그밖의 외환시장 교란요인에 따른 자국 환율의 급변방지나 안정을 위해서 개입한다. 이러한 중앙은행의 개입은 환율의 변화에 따른 자국경제에 미치는 영향이나 국제수지상의 안정을 위해서 필요하다.

라) 외환중개인

외환중개인(foreign exchange broker)은 통상 외국환은행간에 또는 외국환은행과 고객 사이에 발생하는 각국 통화의 거래행위를 중개해 주는 역할만을 해주는 이들로서 중개수수료를 목적으로 참가하게 된다. 브로커와 딜러의 차이는 거래행위에 따른 책임소재와 위험부담 여부에 달려 있다. 딜러(dealer)는 자기의 책임 하에 자기 스스로 거래행위를 담당하며 거래상의 위험을 자기가 부담하며, 브로커는 단지 거래의 중개만 담당하므로 거래에 따른 위험부담이 전혀 없다. 한국에서는 현재 금융결제원 자금중개실이 외환중개인의 역할을 담당하고 있다.

2.3 외환시장의 기능

(1) 청산 및 결제

청산(clearing) 및 결제(settlement)의 기능은 외환시장의 가장 기본적인 기능으로서 각국 통화의 거래로 인한 수요와 공급을 일치시켜서 외환시장의 안정된 균형을 유지시키기 위한 기능을 말한다. 예컨대 특정통화에 대한 수요와 공급이 불일치하게 되면 외환시장 내에서 수급불균형으로 인하여 먼저 환율이 변동하게 되고, 환율변동은 곧 특정 통화에 대한 수급불균형을 해결하려는 방향으로 작용하게 된다.

(2) 헤 징

헤징(hedging)이란 환시세의 변동으로 인하여 한 거래에서 발생한 손실을 다른 거래에서 상쇄시킴으로써 환시세변동에 관계없이 정상적 이익을 얻으려는 거래를 말한다. 일반적으로 국제무역거래에 참가하고 있는 기업들이나 외화표시자산을 소유하고 기업들은 급속하게 변화하는 환율의 변동으로 인하여 자신이 소유하고 있는 외화표시자산의 가치가 변동하는 위험에 항시 직면하게 된다. 이러한 위험에 대하여 기업들은 외환시장을 통해 자기의 능동적인 행위로 외화표시자산의 보유에 따른 위험을 줄이려 노력하게 된다.

(3) 투기의 장소

각국 통화의 교환가치인 환율이라는 것은 고정되어 있는 것이 아니라 수요와 공급의 조건 등에 따라 변하게 되므로 이에 대한 정확한 예측은 어렵다. 따라서 이러한 환율변동의 예측에 따라 외환거래를 행하려는 개인이나 기업이 투기(speculation)의 장소로서 외환시장을 이용할 수 있다. 투기자란 일반적으로 미래의 환율변화에 대한 자기의 계산과 예측하에 외화를 선택적으로 매매하는 자를 지칭한다. 즉, 투기자들은 특정화폐가 장래의 시점에 가치가 인상된다고 생각되면 외환시장에서 해당 화폐를 매입하게 되며, 그 반대의 경우 매각하게 된다. 환투기는 다른 투기거래와 마찬가지로 거액이 일시에 움직이게 되면 외환시장의 교란요인이 되는데, 이러한 환투기가 외환시장의 동향과 같은 방향 또는 반대 방향의 어느 쪽으로 움직이느냐에 따라 안정화투기와 불안정화투기로 나눌 수 있다.

(4) 재정거래

외환시장은 재정거래의 기능을 가지고 있다. 재정거래(arbitrage)란 환율의 장소적, 시간적 불균형을 이용하여 외환을 매매함으로써 그 차익을 얻기 위한 거래를 의미한다. 즉 어떤 상품의 가격이 시장간에 상이할 경우, 가격이 싼 시장에서 매입하여 비싼 시장에서 매각함으로써 매매차익을 얻는 행위를 말한다. 이때 동상품이 외환일 때는 환재정이, 그리고 자금일 때는 금리재정이 발생하며, 재정거래는 각각의 가격을 균형가격으로 환원시키는데 기여하게 된다.

환재정(exchange arbitrage)이란 환율의 장소적 불균형을 이용하여 그 차익을 얻기 위한 외환거래를 의미한다. 외환의 시세도 일종의 가격이므로 동일한 통화의 시세는 각국에서 일치하는 경향이 있으나 수급관계・금리관계・시차관계 등에 의하여 동일 통화의 환시세에 차이가 발생하는 경우, 시세가 낮은 시장에서 매입하여 높은 시장에서 매각하게 되는데 이를 환재정거래라 한다. 환재정은 그 거래의 범위가 2국간에 한하는 직접환재정과 3국간 또는 그 이상에 걸치는 간접환재정으로 나눌 수 있는데, 어느 것이나 세계 각지의 환율을 비교해서 그 시장을 경유함이 유리할 경우에 이루어지는 것으로 자유변동환율제도하에서 널리 이용되는 외환은행의 유력한 이익의 원천으로 되어 왔다.

금리재정(interest arbitrage)이란 환율의 시간적 불균형 즉, 현물환시세와 선물환시세의 차이를 국제단기금리의 차이와 비교하여 그 차익을 얻기 위한 외환거래를 의미한다. 금리재정거래는 국제간의 금리차가 존재하는 경우에, 저금리국으로부터 고금리국으로 자금을 이동시켜 금리차익을 얻으려는 거래이다. 이러한 거래는 현물환시장에서 저금리 통화를 매각하고 고금리통화를 매입하는 방식으로 이루어지나, 환리스크를 배제하기 위하여 고금리국에서의 자금운용 기간만큼 선물환시장에서 고금리국 통화를 매각하고, 동시에 저금리국 통화를 매입하는 스왑거래를 하는 것이 보통이다

2.4 외환시장의 거래형태

(1) 은행간거래와 대고객거래

은행간거래(interbank transaction)는 외국환은행 사이의 환거래로서 거래규모가 대규모인데, 이러한 거래가 행해지는 시장을 은행간외환시장이라고 한다. 대고객거래(customer transaction)는 은행과 고객 사이에 이루어지는 외환거래로서 거래단위는 작은 편인데, 이러한 거래가 행해지는 시장을 대고객외환시장이라고 한다. 은행간거래에는 외환의 수급상황에 따라 거래가격이 형성되며, 대고객거래에는 공정환율 또는 고정환율이 흔히 적용된다.

(2) 직접거래와 간접거래

직접거래(direct dealing)란 거래은행간 호혜주의 원칙에 따라 은행사이에 환거래가 직접 이루어지는 것을 말하며, 간접거래(indirect dealing)는 중개인이 은행 사이의 환거래를 주선하는 것을 말한다. 두 방법이 상호 보완적으로 활용됨으로써 은행간거래 전체의 균형을 이룬다.

(3) 장내거래와 장외거래

장내거래(over-the-market)란 매일 일정시간에 외환거래 당사자들이 특정 장소에 모여 외환거래가 이루어지는 것을 말하며, 이러한 거래가 행해지는 시장을 장내시장이라고 부른다. 장외거래(over-the-counter)는 외환거래 당사자들이 특정 장소에 모이지 않고 은행의 거래실 등에서 전화나 텔렉스 등을 통해 성립되는 거래를 말하며, 이러한 거래가 행해

지는 시장을 장외시장이라고 한다.

(4) 국내외환거래와 국제외환거래

국내외환거래(national exchange transaction)란 한 국가내에서 외환거래가 이루어지는 경우를 말하며, 이러한 거래가 행해지는 시장을 국내외환시장이라고 부른다. 국제외환거래(global exchange transaction)는 전 세계적으로 각 나라 간에 외환거래가 이루어지는 경우를 의미하며, 이러한 거래가 행해지는 시장을 국제외환시장이라고 한다.

(5) 현물환거래 · 선물환거래 · 스왑거래

현물환거래(spot exchange transaction)란 외환매매계약이 체결된 후 2영업일 이내에 실제로 현물이 인도 결제되는 거래를 말하고, 선물환거래(forward exchange transaction)는 환매매계약이 체결된 후 2영업일이 지나서 특정한 만기일에 외환의 결제가 이루어지는 거래를 말한다.

선물환거래는 현시점에서 거래 당사자끼리 특정거래 통화에 대하여 미리 환율을 결정하여 특정 날짜에 거래할 것을 약정한 후에, 그 날이 되면 미리 결정한 환율로 외환을 인도하는 동시에 이의 대금지급을 완성하는 거래를 말한다. 따라서 선물환거래의 계약내용에는 선물환율, 결제일자, 거래통화의 종류, 계약금액 등을 현재 시점에서 사전에 결정하게 된다. 그런데 선물환을 이용하는 이유는 환위험을 회피하거나 환투기의 목적에서 혹은 환율변화에 따른 불안을 제거하기 위해서다.

스왑거래(swap transaction)는 환매매의 당사자가 현물환의 매매와 동시에, 이에 대응하는 동액의 선물환의 매매를 실시하는 것을 말한다. 즉, 일정액의 현물환을 매입(또는 매도)하는 동시에, 동액의 선물환을 매도(또는 매입)하는 거래를 말한다. 이러한 스왑거래는 자금조정과 환포지션조정의 필요성에 기인한다. 예를 들어 어느 기간에 파운드 자금을 필요로 하는 한편, 달러 자금이 여유가 생기는 경우 달러를 대가로 파운드 현물환을 매입함과 동시에 동액의 파운드 선물환을 매도하고, 그 기일에 이르러 해당 파운드 선물환의 매매계약을 이행한다. 이러한 일련의 조작에 의해서 현물의 매입(또는 매도)과 상계되어 환포지션은 균형되기 때문에 환율변동에 따른 위험부담 없이 파운드 자금의 일시적 부족을 커버할 수 있다.

3 환 율

3.1 환율의 개념

(1) 환율의 의의

환율(exchange rate)이란 한 나라의 통화가치를 다른 나라의 통화단위로 표시한 것으로 양국 통화간의 교환비율이다. 따라서 환율이란 외국통화입장에서는 외국통화의 국내가치가 되고, 자국통화의 입장에서 보면 자국통화의 국제가치가 된다. 그러므로 환율인상은 외국통화의 국내가치가 상승한 반면, 자국통화의 대외가치가 하락한 것을 의미한다. 즉, 환율인상은 자국통화의 평가절하(depreciation)를 뜻하고, 환율인하는 자국통화의 평가절상(appreciation)을 의미한다.

(2) 환율의 표시방법

가) 직접표시법

직접표시법(direct quotation)이란 방화표시법이라고도 하는데, 외국통화 1단위에 대한 자국통화의 교환비율을 나타내는 것으로, 한국과 같이 미국 1달러에 대한 한국 원화 1,200원($1=₩1,200)과 같이 표시하는 방법을 말한다. 영국을 제외한 거의 대부분의 나라들이 이 방법을 채택하고 있다.

나) 간접표시법

간접표시법(indirect quotation)이란 외화표시법이라고도 하는데, 자국통화 1단위에 대한 외국통화의 교환비율을 나타내는 것으로, 영국 1파운드에 대한 미국의 2달러(£1=$2)와 같이 표시하는 방법을 말한다. 영국은 전통적으로 이 방법을 채택하고 있다.

(3) 환율의 종류

가) 매도환율과 매입환율

매도환율(offer rate)이란 외국환은행이 외환을 필요로 하는 당사자에게 판매할 때 적용하는 환율을 말하며, 매입환율(offer rate)이란 반대로 외환을 소지하고 당사자로부터 외환을 구입할 때 적용하는 환율을 말한다. 일반적으로 매도환율이 매입환율보다 높은데 이러한 차이를 스프레드(spread)라고 하며, 이 스프레드는 은행의 외환거래수익의 원천이라 할 수 있다.

나) 현물환율과 선물환율

현물환율(spot exchange rate)이란 현물거래시 적용되는 환율로서, 결제일자를 계약후 일반적으로 2영업일 이내에 혹은 동시에 결제가 완료되는 경우의 환율을 지칭한다. 선물환율(forward exchange rate)은 선물환거래시 적용하는 환율로서, 장래의 특정일자에 일정금액의 통화를 미리 정한 환율에 의해 매매할 것을 약정하는 경우에 적용하는 환율을 말한다.

다) 은행간환율과 대고객환율

은행간환율(interbank exchange rate)이란 외환시장에서 은행간거래에 적용되는 환율을 말하는데, 통상 환율이라 하면 은행간환율을 뜻한다. 은행간환율에는 본・지점율, 은행간율, 집중율로 분류할 수 있다. 그런데 은행 간 시세는 외환시장의 거래가 전신으로 이루어지고 있으므로 전신환율로 표시되고 있는데, 이것이 모든 환율체계의 기준이 된다. 즉, 환율은 은행간환율이 먼저 결정된 다음에 대고객환율이 결정된다.

대고객환율(customer exchange rate)이란 외국환은행이 고객과의 거래시 적용하는 환율로서 은행간환율을 기초로 산정된다. 대고객환율에 적용되는 환율로는 전신환매매율, 일람출급환어음매매율, 기한부환어음매매율 등이 있으며 종류별로 환율의 차이가 존재한다. 또한 대고객환율에는 은행이 고객으로부터 외환을 구입하는 대고객매입율과 은행이 고객에게 파는 대고객매도율이 있다.

라) 기준환율・크로스환율・재정환율

기준환율(basic rate)이란 미화의 외국환은행간 매매율을 거래량으로 가중평균 하여 산출되는 환율을 말하는데, 각종 환율을 결정짓는 기초가 된다. 미 달러화 이외의 통화에 대한 기준환율은 국제금융시장에서 형성된 당해 통화와 미 달러 환율의 매매중간율로 결정

[그림 4-2] 기준환율 · 크로스환율 · 재정환율의 관계

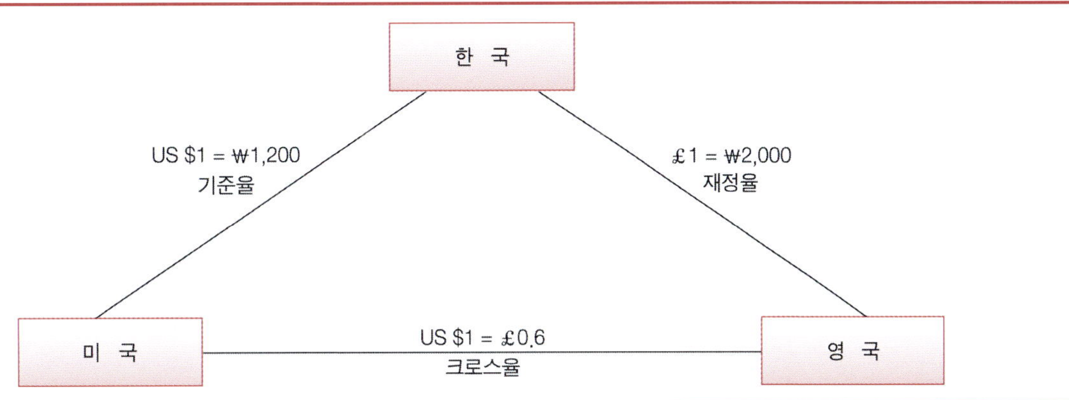

된다.

크로스환율(cross rate)이란 기준환율의 대상이 되는 통화와 제3국 통화와의 환율을 말한다. 예컨대 한국의 원화는 미국 달러화와 연계되어 있으므로 미국 달러와 영국 파운드간의 환율은 한국의 입장에서 보면 크로스환율이며, 달러 · 파운드 크로스라고 부른다.

재정환율이란 특정통화와 한 외국통화간의 환율을 기준환율로 정하고, 기준이 된 외국통화와 다른 외국통화간의 크로스환율과 기준환율과의 관계로부터 재정하여 산출되는 환율을 말하며, 패리티환율(parity rate) 또는 간접환율이라고도 한다. 예컨대 [그림 4-2]에서 보는 바와 같이 미국 달러를 한국의 기준환율로 $1=₩1,200과 같이 정하고, 미국 달러와 영국 파운드의 크로스환율이 $1=£0.6일 때, 기준환율과 크로스환율을 통해 £1=1,200/0.6=₩2,000이라는 한국 원화와 영국 파운드간의 환율을 구할 수 있는데, 이를 재정환율이라 한다.

3.2 환율결정이론

(1) 환율결정의 원리

외환시장에서의 외환시세는 실물시장에서의 재화의 가격과 마찬가지로 외환의 수요와 공급에 의해서 결정된다고 할 수 있다. 이때 외환수요는 대외지급을 필요로 하는 거래 때문에 발생하는데, 이러한 경우로는 재화나 서비스의 수입, 외채에 대한 원금과 이자지급, 해외투자나 원조 등을 들 수 있다. 반대로 외환공급은 대외수취를 가져오는 거래 때문에

[그림 4-3] 외환의 수요 · 공급곡선

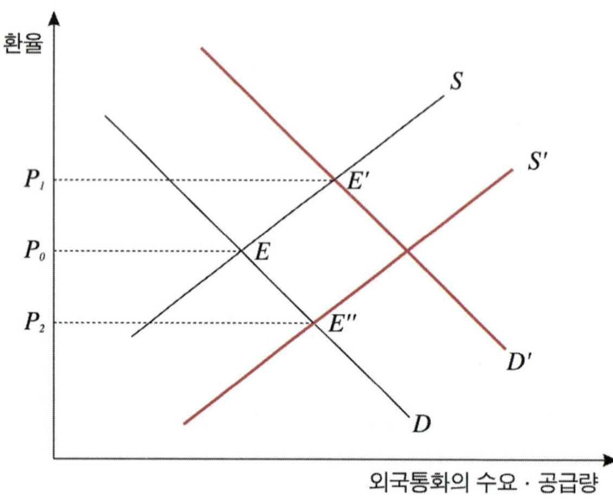

발생하는데, 이러한 경우로는 재화와 서비스의 수출, 차관도입, 자본유입 등을 들 수 있다. 이러한 요인 중 환율변화에 민감한 요소는 재화나 서비스의 수출입이 주가 된다고 할 수 있다.

이제 그림을 통해 수요와 공급의 변동이 있을 때 환율이 어떻게 변화하는지 살펴보자. [그림 4-3]에서 D는 외국통화에 대한 수요를, S는 공급을 나타내는 선이다. 점 E는 수요와 공급이 일치하는 균형환율을 의미한다.

그러나 일국의 소득증대에 의해서 또는 외국으로부터의 수입증가로 인해서 수요곡선은 변하게 된다. 즉, 수입이 증대되어 외국통화에 대한 수요가 증가하면 수요곡선은 D에서 D′로 이동하게 된다. 이때 공급곡선이 변화가 없다면 환율은 P_0에서 P_1로 상승하게 되며, 따라서 새로운 균형점은 E′가 된다. 결국 외화에 대한 수요증가는 외국통화의 가치상승, 곧 자국통화의 가치하락으로 이어져 평가절하가 나타나게 된다.

다음으로 일국의 수출증가에 의해서 또는 외국의 소득증가로 인해서 공급곡선은 변하게 된다. 즉, 수출이 증대되어 외화통화에 대한 공급이 증가하면 공급곡선은 S에서 S′로 이동하게 된다. 이때 수요곡선이 변화가 없다면 환율은 P_0에서 P_2로 하락하게 되며, 따라서 새로운 균형점은 E″가 된다. 결국 외화의 공급증대는 외국통화의 가치하락, 곧 자국통화의 가치상승으로 이어져 평가절상이 나타나게 된다.

(2) 환율결정이론

가) 국제대차설

국제대차설(theory of international indebtedness)이란 국제수지설이라고도 하며 금본위제도를 배경으로 영국의 고센(G. J. Goschen)에 의해서 체계화 되었는데, 환율의 결정이 대외채권과 채무의 비율에 따라 결정된다는 것이다. 즉, 한 나라의 대외채권이 대외채무보다 많으면 외국통화의 공급이 수요보다 많기 때문에 공급과잉에 따른 외국통화의 가치가 하락하게 되어 자국통화의 가치가 상승되는 효과를 나타내게 된다. 그 반대의 경우에는 자국통화의 가치하락을 가져오게 된다는 것이다.

이 이론은 환율이론 중에서 가장 포괄적으로 설명해 준다는 점에서 의의가 있으나 국제수지와 국제대차의 개념이 불명확하다는 점, 환율에 의한 국제수지 조정관계에 대한 설명이 부족하다는 점, 외환수급의 가격탄력성을 무시했다는 점에서 한계가 있다.

나) 구매력평가설

구매력평가설(theory of purchasing power parity)이란 스웨덴의 카셀(G. Cassel)이 주장한 것으로, 지폐본위제도 하에서 균형환율의 변화를 양국간 화폐의 구매력 차이로 설명하려는 이론이다. 두 나라 사이의 물가의 차이는 곧 특정재화에 대한 실질구매력의 차이를 가져오게 되며, 이러한 구매력의 차이는 외국물가의 동등한 변화가 없는 한 자국통화의 평가절하로 나타나게 된다는 것이다. 구매력평가설은 절대적 구매력평가설과 상대적 구매력평가설로 나눌 수 있다.

① 절대적 구매력평가설

절대적 구매력평가설은 일정 시점에서 양국의 절대적 물가수준에 의해 환율을 구하는 것으로서, 균형환율은 양국 화폐의 구매력의 비율에 의해 결정된다고 본다. 이때 화폐의 구매력은 그 나라 물가수준의 역수이므로, 환율은 결국 양국간의 물가수준비율에 의해 결정된다. 이를 식으로 표시하면 다음과 같다.

균형환율=외국통화의 구매력/자국통화의 구매력=자국의 물가변동률/자국의 물가변동률

이와 같은 절대적 구매력평가설에 의한 환율결정은 양국간 물가가 동일하거나, 물가지수 산정에 있어서 각 재화의 구성이나 가중치가 같은 경우에는 항상 성립하게 된다. 그러

나 현실적으로는 해당재화의 거래비용이 높은 경우가 있으며, 무역장벽으로 재화의 가격 차이가 존재하며 국내와 해외의 물가지수 산정에 투입되는 대표 재화구성이 다를 경우가 있으며, 각 구성재화의 가중치가 상이한 경우 등을 들 수 있는데 이러한 경우에는 절대적 구매력평가설이 성립하지 않게 된다.

② 상대적 구매력평가설

상대적 구매력평가설은 기준시점에 비해 일정 기간동안 양국 화폐의 구매력의 변동이 생길 경우, 새로운 균형환율은 양국 물가수준의 상대적 변동에 비례해야 한다는 주장이다. 즉, 물가변동이 기준연도의 균형환율에 미치는 영향을 고려하여 비교연도의 새로운 균형환율이 결정된다는 것인데, 이를 식으로 나타내면 다음과 같다.

새로운 균형환율=구환율×자국의 물가변동률/타국의 물가변동률

예컨대 1971년을 기준연도로 하고 이때 환율이 $1=₩500이었다면, 미국과 한국의 물가지수를 100으로 보았을 때 2003년 미국의 물가지수는 150, 한국의 물가지수는 350이었다고 할 때 상대적 구매력평가설에 의한 새로운 균형환율은 $1=₩500×(350/150)=₩1,166이 된다.

이상에서 살펴본 구매력평가설은 1차 세계대전 이후 인플레이션시대를 특정짓는 환율이론으로서 충분한 역사적 의의가 있다고 할 수 있다. 그러나 이 이론은 자유무역만을 전제로 전개했다는 점, 물가의 등귀만을 가정하였다는 점, 물가의 비교수단으로 물가지수를 이용했으나 물가지수 자체에서 문제점이 노출되었다는 점 등에서 한계가 있다.

다) 환심리설

환심리설(psychological theory of exchange)이란 국제대차설과 구매력평가설의 단점을 보완하기 위해 프랑스의 아프따리옹(A. Aftarion)에 의해서 제기된 이론인데, 환율은 양국간의 구매력의 차이나 대외채권·채무의 수요·공급에 의해서 결정되는 것이 아니라 개인의 심리적 요인에 의해서 결정된다는 것이다. 즉, 환율은 외환변동에 대한 신뢰감이나 예측 및 투기 등의 개인의 심리적 요인에 의해서 결정된다는 이론이다.

이러한 외환에 대한 개인의 심리적 평가를 결정하는 요인을 아프따리옹은 질적 요인과 양적 요인으로 나누고 있다. 질적 요인은 자국화폐와 외화가 갖는 구매력의 변동요인인

통화유통상황 · 재정상태 · 외환정책 · 외환투기 · 조세정책 등이며, 양적 요인으로는 외환의 수급상황 즉, 국제대차관계를 들고 있다.

환심리설은 새로운 경험 하에서 외환이론을 크게 진전시켰다는 점에서 공헌했으나, 심리적 요인에 의한 환율변동을 객관적으로 수리화하기가 어려우며, 개인의 심리적 요인에 있어서도 질적 요인과 양적 요인을 명확하게 구분하지 못하는 한계가 있다.

라) 국제피셔효과

국제피셔효과(international Fisher effect)란 미국의 경제학자 피셔(I. Fischer)에 의해 제기된 것으로, 두 나라 통화간 현물환율과 양국간 금리격차는 반대방향으로 움직인다고 보는 이론이다. 일반적으로 금리와 환율의 상호 보완관계를 말해 주는 개념으로 자본자유화와 관련해 매우 중요한 정책적 시사점을 준다.

예컨대 일정시점에서 한국의 금리가 미국의 금리보다 5% 높다면 한국의 원화가 미 달러화에 대해 5% 절하된다는 것이다. 현재 환율이 달러당 1,200원이라면 향후 1,260원으로 원화가 5% 떨어질 것이라는 얘기다. 원화증권에 투자한 미국 투자가들은 만기시 원화증권의 원리금을 달러로 전환할 때 예상되는 절하폭을 그만큼 높은 금리로 상쇄하고자 할 것이기 때문이다. 즉, 금리면에서 원화가 달러화에 비해 유리한 경우 환율면에서 원화가 달러화에 비해 같은 크기로 불리할 것으로 예상돼야 시장이 균형을 이룰 수 있다는 것이다.

일반적으로 국제피셔효과는 금리효과와 환율효과가 상쇄되지 않으면 시장 불균형이 일어나 자본이 이동할 것이라고 말한다. 자본자유화와 관련해 단기유동성 국제투기자금, 즉 핫머니의 유출 · 입에 의한 자본시장 교란의 근본적인 원인을 말해 주고 있다. 이 이론은 투자자들이 전 세계적으로 어떠한 유가증권도 자유롭게 매입할 수 있다면 전 세계적으로 실질수익률이 동일하게 되며, 각국의 명목금리 격차는 단지 각국의 인플레이션 예상치의 차이에 불과하게 된다는 주장이다.

마) 금리평가설

금리평가설(IRPT: interest rate parity theory)이란 케인즈(J. M. Keynes)의 선물환율결정이론을 아인찌히(P. Einzig)가 금리평가설로 명명한 것인데, 국가 간의 자본이동에 규제가 없는 완전한 금융시장에서 2개국 간의 금리차는 선물환 프리미엄 또는 디스카운트와 동일하다는 이론이다. 여기서 선물환 디스카운트란 자국통화의 평가절하를 나타낸다. 예컨대 한국의 금리가 미국의 금리보다 5% 높다면, 이자율이 높은 만큼 한국 원화의 가치하락을 가져오며 이는 선물환의 디스카운트로 나타나게 된다는 것이다.

금리평가설은 국제피셔효과와 같이 이자율의 차이가 바로 환율과 직결된다는 점에서 같으나 적용환율에 있어서 차이가 있다. 즉, 국제피셔효과는 현물환율이 적용되며 이러한 현물환율은 단순기대치로서 장래에 그대로 실현된다는 확증이 없다. 그러나 금리평가설은 선물환율이 적용되어 현재에 미래의 환율을 결정해 놓으므로 인해서 커버(cover)된 이자율 재정거래가 발생할 수 있다는 것이다. 결국 적용되는 이자율의 차이로 인한 것과 미래 불안에 대한 위험회피의 여부가 다르다고 할 수 있다.

금리평가설은 각국 간의 단기금리 격차에 기초한 금리평가보다 유로시장에서의 금리평가에, 그보다 금융자산의 만기가 단기일수록 설득력이 높은 것으로 나타나고 있다. 그러나 이 이론은 완전한 금융시장을 가정하기 때문에 현실에서는 거래비용의 존재, 정치적 위험의 존재, 자본이득과 투자소득에 대한 세율의 차이, 국내외 증권 간의 유동성 차이 등과 같은 제약요인을 안고 있다.

3.3 환율제도

(1) 고정환율제도

고정환율제도(fixed exchange rate system)란 정부에서 사전에 환율을 일정한 수준에 고정시키는 제도로서, 환율의 변동을 인정하지 않는 엄격한 고정환율제도와 기준환율에서 소폭의 변동을 인정하는 고정환율제도가 있다.

가장 전통적인 고정환율제도는 19세기 말에서 20세기 초의 금본위제인데, 이 제도 하에서 각국은 자국통화의 가치를 금에 고정시키고 금태환성을 보장함으로써 모든 통화에 대한 환율을 안정적으로 유지할 수 있었다. 그리고 제2차대전 이후 1973년까지 유지되었던 브레턴우즈체제도 고정환율제도의 한 형태로서, 이 제도 하에서는 미 달러화만이 금에 대해 가치가 고정되었고 금태환성이 보장되었다. 기타 국가는 미 달러화에 자국통화의 가치를 고정시켜서 운용하였다.

고정환율제도의 장점은 환율의 안정을 통한 환위험을 줄이고 국제상거래를 촉진시킬 수 있다는 것이다. 그러나 국제수지 불균형으로 인한 자동적인 조정 능력이 없다는 단점이 있다.

(2) 변동환율제도

변동환율제도(floating exchange rate system)란 정부에 의해서 환율이 결정되는 것이 아니고, 외환시장에서의 외환에 대한 수요와 공급에 의해서 자율적으로 결정되는 제도를 말한다. 변동환율제도의 장점은 국제수지 불균형의 해소가 외환의 수요와 공급에 의해서 자동적으로 조정됨으로써 정부의 개입노력이 불필요하다는 것이다. 그러나 단점으로는 잦은 환율변동으로 인한 국제거래 규모가 축소될 수 있으며, 환율변동을 이용한 환투기가 성행할 수 있다는 것이다.

(3) 관리변동환율제도

관리변동환율제도(managed floating exchange rate system)란 환율이 외환시장의 수급상황에 따라 변동되도록 하되, 중앙은행이 적정하다고 판단하는 수준에서 환율을 안정시키기 위해 수시로 외환시장에 개입하여 환율수준을 관리하는 제도로서, 고정환율제도와 변동환율제도의 장점을 살린 중간형태라 할 수 있다.

1970년대 브레턴우즈체제가 무너지면서 변동환율제도로 이행한 이후의 국제통화제도는 환율변동 허용정도에 따라 여러 가지 제도가 혼재되어 있었는데, 주요 선진국들이 자유변동환율제도를 채택한 반면에, 개도국들은 관리변동환율제도를 채택하는 경향이 많았다.

(4) 시장평균환율제도

시장평균환율제도(market average exchange system)란 한국에서 1990년 3월 이후 시행한 제도로서, 기본적으로 환율이 외환시장에서의 수요와 공급에 의해 결정되도록 하되 급격한 환율변동에 의한 외환시장 교란과 경제에 미치는 부작용을 완화하기 위하여 환율의 일일 변동폭을 법적으로 제한하는 제도를 말한다.

3.4 한국의 환율제도

해방 이후부터 현재까지 한국이 채택한 환율제도의 변천과정을 시기별로 정리해 보면 〈표 4-4〉와 같은데, 이를 간단히 설명하기로 한다.

〈표 4-4〉 한국의 환율제도 변천과정

환율제도	시행기간	주요 내용
고정환율제도	1945.10 ~ 1964.5	· 미군정의 공정환율 시행(1945년 10월) · 외환의 자율매매율의 성립(1948년 2월) · 공정환금률과 일반환금율로 구성된 복수환율제도 채택(1949년 6월) · 두 차례의 통화개혁(1951년, 1964년)
단일변동환율제도	1964.5 ~ 1980.2	· 달러당 255원을 하한으로 하는 단일변동환율제도 채택(1964년 5월 3일) · 한국은행 개입의 사실상의 고정환율제도 채택(1974년 12월 7일~1980년 2월26일)
복수통화바스켓제도	1980.2 ~ 1990.2	· 복수통화바스켓제도를 채택(1980년 2월 27일)
시장평균환율제도	1990.3 ~ 1997.12	· 환율변동제한폭을 단계적으로 확대(±0.4~10%)
자유변동환율제도	1997.12.15 ~ 현재	· 일중 환율변동 폭을 폐지 · 매매기준율과 재정된 매매기준율로 명칭 변경

(1) 고정환율제도

해방 이후 1964년까지는 고정환율제도를 실시하였는데, 이 시기는 높은 인플레이션으로 인해 지속적인 원화가치의 하락압력이 존재함에 따라 몇 차례에 걸쳐 큰 폭의 평가절하가 불가피하게 되었다. 최초의 환율은 미군정에 의해 결정된 환율로서 미 군정청의 대외채무 지급을 위하여 미화와 원화의 교환비율을 1달러당 15원으로 결정한 것이었다.

한국정부에 의한 최초의 환율은 1948년 2월의 환금은행의 외국환예치증제의 실시에 의한 외환의 자유매매율 1달러당 850원이라 할 수 있다. 같은 해 10월에는 한미 간 환금에 관한 잠정협정에 의거한 1달러당 450원의 공정환율을 결정하였다. 이후 복수환율제의 채택과 공정환율의 변동 등 경제상황에 따른 실제수준으로서의 조정이 이루어졌다. 1949년 6월에는 대통령령에 의거 정부보유외환의 환금에만 적용되는 공정환율과, 일반외환의 환금에만 적용되는 일반환율로 구분하는 복수환율제도를 택하였다.

(2) 단일변동환율제도

1964년 5월 3일 1달러당 255원을 하한으로 하여 이전의 복수환율체계를 단일화하면서 환율이 외환시장에서 수급에 따라 결정되고, 환율변동을 일부 허용하는 단일변동환율제도가 채택되었다. 그러나 단일환율로 정리는 되었으나, 그 단일환율이 자유로이 변동되지는 못하였다. 외환사용에 대한 통제가 여전히 남아 있었을 뿐 아니라 외환당국이 외환시장에 개입하여 환율을 고정환율로 유지하였기 때문이다. 이후 약간의 미세한 조정이 있었지만 국내물가상승 등으로 4차례에 걸친 큰 폭의 환율인상 조치가 있었다.

(3) 복수통화바스켓제도

단일변동환율제도의 실시 결과 시장율의 변동에 따른 환율결정이 어렵다는 것을 느끼게 되자 마침내 1980년 2월 26일부터 단일변동환율제도를 폐지하고, 국제통화기금의 특별인출권(SDR)과 한국의 독자통화바스켓을 결합한 복수통화바스켓에 한국의 통화를 페그(peg)시켜 환율을 변동시키는 제도를 실시시하였다. 복수통화바스켓 환율제도하에서는 한국의 환율이 특별인출권 구성통화바스켓과 한국의 주요 교역대상국 통화로 구성된 독자바스켓에 의해 산출되는 환율을 각 바스켓에 부여된 가중치로 가중평균한 다음, 정책적 조정변수를 추가하여 결정하였다.

(4) 시장평균환율제도

복수통화바스켓제도는 원화의 환율이 주요 교역대상국의 환율변동과 한국의 국제수지 동향을 고려하여, 환율이 조정될 수 있도록 함으로써 환율안정을 통한 한국의 경제발전에 기여하였다고 할 수 있으나, 환율이 외환시장의 수요와 공급 상황을 충분히 반영하지 못한데다 대외적으로 환율을 인위적으로 조정한다는 오해의 소지가 있었다. 정부에서는 이러한 점을 고려하여 1990년 3월 2일부터 시장평균환율제도를 실시하게 되었는데, 이는 시장기능에 의한 환율결정을 통하여 외환시장의 활성화를 촉진하고, 또한 대외거래규모의 확대와 국제화의 진전에 보다 효율적으로 대처하기 위함이라 할 수 있다. 이 제도는 은행간의 모든 외국환매매를 금융결제원 자금중개실의 중개를 통하여 결정되도록 하고, 전일에 자금중개실에서 거래된 미 달러의 외국환은행간 매매율을 거래량으로 가중평균하여 당일의 은행간매매율의 기준으로 결정하였다.

(5) 자유변동환율제도

시장평균환율제도하에서 환율은 다소 시장원리에 따라 결정되기는 하였으나, 실제로 외환위기를 겪으면서 외환수급사정이 심한 불균형을 나타내고, 환율절하 심리가 팽배해진 상황에서 환율이 탄력적으로 조정되지 못함에 따라, 일시적으로 시장기능이 정지되는 등 외환시장의 불안정을 초래하였다. 이에 따라 환율의 가격기능 제고와 외환시장 활성화를 위하여 일중 환율변동 폭을 폐지하면서 자유변동환율제도로 이행하였다. 다만 시장평균환율제도하에서의 기준환율과 재정환율은 아직까지 매일 고시되고 있는데, 용어는 각기 매매기준율과 재정된 매매기준율로 변경하였다. 자유변동환율제도의 환율구조를 구체적으로 살펴보면 다음과 같다.

〈표 4-5〉 각국의 환율

통화명	매매기준율	통화명	매매기준율
미국USD	1,061.40	요르단JOD	1,587.29
유럽연합EUR	1,444.99	이집트EGP	186.35
일본JPY (100엔)	1,011.72	태국THB	36.63
중국CNY	175.36	싱가포르SGD	891.55
홍콩HKD	144.82	말레이시아MYR	369.43
대만TWD	38.08	인도네시아IDR 100	12.24
영국GBP	1,748.97	브루나이BND	893.15
캐나다CAD	1,136.76	인도INR	22.51
스위스CHF	1,096.93	파키스탄PKR	12.39
스웨덴SEK	165.58	방글라데시BDT	13.75
호주AUD	1,184.26	필리핀PHP	26.31
뉴질랜드NZD	922.19	멕시코MXN	89.51
이스라엘ILS	298.30	브라질BRL	627.00
덴마크DKK	197.57	베트남VND 100	5.41
노르웨이NOK	196.67	남아프리카ZAR	148.93
사우디SAR	299.64	러시아RUB	38.12
쿠웨이트KWD	4,028.53	헝가리HUF	5.04
바레인BHD	2,980.90	폴란드PLN	356.31
아랍에미리트AED	305.96	터키	628.07

주: 2014년 1월 10일 환율임.

가) 매매기준율

매매기준율은 최근 거래일에 브로커인 한국금융결제원 자금중개실과 한국자금중개(주)를 통하여 거래된 미 달러와 익일결제(value tomorrow)물의 환율을 거래량으로 가중평균하여 산출한 시장평균환율이다. 시장평균환율은 사사오입에 의하여 10전 단위로 계산하며, 영업개시 30분전까지 기획재정부장관・한국은행총재・각 외국환은행의 장에게 통보하며, AP・Reuter 등의 화면을 통해서도 고시되고 있다. 각국의 매매기준율을 보면 〈표 4-5〉와 같다.

나) 재정된 매매기준율

재정된 매매기준율은 미 달러화 이외의 통화와 원화간의 환율로서, 매매기준율을 고시하는 시간에 근접한 주요 국제금융시장에서 형성된 미 달러화와 해당통화간의 매매중간율을 가지고 산출한다. 예컨대 미 달러화의 매매기준율이 $1=₩1,200이고, 국제금융시장에서 미 달러화에 대한 파운드 환율이 $1=£0.6일 경우, 파운드의 재정된 매매기준율은 £1=1,200/0.6=₩2,000이 된다.

다) 외국환은행간 매매율

이 환율은 은행 간 외환시장에서 외환에 대한 수요와 공급에 의해 결정되며, 과거 시장평균환율제도하에서는 일중 환율변동 제한폭이 있었으나, 현재는 변동범위에 대해 아무런 제한이 없다.

라) 외국환은행 대고객매매율

이 환율은 외국환은행이 기업 등 고객과의 외환거래시 적용하는 환율로서, 외국환은행간 매매율 등을 감안하여 외국환은행이 자율 결정한다. 외국환은행의 대고객매매율은 외국환의 결제방법에 따라 전신환매매율, 일람출급환어음매매율, 기한부환어음매매율, 수입어음결제율, 현찰매매율 등으로 구분된다.

4 국제통화제도

4.1 국제통화제도의 개념

(1) 국제통화제도의 의의

국제통화제도(international monetary system)란 국제유동성의 적정공급과 각국의 환율안정, 그리고 국제수지 조정기능 등을 수행하면서 국제무역의 균형적 확대와 국제자본의 원활한 이동을 지원하는 국제적인 결제메커니즘을 말한다.

따라서 국제통화가 되기 위해서는, 첫째로 다른 통화나 재화 및 용역을 대가로 자유롭게 교환할 수 있는 무제한의 교환성과 이체성을 가져야 한다. 둘째로 각국의 국제수지 불균형시 이에 대처할 수 있는 대외준비지급통화로서의 기능과 환율결정에 있어 기준통화로서의 기능을 할 수 있도록 가치의 안정성을 가져야 한다. 셋째로 세계경제의 성장과 무역신장을 뒷받침할 수 있는 양적인 조건의 충족이 가능해야 한다. 금은 일찍부터 국제통화로서의 역할을 하였으나, 1930년대 이후 양적 조건에서 결함을 드러냄으로써 그 기능이 퇴화되었다.

한편 국제통화제도의 주된 목적은 각국의 상충되는 대내외 경제정책의 조화를 통하여 종국적으로는 국제적인 완전고용과 실질소득의 증대, 그리고 세계자원의 합리적 배분을 도모하는데 있다. 국제통화제도는 역사적으로 세계경제의 구조변화와 선·후진국 간의 이해상충, 그리고 각국의 경제력이나 정치영향력의 성쇠에 따라 그 목적이나 기능을 달리하면서 변천되어 왔다.

(2) 국제통화제도의 기능

국제통화제도의 주요 기능은, 첫째로 국제간의 경제적 거래를 원활하게 뒷받침할 수 있는 결제수단의 공급기능, 즉 국제유동성이 가능해야 한다. 국제유동성의 부족은 세계무역을 위축시키고 국제유동성의 과잉은 초과수요와 인플레이션을 유발하게 되므로, 국제유동성의 적정수준 유지가 매우 중요하다.

둘째로 국제통화제도는 국제거래에서 발생하는 국제수지 불균형을 조정하는 기능을 가져야 한다. 국제수지 불균형의 원활한 조정을 기하기 위해서는 적절한 환율제도의 확립이 요구되며, 특정국가의 국제수지 균형회복이 곤란할 경우에는 적기에 이를 지원할 수 있는 제도적 장치를 갖추어야 한다.

4.2 국제통화제도의 변천과정

(1) 금본위제도

금본위제도(gold standard system)란 각국이 국내화폐단위의 가치를 순금의 일정량으로 정해놓고 금화의 무제한 주조와 금의 자유로운 수출입을 허용하며, 지폐나 예금통화 등은 항상 아무런 제한없이 금화와 교환할 수 있게 하는 제도이다. 금본위제도는 금만이 통화로서 유통되는 금화본위제도(gold specie, coin standard), 중심적 화폐는 은행권이며 대외결제수단으로 금을 보유하는 금괴본위제도(gold bullion standard), 금본위제와 금괴본위제를 채택한 나라의 통화와 교환을 약속하는 금환본위제도(gold exchange standard)로 분류된다.

금본위제도는 1816년 영국이 금을 유일한 화폐로 인정하면서 등장하였는데, 1870년대 이후부터는 주요 각국이 금본위제를 채택함으로써 국제통화제도로 확립되었다. 이 제도는 19세기 자유무역체제의 근간으로서 국제수지의 자동조절과 국내 물가의 상대적 안정을 기함으로써 세계경제의 안정과 확대에 크게 기여하였다.

금본위제도 하에서는 각국의 통화단위가 모두 금과 일정한 비율을 유지하고 있었기 때문에 각국 통화 사이의 교환비율도 일정하게 유지되고 있었다. 따라서 이 시기에서의 국제통화제도는 고정환율제도라고 할 수 있다. 금본위제도 하에서는 금의 유출입이 자유로웠으며 각국의 중앙은행이나 통화당국은 직접적으로 관련된 금보유고를 보유해서 지폐와 금의 교환요구를 언제라도 보장해 주어야 한다. 금의 보유만큼 통화를 발행할 수 있었기 때문에 정부의 역할은 수동적이었다. 이 당시는 금의 자유로운 이동을 위해 각국은 무역장벽이 철폐되고 외환 또는 자본 통제가 실시되지 않았다.

그러나 20세기에 들어와 세계경제 및 무역확대에 비해 산금량이 절대적으로 부족하게 되었으며, 미국의 일방적인 국제수지 흑자지속으로 금편재현상이 가속화되고 제1차 세계대전의 발발로 금의 자유로운 유출입과 태환이 어려워지자 금본위제도는 전면적으로 붕괴되었다.

(2) 금환본위제도

금환본위제도(gold exchange standard system)란 금 또는 금태환이 보장되는 외국통화로 자국통화의 환평가를 설정함으로써, 자국통화를 간접적으로 금평가와 연결시키는 고정환율제도를 말한다. 금환본위제도는 국내에서는 금을 본위화폐로 사용하지 않는 나라, 혹은 금의 부족으로 금을 통화준비로 할 수 없는 나라가 대외적으로는 금본위제에 있는 것과 동일한 기능을 나타내는데 이용된다. 이 제도는 1893년에 영국에 대한 국제대차상의 채무국이었던 인도에 최초로 채용되었다.

금환본위제도가 제1차 세계대전 이후 대두된 배경은 각국의 국제수지 불균형에 따른 금 준비의 국제적 편재현상과 금의 부족현상이다. 금환본위제도하에서 금본위국은 자국 보유금을 준비로 하여 통화를 발행하고, 금환본위국은 금본위국의 통화를 준비로 하여 자국 통화인 금환을 발행하기 때문에 금부족 문제는 해결이 되었다. 그러나 국제수지 자동조절 기능면에서 취약점을 가져 1929년 세계공황을 계기로 1931년 9월 금환본위제도는 붕괴되었다.

(3) 브레턴우즈체제

브레턴우즈체제(Bretton Woods system)는 1944년 7월 미국 뉴햄프셔주 브레턴우즈에서 44개 연합국 대표가 모여 국제통화질서를 확립하고 외환금융시장을 안정시키며 무역활성화를 유지하기 위해 성립됐다. 또한 국제통화제도를 관장하는 기구로 국제통화기금(IMF)과 세계은행(IBRD)이 설립되었으며. 무역활성화를 위해서는 관세와 무역에 관한 일반협정(GATT)체제가 성립되었다. 이는 전후 대영제국과 같은 경제블록화화 보호무역주의를 막고 자유무역을 국제교역의 원리로 정착시키기 위한 것이었다.

브레턴우즈체제의 특징은, 첫째로 금환본위제도와 조정가능 고정환율제도(adjustable peg system)의 성격을 지니고 있다. 브레턴우즈체제 하에서 모든 가맹국들은 자국통화의 가치를 금 또는 금태환이 보장되는 미국 달러화로 표시토록 함으로써, 자국통화 1단위와 금 일정량과의 등가관계를 유지하는 고정평가제를 채택했다. 따라서 브레턴우즈체제는 각국 통화가 달러화에 의해 금과 연결되는 금환본위제도의 특징을 갖는 것이다.

브레턴우즈체제의 두 번째 특징은 국제수지 조정면에서 조정가능 고정환율제도를 채택했다는 점을 들 수 있다. 브레턴우즈체제에서는 국제수지 불균형을 기본적으로 재정·금융정책 등의 총수요관리정책을 통해 간접적으로 시정하며, 일시적 불균형에 대해서도 IMF의 신용제도를 통해 기금을 지원함으로써 조정토록 하여 국제수지 개선을 위한 경쟁적 평가절하를 방지하고 있다. 그러나 가맹국의 국제수지가 기초적 불균형 상태에 있는 경우에는 IMF와의 사전협의 하에 평가변경을 허용함으로써 조정이 가능한 고정환율제도의 특징을 띠게 되었던 것이다. 따라서 브레턴우즈체제는 단기적으로는 평가유지의 의무를 통해 금환본위제도로서의 고정환율제도를 채택하고 있으나, 장기적으로는 평가변경이 허용되는 제도라는 점에서 조정가능 고정환율제도의 특징을 갖는다.

한편 브레턴우즈체제의 문제점은 유동성딜레마로 표현되는 국제유동성의 문제와 국제수지조정의 경직성이다. 여기서 유동성 딜레마라는 것은 달러화를 통한 국제유동성의 증가와 달러화의 신뢰도 확보라는 것은 상호모순적인 문제를 안고 있다는 것이다. 즉, 금환본위제가 유지되기 위해서는 세계적으로 생산량이 부족한 금에 대해 태환이 가능한 국제유동성의 공급이 풍부해야 한다는 것이다. 브레턴우즈체제 하에서 이러한 국제유동성의 공급은 미국의 국제수지 적자를 통해 유지되었다.

그러나 1960년대 월남전쟁으로 인한 전비지출과 해외투자증대 등으로 계속적인 국제수지적자 누적에 허덕이게 됨으로 해서 여타국들은 미 달러화 보유에 대한 불안감을 갖기 시작하였다. 따라서 달러의 금태환에 대한 의구심과 더불어 신뢰성 문제가 제기되게 된 것이다. 그리고 국제수지조정의 경직성문제는 브레턴우즈체제가 조정가능 고정환율제도이기 때문에 기인되는 것으로 국제수지의 불균형을 원활히 조정할 수 없다는 것이다. 브레턴우즈체제 하에서 모든 IMF 가맹국들은 평가유지의 의무를 지니고 있었다. 평가변경에 의한 국제수지 조정은 기초적 불균형상태에서만 최후수단으로서 사용될 수 있었다.

결국 이러한 문제점 때문에 체제 성립 이후 20년 동안 전후 세계경제 발전에 기여하던 브레턴우즈체제는 붕괴하게 되었다. 이후 1976년 자메이카 킹스턴에서 금 공정가격 철폐와 변동환율제 등이 선진공업국간에 논의되면서 브레턴우즈체제는 킹스턴체제로 바뀌게 된다. 하지만 무역부문에서 GATT체제는 세계무역기구(WTO)로 발전되면서 더욱 강화된다.

(4) 스미소니언체제

미국 달러화의 금태환 정지로 국제통화의 질서가 혼란에 휩싸이자 그로부터 벗어나기 위해 각국은 새로운 평가제도를 마련하고자 노력했다. 이러한 와중에 1971년 12월 워싱턴의 스미소니언박물관에서는 선진 10개국의 재무장관 및 중앙은행 총재회의가 개최됐다. 이 회의에서 스미소니언협정이 채택됨에 따라 브레턴우즈의 수정이라 할 수 있는 스미소니언체제(Smithsonian system)가 성립되었던 것이다. 조정가능 고정환율제도인 스미소니언협정의 요지는 다음과 같다.

첫째, 금에 대한 미국 달러의 평가를 순금 1온스당 35달러에서 38달러로 7.895% 절하하고, 이에 따라 다국간 평가를 재조정한다. 둘째, 환율체제는 고정환율제를 유지하되 종래의 금에 의한 평가 또는 금태환이 보장된 미국달러에 의한 평가대신, 보다 신축성 있게 금태환성을 상실한 미국달러화를 기준으로 하는 기준율제도를 도입한다. 셋째, 각국 통화의 변동환율폭을 기준율의 상하 각 2.25%로 확대한다.

그러나 이러한 스미소니언체제는 오래가지 못했다. 스미소니언체제는 브레턴우즈체제의 모순을 근본적으로 제거한 것이 아니라, 국제통화 불안을 진정시키기 위한 과도기적 잠정체제의 성격을 지니고 있었기 때문에 주요국 간의 국제수지 불균형상태가 개선되기는커녕 더욱 확대됐다. 스미소니언체제가 출범한지 6개월만인 1972년 6월 파운드화가 투기의 파도를 견디지 못해 기준율제도를 이탈하여 변동환율제를 채택하였다. 또한 국제통화안정화 노력에도 불구하고 투기적인 달러투매현상이 계속되어 대부분의 외환시장이 폐쇄되기에 이르자, 1973년 3월 19일 EC 6개국과 스웨덴 · 노르웨이가 공동 변동환율제로 이행했다. 이에 따라 각국이 자기나라의 경제사정에 적절한 환율제도를 자유로이 채택하게 되었으며, 이로써 고정환율제로 출발하였던 스미소니언체제도 출범한지 1년 반도 못되어 무너지고 말았다.

(5) 킹스턴체제

1976년 1월 자마이카의 수도 킹스턴에서 개최된 제5차 IMF잠정위원회에서는 그동안 논의되어 오고 선진 10개 국가들이 합의한 사항들을 공식화하는, 한편 제2차 IMF협정문 개정에 합의하여 킹스턴체제(Kingston system)라고 하는 새로운 국제통화제도를 출범시켰다. 그러나 이 체제는 어디까지나 1973년 3월부터 주요 선진공업국가들을 중심으로 운용되어 오던 변동환율체제를 뒷받침하기 위한 사후적인 합의에 불과한데, 그 주요 내용은 다음과 같다.

첫 번째 특징은 각국의 경제여건에 따라 그 나라에 적합한 환율제도의 채택을 공식적으로 허용함으로써 변동환율제도를 공식 인정하게 되었을 뿐만 아니라, 단일 또는 복수통화 페그제도, 제한변동환율제도, 신축변동환율제도 등 다양한 형태의 환율제도가 사용되게 되었다.

두 번째 특징으로는 금의 공정가격을 폐지하고 그 대신 페이퍼골드(paper gold)라고 불리는 SDR(Special Drawing Right)을 주요 국제준비자산으로 인정함으로써 종전의 금 및 미국 달러화에 의해 공급되던 국제유동성 부족문제를 해결하고 있다. 뿐만 아니라 SDR의 기능을 강화하여 IMF와의 거래시에 가치단위 및 각국 통화간의 교환비율을 산정하는데 기준으로 사용토록 하고 있다.

세 번째 특징은 국제수지조정 및 구조조정지원을 위하여 IMF신용제도를 크게 확대하였는데, 후진국의 국제수지 적자보전을 위한 확대신용금융, 신탁기금, 보완금융 등을 신설하여 IMF의 신용공여능력을 크게 확대하고, 종전의 특기성차관에 대한 인출요건도 크게 축소됨으로써 이용조건을 완화시켰다.

(6) 유럽통화제도

1970년대 브레턴우즈체제가 붕괴되고 외환시장이 혼란에 빠졌을 때 유럽공동체(EC)는 외부의 영향을 차단하고 역내통화간의 안정을 도모하려고 노력하게 되었다. 1970년 8월 유럽공동체는 회원국들간의 환율변동폭을 최소화하고 통화정책을 공동으로 관리하는 것을 주된 내용으로 하는 유럽통화동맹(EMU: European Monetary Union)의 필요성을 역설한 워너(Werner) 보고서를 발표하였다. 1972년 4월 달러를 기준으로 회원국들간의 환율변동폭을 상하 2.25퍼센트 이내로 운영하도록 하고, 1973년 3월에는 역외통화에 대해 환율을 공동으로 변동시키는 공동환율제도(joint floating exchange rate system)를 도입하였다.

1979년 3월에는 유럽통화제도(EMS: European Monetary System)가 창설되었는데, 이 제도의 특징은 각 구성통화들이 미국달러나 기타 통화에 대해 자유로이 변동하고, 그러면서도 이 구성통화들간에는 중심환율(central exchange rate)을 중심으로 좁은 폭의 변동만을 허용한다는 것이다.

유럽통화단위(ECU)는 유럽공동체의 각 회원국 통화들의 일정량으로 구성된 바스켓형태의 계산단위이며, 대외적인 가치는 각 구성통화들의 현물환율의 변화에 따라 매일 변하도록 되어 있었다. 바스켓에서 차지하는 각 회원국들의 비중은 그 나라의 유럽 내 교역량, 국민소득, 그리고 유럽공동체의 단기통화 약정에서의 지분율에 의해 결정되었다.

ECU는 유럽통화제 내에서 몇 가지의 공식적인 기능을 하였다. 우선, ECU는 유럽통화제도의 각국 통화들을 연계시키는 중심환율(central rate)이었으며, 각 회원국의 중앙은행들은 이 중심환율로부터 상하 각 15퍼센트 이내의 폭에서 벗어나지 않도록 유지할 책임을 졌다. 또한 ECU는 유럽통화제도 내에서 중앙은행들의 외환보유통화로 사용되고 이들 간의 결제수단으로 쓰여 점차 그 이용도가 높아져 왔다.

ECU는 이와 같은 공식적인 용도 이외에 민간부문에서도 유럽과 그 외의 국가에 있는 금융기관들이나 기업들에 의해 광범위하게 이용되었다. 민간 ECU는 공적인 경우와는 달리 그 창출에 있어 제약이 없었다. 이의 민간이용은 주로 금융거래에서 이루어졌고 일반 실물거래에 있어서는 별로 활발하지 않았다.

ECU의 성장이 제약을 받았던 중요한 이유는 이의 지급을 보증하는 법적인 장치가 없었고, 유통을 관리하는 최종대출자로서의 역할을 할 중앙은행이 없었다는데 있다. 이에 덧붙여 법적 지위가 분명하지 않았다는 점, 공공부문에서의 창출이 금과 달러에 연계되어 있었다는 점, 그리고 국적이 없다는 것도 성장을 가로막는 제약요인이 되었다. 또한 ECU가 지폐나 동전과 같은 실제통화가 아니라는 사실도 이를 인정하도록 하는데 있어 심리적 장애가 되었다.

이와 같은 어려운 문제들이 많이 있었음에도 불구하고 유럽통화동맹은 성공적으로 추진되어, 1999년 1월부터 ECU는 유로(Euro)라는 새로운 이름으로 유럽연합의 통합통화로 출범하게 되었다.

4.3 국제통화제도의 개편논의

(1) 배 경

1973년 이후 변동환율제도를 근간으로 한 킹스턴체제는 주요국 통화간의 환율불안과 국제유동성의 불안정 등으로 국제통화질서의 불안이 재현되었다. 특히 1970년대 말 2차 석유파동에 이은 1980년대 초의 세계경기침체로 국제통화질서의 불안은 더욱 크게 노출되었다.

따라서 국제통화질서를 효율적으로 유지하기 위해서는 현행 국제통화제도의 개편이 필요하다는 주장이 제기되었다. 1985년 9월에 열린 G5재무장관회의에서는 달러화의 고평가를 시정하기로 한 플라자협정이 합의되었는데 이때 새로운 환율제도의 필요성이 제기되었으며, 1986년 5월에는 G7회의에서 보다 안정적인 환율제도와 새로운 통화제도를 본격적으로 검토하는 계기가 되었다. 그 후 1999년 6월 G7재무장관회의에서는 국제금융체제 강화를 위한 보고서가 발표되었고, 2000년 1월 G7 재무장관회의에서는 과다채무금융기관에 대한 규제, 신흥시장국의 금융시스템 강화, 위기발생시 민간분야 책임확대, 투명성제고와 국제기준 개발, 국제금융기구의 개혁 등의 주요 의제가 채택되었다.

(2) 주요내용

가) 수정변동환율제도

일본의 나카소네 총리가 주장한 것으로 기존의 변동환율체제에서 국가 간의 통화정책협조를 강화하자는 것이다. 즉, 환율의 구체적인 목표수준을 정하지 않고 각국경제의 기초상황이 환율에 제대로 반영될 수 있도록 정책적 협조체제를 구축하자는 내용이다. 이 아이디어는 미국의 의도와 일맥상통한 것이어서 플라자협정과 같은 국제통화회의를 통해 달러화 약세유도 등 환율의 조정으로 부분적으로나마 실행에 옮겨졌다. 이 제도는 투기적 요인의 영향을 최소화하기 위한 관리적 성격이 강한 변동환율제도라 할 수 있다.

나) 목표환율제도

목표환율제도(target zone system)는 EC가 채택한 유럽통화제도(EMS: European Monetary System)를 원용한 것으로 프랑스가 참고환율제도에 앞서 제안한 것이다. 이 제도는 주요통화간에 일정한 교환비율을 설정하고, 각국의 경제적 상황에 따라 상하 5%~10% 정도의 범위 내에서 환율변동을 허용한다는 것이다. 참고환율제도와 다른 점은 허용 변동범위를 벗어나 환율이 움직일 때는 해당통화당국이 자국화폐가치의 방어에 나설 의무를 갖는다는 것이다. 일본과 프랑스는 목표환율제도 도입에 적극적으로 찬성을 하고 있으며, 미국도 연방정부의 재정을 균형시키기로 합의하고 의회와 정부가 공동으로 노력을 하기로 하였다.

다) 참고환율제도

참고환율제도(reference zone system)는 프랑스가 제시한 것으로 중심환율을 제정하되 환율관리는 각국정부의 재량에 맡기자는 내용이다. 이것은 브레턴우즈체제의 고정환율제도하에서 각국 통화당국에 요구되었던 환율유지의무가 면제된다는 점에서 사실상 변동환율제도와 별로 차이가 없다. 다만 적정환율이 어느 정도라는 것을 제시함으로써 외환거래에 참고가 되도록 하자는 정도의 의미를 갖는다.

라) 맥키논의 고정환율제도

미국의 경제학자 맥키논(R. McKinnon)은 1974년 이후 세계전체의 통화주의적인 견해에 의거한 고정환율제도를 주장하였다. 즉, 주요 통화간 환율의 안정 및 세계적인 물가상승을 억제하기 위해서는 주요국의 통화량을 전체적으로 관리하여야 한다고 주장하였다. 이 고정환율제도가 기존의 고정환율제도와 다른 점은 무금금본위제도(gold standard without gold)라는 점이다. 미국과 독일 등 주요국들은 통화 및 재정정책의 독립성이 저해되므로 맥키논의 고정환율제도에 대하여 유보적인 입장이다. 따라서 이 제도가 채택될 가능성은 희박하다.

(3) 전 망

현행의 변동환율제도하에서 주요 환율의 급격한 단기변동과 심각한 균형이탈로 인하여 선진국 경제는 물론 세계경제에 큰 악영향을 미치고 있다는 인식이 확산되고 있다. 따라서 유럽의 예를 보면 통화통합을 추진하기에 앞서 물가상승율과 재정적자 및 정부부채의 규모 등 주요 거시경제변수의 접근지표를 설정하고, 각국의 경제지표를 접근시킴과 동시에 경제상황을 개선하기 위해 노력하고 있다.

고정환율제도가 붕괴된 후에 IMF는 본래의 기능을 수행하지 않게 되었으며, 특히 1980년 이후에는 외환이 부족한 나라에 단기자금을 공급하는 국제금융기관에 불과하게 되었다. 이와 같은 점을 감안하여 브레턴우즈위원회는 IMF가 국제통화제도와 거시경제정책의 조정에 전념하고 대출기능은 세계은행에 이관하여야 한다고 주장하였다. 또한 IMF가 감독기능을 강화하도록 요청하고 있으며 집행위원회(executive board level)의 국제통화문제를 전담하는 소위원회 설치를 제안하고 있다.

주요 선진국 정부들은 환율의 급격한 단기적인 변동과 심각한 균형이탈을 방지할 수 있도록 국제통화제도 개편을 위해서 노력하고, 다음의 두 가지 단계로 추진되어야 한다고 브레턴우즈위원회는 제안하였다. 첫째로 주요 선진국의 거시경제정책을 강화함과 함께 경제를 더욱 접근시키고, 둘째로 정책의 개선을 보조하고 환율의 과도한 균형이탈과 변동을 방지하기 위해서 보다 공식적인 협조체제를 구축하며 적당한 시기에 환율을 조정이 가능한 탄력적인 범위 내에서 유지시키도록 해야 한다고 주장하였다.

또한 브레턴우즈위원회는 새로운 통화제도에서는 미국의 달러화, 일본의 엔화, EU의 유로화가 주도적인 역할을 담당하도록 제안하고 있다. 동 위원회의 제안과 같이 국제통화제도가 개편될 경우 이들 통화를 기축통화로 하는 3대 통화지역이 형성될 가능성이 있는 것으로 지적되고 있다. 또한 이들 통화지역이 각각 하나의 거대한 경제블럭으로 발전할 가능성을 가지고 있는 것으로 전망되고 있다.

새로운 통화제도로 이행된 후 달러, 엔, 유로화 등 3개 통화가 국제적인 기축통화의 역할을 하게 될 경우 이들을 중심통화로 하여 세계가 3대 통화지역으로 구분되는 3극체제(tripolar system)로 변화될 가능성이 크다. 즉, 미국을 중심으로한 남북아메리카를 포함하는 달러지역과 일본을 중심으로 한 태평양 연안의 아시아 국가들 및 호주, 뉴질랜드를 포함하는 엔지역 및 유럽전체를 포함하는 유로화 등 3대 통화지역이 자연스럽게 형성될 것으로 전망된다.

그러나 아시아 지역국가들은 경제적인 격차가 다른 지역에 비해서 현격하게 크기 때문에 무역 및 자본자유화 등 경제협력에 있어서 장애요인이 되고 있다. 따라서 이 지역의 경제블럭화는 미주, 유럽지역에 비해서 상대적으로 상당한 시간이 더 필요하리라고 전망된다. 그러나 미주와 유럽지역이 통합되는 경우에는 아시아 대양주의 경제블럭화도 가속화될 것이다.

결국 새로운 국제통화제도로의 즉각적인 이행은 거의 불가능할 것으로 전망된다. 왜냐하면 주요 선진국들의 실업문제, 경상수지의 불균형문제, 재정적자 및 정부의 부채문제 등이 쉽게 해결되기 어렵기 때문이다. 다만 국제통화제도의 개편이 빠른 시일 내에는 단행되기 어렵더라도 상당한 기간이 경과한 후에는 국제통화제도의 개편과 관련된 논의가 본격적으로 진행될 수 있을 것으로 전망된다.

연습문제

1. 외환시장과 국제금융시장의 기능 및 특징에 대하여 설명하시오.
2. 구매력평가설의 강점에 대하여 설명하시오.
3. 국제통화제도의 발전방향에 대하여 설명하시오.
4. 우리나라 환율제도에 대하여 설명하시오.
5. 국제금융시장이 갖추어야할 요건은 무엇인지 설명하시오.

05 Chapter

국제정치환경

1. 정치적 위험의 개념
2. 정치적 위험의 분석방법
3. 정치적 위험의 관리

학습목표

세계 여러 나라에 사업하면서 겪게 되는 정치적 위험에 대하여 알아본다. 다음으로 정치적 위험을 분석하는 방법으로 어떤 것이 사용되며, 그 위험을 어떻게 관리하는 것이 바람직한가에 대하여 학습한다.

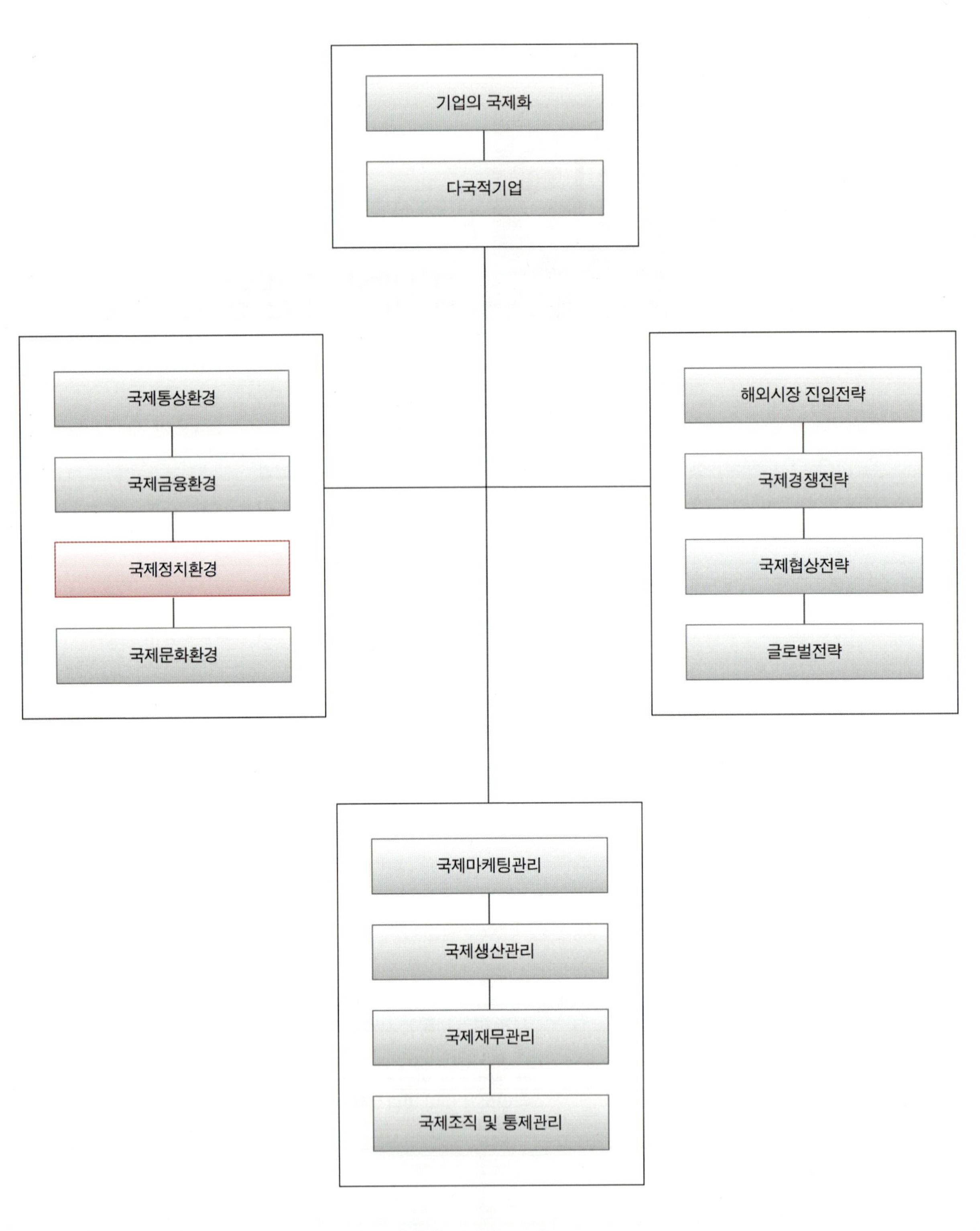

기업의 국제화
다국적기업
국제통상환경
국제금융환경
국제정치환경
국제문화환경
해외시장 진입전략
국제경쟁전략
국제협상전략
글로벌전략
국제마케팅관리
국제생산관리
국제재무관리
국제조직 및 통제관리

한국, 통일되면 성장유망 국가!

글로벌 금융회사들은 남북통일은 국가 신용등급에 큰 호재라고 입을 모았다. 통일 후 한국경제의 신용등급 전망에 대해 설문조사에 응한 6개 주요 글로벌 금융회사 모두가 "남북통일이 되면 단기적 통일 비용 우려에도 불구하고 중장기(5년)적으로 국가 신용등급이 뛰어오를 것"이라고 했다.

전쟁위험 국가로 인식돼 '코리아 디스카운트'(대북 리스크 등으로 인해 국가 신용도가 떨어지고 외채 이자 비용이 올라가는 현상)를 지불하던 한국이 미래 성장가능성과 세계 최고수준의 신용도를 자랑하는 '프리미엄 경제'로 도약할 것이란 얘기다.

1997년 외환 위기 당시 우리나라의 신용등급은 불과 여섯 달 사이에 여섯 단계가 떨어졌다. 이를 원래 위치로 되돌리는 데는 2012년 9월까지 13년이 넘게 걸렸다. 신용등급을 한 단계 끌어올리는 데 평균 2년 이상이 걸린 것이다. 신용등급은 올라갈수록 높이기가 힘들다. 선진국형 경제에 진입하면 복지부담으로 국가재정은 안 좋아지고, 경제성장률은 떨어지기 때문이다.

이번 설문조사 결과 통일은 신용등급 상승의 한계에 이르고 있는 한국경제에 히든카드가 될 것으로 예상된다. 골드만삭스, 모건스탠리, 도이치증권, 씨티그룹, 맥쿼리, 크레디트스위스 등 6개 회사가 통일을 신용등급 상승의 호재로 판단한 근거는 다양했다.

골드만삭스는 "남북한 경제의 통합은 안보 불확실성을 해소할 뿐 아니라 한국의 중장기 성장률을 제고할 것"이라고 했다. 이미 3%대로 떨어진 우리나라의 중장기 성장률을 다시 끌어올리는 데 통일이 영양제 역할을 할 수 있다는 것이다. 도이치증권은 "통일로 한국의 내수(內需)시장이 커지고 북한의 미개발 자원을 확보할 수 있다"고 했고, 크레디트스위스는 "통일이라는 일종의 이벤트가 한반도의 경제 활성화에 대한 국제사회의 기대치를 높일 것"이라고 내다봤다.

통일이 코리아 디스카운트를 없애고 '코리아 프리미엄'시대를 앞당길 것이라는 의견은 본지가 대외경제정책연구원에 의뢰한 통일의 신용등급 영향 분석에서도 확인됐다. 대외경제정책연구원은 "국가신용도 평가에서 안보 리스크 탓에 우리나라 정부가 채권을 발행할 때 이자 비용이 높아지고, 한국의 자산 가치가 낮게 평가되며, 한국에 투자하려는 외국인들의 수요를 억눌러 왔다"며 "그러나 통일이 되면 이런 부정적 요인이 모두 사라질 것"이라고 했다.

6개 금융사는 통일이 경제에 미칠 가장 긍정적인 요소로 '북한의 저렴하면서도 우수한 노동력 활용'을 들었다. 통계청에 따르면 2012년 기준 북한 주민의 1인당 연소득(GNI)은 137만원으로 남한의 20분의 1 수준이다. 평균적인 북한 주민의 임금수준이 그만큼 낮다는 뜻이다. 실제로 개성공단에 근무하는 북한 노동자 5만 3000여명이 1년에 받는 임금은 1000억원 수준으로 알려져 있다. 1인당 연봉이 200만원에도 못미쳐 베트남, 캄보디아 같은 동남아시아 국가보다도 경쟁력이 있다는 것이다. 안보 불확실성 해소(3곳), 유라시아 대륙과의 연결성 제고(3곳)도 중요한 요인으로 꼽혔다.

다만 통일 후 1~2년간 단기 신용등급에 대해선 전망이 엇갈렸다. 씨티은행과 맥쿼리, 도이치증권은 통일로 인한 긍정적 요인이 커 신용등급이 당장 한 단계 오를 것으로 봤다. 그러나 모건스탠리와 크레디트스위스는 통일비용 부담으로 인해 신용등급이 단기적으로 한 단계 떨어질 수 있다고 했고, 씨티은행은 변화가 없을 것이라고 했다. 국제신용 평가사인 스탠더드앤드푸어스(S&P)는 과거에 "2015년에 한국이 통일을 맞이할 경우 신용등급이 2~3단계 하락해 BBB 수준까지 떨어질 수 있다"고 평가했었다. S&P의 이런 평가는 통일이 단기적으로 급격하게 이뤄질 경우 우리 경제에 큰 부담을 줄 수도 있다는 경고로 해석된다.

한편 글로벌 금융사들은 5년 내 통일이 성사될 가능성은 높게 보지 않았다. 3곳은 가능성을 30% 이하로, 나머지 3곳은 50% 이하라고 했다. 모두 5년 내 통일이 될 가능성을 절반 이하로 본 것이다.

• 조선일보, 2014.1.10

토의과제

1. 통일이 한국의 신용등급에 미치는 긍정적 요소는 무엇인가?
2. 신용등급을 상향 조정하는데 있어서 방해가 되는 요소는 무엇인가?
3. 향후 한국이 신용등급을 상향 조정하기 위해서는 어떤 노력이 필요한가?

1 정치적 위험의 개념

1.1 정치적 위험과 국가위험

(1) 정치적 위험

정치적 위험(political risk)에 대한 정확한 정의를 내리기는 힘들지만, 일반적으로 예측불가능한 정치적 변화에 의해 특정국가의 기업환경을 급격히 변화시켜, 그 기업의 이익과 목표에 영향을 미치는 정치적 영향력이라고 정의할 수 있다. 기업환경이 급격하게 변화하고 그 변화가 예측불가능하다는 점에서 일반적인 환경과는 다르다. 즉, 그러한 정치적 변화가 점진적이고 미리 예측할 수 있는 것이라면 기업은 이에 대응할 수 있기 때문에 정치적 위험으로 보기는 힘들다는 점이다.

정치적 변화는 비정상적인 정치활동이나 상태가 지속되는 정치적 불안정과는 다른 개념으로, 기업의 경영활동에 실질적인 영향력을 행사하는 변화를 의미한다. 즉, 단순히 한 나라의 정치가 불안정하거나 정치적 변화가 발생한다고 해서 반드시 정치적 위험의 대상이 되는 것은 아니고, 기업 또는 특정산업의 수익성이나 영업활동에 영향을 미쳐야 한다.

정치적 위험은 사회가 불안정한 나라에서 크게 나타나는데, 이러한 사회적 불안정은 통상 파업, 테러, 데모, 폭력과 같은 형태로 나타난다. 사회적 불안정은 다민족국가나 한 국가내에 여러 이데올로기가 서로 대립하여 정권을 잡으려고 경쟁할 때 발생하며, 이는 곧 정부의 정책에 급격한 변화를 야기시킬 뿐만 아니라, 그 국가에서 경영활동을 하는 국제기업에게 악영향을 미친다. 실제로 1972년 이란의 회교혁명에 의해 이곳에 투자한 많은 서방기업들의 자산이 몰수당하였고, 과거 유고연방에 투자한 기업들도 전쟁으로 인해 많은 자산을 잃었으며, 좌파게릴라와 정부군이 대결하고 있는 알제리나 콜롬비아에서도 많은 재산 및 인명피해를 입었다.

〈표 5-1〉 정치적 위험과 국가위험

	정치적 위험	국가위험
위험노출 대상	· 해외직접투자기업	· 국제은행, 대출자
위험노출 자산	· 물적 자원, 인적 자원, 자본 및 기술 등 모든 해외투자재원	· 정부나 민간에 대한 대출자본
위험노출기간	· 무기한	· 중단기
위험의 유형	· 수용 및 몰수, 국유화 · 외환통제, 테러, 납치 · 고용규제, 현지부품의무 · 조세차별, 입찰제한	· 채무상환불능 · 상환동결 · 채무재조정 · 상환조건변경
위험의 크기	· 사건의 종류에 따라 다름	· 사건의 종류에 따라 다름
위험방지수단	· 해외투자보험(미국: OPIC) · 국제적 사업의 다각화 · 위험에 적응	· 수출입은행에 부보(미국) · 국제적 대출의 다각화 · 여신한도설정

주: OPIC(Overseas Private Investment Corporation)는 미국의 해외민간투자공사.
자료: R. Grosse and J. Stack, "Non-Economic Risk Evaluation in Multinational Banks," *Working Paper*, No.285, University of Michigan (January 1982), pp.5-7.

(2) 국가위험

정치적 위험과 유사한 개념으로 국가위험(country risk)이 있는데, 이것은 국가신용위험을 의미한다. 〈표 5-1〉에서 보는 바와 같이 정치적 위험이 해외직접투자를 수행하는 기업들에게 포괄적으로 적용되는데 비해, 국가위험은 주로 국제은행들이 대출할 때 노출되는 위험을 말한다.

즉, 정치적 위험은 대개 해외직접투자를 행한 기업의 자본, 기술 및 인적·물적 자원이 현지국의 국유화, 외환통제, 조세차별 등에 의하여 발생할지도 모르는 잠재적인 손실을 의미한다. 이에 비해 국가위험은 일국 내에서 경제, 정치, 사회적 요인들로 인하여 대출자들이 차입자에게 적시에 적당한 방법으로 대출원리금을 상환 받을 수 없게 되는 상황이 발생할 때 나타나는 손실이라고 할 수 있다.

1.2 정치적 위험의 유형

정치적 위험은 ① 위험이 국제기업 전체에 미치느냐, 아니면 특정 산업이나 기업 또는 특정 프로젝트에만 영향을 미치느냐에 따라 거시적 위험과 미시적 위험으로, ② 위험요인의 발생원천에 따라 사회적 요인과 정부관련 요인으로, ③ 가시도와 강압성에 따라 현지정부의 규제조치, 경영의 현지화, 자본의 현지화, 자산의 손실 등으로 구분할 수 있다.

(1) 거시적 위험과 미시적 위험

정치적 위험은 〈표 5-2〉에서 보는 바와 같이 위험이 국제기업 전체에 미치느냐, 아니면 특정 산업이나 기업 또는 특정 프로젝트에만 영향을 미치느냐에 따라 거시적 위험과 미시적 위험으로 구분할 수 있다.

가) 거시적 위험

거시적 위험(macro risk)은 국제기업 전체에 영향을 미치는 정치적 변화로서, 그렇게 자주 발생하지는 않지만 영향력이 매우 강력하고도 직접적이며 전면적인 성격을 지니고 있

〈표 5-2〉 정치적 위험의 유형(1)

	거시적 위험		미시적 위험	
	사회적 요인	정부관련 요인	사회적 요인	정부관련 요인
국가내부	· 혁 명 · 쿠데타 · 내 전 · 인종갈등 · 인종・종교 소요 · 폭 동 · 테 러 · 파 업 · 보이콧 · 노조의 전면파업	· 국유화 · 몰 수 · 송금제한 · 집권자에 대한 저항 · 급진적 정권이양 · 고물가 · 고금리 · 관료주의	· 선택적인 테러 · 선택적인 파업 · 선택적인 저항 · 기업에 대한 국가적 보이콧	· 선택적 국유화 · 선택적 토착화 · 합작투자압력 · 차별적 조세정책 · 현지부품 사용의무 · 계약의 일방적 파기 · 자국기업 지원 · 가격통제
국가외부	· 국가간 게릴라전 · 국제테러 · 세계적 대중의견 · 철수압력	· 핵전쟁 · 일반전쟁 · 국경분쟁 · 동맹의 파기 · 수출금지조치 · 높은 외채상환율 · 국제경제 불안	· 국제적 행동집단 · 외국 MNC간 경쟁 · 선택적 국제테러 · 기업에 대한 국가적 보이콧	· 본국과 현지국의 외교적 긴장 · 쌍무적 무역협정 · 다자간 무역협정 · 수출입규제조치 · 외국정부에 대한 간섭

자료: J. D. Simon, "Political Risk Assessment: Past Trends and Future Prospect," *Columbia Journal of World Business* (Fall 1982), p.67.

다. 또한 거시적 위험은 돌발적이고 단발적인 성격을 지니고 있는데, 개별적인 국제기업 차원에서는 거의 통제하기 힘들다.

거시적 위험의 실제 예로는 1960년 쿠바의 카스트로가 모든 사유재산을 국유화한 예, 알제리아·버마·칠레·이집트·가나·인도네시아·우간다·리비아 등의 국가에서 정치적 이념의 전환으로 외국인 투자자산을 몰수한 예, 1970년 중공의 주은래가 한국이나 대만에 투자했거나 신용을 공여한 일본의 기업과는 거래를 하지 않겠다고 발표한 예, 중동의 아랍국가들이 이스라엘에 지사를 가진 외국기업과는 거래를 하지 않겠다고 선언한 예 등을 들 수 있다.

나) 미시적 위험

미시적 위험(micro risk)은 모든 국제기업에게 영향을 미치는 거시적 위험과는 달리, 소수의 특정 기업 또는 산업에게만 영향을 미치는 위험을 말한다. 미시적 위험은 현지국 정부가 정치적인 이유로 특정산업이나 기업 또는 프로젝트에 제한적인 정책을 취할 때 발생하는데, 기업의 성격이나 전략에 따라서 어느 정도는 통제 및 조절이 가능하다.

특정국가내에서 어느 산업분야가 정치적 위험의 표적이 되느냐는 상황에 따라 다르겠지만, 대체로 천연자원개발분야, 전기·수도 등의 공익사업분야, 투자기업의 시장장악력이 매우 큰 산업분야, 기술이나 경영면에서 현지인들의 능력으로 운영이 가능한 분야 등이 될 수 있다.

(2) 사회적 및 정부관련 위험

정치적 위험은 〈표 5-2〉에서 보는 바와 같이 위험요인의 발생원천에 따라 사회적 요인에 의한 위험과 정부관련 요인에 의한 위험으로 구분할 수 있다.

가) 사회적 요인에 의한 위험

정치적 위험의 원천이 법률이나 정부 이외의 사회적 요인에 의해 발생하는 경우는 테러, 사보타지, 군사쿠데타, 혁명 등과 같이 정상적인 국가구조나 기존의 국가권력구조 이외의 원천에서 발생하는 위험을 의미한다.

이와 관련된 예로 우선 베네수엘라는 2002년 말부터 무려 63일간 반정부 파업과 시위로 국가경제를 위기로 몰아넣었다. 콜롬비아는 오랜 내전 높은 범죄율, 낮은 치안, 빈번한 요인 납치, 특정 소수민족들의 유전개발 반대 등의 이유로 사회적으로 불안하고 신변안전

위험이 높다. 파키스탄은 낮은 치안, 이슬람 극렬분자, 지역간 갈등 등으로 사회적으로 불안하며, 이슬람 국가에서는 미국제품에 대한 불매운동이 일고 있고 현지거주 미국 민간인에게 신변위험을 가하고 있다.

나) 정부관련 요인에 의한 위험

법률이나 정부로부터 발생하는 위험은 지속적인 정치적 과정의 직접적인 산물로서 선거에 의해서 새로운 정부를 구성한다거나, 정상적인 국회활동을 통해 무역, 노동, 합작투자, 보조금, 기술, 통화량, 기타 개발정책 등에 대한 입법행위를 단행함으로써 발생하게 된다.

굿이어(Goodyear) 타이어사가 극동과 유럽에 최대 규모의 타이어공장을 짓기 위해 사전에 현지정부와 무역과 투자에 대한 보호조치를 약속받고 공장을 설립하고 가동하였으나, 중도에 현지정부는 24시간 3교대 작업을 못하게 하고 오로지 하루 8시간 근무제만을 도입

[그림 5-1] 정치적 위험의 유형(2)

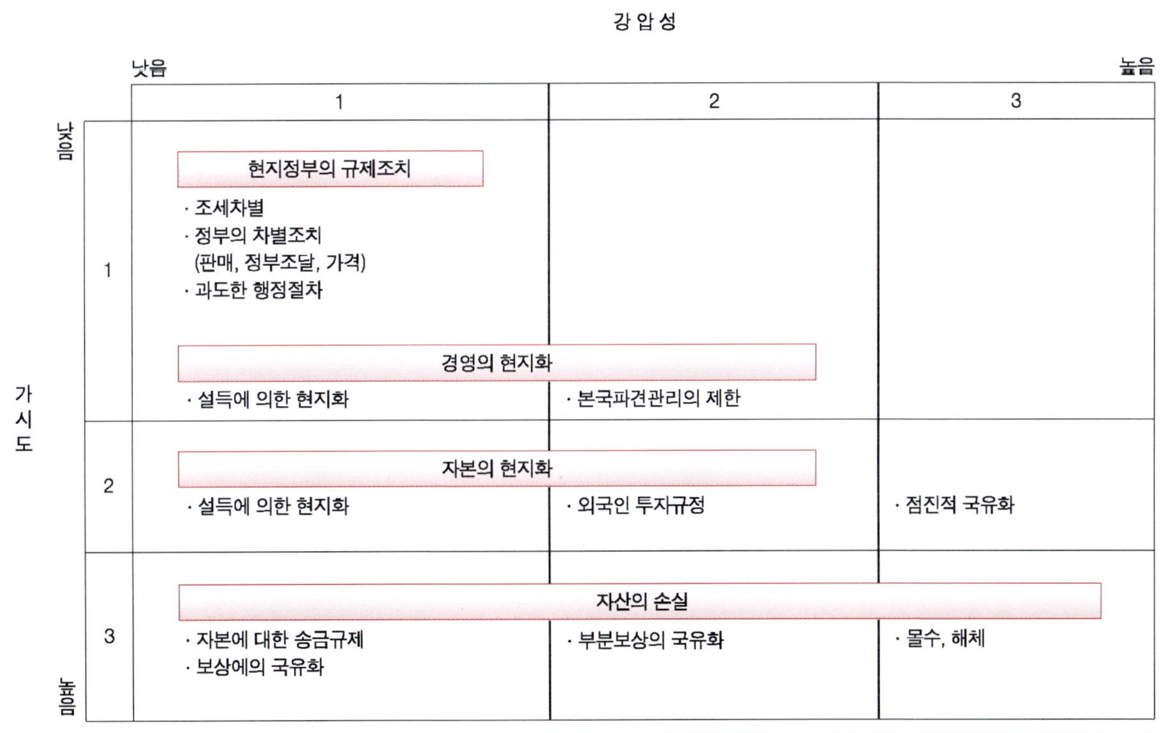

자료 : J. C. Leontiades, *Multinational Corporate Strategy: Planning for World Markets* (Lexington Mass.: D. C. Heath & Co., 1987), p.155.

하는 입법조치를 행함으로써 큰 어려움을 겪게 된 경우는 좋은 예가 될 수 있다.

(3) 가시도와 강압성에 의한 위험

정치적 위험은 [그림 5-1]에서 보는 바와 같이 가시도(degree of visibility)와 강압성(degree of violence)에 따라 다음과 같이 네 가지로 구분할 수 있다.

가) 현지정부의 규제조치

현지정부의 규제조치는 가시도도 낮고 현지정부에 의한 위협의 정도가 낮은 것으로, 보통은 정치적 위험으로까지 분류되지 않을 수도 있는 위험의 유형이다. 그러나 이러한 위험도 기업의 경영활동에 영향력을 행사할 수 있기 때문에 이를 주의 깊게 관측하여야 한다. 여기에 해당되는 위험으로는 조세상의 차별, 정부의 조달에 대한 차별조치, 과도한 행정상의 관료주의적 절차 등이 있다.

나) 경영의 현지화

경영의 현지화는 현지정부의 규제조치보다 약간 강도가 높은 위험이다. 경영의 현지화란 현지의 기업경영에 현지인의 비율을 높이도록 요구하는 현지정부의 정책을 의미한다. 일반적으로 국제기업의 현지법인이 현지경제에 미치는 영향이 클수록 현지정부는 경영의 현지화를 요구하는 경향이 높다.

실제로 개도국 정부는 자국민이 국제기업의 현지법인 경영진에 많이 포함되도록 강요하거나, 국제기업 본사의 경영진 파견을 일정 인원으로 제한하는 경우가 많다. 합작투자의 경우 현지법인의 사장은 정책적으로 현지인을 임명하도록 규정하거나, 협상과정에서 요구하기도 한다. 또한 현지부품을 일정비율 이상 사용하도록 요구하기도 한다.

다) 자본의 현지화

자본의 현지화는 경영의 현지화보다 강도가 더 높은 위험이다. 자본의 현지화란 국제기업의 현지자회사 소유지분을 축소하도록 요구하는 현지정부의 정책을 의미한다. 특히 국민경제적으로 중요한 산업의 경우 단독투자를 합작투자로 요구하거나, 합작투자의 외국인 지분비율을 50% 미만으로 제한하기도 한다.

라) 자산의 손실

정치적 위험 중에서 가시도와 강압성이 가장 높은 것이 자산의 손실이다. 과실송금을 규제하는 것부터 외국인직접투자기업의 자산을 강제적으로 몰수, 수용 등의 방법으로 국유화하는 것을 말한다. 군사쿠데타 또는 혁명에 의해 사회주의자나 종교 근본주의자들이 정권을 장악할 경우, 국제기업의 현지자산을 보상 없이 또는 명목적으로 보상하고 수용하게 되면 국제기업은 커다란 자산상의 손실을 겪게 된다. 예컨대 이란의 회교혁명에 의해 미국의 국제기업들은 이란자산이 국유화되면서 커다란 손실을 입게 되었다.

1.3 정치적 위험의 원천과 영향력

국제기업에 정치적 위험을 발생시키는 원천, 이러한 위험을 야기시키는 집단, 이러한 위험이 국제기업의 경영활동에 미치는 영향력 등을 살펴보면 〈표 5-3〉에서 보는 바와 같이 매우 다양하다.

(1) 정치적 위험의 원천

정치적 위험은 예상치 못한 정치적 변화에 의해서 발생하는데, 일반적으로 정치적 이념의 차이, 사회적 혼란, 정치적인 독립, 전쟁 또는 내란, 국제조약과 협정 등에 의해서 나타난다.

가) 상반되는 정치적 이념

현지국가의 정당이나 정치적인 단체들이 서로 다른 정치이념을 갖고 정권투쟁을 전개

〈표 5-3〉 정치적 위험의 원천, 집단, 영향력

위험의 원천	원천이 되는 집단	위험의 영향
· 상반되는 정치이념 · 사회적 불안과 무질서 · 현지기업인 또는 외국 기업인의 이해관계 · 정치적 독립과 주권선언 · 전쟁, 내란, 테러 · 새로운 외교관계 형성	· 집권정부와 행정부서 · 의회 내의 세력집단 · 의회 밖의 세력집단 · 일반대중집단 · 외국정부 또는 국가 간의 연합기관 단체 · 전쟁 상대국이나 내란을 지원하는 외국정부	· 재산몰수 · 재산수용 · 운용상의 규제(고용정책, 소유정책, 시장점유율, 제품특성 등) · 이전자유의 제한(배당금, 이자, 상품, 인력 등) · 계약의 일방적 파기 · 차별정책(조세, 하청 등) · 재산 또는 인명피해

자료 : S. H. Robock, K. Simmonds and J. Zwick, *International Business and Multinational Enterprise* (Homewood, Ill., Richard D. Irwin, 1977), p.291.

할 때 정치적 위험이 발생할 가능성이 높다. 공산주의 또는 사회주의를 표방하는 정당이나 조직이 집권할 경우, 국가기간산업을 국유화하거나 외국인투자업체의 경영과 자산을 현지화하려는 정책을 수립 및 시행할 가능성이 높다. 예를 들면 1960년 쿠바는 사회주의 건설을 내세우는 카스트로가 집권하면서 모든 사유재산을 국유화하였고 외국인투자기업들은 막대한 피해를 입었다.

나) 사회적 불안과 무질서

치안상태가 불안하고 사회가 무질서해지면 외국인직접투자업체가 과격한 집단의 표적이 되기 쉽다. 예를 들면 1965년부터 30년 이상 장기 집권하였던 수하르토 대통령이 외환위기로 정국이 불안한 상태임에도 불구하고 1998년 또다시 대통령으로 피선되자, 수하르토의 퇴진을 요구하는 학생과 주민들의 시위가 인도네시아 전국으로 확산되었다. 이때 시위하는 학생과 주민들은 주로 화교상점들을 약탈 및 방화하면서 자신들의 불만을 터뜨리기도 하였지만 일부 외국인투자업체들을 공격하기도 하였다.

다) 기업간의 이해관계

사업규모가 큰 특정사업이나 프로젝트를 수주하는 과정에서 또는 현지기업들과 현지시장을 놓고 치열하게 경쟁을 전개하는 과정에서 다국적기업과 현지기업의 이해관계가 부딪치게 된다. 이때 현지기업들은 정치적인 압력을 통해 국제기업의 현지활동에 부정적인 영향을 주게 된다.

예를 들면 1970년대 중동건설 붐이 한창일 때 사우디아라비아에 진출한 한국기업들은 구미 다국적기업들과 결탁한 현지기업인들의 로비에 의해서 일부 경영진들이 뇌물수수사건으로 현지에서 구속되거나 현지 건설프로젝트에 참여하지 못하는 불이익을 당하기도 하였다. 또한 1980년대 초반 미국에서는 컬러 TV의 국내생산이 전면 중단되었음에도 불구하고 한국산 컬러 TV에 대한 덤핑제소가 계속되었는데, 이것은 일본계 및 대만계 전자제품 수출업자들의 로비에 의한 것으로 알려져 있다.

라) 정치적 독립

제2차 세계대전 이후 식민지에서 해방된 일부 국가들이 자신들을 통치했던 국가로부터 정치적으로 뿐만 아니라, 경제적으로 독립을 추구하는 과정에서 국민적인 적대감과 피해의식 때문에 옛날 종주국의 기업들의 자산을 수용하거나 국유화하는 경우가 있었다. 식민지가 없어진 오늘날에는 이러한 형태의 위험이 발생할 가능성이 거의 없지만, 일부 지역의 분리주의자들이 정치적 독립을 추구하는 과정에서 테러가 발생하거나, 사회질서가 불안해지면서 정치적 위험이 발생할 가능성이 존재하고 있다.

마) 전쟁 또는 내란

규모에 상관없이 전쟁이나 내란 또는 테러는 국제기업의 경영활동에 부정적인 영향을 미치게 된다. 예를 들면 걸프만 전쟁이나 이스라엘의 팔레스타인 침공은 현지에 진출한 국제기업들에게 커다란 재산상의 피해를 주었을 뿐만 아니라 국제유가의 폭등을 초래하였다. 이라크에 진출한 한국 건설업체들은 1980년 9월 발생한 이란 이라크 전쟁과, 1990년 발생한 걸프만 전쟁 등으로 커다란 피해를 입었다.

바) 새로운 외교관계 형성

국제기업들은 자국정부가 정치적 이념이 상반된 국가들과 외교관계를 수립하거나 이웃 국가들과 경제통합을 추진하게 되면 많은 영향을 받을 수 있다. 예를 들면 한국업체들은 1992년 베트남과의 국교가 정상화되면서 대거 베트남에 진출하였으며, 유럽연합의 경제통합이 빠르게 진행되면서 대거 유럽지역으로 진출하게 되었다. 한편 중국과의 국교정상화로 인해 대만과의 국교관계가 단절되면서 한국기업들과 유학생들은 일시적으로나마 대만에서 어려움을 겪기도 하였다.

또 다른 예로 1960년대 중반 수카르노 대통령 시절 인도네시아 정부가 공산권 국가와 새로운 외교관계를 수립한 후 상당기간 국제기업에 대하여 매우 제한적인 규제정책을 취했는데, 그것은 이념적 변화에도 기인하지만 동구권 국가로부터의 새로운 자금 및 기술원이 생김으로써 서방측 기업에 의존하지 않아도 된다는 심리적 이유가 작용했기 때문이다.

(2) 정치적 위험의 집단

정치적 위험의 원천이 되는 집단을 살펴보면 ① 집권정부와 행정부서, ② 의회 내의 세력집단으로서 특히 반대집단, ③ 의회 밖의 세력집단으로서 주로 반정부단체, ④ 조직화되지 않은 학생·노동자·소수민족 등 일반대중, ⑤ 자국에 영향력을 행사할 수 있는 외국정부나 UN, EU 등 국제기구나 단체, ⑥ 전쟁 상대국과 내란 또는 반군세력을 지원하는 외국정부 등을 들 수 있다.

(3) 정치적 위험의 영향

정치적 위험으로 인하여 국제기업이 현지의 경영활동에 영향을 받는 유형들을 살펴보면 대략 7가지 정도로 요약할 수 있다.

가) 재산의 몰수

몰수(confiscation)는 현지국이 투자기업의 자산을 국유화하면서 아무런 보상을 하지 않는 경우인데, 이러한 경우는 현지 정부가 공산화되거나 민족주의가 대두되는 경우에 주로 발생한다. 여기서 국유화(nationalization)란 특정경제활동을 정부 또는 내국인만 할 수 있도록 하는 조치로서 재산몰수, 재산수용, 강제매각 등이 포함된다.

나) 재산의 수용

수용(expropriation)은 몰수보다 더 넓은 의미로 대개 명목상으로는 보상을 해주고 국가가 특정자산의 소유권을 강제로 징수하여 처분하는 행위이다.

다) 운영상의 규제조치

운영상의 규제조치는 투자기업에 대한 시장점유율, 소유권비율, 제품의 특성, 고용정책 등에 관하여 규칙을 정해 놓고 이를 준수하도록 요구하는 것을 의미한다.

라) 이전자유의 제한

일반적으로 국제기업은 추가적인 이윤추구를 위해 자본, 인력, 기술, 원료 등 중간투입물과 함께 완성재인 상품을 내부적으로 이전하는 기업 내부거래를 수행한다. 이전자유에 대한 제한은 현지국 정부가 이러한 추가적인 이윤추구를 못하도록 봉쇄하는 수단을 말한다.

마) 계약의 일방적인 파기

계약의 일방적인 파기나 변경은 현지 정부가 민간업간들 간에 사적으로 맺어진 계약에 개입하여 이를 규제하는 조치를 말한다. 이것은 현지 정부의 정책목적을 위해 집중육성산업의 보호 또는 불요불급한 사업의 억제 등을 위해 사용하기도 하지만, 합작투자의 경우에는 현지국 파트너의 협상력을 강화시켜 주는 수단으로 작용할 수 있다.

바) 현지국의 차별정책

차별정책은 현지국 정부가 투자기업에 대하여 조세상의 차별과세를 하거나, 대형 프로젝트에 하청업체로서만 참여시키게 하는 경우, 혹은 강제적으로 정부공사를 수주하도록 강요하는 것을 의미한다.

사) 재산 및 인명피해

일곱째로 재산 또는 인명상의 피해를 들 수 있는데 이것은 주로 폭동이나 내란, 혹은 전쟁으로 인한 피해를 말한다. 1992년 미국 LA에서 발생한 흑인폭동의 주요 희생자는 한국사람과 기업들로 다른 국가나 일반 미국인에 비하여 많은 피해를 입은 바 있다.

2 정치적 위험의 분석방법

정치적 위험의 분석은 미래에 발생가능한 정치적 변화를 예측하고 그 변화가 경영활동에 미치는 영향을 분석하는 것이기 때문에 주관적인 요소가 많이 작용하며, 정보의 가용성, 분석의 신뢰성 및 효용성 등의 측면에서 많은 문제점을 지니고 있는 것이 사실이다.

이러한 정치적 위험을 정확하게 평가하거나 예측할 수 있는 독자적인 분석방법은 아직까지 개발되지 않고 있는 실정이다. 여기서는 〈표 5-4〉에서 보는 바와 같이 지금까지 개

〈표 5-4〉 정치적 위험의 분석방법

	주요 기법
정성적 분석방법	· 현지방문조사(grand tours) · 체크리스트방식(checklist method)) · 고문제도(old hands) · 델파이분석(delphi techniques))
정량적 분석방법	· 정치체제안정지수(PSSI) · 재산수용성향모델
통합적 분석방법	· 시나리오분석법(scenario method)

자료 : C. R. Kennedy, Jr., *Political Management—International Lending and Investing under Environmental Uncertainty* (New York: Quorum Books, 1987), p.9에서 일부 수정.

발된 분석방법을 정성적, 정량적, 통합적 분석방법 등 세 가지 기준에 따라 분류한 후 주요 기법들을 설명하기로 한다. 아울러 국제적으로 유명한 전문평가기관에 대해서도 살펴보기로 한다.

2.1 정성적 분석방법

정성적 분석방법(qualitative method)이란 이론보다는 현지를 직접 방문하거나, 전문가의 견해 및 자문 등을 바탕으로 주관적인 서술방식에 의해 정치적 위험을 측정・평가하는 방법을 말한다. 여기에는 다음과 같은 몇 가지 방법이 사용되고 있다.

(1) 현지방문조사

현지방문조사(grand tours)는 투자할 현지국을 직접 방문하여 그 나라의 정치, 경제, 사회 등의 환경을 조사 분석하는 방법이다. 이 방법은 필요한 정보와 자료를 현장에서 눈으로 확인하면서 신속하게 판단을 내릴 수 있으나, 방문하는 사람과 시점에 따라 다른 결과가 나올 수 있다. 이는 현지방문조사가 방문하는 개인 자신의 통찰력과 경험에 상당부분 의존하는 주관적인 평가방법이기 때문이다. 또한 방문시 현지정보에 과다 노출되어 실제적으로 필요한 정보를 제대로 추출하지 못하는 경우도 생길 수 있다.

(2) 체크리스트방식

체크리스트방식(check list method)은 평가자의 주관적 판단에 따라 정치적 위험에 영향을 주는 주요 변수들을 도출하고, 각각의 변수들에 대해 해당국가의 점수를 부여한 다음, 종합하여 해당국가의 정치적 위험을 평가하는 방식이다. 동일한 평가지표를 작성하여 평가하고 평가지표별로 가중치를 주면 국가별 비교가 가능하다. 어떠한 요소를 고려하여 평가할 것인가, 각각의 평가요소에 어느 정도의 가중치를 부여할 것인가, 각각의 평가요소를 누가 평가할 것인가 등에 따라 평가점수가 달라지는 문제가 있다. 이와 같은 평가자의 자의적인 판단에 따르는 문제점을 해결하기 위해 피드백방식을 통해 여러 명의 전문가의 견해를 종합하여 평가하는 델파이기법이 사용된다.

(3) 고문제도

고문제도(old hands)는 투자대상국의 정치, 경제 및 문화 분야의 전문가들을 영입하여 이들의 지식을 활용하는 방법이다. 지역전문가의 지식을 활용함으로써 고급정보와 자료를 확보할 수 있고 빠른 시간 내에 정치적 위험 정도를 파악할 수 있다. 하지만 전문가의 주관적인 판단을 바탕으로 하기 때문에 어떤 전문가를 영입하는가에 따라 정치적 위험 정도가 다르게 판단될 수 있다.

(4) 델파이분석

델파이분석(Delphi techniques)은 아폴로 신전이 있는 그리스의 옛 도시 델파이에서 신탁을 구하던 풍습에서 유래한 방식으로서, 고문제도와 체크리스트방식을 결합하여 주관성을 줄이고 객관성을 높이려는 방법이다. 우선 정치적 위험에 영향을 주는 변수들을 추출하여 체크리스트를 만든 다음, 이를 수십 명의 전문가들에게 나누어 주고, 해당 국가별로 각각의 변수에 대해 평가 및 점수를 부여하도록 한다. 변수별로 이들 전문가들의 점수를 평균한 다음, 전문가들에게 다시 나누어 주고, 또 한 번 평가 및 점수를 부여하도록 한다. 마지막으로 이들 점수를 평균 및 종합하고, 해당국가의 정치적 위험을 지수로 산출하여 평가한다.

이 방법의 대표적인 종합지수로서는 BERI(Business Environment Risk Index), BII(Business International Index), NBI(Nikkei's Business Index) 등이 있다. BERI의 경우 우선 정치적 위험과 관련되는 변수를 15개 선정하고, 각각의 변수에 대해 가중치를 부여하여 체크리스트를 만든다. 이때 사전에 선정된 전문가들에게 체크리스트를 나누어 주고, 각각의 변수에 대해 0점부터 4점까지 점수를 부여하게 한 다음, 평균하여 전문가들에게 피드백한다. 이어서 다시 각각의 변수에 대해 점수를 부여하도록 한 다음, 최고점수와 최저점수를 제외하고 평균하여 100점 만점으로 종합지수를 산출한다. 이때 점수가 높을수록 정치적 위험이 적음을 의미한다.

2.2 정량적 분석방법

(1) 정량적 분석방법의 의미

정량적 분석방법(quantitative method)이란 주관적인 평가에 따르는 자의성을 배제하고 정치적 위험을 보다 객관적으로 평가하기 위해 수리적 통계모델을 이용한 계량적 기법을 말한다. 즉, 정치적 위험을 측정함에 있어 우선 계량모형을 설정하고, 이 모형에 수량화할 수 있는 각종 통계를 투입하여 그 분석 결과를 토대로 정치적 위험을 평가하는 방식을 말하는데 최근에 널리 사용되고 있다.

정량적 분석방법은 주관적 요인에 의해 좌우되지 않고 객관적인 결과를 도출할 수 있다는 점, 정교한 계량적인 자료를 가지고 분석함으로 체계적이면서 거시적 위험과 미시적 위험을 모두 예측할 수 있다는 점 등의 장점이 있다.

그러나 모형설정에 사용되는 각종 변수의 선정이 어렵고 모형을 지나치게 단순화하기 때문에 그 분석결과가 현실과는 괴리가 발생할 수 있다는 점, 정치적 위험에 상당한 영향을 미치지만 단순히 계량화하기 어렵다는 이유로 변수에서 제외될 수 있다는 점, 후진국의 경우 통계자료의 신빙성이 없다는 점, 모형의 가정 자체가 과거의 자료를 통해서 설정되기 때문에 미래의 영향력을 평가하는 데에는 문제점이 발생할 수 있다는 점 등의 단점이 있다.

(2) 주요 정량적 분석방법

정량적 분석방법 중 가장 대표적인 것으로는 정치체제안정지수(PSSI: political system stability index)를 들 수 있는데, 여기서는 65개의 개발도상국을 대상으로 자원소비량, 1인당 국민소득, 데모 빈도수, 쿠데타 등 15개의 설명변수를 이용한 시계열분석을 통해 정치적 불안정에 미치는 주요 요인들을 제시하고 있다. PSSI는 특히 개발도상국의 정치적 안정도를 비교분석하는데 유용한 기준이 되고 있다.

이 밖에도 크누드센(H. Knudsen)이 제시한 재산수용성향모델이 있다. 그는 국민의 복지수준과 국민의 기대수준 차이를 생태학적 접근(ecological approach)으로 분석하고 있는데, 그 차이가 크고 이에 영향을 많이 주는 사업일수록 국유화의 위험이 크다고 주장하고 있다. 또한 룸멜(R. J. Rummel)과 히난(D. A. Heenan)은 다변량분석(multivariate analysis)에 의하여 과거 및 현재의 정보로 미래의 정치적 변화를 예측하는 모델을 제시하였다.

2.3 통합적 분석방법

통합적 분석방법은 앞서 설명한 정성적 분석방법과 정량적 분석방법의 단점을 보완하기 위해 개발된 것으로 시나리오분석법이 가장 대표적이다.

(1) 시나리오분석법의 의의

시나리오분석법(scenario method)은 융통성 있는 의사결정을 위하여 인과관계를 설명하는 일련의 가상적 사건을 가정하고, 이에 대한 상황전개를 함으로써 사건의 복잡성과 불확실성에 대처하는 기법이다.

이 방법의 장점은 객관적 자료를 근거로 전문가들의 추론에 의해 작성된 몇 개의 시나리오를 최고경영자들이 주관적으로 판단 및 선택할 수 있다는 점, 그리고 거시적 변수와 미시적 변수를 모두 고려할 수 있다는 점 등이다.

(2) 시나리오분석법의 절차

시나리오분석법에 의해 정치적 위험을 평가하기 위해서는 [그림 5-2]에서 보는 바와 같이 일반적으로 다섯 가지 단계를 거치게 된다.

[그림 5-2] 시나리오분석법의 절차

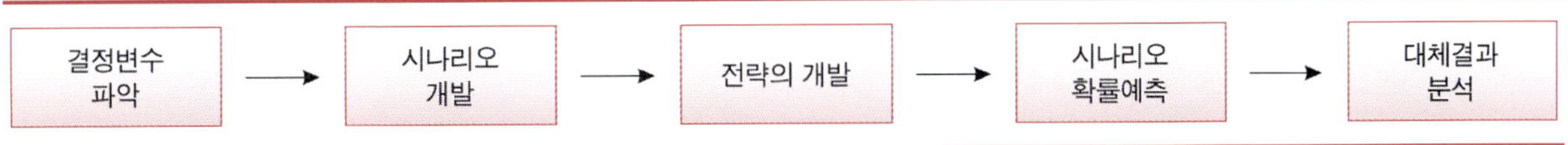

가) 결정변수 파악

첫 단계는 시나리오의 결정변수를 파악하고 선정하는 것으로, 사건의 전개에 가장 중요한 영향을 줄 것으로 예상되는 변수를 파악해야 한다. 이때 변수들은 모든 외국기업에 영향을 주는 거시적 변수와 특정 기업이나 특정 사업에 관련된 미시적 변수를 포함하여야 한다.

나) 시나리오 개발

둘째 단계는 시나리오의 개발이다. 즉, 주요 변수 중에서 선정된 몇 개의 변수를 적절하게 조합함으로써 몇 가지의 시나리오를 작성할 수 있다. 시나리오는 여러 가지의 경우를 고려하여 많이 만들 수 있으나 실질적인 관리차원에서 낙관적, 비관적, 절충적 시나리오로 구성하는 것이 일반적이다.

다) 전략의 개발

셋째 단계는 개발된 시나리오를 바탕으로 각각의 시나리오에 따라 기업이 정치적 위험에 대처할 수 있는 전략을 개발하는 단계이다. 즉, 낙관적, 비관적, 절충적 시나리오에 따라 예상되는 정치적 위험에 대응할 수 있는 전략을 개발하는 단계이다.

라) 시나리오 확률예측

넷째 단계는 각각의 시나리오들이 발생할 확률을 예측하는 단계이다. 즉, 시나리오를 작성할 때 쓰여진 주요 결정변수들의 움직임을 파악하여 가장 발생확률이 높은 시나리오를 결정하는 단계이다.

마) 대체결과 분석

다섯째 단계는 자신들이 예상했던 시나리오와 다르게 상황이 전개될 때 어떠한 결과가 예상될 것인가를 추정해 보는 단계이다. 예컨대 낙관적 시나리오를 가정하고 전략을 수립하여 시행하였지만 실제로는 비관적 시나리오가 전개되는 경우, 기업이 입게 되는 손실을 분석해 봄으로써 각 전략대안에 수반되는 위험의 정도를 예상해 볼 수 있다.

2.4 전문평가기관의 활용

정치적 위험을 파악하는 가장 일반적인 방법은 국제적인 전문기관이 정기적으로 발표하고 있는 정치적 위험 및 국가위험 지수를 이용하는 것이라 할 수 있다. 〈표 5-5〉에서 보

〈표 5-5〉 전문평가기관

		주요 평가기관
정치적 위험의 평가		· BERI(Business Environment Risk Intelligence S.A.) · EIU(Economist Intelligence Unit)
국가위험의 평가	국가신용도	· PRS(Political Risk Services) · Euromoney(Euromoney Institute Investor) · II(Institutional Investor) · JCIF(Japan Center for International Finance)
	정부신용도	· S&P(Standard & Poor's) · Moody's Investor Services · Fitch

는 바와 같이 BERI, EIU 등은 주로 국제기업의 현지 운영상 노출되는 정치적 위험지수를 제공하고 있다. 그리고 S&P, Moody's, Euromoney 등은 일국의 대외채무 지불능력을 예측할 수 있는 국가위험지수를 발표하고 있다.

(1) BERI

정치적 위험을 평가하는 방법 중에서 스위스의 BERI(Business Environment Risk Intelligence S. A.)사에서 개발한 정치위험지수(PRI: political risk index)가 있다. 이 지수를 이용하게 되면 각 국가별 정치적 기업환경을 비교할 수 있기 때문에, 여러 국가에서 투자활동을 하는 국제기업에게는 많은 도움이 될 수 있다.

(2) EIU

EIU(Economist Intelligence Unit)사는 전 세계 100여개 국가의 정치적 위험지수를 평가하여 분기별로 발표하고 있다. 국제기업의 경영자, 국제은행 관리자, 정부관료 등의 전문가들에 의뢰하여 평가하는데 100점 만점에 점수가 낮을수록 위험이 적음을 의미한다. EIU는 ① 정부효율성 위험, ② 인프라구조 위험, ③ 금융위험, ④ 정치적 불안정 위험, ⑤ 노동시장 위험, ⑥ 법률 및 규제 위험, ⑦ 외국무역 위험, ⑧ 안전 위험, ⑨ 세제정책 위험, ⑩ 거시경제적 위험 등 10개 부문에 66개 변수를 사용하여 평가하고 있다.

이 외에도 EIU는 국가별 위험과 관련된 주요요인을 지적하고 이 요인들이 실제 발생할 수 있는 확률, 그리고 글로벌 테러가능성에 대한 시나리오분석을 국가별로 분석하여 정보를 제공하고 있다.

(3) PRS

미국의 PRS(Political Risk Services)사는 매월 전 세계 130개국을 대상으로 국가별 위험순위를 발표하고 있다. PRS는 회사에 소속된 평가전문가들이 평가대상국들의 전반적인 위험 요인을 정치적 위험(PR: political risk), 외채위험(FR: financial risk), 경제적 위험(ER: economic risk) 등 세 가지 범주로 나누어 가중치를 부여해 종합평점(CPFER: composite risk rating)을 계산하고 이를 바탕으로 국가별 순위를 매겨 전문지인 ICRG(International Country Risk Guide)에 발표하고 있다. 100점 만점에 점수가 높을수록 국가의 신용도가 높음을 의미한다.

(4) Euromoney

영국의 Euromoney Institute Investor사는 매년 2회(3월, 9월)에 걸쳐 전 세계 180여개 국가들을 대상으로 국가별 신용도를 평가하여 발표하고 있다. 유로머니의 평가방법은 ① 정치적 위험(25%), ② 경제성과(25%), ③ 부채지수(10%), ④ 상환불능 · 연기부채(10%), ⑤ 신용도(10%), ⑥ 은행신용접근성(5%), ⑦ 단기신용접근성(5%), ⑧ 자본시장 접근성(5%), ⑨ 수출금융기간(5%) 등 9개 항목에 걸쳐 산출한다.

이들 평가자료들은 전 세계 20개 선도금융기관과 경제연구소의 전문가들에 대한 설문조사를 통해 수집되고 있다. 100점 만점에 경제운용실적이 양호한 국가가 평점이 높게 나타나며, 전문지인 유로머니(Euromoney)지에 그 결과를 게재하고 있다.

(5) II

미국의 기관투자가(II: Institutional Investor)는 전 세계 180여 개국을 대상으로 연 2회(3월, 9월) 국가신용도 평가결과를 공개하고 있다. Euromoney와 마찬가지로 국별 평가순위가 국제금융시장에서 해당국의 장단기 채권 발행에 직접적인 영향을 미치고 있다.

II의 신용등급은 자체적인 평가 담당자에 의하지 않고 75~100개 글로벌 은행, 펀드 및 증권사 이코노미스트나 국가신용 담당자를 대상으로 개별 국가의 금융, 대외수지, 금융시스템 안정성, 채무상환능력, 수출능력, 국내총생산(GDP) 성장률, 재정상황, 정치, 부패 및 투명성 등 13개 분야에 대해 설문조사한 것을 점수화하는 방식을 택하고 있다.

설문조사에 참여한 명단은 공개하지 않고 있으며, 설문조사에 응답하는 평가자에 대해서도 상이한 가중치를 부여하는 고유의 평가방식(institutional investor formula)을 가지고 있다. 즉, 평가자 소속 금융기관의 외화자산(exposure)이 많고 정교한 국별신용도 분석체계를 보유한 기관일수록 높은 가중치를 부여하고 있다. 100점 만점에 점수가 높을수록 채무불이행 가능성이 최저이거나 최적의 투자가능 국가를 의미한다.

(6) JCIF

일본국제금융정보센터(JCIF: Japan Center for International Finance)는 전 세계 57개 금융기관의 출자로 설립되어 국별 정보와 국제금융 정보를 제공하고 있다. JCIF의 국가신용도 평가는 연 2회(3월, 9월) 55개국을 대상으로 실시되고 있다. JCIF는 자산 · 수익의 회수곤란

위험 측면에서 국가신용도를 평가하고 있으며 채무상환능력이나 신규차입능력을 중요시하고 있다.

JCIF의 평가기법은 정량분석과 정성분석을 혼합한 방식으로서 정성분석은 경제, 정치, 사회, 국제금융시장 평가 및 자료의 신뢰성 등 5개의 위험지표로 구성되어 있다. 이들 위험지표별로 분류된 평가요소에 대하여 5단계(a,b,c,d,e)로 평가한 결과를 0~100점으로 점수화한 후 합산하여 10개의 등급(A, A-, B+, B, B-, C+, C-, D, E)으로 평가하고 있다. 특히 경제부문의 평가는 향후 5년간 경제전망에 관한 자료를 바탕으로 정량분석과 정성분석을 동시에 수행하고 있다.

(7) S&P

S&P(Standard & Poor's Rating Group)사는 1860년에 설립된 대형출판회사인 McGraw Hill의 자회사로서 전 세계 2,000여개 기업의 채권・어음은 물론 지방정부를 포함한 8,000여개 정부의 채권에 대한 신용도를 평가하고 있다. 국가나 지방정부가 발행한 채권의 신용도를 평가한다는 점에서 정부의 신용도는 물론 국가의 신용도를 평가하는 기관으로 알려져 있다. S&P의 채권평가물량은 세계금융시장의 50%정도를 차지하고 있으며, 평가방법은 〈표 5-6〉에서 보는 바와 같이 8개 항목에 걸쳐 평가하고 있다.

다른 평가기관들이 주로 국가의 위험도를 평가하는데 반해, S&P와 Moody's는 정부에 대해서 평가하는 것이 특징이다. 즉, 엄밀한 의미에서 정부신용도 평가는 특정 국가의 채무불이행 위험을 평가한다기보다는 정부의 신용위험을 평가하는 것이라고 할 수 있다. 그러나 실무적으로는 이를 혼용하여 사용하고 있으며 세계적으로 가장 널리 사용되고 있다.

S&P가 평가한 한국 정부의 신용등급은 외환위기 전에는 AA-로 4번째 등급을 받은 바 있으나, 2014년 현재 'A+'(안정적)로 유지하고 있다. S&P는 신용등급 유지 결정의 주된 이유로 우호적인 정책 환경, 양호한 재정건전성, 견실한 대외채무 등을 꼽았다. 또한 S&P는 등급 전망에 대해 '안정적 전망'은 향후 몇 년간 북한의 정치 불안이 심각하지 않을 것이라는 기대에 따른 것이라고 밝혔다. 아울러 앞으로 성장률 상승으로 1인당 국내총생산(GDP)이 선진국 수준으로 늘고, 단기외채 비중 축소 등 국내 은행의 대외건전성이 제고되면 신용등급이 상향조정될 수 있다고 언급했다.

〈표 5-6〉 S&P의 평가요소

	평가요소
정치적 위험	· 정부의 형태 및 정치기구의 적합 · 일반 국민들의 정치참여도 · 정권유지의 정통성 · 경제정책 목표에 대한 국민의 합의정도 · 세계 무역 · 금융시스템에의 통합정도 · 대내외 안보위험
소득 및 경제구조	· 생활수준, 소득 및 부의 분배 · 시장경제화 정도 · 부존자원 및 다양성
경제성장 전망	· 저축 · 투자의 규모 및 비중 · 경제성장률과 성장패턴
재정정책의 유연성	· 정부재정 운영실적 및 비중 · 조세 관리능력(관세의 유연성)
공공채무의 부담	· 정부의 금융자산 · 공공채무 및 상환이자 부담 · 통화구조 및 공공채무 구조 · 연금지급 의무 · 은행 및 기업에 대한 지급채무
물가의 안정성	· 인플레이션 추이 · 통화 및 여신증가율 · 환율정책 · 중앙은행의 독립성
국제수지의 유연성	· 재정 · 통화정책이 국제수지에 미치는 영향 · 경상수지 구조 · 자본유입의 구조
외채 및 유용성	· 공적 외채의 규모와 통화구조 · 은행 및 기업에 대한 우발채무 · 외채의 만기구조 및 외채상환 부담 · 외환보유고의 규모, 구조 및 기타 공적 대외자산의 규모 · 외채상환실적(과거의 채무불이행 경험)

(8) Moody's

미국의 Moody's(Moody's Investors Service)사는 1841년에 설립된 국제적인 상사 신용조사 전문기관인 Dun & Bradstreet의 자회사로서 통화, 정부, 기관에 관계없이 매월 'Global Ratings Guide'를 통해 국제금융시장에서 발행된 유가증권의 신용도를 평가하고 있다.

Moody's는 전 세계 금융시장 채권물량의 70%를 평가하고 있으며, 특히 채무불이행 채권에 대한 적중률이 높아 세계 제1의 신용평가기관으로 인정받고 있다.

Moody's의 평가기법은 유가증권 발행기관에 대한 질적인 분석을 통하여 자본유입수준과 예상 등을 기초로 장기 외채상환능력을 측정하고 평가하는 데 초점을 두고 있다. 또한 발행기관의 외채상환능력을 평가하는 기준으로는 당해 정부의 외환 유동성 상황, 회계기준의 국제기준과의 부합정도, 정부의 재정운용능력, 규제적인 정부정책의 실태와 효과 등이다. Moody's와 S&P의 신용등급 체계를 살펴보면 〈표 5-7〉에서 보는 바와 같이 거의 비

〈표 5-7〉 S&P, Moody's, Fitch의 신용등급 체계

	S&P (21등급)	Moody's (21등급)	Fitch (24등급)	의 미
투자적격	AAA	Aaa	AAA	최고등급
	AA+ AA AA−	Aa1 Aa2 Aa3	AA+ AA AA−	모든 기준에서 우수
	A+ A A−	A1 A2 A3	A+ A A−	투자하기 좋은 대상이지만 경제환경 악화시 원리금 지급능력이 저하될 우려가 있음
	BBB+ BBB BBB−	Baa1 Baa2 Baa3	BBB+ BBB BBB−	원리금 지급능력은 적정하지만 장기적 불안요인이 있음
투자부적격	BB+ BB BB−	Ba1 Ba2 Ba3	BB+ BB BB−	투기적 요인이 있는 등급
	B+ B B−	B1 B2 B3	B+ B B−	바람직하지 못한 투자대상이며 장기적인 원리금 지급능력이 낮음
	CCC+ CCC CCC−	Caa1 Caa2 Caa3	CCC+ CCC CCC−	부도위험이 있음
	CC	Ca	CC	부도위험이 매우 큼
	D	C	C	부도위험이 매우 심각함
			DDD DD D	최하위 등급

슷하다.

Moody's는 2014년 현재 한국의 국가 신용등급을 종전과 같이 'Aa3'로 유지하고, 전망 역시 '안정적'을 유지했다. 유지 요인으로 재정 건전성이 양호하고, 은행부문의 대외 취약성이 감소했으며, 대외 충격 극복능력이 높아졌고, 수출부문 경쟁력이 좋으며, 북한 리스크 역시 안정된 상태라고 평가했다. 그러나 Moody's는 최근 증가하는 공기업 가계부채는 한국 신용등급의 취약 요인이라고 지적했다. 보고서는 느슨한 재정규율에 따른 재정수지 악화와 공기업에 대한 과도한 재정지원, 고용 · 성장친화적 거시경제 정책기조 약화, 지정학적 리스크 고조는 한국 신용등급을 하향할 수 있는 요인이라고 설명했다.

(9) Fitch

S&P, Moody's와 함께 세계 3대` 신용평가기관에 속하는 회사로, 1997년 영국의 IBCA그룹과 미국의 피치 인베스터(Fitch Investors)의 합병으로 피치IBCA가 되었다. 2000년 6월 1

〈표 5-8〉 3개 평가기관의 주요국가 신용등급

	S&P	Moody's	Fitch		S&P	Moody's	Fitch
그리스	CCC	Caa1	B+	영국	AAA	Aaa	AAA
네덜란드	AAA	Aaa	AAA	이탈리아	BBB+	Baa2	A-
노르웨이	AAA	Aaa	AAA	인도	BBB-	Baa3	BBB−
대 만	AA−	Aa3	A+	일본	AA−	Aa3	A+
덴마크	AAA	Aaa	AAA	중국	AA−	Aa3	A+
독 일	AAA	Aaa	AAA	체코	A+	A1	A+
러시아	BBB+	Baa1	BBB	칠레	A+	Aa3	A+
멕시코	BBB	Baa1	BBB	캐나다	AAA	Aaa	AAA
미 국	AA+	Aaa	AAA	쿠웨이트	AA−	Aa2	AA
벨기에	AA+	Aa3	AA+	태국	BBB+	Baa1	BBB
브라질	BBB−	Baa3	BBB	폴란드	A	A2	A−
사우디	AA−	Aa3	AA−	프랑스	AA+	Aaa	AAA
스웨덴	AAA	Aaa	AAA	핀란드	AAA	Aaa	AAA
스위스	AAA	Aaa	AAA	한국	A+	Aa3	AA−
스페인	BBB+	Baa3	BBB	헝가리	BBB−	Baa3	BBB−
아일랜드	BBB+	Ba1	BBB+	호주	AAA	Aaa	AAA

주: 2014년 1월 현재 기준임.

일 세계 4위의 신용평가사인 DCR(Duff & Phelps Credit Rating Co.)를 흡수합병하면서 지금의 이름으로 바꾸었다. 현재는 코디언트 커뮤니케이션스그룹(Cordiant Communications Group)에 속해 있다.

전 세계에 40여 개 사무소에 1,100명의 직원이 있으며 75개국에서 신용평가업무를 수행한다. 1,600개 은행 · 증권 · 보험 등 금융기관과 800개 이상 기업체의 신용등급을 평가하며 3,300개의 구조금융(structured financing)에 대한 감시체제를 유지하고 67개 국가의 국가신용등급도 평가한다. 한국에서는 한국기업평가와 제휴관계를 맺고 있다. 본사는 미국 뉴욕과 영국 런던 두 곳에 있다.

Fitch는 2014년 현재 한국의 국가신용등급을 종전과 같은 'AA-'로 유지하고 있으며, 신용등급 전망 역시 안정적을 유지했다. Fitch는 한국의 가계부채와 글로벌 경제, 금융 환경 변동 등 대내외 불안요인이 신용등급에 큰 영향을 미치지 않는다고 보고 신용등급을 유지한다고 밝혔다. 향후 신용등급에 부정적인 영향을 미칠 수 있는 요인으로는 은행 재무건전성 악화, 가계부채 위기, 잠재성장률 하락 등을 꼽았다. 3개 평가기관의 주요국가 신용등급을 보면 〈표 5-8〉과 같다.

3 정치적 위험의 관리

해외직접투자를 수행하면서 국제기업이 현지국의 정치적 위험에 대응하기 위한 전략은 〈표 5-9〉에서 보는 바와 같이 투자이전, 투자이후, 위험발생 이후 등 세 가지로 나누어 위험관리 방안을 생각해 볼 수 있다.

〈표 5-9〉 정치적 위험의 관리

	기업내부	기업외부
투자 이전 관리전략	· 진출여부 결정 · 소유지분의 최소화 · 국제간 통합	· 정부 또는 민간 투자보험가입 · 현지정부의 투자보증 · 정부 간 협정
투자 이후 관리전략	· 선량한 기업시민 이미지 부각 · 현지화정책 추진 · 적극적인 기술이전	· 정부 또는 민간 투자보험가입 · 현지정부의 투자보증 · 정부 간 협정
위험발생 이후 관리전략	· 경쟁, 회피, 협동, 순응, 타협 · 강제적인 협상, 반강제적인 협상, 법률적 구제조치 강구, 경영권 포기 및 잔존재산 회수	

3.1 투자전의 관리전략

정치적 위험을 관리하는 가장 바람직한 전략은 투자를 행하기 이전에 진출대상국의 정치적 위험도를 평가하는 것이다. 국제기업이 투자를 행하기 전에 생각할 수 있는 관리전략을 살펴보면 다음과 같다.

[그림 5-3] 정치적 위험의 평가절차

자료 : F. Root, *Entry Strategies for International Markets* (Lexington, 1994), p.155.

(1) 진출여부 결정

정치적 위험이 높아 관리하기가 어렵다고 판단이 될 때에는 현지투자를 포기하는 것이 바람직하다. 국제기업의 입장에서 보면 투자할 대상국이 많기 때문에 정치적 위험을 잘 관리할 수 있는 국가를 선택하는 것이 보다 효과적이기 때문이다.

루트(F. Root)는 [그림 5-3]에서 보는 바와 같이 정치적 위험이 해외직접투자에 미치는 영향의 정도에 따라 4단계에 걸쳐 진출여부를 결정하는 모델을 제시하였다.

첫 번째 단계는 현지국의 일반적인 정치불안정을 분석하여 진출여부를 결정한다. 혁명, 체제전복, 정국동요 및 전쟁 등이 발생할 가능성이 높다는 판단이 들면 진출을 포기한다.

두 번째 단계는 투자 프로젝트에 대한 소유권 및 통제위험 정도를 평가한다. 강제적인 몰수와 수용 등의 국유화, 일방적인 재협상 및 계약철회 등이 발생할 가능성이 높다는 판단이 들면 진출을 포기한다.

세 번째 단계는 현지법인을 경영하는 과정에서 예상되는 운영위험을 분석한다. 수입규제, 수출의무, 로컬 콘텐트 규제, 가격통제, 현지주재원 인원 규제, 노동법규 등의 운영위험을 분석하여 리스크 프리미엄을 산출한다. 이들 프리미엄을 감안하여 산출된 예상투자수익률이 내부기준보다 낮으면 진출을 포기한다.

네 번째 단계는 현지법인의 수익을 이전하는데 따르는 예상위험을 분석한다. 배당금, 로열티, 수수료 등의 과실송금을 제한하거나 현지통화의 환율이 매우 불안정하면 이들 리스크 프리미엄을 계산한다. 이들 프리미엄을 고려하여 산출된 예상투자수익률이 내부기준보다 낮으면 진출을 포기한다. 만일 제안된 투자프로젝트가 정치적 위험의 4단계 심사과정을 무사히 통과하여 기업이 목표로 하는 투자수익률을 충족시킬 것으로 예상되면 최고경영자의 결재를 얻어 해당 프로젝트를 진행하게 된다.

(2) 소유지분의 최소화

정치적 위험을 감안하여 산출된 예상투자수익률이 내부기준보다 높아 투자프로젝트를 진행하게 되면 정치적 위험으로 인한 예상 손실을 최소화하는 방안이 있다. 이중에서 가장 일반적인 것이 현지투자액을 최소화하는 것이다. 현지 금융기관으로부터 차입하거나 합작투자 하게 되면 투자금액을 줄일 수 있어서 정치적 위험과 환위험에 노출될 가능성이 적어진다. 또한 현지 금융기관이나 합작파트너의 이해관계 때문에 재산몰수나 수용 등 국유화에 의한 정치적 위험을 줄일 수 있다. 정치적 위험이 너무 높다는 판단이 들면 현지투자하는 대신 라이센싱을 통해 현지시장에 진입할 수 있다.

(3) 국제간 통합

현지법인의 경영활동을 본사 및 해외자회사들이 경영활동과 연계시켜 국제적으로 경영활동을 통합시키면 정치적 위험으로 인한 손실을 어느 정도 줄일 수 있다. 생산, 마케팅. 부품조달 등의 경영활동을 국제적으로 통합하여 현지자회사를 운영할 경우 현지정부가 현지자회사를 국유화한다고 해도 해당 회사를 제대로 가동할 수 없기 때문이다.

예를 들면 미국의 크라이슬러 자동차회사가 페루에 설립 운영하였던 현지자동차 조립공장은 부품의 약 50%를 미국, 브라질, 아르헨티나 등에 있는 크라이슬러 자회사로부터 수입하여 자동차를 조립 생산하였기 매문에 페루정부의 국유화 대상에서 빠질 수 있었다. 페루정부 입장에서 볼 때 약 50%나 되는 관련부품을 크라이슬러로부터 조달받지 못하면 자동차조립공장을 가동할 수 없고, 따라서 국유화하는 이점이 거의 없었기 때문이었다.

(4) 투자보험 가입

해외직접투자 위험을 담보해 주는 공적 보험 또는 사적 보험에 가입하여 정치적 위험을 외부 보험회사로 이전할 수 있다. 세계 각국은 자국기업들의 해외직접투자가 급증하면서 정치적 위험에 노출될 가능성이 높아지고, 피해 또한 많아지자 정부차원에서 해외직접투자 보험을 개발하여 운영하고 있다. 한국의 경우에는 한국수출입은행에서 해외투자보험을 개발하여 한국기업들의 해외직접투자에 따르는 정치적 위험을 줄여 주고 있다.

(5) 현지정부의 보증과 투자보장협정

국제기업이 투자위험이 높은 지역으로 현지투자하려고 할 때 현정부의 보증을 얻어 정치적 위험을 회피할 수 있다. 예를 들면 1990년대 일부 한국기업들은 국교정상화가 안된 상태에서 중국, 베트남, 미얀마 등의 사회주의 국가들에 진출할 때 현지정부로부터 투자를 보장하겠다는 약속을 확보하고 현지투자를 하였다. 또한 국제기업들은 투자하기 이전에 자국정부와 현지정부간에 투자보장협정이 체결되었는지, 또는 이중과세방지협정이 체결되었는지를 조사해 보고, 이들 협정이 체결되지 않았으면 체결되도록 노력하여야 할 것이다.

한국은 현재 미국과 독일 등 15개국과 투자보장협정을 맺었으며, 미국과 일본 등 32개국과 이중과세방지협정을 맺었다. 투자보장협정은 해당 당사국 간에 해외투자를 보호하기 위해 최혜국대우의 보장, 수용·몰수 등 국유화의 금지, 전쟁과 폭등 등으로 인한 손실보상, 투자원금과 과실송금의 자유로운 보장, 투자분쟁시의 해결절차 등을 주요 내용으로 하고 있다. 이중과세방지협정은 단순명료하고 합리적으로 세금을 부과하고 현지국에서 납부한 세금을 투자국에서 공제해 주는 제도를 말한다.

3.2 투자 후의 관리전략

일단 투자가 이루어지면 국제기업의 교섭력이 현격하게 저하되기 때문에 투자이후의 정치적 위험을 관리하기 위해서는 다음과 같은 전략을 세우는 것이 바람직하다고 할 수 있다.

(1) 선량한 기업시민 이미지 부각

현지 지역사회와 원만한 관계를 유지하여 현지기업에 대한 지지 기반을 넓혀 나가야 할 것이다. 지역주민 고용, 학교지원과 장학금 지급, 인근 도로건설, 각종 편의시설 제공 등을 적극 전개하여 현지법인이 지역사회 발전을 위해 노력하는 선량한 기업시민이라는 점을 인식시키는 것이 중요하다.

예를 들면 LG전자의 인도네시아 법인은 1997년 외환위기로 주민폭동이 발생하여 공장가동에 어려움을 겪고 있을 때, 평소 원만한 관계를 유지하고 있었던 공장근로자, 인근주민들, 군부대 등의 도움으로 피해를 입지 않고 폭동사태를 피해갈 수 있었다. 국제기업들이 돈만 벌어 나가는 존재가 아니라 이익의 사회환원을 통해 지역사회발전과 성장을 위해 노력하는 존재라는 점을 부각시키는 것이 정치적 위험을 줄이는 하나의 방법이다.

(2) 현지화정책 추진

부품업체나 관련업체들을 동반 진출시키거나 현지업체로부터 부품과 소재를 공급받는 등의 방법을 통해 현지산업을 육성하는 한편, 적극적인 기술지도와 관리기법 이전을 통해 현지업체들의 기술과 관리수준을 높여나가는 노력을 전개하는 것이 정치적 위험을 줄이는 하나의 방법이다. 단순조립형 투자보다는 일관생산체제를 구축하는 장기적인 투자를 통해 현지의 관련산업 육성과 발전에 공헌하는 것이 필요하다.

(3) 적극적인 기술이전

현지에서 선발한 노동자들에 대한 기능, 기술 및 관리교육을 강화하여 관련기술들이 신속하게 현지인 또는 현지기업들에게 이전되도록 노력하는 한편, 국제기업의 입장에서 보면 성숙·표준화된 기술이지만 현지기업의 입장에서 보면 새로운 기술에 속하는 기술들을 적극 이전하도록 노력하는 것이 필요하다.

(4) 투자보험과 국제투자협약 가입

투자한 이후 국내외 환경변화로 인해 정치적 위험이 제고될 경우 공적 또는 사적 보험에 가입하거나, 투자보장협정을 체결하도록 양국 정부에 촉구하는 방법이 있다. 또한 해외직접투자에 대한 국제협약에 가입하는 방법이 있다. 마지막으로 정치적 위험이 너무 높다고 판단될 경우에는 사전에 계획된 절차에 따라 점진적으로 철수하는 것도 하나의 방법이 될 수 있다.

3.3 위험발생 후의 관리전략

국제기업이 해외직접투자를 수행한 후 현지에서 정치적 위험이 실제로 발생하였을 경우에는 어떤 사후조치를 강구하여야 하다. 이에 대해 글래드윈(T. Gladwin)과 월터(I. Walter)는 갈등관리모형을, 호스킨스(W. Hoskins)는 단계적인 사후보상전략을 제시하였다.

(1) 글래드윈의 갈등관리모형

글래드윈(T. Gladwin)과 월터(I. Walter)는 산업 및 조직심리학의 갈등이론을 이용하여 정치적 위험의 관리에 적합한 갈등관리모형을 제시하였다. 이 모형은 본국과 현지국에 부과되는 어떠한 정치적 위험의 관리에도 적용될 수 있을 뿐만 아니라, 특히 기업특성변수로서 경영자의 의식이나 태도 등에 따라서 정치적 위험의 관리방법을 다르게 선택할 수 있다는 점에서 가치가 있다고 할 수 있다. 그러나 이 모형은 변수들의 개념이 모호하고 실제 모델적용을 위한 조작화에 어려움이 있다는 단점이 있다.

이들이 제시한 갈등관리모형은 국제기업이 얼마나 독단적 또는 협조적인가에 따라 ①

[그림 5-4] 갈등관리모형

자료 : T. Gladwin and I. Walter, *Multinationals under Fire* (John Wiley & Sons Inc., 1980), p.52에서 일부 수정.

경쟁, ② 회피, ③ 순응, ④ 타협, ⑤ 협동 등 다섯 가지로 구분되는데, 타협과 협동의 전략이 가장 바람직하다고 주장하고 있다. [그림 5-4]에서 종축은 국제기업의 독단성을 나타내고 있는데 위로 올라갈수록 국제기업의 갈등관리방식은 독단적이라 할 수 있으며, 횡축은 국제기업의 협조성을 나타내고 있는데 오른쪽으로 갈수록 국제기업의 갈등관리방식은 협조적이라 할 수 있다.

가) 경 쟁

이 유형의 갈등관리방식을 선택하는 기업은 지배를 목적으로 독단적이고 비협조적인 의사결정과 행동양식을 취하여 문제에 대해서 정면돌파의 전략을 취하는 것이 일반적이다. 이러한 전략은 대개 기업의 입장에서 갈등을 초래한 요인을 잘 해결하는 경우 그 결과에 따른 기대치가 크거나 갈등에 대처하는 기업의 상대적 힘이 크고 기업의 행동양식이 독단적일 때 채택되는데, 상대국과의 이해관계가 상반되고 적대적 관계에 있으며 양당사자들이 서로 비협조적인 경우에 효력을 발휘할 수 있다.

나) 회 피

이러한 유형의 방식은 앞의 경쟁에서와 달리 갈등해소에 의해서 얻게 되는 이익이 적고, 또한 기업의 힘도 약하여 기업이 독단적인 행동을 취할 수 없는 상황으로서 갈등의 당사자들이 서로 비협조적인 경우에 유효한 갈등관리방식이다. 즉, 회피전략은 상대방을 무시함으로써 정면대결을 피하는 전략이다.

다) 순 응

순응전략이란 갈등을 초래하는 요인이 기업의 차원에서 그다지 중요한 것이 아니고 기업의 갈등관리능력도 낮으며 상대국과의 기존관계와 이해관계가 서로 일치하는 경우, 기업이 상대국에게 양보를 하며 상대국에게 양보를 대가로 관계의 개선이나 회유를 유도하기 위한 전략이다.

라) 타 협

타협은 갈등의 결과가 서로에게 손실을 가져다 줄 수 있거나 최소한의 이득은 발생하지 않는다고 서로 느끼는 경우에, 갈등의 당사자들이 서로 양보를 통하여 손실이나 이익을 분담하여 공유하는 전략이다.

마) 협 동

협동에 의한 갈등관리방식이란 경쟁에서와 같이 기업의 상대적 힘과 독단성은 강하지만 갈등의 당사자들 간의 상호관계가 우호적이고 또한 공통의 이해관계를 지니는 경우에 갈등의 당사자들이 힘을 통합하여 공동으로 문제를 해결하고자 하는 바람직한 방법이다

(2) 호스킨스의 보상전략

호스킨스(W. Hoskins)는 단계적인 사후보상전략을 [그림 5-5]에서 보는 바와 같이 현지국과의 ① 합리적인 협상, ② 반강제적인 협상, ③ 법적 구제조치의 강구, ④ 경영권 포기 및 잔존재산의 회수 등 네 단계로 나누어 설명하고 있다.

가) 합리적인 협상

합리적인 협상이란 현지국 정부를 합리적으로 설득함으로써 정치적 위험에 따른 피해의 보상 내지는 사태의 해결을 시도하는 전략이다. 이 경우 국제기업이 현지국에 대하여 경제 및 기타 부문에서 얼마나 큰 기여를 하고 있는가를 강조하는 긍정적 설득과 함께, 국제기업이 철수한 경우 생겨날 수 있는 여러 가지 부작용을 강조하는 부정적 설득을 겸할

[그림 5-5] 단계별 보상전략

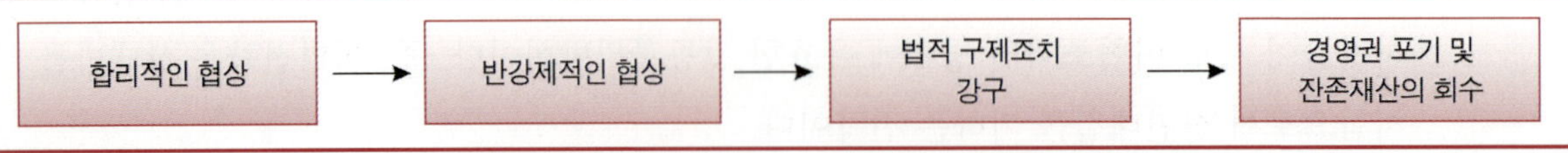

수 있다.

나) 반강제적인 협상

합리적인 협상단계에서 만족스러운 결과를 얻지 못한 경우 제2단계인 반강제적 협상을 통한 해결을 모색하게 된다. 이 전략은 대개 현지국의 정부 정책의 지지 또는 국제기업의 이익포기, 현지국의 야당 또는 우방국가들의 협조모색, 본사국 정부의 개입 등 세 가지 방법으로 이루어지는 것이 보통이다. 이러한 반강제적 협상방법은 현지국에 대해 강한 반발을 일으키게 하는 등 부정적인 결과가 초래되는 수가 많음으로, 그 사용시기와 방법 및 정도를 적절히 조절하지 않으면 큰 효과를 보기가 어려운 난점이 있다.

다) 법적 구제조치 강구

협상에 의해 문제가 해결되지 않으면 부득불 법적인 구제조치를 강구하게 된다. 가장 이상적인 법적 구제방식은 현지국의 법원에 제소하는 것인데, 비용과 시간이 적게 들어 효율적인 반면 성공의 가능성이 희박하다. 둘째 방법은 본사국 법원에 제소하는 것인데, 이 방법은 특정 국가가 자기의 영토 안에서 행한 조치는 다른 국가에 의해 문제시될 수 없다는 국제법상의 원칙 때문에 상징적인 효과는 있지만 실효성이 없다. 마지막으로 본사국 정부가 국제사법재판소에 제소하는 것인데, 비용과 시간이 많이 드는 난점이 있어 활용도는 극히 낮은 편이다.

라) 경영권 포기 및 잔존재산의 회수

법률적인 구제조치에도 불구하고 문제의 해결이 여의치 않을 경우, 국제기업이 취할 수 있는 마지막 방책은 경영권을 포기하고 가능한 한 피해를 줄여 잔존재산을 조금이라도 더 확보하는 것이다.

연습문제

1. 정치적 위험과 국가위험의 차이점은 무엇인가?
2. 한국기업의 북한진출에서 겪게 되는 정치적 위험에는 어떤 것이 있는지 설명하시오.
3. 정치적 위험에는 어떤 것이 있으며 분석방법에 대하여 설명하시오.
4. 정치적 위험관리전략에 대하여 투자 전, 투자 후, 위험발생 후를 비교하여 설명하시오.
5. Euromoney와 II의 평가방법상의 차이점은 무엇인지 설명하시오.
6. Moody's, S&P, Fitch의 평가방법상의 차이점은 무엇이며, 한국이 신용등급을 높이기 위해서는 어떤 노력이 필요한지 설명하시오.

06 Chapter

국제문화환경

1. 문화의 개념
2. 문화의 구성요소
3. 문화적 환경의 분석모형
4. 문화적 환경의 관리
5. 각국의 문화적 관습

학습목표

국제기업이 해외진출 시 겪게 되는 문화적 환경에 대하여 살펴본다. 이를 위해 문화의 개념, 구성요소, 분석모형, 관리방법 등에 대하여 알아본다. 그리고 각국의 문화적 관습에는 어떤 것이 있는지 살펴본다.

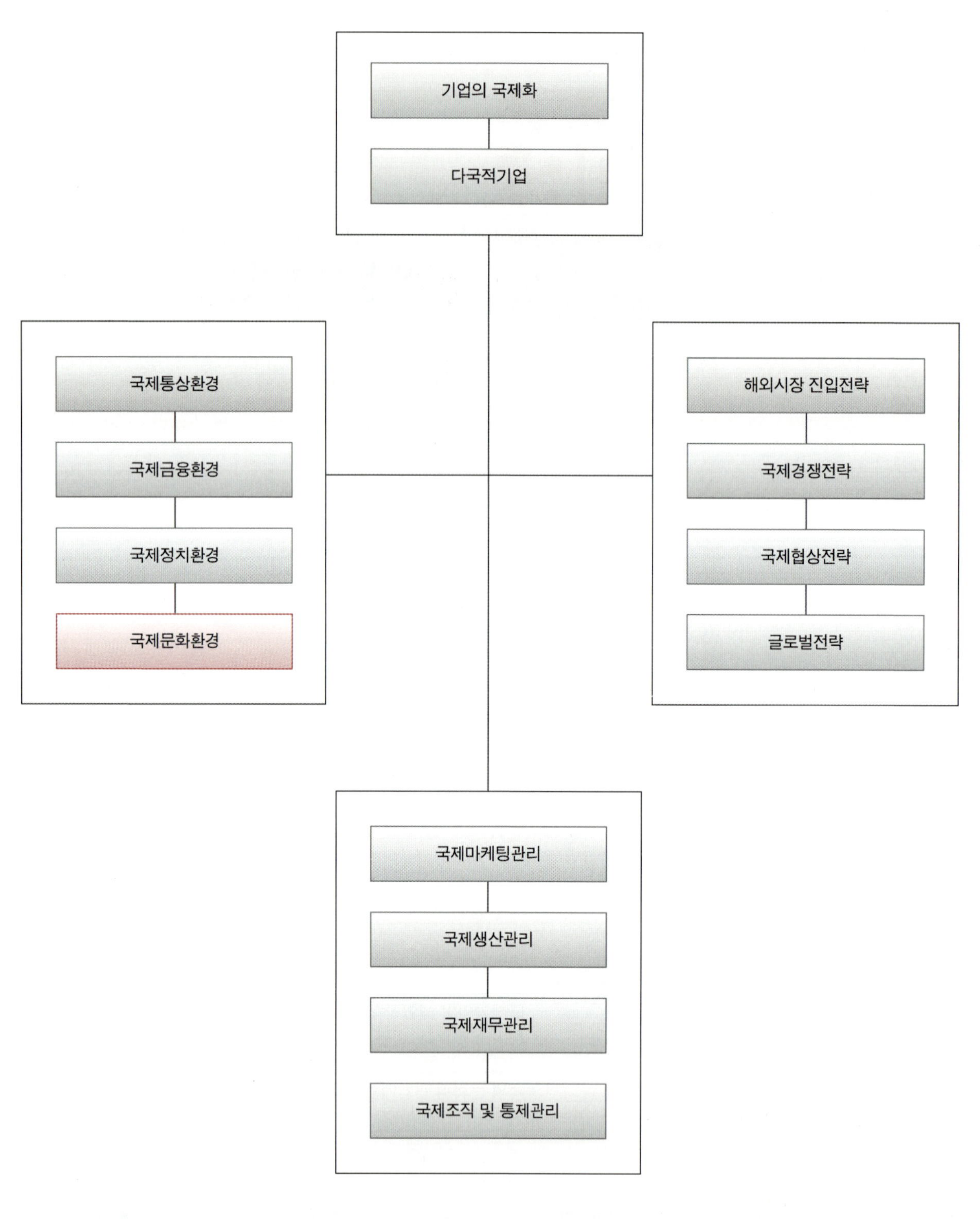

기업의 국제화
다국적기업
국제통상환경
국제금융환경
국제정치환경
국제문화환경
해외시장 진입전략
국제경쟁전략
국제협상전략
글로벌전략
국제마케팅관리
국제생산관리
국제재무관리
국제조직 및 통제관리

중국의 음식문화, 그리고 성장하는 요식 산업

중국 사람들의 먹성을 보고 다른 나라 사람들은 고개를 흔듭니다. '책상다리 빼고는 다 먹는다'는 자부심을 이해하지 못하기 때문입니다. 중국 사람들은 평생 살면서 세 가지를 못 해본다고 말합니다. 첫째, 중국이 워낙 크기 때문에 평생을 다녀도 중국 전체를 가보지 못한다고 합니다. 둘째, 중국은 공식적으로 인구가 무려 13억 명이어서 평생 모든 중국 사람들을 다 만나보지 못한다는 겁니다. 그리고 나머지 하나가 바로 중국에 음식 종류가 너무 많아서 평생 먹어도 모든 음식을 다 먹어보지 못한다는 겁니다. 중국 요리가 몇 가지 있는지는 아무도 모릅니다. 도저히 셀 수가 없을 정도이기 때문입니다.

각 지역마다 요리 방법이나 좋아하는 요리 종류는 다르지만 한 가지 공통점이 있습니다. 바로 요리를 배를 채우기 위한 것을 넘어 하나의 문화, 그리고 여가활동으로 여긴다는 것입니다. 그래서 음식문화도 발달되어 있습니다. 먼저 차를 마시면서 식사할 준비를 합니다. 그리고 정식요리가 나오기 전에 입맛을 돋우는 전식(前食)이 있습니다. 서양요리에서 말하는 에피타이저(appetizer)와 같습니다.

전식은 대부분 새콤하게 위를 자극하는 음식입니다. 다음으로 정식요리의 식사가 시작됩니다. 먼저 냉채 즉, 차가운 요리가 몇 개 나옵니다. 그 다음 따뜻한 요리가 올라옵니다. 코스의 마지막은 여유와 풍요를 상징하는 생선을 통으로 요리하여 장식합니다.

중국 사람에게 초대를 받아서 식사를 같이 하게 되었다면 다음 세 가지를 주의해야 합니다. 첫째, 절대로 먼저 들어가 아무 자리에나 앉으면 안 됩니다. 중국에서 식사를 할 때, 초대자가 먼저 본인의 자리를 정합니다. 입구와 마주 보는 자리가 초대자의 자리입니다. 초대자가 중요한 손님 혹은 직위에 맞춰 순서대로 자리를 정해줍니다. 귀한 손님일수록 자신과 가까운 자리에 앉도록 합니다.

둘째, 요리를 주문할 때 집에서 먹을 수 있는 간단한 요리를 시키면 안 됩니다. 중국 사람들은 외식을 할 때는 집에서 으레 먹을 수 없는 요리를 시키는 것을 좋아합니다. 주식을 요리와 함께 주문해서도 안됩니다. 주식을 주문한다는 것은 요리를 적게 먹겠다는 뜻이므로 초대자에게 실례를 하는 것입니다.

마지막으로, 초대한 사람이 중간 중간에 공용 젓가락으로 음식을 집어 손님에게 주는데, 이는 초청한 사람에게 호의를 베푸는 것입니다. 따라서 좋아하지 않는 음식이라도 흔쾌히 받는 것이 좋습니다. 또한 접시에 늘 음식이 남아 있을 정도로 먹고 있어야 합니다. 예의를 갖춘다고 모든 음식을 싹싹 먹는 것은 초대자에 대한 예의가 아닙니다. 음식을 남기면 안 된다는 생각에다 먹어버리면 초대한 사람은 음식이 부족한 걸로 착각하게 되어 초청한 사람에게 미안해하기 때문입니다. 그러니 이왕이면 조금씩 남겨두는 것이 좋습니다.

중국 사람에게 초대를 받아 음식을 먹어본 사람이라면 아마 그렇게 푸짐하게 먹은 음식의 가격이 얼마일지 궁금할 것입니다. 중국은 음식에 돈을 아끼지 않기 때문에 가격은 점점 비싸지고 있습니다. 지역이나 식당에 따라 다르지만, 대부분 몇 천 위안은 나옵니다. 한화로 하면 몇 십만원 정도입니다.

이렇게 외식을 즐기고 음식을 좋아하는 중국 사람들의 문화덕분에 중국 요식업의 시장 규모는 폭발적으로 성장하고 있습니다. 중국요리협회에 따르면 2010년의 시장 규모가 약 2조 위안(약360조 원)에 이르렀다고 합니다. 2013년의 경우 이보다 130% 성장하여 3조 3억위안(약 594조 원) 규모로 성장할 것으로 예상된 바 있습니다.

중국의 경제 성장률보다 더 빨리 벼락성장을 하고 있는 요식시장에는 물론 치열한 경쟁도 존재합니다. 빈익빈부익부현상도 나타납니다. 이렇듯 급변하는 중국 요식업 속에서도 유독 강인한 생명력을 발휘하는 음식이 있습니다. 그 대표적인 음식이 바로 중국 샤브샤브입니다. 중국어로 '훠궈(火鍋)'라고 합니다. 실제로 중국의 100대 요식업체 가운데 훠궈 업체는 무려 스무 개나 됩니다. 훠궈 식당이 차지하는 매출도 100대 요식업체 매출 총액의 27.7%를 차지하고 있습니다. 훠궈는 중국 요리 가운데서 가장 간편하고 경제적인 요리입니다. 물과 냄비만 있으면 되고 모든 재료를 펄펄 끓는 냄비 속에 넣기만 하면 완성이니까요.

훠궈는 마치 '변해야 산다'는 경영철학을 오래 전부터 터득한 것 같습니다. 요식업의 트렌드에 맞게 늘 변화하며 생존해왔으니까요. 그 중 가장 선풍적인 인기를 끈 변화가 '원앙훠궈(鴛鴦火鍋)'입니다.

• 조선일보, 2014.1.10

토의과제

1. 위 사례에서 중국 음식문화의 특징 몇 가지를 든다면?
2. 한국 음식문화와의 차이점을 든다면?
3. 한국 음식문화의 세계화를 위해서 필요한 것은 무엇인가?

1 문화의 개념

1.1 문화의 정의

문화(culture)는 한 마디로 간단명료하게 정의하기에는 상당히 어려운 개념이다. 보편적으로 문화란 사회구성원의 행위를 조정하는 가치관(value) 및 규범(norm)이고, 인간의 모든 사고 · 행동 · 느낌 등에 영향을 미치는 정신적 소프트웨어라 할 수 있다. 여기서 가치관이란 어느 집단의 사람들이 가지고 있는 옳다거나 바람직하다고 여기는 추상적인 생각을 말하며, 규범이란 특정 상황에서 적절한 행동이라고 여겨지는 사회적인 규칙이나 지침을 의미한다.

따라서 문화란 우리가 평소에 암묵적으로 동의하는 가치체계나 규범이기 때문에 같은 문화권에 있는 사람들끼리는 문화적 차이를 의식하지 못하고 살아간다. 그러나 다른 가치체계나 규범을 가진 사람들과 접촉하는 경우에는 자신에게 특정한 문화가 있음을 인식하게 된다.

문화는 흔히 국가단위로만 생가하기 쉬우나 한 국가에도 여러 지역의 문화가 각기 다르며, 한 지역이라도 마을마다 서로 다른 문화를 갖고 있다. 또한 기업들마다 서로 다른 문화를 갖고 있다. 우리는 한국 사람으로서의 문화를 갖고 있고 또한 출신지역에 따라 서로 다른 문화의 배경을 갖고 있다. 어느 기업, 어느 조직에 있느냐에 따라 문화적으로 차이가 있다.

문화적인 차이는 단순히 기업의 경영성과에 영향을 끼치는 것뿐만 아니라, 크게는 헌팅톤(S. Huntington)이 지적한 바와 같이 정치적인 위험과 전쟁의 원인이 되기도 한다. 예를 들어 2003년에 일어난 미국과 이라크의 전쟁은 미국의 일방적인 승리로 끝났지만, 이 전쟁의 여파로 이슬람국가에서의 반미감정은 더욱 고조되었다.

1.2 문화의 성격과 기능

(1) 문화의 성격

문화는 몇 가지 특성을 갖고 있다. 첫째, 문화는 그룹차원의 특성을 갖는다. 한국사람, 중국사람, 일본사람, 영국사람 등 그룹에 따라 문화를 구별할 수 있다. 물론 말레이시아처럼 한 국가가 다민족으로 구성된 경우에는 문화단위와 국가단위가 꼭 일치하지는 않겠지만 편의상 문화그룹을 국가로 인식한다. 또한 각 개인은 성격과 성장배경은 다 다르겠지만 공통적인 사고방식을 공유하고 있다.

둘째, 문화는 지속적인 특성이 있다. 즉 한 번 학습되어 수용되면 지속되는 경향이 있다. 빠른 경제성장이나 또는 정치적인 변혁을 겪으면서 한 사회의 문화가 변화될 수는 있으나 이 변화과정은 점진적이고 지속적으로 서서히 일어난다.

셋째, 문화는 후천적으로 학습된 행위(learned behavior)이다. 즉 문화란 태어날 때부터 가지고 온 것이 아니고, 성장하면서 생활과 교육을 통해 습득된 것이다. 학습된 행위이기 때문에 인간은 한 개 이상의 문화를 이해하고 적응한다면 복수문화적 인간이 될 수도 있다. 특히 국제기업의 경영자에게는 이러한 이중문화적(bi-cultural)인 이해와 적응이 필요하다고 하겠다.

(2) 문화의 기능

첫째, 문화는 우리가 학습하고 공통으로 공유하고 있는 언어를 통하여 다른 사람과의 의사소통을 할 수 있게 한다.

둘째, 문화는 우리 사회에 있는 다른 사람들이 우리들의 행동에 어떻게 반응할 것인가를 예측할 수 있게 해준다.

셋째, 문화는 선과 악, 아름다움과 추함, 합리성과 비합리성, 유쾌함과 슬픔, 안전함과 위험함 등에 대한 구별의 기준을 제공한다.

넷째, 문화는 인간이 살아가는데 필요한 지식과 기술을 제공한다.

다섯째, 문화는 우리와 비슷한 문화적 배경을 갖는 사람들을 구별할 수 있게 한다.

2 문화의 구성요소

문화에 대한 정의가 다양하듯 문화의 구성요소에 대해서도 학자마다 주장하는 바가 매우 다르다. 그러나 어느 문화든 내용은 다르지만 공통적인 구성요소를 가지고 있다. 일반적으로 문화는 [그림 6-1]에서 보는 바와 같이 물질문명, 언어, 종교, 가치체계, 미적 감각, 사회제도 등 6가지로 요약할 수 있다.

2.1 물질문명

물질문명(material culture)이란 인간에 의해 변형되거나 창조된 모든 물질과 그 물질의 변형 내지는 창조에 이용된 모든 기술을 의미한다. 예를 들면 산에서 자라고 있는 나무들은 그 자체로서는 물질문명이라고 할 수 없으나, 그 나무를 연료로 이용하거나 집을 짓기 위한 목재로 사용한다면 이는 물질문명이고 생각할 수 있다. 그러므로 물질문명은 한 사회가 경제활동을 영위하여 가는 방법과 관련이 있으며 그 관련 정도에 따라 사회의 발전 정도를 판단할 수 있게 된다.

이러한 물질문명은 수요의 수준(level of demand), 제품의 형태와 질, 제품의 기능, 제품의 생산방법 및 유통방법 등 국제기업의 총체적인 기업활동 전반에 영향을 미친다. 물질

[그림 6-1] 문화의 구성요소

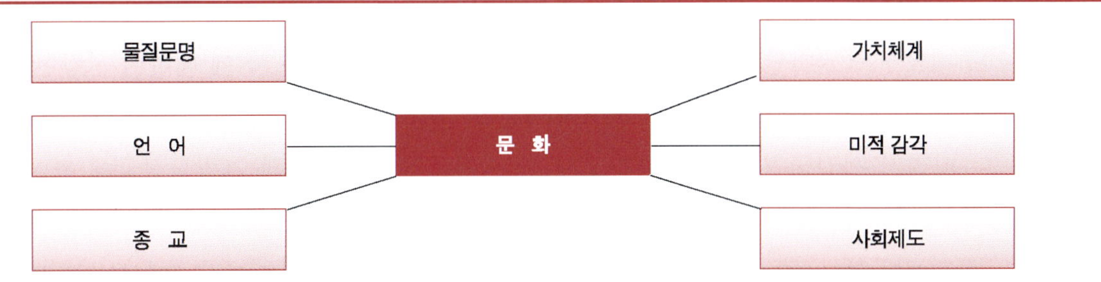

은 왜 만드는가(경제)와 만드는 방법(기술)의 두 가지 측면으로 나누어 생각할 수 있다.

(1) 경 제

경제의 구성내용에는 인구, 인구증가율, 인구분포, 국민총생산, 1인당 국민소득, 부존자원, 사회간접자본, 인플레율 등 경제활동과 관련된 모든 항목이 포함된다. 생필품이나 편의품(convenience goods)의 경우 인구가 제품시장의 규모를 측정하는 좋은 지표가 될 수 있으나, 사치품의 경우에는 인구 그 자체보다는 소득분포 등의 요인이 더 중요하다. 인구분포는 지역에 따라 상당한 차이를 보이고 있는데, 인구밀도가 높고 집중도가 높은 시장에서는 그렇지 못한 시장에서보다 업무수행이 비교적 용이하므로 마케팅활동에 소요되는 경비를 줄일 수 있어 유리하다. 이와 같이 경제적 요인은 시장의 크기 및 시장형태에 주로 영향을 미치는 요인이다.

(2) 기 술

기술이란 사회구성원들이 소유하고 있는 물질적 재화를 창조하거나 물질적 재화의 가치를 높이기 위하여 사용하는 노하우를 총칭하는 것으로써, 생산의 효율성을 나타내는 생산기술과 조직을 능률적으로 관리하는 경영기술 등이 이에 포함된다.

텁스트라(V. Terpstra)는 기술이란 인간과 자연환경의 관계를 보여 주는 문화체계라고 정의하면서, 인간은 기술진보를 핑계로 자연환경에 아무런 손상을 입히지 말아야 하며, 자연재해가 발생하였을 경우 이를 즉각 극복하여 안정적 생활을 영위할 수 있도록 하고, 그 이후 다시 정상적인 생활로 회복하는 과정 속에서 삶의 방식을 터득하는 능력을 길러야 한다고 주장하고 있다.

기술은 과학에 기초를 두고 객관성과 합리성을 추구하므로 때로는 전통적인 관습과 마찰을 일으키기도 한다. 이러한 마찰은 진보적이고 개방적인 선진국에서보다 보수성이 강한 개발도상국에서 더 많이 발생한다. 개발도상국들은 한편으로는 선진기술 도입에 의한 경제발전을 권하면서도 다른 한편으로는 그로 인한 문화적 침식에 대하여 상당한 우려를 갖고 있다. 선진국에서는 기술진보에 따른 인간성 상실이 사회문제로 크게 대두되고 있다.

따라서 선진국 시장에 판매하고자 하는 제품의 기술수준과 개발도상국에 판매하고자 하는 제품의 기술수준은 다를 수밖에 없다. 그러므로 국제기업전략도 이에 상응하여 차별화되어야 한다. 즉 동일한 제품이라 할지라도 판매시장에 따라 선진국에서는 편리함과 더불어 인간다움을, 개발도상국에서는 전통적 규범을 따르면서도 생활의 질적 향상을 도모할 수 있는 각기 다른 제품의 이미지를 부각시켜야하는 것이다.

2.2 사회제도

사회제도(social institution)의 구성내용에는 사회조직(social organization), 정치구조(political structure), 교육(education) 등이 포함된다.

(1) 사회조직

사회조직은 가장기본적인 사회집단이라 할 수 있는 가족에서부터 지역집단, 특수이익집단, 여성집단, 연령집단, 종교집단 등으로 나눌 수 있다. 사회조직의 구성내용은 시장세분화를 결정하는 가장 기본적인 기준이 된다. 사회조직의 구성내용에 따라 시장세분화의 정도가 다를 수 있으며, 제품의 소비대상도 다르게 결정될 수 있다.

가) 가 족

가족의 예를 들어보면 선진 구미국가의 가족은 일반적으로 부모와 그 자녀들로 구성된 핵가족제도이지만, 개발도상국의 가족들은 3~4세대와 친척들을 포함하는 확대가족인 경우가 많다. 이러한 가족제도에 따라서 구매단위나 구매력 및 구매결정에 영향을 미치는 요인이 많이 달라진다. 확대가족제도의 형태를 띠고 있는 전통적인 유교권에서는 구매의 사결정권을 주로 가장인 남편이 행사하였지만, 핵가족제도가 보편화된 미국에서의 구매결정은 통상 부인이 내리게 마련이다. 가족단위의 쇼핑에 있어서는 어린이들의 발언권이 의외로 클 때가 많다. 일반적으로 이러한 가족형태는 경제발전과 더불어 변화하게 되는데, 1960년대에 급속한 경제성장을 이룩한 일본에서는 가족규모가 평균 4.5명에서 3.7명으로 거의 20% 가량 축소되었다.

또한 가족 구성원간의 연대의식은 기업경영방식에도 영향을 미치게 된다. 가족 구성원간의 연대의식이 강해서 외부인에 대해 신뢰가 낮은 중국과 남부 이태리 같은 곳에서는 여러 이질적인 가족 구성원들로 이루어진 대기업보다는 한 가족이 운영하는 기업이 성공한 경우가 더 많다.

나) 지역집단

같은 영역에 거주함으로써 형성되는 지역집단은 주로 선진국에서는 이웃, 교외, 도시, 농촌 등이 이에 해당된다. 한편, 중남미, 중동, 동남아, 아프리카의 일부 지역에서는 부족집단이 가장 중요한 지역집단일 수도 있다. 아프리카에서 이들 부족집단들은 보통 서로에 대해 어느 정도의 적대감을 갖고 있다. 따라서 같은 나라에 여러 부족집단들이 있을 경우 이들은 중앙정부를 인정하지 않고 각기 부족주의(tribalism) 중심의 활동을 전개하는 경우가 많다. 또한 특정 국가가 여러 민족들로 구성되어 있는 경우도 있다.

미국 내의 백인, 흑인, 스페인계들은 각기 다른 프로그램이 요구되는 상이한 표적시장으로 나타나는 경우가 자주 있다. 유고슬라비아는 세르비아계와 크로아티아계 및 여타 종족집단간의 지속적인 분쟁으로 슬로베니아와 크로아티아로 초기에 분리되었다. 프랑스와 독일조차도 외국인 및 북아프리카 이주민들과 갈등을 빚고 있다.

다) 특수이해집단

특수이해집단은 종교, 직업, 경제, 노동, 정치, 군사, 지역 등의 이해관계를 중심으로 형성된 협회・조합 등을 말한다. 국제기업은 현지시장에서 이들의 정치적 및 경제적 권력을 확인하고 평가해야 하며, 또한 이들을 상이한 세분시장으로 평가해야 한다.

라) 연령집단

소비재(consumer goods) 제조업자들은 종종 문화를 초월해서 연령집단에 의해서 시장을 세분화하는 것을 중시하고 있다. 이러한 사실은 선진국과 개발도상국의 모든 청년시장(youth market)에 의류나 식품과 같은 특정 종류의 제품을 성공적으로 판매할 수 있음을 의미하는 것이다. 그러나 청년층이 모든 지역에서 부모에게 동일한 영향력을 행사한다고 가정하는 것은 잘못이다. 미국에 비해 제품을 선택하는데 자녀로부터의 영향을 덜 받는 영국에서 어린이들을 통해 시리얼을 판매하려고 했던 캘로그사의 시도는 성공하지 못했다. 미국과 같이 자녀들과 따로 사는 지역에서도 고연령층은 중요한 집단이지만, 확대가족 개념이 우세한 지역에서는 노인들이 젊은층과 함께 살며 이들에 대해 강력한 영향력을 갖는다.

(2) 정치구조

정치구조는 국제기업의 운명과 의사결정에 매우 중요한 영향을 미치는 요소이다. 정치구조에는 경제활동에 대한 정부의 역할 및 형태, 경제 및 정치이념, 다른 국가와의 외교관계, 기업과 정부와의 관계 등이 포함된다.

(3) 교 육

교육과 관련해서 우리는 교육을 통상적으로 공식교육기관 또는 산업훈련기관에서 받는 것으로 생각하고 있다. 하지만 이러한 공식적인 정의는 너무 제한된 것이다. 그 이유는 교육에는 기술, 아이디어, 태도 등의 전파과정과 어떤 특수 분야에 대한 훈련도 포함되기 때문이다. 이러한 의미에서 미개인들 역시 그들이 생활하는 제한된 문화 내에서는 교육을 받았다고 할 수 있겠다.

그런데 각국의 교육제도를 살펴보면 상당한 국제적 격차가 있음을 알 수 있다. 이 격차는 공식교육제도에 기준을 둔 것이며, 교육수준은 문자해독율과 같은 의미로서 이는 경제발전의 수준을 알아보기 위해 1인당 소득을 활용하는 것과 효과가 유사하다.

보통 이러한 문맹률은 미국과 유럽 등지에서는 거의 0%에 가까운 반면에, 개발도상국에서는 그 비율이 높게 나타나고 있다. 이렇게 문맹률이 극도로 높은 국가에서는 인쇄매체를 이용한 촉진활동은 성공적이지 못할 것이다. 따라서 그런 국가에서는 촉진전략의 초점을 라디오나 영화 광고에 두어야 할 것이다. 반면, 교육을 많이 받은 사람은 제품에 대한 복잡하고 상세한 정보를 원하며 구매결정시 다양한 정보원을 이용하는 경향이 있다. 국제기업의 인사담당자는 어떤 사람이 어떻게 경영활동에 참여할 수 있는가를 측정하는 기준으로 문자해독률을 사용할 수도 있을 것이다.

결국 교육이라 함은 인간을 사회화(socialization)하는 중요한 요인 중의 하나라고 볼 수 있다. 여기서 사회화란 문화를 습득하고 배우는 것을 의미한다. 그러므로 교육은 인간이 사회적으로 정상적이고, 올바르며, 효과적이고, 능률적으로 맹동하도록 가르치는 것이라고 할 수 있다.

기업이 행하는 생산자 교육이나 소비자 교육도 결국은 인간의 행동을 계획적으로 변화시킨다는 대전제하에서 시행되어야 한다. 예를 들어 기업이 광고를 하는 것은 자사제품의 우월성을 소비자에게 인지시키고 실제로 구매하도록 교육하는 것이다. 또한 생산공장에서의 교육은 단순한 생산기술에 국한될 수도 있지만, 제품생산을 통한 성취감 또는 자긍심을 심어주는 등 종업원의 사고방식과 정신적 변화를 유도함으로써 생산성을 증대시키는 것도 교육이라 할 수 있다.

2.3 가치체계

가치체계(value structure)란 태도, 가치관 등을 포함하는 개념으로 성취도, 일에 대한 태도, 직업관 등을 의미한다. 이러한 가치체계는 교육, 종교 등과 같이 인간의 사회과정을 통하여 학습된 것이다. 가치관의 차이는 국제기업이 현지국 기업이나 정부와 접촉할 때 혼란을 초래함으로써 적절한 의사소통을 방해하는 원인이 된다. 국제기업의 경영활동에 영향을 미치는 가치관으로는 시간에 대한 태도, 일에 대한 태도 및 성취욕구, 부에 대한 태도, 변화에 대한 수용성 등이 있다.

(1) 시간에 대한 태도

시간에 대한 태도는 문화권에 따라서 차이가 난다. 대체로 서구인들은 시간관념이 철저한 반면, 라틴아메리카나 중동사람들은 그렇지 않은 경향이 있다. 예컨대 수입을 하기로 계약을 체결하고 물품을 조기선적하라고 요구한 경우 그 빠른 정도는 국가마다 다를 수 있으며, 또 모두가 협동작업을 해야 하는 생산공정에서 몇몇 종업원이 출근시간을 어겼을 경우 생산자체가 중단될 수도 있다.

(2) 성취감 및 일에 대한 태도

성취감과 일에 대한 태도도 문화권에 따라서 다르다. 전통적으로 서구의 선진국에서는 일은 도덕적이며 종교적인 덕행이라고 하였으며, 부를 성공과 성취의 표시라고 생각하였지만, 많은 개도국에서는 물질적인 집착을 중시하지 않는 문화를 갖고 있었다. 그러나 오늘날 개도국 소비자들도 보다 많은 소비재를 사용할 수 있게 됨에 따라, 상품을 구매할 수 있는 돈을 벌기 위해서 일에 대한 태도에 변화가 일어나고 있다. 반면에 선진국에서는 근로시간이 짧아지고 휴가기간이 늘어나는 반대현상이 일어나고 있다.

따라서 경제계획에 대해 국민이 거는 기대와 지도자가 거는 기대가 다른 것과 마찬가지로, 해외에 진출하려는 국제기업의 경영자는 자신과 현지의 종업원이 생각하는 일의 성취도가 다르다는 것을 인식하고, 현지국의 국민들이 지니는 일에 대한 태도나 성취감을 미리 파악하고 이에 따라 경영활동을 계획하고 전개하여야 한다.

(3) 변화에 대한 태도

변화에 대한 태도도 역시 문화권에 따라서 다르게 나타난다. 미국의 경우 새로움(new)이란 단어는 진보적이고 호의적인 뜻을 갖고 있지만, 유럽인들은 미국을 전통이 없는 어린 국가라는 생각을 갖고 있다. 극단적인 경우 이슬람교에서는 모든 변화와 개혁은 악의 산물이라고 말하며, 또 다른 극단으로는 변화를 진보의 산물로 평가하기도 한다.

각 사회나 문화마다 변화에 대한 태도가 다르기도 하지만, 동일문화 및 사회에서도 다를 수 있다. 우리나라에서 된장이나 고추장을 선전함에 있어서 주로 등장하는 문구는 전통의 맛, 재래식 등이다. 그러나 맞벌이 부부를 위한 아침 대용식 선전에는 새로운 아침 영양, 간편한 아침 식사인 것이다.

이와 같이 변화에 대한 태도가 사회마다 그리고 동일사회 내에서도 차이가 발생하기 때문에 새로운 혁신이나 변화를 소개한다는 것이 무척이나 힘든 일이 된다. 특히 변화를 수용하지 않으려는 집단에 대해서는 더욱 힘들다. 따라서 혁신제품을 현지에 소개하려는 기업의 경우에는 다음과 같은 사항들을 염두에 두어야 한다.

첫째, 변화의 장애요인을 확인해야 한다. 관습, 가치관 그리고 행동규범 중 어떠한 요인이 변화를 수용하지 못하게 하는지를 확인해야 한다.

둘째, 변화의 수용을 저해하는 문화적 요인 가운데 수정가능하고 적용가능한 요인을 찾아야 한다. 즉, 관습, 가치관, 행동규범 중 기업이 변화시킬 수 있는 요인을 찾아내야 한다.

셋째, 새로운 제품이나 혁신이 현지국 문화의 관점에서 실험되고 평가되어야 한다. 대개의 경영자들은 새로운 제품이나 생산공정이 다른 나라에서도 그대로 받아들여질 것으로 생각하는 경향이 많다. 그러나 각국이 서로 다른 문화적 환경을 지니기 때문에 신제품이 현지국에서 거부될 수도 있다.

넷째, 현지에서 신제품이나 혁신의 효율성이 증명될 때에는 채택이 빠르게 진행된다는 것을 인식하여야 한다. 예를 들어 소규모의 농토를 가진 가난한 농부는 새로운 비료나 종묘의 실험에 거부감을 나타내게 된다. 왜냐하면 잘못될 경우 전체 농작물이 못쓰게 되어 파산하게 될지도 모르기 때문이다. 그러나 대규모의 농토를 소유한 사람은 일부 농토에 대해 실험을 해보고 성공하는 경우 다음 해에 바로 이를 채택하게 된다.

다섯째, 사회·정치적 변화보다 기술적인 변화는 보다 빠르고 쉽게 채택될 수도 있다. 다시 말해 자동차, 라디오, 코카콜라 등은 쉽게 수용되고 채택될 수 있으나 민주정치 관행,

교육제도 등은 쉽게 모방될 수 없다. 그러나 제품 또는 기술적인 변화가 사회적·정치적인 영향력을 행사할 수 있음을 국제경영자는 결코 간과해서는 안 된다.

여섯째, 현지의 문화적 요인이나 가치관하에서 신제품이나 혁신이 채택될 수 있게 하는 것이 무엇인가를 발견해야 한다. 이는 현지의 문화와 크게 부딪치지 않고 신제품이나 혁신을 전파할 수 있는 경로를 확보하기 위해서이다.

2.4 미적 감각

미적 감각(aesthetics)이란 음악, 회화, 조각, 연극, 무용, 민속 등으로 표현되는 미(beauty)에 대한 감각과 사물에 대한 선호경향이라 할 수 있다. 이러한 미적 감각의 차이는 제품의 디자인과 광고에 주로 영향을 미친다. 예를 들어 서양에서 죽음이나 장례식 등은 검정색으로 표시되나, 우리나라에서는 백색이 선호된다. 이러한 것 등이 바로 미적 감각에 대한 문화적 차이를 보여 주는 것이라고 할 수 있다.

이와 같은 미적 감각의 차이는 국제시장에서 판매하고자 하는 제품의 색채, 도안, 포장, 광고메시지 선정 등에 큰 영향을 미친다. 대체로 진출하고자 하는 국가의 국기에 사용되고 있는 색채와 민속음악을 사용하면 역반응을 최소화할 수 있다. 〈표 6-1〉에서 보는 바와 같이 각국의 선호색과 혐오색을 잘 활용하면 국제기업의 경영활동에 많은 도움을 얻을 수 있을 것이다.

2.5 언 어

언어(language)는 동물로부터 인간을 구별시켜 주는 기준이 되며 형성된 문화권에 따라 그 차이가 매우 크다. 즉 언어가 다르면 문화권이 다른 것이라고 생각해도 무방하다. 따라서 다른 문화를 이해하기 위해서는 언어에 대한 이해가 선행되어야 한다. 일반적으로 언어에는 말로서 표현되는 음성언어(verbal language)와 손짓·몸짓·신호 등의 비음성언어(silent language)가 있다.

대체적으로 언어라고 하면 음성언어를 말하는데, 현재 지구상에는 약 6,909여 종의 언어가 있으며 사투리를 포함할 경우에 약 15,000여 종에 달하는 것으로 추정되고 있다. 1개국에서 1개의 언어가 사용되는 것이 보통이나 국가에 따라서는 2개 이상의 언어가 동시에

〈표 6-1〉 각국의 선호색과 혐오색

	선호국	혐오국
남 색	시리아	
녹 색	말레이시아, 인도, 이라크, 필리핀, 파키스탄, 아일랜드, 튜니지아(신성시), 이집트, 멕시코, 오스트리아, 불가리아	프랑스: 옛 독일군 복장의 색
백 색	이스라엘(유태민족), 스위스, 그리스, 멕시코	중국, 홍콩, 일본 등 동남아국: 장례의 의미 인도: 비애 아일랜드
자 색		브라질: 비애, 죽음, 병의 전조 페루: 종교의식에만 사용
적 색	중국, 인도, 태국, 시리아, 홍콩, 스위스, 덴마크, 루마니아, 아르헨티나, 필리핀, 멕시코	아일랜드, 모로코 독일, 차드, 나이지리아: 불운, 부정적 상징
청 색	이스라엘, 시리아, 네덜란드, 그리스, 스웨덴, 프랑스, 벨기에	중국, 이라크, 터키, 독일, 아일랜드, 스웨덴 홍콩: 비애를 상징
핑 크	프랑스	
황 색	스웨덴	말레이시아: 회교 군주의 황제색 시리아 등 회교국가: 죽음의 상징 파키스탄: 이교도인 바라몬교의 승복 아일랜드: 이교도인 프로테스탄트의 색 브라질: 절망에 빠진다는 미신 미국: 비겁함을 암시 이스라엘: 불길한 색 모로코
회 색		니카라과
흑 색		중국, 홍콩, 태국, 이라크: 장례 미국, 스위스, 독일 등 모든 기독교 국가: 장례

사용되기도 한다. 알제리, 미얀마, 중앙아프리카공화국, 스위스, 체코, 슬로바키아, 핀란드, 인도, 유고슬라비아 등 약 70개국이 이에 속한다.

현재 세계에서 가장 많이 쓰이는 언어는 〈표 6-2〉에서 보는 바와 같이 중국어이다. 그러나 영어의 경우 2차 언어로 사용하는 국가가 많기 때문에 가장 널리 쓰이는 언어이다. 세계에서 가장 많은 인구가 통용어로 사용하는 언어를 보면, 1위는 영어로 101개국 20억 명 이상, 2위는 중국어로 6개국 13억 명, 3위는 힌디어로 1개국 4억 8,000만 명, 4위는 스페인어로 21개국 이상 4억 1,700만 여명, 5위는 아랍어로 22개국 2억 8,600만 명 이상이 사용하고 있다.

〈표 6-2〉 세계의 주요 언어

언 어	사용인구(명)	비 율(%)
중국어	8억 4,485만	12.2
영 어	3억 3,450만	4.8
힌디어/우르두어	3억 3,444만	4.8
스페인어	3억 2,560만	4.7
아랍어	3억 2,150만	4.7
벵골어	1억 9,400만	2.8
포르투갈어	1억 7,700만	2.6
러시아어	1억 5,550만	2.3
일본어	1억 2,350만	1.8
독일어	9,520만	1.4
우 어	7,720만	1.1
한국어	7,650만	1.1
자와어	7,555만	1.1
펀자브어	7,525만	1.1
프랑스어	7,290만	1.1
텔루구어	6,975만	1.0
베트남어	6,830만	1.0
마라티어	6,805만	1.0
타밀어	6,585만	1.0
이탈리아어	6,185만	0.9

주: 비율은 세계인구 69억 명 대비임.
자료: Ethnologue of Languages of the World, SIL, 2013. 2.

세계에서 가장 많은 국가가 모국어로 사용하는 언어는 영어와 포르투갈어, 스페인어이다. 스페인어를 눈여겨 볼만한 것은 브라질과 몇 개국을 제외한 남아메리카와 중앙아메리카 대부분 국가, 적도기니 부근의 국가와 스페인 등의 많은 나라에서 스페인어를 모국어로 사용하고 있다. 미국에서는 영어 다음으로 중요한 공용어가 스페인어이고, 필리핀에서도 영어와 더불어 스페인어가 쓰이고 있다. 세계경제에 있어서 가장 영향력이 있는 언어는 1위가 영어, 2위가 스페인어, 3위가 일본어이다. UN 6개 공용어는 영어, 프랑스어, 스페인어, 아랍어, 러시아어, 중국어이다.

세계 각국의 복잡하고 다양한 언어구조는 국제기업의 활동을 어렵게 하는 커다란 제약요인이 되고 있다. 국제기업의 일차적 과제는 다른 문화권에 있는 소비자와의 의사소통인데, 다른 문화권의 언어로 의사소통을 한다는 것은 그리 쉽지 않다. 예컨대 외국시장에 있는 소비자에게 제품을 판매할 경우나 현지정부와 교섭을 할 경우, 언어에 대한 완전한 이해없이는 원만한 의사소통을 통한 성공적인 국제기업활동을 기대할 수 없다. 따라서 국제기업 관리자는 진출국 언어에 능통함은 물론이거니와 언어가 가지고 있는 사고방식까지도 이해할 수 있어야 한다. 또한 언어는 광고 및 상표 등에도 많은 영향을 미친다.

언어와 관련하여 어려움을 겪은 사례를 살펴보면 매우 다양하다. 중견 수출업체였던 대영자전거는 영어표기를 'Dai Young'으로 하였으나 발음상 'Die Young'(젊어서 사람을 죽게 만드는 자전거)이 되어 큰 어려움을 겪었다. 현대의 '소나타'가 사람이 아닌 소나 타는 차라는 발음상의 문제로 '쏘나타'로 바꾸었던 예라든지, 기아자동차의 '아벨라'가 이름 때문에 곤란을 겪었던 예는 브랜드나 상품명에 사용되는 언어선택이 경영상에 미치는 영향의 중요성을 웅변하고 있다.

2.6 종 교

종교(religion)는 국제기업의 경영활동에 커다란 영향을 미치는 도덕 및 윤리기준의 주요 결정요인이지만, 각 종교의 일반적 성격을 규정한다는 것은 쉽지 않다. 세계의 주요 종교

〈표 6-3〉 세계의 종교

종 교	신자수(명)	비 율(%)
기독교	22억 9,245만	33.2
이슬람교	15억 4,944만	22.5
힌두교	9억 4,850만	13.7
무 교	6억 3,985만	9.3
중국종교	4억 6,873만	6.8
불 교	4억 5,831만	6.6
민족종교	2억 6,142만	3.8
무신론	1억 3,853만	2.0
신흥종교	6,444만	1.0
시크교	2,459만	0.4
유대교	1,464만	0.2

주 : 비율은 세계인구 69억 명 대비임.
자료 : 세계종교인구, OMSC, 2013. 2.

로는 기독교, 이슬람교, 불교, 힌두교 등이 있다. 〈표 6-3〉에서 보는 바와 같이 기독교가 가장 널리 분포되어 있다.

기독교는 가톨릭(11억 5,562만 명), 독립교회(4억 1,931만 명), 개신교(7억 8,847만 명), 정교회(2억 7,444만 명), 성공회(8,678만 명), 기타 기독교(3,491만 명) 등으로 구분된다. 독립교회란 다른 종파에서 분리된 교회나 외국인 선교사 등에 의해 시작되지 않은 토착교회를 뜻한다. 기독교를 세분해서 나눈다면 이슬람교가 세계 최대종교가 된다.

기독교는 미국, 캐나다, 호주 등 앵글로색슨계 국가들이 주로 믿고 있다. 가톨릭교는 이탈리아, 프랑스, 스페인 등 남유럽제국과 중부유럽의 독일, 스위스, 오스트리아 등 게르만계, 그리고 중남미 여러 나라에 퍼져 있다. 이슬람교는 중동 여러 나라에서부터 북아프리카제국과 인도네시아에 이르는 지역까지 전파되어 있다. 불교와 힌두교는 주로 아시아국에 전파되어 있으며, 이들 두 종교는 정신적 가치를 중시하고 물질적 가치를 경시하는 경

〈표 6-4〉 세계의 문화권

	국가	언어	종교
극 동 (Far Eastern)	한국, 중국, 일본, 홍콩, 대만	한국어, 중국어, 일본어	유교, 불교
인도(India)	인도	힌두어, 영어	힌두교
동남아시아 (Southeastern)	싱가포르, 인도네시아, 말레이시아, 태국, 필리핀, 베트남	마인어, 중국어, 태국어, 타갈로그어	불교, 이슬람교, 기독교, 힌두교
앵글로색슨 (Anglo-Saxon)	호주, 캐나다, 아일랜드, 뉴질랜드, 남아프리카, 영국, 미국	영어	기독교
라틴아메리칸 (Latin American)	아르헨티나, 멕시코, 칠레, 페루, 콜롬비아, 베네수엘라	스페인어	가톨릭
브라질(Brazil)	브라질	포르투갈어	가톨릭
라틴유럽 (Latin European)	벨기에, 스페인, 프랑스, 포르투갈, 이탈리아	불어, 이태리어, 스페인어, 포르투갈어	가톨릭
근동아시아 (Near Eastern)	그리스, 터키, 이란	그리스어, 터키어	그리스정교, 이슬람교
독일권 (Germanic)	오스트리아, 스위스, 독일	독일어	기독교
아랍(Arab)	오만, 쿠웨이트, 사우디아라비아, 바레인, 아랍에미리트	아랍어	이슬람교
노르딕(Nordic)	덴마크, 노르웨이, 핀란드, 스웨덴	덴마크어, 스웨덴어	루터교

향이 있다. 종교, 언어 등을 중심으로 세계의 문화권을 나누어 보면 〈표 6-4〉에서 보는 바와 같이 11개 문화권으로 구분할 수 있다.

종교적 환경과 관련하여 국제경영자가 평가해야 하는 문제는 크게 다음의 세 가지로 요약할 수 있다. 첫째, 종교가 경제성장에 미치는 영향은 바로 기업성장에 미치는 영향과 같다. 따라서 종교가 가져올 악영향을 미리 제거할 방법을 연구하여야 한다. 둘째, 국가마다 갖는 종교의 이질성 정도를 파악하고 종교적 인물이나 종교단체가 사회 및 정치적 변화를 초래하는 정도를 고려해야 한다. 다시 말해 현지국에서 정치적 위험을 분석하는 일환으로 종교의 영향력을 파악해야 한다. 셋째, 국제기업은 국내에서와 마찬가지로 외국에서도 기업활동에 영향을 미치는 종교적 신념에 대해서 자세한 정보를 입수하여야 한다. 왜냐하면 종교적 행사로 인하여 생산계획이 차질을 빚을 수도 있기 때문이다.

예를 들면 동일 직장 내에서 여러 종파의 근로자가 근무를 한다면 작업계획에 차질을 빚을 수 있다. 이슬람교의 라마단(Ramadan) 금식기간 중에는 생산성이 급격히 떨어지지만, 반면에 소비는 엄청나게 늘어남으로써 긍정적 효과와 부정적 효과가 동시에 발생하기도 한다. 기독교국가에서 크리스마스 시즌은 연중 판매가 최고조에 달하는 시기이기도 하다.

다음으로 종교상의 특정 신념은 소비패턴에 영향을 미친다. 예를 들어 힌두교에서 소를 먹지 못하도록 규정하고 있고, 이슬람교와 유대교서는 돼지를 각각 먹지 못하도록 규정하고 있다. 제2차 대전 중 일본군이 캘커타로 진격하자 지금의 방글라데시 지역으로부터 인도로 피난민이 흘러 넘쳤다. 인도 내에서 식량부족사태가 나자 연합군은 긴급구조선으로 식량을 급파하였다. 그런데 식량부족사태는 해결되지 않고 구호식량은 남아도는 기현상이 발생하였다. 그 이유를 살펴보니 그 당시의 보급식량은 깡통소고기와 쌀이었던 것이었다. 종교적인 이유로 소고기를 먹지 않는 지역이 인도에는 많이 있고, 또한 북부인도에서는 종교적 믿음으로 쌀보다는 밀을 주식으로 하기도 한다. 이러한 이유로 국제기업의 경영자는 이미 우리가 알고 있는 금지상품 이외에도 사용이 배제될 가능성이 있는 것들에 대한 사전 예측력과 통찰력을 발휘해야 한다.

3 문화적 환경의 분석모형

국가 간의 문화적 차이가 실질적으로 국제기업에 영향력을 행사하기 때문에, 국제기업의 입장에서는 기업의 성과에 직접적인 영향을 미칠 수 있는 여러 가지의 문화적 변수를 추출하고, 또한 이의 영향력을 평가하는 기법을 마련하여야 한다. 국가 간의 문화적 차이를 평가하는 방법은 여러 가지가 있을 수 있겠으나, 비교경영학의 관점에서는 부분접근방법과 종합접근방법으로 분류해 볼 수 있다.

3.1 부분접근방법

부분접근방법이란 기업의 의사결정에 중요하게 영향을 미칠 것으로 생각되는 특정한 문화적 측면에 연구를 한정시키는 연구방법론을 의미한다. 문화의 부분접근방법에서 중요하게 고려하는 몇 가지의 문화적 요소에 대해 살펴보면 다음과 같은 것들이 있다.

(1) 일과 성취에 대한 태도

일과 성취에 대한 태도는 기업의 경영성과와 생산효율성을 결정하는 주요 요소로서, 이에 대한 태도는 개인의 삶에 대한 기본적인 태도, 즉 사람들이 어렵지만 가치 있다고 생각하는 일을 해내기 위해 자신을 바치는 것을 의미한다.

(2) 시간과 미래에 대한 태도

시간과 미래에 대한 태도도 경영성과와 생산효율성에 영향을 미친다. 시간과 미래에 대한 태도가 윤회적(recycling)인가 아니면, 그냥 흘러가는(horizontal) 것인가에 따라서 장기적인 계획수립을 통한 경영과정이 효과를 발휘할 수도 있고, 한편으로는 단기적으로 상황에 부응하는 경영과정이 효과를 발휘할 수도 있는 것이다.

(3) 의사결정

의사결정은 기업이 부딪치는 여러 가지의 난관을 극복하는 중요한 과정이다. 대부분의 현대 기업경영에서의 의사결정은 객관적인 사실들의 분석에 근거를 두고 이루어지는 것을 선호하며, 실무를 담당하는 하부의 관리자들로부터 최고경영자로 이어지는 소위 하위상달형(bottom-up) 의사결정이 미국식 경영의 주류를 형성하기도 한다.

한편 전통적인 가부장적인 사고방식이 팽배한 사회에서는 최고경영자의 개인적인 판단이 의사결정의 주요요인이 되는 경우가 많다. 이러한 경우는 소위 상위하달형(top-down) 의사결정이라 일컬으며, 의사결정과정의 시간과 자원을 절약할 수 있는 유리한 점이 있기도 하지만 대부분 의사결정의 객관성이나 신뢰성을 기대하기가 힘들다.

(4) 권력과 권한에 대한 태도

권력과 권한에 대한 태도도 중요한 요소이다. 의사결정과정에서 하부관리자들도 참여하는 민주적인 경영체제하에서는 중앙통제적이며 독재적인 권력의 행사는 바람직하지 않다. 민주적인 경영체제가 되었든 혹은 중앙통제적 경영체제가 되었든 어떠한 형태의 권력체제가 효율적인가 하는 문제를 일률적으로 말할 수는 없다. 문제는 서로 다른 권력체계를 지니는 국가에 진출하였을 경우, 현지기업의 권한을 어느 정도로 분권화하고 집중화하느냐 하는 것으로 집약된다.

(5) 반대의사의 표현방법

반대의사의 우회적 표시 혹은 솔직성은 기업의 인사관리나 협상의 측면에서 중요한 요인이 된다. 대개 유교문화권이나 아시아의 국가에서는 상대방의 체면에 손상을 입히지 않도록 거절의 의사표시로서 우회적인 표현을 하는 경우가 많다.

예를 들어 '한번 고려해 보겠습니다' 혹은 '예 그렇겠군요'하는 표현이 부정적인 표현으로 사용되는 경우가 있다. 이러한 경우가 만약 미국인과 한국인이 서로 상담을 하는 중이거나, 미국인 사장과 한국인 종업원 혹은 반대로 한국인 사장과 미국인 종업원과의 노사협상중이라면 협상이 결렬되거나 서로 간에 속았다는 생각을 할 수도 있다.

(6) 가족제도의 국가 간 차이

가족제도의 국가 간 차이도 국제경영에서 중요하게 고려되어야 하는 요인이 된다. 대가족제도의 국가에서는 가족 간의 유대강화와 함께 경영상의 세습제 또는 친족주의가 성행하게 되며, 기업의 경영목표도 바로 가족의 이익에 직결되는 것이다. 가족제도는 경영상의 패턴에도 영향을 미치지만 소비자의 구매행태에도 영향을 줄 수 있다.

(7) 사회구조

흔히 사회구조는 신분의 결정, 신분상의 차별조치, 신분별 교육제도 등을 포함하는 포괄적인 개념으로 정의되고 있다. 대개 전통적인 문화를 유지하는 경우에는 사회계급이 존재하며 경직된 사회구조를 띠는 것이 일반적이다. 특히 특정직업에 대한 특정계급의 진출금지와 같은 사회규범의 존재는 기업경영의 효율성을 저해하는 요인으로 작용할 수 있다.

3.2 종합접근방법

많은 문화적 차이를 개별적으로 파악하고 대응하는 데에는 한계가 있기 때문에 여러 가지의 문화적 요인들을 종합적으로 파악하고자 하는 노력이 나타났는데, 이것이 바로 종합접근방법이다. 종합적 접근방법은 문화들 간의 서로 다른 수많은 요인들을 고려해 볼 때 부분접근방법이 초래하는 시간 및 비용상의 부담을 어느 정도 줄일 수 있다. 종합접근방법으로는 홉스테드의 모형, 홀의 모형, 클러크혼과 스트로드벡의 모형이 유명하다.

(1) 홉스테드의 모형

네덜란드의 심리학자인 홉스테드(G. Hofstede)는 40개국 10만 명에 달하는 IBM 직원들에게 그들이 갖고 있는 태도와 가치관에 대한 자료를 수집하였다. 그 결과 〈표 6-5〉에서 보는 바와 같이 각 국가의 문화적 특성을 일목요연하게 나타낼 수 있는 네 가지 문화차원을 도출하였다. 즉 ① 개인주의와 집단주의, ② 권력간격, ③ 불확실성의 회피, ④ 남성다움과 여성다움이다. 그리고 후에 본드(M. Bond)에 의해 ⑤ 장기지향성이 추가되었다.

가) 권력간격

권력간격(power distance)이 높은 문화의 조직구성원들은 조직 내에 존재하고 있는 부와

〈표 6-5〉 홉스테드의 문화지수

	권력간격	개인주의	남성다움	불확실성회피	장기지향성
일 본	54	46	95	92	80
오스트리아	11	55	79	70	–
이탈리아	50	76	70	75	–
멕시코	81	30	69	82	–
영 국	35	89	66	35	25
독 일	35	67	66	65	31
필리핀	94	32	64	44	19
미 국	40	91	62	46	29
호 주	36	90	61	51	31
홍 콩	68	25	57	29	96
아르헨티나	49	46	56	86	–
인 도	77	48	56	40	61
아랍권	80	38	53	68	–
캐나다	39	80	52	48	23
말레이시아	104	26	50	36	–
브라질	69	38	49	76	65
싱가포르	74	20	48	8	48
인도네시아	78	14	46	48	–
대 만	58	17	45	69	87
프랑스	68	71	43	86	–
한 국	60	18	39	85	75
태 국	64	20	34	64	56
칠 레	63	23	28	86	–
유고슬라비아	76	27	21	88	–
덴마크	18	74	16	23	–
네덜란드	38	80	14	53	44
스웨덴	31	71	5	29	33

권력의 불평등에 대하여 쉽게 용인하는 태토를 가진다. 반면, 권력간격이 낮은 문화에서는 구성원들은 권력의 불평등을 해소하려고 노력한다. 권력간격에 대한 사회구성원의 태도를 통하여 구성원들의 권위주의적 성향과 집권화에 대한 정도를 비교할 수 있다.

권력간격이 클수록 권위주의적 성향이 강하고 집권화된 조직구조를 선호한다. 연구결과 필리핀, 말레이시아, 멕시코, 인도 등은 권력간격이 가장 큰 국가군에 속하는 것으로 나타났으며, 반면에 스웨덴, 네덜란드, 호주 등은 권력간격이 가장 작은 국가군으로 나타났다.

나) 개인주의와 집단주의

개인주의(individualism)는 집단의 이익보다 개인에게 주어지는 시간적 자유나 자기 자신의 이익을 중요시하는 가치성향을 반영한다. 즉, 개인주의 성향이 높은 사회에서는 구성원들은 자신의 이익을 집단의 이익보다 우선시 한다. 그리고 각자 자신의 이익을 추구함으로써 개인간의 구속력이 느슨한 사회구조를 가지고 있다.

집단주의(collectivism)는 개인주의와는 반대로 구성원들이 자기 가족이나 종족에 대한 귀속감이 강하여 자기 자신의 이익보다도 집단의 이익을 더 중요시 한다. 연구결과 미국, 영국, 호주, 네덜란드 등은 매우 개인주의적인 국가들이고, 대만, 인도네시아, 한국 등은 매우 집단주의적인 국가들이다. 그리고 오스트리아, 인도, 일본 등은 양자의 중간에 위치하는 국가로 나타났다.

한가지 재미있는 사실은 권력간격과 개인·집단주의를 결합해서 보면 [그림 6-2]에서 보는 바와 같이 집단주의 특성이 강한 국가는 항상 큰 권력간격을 보여주나, 개인주의의 특성이 강한 국가는 항상 작은 권력간격을 보여주지만은 않는다는 점이다. 다시말하면 개

[그림 6-2] 권력간격과 개인·집단주의

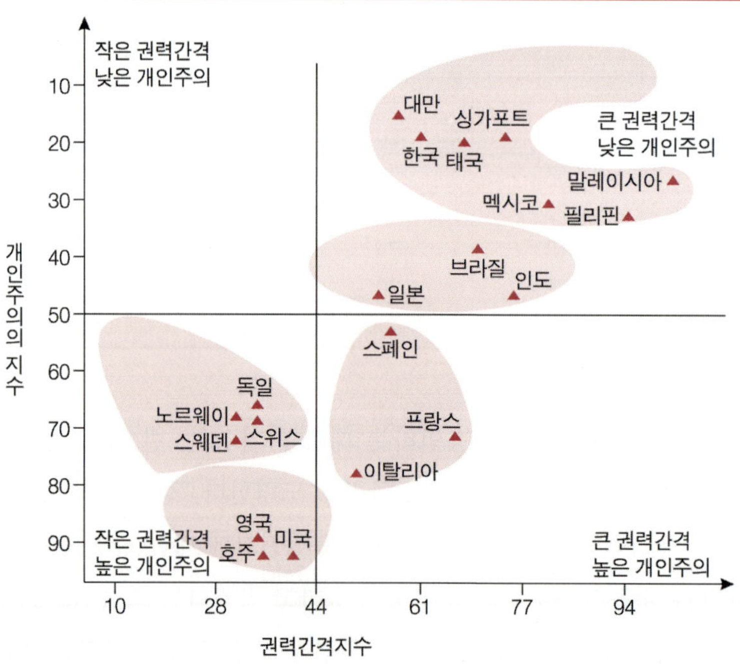

자료 : G. Hofstede, "The Cultural Relativity of Organizational Practices and Theories," *Journal of International Business Studies 14* (Fall 1983), pp.75-89.

인주의적이면서도 동시에 권위적인 문화가 존재한다는 것이다.

다) 불확실성의 회피

불확실성의 회피(uncertainty avoidance)는 사회 또는 조직구성원들이 미래의 불확실성이나 모호함을 어떻게 받아들일 것인가를 나타낸다. 불확실성 회피가 강한 사회에서는 불안 등이 뚜렷하게 나타나며 불확실성을 줄이기 위해 각종 법적, 제도적 장치를 만든다. 또 조직구성원들의 행동은 비교적 적극적이고 활동적이며 공격적인 성향을 보인다.

반면 불확실성 회피가 약한 사회에서는 미래의 불확실성에 대해 크게 위험을 느끼지 않는다. 불확실성 회피성향이 높은 국가로는 멕시코, 아르헨티나 등이 포함되며, 불확실성 회피성향이 낮은 국가로는 싱가포르, 덴마크, 스웨덴 등이 해당된다.

[그림 6-3] 권력간격과 불확실성 회피

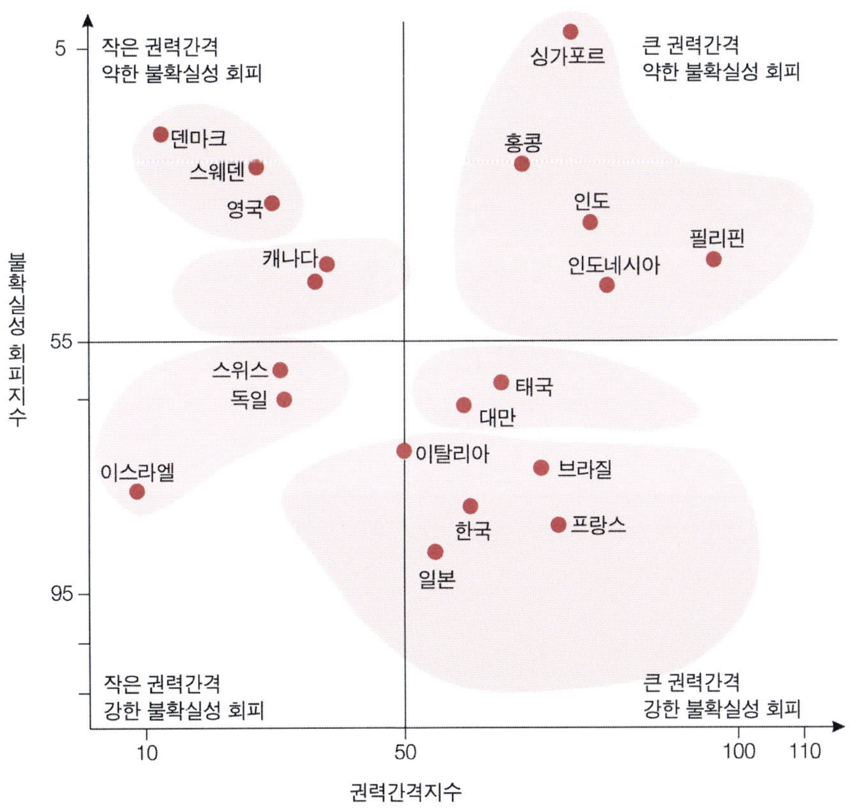

자료 : G. Hofstede, "The Cultural Relativity of Organizational Practices and Theories," *Journal of International Business Studies 14* (Fall 1983), pp.75–89.

이 불확실성 회피차원과 권력간격 차원을 결합했을 때 [그림 6-3]에서 보는 바와 같이 불확실성에 대해 강한 회피성과 아울러 큰 권력간격을 보이는 국가로는 멕시코와 유고슬라비아가 있으며, 그 반대의 경향을 보이는 국가군으로는 덴마크, 스웨덴, 영국 등이 발견되었다.

라) 남성다움과 여성다움

남성다움(masculinity)과 여성다움(femininity)은 사회나 조직구성원들이 남성과 여성의 사회적 역할을 얼마나 분명하게 구분하는지를 나타낸다. 남성과 여성의 사회적 역할이 명확하게 구분되는 사회를 '남성적 문화'로 보고 상대적으로 불분명하게 구분되는 사회를 '여성적 문화'로 본다. 남성다움이 높은 사회에서 남성은 자기주장이 강하고 거칠고 물질

[그림 6-4] 불확실성 회피와 남성 · 여성다움

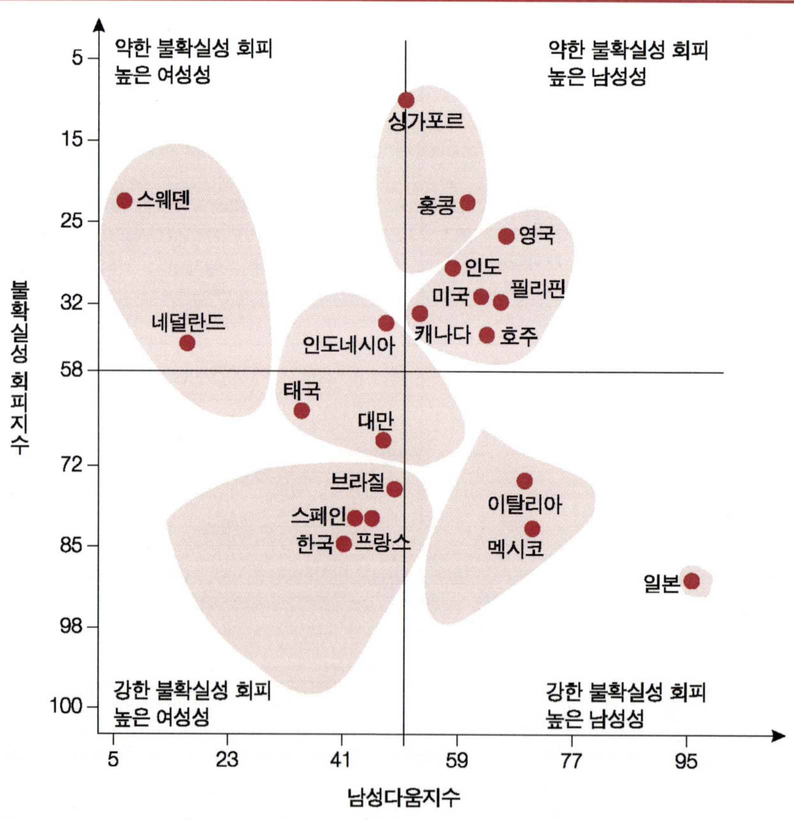

자료 : G. Hofstede, "The Cultural Relativity of Organizational Practices and Theories," *Journal of International Business Studies 14* (Fall 1983), pp.75-89.

적인 성공을 중요시한다.

반면, 여성다움이 높은 사회일수록 남성과 여성이 모두 겸손하고 부드러우며 물질적인 성공보다는 상호의존적인 관계를 중요시 하고 삶의 질 등을 강조한다. 남성문화가 높은 사회로는 일본을 들 수 있고, 여성다움이 높은 사회로는 스웨덴, 네덜란드를 들 수 있다.

이 남성다움지수와 불확실성 회피지수를 결합하면 [그림 6-4]에서 보는 바와 같이 일본은 남성다움과 불확실성 회피지수가 강한 것으로 나타났으며, 스웨덴은 여성다움과 불확실성 회피지수가 약한 것으로 확인되었다. 우리나라는 프랑스, 브라질 등과 함께 같은 국가군에 위치하고 있음이 확인되었다.

마) 장기지향성

본드(M. Bond)는 중국학자들의 22개국 대학생들을 대상으로 연구를 수행한 결과, 몇 가지의 가치차원을 도출하였다. 홉스테드는 기존의 문화척도가 너무 지나치게 서구가치를 바탕으로 하고 있다는 약점을 보완하기 위해 본드의 연구결과에서 새로운 문화차원을 도입하였다. 이 차원은 끈기, 절약, 개인적인 꾸준함, 전통에 대한 존중 등 네 가지 동양적 가치항목들로 구성되었고, 유교적 역동성 또는 장기지향성 차원으로 명명하였다.

장기지향성이 높은 사회는 절약과 높은 저축률, 참을성 및 희생정신이 높은 경향을 보인다. 반면, 단기지향적인 사회는 소비지향적으로 저축률이 낮고 투자에 대해 빠른 결과를 기대하는 성향을 나타낸다. 이렇게 분류한 이유로는 끈기나 절약은 상대적으로 장기적이고 미래지향적인 가치로 볼 수 있고, 소비지향적인 것은 현재지향적인 가치로 볼 수 있기 때문이다.

바) 홉스테드의 모형에 대한 평가

홉스테드의 모형은 계량적인 분석방법을 도입했기 때문에 다른 연구에 비해 객관성이 높다고 인정받고 있다. 특히 그의 네 가지 문화차원들을 경영학분야에서 중요하게 여기는 리더십, 조직유형, 동기부여 등의 개념과 관련하여 고찰한데 있다. 홉스테드의 네 가지 문화차원이 주는 의미는 〈표 6-6〉에서 보는 바와 같이 몇 가지로 요약할 수 있다.

리더십은 개인주의, 권력간격의 차원들과 가장 깊은 연관이 있다고 보았다. 미국 등과 같이 개인주의적 성향이 강하고 권력간격이 낮은 국가들의 경우에는 참여적인 의사결정 방식과 자유방임적인 리더십이 선호된다. 그러나 집단주의 성향이 강하고 권력간격이 높은 한국, 일본의 경우에는 전제적 리더십이 적합하다고 보았다.

〈표 6-6〉 홉스테드 모형이 주는 의미

네 가지 문화차원		의 미
권력간격	큰 권력간격	· 계층은 실존적인 불균등 · 부하직원은 지시를 받을 것으로 기대 · 좋은 아버지 이미지로서의 리더
	작은 권력간격	· 조직계층은 역할의 불균등 의미 · 부하직원과 협조 기대 · 민주적 리더
개인 · 집단주의	개인주의	· 동일한 가치적용 · 직무가 관계보다 우선 · 계산적 관계
	집단주의	· 그룹간 다른 가치기준 · 관계가 직무보다 우선 · 종업원과 경영자간 규범적 관계
남성 · 여성다움	남성다움	· 자신을 지나치게 과시 · 직장 및 경력을 강조 · 결정 능력
	여성다움	· 자신을 드러내지 않음 · 생활의 질을 강조 · 직관
불확실성 회피	강한 불확실성 회피	· 규칙을 선호 · 공식화 및 표준화
	약한 불확실성 회피	· 규칙에 대해 싫어함 · 비공식화 및 비표준화

자료 : G. Hofstede, *Cultures and Organizations: Software of the Mind* (London, McGraw-Hill, 1990).

조직구조는 권력간격, 불확실성 회피의 차원들과 관련이 깊다고 보았다. 홉스테드에 따르면 권력간격이 큰 문화일수록 권한의 불평등이 쉽게 용인이 되고 계층적인 조직구조를 선호하게 된다. 반면에 권력간격이 낮은 문화일수록 수평적인 조직구조를 선호하게 된다.

동기부여측면에서도 개인주의와 집단주의 차원과 관련이 있다고 보았는데, 집단주의 성향이 높은 문화일수록 종업원은 개인이나 가족보다는 회사 또는 조직생활에 더 많은 비중을 두게 된다. 즉 집단주의적 성향이 강한 국가들일수록 각 구성원들이 조직에 대한 충성도나 의무감이 강하게 작용하고 있고, 또 내부집단 구성원들과의 관계에 있어서도 체면을 중요하게 여기는 경향이 강하다고 보고 있다. 마지막으로 남성문화성향이 강할수록 남성 여성간의 역할 차이를 강조하고 또 과정보다는 결과를 중시하는 조직분위기를 선호하게 된다.

홉스테드의 연구는 많은 유용성에도 불구하고 많은 문제점도 내포하고 있다. 논쟁의 초점은 홉스테드가 제시한 개인·집단주의, 권력간격, 불확실성 회피, 남성다움과 여성다움 등 보편적인 네 문화차원이 과연 세계 각 문화에 보편적으로 존재하는가 하는 점이다. 이에 대해 일부 연구들은 회의적인 결과를 보여주고 있다. 뿐만 아니라 네 문화차원이 존재

〈표 6-7〉 클러크혼의 모형

	행위 및 사고유형	서양문화	동양문화
인간의 본성	· 기본적으로 선 · 기본적으로 악 · 선과 악의 혼합	· 선과 악이 혼재함 · 인간의 본성은 변화함 · 교육과 훈련을 통해 인간의 본성을 바꿀 수 있음	· 인간은 본래 선하거나 악함 · 인간본성은 불변임 · 교육과 훈련으로는 인간성이 변하지 않으므로 초기에 적절한 사람을 선발해야 함
인간과 자연의 관계	· 자연을 지배 · 자연과의 조화 · 자연에 복종	· 인간은 자연을 지배함 · 인간의 편리함을 위해 댐, 대로, 항만 등 자연조건을 변화시킴	· 인간과 자연은 조화를 이룸 · 자연을 유지보전하면서 인간의 욕구를 충족시킴
인간관계	· 개인주의적 · 그룹중심적 · 집단주의적	· 개인주의적 · 개인이 의사결정의 주체 · 전문경영제 도입 · 능력위주의 직원선발	· 집단주의적 · 집단이 의사결정의 주체 · 족벌 및 친족위주 경영제 · 친족위주의 직원선발
인간행동양식	· 동적 · 통제적 · 정적	· 동적 · 종업원은 자기만족과 목표 달성을 위해 업무를 수행	· 정적 · 종업원들은 단지 자신에게 주어진 일만을 수행함
시간관념	· 미래지향적 · 현재지향적 · 과거지향적	· 미래중심적 · 단기적 기업정책 추구 · 정책목표는 10-20년 장기계획으로 하지만 실제로는 단기적 목표달성을 위한 기업정책의 확신과 탄력성을 강조함 · 단기적인 인사정책	· 과거중심적 - 장기적 기업정책 추구 · 과거에 수행하였던 기업정책을 근거로 미래의 계획을 수립하며, 기업정책의 변화를 원하지 않음 · 장기적 인사정책
공간관념	· 사적 · 공·사 혼합 · 공적	· 사적 독점 · 경영자는 보통 중요한 회의를 밀폐된 장소를 이용하며, 직원들간에도 칸막이 등을 이용하여 독점적 장소제공	· 공적 공유 · 경영자는 보통 개방적인 장소에서 공개적으로 회의를 개최하며, 직원들 간에도 칸막이가 없이 서로 노출되어 있음

자료 : N. J. Adler, *Women's Androgynous Managers: A Conceptualization of the Potential for American Women in International Management* (Pergamon Press, 1984).

한다고 가정하더라도 네 문화차원 지수가 오늘날에는 1970년대 자료를 이용한 홉스테드의 최초 연구결과와 더 이상 일치하지 않는다고 주장되고 있다.

(2) 클러크혼의 모형

클러크혼(F. Kluckhohn)과 스트로드벡(F. L. Strodtbeck)은 〈표 6-7〉에서 보는 바와 같이 서로 다른 문화를 비교하는데 있어서 6가지의 질문을 제시하였는데, 이 질문에 대해 어떻게 답변하느냐에 따라서 그 사회의 문화를 구분할 수 있다는 설명이다. 6가지 질문은 다음과 같다.

① 인간의 본성은 기본적으로 선한가, 악한가?
② 인간과 자연의 관계는 어떠한가?
③ 인간관계는 개인주의적인가, 그룹중심적인가, 권위주의적인가?
④ 사람의 활동양식이 정적인가, 동적인가?
⑤ 삶의 주관심사가 과거인가, 현재인가, 미래인가?
⑥ 사람은 물리적 공간을 사적으로 이용하는가, 공적으로 이용하는가?

가) 인간의 본성

대부분의 미국사람들은 인간의 본성은 선과 악이 혼재하는 것으로 생각한다. 따라서 혼재하는 선과 악은 교육과 훈련을 통해 어느 극단으로 변화시킬 수 있다고 본다. 이러한 사고체계 하에서 미국기업들은 종업원들이 스스로의 능력을 개발하고 맡은 바 소임을 완수할 수 있도록 학습기회를 제공하고 잘 짜여진 훈련계획을 실행한다. 그러나 이에 반하여 동양적 문화지향성하에서는 인간의 본성은 본래 선과 악의 양 극단에 존재하는 것으로서 절대로 변화하지 않는 것이라고 확신한다. 이러한 확신이 존재하는 한 교육훈련을 통한 인간성의 개조보다는 초기부터 선하고 직무에 적합한 사람을 선발하는 것을 중요시한다. 한국적인 관점에서 최근 몇몇 기업에서는 직원을 채용하는데 있어서 관상가 또는 역술가의 조언을 반영하는 것도 이렇게 인간본성에 대한 변화의 가능성이 없거나 적다고 보기 때문으로도 볼 수 있다.

나) 인간과 자연의 관계

서양인들은 대개 인간은 자연을 지배할 수 있는 존재로 생각하는 경향이 있다. 이러한 사고방식은 인간이 자연을 변화시키는 여러 가지의 행위, 예를 들어 운하나 도로를 만들어 생활을 편리하게 하거나 댐이나 방파제 항만을 축조함으로써 자연재해를 예방하려는 노력으로 나타난다. 즉 인간과 자연을 대립적 관계로 보아 인간이 자연을 극복하지 않으면 인간의 생활이 개선될 수 없다는 사고체계를 지니고 있다.

그러나 동양적 사고방식은 이와는 다르다. 다시 말해 인간과 자연은 조화를 이루는 존재로서 양자의 조화로운 결합만이 큰 하나를 형성하는 것으로 간주한다. 즉 인간과 자연은 대립의 관계가 아니고 조화로운 관계라는 것이다. 한편 이러한 사고에서 더욱 극단으로 나아가면 인간은 자연에 복종하여야 하는 미물에 지나지 않으므로, 자연을 숭배하고 순종하여야 한다는 사고도 존재하게 된다. 이러한 사고는 토템숭배 혹은 자연숭배적 종교를 탄생시키게 된다.

자연에 대한 신념과 태도의 변화는 기업경영자에게도 같은 형태의 신념과 태도를 심어주게 된다. 만약 경영자가 서양적 사고방식을 지니고 있다면 여러 가지 기업을 둘러싼 외부환경에 대하여 공격적이고 적극적인 전략을 통해 이를 극복해 나가는 노력을 행하게 되고, 동양적 사고방식을 지니게 되면 방어적이고 수동적인 전략을 택하게 되는 것이다.

다) 인간관계

흔히 미국인을 비롯한 서양인들은 개인주의적이라고 말한다. 개인주의라는 말은 의사결정의 주체가 바로 자신이며 자신의 이익과 복지의 증진을 위해 자신의 능력을 사용한다는 의미로 파악될 수 있다. 따라서 개인주의적 성향을 지니는 사람은 집단이나 공동체 생활에 대한 적응력이 낮으며 유동적이다. 여기서 유동적이라는 의미는 지리적으로 이주를 한다는 의미 이외에도 직장이나 소속단체로부터의 가입 및 탈퇴를 의미하기도 한다.

개인주의 사회에서 기업을 운영하기 위해서는 종업원의 채용에서 조직의 구성에 이르기까지 구성원들이 지니는 개인주의 성향을 반영하여야 한다. 즉 종업원을 채용하는 경우에는 개인의 능력과 업무의 전문성을 고려하여 최적자를 선발하며, 그로 하여금 업무의 범위 내에서는 자율적인 권한을 부여하여야 한다. 또한 종업원이 담당하는 업무의 영역과 책임의 한계를 기술한 직무표 등을 통해서 개개인이 조직 내에서 차지하는 위치를 분명히 하여야 한다.

반면, 집단주의의 경우에는 의사결정의 주체가 본인이 소속된 집단으로서 집단의 이익과 복지의 증진이 최우선과제가 된다. 따라서 집단주의사회에서 기업은 인사관리의 측면에서 자신이 소속된 집단, 예를 들어서 학연, 지연, 혈연 등을 중심으로 인사채용이 이루어지며 또한 경영체제도 족벌위주 또는 친족위주의 경영제도를 채택하게 된다.

개인주의와 집단주의 성향은 기업 내의 의사결정과정에도 영향을 미친다. 개인주의적 기업조직 내에서는 개인의 의사결정에 대하여 조직의 다른 구성원들의 동의를 구하는 방식을 통해 의사결정이 이루어진다. 그러나 일본과 같이 집단주의적 기업조직 내에서는 다수의 조직구성원이 의사결정과정에 참여하여 집단적 의사결정을 이루게 된다.

집단적 의사결정이란 개인적 의사결정에 앞서 조직의 구성원들의 동의를 앞세워서 이들의 동의를 바탕으로 개인적 의사결정을 내리는 형태를 말한다. 이러한 의사결정 방식은 개인주의적 방식보다 조직의 모든 구성원들의 이해와 동의를 필요로 하기 때문에 많은 시간을 필요로 하며, 조직구성원의 모든 욕구를 반영해야 하기 때문에 경직될 수 있다. 그러나 일단 의사결정이 이루어지면 모든 조직구성원들이 내용에 대하여 알고 있기 때문에 의사결정내용은 즉시 실행에 옮길 수 있다.

라) 인간행동양식

앞서 살펴본 인간의 본성, 인간과 자연의 관계, 인간관계에서 유추할 수 있는 사실은 미국식 또는 서구식 문화지향성을 보이는 경우에는 인간의 행동은 동적이고 적극적으로 나타나게 될 것이라는 것이다. 종업원들은 자신의 만족과 목표의 달성을 위해 맡은 바 업무에 전력하게 되며, 경영자들은 승진, 임금인상, 보너스 및 기타 부가급여를 통해서 종업원의 사기를 북돋움으로써 경영의 효율성이 증진될 수 있다.

그러나 동양적 문화지향성의 경우에는 인간의 행동양식을 정적으로 보아 종업원들은 오로지 자신에게 주어진 일만을 수동적으로 수행하는 것이라고 믿는 것이다. 따라서 경영자의 입장에서도 승진, 임금인상 등의 여러 가지 인센티브들이 효력을 발휘하지 않기 때문에 오히려 업무를 보다 과중하게 부과하고 지속적으로 관리 감독하는 방법이 효율적일 수 있다.

마) 시간관념

미국식 문화지향성의 관점에서 시제의 중요성은 미래에 있다. 그러나 동양적 문화에서는 전통을 중요시하고 있는데, 바로 전통이라는 의미는 과거로부터 축적된 것이기 때문에 과거중심적이라고 말할 수 있다. 흔히 미국식 경영을 행하는 기업의 경우에 기업의 정책적 목표는 장기적으로 10년 혹은 20년 계획의 달성에 두지만, 실제로는 아주 짧은 기간,

예를 들어 한 달, 두 달 혹은 분기와 같은 단기적 목표의 달성을 통해서 장기적 정책목표를 향해 나아가는 기업정책을 추구하고 있다. 따라서 기업의 인사정책도 목표의 달성을 위한 단기적인 채용을 하기 때문에 종업원이 목표를 달성하지 못하면 이를 해고하거나 승진에서 누락시키며, 목표를 달성하는 경우에는 업적 또는 성과에 해당하는 만큼의 급여를 더 주는 성과 급여제도를 사용하게 된다.

그러나 동양적 문화지향성에서는 기업의 정책적 목표가 장기적으로 설정되지만, 이를 달성하기 위해서는 과거의 기업정책의 성공・실패여부를 감안하여 기존의 기업정책이 크게 변화되지 않는 범위 내에서 수정과 보완과정을 반복하게 된다. 이러한 기업의 경우에는 일본의 예에서 보는 바와 같이 종업원의 종신고용제와 연공서열 급여제도를 사용하게 되는 것이다.

바) 공간관념

물리적인 공간을 인간들이 공유하는가 아니면, 각기 독점영역을 인정하는가 하는 문제에 대하여도 서양식 사고방식과 동양식 사고방식에서 차이가 날 수 있다. 예를 들어 대출을 받기 위해서 한국계 은행과 미국계 은행을 각각 방문할 경우 특이한 사실은 한국계 은행은 대출을 담당하는 모든 직원들이 공개된 장소에서 서로 얼굴을 마주보고 근무하는 반면에, 미국계 은행에서는 모두 개인마다 칸막이로 나누어져 있고 심지어 마주 대하고 있는 책상 사이마저도 칸막이를 설치하는 경우를 종종 목격하게 된다. 이러한 현상은 바로 앞서의 개인주의적인 인간관계 속성에 따른 것으로서 공간에 대한 가치제계의 차이를 반영하는 것이다.

결국 공간적인 분할을 추구하여 사적인 독점영역을 확보하려는 서구식 기업에서는 회의를 개최하게 되는 경우, 별도의 밀폐된 공간에서 회의에 필요한 사람만이 참가하여 회의를 진행하게 된다. 반면, 공간을 공적으로 공유하는 문화권에서는 공개적인 장소에서 모든 직원들이 참가하여 회의를 진행하게 되는 것이다.

(3) 홀의 모형

홀(E. T. Hall)은 문화적 차이를 구분함에 있어서 〈표 6-8〉에서 보는 바와 같이 고배경문화(high context culture)와 저배경문화(low context culture)로 구분하고 있다. 여기서 배경(context)이란 인간이 의사소통을 행함에 있어서 자신이 지니는 정보나 의사를 전달하기

〈표 6-8〉 고배경문화와 저배경문화의 차이

	고배경문화	저배경문화
법, 변호사	덜 중요하다	아주 중요하다
개인의 말	그 개인이 보증이다	서면으로 보증한다
공간	같이 공유한다	개인공간은 서로 침해하지 않는다
시간	인생의 모든 일은 시간이 해결해 준다 (polychronic)	시간은 돈이며 매사는 하나씩 매듭짓는다 (monochronic)
협상	시간이 걸리며 협상과정을 통해 서로를 이해한다	신속하게 해결되며 협상 자체의 목적 이외의 목적은 없다
책임소재	조직의 최고책임자	업무담당자 또는 최하위층
경쟁입찰	빈번하지 않다	아주 흔하다

자료 : W. J. Keegan, *Multinational Marketing Management* (Englewood Cliffs, N. J.: Prentice-Hall, Inc., 1989), p.117.

위해 사용하는 메시지가 내포하는 여러 가지 의미를 포함한다.

고배경문화는 의사소통이 대화내용 자체보다는 배경, 즉 외부환경, 상황, 비언어적 표현 등에 의존해서 이루어지는 문화를 말한다. 따라서 고배경문화 구성원은 의사소통 상황에서 배경에 대한 암묵적 의미를 해석하는 방법을 습득하게 된다. 반면 저배경문화에서 외부환경과 비언어적인 행위는 상대적으로 중요하지 않다. 대신 주로 대화내용 자체를 중요시하며 의사소통을 하게 된다.

고배경문화에서는 책임과 신뢰가 중요한 가치덕목으로 여겨지고 있어 법률적인 서류보다 때로는 개인의 말이 더욱 확실한 보증이 된다. 반면, 저배경문화에서는 명확한 정보의 교환으로 의사소통이 이루어지고 법률적인 서류가 보증서 역할을 한다.

고배경문화인 한국, 중국, 일본에서는 협상에 서명한 후에라도 추후 변경을 요구하는 것이 가능하나, 저배경문화인 미국에서는 이러한 요구는 받아들여지지 않을 것이다. 즉 동앙권에서는 많은 계약에서 상황이 변한다면 재협상될 수 있다는 조항을 포함하고 있다. 조직의 실패에 대한 책임소재도 고배경문화에서는 최고위층에 두는 반면, 저배경문화에서는 최하위층의 실무자에게 둔다.

[그림 6-5]에서 보는 바와 같이 인도네시아, 사우디아라비아, 이집트, 일본, 한국 등이 고배경문화에 속하고, 미국, 캐나다, 독일, 덴마크, 스웨덴 등이 저배경문화에 속한다. 중간수준의 문화에 속하는 국가로는 몽고와 중국을 들 수 있다.

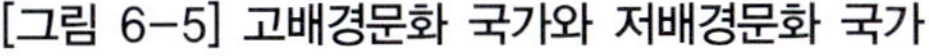
[그림 6-5] 고배경문화 국가와 저배경문화 국가

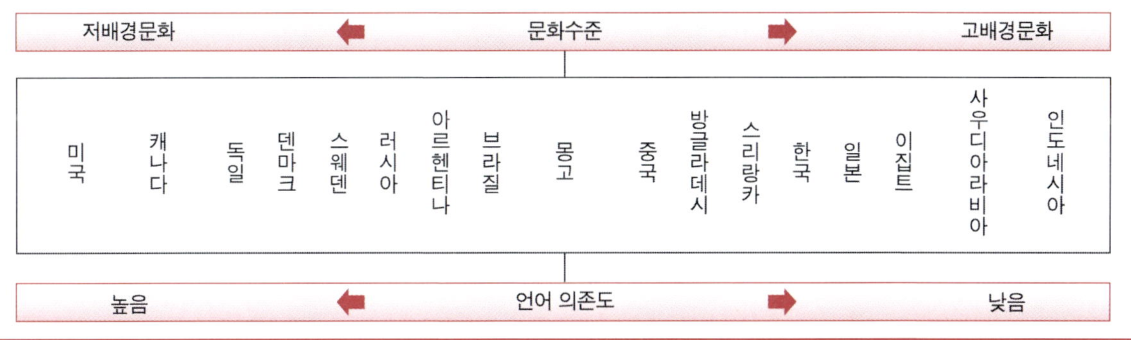

홀의 모형은 문화인류학적인 연구방식을 취하고 있지만, 지나치게 기술적이고 주관적이라는데 그 한계가 있다. 특히 두 문화의 경계를 구분하는데 어려움이 뒤따른다는 것이 문제점으로 지적되고 있다.

4 문화적 환경의 관리

국제기업의 경영자는 문화적 환경이 다른 여러 지역을 배경으로 활동함에 있어, 문화의 의미를 이해하고 평가하여 전략적 시사점을 도출해야 하는 중요한 과제를 안고 있다. 따라서 본 절에서는 문화적 환경관리의 중요성은 무엇이며, 문화적 차이를 극복하기 위한 국제기업의 전략적 대안은 무엇인지를 설명하고자 한다.

4.1 문화적 환경관리의 중요성

문화는 한 국민이나 민족집단에 널리 공유된 인식으로서 여러 세대를 거치면서 제도화된 법률, 규칙, 관습 등으로 나타난다. 따라서 기업활동이 특정국가에 국한되어 있다 하더라도 그 나라의 문화적 전통에 대한 이해가 필요하다. 나아가 기업활동이 여러 국가에 걸쳐 있는 경우에는, 각기 다른 시장이 안고 있는 고유한 문화적 특성은 국제기업의 모든 경영활동과 기능에 영향을 미치게 된다.

국제기업의 경영자가 문화적 차이를 제대로 이해하고 있어야 하는 까닭을 예를 들어 살펴보자. 우선 가장 두드러진 것이 바로 소비패턴의 차이이다. 문화적 차이는 의식주 관습의 차이를 낳고, 이는 다시 크기나 쓰임새와 같은 제품의 속성에 영향을 미치게 된다. 한 예로 보약을 좋아하는 한국인은 비타민이나 영양제 같은 약품을 선호하고 있으며, 약과 음료수를 혼합한 형태인 드링크류(예컨대 박카스)에 대해 독창적인 수요를 창출하였다. 또 다른 예로 독일의 주부들은 매우 실용적이어서 통조림과 같은 가공식품을 많이 구매하는 데 비해, 프랑스의 주부들은 가정에서 요리하기를 즐기기 때문에 가공식품을 적게 구매한다고 한다.

인사 및 노사관계관리의 측면에서도 종업원의 가치관과 행위차이가 경영효율성에 큰 영향을 미치는 경우를 자주 볼 수 있다. 예컨대 개인주의 사고가 극도로 발달한 미국과 같은 선진국과는 달리, 부족중심의 전통사회가 그대로 보존되고 있는 상당수 아프리카 국가에서는 민주적인 경영방식보다는 가부장적인 관리방식이 종업원들에게 안정감을 주고 생산능률을 높일 수 있다. 한편 한국의 어느 종합상사의 경험에 따르면, 그 회사의 미국지사 사원의 수가 10명을 넘어서자 미국의 한 노조 조직원이 방문하여 노동조합에 가입할 것을 계속 권유하고 설득했다는 것이다. 그러나 노조라면 무조건 반대하는 최고경영자의 사고방식 때문에 상당한 비용과 시간을 들여 종업원을 회유했지만, 결국 압력에 못이겨 지사 내에 노조를 결성하게 되었다고 한다. 그러나 지사장의 경험에 의하면 노조결성 후 노조지부장의 협조를 얻어 노사관계관리상의 어려운 문제를 해결하는 것이 훨씬 수월해졌다고 한다. 이 사례에서 보면 국내에서 형성된 고정관념만으로는 국제경영활동을 효과적으로 수행할 수 없게 될지도 모른다.

국제계약체결시 각국의 상관습 역시 문화적 차이의 중요성에 대한 시사점을 제시해 준다. 화교 상인들은 전통적으로 말로서 맺은 약속을 중시하는데 비해, 서양에서는 문서화된 계약에 의존하는 경우가 많다. 특히 미국에서는 중요한 상거래에 변호사가 개입된 경우가 많은데, 국제거래 빈도가 꾸준히 증가하고 있음을 고려할 때 한국기업의 경영자들은 이 점에 각별히 유의해야 한다.

4.2 문화적 환경관리의 전략

(1) 현지 문화에의 적응

국제기업 관리자는 현지국 문화에 대하여 이해를 해야 할 뿐 아니라 현지국 문화에 적응할 수도 있어야 한다. 현지에서 근무하는 국제기업 관리자의 경우에는 더욱 중요하다. 대개의 경우 외국에 나가서 근무하게 되면 새로운 문화에 적응하지 못하여 심리적으로 불안해지는 문화적 충격(culture shock)에 빠지게 된다. 이 경우 현지에서의 업무수행에 막대한 지장을 받는 것은 물론 당사자에게는 신체적 질병이 유발되기도 한다.

문화적 충격이 생기는 이유는 첫째, 자기 문화권 내에서는 익숙하던 일상적인 일들이 다른 문화권에서는 익숙하지 않게 됨으로써 생활에 대한 단절감이 생기게 되고, 그에 따라 심리적으로 불안해지기 때문이다. 둘째는, 지금까지 지녀온 가치관의 혼란에서 비롯된다. 언어도 잘 통하지 않는 외국에서 지금까지 절대적인 것으로 믿었던 것들이 상당한 정도 흔들리면서 심한 갈등을 느끼기 때문이다. 이러한 상황 속에서 업무수행과 실적달성의 심리적 압박감은 문화적 충격을 더욱 가중시킨다.

문화적 충격은 외국에서 기업활동을 수행하는 국제기업 관리자에게는 어느 정도 불가피한 것이라 할 수 있으나, 자기중심적 기준(SRC: self-reference criterion)을 버림으로써 충격을 다소 줄일 수 있다. 자기중심적 기준이란 자기문화는 무조건 옳고 외국문화는 무조건 그르다는 생각에서 외국문화를 야만시하거나 회피하려는 태도를 말한다. 외국문화라 하여 무비판적으로 수용하는 것도 문제지만, 무조건 배척하는 것도 국제기업 관리자의 올바른 태도는 아니다.

그러므로 국제기업 관리자는 문화란 습관적 또는 경험적으로 축적된 사고방식 내지 행동양식이라는 것을 깊이 인식하여 현지국의 문화에 대해 빨리 적응할 수 있도록 노력하여야 한다. 일반적으로 새로운 문화에의 적응과정은 ① 최초도취기, ② 초조불안기, ③ 점진적 적응기, ④ 이중문화기의 네 가지 단계를 거쳐 이루어진다고 한다.

외국문화에 완전히 젖어 버리는 이중문화기를 넘어 버리면 외국근무를 마치고 본국으로 귀향한 후에도 약간의 어려움을 겪을 수 있다. 이것이 소위 역문화충격(reverse culture shock)이다. 이 경우에는 본국으로 돌아와서 마치 외국인이 새로운 문화에 적응하듯이 위에서 설명한 네 단계의 문화 적응과정을 다시 밟게 된다.

(2) 전략적 대안의 마련

문화적 차이를 극복하고 현지국의 문화에 적응하기 위해서 국제기업은 다양한 전략적 대안을 시도할 수 있다. 국제기업의 입장에서는 다음과 같은 전략적 대안을 통해 문화적 차이를 극복하기 위한 노력을 전개하는 것이 바람직하다.

첫째 대안은 현지국의 문화에 일치하도록 기업전략을 세우는 현지국 문화에의 일치전략(culturally congruent strategy)이다. 이러한 전략은 현지국과의 마찰이 가장 적으나 기업의 기본적인 목표 및 전략과 상충될 수 있는 가능성이 있다.

둘째는 자연적인 문화의 변화를 기다리는 전략(strategy of unplanned change)으로 문화의 변화가 자연적으로 일어나서 기업환경에 맞을 때까지 기다리는 소극적인 전략이다.

셋째는 문화의 변화를 유도하는 전략(strategy of planned change)으로 기존의 현지문화를 국제기업의 기업목표에 걸맞도록 적절한 변화를 유도하는 적극적인 방법이다. 이는 문화의 구성요소 중 혁신을 유도하는 요소와 갈등을 일으키는 요소를 파악하여, 변화를 유도할 수 있도록 갈등을 일으키는 요소를 전환시키려는 전략이다. 이 경우 현지문화와의 갈등을 극소화하기 위한 특별한 노력이 필요하다.

(3) 중개인으로서의 역할

문화적 지식의 내용은 문화권에 따라 상당한 차이를 보이고 있으며, 상이한 문화와의 접촉이 이루어질 때마다 점진적인 변화를 일으킨다. 문화의 변화는 다른 문화권에서 몇 가지 특징적인 것들을 도입하여 사용하는 문화의 차입에서부터 시작된다. 청바지의 경우가 대표적인 예이다. 청바지는 원래 포장마차에서 사용하던 질긴 천을 의류로 사용함으로써 시작되었는데, 처음에는 미국 서부지역에서만 사용되었지만 지금은 세계 각국에서 남녀노소 구별없이 사용하는 일반의류가 되었다. 하지만 다른 문화권에서 차입하여 들여온 문화는 그 사회의 전통을 바탕으로 흡수되기 때문에 각 국가에 따라 비슷하면서도 조금씩 다른 특성을 보이게 된다.

한편 문화의 변화가 때로는 큰 저항을 초래하기도 한다. 문화의 특성에 따라 차이가 있지만 기존문화에 대한 파괴가 클수록, 전통문화에 대한 침해가 클수록 문화적 변화에 대한 저항이 크게 된다. 그러므로 신제품을 통하여 새로운 문화를 국제시장에 소개하고자 하는 경영자는 이러한 저항의식을 최소화할 수 있는 전략대안을 수립하여야 한다.

문화적 변화의 중개인(change agent)으로서 국제기업의 역할은 긍정적인 면과 부정적인 면을 동시에 갖고 있다. 국제기업이 국제경영활동을 통해 이전하는 신상품, 새로운 인사관리제도, 마케팅기법, 기타 현대적인 지식은 투자기업이나 현지국 정부에게 바람직한 것으로 평가한다. 그러나 경우에 따라서는 불필요한 소비를 조장한다든가, 또는 전통적인 가치관을 파괴한다든가 해서 비난을 받기도 한다. 하지만 국제기업의 문화전파활동이 긍정적으로 평가되는가, 아니면 부정적으로 평가되는가의 문제는 현지국 정부관계자나 엘리트들의 정치이념과 가치관에 의해서 많은 차이를 가져온다고 보아야 하겠다.

5 각국의 문화적 관습

5.1 종교에 관한 관습

말레이시아, 인도네시아인들은 거의 대부분 이슬람교도들이다. 상대방의 종교를 미리 확인할 필요는 있으나 그 종교의 교리 등을 너무 깊숙이 묻는 것은 예의에 어긋나는 일이다. 이를테면 그들이 신봉하는 알라신에 대해 왈가왈부한다든지, 부인을 몇 명이나 거느리고 있느냐는 등의 질문은 삼가는 것이 좋다. 그들은 원래 매우 친절한 민족이기 때문에 이같은 민감한 이야기만 피한다면 대체로 기꺼이 대화에 응해 주는 성향을 가지고 있다.

사우디아라비아는 이슬람국가 중에서도 계율이 가장 엄격한 편이고 음주는 절대로 금물이다. 우상숭배를 부정하는 경향이 강해 최근까지도 인형을 수입하거나 마네킹을 점포에 장식하려면 인형이나 마네킹의 머리부분을 잘라내야만 겨우 허가를 받을 수 있을 정도이다.

인도인들에게 있어 종교는 신앙일뿐 아니라 생활 그 자체이므로 그들 종교에 대한 비판이나 부정적인 지적을 하는 것은 금물이다. 몽골인들은 미신을 강하게 믿는 편이어서 문턱이나 부뚜막을 밟지 않아야 하며 서북쪽에 앉는 것도 피하여야 한다.

중국은 포교활동이 금지되어 있기 때문에 특히 모르는 사람에게 선물을 나누어 주는 행위는 자칫 타인의 오해를 유발할 수 있기 때문에 주의해야 한다. 단, 사찰・교회 등에서의 종교활동은 보장되어 있다.

가봉은 종교상의 습관으로는 근친자의 장례 후 1년간은 상복을 입고 지낸다. 또한 수도 리브르빌에는 이슬람교도가 많아 일상적인 기도나 라마단 때는 이를 배려할 필요가 있다. 리비아는 이슬람이 국교로 되어 있어서 금식기간인 라마단 중에는 낮시간에는 완전 금식을 한다. 이스라엘은 금요일 오후부터 토요일까지 안식일이어서 버스도 안 다니고 식당도 열지 않는다.

5.2 인사에 관한 관습

중국에서는 오른손 주먹을 왼손 바닥에 붙이고 두 손을 가슴 앞으로 내밀며 흔드는 방식의 인사인 포권경례가 거의 사라져 버렸다. 포권경례가 사라진 이유는 그것이 청나라의 유물이라고 사람들이 생각하기 때문이다. 대신 서양의 인사관습인 악수가 보편화되어 있다. 그러나 반갑다고 해서 서양식으로 끌어안거나 뺨을 비비는 것은 금물이다. 한편 중국에서도 영어식 인사말이 많이 스며들었는데, 'Good morning'에 해당하는 '짜오 안'(早安), 'How are you?'에 해당하는 '닌 하오'(您好) 등이 그 대표적인 예라고 할 수 있다.

아랍지역에서는 처음 만나 인사할 때 악수하는 것을 좋아한다. 그러나 왼손으로 신체의 일부분을 만지는 일은 피해야 한다. 왼손으로 더러운 것을 만지는 것도 일반적으로 매우 싫어한다. 아랍인들과 대화할 때 가장 조심해야 할 주제는 여성과 관련된 사항들이다. 사우디를 제외한 대부분의 아랍국가들은 상당히 개방화되어 있어 많이 달라지기는 하였지만, 대체로 아랍여성에게는 섣불리 말을 걸지 않는 편이 좋다. 주위에 아랍남성들이 함께 있는 경우에는 더욱 조심해야 한다.

말레이시아, 부탄, 브루나이, 몽골 등의 국가에서도 왼손을 부정하게 생각하기 때문에 악수를 하거나 물건을 받을 때는 오른손을 이용한다. 그리고 손가락으로 사람을 가리키지 않도록 조심해야 한다. 동물을 가리킬 때나 손가락을 사용하므로 손가락으로 사람을 가리킬 경우 기분나쁘게 생각한다. 대신 손바닥을 위로해서 가리키면 된다.

스리랑카 사람들은 긍정의 대답인 경우 머리를 약간 좌우로 흔들면서 표시하고, 부정의 경우 고개를 흔들지 않거나 머리를 완전히 좌우로 분명히 세게 흔들면서 의사표현을 한다. 불가리아에서는 머리를 끄덕이면 No, 가로 저으면 Yes라는 뜻이므로 주의해야 한다.

우리나라와 일본에서는 어린 아이의 머리를 쓰다듬어 주면 싫어할 부모가 거의 없겠지만, 태국이나 말레이시아에서는 사정이 다르다. 어린 아이의 머리를 신성시해서 다른 사람이 만지는 것을 아주 싫어한다. 특히 피지 사람들은 머리를 만지면 영혼이 빠져나간다는 믿음을 가지고 있으므로 사람의 머리를 만지는 것은 금기사항이다.

구미 각국에서 엘리베이터를 타고 내릴때에는 여자가 먼저 타고 먼저 내리도록 배려해야 하며, 모르는 사람끼리도 대체로 간단한 인사 정도는 나누는 것이 보통이다. 영국과 미국에서는 'Thank you,' 'Please,' 'Excuse me' 등의 말들을 입버릇처럼 많이 사용해야 한다.

5.3 식사에 관한 관습

파라과이에서는 주인이 식사를 시작할 때까지 먼저 해서는 안 되며, 손은 무릎위에 두지 않는다. 중국에서 남의 집에 식사초대를 받아서 방문할 때는 현관에서 신발을 벗어 반듯하게 정돈해 놓아야 한다. 대개의 경우 식사 전에 주안상이 먼저 차려지는 것이 관례이며, 밥과 국이 나오면 그 날의 식사모임이 서서히 끝나간다는 것을 의미한다.

인도에는 채식주의자가 많으므로 음식을 접대할 때 미리 상대방이 채식주의자인지 아닌지를 알아두어야 한다. 채식주의자 중에서도 채소·과일·곡식만을 먹는 층, 물고기까지는 먹는 층, 우유 치즈 등까지도 먹는 층 등으로 각기 다른 여러 계층이 있기 때문이다. 또한 힌두교도들은 쇠고기를 먹지 않으므로 이에 유념하여야 한다. 인도인들은 식사 때에 오른손만 쓴다. 왼손은 화장실에서 용변 후라든가 비교적 하찮은 일에만 쓰는 반면, 오른손은 신성시하는 경향이 있기 때문이다.

인도네시아, 말레이시아인들은 거의 대부분이 이슬람교도들이다. 이들에게 서양음식을 권하는 것은 대체로 무난한 일이나 돼지고기를 권하는 것은 절대로 금물이다. 간혹 손으로 음식을 먹는 사람들이 있을 수 있는데, 그렇다고 깜짝 놀라거나 더럽다는 표정을 짓는 것은 실례이다.

아랍지역, 특히 사우디인들을 초대하여 대접할 때에는 돼지고기 등 발가락이 붙어 있는 동물의 고기와 오징어 등 비늘이 없는 물고기는 피하는 것이 좋다. 담배는 아무 때나 권해도 좋지만 술은 상대방의 의향을 물어보고 권하여야 한다.

미국, 영국 등 구미에서 음식점에 혼자 갈 경우에는 빈자리가 많더라도 반드시 카운터 옆에 서서 기다리다가 종업원이 안내해 주는 자리에 가서 앉아야 한다. 식당에서는 종업원이 안내해 줄 때까지 줄을 서서 기다리는 것이 예절이기 때문이다. 영국의 술집들은 대개의 경우 멤버십제도로 되어 있기 때문에 함부로 들어가면 망신을 당하기 쉽다. 선술집이라 할 수 있는 펍(pub)을 찾는 것이 무난하다.

5.4 교통에 관한 관습

유럽에서 열차를 탈 때에는 탑승권을 개찰기·집찰기에 집어넣어 승차시간이 기록되도록 하여야 한다. 특히 왕복열차를 개·집찰기에 넣지 않고 탔다가 열차 내에서 검표원에게 들킬 경우 독일에서는 40마르크의 벌금을 물어야 한다. 유럽에는 대체로 개찰구에 검표원이 없으며 마음대로 드나들 수 있게 되어있다.

영국에서 택시를 타고 팁(요금의 약 10~15%)을 주지 않는 것은 실례이다. 택시를 탈 때에는 반드시 행선지를 먼저 말하여야 한다. 함부로 택시의 문을 열고 탔다가는 강도로 오인 받는 수가 생긴다. 바쁘지 않을 때에는 숙소에서 콜택시를 부르는 것이 좋으며, 대개의 경우 10~15분 내에 차가 도착한다.

5.5 숙박 및 여행에 관한 관습

구미 각국에서 호텔에 숙박하고 샤워를 할 경우 반드시 샤워 커튼을 욕조 안으로 드리우도록 하여야 한다. 목욕물을 욕조 밖으로 흘러나오게 하면 종업원으로부터 예의 없는 사람이라는 소리를 듣게 된다. 호텔 종업원이 가방을 운반해 줄 때에는 큰 짐 하나당 미화 1달러 정도의 팁을 주어야 한다.

호주와 뉴질랜드를 여행할 때에 김, 멸치, 녹용 등 농산물과 약재를 가지고 가면 세관통과가 매우 까다롭다. 녹용은 금수물자는 아니지만 사전에 신고를 해야 하는 품목이기 때문이다. 그리고 외국에서 쇼핑을 할 경우 상표를 잘 들여다보지 않으면 모조품을 사기 쉽다.

네팔, 부탄, 말레이시아, 브루나이, 스리랑카 등의 국가에서 불상이나 사원을 관람하기 위해서는 시계방향으로 들어가고 나와야 하며, 힌두 사원은 힌두교도만 출입이 가능하므로 주의를 해야 한다. 불교 사원 내부는 신발과 모자를 벗어야 하며, 보행은 한국과는 반대인 우측통행이다. 몽골의 전통가옥인 '게르'에는 오른쪽과 왼쪽에 문이 있는데, 오른쪽으로 들어가야 하며 왼쪽으로 들어가면 예의에 어긋나게 된다.

우리나라에서도 가끔 볼 수 있는데 영국이나 프랑스 등 대부분의 유럽국가에서 에스컬

레이터를 이용할 때에는 바쁜 사람들을 위해 왼쪽을 비워두고 오른쪽으로 붙어 서있는 것이 예의에 어긋나지 않는다.

연습문제

1. 한국의 문화를 클러크혼모형으로 설명하시오.
2. 국제기업에게 있어서 국제문화환경 분석이 중요한 이유를 예를 하나 들어 설명하시오.
3. 고배경문화와 저배경문화의 차이를 커뮤니케이션 측면에서 설명하시오.
4. 아시아국가에서 홉스테드의 개인·집단주의와 장기지향성이 어떻게 변화하고 있는가?
5. 권력간격 문화차원과 조직구조는 어떤 관계가 있는가?

PART 3 국제기업의 전략

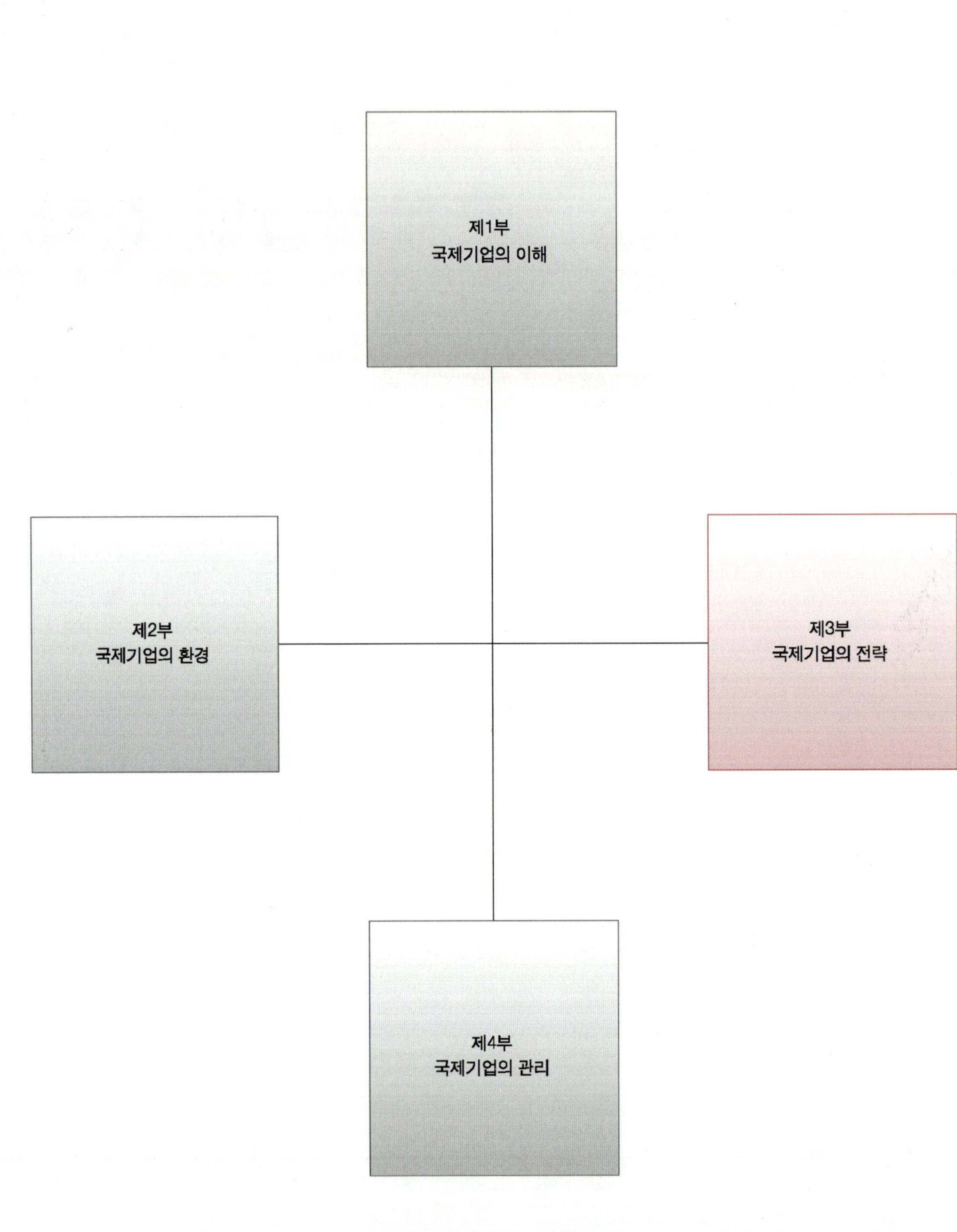
제1부
국제기업의 이해
제2부
국제기업의 환경
제3부
국제기업의 전략
제4부
국제기업의 관리

07
Chapter

해외시장 진입전략

1. 해외시장 세분화
2. 해외목표시장의 선정
3. 해외시장 포지셔닝
4. 해외시장 확대전략
5. 해외시장 진입방법

학습목표

해외시장 진입을 위하여 시장세분화, 목표시장선정, 포지셔닝 등에 대하여 알아본다. 그리고 시장확대전략에 대하여 살펴본 후, 진입방법으로 수출, 국제계약, 해외투자 등에 대하여 학습한다.

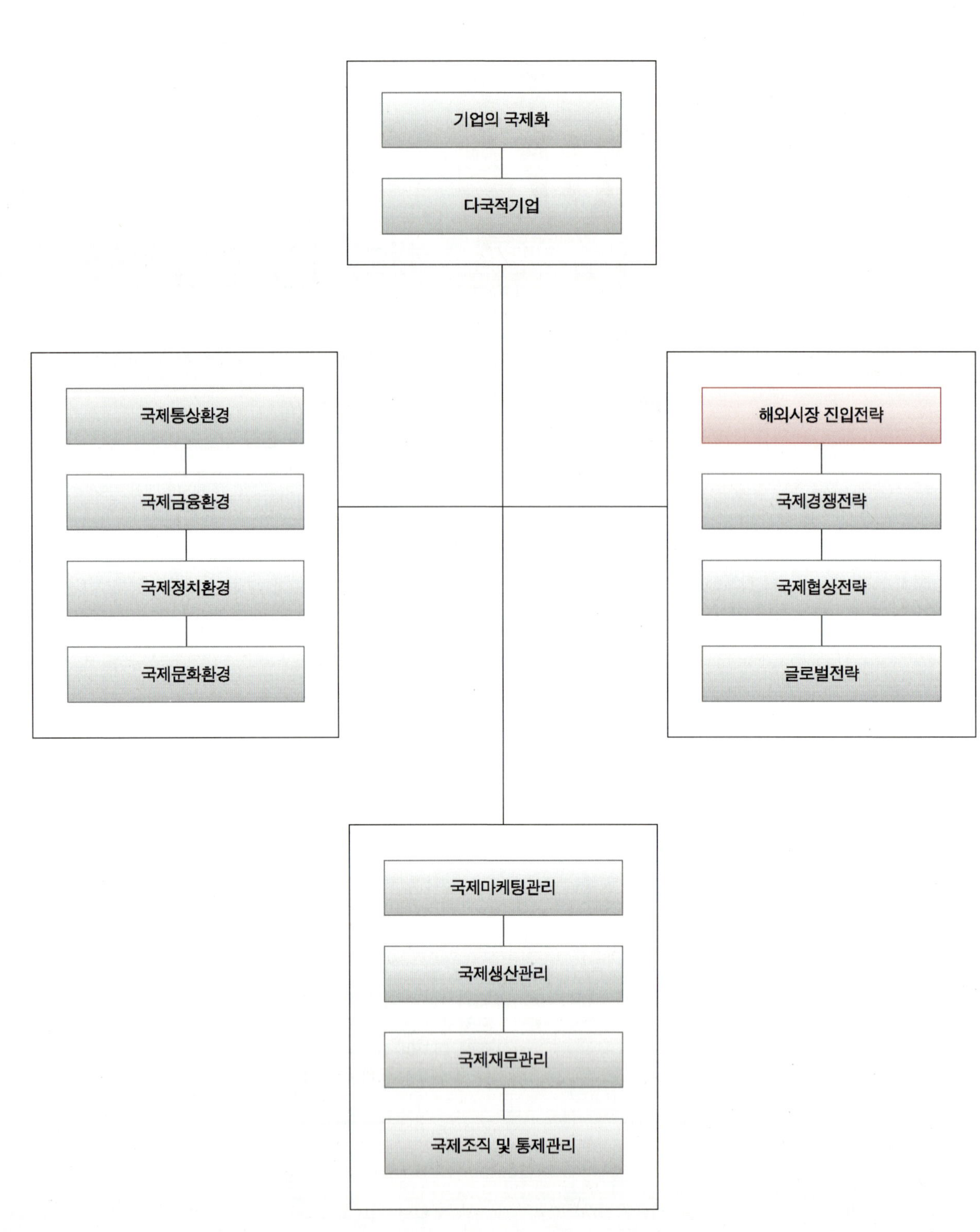

기업의 국제화
다국적기업
국제통상환경
국제금융환경
국제정치환경
국제문화환경
해외시장 진입전략
국제경쟁전략
국제협상전략
글로벌전략
국제마케팅관리
국제생산관리
국제재무관리
국제조직 및 통제관리

해외진출 전략은 오리온에서 배워라

최근 국내 내수시장의 둔화로 해외진출을 노리는 음식료업체들이 늘고 있으나 성공했다고 평가받는 기업은 손에 꼽는다. 그런 점에서 현재 독보적인 성과를 내고 있는 오리온에서 성공 전략을 찾아야 한다는 지적이 나왔다.

한국신용평가는 17일 '음식료 업계의 해외진출, 어떻게 볼 것인가?'라는 리포트를 통해 "오리온이 중국시장에서 괄목할만한 성공스토리를 보이고 있다"며 "오리온의 사례는 음식료업도 해외진출을 통해 스타로 거듭날 수 있다는 것을 시사한다"고 밝혔다.

오리온의 해외사업은 2009년 이후 현지 제과시장의 확대와 더불어 빠른 성장률을 보이기 시작했다. 오리온의 매출과 영업이익은 2007년부터 꾸준히 증가했다. 지난해 오리온은 매출 약 1조원, 영업이익 약 1200억 원을 기록하며 국내 제과부문의 실적을 넘어섰다.

오리온이 해외시장에서 성공한 비결은 크게 시의적절한 투자와 점진적인 현지화 전략으로 나눠진다. 오리온은 1993년 베이징 현지법인 '오리온식품유한공사'를 설립하면서 중국시장에 진출했다. 아직 중국에서 제과산업에 대한 수요가 형성되기 전이었다. 중국의 제과시장은 급속한 경제발전과 양과에 익숙한 세대의 소비 확대를 거치며 2000년대 후반에서야 본격적으로 형성됐다. 오리온은 최근 5년간 평균 1000억원 규모의 설비투자를 통해 확대되는 중국시장에 대응하고 있다.

오리온은 중국 진출 당시 국내에서 검증된 제품 위주로만 판매를 개시했다. 1997년에는 베이징 랑팡에 생산공장을 준공해 현재 생산체계를 갖추게 됐다. 그 이후 조금씩 인근 대도시에서 지방도시로 시장을 확대했다. 동시에 중국 소비자들의 입맛에 맞는 제품군을 넓히기 시작했다. 오리온은 2007년 영업 및 생산기반이 베이징→상하이→광저우로 확대된 이후 연평균 50%의 성장률을 기록하기 시작했다.

한국신용평가는 "음식료기업은 수출로 수요층을 형성한 뒤 현재 판매법인을 설립하고, 공장을 가동할만한 판매량이 확보되면 순차적으로 생산라인을 증설하고 영업지역을 확대하는 것이 효과적"이라며 "단계적인 지역공략이 중국시장에서 오리온이 성공할 수 있었던 주된 요인 중 하나"라고 설명했다.

일본 간장 제조업체 기꼬망도 오리온과 유사한 방식으로 미국에서 성공을 거뒀다. 1957년 일찌감치 미국 샌프란시스코에 현지법인을 설립했다. 1973년 위스콘신에 현지공장을 세웠고, 1998년 캘리포니아에 두 번째 공장을 지었다. 이 기간 동안 현지 입맛에 맞도록 간장을 개량해 현지 식문화와 융합시키고, 포장에 성조기를 본뜬 로고를 삽입하는 등 각종 마케팅전략을 통해 자사의 간장제품을 현지화하는데 성공했다.

기꼬망은 미국에서의 성공에 힘입어 타이완, 싱가폴, 중국, 네덜란드에 공장을 두고 유럽, 아시아, 오세아니아 등 세계 각지에 간장을 수출하고 있다. 거의 매년 전체 설비투자(CAPEX)의 약 20%가 해외에서 소요될 정도로 해외시장에 대한 투자도 활발히 진행 중이다. 덕분에 기꼬망은 1983년 미국법인을 설립한지 25년 만에 미국 간장시장 1위에 올라섰고, 1994년 가정용 간장시장에서 50%의 점유율 넘어섰다. 지난해 기꼬망 해외 제조부문은 전체 매출의 약 15%, 영업이익의 약 45%를 차지했다.

최근 빙그레, 매일유업, 농심, 롯데제과 등 국내 음식료업체 몇 곳이 해외시장에서 선전하며 성공가능성을 보이고 있다. 빙그레는 지난해부터 '바나나맛우유'가 중국에서 호평을 받고 있고, 매일유업은 '멜라민 분유파동'으로 수입 브랜드에 대한 선호도가 높아진 중국 조제분유시장에 진출해 '앱솔루트명작'을 판매하고 있다.

농심은 미국, 일본, 중국 등 해외 교포사회를 대상으로 일찍이 수출을 시작했고 1995년 중국 상하이법인을 세워 현지시장에 진입했다. 롯데제과는 1994년 직접 중국 제과시장에 진출해 공장을 설립하고 현지기업을 인수하는 등 적극적인 행보를 보이고 있다. 하지만 다른 업체가 시장을 장악하고 있으며, 해외비중이 그룹의 10% 안팎에 머물고 있다. 아울러 아직 시장진입 초기단계이기 때문에 가시적인 성과를 거두기까지 시간이 필요하다는 것이 한신평의 분석이다.

조수희 한신평 연구원은 "이들 기업은 성장잠재력은 있으나 그 성과와 방향성을 예측하기 어렵고 가시화된 실적을 창출하기까지 10~20년 이상 소요될 것"이라며 "점진적인 진입과정에서 철저한 현지화로 고객충성도와 브랜드인지도를 확보해 성과를 낼 수 있을지 장기적인 모니터링이 필요하다"고 말했다.

• 조선일보, 2013.9.10

토의과제

1. 오리온의 해외시장진입 성공요인은 무엇인가?
2. 기꼬망, 농심의 해외시장진입 성공요인은 무엇인가?
3. 성공적인 해외시장 진입을 위해서 기업은 어떤 전략이 필요한가?

1 해외시장 세분화

1.1 시장세분화의 개념

기업은 한정된 자원으로 전 세계를 대상으로 모든 소비자들의 욕구를 충족시킬 수 없다. 따라서 유망한 시장, 즉, 목표시장을 선택하여 그 시장특성에 맞는 마케팅전략을 수행하는 것은 해외시장에서 기업이 성공할 수 있는 기본적 요건이다. 이와 같이 표적시장, 즉 목표시장을 선택하기 위해 시장을 세분화하는 과정이 필요하다.

해외시장은 국가간의 여러 환경적 차이 때문에 국내시장보다 다양한 소비자들로 구성되어 있다. 그러나 특정 제품이나 마케팅전략에 대해 비슷한 반응을 보이는 집단이 있다. 이렇게 비슷한 반응을 보일 수 있는 고객이나 시장을 하나의 집단으로 묶는 과정을 시장세분화(market segmentation)라고 한다. 예컨대 연령에 따라 청소년시장, 성인시장, 노인시장 등으로 나누는 것이다. 따라서 시장세분화는 시장간에 동질성과 이질성이 존재한다는 가정 하에서 실시되는 것이며, 세분된 시장 상호간에는 이질성이 극대화되고 세분시장 내에서는 동질성이 극대화되었을 때 시장세분화가 이상적으로 되었다고 볼 수 있다.

국제기업은 시장세분화를 통해 각 세분시장에 적합한 마케팅믹스를 제공함으로써 기업의 한정된 마케팅자원을 보가 효율적으로 이용할 수 있을 뿐만 아니라, 경쟁력 있는 유리한 세분시장을 선택할 수 있게 된다. 그러나 문제는 어떤 기준으로 시장을 세분화할 것인가이다.

최근에는 해외시장세분화의 초점이 국가별(within nation) 시장세분화에서 국가 간(between nations) 시장세분화로 바뀌었다. 이것은 나라와 나라 사이에 공통된 소비패턴을 보이는 소비자 집단이 존재하며, 이것이 국가별 시장세분화보다 유용하다는 새로운 인식에서 비롯되었다.

1.2 시장세분화의 이점

기업은 STP(segmentation, targeting, positioning)전략 중 가장 기본적인 요소인 시장세분화를 통해 다음과 같은 이익을 얻을 수 있다.

첫째로, 마케팅기회를 효과적으로 포착할 수 있다. 기업은 시장세분화를 통해 경쟁기업들의 마케팅전략에 대한 세분시장의 만족도와 욕구를 파악할 수 있다. 기존 제품에 대해 만족을 느끼지 않는 세분시장은 기업에게는 새로운 마케팅대상이 된다. 결국 시장세분화는 기업이 새로운 시장진입을 위한 계획을 수립하는데 상당한 도움을 준다.

둘째로, 자원의 효율적 배분을 꾀할 수 있다. 국제기업이 한정된 자원을 가지고 모든 시장을 대상으로 마케팅활동을 한다는 것은 무리이며 자원의 낭비라고 할 수 있다. 그러므로 국제기업은 마케팅 노력에 대해 세분시장이 보이는 반응의 차이에 따라 예산이나 인적자원을 합리적으로 배분할 수 있다.

셋째로, 국제마케팅전략을 조정할 수 있다. 상이한 욕구를 지닌 구매자들에 대해 동일한 마케팅전략을 수행하는 것은 위험하다. 시장세분화가 이루어지면 욕구가 다른 세분시장에 맞는 마케팅전략을 수립하여 실행할 수 있게 된다.

넷째로, 기업은 세분화를 통해 목표시장을 확실하게 설정할 수 있다. 즉 국제마케팅관리자는 기업의 경제적 강점과 약점을 고려하여 유리한 세분시장을 선택할 수 있게 된다.

1.3 시장세분화의 기준

일반적으로 많이 이용되는 세분화 기준으로는 지리적 지표, 경제발전지표, 정치적 지표, 사회문화적 지표 등이 있다. 마케팅 대상품목의 특성에 맞게 여러 가지 지표들을 동시에 고려할수록 더욱 효과적인 시장세분화가 가능하다고 할 수 있다.

(1) 지리적 지표

아시아시장, 북미시장, 남미시장, 유럽시장, 중동시장 등으로 국가들을 나누는 방법이다. 그러나 지리적으로 인접해 있다고 하더라도 경제발전지표 또는 사회문화적 지표들이 유사하지는 않다. 호주의 경우 필리핀이 캐나다보다 지리적으로 가깝지만 시장특성은 오히려 캐나다와 유사하다.

(2) 경제발전지표

1인당 국민소득, 철강소비량, 자동차대수 등 경제발전지표를 이용하여 세계시장을 세분화한다. 서유럽시장의 경우 지리적 인접성보다는 EU와 EFTA 등의 경제통합이나 유사한 경제발전단계를 기준으로 시장을 분류한다.

(3) 정치적 지표

정치적 위험도, 국가위험도, 정치체제 등을 고려하여 세계시장을 세분화하는 방법이다. 취급제품에 따라 국가들을 금융시장 또는 유통시장 개방화 정도를 고려하여 세분화하는 것도 한 방법이다.

(4) 사회문화지표

성별, 연령, 인종, 언어, 종교에 따라 세계시장을 세분화하는 것이다. 의류, 화장품, 영화, 음악 등의 문화상품이나 식품의 경우 이 지표를 이용하면 매우 효과적이다.

(5) 기타 지표

기후, 수질, 토양 등에 따라 세계시장을 세분화할 수 있다.

1.4 시장세분화의 전제조건

(1) 측정가능성(measurability)

세분시장의 규모와 구매력을 측정할 수 있어야 한다. 일반적으로는 국내통계자료, UN 자료를 통해서 특정국가에서 일정한 소득수준 이상의 가족 수를 찾아내는 소득탄력성 평가방법이 주로 사용되고 있다.

(2) 접근가능성(accessibility)

세분시장에 의사소통이나 물적 유통이 가능하여야 한다. 이 경우 특정국가의 하부구조가 문제가 되는데, 인도와 같은 나라에서는 목표시장을 정확하게 파악했다 하더라도 물적 유통구조상 쉽게 접근할 수 없는 어려움이 있다.

(3) 실질성(substantiality)

세분시장의 규모가 충분히 커서 경제성이 있어야 한다. 세분화를 하면 할수록 표준화의 이점, 규모의 경제, 경험곡선효과 등 경제성이 약해지므로 규모가 작은 세분시장을 목표시장으로 삼는 것은 의미가 없게 된다. 따라서 경제성이 있는 규모의 그룹으로 분류하는 것이 매우 중요하다.

(4) 실행가능성(actionability)

세분시장별로 적합한 마케팅믹스를 개발할 수 있어야 한다.

1.5 시장세분화의 방법

(1) 단계별 시장세분화

① **1단계** : 여러 가지 시장세분화 기준을 고려하여 표준화된 마케팅전략을 전개하기에 적합한 동질적인 세분시장들로 분류한다.

② **2단계** : 세부시장별로 기업판매잠재력이 가장 높은 국가를 찾아내고, 그 국가에서 마케팅에 성공하기 위해서 필수적으로 중요하다고 판단한 핵심성공요인을 분석한 다음, 참조국가의 유사점을 비교하는 절차를 수행한다.

③ **3단계** : 각 세분시장별로 제외된 국가들을 대상으로 이런 과정을 반복하여 목표시장의 범위를 추가시키고 나머지 국가들은 제외시킨다.

(2) 제품수명주기별 시장세분화

국가별 수명주기단계의 차이를 이용하여 동일한 단계의 국가들을 기준으로 시장을 세분화는 방법이다. 동태적인 시장특성을 고려하여 세분화하는 이 방법의 유용성은 다음과 같다.

첫째로, 한 국가에서 얻어진 경험을 비슷한 수명주기단계에 있는 다른 국가에서 경쟁력을 확보하는데 이용할 수 있다.

둘째로, 기업은 성숙기 후반 또는 쇠퇴기시장에 있는 제품을 마케팅 가능성이 존재하는 수명주기단계가 다른 시장으로 이전시킴으로써 계속적으로 해외시장을 확보하는 동시에 자원의 효율적인 사용을 기할 수 있다.

셋째로, 기존 제품을 시장에서 철수하고 새로운 제품을 시장에 도입시킬 수 있는 적절한 시기를 정하는데 도움을 준다.

그러나 이 방법은 제품수명주기 자체의 특성, 즉 주기의 형태와 지속시간조차 정확히 알아내기가 어렵기 때문에 국가별 제품수명주기단계를 분석한다는 것은 매우 힘들다. 더욱이 시간이 지남에 따라 수명주기가 짧아지는 경향이 있어 이를 고려하여 세분화전략을 적용하는 것은 한층 어렵다.

2 해외목표시장의 선정

2.1 시장선정의 의미

기업이 해외시장을 세분화한 후에 해결해야 할 과제는 진입할 시장, 즉 목표시장(target market)을 선정하는 것이다. 기업이 한정된 자원과 능력을 가지고 해외시장 전체를 대상으로 마케팅활동을 수행한다는 것은 매우 어렵다. 따라서 기업은 해외시장 중에서 특정세분시장을 마케팅 목표로 한정하고 자원과 노력을 집중 투자하는 것이 바람직하다.

기업이 해외목표시장을 선정한다는 것은 기술, 자본, 인적자원 등 제한된 자원을 가지고 제품을 생산한 기업이 어떤 시장에 참여할 것인가를 결정하는 것이라고 할 수 있다. 목표시장의 선정은 STP전략 중 하나로서 여기에는 다음과 같은 세 가지 의미를 내포하고 있다.

첫째로, 기업이 해외목표시장을 선정한다는 것은 주된 판매시장을 어디로 할 것이며, 판매할 제품의 생산지를 어디로 할 것인가 하는 문제이다. 이들 생산 및 판매지역의 결정은 별개의 문제가 아니며 상호연계성을 지니고 있다. 예컨대 정부의 무역규제나 운송비

부담 등의 문제는 기업들로 하여금 생산 및 판매지역의 동일화를 가져오게 한다. 그리고 특정지역에서의 초과생산시설의 존재는 새로운 판매시장을 선택하게 하며, 생산시설건립에 필요한 자본규모가 지나치게 큰 경우에는 그 지역에서의 판매가능성을 포기하게 하는 결과를 가져올 수 있다.

둘째로, 기업이 해외목표시장을 선정한다는 것은 자사와의 경쟁기업을 선택하는 것과 같은 의미를 지니고 있다. 즉, 기업이 특정지역으로 진입한다는 것 자체는 그 지역에서 이미 활동하고 있는 다른 기업과의 경쟁을 선포하는 것과 같은 것이다. 그러므로 기업이 시장을 선택할 때는 그 시장의 잠재력뿐만 아니라 그 시장의 경쟁구조 등을 고려하여 신중한 시장선택과정이 요구된다.

셋째로, 기업이 해외목표시장을 선정한다는 것은 현재의 시장상황만이 아니라, 향후 시장 간의 상호연계성의 진전 및 통합정도와 시장 내 다양화를 고려한 동태적인 시장선택과정을 도입하는 것과 같은 의미를 내포하고 있다. 따라서 기업이 해외목표시장을 선정하는 데 있어서 중요한 것은 환경조건의 변화와 기회요인들의 변화를 항상 염두에 두어야 하며, 이러한 환경변화에 대응하기 위해 동태적인 시장선택기준의 도입이 필요하다.

2.2 시장선정의 과정

진입할 목표시장 선정을 위해 기업은 기업여건과 목표시장여건에 가장 적합하도록 개발된 진입전략에 따라 해외시장을 선정하여 진입하게 된다. 여기서는 기업의 해외시장 선정에 대한 수립과정을 [그림 7-1]과 같이 네 단계로 나누어 각각을 설명하기로 한다.

[그림 7-1] 시장선정과정

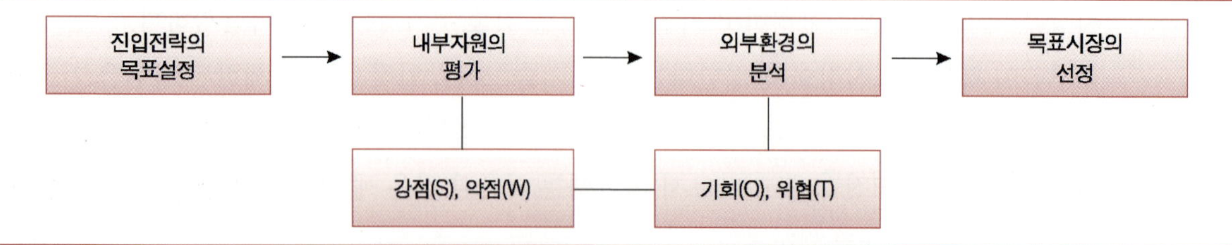

(1) 진입전략의 목표설정

해외시장에 진입하려는 기업은 우선 진입전략의 목표가 명확하게 설정되어야 한다. 진입하고자 하는 목표가 구체적으로 제시되어야만 다음 단계인 내부자원의 평가와 외부환경에 대한 분석이 용이해진다. 이때 진입전략의 목표설정과 외부환경분석은 상호연관을 가지고 이루어져야 한다.

(2) 내부자원의 평가

해외시장에 진입하려는 기업은 새로운 기업환경에 적절히 대응하기 위해 이용 가능한 자원의 종류와 규모, 기업의 강점(strength)과 약점(weakness)의 파악, 내부자원의 해외이전 가능성, 이전된 내부자원의 새로운 시장환경 하에서의 유용성 등과 같은 기업내부의 자원을 분석해야 한다.

즉, 해외시장 진입기업은 자신들이 이용할 수 있는 자원의 종류와 규모를 분석하고 만약 부족한 경우 이를 어디에서 조달할 것인가 하는 대비책에 대한 분석이 이루어져야 한다. 또한 해외시장 진입기업에 있어서 기업의 강점과 약점의 파악은 매우 중요한데, 참고로 한국타이어의 중국시장 진출에 따른 SWOT분석의 예를 보면 〈표 7-1〉과 같다.

또한 현지국의 특허법, 반독점법, 기술도입법 등의 법률적 제한으로 기업의 자원을 현지국으로 이전하는데 문제점이 발생할 수도 있다. 뿐만 아니라 본국경영자의 해외파견도 문화적 차이, 언어문제, 가족관계 등으로 상당한 차질이 있을 수 있다. 한편 기업의 내부

〈표 7-1〉 한국타이어의 SWOT분석

강점(strength)	약점(weakness)
· 타 major 대비 생산, 유통, 물류조직 선점을 통한 시장선점 · 타 major 대비 CAPA의 우위 확보 · 제품 구색 완비 · 한국타이어 수출 network를 통한 해외시장 진입용이	· major 대비 낮은 brand power · 고가 이미지에 따른 저가 brand와의 경쟁심화 · 핵심역량 인력의 현지화 부족 · bias, tube의 저수익 구조
기회(opportunity)	**위협(threat)**
· 중국경제의 고속성장 (7~9%) · 자동차 내수시장의 지속적 성장 · 급속한 radial화 · 차량수요 증대 및 구매력 고급화 · major업체 중국진출로 인한 OE확대 기회가 큼	· 시장개방에 따른 major 업체간 시장쟁탈전 심화 · channel bargaining power 증가 · 금융 system 미비(채권 risk 상존) · 원자재 가격 상승

자원은 그 전략적 가치가 상대적이기 때문에 국가에 따라서 달라질 수 있다. 그러므로 국내에서의 강점이 타국에서는 약점이 될 수 있고 그 반대가 될 수도 있다.

(3) 외부환경의 분석

해외시장에 진입하려는 기업은 새로운 시장환경에 대한 정확한 정보의 수집이 요구된다. 만약 현지국의 경기전망, 시장잠재력, 기회(opportunity)와 위협(threat)의 파악 등을 소홀히 하게 되면 해외시장진입은 실패로 끝날 가능성이 높아진다. 외부환경의 분석은 현지국의 진입조건, 현지국의 거시적 환경, 현지국의 미시적 환경 등으로 구분할 수 있다.

가) 현지국의 진입여건

이것은 진입하려는 현지국에서 소유지분을 제한하거나 외국인의 시장진입을 금지하는 등 기업의 자원을 현지로 이동시키는 것과 관련된 법적인 조건을 의미한다. 이러한 조건에 따라 기업의 해외시장 진입전략은 직접수출, OEM방식, 합작투자, 단독투자, 라이센싱 등의 구체적인 대안이 선택된다.

나) 현지국의 거시적 환경

해외시장에 진입하려는 기업은 현지국의 경제상황, 법률, 문화 및 사회에 대한 광범위한 정보수집과 분석이 필요하다. 즉, 경제성장률 · 1인당 GNP 등과 같은 경제적 환경, 교육제도 · 주택사정 · 제품에 대한 태도 등과 같은 문화 및 사회적 환경, 외국인 투자에 대한 법률 · 자본 및 로열티에 대한 송금제한조치 등과 같은 법적인 환경 등 다양한 정보분석이 이루어져야 한다. 특히 해외시장에 처음 진입하는 기업은 이들에 대한 조사활동 없이는 전략을 수립할 수 없다.

다) 현지국의 미시적 환경

해외시장에 진입하려는 기업은 교역대상이 되는 특정제품에 대한 시장환경과 경쟁기업에 대한 분석을 우선적으로 수행해야 한다. 즉, 제품시장환경, 경쟁기업의 전략, 목표시장의 환경, 현지시장의 성공요인 등을 면밀히 검토 및 분석해야 한다.

제품시장환경과 관련하여 기업은 이미 진입한 다른 국가의 제품시장환경과 새로운 제품시장환경간의 유사점과 차이점에 대해 상당한 관심을 가져야 한다. 왜냐하면 이를 통하여 다른 곳에서 사용했던 제품전략이나 기법을 새로운 시장환경에도 적용시킬 수 있는지

평가할 수 있기 때문이다. 제품시장환경이 유사한 현지국으로 진입하면 신규진입에 따른 추가비용이 상당히 절약된다.

경쟁기업의 전략과 관련하여 기업은 현실적인 경쟁기업뿐만 아니라 잠재적인 경쟁기업에 대한 분석도 수행하여야 한다. 경쟁기업에 대한 분석을 통하여 경쟁기업의 강점, 약점, 전략 등을 파악할 수 있으며 이를 통해 경쟁기업에 대하여 효과적으로 대응할 수 있다. 경쟁기업에 대한 분석은 일반적으로 경쟁기업의 시장점유율, 수익성, 사업목표, 과거 및 현재의 전략 등의 측면에서 이루어져야 한다.

목표시장의 환경과 관련하여 기업은 잠재적인 목표시장까지도 파악하는 것이 필요하다. 만약 현지국의 특정시장만을 목표로 하고자 할 때는 시장세분화작업을 통하여 세분시장을 찾아낼 수 있다. 예컨대 제품의 가격과 기술적 고도화를 기준으로 시장을 세분화하여 주요 경쟁기업의 제품을 분류해 보면 현재의 시장경쟁이 어느 부문에 집중되고 있는지 알 수 있다.

현지시장의 성공요인과 관련하여 기업은 어떤 산업에서는 주요한 구매업자와의 계약체결 여부가 성공요인이 될 수 있으며, 어떤 경우에는 상품의 적기공급과 애프터서비스가 성공요인이 될 수 있음을 알아야 한다. 그런데 이러한 성공요인은 같은 산업이라고 하더라도 국가에 따라 다를 수 있으며, 또한 시간이 지남에 따라 변화하므로 현지시장에서의 성공요인을 정확하게 파악하는 것이 중요하다고 하겠다.

(4) 목표시장의 선정

목표시장의 선정이란 인적자원이나 기술, 자본, 등의 제한된 자원을 가진 기업들이 자신들이 보유하고 있는 제품을 가지고 어떤 시장에 참여할 것인가를 결정하는 것이다. 이는 구체적으로 다음의 세 가지 의미를 지니고 있다.

가) 판매시장 및 생산기지의 선택

기업활동 및 자원의 국제적 배치, 자사의 판매시장 및 생산지역의 선택문제이다. 즉, 주된 판매시장을 어디로 할 것이며, 판매제품의 생산지역을 어디에 선택할 것인가의 문제이다. 이들 생산 및 판매지역의 결정은 별개의 문제가 아니며 상호연계성을 지니고 있다. 예컨대 정부의 무역규제나 운송비 부담 등의 문제는 기업들로 하여금 생산 및 판매지역의 동일화를 가져오게 한다.

그리고 특정지역에서의 초과생산시설의 존재는 새로운 판매시장을 선택하게 하거나 생산시설 건립에 필요한 자본규모가 지나치게 큰 경우에는, 그 지역에서의 판매가능성을 포기하게 하는 결과를 가져올 수 있다. 따라서 기업들의 입장에서는 생산 및 판매지역을 선정할 때 독립적인 의사결정이 아닌 상호연계성을 가지고 있다는 인식을 갖는 것이 중요하다.

나) 경쟁자와 경쟁범위의 결정

해당 참여시장의 선택은 기업 스스로가 자사와의 경쟁기업들을 선택하는 것과 동일하다. 즉, 자사가 특정지역으로 진입한다는 것 자체는 그 지역에서 이미 활동 중인 기업들과의 경쟁을 선포하는 것과 같은 의미이기 때문이다. 따라서 기업들이 특정시장을 선택한다는 것은 그 시장의 잠재력뿐만 아니라, 그 시장의 경쟁구조 및 잠재적 혹은 현재의 경쟁기업들과 자사의 경쟁우위를 고려하여야 한다. 그리고 자사의 시장선택에 따르는 경쟁기업들의 반응을 고려하여야 하는 등 다양한 요인들을 고려한 신중한 시장선택과정이 요구된다.

다) 글로벌 시장확대전략의 수립

시장선택에 있어서 또 하나의 중요한 사항은 자사의 법세계적 네트워크와 국제시장의 동태적 변화과정을 고려하여야 한다. 즉, 해당지역에서의 잠재적인 판매가능성만을 고려하는 것이 아니라, 자사의 전 세계적 네트워크를 고려하여 생산 및 판매지역을 선정하는 것이 필요하다. 또한 시장선택에 있어서는 지금의 시장상황이 아니라, 미래의 시장 간의 상호연계성의 진전 및 통합정도와 시장 내 다양화를 고려한 동태적인 시장선택과정을 도입하는 것이 기업의 성공여부에 결정적인 동인이 된다고 할 수 있다.

그리고 투자지역의 결정에 있어서 중요한 것은 환경조건과 위협 및 기회요인들의 변화를 항상 염두에 두어야 하며, 이러한 환경변화에 대응하기 위한 동태적인 시장선택기준의 도입이 필요하다는 것이다. 즉, 해당 지역에서의 생산조건 변화나 수요의 감퇴에 따른 생산지역 및 판매지력의 전략적 조정이 항상 가능하다는 탄력적인 사고를 유지하는 것이 중요하다.

2.3 시장선정의 변수

진입하고자 하는 해외시장의 선택에 영향을 미치는 요인은 다양하다. 여기서는 [그림 7-2]와 같이 기업요인, 시장요인, 경쟁요인, 환경요인 등 네 가지로 나누어 각각을 설명하

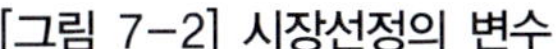
[그림 7-2] 시장선정의 변수

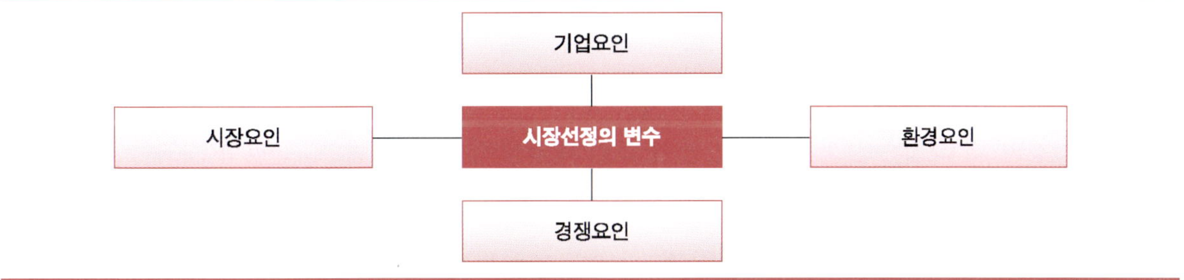

기로 한다.

(1) 기업요인

투자가능한 자원의 규모, 기업이 해외사업에 대해 부여하는 의미, 이에 따른 목표 및 경영진의 의지 등 기업내적인 요인들은 기업이 시장을 선택하는데 있어서 중요한 변수가 된다. 특히 경영진이 해외사업에 대해 부여하고 있는 전략적 비중에 따라 해외사업에 대한 목표, 자원투입수준, 진입전략 등이 다르게 나타날 수밖에 없다. 해외시장진입에 있어서 어떤 기업들은 상대적으로 소극적이고, 해외시장에 자원을 투입하는데도 역시 소극적이다.

다음으로 시장선택에 있어서 중요한 요소는 비용최소화의 원칙보다는 기업의 목적에 따라서 달라질 수 있다는 점이다. 예컨대 BMW의 경우 멕시코지역이 가장 생산비가 싼 지역인데도 불구하고 소비자들의 국가이미지를 고려하여 생산기지를 미국으로 선정한 경우나, 일본의 Sharp사가 유럽지역에 대한 원활한 유통망을 형성하기 위해 마이크로웨이브 조립공장을 말레이시아에서 미국으로 이전한 경우는 모두 이에 해당한다.

(2) 시장요인

시장선택에 있어서 가장 중요한 변수중 하나는 해당국가의 시장규모와 시장성장률을 들 수 있다. 특히 시장잠재력은 시장선택에 중요한 영향을 미치는 요인 중 하나인데, 이것은 GNP, 1인당 국민소득, 성장률, 중산층의 규모, 산업화지수 등의 2차자료를 통해 측정할 수 있다. 시장잠재력을 평가하는데 있어서 기업들이 고려해야 할 것은 현재의 잠재력뿐만 아니라 미래의 잠재력을 고려하여 투자지역을 선정해야 한다. 예컨대 일회용 기저귀의 경우 신생아출산율과 환경운동 등을 고려해야 하며, 모피코트회사의 경우 현지국의 기후와 동물보호운동 및 사치성소비재의 세율 등을 고려해야 한다.

(3) 경쟁요인

기업이 특정국가에 진입할 경우 예상되는 경쟁기업들의 반응을 검토하는 것도 중요하다. 경쟁기업이 진입하지 않은 시장이나 그들에게 상대적으로 중요성이 낮은 시장으로 진입할 경우에는 경쟁기업의 반응이 그리 대단하지 않을 것이다. 그러나 개도국의 경우 현지시장에서 이미 입지를 공고히 다진 다국적기업과의 경쟁에 직면할 수도 있다. 따라서 기업은 경쟁기업의 전략적 반응을 고려한 동태적인 진입시장의 선택이 요구된다. 예컨대 1990년 대만의 Acer가 저원가 제품라인을 무기로 빠르게 성장하는 유럽의 컴퓨터시장에 진입했을 때, 그 보복으로 IBM과 Compaq는 1992년 새로운 제품라인을 도입하여 파격적인 가격으로 모방업체에 대한 공격을 단행함으로써 경쟁이 가열된 경우를 들 수 있다.

(4) 환경요인

시장선택에 있어서 중요한 변수는 생산원가를 최소화할 수 있는 지역을 선택하는 것이다. 생산에 필요한 자원인 노동력과 투입원자재 그리고 기술 등의 비용뿐만 아니라, 이들 자원의 이동에 따르는 비용과 세금 등을 고려하여 최소의 비용을 통하여 생산 가능한 시장을 선택하는 것이 필요하다.

다음으로 사업의 용이성이나 적합성은 시장선택에 중요한 요인이 된다. 사업환경과 문화가 다른 외국시장으로 진입할 때 기업들은 위협과 불안감을 느끼게 된다. 따라서 해외시장으로의 진입을 꾀하는 기업들의 입장에서는 자국과 가까이 위치한 국가나 언어가 비슷한 국가, 1인당 국민소득과 인구가 많은 시장에 우선적으로 진입하게 된다. 지리적으로 근접한 국가일수록 해외자회사에 대한 통제의 용이성 및 기업관리가 편리할 것이며, 같은 언어를 사용할수록 기업운영에 있어서 편리성을 기할 수 있다는 장점이 있다.

2.4 시장선정의 기법

(1) 그리드방법

그리드(Grid)방법은 해외시장선정에 필요한 몇 가지 중요한 요인들을 먼저 선정한 다음, 이들 요인에 대한 종합점수를 계산하고 이들 조건에 충족되는 국가시장에 우선적으로 진입하는 방법이다. 이 기법에 있어서 중요한 것은 수많은 국가 중에서 일차적으로 탈락될 수 있는 국가들에 대한 조건들을 선정하여 예상국가들을 줄여나가는 작업이 필요하다. 그 다음에는 나머지 국가들에 대하여 평가자가 중요하다고 생각하는 요인들에 대한 점수를 합계한 다음, 가장 좋은 평가점수를 받은 국가에 우선적으로 진입하는 방법이다. 이 기법은 변수가 많아지면 많아질수록 평가가 복잡해진다는 단점이 있으나, 해당 제품과 기업의 목적 및 상황에 따라 변수를 달리함으로써 사전 타당성조사를 하는데 유용하게 이용할 수 있다는 장점이 있다.

(2) 기회-위험매트릭스방법

진입 예상국가에 대한 기회요인을 수평축에 놓고 위험요인을 수직축에 위치시킨 다음, 이들 요인에 대한 평가지수를 선정하여 이들 지표의 점수 합계를 구한 후, 이들 사각형에 각 국가의 해당점수를 도표화하는 방법이다. 이들 지표에 대한 평가에 있어서 여러 요인들이 포함될 수 있으며 평가자에 따라 각각의 요인들에 대하여 상이한 가중치를 부여함으로써 평가의 정확성을 높일 수 있다. 이 기법은 현재의 위치뿐만 아니라 미래의 위치를 같이 평가함으로써 시장의 선정과 이동에 대한 동태적인 평가가 가능하다는 장점이 있다.

(3) 시장포트폴리오방법

국별 매력도와 경쟁력을 기준으로 각 개별국가의 전략적 위치를 평가하여 이를 바탕으로 특정국가의 사업을 어떻게 할 것인가를 결정하기 위해 사용되는 기법이다. 국별 매력도는 일반적으로 시장규모, 시장성장률, 정부규제, 정치 및 경제의 안정성 등을 조사하여 이들을 수량적 지표로 변환시켜 측정한다. 기업의 경쟁력은 시장점유율, 제품적합성, 이익률, 현지마케팅 능력 및 지원 등을 평가하고 이들을 수량화하여 측정한다. 이렇게 측정된 국별 매력도와 경쟁력지표는 국제기업의 특성에 맞게 가중치를 부여하고 이들을 지수화함으로써, 개별국가들이 시장포트폴리오상 투자/성장전략, 지배/철수전략, 선택전략, 수확/철수전략 중 어디에 속하는가를 평가할 수 있게 된다.

이 기법은 구체적으로 특정산업 또는 품목에 대하여 각 국가별로 그 국가의 매력도지수와 기업의 경쟁력지수를 산출하고 이를 비교함으로써 진입유망국을 파악하고 해당 국가에 대한 투자전략의 방향을 알아보는데 유익하다. 그리고 이 기법은 국별 유망사업을 파악하는데도 사용할 수 있는데, 이 경우에는 국가매력도 대신에 특정국가의 산업매력도지수를 산출하면 된다.

3 해외시장 포지셔닝

포지셔닝(positioning)이란 STP전략 중 하나로서 소비자들이 경쟁제품과 비교하여 인식하고 있는 자사제품에 대한 마음속의 상대적 위치이다. 표적시장이 선정되고 나면 표적고객들에 대한 자사의 제품을 부각시키기 위하여 특정 속성을 강화하게 되는데, 이러한 속성의 강화는 소비자가 인식하고 있는 이상점(경쟁사 제품과 비교하여 볼 때 가장 바람직하다고 생각하는 제품속성의 결합에 의해 나타나는 위치)에 위치될 수 있도록 마케팅믹스를 조정하여야 한다.

이러한 제품의 위상정립을 위해서는 소비자들의 제품평가기준(속성)과 경쟁제품에 대한 평가위치(competitive position), 그리고 소비자 입장에서 가장 바람직하게 생각하는 위치(이상점: ideal point)를 정확히 규명하여야 한다. 일반적으로 포지셔닝전략은 다음과 같은 관점에서 생각할 수 있다.

3.1 진입시점에 따른 포지셔닝

(1) 선점전략

선점전략(preemptive strategy)은 선도자우위(first-entrant advantage)를 획득하기 위하여 경쟁이 발생하기 전에 시장에 진입함으로써 지배적 위치를 선점하는 것을 목표로 한다. 여기서 지배적 위치란 시장점유율뿐 아니라 고객인지도 및 유통채널 등의 구축 등도 포함한다. 국내의 많은 기업들이 베트남, 미얀마, 인도 등 잠재시장으로의 빠른 행보는 이 전략의 일환으로 볼 수 있다.

이 전략은 대량소비재와 같이 유통채널의 확보가 시장침투의 관건이 되는 산업에서 특히 유용하다. 또한 제품이나 서비스가 경쟁자로부터 크게 차별화되어 있는 혁신제품일 경우 바람직하다. 그러나 가전, 자동차, 컴퓨터산업과 같이 통합된 시장에서의 세계적 경쟁이 존재하는 산업에서는 이 전략의 기회는 제한될 수밖에 없다.

선점전략의 이점으로는 현지국 소비자들에게 처음 소개되는 외국브랜드이므로 브랜드 인지도를 높이기 쉽고, 때로는 소비자들이 제품과 브랜드를 동일하게 기억하기도 한다. 예컨대 해열진통제의 대명사로서 바이엘 아스피린을 연상하는 것이다. 이는 새로이 진입하려는 기업들에게 진입장벽으로 작용하게 된다. 그리고 이 전략으로 시장선점에 성공하게 되면 브랜드 인지도를 바탕으로 다른 사업으로 진출할 할 수 있는 기회가 증대된다.

(2) 대응전략

대응전략(confrontation strategy)은 경쟁자가 이미 진출해 있는 시장에 진출할 때 현지에서의 시장지배력 확보를 위해 적극적으로 선도기업을 공격하는 것을 목표로 한다. 이 전략은 글로벌전략의 일환으로써 세계적 시장지배력의 구축을 위해 대규모시장, 경쟁기업의 모국, 기술혁신이 발생하는 시장 등 전략시장으로의 진출을 위해 이용된다. 즉, 특정 진입시장에서의 위치확보라는 차원보다는 세계적 시장지배력 및 지역적 시장균형 등이 글로벌전략의 목표가 되므로 진입시장에서 적극적으로 선도기업을 공격하게 된다.

진입시장을 이미 선점하고 있는 경쟁자를 공격할 때는 독립된 계획을 수립하기 보다는 기업 전체 차원에서 글로벌계획을 개발해야 한다. 여러 국가에서 동시에 공격하는 것이 경쟁자를 압도할 가능성이 많기 때문이다. 이러한 공격은 주로 저가전략(penetration pricing strategy)을 통해 수행된다.

최근 국내 대기업들이 가전, 자동차분야에서의 활발한 해외생산기지 구축은 선도기업의 모국시장 및 전략시장으로의 진출을 통한 대응전략으로 볼 수 있다. 경쟁기업에 대한 반응으로 발생하는 진입추종(follow the leader)도 대응전략의 일종으로 볼 수 있다.

(3) 적소전략

적소전략(niche strategy)은 경쟁이 치열하지 않은 시장에 먼저 진출함으로써 경쟁을 회피하면서 장기적으로 주요 경쟁자에 대응하기 위한 경험을 쌓는 것을 목적으로 한다. 이 전략은 투자재원이 제한되어 있는 소규모기업에 적합한 전략이다. 적소시장을 찾고 개발하는데 있어 풍부한 투자재원보다는 신축성이라는 요소가 보다 절실히 요구되기 때문이다.

이 전략이 유용한 경우는 첫째로 규모의 경제성이 제한된 시장이다. 왜냐하면 이러한 시장에서 세계적 경쟁자들의 진입은 크게 제한되므로 경쟁자의 대응위험을 피할 수 있다. 둘째로 시장특성이 명확하게 존재하는 시장, 경제발전 정도가 미비한 시장, 제반 규제가 심한 시장 등이다. 왜냐하면 이러한 시장에서 제품적응화의 필요성이 증가하며 시장선도자들이 경쟁하기에는 경제적 유인이 존재하지 않기 때문이다.

3.2 시장범위에 따른 포지셔닝

(1) 집중세분시장 포지셔닝

이 전략은 전 세계적으로 유사한 특정 소비자계층을 분리할 수 있으며, 이들이 자사 제품에 대한 동일한 욕구와 반응형태가 비슷하다는 가정 하에서, 이들 소비자그룹들을 대상으로 동일한 기업 및 제품이미지를 형성하도록 노력하는 전략이다. 이 전략은 다음 두 가지로 구분할 수 있다.

첫째는 제품에 대한 사용용도나 편익이 비슷한 소비자층을 대상으로 일관된 포지셔닝 전략을 실행하는 경우이다. 예컨대 고소득층을 대상으로 하는 롤렉스시계의 포지셔닝전략이나, 소수계층만을 대상으로 하는 롤스로이스 자동차에 대한 포지셔닝전략이다.

둘째는 제품의 사용조건이나 제품 사용에 대한 편익이 다를 경우 지역별 혹은 국가별로 다소 차이를 두는 포지셔닝전략이다. 예컨대 독일의 벤츠사는 독일 내에서는 family car용으로 포지셔닝하고 있으나, 다른 나라에서는 부와 지위의 상징인 고급승용차로 포지셔닝하고 있다.

(2) 광범위한 포지셔닝

이 전략은 규모의 경제 달성이 높은 재화, 소비자들의 사용조건이나 편익조건이 비슷한 제품, 시장세분화를 하기 어려운 경우에 전 세계시장을 대상으로 동일한 포지셔닝전략을 실행하는 것이다. 이 전략은 많은 자본과 충분한 자원을 보유한 기업들이 주로 활용할 수 있는 전략이며, 전 세계적인 이미지를 형성하기 위해서는 자사 제품에 대한 엄격한 가격통제 및 유통채널 선정 등의 작업이 수반되어야만 한다.

Kodak이 좋은 사진을 찍기 위해서는 좋은 필름을 사용하여야 한다는 통일된 광고메시지를 이용한 경우, Nike가 활력적인 일상생활을 강조하기 위하여 유명스포츠 스타들을 이용한 경우 등은 이에 해당한다.

3.3 제품에 따른 포지셔닝

(1) 가격 · 품질 포지셔닝

기업은 포지셔닝 지도(position map)를 통해 해외시장 상황을 확인한 후 어떻게 포지셔닝을 해야 할지에 관한 전략을 모색할 수 있다. [그림 7-3]에서 보는 바와 같이 A기업은 고가격 · 고품질의 포지셔닝전략을 취하고 있는데 비해, E기업은 저가격 · 저품질 포지셔닝 전략을 취함으로써 시장에서 소비자들에게 접근하고 있다. 한편 높은 시장점유율을 차지하고 있는 B기업은 중간수준의 품질과 가격으로 포지셔닝하고 있다.

이와 같이 포지셔닝 지도 분석을 통하여 경쟁사의 포지셔닝 상황을 파악할 수 있으며, 기업들 간의 경쟁상황을 분석할 수 있으며, 틈새시장(niche market)을 파악할 수 있다. 이런 분석을 기초로 기업은 진입하려는 해외시장에서의 가격 · 품질 포지셔닝을 결정한다.

(2) 하이테크 · 하이터치 포지셔닝

하이테크(high tech) 제품계열에는 고기술 제품과 특별관심 제품이 있다. 고기술 제품에

[그림 7-3] 가격·품질 포지셔닝 지도

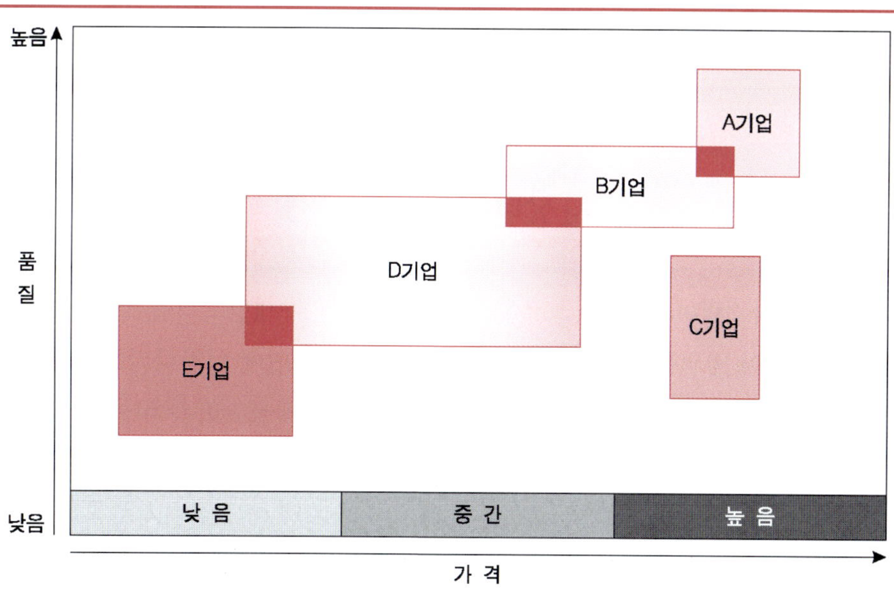

자료 : J. C. Leontiades, *Multinational Corporate Strategy* (Rowman & Littlefield Pub. Inc., 2007).

는 컴퓨터, 화학제품, 타이어, 금융서비스 등이 포함된다. 따라서 소비자들은 특별히 더 많은 정보를 원하며 그들만의 언어를 활용하고 있다. 그러므로 이러한 하이테크 제품에는 정보제공과 제품특성을 강조하는 포지셔닝이 중요하다.

하이터치(high touch) 제품에 대한 포지셔닝은 제품의 이미지를 더욱 강조하는 포지셔닝이다. 따라서 소비자들은 부, 물질주의, 낭만들과 관련된 테마에 관심을 두고 일상 언어와 상징들을 공유하는 제품을 선호한다. 이러한 제품군에는 일상용품, 향수나 피자와 같은 지구촌 제품 등이 있다.

그러나 BMW 자동차와 같이 기술적이고 견고한 제품계열은 하이테크 포지셔닝을 강조하기도 하나, BMW사는 이미지와 상징적 특징인 하이터치 측면을 부각시키기 위해 BMW 소유자에게 정기적으로 라이프스타일 등의 정보를 제공하는 잡지를 발송한다.

4 해외시장 확대전략

진입하려는 해외시장이 선정된 후에는 앞으로 어느 정도 범위까지 확대할 것인가를 결정해야 하는 전략적 선택의 문제에 직면한다. 시장확대전략에는 시장집중화전략과 시장다각화전략이 있다.

4.1 시장집중화와 시장다각화

시장집중화전략(market concentration strategy)이란 마케팅노력을 소수시장에 집중시키고 이후에 시장의 범위를 점차 확대시키는 전략이다. 반면에 시장다각화전략(market diversification strategy)은 다수시장에 침투할 것을 목표로 마케팅노력을 여러 시장에 배분하여 시장을 확대하는 전략이다.

그러나 어떠한 전략을 택하더라도 장기적인 관점에서의 최적시장의 수는 비슷해질 것이다. 이는 시장다각화전략을 추구하는 회사도 수익성이 나쁜 시장에서는 결국 철수하게 되고, 반대로 시장집중화전략을 채택한 회사도 단계적으로 시장의 수요를 늘려 나가게 되기 때문이다.

4.2 시장확대전략 결정 시 고려요인

시장확대전략 결정시 일반적으로 고려되는 주요 요인과 이에 따른 대안적 전략을 정리하면 다음과 같다.

(1) 각 시장의 성장률

각 시장에서 시장성장률이 낮으면 다각화, 높으면 소수시장에 대한 집중전략으로도 성장목표를 달성할 수 있기 때문에 집중화하는 것이 바람직하다.

(2) 각 시장의 판매안정성

판매안정성이 낮으면 위험분산을 위해 다각화, 높으면 집중화하는 것이 바람직하다.

(3) 경쟁기업의 반응

혁신제품의 출하로 경쟁적 우위를 유지할 경우 경쟁기업이 쉽게 따라올 것 같으면 다각화, 오랜 시간이 걸리면 집중화하는 것이 바람직하다.

(4) 마케팅노력의 확산

마케팅노력이 다른 시장에 쉽게 파급될 수 있으면 다각화, 파급효과가 없으면 집중화하는 것이 바람직하다.

(5) 제품적응화의 필요성

새로운 시장특성에 맞게 제품을 적응시키지 않고서는 판매증대가 어려울 때는 시장집중화가 바람직하다.

(6) 유통상 규모의 경제

유통비용이 전체 원가에 많은 비중을 차지하고 시장점유율 증대에 따른 경우 규모의 경제가 높으면 집중화하는 것이 바람직하다.

5 해외시장 진입방법

5.1 진입방법의 선택

기업이 해외시장진입 시 활용할 수 있는 전략적 대안에는 여러 가지가 있으나 일반적으로 수출방식, 계약방식, 해외직접투자방식 등 크게 세 가지로 구분된다. 이러한 진입방식들의 장단점을 요약하면 〈표 7-2〉와 같다.

5.2 진입방법의 결정요인

기업이 최적의 해외시장 진입방법을 결정하는데 영향을 미치는 요인에는 여러 가지가 있는데, 여기서는 [그림 7-4]에서 보는 바와 같이 기업요인, 본국의 환경요인, 제품요인, 현지국의 환경요인 등 네 가지로 정리하여 각각을 설명하기로 한다.

(1) 기업요인

가) 기업의 자원 및 의지

경영・자본・기술 등 기업자원이 풍부하고 우수할수록 상대적으로 진입대안의 선정 폭이 넓어진다. 그러나 기업의 자원만으로 진입방법의 선택을 설명하기는 불충분하며 이에

[그림 7-4] 진입방법의 결정요인

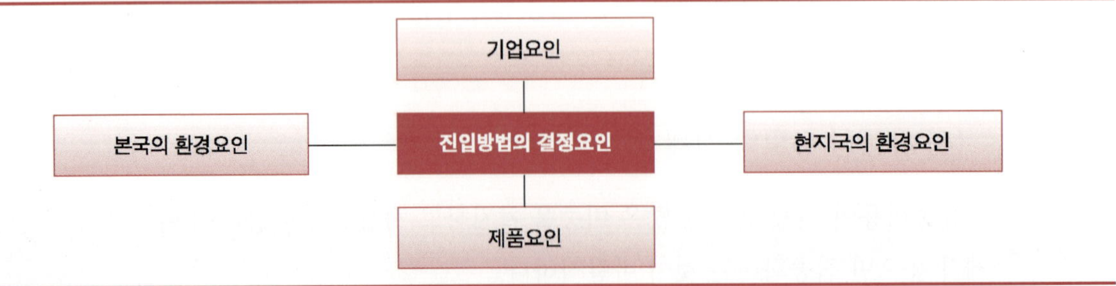

〈표 7-2〉 해외시장 진입방법

	진입방법	장 점	단 점
수출방식	간접수출	· 안정성 및 유연성 · 자금부담 완화 · 정보획득 · 위험최소화 · 분쟁위험회피	· 통제력약화 · 시장접촉부족 · 잠재된 기회상실 · 이미지훼손우려
	직접수출	· 통제력 강화 · 유리한 계약조건 · 국제시장 전문지식축적	· 해외시장에 대한 전문지식 필요 · 높은 초기비용 · 위험부담
계약방식	라이센싱	· 위험최소화 · 신속한 진입 · 무역규제회피 · 정치적위험 회피	· 잠재적인 경쟁자를 만듦 · 제한된 수익성 · 통제권약화 · 향후 시장개척가능성 희박
	계약생산	· 관세장벽 회피 · 신속한 진입 · 유연성 · 저렴한 생산비	· 공급제한 · 품질관리 필요 · 막대한 기술원조 필요
	프랜차이징	· 독특한 이미지 서비스 · 고도의 경영동기 부여 · 적은 자본투자 · 현지사업자의 능력 활용	· 자본과 품질에 대한 통제필요 · 가맹점에 대한 잦은 교육필요
	관리계약	· 적은 위험 · 전문지식 및 경험 활용	· 제한된 수익성 · 의사결정참여 불가
	턴키운영	· 높은 수익성 · 고도의 공정기술 확보	· 정치적 위험성 · 복잡한 협상과정 · 많은 비용 및 시간 소요
해외직접투자 방식	단독투자	· 기술보호 · 범세계적인 전략조정 가능 · 입지 및 경험상의 경제성 실현 · 생산 및 마케팅에 대한 통제권 강화	· 높은 비용 · 높은 위험
	합작투자	· 위험분산 · 현지자원의 활용 · 낮은 투하자본 · 시장접근 용이	· 제한된 통제력 · 파트너와의 갈등 · 의사소통 및 경영상의 애로

덧붙여 해외시장에 자원을 투입하려는 경영진의 의지가 추가적으로 고려되어야 한다. 해외시장진입에 소극적이고 제한적인 목표를 갖고 있는 기업들은 대체로 투자위험부담이

많은 직접투자보다는 수출 또는 라이센싱을 선호한다. 그러나 해외시장 진입에 보다 적극적이고 공격적인 기업은 간접수출보다 직접수출을 선호하며, 더 나아가 생산 또는 마케팅에 대한 실질적인 통제가 가능한 해외직접투자를 선호하게 된다.

나) 경쟁전략

진입대상국에 대해 설정한 사업목표 및 이를 달성하기 위한 기업의 경쟁전략에 따라 진입대상국의 진입방식은 달라진다. 새롭게 대두되는 시장기회를 선점하기 위하여 신속한 진입전략을 추구할 경우, 수출보다는 라이센싱이나 프랜차이징 또는 현지기업의 인수 등과 같은 방법이 적절하다. 이러한 방식은 현지의 생산시설 및 유통망을 활용할 수 있을 뿐만 아니라, 시장과 소비자에 대한 정보획득이 용이하기 때문에 신속한 시장진입이 가능하다. 버거킹(Burger King)은 브라질에 진출할 때 신속한 시장침투를 위해 84개의 점포를 가지고 있는 브라질 제2의 패스트푸드 체인점인 Bob's를 인수하는 방법을 택하였다.

다) 해외사업의 경험

현지사업 경험은 진입방식에 영향을 미친다. 현지사업 경험이 부족할 경우 수출에서부터 시작하여 점차적으로 현지경영에 대한 지식과 경험이 축적됨에 따라 현지판매조직 설립 및 현지생산체제 구축으로 이행하는 진입방식을 선호한다. 스웨덴의 대규모 제약회사인 파마시아(Pharmacia)는 외국구매자들의 주문에 따라 처음으로 해외시장에 진입하였고, 얼마 후 대리점을 지정하거나 생산라인 중 일부를 라이센싱하게 되었으며, 몇 년이 더 지난 후에는 판매를 담당하는 자회사를 설립하였다. 즉, 간단한 공정으로부터 시작하여 보다 복잡한 공정에 이르기까지 생산활동을 펼치는 경험에 의한 점진적인 시장진입 방식을 택하였다.

(2) 본국의 환경요인

가) 시장구조

국내시장의 규모가 클수록 기업들은 상대적으로 국내지향적이 되며 해외시장에 대한 적극적인 자원투입을 꺼리게 된다. 그러나 우리나라와 같이 시장규모가 작을수록 기업들은 규모의 경제를 달성하기 위해 수출은 물론 보다 적극적인 해외시장 진입방법을 모색하게 된다. 한편 국내시장의 경쟁구조가 과점상태에 있는 경우 기업들은 경쟁기업의 행동을 모방하는 경향이 있다. 즉, 한 기업이 해외직접투자를 하게 되면 다른 경쟁기업들도 선도기업을 따라 해외로 동반 진입하는 현상이 자주 발생한다. 반면에 완전경쟁상태에 있는 기업들은 일반적으로 수출을 통한 해외시장진입을 선호하게 된다.

나) 생산비

본국에서의 생산비용이 증대될수록 수출을 통한 해외시장진입에는 많은 제약이 따른다. 이러한 경우 수출보다는 현지생산이나 라이센싱 같은 계약형태의 진입전략이 선호된다.

다) 정부정책

해외진입기업에 대한 본국정부의 지원정책은 진입방법에 영향을 미치는데, 예컨대 해외투자기업에 부여되는 조세·금융상 지원정도의 차이에 따라 진입방법의 매력도가 달라진다.

(3) 제품요인

가) 물리적 특성

제품의 무게, 부패가능성 등 제품의 물리적 특성은 기업의 해외시장 진입방식에 영향을 미친다. 예컨대 고급시계와 같이 무게에 비해 제품의 가치가 높은 경우 현지생산보다는 직접수출이 적합하며, 규모의 경제가 매우 크거나 생산에 대한 지속적인 통제가 필요한 제품의 경우에는 더욱 그러하다. 반면, 맥주 또는 음료산업과 같이 운송비가 차지하는 비중이 큰 경우에는 라이센싱이나 현지생산하는 것이 바람직하다. 하이네켄(Heineken)은 인도·태국·베트남·중국 등지에 합작투자방식으로 양조장을 건설하였다.

나) 차별화 정도

뛰어난 기술적 우위를 바탕으로 제품이 차별화되어 있을 경우 수출방식이 선호된다. 그러나 제품차별화의 정도가 낮은 경우에는 라이센싱이나 해외직접투자를 통하여 현지환경에 적응하는 것이 유리하다. IBM은 품질·유통에 대한 통제를 유지하고 기술의 노출을 피하기 위해 다수지분소유 합작회사를 원했지만, 인도정부가 이를 허락하지 않자 철수하였다.

다) 제품의 형태

제품의 형태가 건설·광고·관광 등 무형의 서비스인 경우에는 해외시장에서 서비스를 수행할 방법을 찾아야 한다. 이러한 이유로 서비스산업에서는 프랜차이징과 같은 계약형태의 진입전략이 바람직하다. 그러나 사전 또는 사후 서비스를 필요로 하는 서비스 집약적 제품의 경우에는 적기에 서비스를 제공해야 하므로 현지자회사를 통한 수출이나 현지생산방식이 유리하다.

(4) 현지국의 환경요인

가) 시장구조

현지국의 시장규모가 크고 성장률이 높을수록 사업활동에 대한 통제권을 확고히 유지할 수 있는 단독투자나 다수지분 합작투자가 선호될 것이며, 반면에 시장규모가 작고 지리적으로 고립되어 인접국가로의 진입이 용이하지 않을 경우에는 위험부담이 적고 자원투입이 적게 드는 수출 또는 라이센싱을 선호할 것이다. 그리고 현지시장의 경쟁구조가 완전경쟁, 과점, 독점인가에 따라 진입방법이 달라질 수 있는데, 예컨대 완전경쟁시장에서는 독과점시장보다 상대적으로 수출이 유리한 전략이 될 수 있다.

나) 정치적 위험

정치적 불안정, 몰수위험 등 정치적 위험도가 큰 나라에 대해서 기업은 생산공장 등 상당한 투자를 필요로 하는 진입방식을 회피하게 된다. 예컨대 아르헨티나·칠레·페루와 같이 과거에 외국인자산을 수용한 적이 있는 나라나, 필리핀·캄보디아·나이지리아와 같이 정치적으로 불안정한 나라의 경우 위험성이 낮은 진입방법을 선호하게 된다.

다) 사회하부구조

교통, 통신, 항만, 에너지 등 사회하부구조가 잘 발달된 나라의 경우 현지생산비용을 크게 낮출 수가 있으므로 적극적인 해외직접투자 기회를 모색할 필요가 있지만, 그렇지 못할 경우 추가적인 개발비용이 소요되므로 어려움이 뒤따른다.

라) 정부의 규제

높은 관세율, 수량제한 등 무역장벽이 존재하는 경우 수출보다는 여타의 진입방법이 선호된다. 또한 현지국정부는 정책적으로 외국인투자를 선별하여 받아들이는 한편 단독투자보다는 합작투자를 선호하며 인수·합병보다는 신규투자를 선호하는 경우가 많다. 반면에 자본이 부족한 현지국정부는 조세상의 특혜 등 여러 가지 유인책으로 외국기업의 투자를 적극 유치하기도 한다.

마) 경제구조

현지국이 자본주의 국가인가, 아니면 사회주의 국가인가에 따라 진입방법이 달라질 수 있다. 사회주의국가인 경우 해외직접투자와 같이 위험부담이 높은 진입방식은 피하는 것이 바람직하다. 한편 현지국의 GNP 및 1인당 국민소득, 경제성장률, 고용수준 등 주요 경제지표에 따라 진입형태도 달라져야 한다.

바) 지리적 · 문화적 차이

가치관, 언어, 사회구조, 생활습관 등 본국과의 문화적 차이는 해외직접투자를 고려하려는 기업에게는 특히 불리하게 작용하기 쉽다. 또한 현지국이 본국과 지리적으로 멀리 떨어져 있는 경우 과도한 운송비 부담으로 인하여 단순수출을 통해서는 현지상품과 경쟁에서 불리하다. 이런 경우에는 현지에서의 조립생산이 운송비를 줄일 수 있는 대안이 된다.

사) 생산 및 마케팅구조

원자재, 노동력, 에너지 등 생산요소의 질이나 가격은 해외직접투자를 통한 현지생산 여부를 결정하는데 필수적인 고려요인이 된다. 그리고 마케팅 하부구조의 질과 활용가능성도 진입방법의 선정에 영향을 미치는데, 예컨대 현지에 믿을 만한 대리점 또는 유통업체가 존재하지 않거나 이미 경쟁기업에 선점당하고 있는 경우, 단순수출보다는 지점이나 현지자회사를 설립하는 것이 바람직하다고 할 수 있다.

5.3 진입방법의 선택모형

수출, 라이센싱, 해외직접투자 등의 세 가지 대표적인 해외시장 진입방법 중에서 어느 방식을 선택할 것인가에 관한 일정한 기준은 없다. 일반적으로 러그만의 단순모형, 루트의 과정모형, 허쉬의 비용수익고려모형 등이 잘 알려져 있다.

(1) 러그만의 단순모형

러그만(A. M. Rugman)은 대부분의 기업들이 해외시장에 진입하는데 있어서 [그림 7-5]에서 보는 바와 같이 수출, 라이센싱, 해외직접투자의 세 형태 중 선택할 수 있는 대안을 비교적 단순한 모형을 통해 설명하고 있다. 즉, 기업들은 우선 위험이 낮고 많은 양의 자원투입이 필요치 않은 수출방식을 통해 해외시장에 진입하기를 원한다는 것이다.

[그림 7-5] 러그만의 단순모형

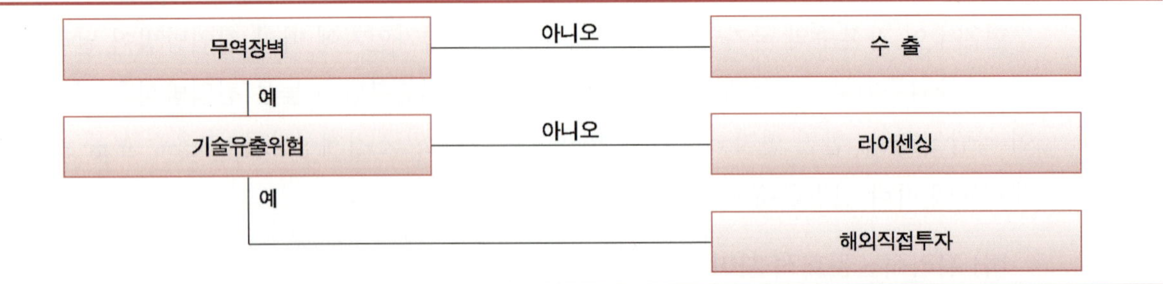

자료 : A. M. Rugman, *International Business: Firm and Environment* (New York: McGraw-Hill, 1985), p.35.

그러나 높은 무역장벽 때문에 수출이 불가능하게 되면 기업은 라이센싱이나 해외직접투자를 생각하게 된다. 이때 기업이 관심을 갖게 되는 것은 기술의 유출위험인데, 만약 기술이 유출되어도 경쟁우위를 잠식당할 가능성이 크지 않으면 라이센싱을 택하게 되고, 기술의 유출가능성이 높으면 자원이 많이 투입되더라도 해외직접투자를 단행하게 된다.

이러한 단순모형의 장점은 기업의 해외진입에 대한 정보를 수집하고 평가하는데 드는 비용과 시간을 절약할 수 있으며, 의사결정을 신속히 할 수 있다는 점이다. 그러나 이 모형의 단점은 비용과 위험을 너무 단순화함으로써, 목표시장에서의 사업기회에 대해 기업의 능력을 잘 발휘할 수 있는 진출방법을 찾지 못하고 소극적인 수준에 머무를 수 있다는 점이다.

(2) 루트의 과정모형

루트(F. R. Root)는 진화론적 관점에서 기업의 해외시장 진입방식에 대한 선택문제를 다루고 있다. 기업은 시간이 지남에 따라 현지시장의 마케팅활동에 대한 통제를 보다 강화하게 되고, 이에 따라 진입방식을 점진적으로 변화시키게 된다. 즉, 기업이 해외사업에 대한 통제정도를 확대·강화함에 따라 기업이 해외시장에 투입하게 되는 자원이 증대하고, 이에 따라 현지시장에서 기업이 부담하는 위험의 수준도 함께 높아지게 된다. 통제와 위험수준의 정도에 따라 기업이 해외시장 진입방식을 변화시켜 나가는 과정을 살펴보면 [그림 7-6]과 같다.

[그림 7-6] 루트의 과정모형

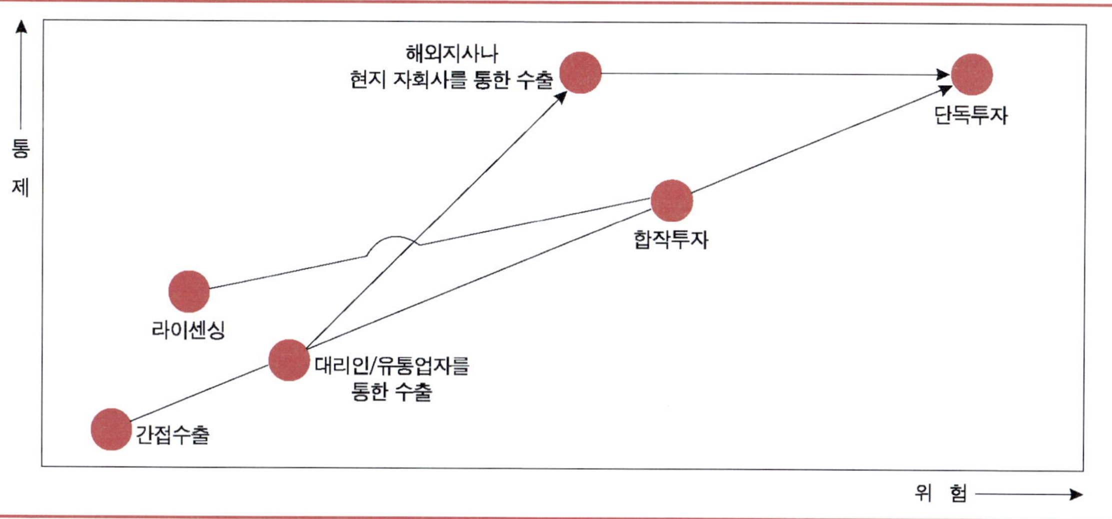

자료: F. R. Root, *Foreign Market Strategies*, Amacom, 1982, p.67.

루트에 의하면 일반적으로 제조기업들은 ① 간접수출 → 대리인이나 유통업자를 통한 수출 → 합작투자 → 단독투자의 경로를 선택하거나, ② 간접수출 → 대리인이나 유통업자를 통한 수출 → 해외지사나 현지자회사를 통한 수출 → 단독투자의 두 가지 경로를 통하여 해외시장에 진입하게 된다고 보고 있다. 물론 기업특성에 따라 진입경로상의 차이가 존재할 수 있다. 예컨대 규모가 큰 기업의 경우 해외지사나 현지자회사를 통하여 해외영업활동을 전개하다가 단독투자를 할 수도 있다.

루트의 모형은 기업의 해외시장에 대한 진입방식을 동태적으로 설명하고 있다는데 큰 의의가 있다. 그러나 이 모형은 국제기업의 해외시장진입이 언제, 어떤 방식으로 이루어져야 가장 적합한가에 대한 기준은 제시하지 못하고 있다.

(3) 허쉬의 비용수익고려모형

허쉬(S. Hirsch)는 수출, 라이센싱, 해외직접투자의 세 가지 해외시장 진입방법에 따른 비용과 그 변동추이를 중심으로 최적의 해외시장 진입방법을 수식으로 설명하고 있다. 즉 Pd: 본국에서의 생산비, Pf: 현지국에서의 생산비, M: 수출마케팅비용, F: 해외에서의 생산활동에 따라 추가적으로 드는 비용, K: 라이센싱으로 인한 기술유출로 기업특유의 우위가 잠식될 위험비용이라고 하자. 수익을 비롯한 다른 모든 조건이 동일하다면 수출, 라이센싱, 해외직접투자 중 어떤 방식이 유리한가를 다음과 같이 수식으로 나타내고 있다.

① 수출을 선택하는 경우: $Pd+M<Pf+F$ 그리고 $Pd+M<Pf+K$
② 라이센싱을 선택하는 경우: $Pf+K<Pd+M$ 그리고 $Pf+K<Pf+F$
③ 해외직접투자를 선택하는 경우: $Pf+F<Pd+M$ 그리고 $Pf+F<Pf+K$

일반적으로 생산비를 제외한 세 가지 비용의 최초의 크기는 $M<F<K$의 순서로 나타나며, 시간의 흐름에 따라 이들 비용이 감소하는 속도도 $M<F<K$의 순서와 같다. 따라서 이를 토대로 최적의 해외시장 진입방식의 변화과정은 [그림 7-7]과 같이 나타낼 수 있다.

[그림 7-7]에서 보는 바와 같이 S_1시점까지는 수출을 통한 해외시장 진출이, S_1에서 S_2시점까지는 해외직접투자가, 그리고 그 이후로는 라이센싱이 최적의 해외시장 진입방식이 된다고 할 수 있다. 그러나 이 모형을 실제의 의사결정에 활용하기 위해서는 이 밖에 여러 가지 비용, 수익, 위험요소 등이 추가되어야 하며, 이들을 현실적으로 측정할 수 있는 구체적인 지표의 마련이 선행되어야 한다.

[그림 7-7] 허쉬의 비용수익고려모형

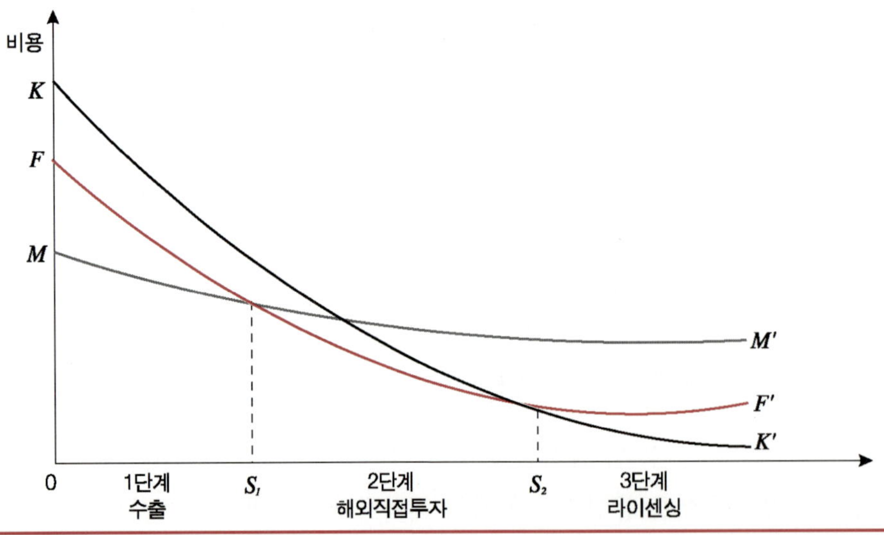

자료 : A. M. Rugman, *Multinationals in Canada: Theory, Performance and Economic Impact*, Boston, Mass.: Martinus Nijhoff, 1980, p.25.

[그림 7-8] 힐의 모형

자료: C. W. Hill, *International Business: Competing in the Global Marketplace* (Burr Ridge, Ill., Irwin, 2002), p.200.

(4) 힐의 모형

힐(C. W. Hill)은 [그림 7-8]에서 보는 바와 같이 운송비나 관세율의 높고 낮음, 기술이전의 가능성 유무, 해외사업에 대한 본사의 통제 필요성 유무, 노하우의 보호가능성 유무 등을 기초로 기업의 해외시장 진입방법을 체계적으로 분석하였다.

[그림 7-8]에서 보는 바와 같이 운송비와 관세율이 높지 않다면 기업은 수출방식을 선택하게 되며, 높으면 노하우가 라이센싱을 통해 이전가능한가를 살펴보아야 한다. 만약 라이센싱을 이용하여 노하우를 이전할 수 없다면 해외직접투자를 선택하게 된다. 다음으로 본사가 해외사업에 대해 강력한 통제가 필요하다면 역시 해외직접투자를 선택하게 된다. 그리고 강력한 통제가 필요 없다면 라이센싱을 통해 노하우를 충분히 보호할 수 있는가를 살펴보아야 한다. 만약 라이센싱을 통해 노하우를 충분히 보호할 수 있다면 라이센싱을 선택하게 되고, 보호할 수 없다면 역시 해외직접투자를 선택하게 된다.

(5) 버클리와 카슨의 모형

버클리와 카슨(P. J. Buckly and M. Casson)은 시장을 서비스하는 경영형태에 따라 발생하는 비용을 회복불능매몰비용, 재순환고정비용, 재순환변동비용으로 구분하고, 기업은 자기가 수행하고자 하는 영업규모에 가장 효율적인 사업형태를 선택할 것이며, 영업활동규모에 따라 각 경영활동형태, 즉 수출, 라이센싱, 해외직접투자의 상대적비용이 달라지고 경영활동형태 중에서 어떤 것은 다른 형태보다 고정비용이 높고 유동비용이 낮을 수 있다고 보고 있다. 만약 어떤 경영활동형태가 여타 형태에 비하여 고정비용도 높고 유동비용도 높다면 그러한 형태는 경제적이지 못하며, 경영활동규모가 증대되면 비교적 높은 고정비용과 비교적 낮은 유동비용을 갖는 경영형태가 보다 경제적이라고 할 수 있다.

즉 버클리와 카슨은 고정비용과 유동비용에 초점을 두어 해외시장 진출방법을 설명하고 있다. 수출의 경우에는 기존 생산공장을 그대로 이용하기 때문에 고정비용은 매우 낮은 반면, 유동비용은 운송비나 관세 등으로 매우 높다. 라이센싱의 경우에는 수출보다 유동비용은 낮은 반면, 고정비용은 높다. 그 이유는 운송비나 관세가 없기 때문에 유동비용은 낮으나 라이센시(licensee)가 라이센서(licensor)로부터 사용하는 자산의 대가와 거래비용이 추가되기 때문에 고정비용은 높다. 해외직접투자의 경우에는 자회사 설립에 따른 고정비용이 많이 소요되어 라이센싱보다 고정비용은 높고 유동비용은 라이센싱보다 낮다. 결국 고정비는 수출, 라이센싱, 해외직접투자의 순으로 높고 유동비용은 수출, 라이센싱, 해외직접투자의 순으로 낮다.

연습문제

1. 해외시장 선택에 영향을 미치는 요인은 무엇인가?
2. STP전략의 중요성에 대하여 기업 또는 제품을 예로 들어 설명하시오.
3. 해외시장 진입방법을 결정하는데 영향을 미치는 요인에는 어떤 것이 있는지 설명하시오.
4. 시장집중화와 시장다각화의 차이점은 무엇인지 기업의 예를 들어 설명하시오.
5. 기회-위험매트릭스방법과 시장포트폴리오방법의 차이점은 무엇인가?

08
Chapter

국제경쟁전략

1. 국제경쟁력의 의의
2. 국제경쟁력의 결정요인
3. 국제경쟁력의 원천
4. 국제경쟁력의 분석기법
5. 국제경쟁력의 성과측정과 평기가관

학습목표

국제경쟁전략이란 무엇이며, 국제경쟁력의 결정요인, 원천, 분석기법에 대하여 살펴본다. 그리고 국제경쟁력의 성과를 측정하기 위해 어떤 방법이 사용되는가에 대하여 학습한다.

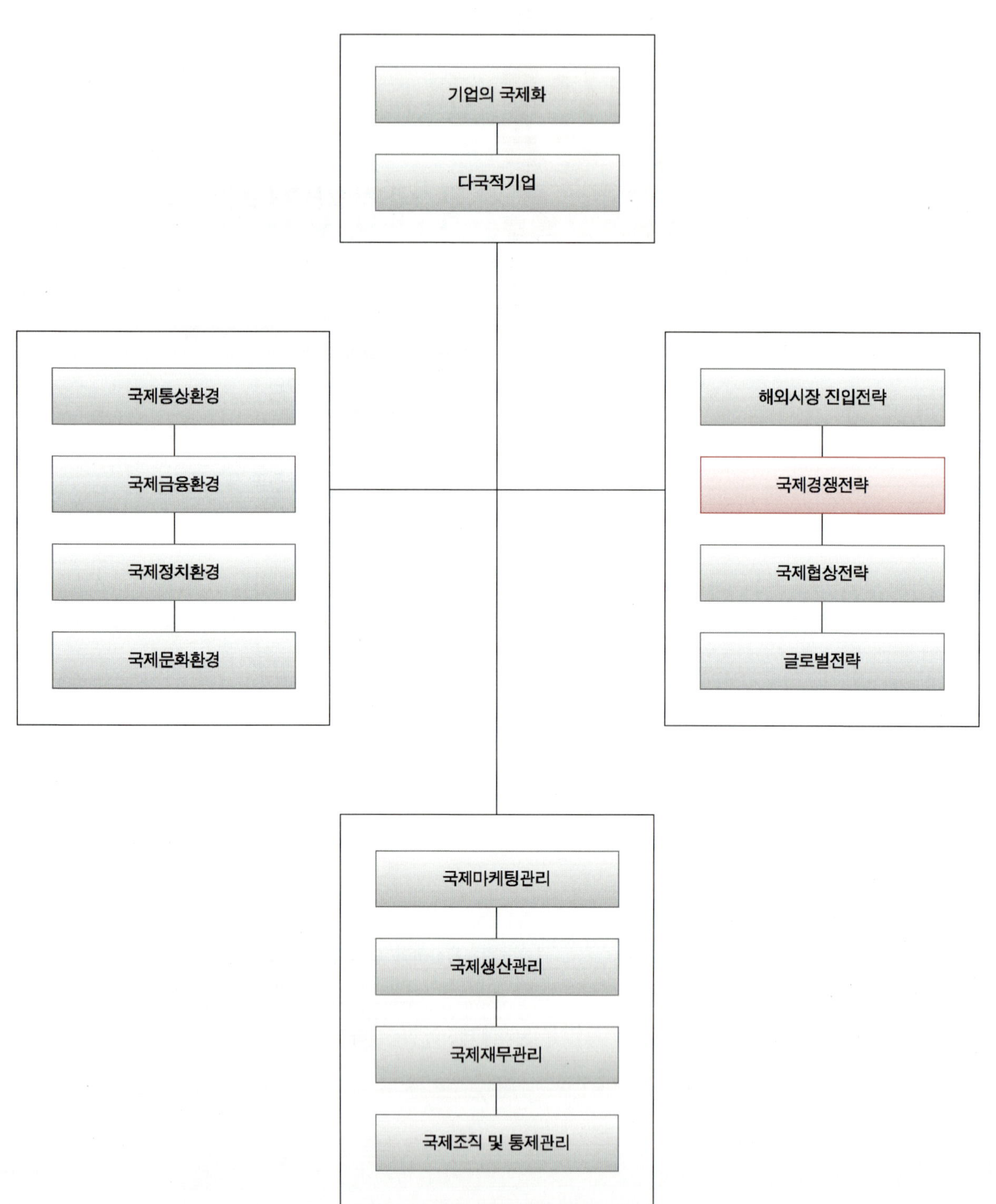
기업의 국제화
다국적기업
국제통상환경
국제금융환경
국제정치환경
국제문화환경
해외시장 진입전략
국제경쟁전략
국제협상전략
글로벌전략
국제마케팅관리
국제생산관리
국제재무관리
국제조직 및 통제관리

PC 시장은 사라지지 않고 계속해서 진화할 겁니다

닉 레이놀즈 레노버 월드와이드 마케팅 · 소비자용 제품출시 부문 책임자는 8일(현지시각) 미국 라스베이거스 '소비자가전전시회(CES) 2014'에서 가진 인터뷰에서 "PC판매량이 점차 떨어지고는 있지만 PC는 노트북, 태블릿, 스마트폰 등 다양한 형태로 진화해 나갈 것으로 본다"며 "레노버는 이 모든 제품군에서 1위를 차지할 준비가 돼 있다"고 말했다.

레노버는 전 세계적으로 가장 빠르게 성장하고 있는 컴퓨터기업 가운데 하나다. 레노버는 지난해 글로벌 PC시장에서 총 5380만대의 PC를 판매해 시장점유율 1위를 기록했다. PC와 스마트폰, 태블릿 PC 시장을 포함한 스마트 기기 시장에서 삼성전자와 애플에 이어 3위를 차지했다.

레노버는 이번 CES에서 PC, 노트북, 태블릿PC, 스마트폰, 서버 등 다양한 제품을 공개했다. 공격적인 신제품 출시를 통해 빠르게 변화하는 소비자의 트렌드를 따라가겠다는 전략으로 풀이된다. '씽크패드 에어'로도 불리는 X1 카본 노트북은 항공기나 스포츠카에 사용되는 탄소 섬유로 만들어 가볍고 단단한 게 특징이다.

레노버는 이번 전시회에 롱텀에볼루션(LTE) 스마트폰도 처음 공개했다. 레노버는 지난해 3분기 LG전자를 제치고 글로벌 스마트폰 판매 4위 업체로 올라선바 있다.

레이놀즈 책임자는 "레노버의 전략은 성숙시장에서 방어적으로 신흥시장에서 공격적으로 펼치는 아웃복서 스타일"이라며 "현재 신흥국을 중심으로 많은 공부를 하고 있어 향후 2~3년 안에는 삼성전자와 경쟁해 점유율을 빼앗을 수 있는 경쟁력을 갖출 수 있다"고 말했다.

레노버는 2004년 미국 IBM으로부터 PC사업부를 인수했다. 이후 씽크패드의 기술력을 흡수해 기존 레노버 제품군의 성능과 기술을 강화했다. 또 프리미엄 브랜드를 유지해 나가는 '투트랙 전략(두가지 전략을 동시해 사용하는 경영기법)'을 사용했다. 씽크패드는 고급 사용자와 미국 · 유럽 등 선진국 시장에서, 레노버는 일반 사용자와 중국 · 동남아시아 등 신흥시장에서 판매가 이뤄지고 있다.

레이놀즈 책임자는 "레노버 인수 이후 연구인력이 대폭 늘어나면서 제품의 디테일을 더욱 높일 수 있었다"며 "실제로 레노버 연구소에는 감성품질을 높이기 위해 터치패드와 키보드만 개발하는 연구원이 30여명이 있을 만큼(레노버와 씽크패드 사이에) 서로 시너지를 주는 일이 많다"고 설명했다.

씽크패드는 자동차로 치면 메르세데스벤츠와 비슷하다. 1992년 황백색의 컴퓨터가 대세를 이룰 당시 씽크패드는 다소 투박해 보일 수 있는 검정색을 사용해 노트북을 출시했다. 이후 검정색은 씽크패드의 상징이 됐다. 또한 메르세데스벤츠가 에어백, ABS 등을 최초 개발해 적용한 뒤 모든 자동차 기업이 따라오는 것처럼 씽크패드 역시 CD-ROM 내장, 키보드 조명, 데이터 자동복구, 충격보호시스템(APS)을 선보이며, 업계를 주도했다.

이날 인터뷰를 함께한 케빈 벡 레노버 경쟁력 수석 분석가는 "씽크패드를 개발하는 데 있어서 가장 고민스러운 부분은 전통 · 정체성을 유지하면서 새로운 것을 도입해야하는 것으로 발란스가 가장 중요하다"며 "앞으로도 검정색이라는 씽크패드의 정체성은 그대로 이어갈 것, 다만 키보드나 혁신적인 기술은 그 어느 업체보다 빠르게 적용해 시장우위를 이어갈 것"이라고 설명했다.

최근 레노버는 PC 시장 이외 스마트폰과 태블릿PC 시장에서의 성장을 위해 공격적으로 신제품을 출시하고 있다. 특히 기존 중저가형 제품 뿐만 아니라 고성능 · 프리미엄 제품도 출시하면서 미국, 유럽, 한국 등 성숙시장의 문을 노크하고 있다.

레이놀즈 책임자는 "내부적으로 레노버가 잡아야할 25개의 시장을 정했고 이 가운데는 한국을 포함해 미국, 독일, 대만 등이 있다"며 "많은 IT기업이 이들 시장에 진출해 사업을 유지하지 못하고 접는 경우가 많아 확실히 공부한뒤 접근할 계획"이라고 설명했다.

레이놀즈 책임자는 또 "중국 기업은 막대한 내수시장과, 풍부한 노동력, 저렴한 원가라는 사업하기 좋은 환경을 가지고 있다"며 "중국 기업이 내수시장에서 빠르게 성장한 뒤 해외진출을 통해 큰 성공을 거두고 있어 삼성전자, LG전자 등 글로벌 전자회사를 보유한 한국에게도 위협이 될 수 있다"고 설명했다.

• 조선일보, 2014.1.10

토의과제

1. 레노버의 핵심역량은 무엇인가?
2. 레노버의 경쟁전략은 무엇인가?
3. 국제경쟁력을 갖추기 위해서 기업은 어떤 전략과 노력이 필요한가?

1 국제경쟁력의 의의

1.1 국제경쟁력의 개념

국제경쟁력에 대한 개념은 매우 광범위하고 다양한데 일반적으로 국가, 산업, 기업의 세 가지 측면에서 국제경쟁력을 정의할 수 있다.

국가의 국제경쟁력은 어느 특정 국가가 높은 생산성을 바탕으로 높은 소득수준을 유지해 나갈 수 있는 능력이라고 정의할 수 있다. 따라서 어떤 산업의 생산성이 수반되지 않고 단지 높은 소득수준을 유지하고 있다면 그것은 국제경쟁력이 있다고 할 수 없다. 예컨대 산유국과 같이 천연자원을 판매하여 소득을 올릴 뿐 이렇다 할 산업이 없는 경우에는 비록 소득수준이 높다고 하더라도 국제경쟁력을 갖추고 있다고 할 수 없다. 국가의 국제경쟁력은 1인당 GNP 또는 생산성 등으로 측정할 수 있다.

산업의 국제경쟁력은 세계시장에서 타국의 동종산업과 비교하여 높은 시장점유율을 유지해 나갈 수 있는 능력이라고 정의할 수 있다. 산업의 국제경쟁력은 그 산업의 세계시장 점유율로 측정할 수 있는데, 이러한 시장점유율은 전 세계생산량 또는 판매량을 기준으로 측정할 수 있고, 이것이 용이하지 않을 때는 전 세계무역량 또는 해외직접투자액 등을 기준으로 측정할 수도 있다.

기업의 국제경쟁력은 그 기업이 사업활동을 영위하고 있는 해당산업에서 타국의 다른 기업보다 낮은 원가로 생산할 수 있는 능력, 또는 높은 기술수준과 상표인지도를 유지할 수 있는 능력이라고 정의할 수 있다. 다른 기업보다 낮은 원가로 생산하기 위해서는 낮은 인건비 등의 입지적 우위뿐 아니라 공정기술, 규모의 경제, 경험 등의 요인이 뒷받침되어야 한다. 기업의 국제경쟁력은 수익성, 시장점유율, 차별화능력 등으로 측정할 수 있다.

1.2 국제경쟁력의 구성요소

국제경쟁력은 [그림 8-1]에서 보는 바와 같이 국제경쟁력의 원천, 국제경쟁전략, 국제경

[그림 8-1] 국제경쟁력의 구성요소

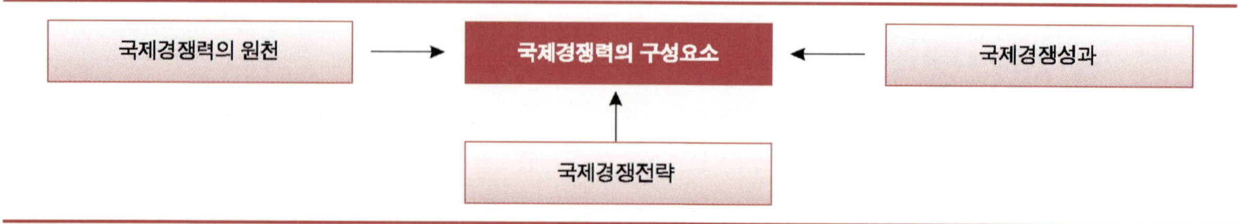

쟁성과 등 세 가지 요소로 구성되어 있다.

(1) 국제경쟁력의 원천

국제경쟁력의 원천은 크게 두 가지로 구분할 수 있다. 즉, 국가특유(country-specific)의 성격을 지닌 입지상의 우위와 기업특유(firm-specific)의 성격을 지닌 뛰어난 기술로 나눌 수 있다. 뛰어난 기술은 경쟁기업에 비해 보다 잘 수행해 낼 수 있는 능력을 말하며, 입지상의 우위는 가치창출활동을 수행하는 장소에서 파생되는 요소로서 당해 시장국에 위치한 기업들은 모두 향유할 수 있다.

(2) 국제경쟁전략

국제경쟁전략은 기업이 국제경쟁력의 원천을 활용하여 시장에서 경쟁위치를 설정하는 것이다. 예컨대 어떤 기업은 저렴한 원가를 바탕으로 세계시장에서 원가우위전략을 선택할 수 있으며, 다른 기업은 유명상표나 탁월한 서비스를 바탕으로 소득수준이 높은 국가시장에서 차별화전략을 선택할 수 있다.

(3) 국제경쟁성과

국제경쟁성과란 국제경쟁의 원천과 국제경쟁전략을 결합하여 나타난 결과를 의미한다. 일반적으로 사용되는 성과지표로는 시장점유율, 매출액성장률, 수익률 등과 같은 기업중심적 성과지표와 고객의 인지도, 만족도, 충성도 등과 같은 고객중심적 성과지표로 나눌 수 있다.

이상에서 설명한 국제경쟁력의 세 가지 구성요소들은 모두 포괄적으로 다루어야 하며, 어느 한 측면에만 초점을 맞추어 국제경력을 분석하는 것은 나무만 보고 숲을 보지 못하는 것과 같다고 할 수 있다. 따라서 국제경쟁력을 효과적으로 분석학기 위해서는 세 가지

요소에 대한 체계적인 접근이 필요하다

2 국제경쟁력의 결정요인

2.1 가격경쟁력과 비가격경쟁력

가격경쟁력이란 기업이 생산하는 제품의 생산원가나 판매가격이 다른 나라 기업이 생산하는 동일제품과 비교하여 얼마나 유리한가를 나타내 주는 것으로서 주로 노동, 자본, 원자재 등의 생산요소의 비용과 환율변동 등의 요인에 의해 결정된다. 이 중에서 노동비용은 노동의 질과 숙련도, 노동력의 수급사정, 일반물가수준 등에 따라 달라진다. 자본비용은 차입자본에 대한 이자율, 자기자본에 대한 배당률, 자본재의 소모율, 투하자본에 대한 조세 및 보조금 등의 요인에 의해 영향을 받는다. 원자재비용은 자원의 부존상태, 산업구조, 생산기술 및 원자재 절감 노력 등에 따라 달라진다.

비가격경쟁력이란 기업의 기술수준, 상품의 공급능력, 수요구조 변화에 대한 적응능력, 제품의 성가, 품질, 디자인, 애프터서비스, 판매조건, 정부정책 등 가격이외의 측면에서 경쟁제품보다 국제시장에서 경쟁상 유리한 정도를 의미한다. 이 중에서 기술개발은 품질개선, 신제품개발 등을 통해 비가격경쟁력을 높여주며 제품의 품질, 디자인 및 애프터서비스 등은 세계교역이 점차 고부가가치 제품이 확대되면서 비가격경쟁력 결정에 중요한 영향을 미친다.

2.2 비교우위와 경쟁우위

비교우위(comparative advantage)란 일국이 타국에 비해 특정제품을 상대적으로 저렴하게 생산할 수 있는 정도를 의미한다. 비교우위는 생산요소의 부존량 및 질적차이, 생산방식, 기후 등과 같은 자연적 조건이나 수요조건 등에 의해 결정된다. 따라서 비교우위는 특정국가에서 생산활동을 함으로써 얻을 수 있는 입지상의 우위로서 한 국가에서 다른 국가로 이전될 수 있는 것이 아니다.

경쟁우위(competitive advantage)란 한 기업이 다른 기업에 비해 보다 저렴하고 우수한 제품 및 서비스를 생산·판매할 수 있는 능력을 의미한다. 경쟁우위는 원가우위와 차별적 우위로 나눌 수 있다. 원가우위(cost advantage)란 생산, 판매, 애프터서비스 등 제반활동에 수반되는 모든 비용이 타기업보다 낮은 것을 의미하는 동시에 다른 기업보다 저렴한 가격으로 경쟁할 수 있는 능력을 의미한다. 차별적 우위(differential advantage)란 고객이 특정기업의 제품에 부여하는 높은 가치로서 동종의 경쟁제품과 구별될 수 있는 가격 이외의 것을 의미한다. 차별적 우위는 기업으로 하여금 같은 가격이라면 타사의 제품보다 더 많이 팔릴 수 있도록 하거나 경기가 좋지 않을 때에도 높은 고객충성도를 유지할 수 있도록 하는 원동력이 된다. 차별적 우위는 원가우위와 마찬가지로 제품 및 서비스의 특성, 인도시기의 적합성, 장소의 편리성, 제휴업체의 협력, 기업통합, 기업의 규모, 경험의 국제이전 등에서 나타날 수 있다. 그러나 이러한 차별적 우위는 단순히 한 기업이 경쟁기업과 다른 특성을 가지고 있다고 얻어지는 것이 아니라, 고객의 주관적 평가에 달려 있으므로 제품 및 서비스에 관한 해외고객의 가치체계와 구매기준을 이해하는 것이 필요하다.

3 국제경쟁력의 원천

3.1 국가경쟁력의 원천

포터(M. E. Porter)는 국가경쟁력의 원천을 [그림 8-2]에서 보는 바와 같이 요소조건, 수요조건, 관련산업, 기업의 전략과 구조·경쟁 등 네 가지 기본요소와, 국가경쟁력에 간접적으로 영향을 미칠 수 있는 두 가지 외생변수로서 정부의 역할과 기회의 역할을 들고 있다.

(1) 요소조건

노동, 토지, 천연자원, 자본, 하부구조 등의 부존량과 투입기술은 국가경쟁력을 결정하는 중요한 원천이다. 즉, 값싸고 질이 좋은 생산요소를 소유하는 것은 국가경쟁력의 원천

[그림 8-2] 국가경쟁력의 원천

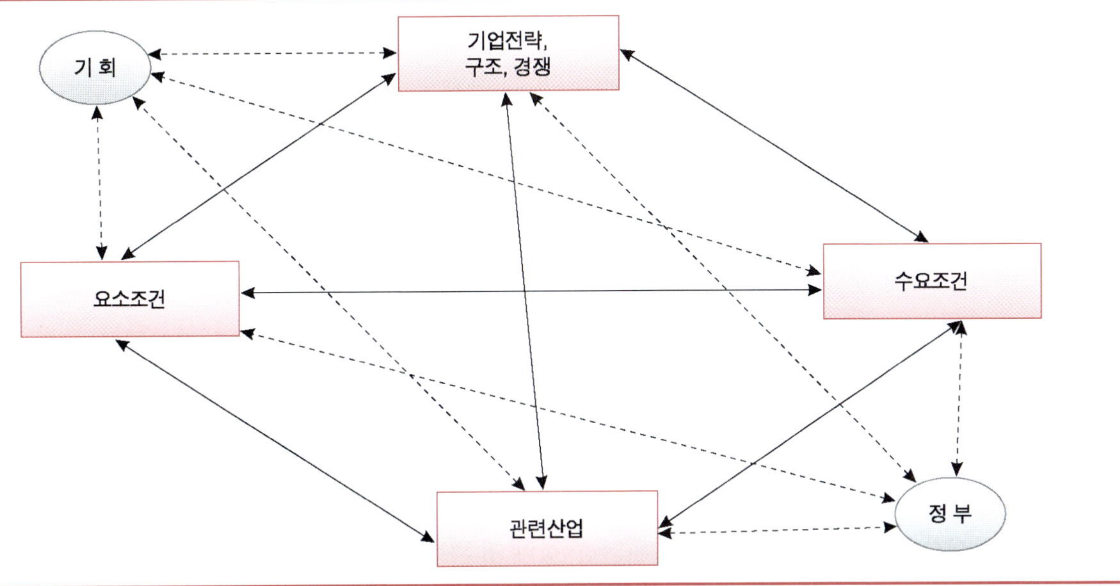

자료: M. E. Porter, *The Competitive Advantage of Nations* (The Macmillan Press, 1990), p.127.

이 되는 것은 물론이지만 생산요소의 사용 및 조달방법도 중요한 원천이 될 수 있다. 그런데 국가경쟁력에 있어서 중요한 생산요소인 인적·물적·지적자원, 자본 및 하부구조 등은 천부적인 것이라기보다는 오히려 국별·산업별로 다양한 과정을 거쳐 창출되는 것이라고 볼 수 있다.

따라서 국가경쟁력의 원천인 요소조건은 동태적인 관점에서 파악되어야 할 것이다. 즉, 특정시점에서의 요소의 부존량보다는 창출·고도화·전문화 속도를 파악하는 것이 더욱 중요하다. 때로는 부존량이 풍부하다는 것이 경쟁력을 제고하는 대신 오히려 저하시킬 수도 있는 반면에, 요소부존량의 부족은 유효한 전략과 혁신을 통하여 경쟁력을 창출·유지하는데 기여할 수도 있기 때문이다.

(2) 수요조건

국가경쟁력을 결정하는 중요한 수요조건은 본국수요의 구성, 본국수요의 크기와 성장패턴, 본국수요의 국제화 등 크게 세 가지로 나눌 수 있다.

첫째, 본국수요의 구성이란 세분시장의 구조, 소비자의 질, 앞서가는 소비자 욕구 등 세

가지를 포함한다. 특정산업에 있어서 본국수요는 여러 개의 세분시장으로 나누어지는데, 이때 세분시장의 상대적 크기는 절대적 크기보다도 중요한 의미를 가진다. 자동차산업에서 보는 바와 같이 한 국가에서 특정 세분시장에 대한 수요가 다른 국가에 비해 상대적으로 더 많은 비중을 차지하는 경우, 이 세분시장에서 경쟁우위를 획득할 수 있기 때문이다. 본국 소비자의 질적 요인도 중요한데, 예컨대 까다로운 소비자가 많을수록 기업은 혁신의 필요성을 더욱 강하게 인식하고 품질개선에 노력함으로써 경쟁력의 원천을 형성하게 된다. 일국의 소비자 욕구가 다른 국가보다 앞서갈 경우 경쟁우위를 얻을 수 있다. 예컨대 일본의 소비자들이 일찍이 에너지 비용에 민감했기 때문에 에너지 절약형 상품의 개선을 가져왔고 국제경쟁력을 획득하게 만들었다.

둘째, 본국수요의 절대적 크기는 규모의 경제 및 학습효과를 가져올 수 있는 산업에서 국가경쟁력의 원천이 될 수 있다. 그러나 본국의 큰 수요가 다른 국가의 수요와 유사할 경우에만 국제경쟁력의 원천이 된다는 것에 유의해야 한다. 다음으로 수요의 성장패턴과 관련해서는 성장률, 선도수요의 발생, 선도적 시장포화의 세 가지 특성을 들 수 있다. 우선 성장률이 높은 산업은 공격적 투자의 기회를 갖게 되어 신제품, 신공정, 신기술 등을 확보할 수 있게 된다. 선도수요의 발생은 그 산업으로 하여금 진입장벽의 비용을 없애주고 타국에 비해 먼저 본국시장이 포화되면 본국시장에서는 가격인하요구, 새로운 모델개발의 요구, 새로운 서비스의 요구 등이 일어나며 또한 고급형 모델의 출현에 대한 요구도 발생한다.

셋째, 본국의 고객이 해외로 이동하는 경우 경쟁우위가 창출될 수 있는데 이는 국내수요자가 동시에 해외수요자이기 때문이다. 예컨대 해외여행을 자주 하는 고객의 경우 해외시장에서도 국내에서와 마찬가지로 같은 상품을 사용하는 경향이 있다. 또한 본국기업이 다국적기업인 경우에도 경쟁우위가 창출될 수 있는데 이는 본국으로부터의 부품조달이 쉽기 때문이다. 그리고 본국수요의 패턴이 여러 가지 경로를 통하여 다른 국가에 전파된다면 이는 경쟁우위의 원천이 될 수 있다. 예컨대 미국에서 훈련받은 의사는 미국제 의료기기를 선호할 것이기 때문이다.

(3) 관련산업

특정산업이 강한 국제경쟁력을 가지고 있을 때 이 산업의 관련산업도 함께 국제경쟁력을 갖게 되는 경우가 있다. 관련산업이란 특정활동을 공유하거나 협력할 수 있는 산업, 또는 보완적 제품을 생산하는 산업을 가리킨다. 예컨대 팩시밀리산업이 나타나기 전에 일본은 팩시밀리산업에 필수적인 기술을 제공하는 복사기, 사진용품, 전자통신기기산업 등에서 이미 선도적 위치에 있었다.

(4) 기업의 전략과 구조 · 경쟁

기업들의 전략 및 조직은 그 자체가 국가경쟁력의 원천이라고 단정하기는 힘들지만 이들이 국가특성에 적합한 것일 때는 국가경쟁력의 원천이 될 수 있다. 즉, 특정국가에서 기업들의 전략 및 조직은 국내의 여러 가지 환경요소들에 영향을 받아 모든 국가에 일반적으로 적용될 수 없는 특정국가 나름대로의 독특한 방식을 취하게 되기 때문이다.

한편 본국시장에서의 경쟁구조는 기업들의 혁신과정과 해외시장에서의 성공에 중요한 역할을 담당한다. 국내시장에서의 경쟁은 기업들로 하여금 원가절감, 품질 및 서비스개선, 제품과 공정의 혁신 등에 압력을 가한다. 더욱이 국내경쟁은 기업들로 하여금 끊임없이 경쟁우위를 창출하고 이를 향상시킬 수 있는 방법까지도 혁신하도록 하며, 나아가 경쟁열위를 피할 수 있도록 도와주는 비옥한 기업풍토를 조성하여 준다.

(5) 정 부

국가경쟁력에 있어서 정부의 역할은 앞에서 열거한 네 가지 요인에 영향을 미치게 된다. 요소조건은 정부보조금, 금융 및 교육정책 등에 영향을 받으며 수요조건은 정부의 광고매체에 대한 통제 혹은 보조서비스의 규제 등으로 관련 및 보조산업의 환경에도 영향을 미친다. 또한 정부는 자본시장규제, 조세정책, 독점금지법 등을 통하여 기업의 전략 및 구조 · 경쟁관계에 영향을 미치게 된다.

그러나 이러한 정부의 역할은 모든 산업에 공통적인 것은 아니며 산업특성상 반도체, 자동차, 조선 철강, 항공산업 등에서 특히 중요시되어 왔는데 산업이 고도로 발달된 경우에는 오히려 정부정책이 산업발전을 저해할 수도 있다. 특정산업의 국제경쟁력이 강해질수록 산업집중화 현상이 심화되는 것과, 반대로 정부의 역할은 계속적으로 줄어드는 특징이 있다.

(6) 기 회

국제경쟁력에 있어서 순수기회는 성격상 단속적이며 예측 불가능한 변수이다. 예컨대 발명활동, 기술혁신, 석유파동, 환율변동, 수요폭발, 전쟁 등은 특정국의 정부나 기업이 어떻게 할 수 없는 것들이다. 순수기회는 앞의 여러 요인들처럼 그 역할에 대하여 똑같이 설명할 수는 없으나 특정국가의 내외에서 발생한 우연한 기회가 국제경쟁력 강화에 큰 역할을 해온 것이 사실이다. 한국의 경우 중동건설붐으로 인한 건설업의 경쟁력확보, 88년 서울올림픽개최로 인한 관련산업의 경쟁력확보 등의 사례에서 기회의 역할이 가지는 중요성을 알 수 있다.

3.2 기업의 국제경쟁력 원천

(1) 독점적 자산

국제기업은 해외시장에서 현지정부의 차별적 대우, 현지시장에 대한 정보의 부족 등 여러 가지로 현지기업에 비해 불리한 여건에서 영업활동을 수행하게 된다. 이러한 불리점을 극복하고 현지기업과의 경쟁에서 승리하기 위해서는 기업특유의 독점적 자산이 필요하다. 독점적 자산은 학자에 따라 다르게 말하고 있지만, 일반적으로 경영자의 역할 및 경영능력, R&D능력, 생산능력, 마케팅능력, 인적자원 관리능력 등을 들 수 있다.

(2) 국제이전

국제기업은 해외자회사 등 내부조직을 통해 기업특유의 독점적 자산을 이전하여 사용하는데 이러한 국제이전능력, 특히 내부화능력은 기업의 중요한 국제경쟁력 원천이 될 수 있다. 국제이전의 대상은 주로 기업특유의 제조 및 관리기술, 사람, 제도, 프로그램 등을 들 수 있다. 이러한 내부화를 통하여 기업은 국제거래에 수반되는 여러 가지 비용을 절감하고 기술 등 기업특유의 자산을 독점적으로 사용할 수 있으며 중간재의 안정적 공급을 기할 수 있게 된다.

(3) 국제조달

국제기업이 노동, 자본, 토지, 기술 등 생산요소와 천연자원, 원자재부품 등의 중간재 혹은 완제품을 경쟁기업보다 저렴하게, 그리고 적기에 획득할 수 있는 능력은 기업의 중요한 국제경쟁력 원천이 될 수 있다. 국제기업은 여러 국가에 무역, 해외직접투자, 라이센싱 등을 통해 수직적 및 수평적 조달체계를 구축하여 생산요소, 중간재, 완제품 등을 가장 저렴한 곳으로부터 효과적으로 조달함으로써 경쟁우위를 창출하고 유지할 수 있다.

(4) 규모의 경제효과

국제기업이 국내뿐만 아니라 해외에서 생산 및 마케팅활동을 수행하게 되면 구매, 생산, 유통, 판매 등 여러 측면에서 규모의 경제효과가 발생하여 원가우위를 얻을 수 있다. 규모의 경제효과는 해외자회사의 규모 및 수, 마케팅전략 등에 좌우되므로 원가우위를 획득하기 위해서 국제기업은 범세계적인 관점에서 전략을 수행하는 것이 필요하다. 예컨대 한 기업은 여러 해외현지공장에서 제조・판매하고, 다른 기업은 단일공장에서 제조하여 세계 여러 나라에 판매한다면 규모의 경제효과는 후자의 경우가 클 것이다.

(5) 국제적 이미지

이미 구축된 국제기업의 평판 및 이미지는 경쟁우위의 원천이 될 수 있다. 예컨대 Sony, Shell, GM 등은 국제적 명성으로 인하여 세계 어느 국가에서든 자본조달이 용이하고 자본비용의 절감이 가능하며 대정부 교섭과 신제품의 시장진입에도 유리한 점이 많다.

4 국제경쟁력의 분석기법

4.1 원가우위분석

(1) 가치사슬을 이용한 원가구조분석

가치사슬(value chain)이란 가치를 창출하는 기업 내 모든 활동의 연결된 체계를 의미하는데, [그림 8-3]에서 보는 바와 같이 크게 본원적 활동과 보조활동으로 나눌 수 있다.

본원적 활동(primary activity)은 상품의 물리적 변화에 직접 관련된 기능을 수행하는 활동으로서 내부로지스틱스, 생산활동, 외부로지스틱스, 마케팅 및 판매, 서비스의 다섯 가지 활동으로 구분된다. 내부로지스틱스(inbound logistics)는 필요한 원자재관리와 관련된 가치활동으로서 공급자로부터 원자재를 공급받아 제조 부서로 넘겨주는 제반활동을 말한다.

[그림 8-3] 가치사슬

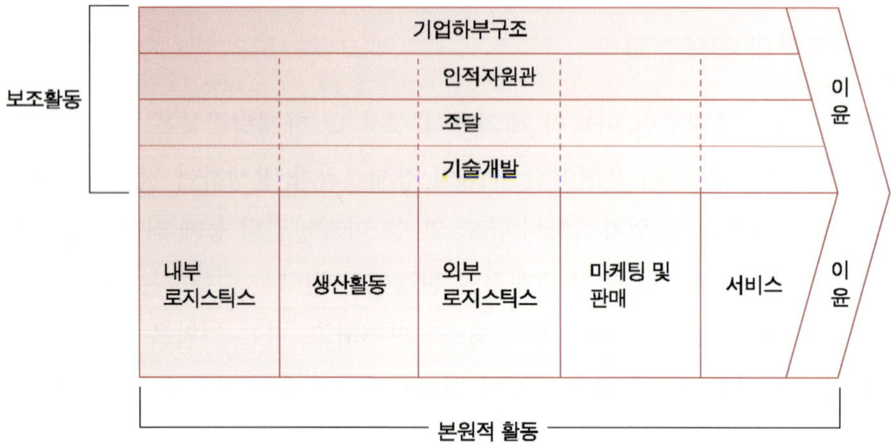

보조활동: 기업하부구조 / 인적자원관리 / 조달 / 기술개발
본원적 활동: 내부 로지스틱스 / 생산활동 / 외부 로지스틱스 / 마케팅 및 판매 / 서비스
이윤

자료 : M. E. Porter, *Competitive Advantage* (New York: The Free Press, 1985), p.37.

생산활동(operation)은 원자재의 가공조립을 통해 제품을 완성시키는 가치창출활동을 의미한다. 외부로지스틱스(outbound logistics)는 완제품의 재고처리, 주문처리 및 구매자에의 인도 등 완제품의 물적유통과 관련된 가치창출활동을 의미한다. 마케팅 및 판매(marketing and sales)는 구매자로 하여금 제품을 구입하도록 유도하여 판매하는 가치창출활동을 의미한다. 서비스(service)는 제품의 가치를 보수, 유지하는 가치창출활동을 말한다.

보조활동(support activity)은 본원적 활동을 보조하는 활동으로서 기업하부구조, 인적자원관리, 기술개발, 조달의 네 가지 활동으로 구분된다. 기업하부구조(firm infrastructure)는 일반관리, 기획, 재무, 회계, 법률관계, 정부관계, 품질관리 등 가치사슬 전반을 보조하는 활동을 말한다. 인적자원관리(human resource management)는 채용, 임용, 교육훈련, 인력개발 및 보상 등의 활동을 말한다. 기술개발(technology development)은 제품 및 공정개선을 위한 제반활동을 의미한다. 조달(procurement)은 기업의 가치사슬 내에 필요한 원자재 구매활동을 말한다.

이와 같은 가치사슬은 경쟁우위분석을 위한 도구로 활용될 수 있다. 구체적으로 생산과정의 각 부문에서 얼마만큼의 부가가치가 발생하는가를 파악하고, 타기업에 비하여 특히 높은 부가가치를 창출하는 핵심부문을 찾아낼 수 있다. 뿐만 아니라 부가가치 활동별로 주요 경쟁자의 원가를 비교 분석함으로써 가격경쟁력의 원천이 어디에 있는가를 알 수 있다.

(2) 경험곡선을 이용한 원가동향분석

경험곡선(experience curve)이란 기업의 경험이 증대함에 따라 단위비용이 감소하는 현상을 그림으로 나타낸 것을 말한다. 경험곡선은 일반적으로 X축에 누적생산량이나 시간을, Y축에 단위비용을 놓으며 우하향하는 모양을 가지고 있다. 경험의 증대로 인한 원가절감의 효과를 경험효과라 하는데 경험곡선의 기울기가 가파를수록 경험효과가 큰 것을 의미한다.

[그림 8-4]에서 영국의 산업용 플라스틱제품의 경우 기울기가 75%인데, 이는 누적생산량이 두 배로 될 때마다 원가가 최초원가의 75%, 즉, 25%씩 절하되는 것을 의미한다. 예컨대 최초원가가 100원일 경우, 누적생산량이 두 배로 되면 원가는 75원이 되는 것을 말한다. 네 개의 경험곡선 중에서 미국의 전자부품이 경험효과가 가장 크다는 것을 알 수 있다.

[그림 8-4] 경험곡선

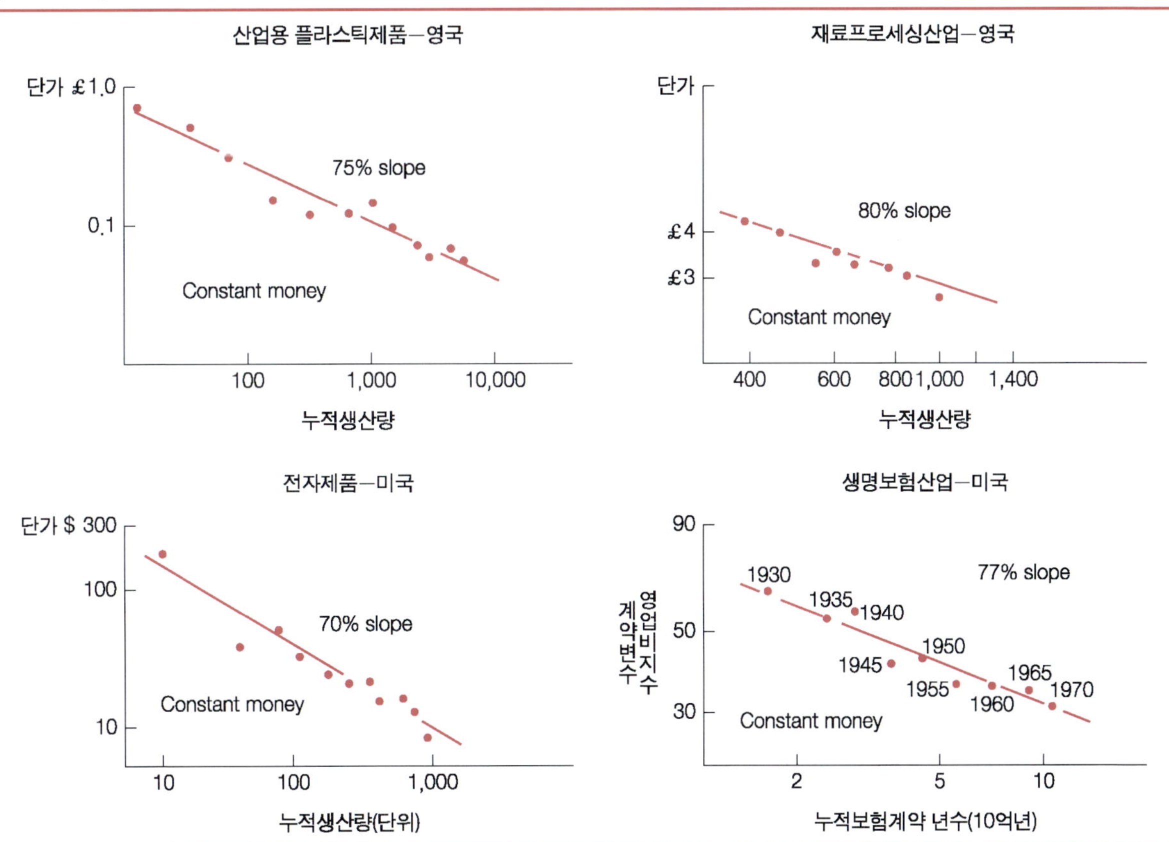

자료 : B. Hedley, "A Fundamental Approach to Strategy Development," *Long Range Planning* (Dec. 1976), p.4.

경험효과는 보통 학습, 전문화, 기술진보, 규모의 경제효과, 공장합리화, 조직구조 개선 등에 의해 발생되는데, 경험효과의 원천 및 크기는 산업, 국가, 기업에 따라 다르게 나타날 수 있다. 경험곡선을 통해 기업은 경쟁자보다 경험을 많이 쌓을수록 원가우위를 유지할 수 있다는 점, 경쟁자보다 빨리 경험을 축적하기 위해 시장점유율 확대가 중요하다는 점, 원가에 활용할 수 있다는 점 등을 들 수 있다.

4.2 차별적 우위분석

차별적 우위분석은 특정시장 또는 산업에 있어서 가격 이외에 기업의 핵심적인 성공요인이 무엇인가를 파악하여 차별적인 경쟁우위를 측정하는 분석기법이다. 핵심적인 성공요인으로는 기술력, R&D능력, 생산능력, 유통능력, 마케팅능력, 기업 또는 브랜드 이미지 등의 핵심역량을 들 수 있다.

핵심역량은 시장에서의 경쟁우위요소를 의미하기 때문에 경쟁사에 대한 자사의 상대적인 내부역량이 어느 정도인가를 파악하는 것이 매우 중요하다. 따라서 기업은 먼저 핵심역량이 과연 어디에 있는가를 확인하기 위해 자사 경영시스템의 각 요소에 대한 심층적인 분석이 필요하다.

Sony는 기술 및 브랜드 이미지에서 핵심역량을 보유하고 있으며, 3M은 신제품개발 및 마케팅능력에서, 인텔은 적극적인 R&D투자 및 제품개발력에서, 지멘스는 첨단산업의 기술력에서 각각 핵심역량을 갖고 있다. 기업이 경쟁우위를 지속적으로 향유하기 위해서는 자사만이 갖고 있는 이러한 핵심성공요인을 토대로 효과적인 기업전략을 세워야 한다.

5 국제경쟁력의 성과측정과 평가기관

5.1 국제경쟁력의 성과측정

(1) 시장점유율 분석

일반적으로 국제경쟁력의 성과를 쉽게 측정할 수 있는 지표는 시장점유율인데, 여기에는 현시비교우위지수와 시장점유율변동지수가 있다.

가) 현시비교우위지수

현시비교우위(RCA: revealed comparative advantage)지수는 세계시장에서 서로 경쟁관계에 있는 국가들이 특정산업에 있어서 다른 국가와 비교하여 그 위치가 상대적으로 우위에 있는지, 아니면 열위에 있는지 여부를 판단하는 지수이다.

RCA의 측정방법은 학자마다 조금씩 다른데, 일반적으로 발라사(B. Balassa)의 RCA지수를 가장 많이 이용한다. 발라사의 RCA지수 계산식은 다음과 같은데, C_{ij}값이 100을 초과하는 경우에 국제경쟁력이 있다고 보며 특정국내에서 상품간의 경쟁력 비교에도 이용된다.

$$C_{ij} = \frac{X_{ij}/X_{wj}}{X_i/X_w} \times 100 = \frac{i\text{국의 } j\text{상품 세계시장점유율}}{i\text{국의 세계수출 비중}}$$

X_{ij}: i국 j상품의 수출액 X_{wj}: 세계의 j상품의 총 수출액
X_w: 세계의 총 수출액 X_i: i국의 총 수출액

발라사의 RCA지수의 장점은 자료확보가 비교적 용이한 수출변수만으로 이루어졌기 때문에 정확하게 비교우위를 반영하며, 가격 및 비가격요인을 모두 포함하므로 가격만으로 비교우위를 측정할 때 발생하는 문제점을 보완한다는 점이다. 그리고 스케일요소로 분석대상국 수출의 전 세계비중을 이용하기 때문에 국가별 크기에 따라 발생하는 점유율의 고저를 방지하여 순수출액 등의 지수가 갖기 쉬운 결점을 보완한다는 장점이 있다. 그러나 이 지수는 농산물과 같이 무역상의 많은 장애요인이 존재하는 산업의 비교우위 여부는 정

확하게 측정하지 못하는 단점이 있다.

나) 시장점유율 변동지수

시장점유율 변동지수(MSCI: market share change index)는 한 국가의 특정산업수출이 일정기간동안 세계의 특정산업 총수출에서 차지하는 비중의 변화를 나타내는 것인데, 계산식은 다음과 같다.

$$\Delta S_{ij} = \frac{X^t{}_{ij} / X^t{}_{wj}}{X^0{}_{ij} / X^0{}_{wj}} \times 100 = \frac{t\text{시점의 } i\text{국의 } j\text{상품 세계시장점유율}}{\text{기준시점의 } i\text{국의 } j\text{상품 세계시장점유율}}$$

ΔS_{ij}: i국 j상품의 세계시장점유율 변동
X^t_{wj} : t시점의 세계의 j상품 총 수출액
X^t_{ij} : t시점의 i국의 j상품의 수출액
X^0에서 0는 기준시점을 나타냄

여기서 ΔS_{ij}의 값이 1보다 큰 경우에는 그 산업의 경쟁력이 보다 더 높아졌음을 의미한다. 이 지수는 특정산업을 대상으로 일정기간의 국가 간 수출경쟁력 변화를 비교하는데 적합하지만 국별 경제규모를 고려하지 못하는 단점이 있다.

(2) 고객의 평가

고객의 관점에서 국제경쟁력의 성과를 측정하는 방법은 고객들에게 설문지를 배부하여 다음과 같은 것을 분석한다.

가) 제품에 대한 만족도

소비자가 특정 제품에 어느 정도 만족하고 있는지를 알아보는 것으로, 그 제품을 만든 기업에서 소비자를 대상으로 직접 조사를 하거나 연구기관이 연구목적으로 조사하는 경우가 있다. 자동차의 경우 미국의 유명한 투자자문회사인 J. D. Power & Associates사가 매년 자동차회사별 순위와 고객만족지수(CSI: consumer satisfaction index)를 조사하여 발표한다.

나) 상표 및 회사에 대한 충성도

상표 및 회사에 대한 충성도는 고객이 특정상표를 타 상표보다 더 선호하고 구매하려는 경향을 말한다. 사용경험이 없이 처음 구매하는 소비자들이 대부분이었던 과거와는 달리, 이제는 갖고 있던 제품을 교체하는 소비자들이 대부분을 차지함에 따라 상표충성도의 중

요성이 더욱 커지고 있다. 이러한 상표 및 회사에 대한 충성도를 측정하기 위해서는 상표 및 기업의 이미지 조사가 필수적이다. 따라서 기업의 인지도와 이미지를 나타내는 세계일류상표의 보유 여부는 기업의 경쟁력 유무를 판가름하는 척도가 된다.

5.2 국가경쟁력의 평가기관

(1) 국제경영개발원

국제경영개발원은(IMD: International Management Development)은 스위스의 로잔에 위치하고 있으며 1957년 네슬레가 설립한 IMEDE가 그 모태이다. IMD는 경영대학원 중 세계 톱 10안에 드는 유럽의 최고 비즈니스 스쿨로서 세계 26개국의 약 110개의 일반기업, 협회, 기관 등과 긴밀한 협조관계를 유지하고 있다. 또한 IMD 내에 있는 세계경쟁력센터(World Competitiveness Center)는 매년 60여개 국가의 경쟁력을 평가하여 그 순위를 발표하고 있다.

가) IMD 산출지표의 특징

IMD에서 정의하는 국가경쟁력이란 기업의 경쟁력을 지속시킬 수 있는 제반 여건들을 창출하고 유지할 수 있는 국가의 능력을 의미한다. 이를 위해 IMD는 매년 57여개 국가의 제도와 정책을 국제기구 등의 국제 통계자료를 가지고 평가하여 2/3 반영하고, 기업의 경영자를 대상으로 하는 설문조사의 결과를 1/3 반영하고 있다. 종합적인 경쟁력 평가를 위해서는 〈표 8-1〉에서 보는 바와 같이 4대 분야, 20개 부문, 238개 항목이 순위 산정자료로 사용된다.

실제 평가에 반영되는 세부 항목수를 구체적으로 살펴보면 4대 분야는 ① 경제운영성

〈표 8-1〉 IMD 평가항목

경제운영성과 분야	정부행정효율 분야	기업경영효율 분야	발전인프라 분야
국내경제(7)	공공재정(7)	생산성 · 효율성(4)	기본인프라(15)
국제무역(10)	재정정책(9)	노동시장(20)	기술인프라(19)
국제투자(13)	제도적 여건(16))	금융(18)	과학인프라(18)
고용(6)	기업관련법(20)	경영활동(11)	보건 · 확충(14)
가격(2)	사회적 여건(9)	행태 · 가치(7)	교육(13)

주 : ( ) 안은 평가항목 수.

과분야, ② 정부행정효율분야, ③ 기업경영효율분야, ④ 발전인프라분야로 나누어져 있다. 경제운영성과분야는 국내경제, 국제무역, 국제투자, 고용 및 가격으로 세분된다. 정부행정효율분야는 공공재정, 재정정책, 제도적 여건, 기업관련법 및 사회적 여건으로 세분된다. 기업경영효율분야는 생산성·효율성, 노동시장, 금융, 경영활동 및 행태·가치로 세분된다. 발전인프라분야는 기본인프라, 기술인프라, 과학인프라, 보건·확충 및 교육으로 세분된다.

순위 산출방법은 세부항목들의 국가별 순위를 산출하고, 20개 부문별로 해당 세부항목들을 표준화하고 합산하여 부문별 및 국가별 순위를 산출한다. 또한 부문별 점수를 동일한 가중치를 부여하여 4대 분야별 및 종합적 국가순위를 산출한다. 조사절차는 조사대상 국가별로 설문조사 파트너를 선정하여 기업을 대상으로 설문조사를 하고 그 파트너는 결과를 IMD에 통보한다. 한편, IMD도 자체적으로 보유하고 있는 인력풀(pool), 즉 기존에 설문조사에 응했던 자들의 목록을 활용하여 별도로 설문조사를 시행한다.

〈표 8-2〉 IMD가 발표한 국가경쟁력 순위

2013년 순위	국 가	2012년 순위	2013년 순위	국 가	2012년 순위
1	미국	2	16	호주	15
2	스위스	3	17	아일랜드	20
3	홍콩	1	18	영국	18
4	스웨덴	5	19	이스라엘	19
5	싱가포르	4	20	핀란드	17
6	노르웨이	8	21	중국	23
7	캐나다	6	22	한국	22
8	UAE	16	23	오스트리아	21
9	독일	9	24	일본	27
10	카타르	10	25	뉴질랜드	24
11	대만	7	26	벨기에	25
12	덴마크	13	27	태국	30
13	룩셈부르크	12	28	프랑스	29
14	네덜란드	11	29	아이슬란드	26
15	말레이시아	14	30	칠레	28

자료: IMD, 2014.

IMD가 발표한 2013년도 국가경쟁력 순위를 보면 〈표 8-2〉에서 보는 바와 같이 미국이 1위를 차지하였으며, 스위스 · 홍콩 · 스웨덴이 뒤를 잇고 있다. 한국은 2012년에 이어서 2013년에도 22위를 유지하였다. 이는 IMD가 이 조사를 시작한 1997년 이후 가장 좋은 성적이다.

나) IMD 산출지표의 장 · 단점

IMD의 지표산출의 장점으로는 국제통계와 서베이(survey)자료 등 광범위한 자료를 바탕으로 산정하기 때문에 전체 국가의 특성을 골고루 반영할 수 있다는 것을 들 수 있다. 각 국가의 양적인 자료 뿐 아니라 객관적인 평가를 유도하는 서베이를 통해 전 세계적으로 특정 국가를 인식하는 경쟁력을 보다 잘 표현하려고 노력했다는 점을 들 수 있다. 또한 일단 원자료(raw data)만 구해지면 매우 신속하게 경쟁력 순위를 평가할 수 있다는 장점이 있다.

그러나 IMD의 단점으로는 다음과 같은 점을 들 수 있다. 첫째로 가장 큰 문제점으로 통계자료에 대한 가중치를 임의적으로 부과한다는 점, 둘째로 1~2년 내에 변동성이 매우 크게 나타난다는 점, 셋째로 지나치게 기업입장에서 분석하는 측면이 있다는 점, 넷째로 정성적 자료의 제공자인 패널리스트에 대한 신뢰성의 문제가 발생한다는 점, 다섯째로 경쟁력 지표가 정책수립에 대안이 될 수 있는 정보를 담고 있지 못한다는 점 등이 있다.

(2) 세계경제포럼

세계경제포럼(WEF: World Economic Forum)은 스위스 제네바에 위치한 민간 국제기관으로 매년 다보스포럼(Davos Forum)을 개최해 세계 각국의 저명한 기업인, 정치인 등이 보건 · 환경 등 전 세계적으로 대두되는 주요 이슈에 대해 논의해오고 있다.

또한 WEF 내에 있는 세계 경쟁력 네트워크(Global Competitiveness Network)는 1979년 이후 매년 130여개 국가의 경쟁력을 평가하여 발표하고 있는데, 1995년까지 국제경영개발원(IMD)과 공동으로 발표해 왔지만 1996년부터는 독자적으로 발표하고 있다.

WEF는 국가경쟁력을 지속적 경제성장과 장기적인 번영을 가능케 하는 정책 · 제도 및 제반 요소로 정의하고 있다. 이 평가에서는 1인당 국민소득에 따라 5개 단계로 구분하고, 단계별 가중치를 달리해 평가하고 있다. 이와 함께 평가방식 면에서는 IMD와는 반대로 설문방식을 2/3 반영하고, 통계방식을 1/3 반영하여 운용하고 있는데, 설문방식은 설문대

〈표 8-3〉 WEF 평가항목

분야	부문
기본요인	제도적 요인(19) 인프라(8) 거시경제(5) 보건 및 초등교육(11)
효율성 증진	고등교육 및 훈련(8) 상품시장 효율성(15) 노동시장 효율성(9) 금융시장 성숙도(9) 기술수용 적극성(8) 시장 규모(2)
기업혁신 및 성숙도	기업활동 성숙도(9) 기업혁신(7)

주: ( ) 안은 평가항목 수.

상자의 주관적인 평가를 반영하게 된다. 예를 들어 '지적재산권 보호정도'라면 '매우 약함'에서 '매우 강함'까지 7단계로 평가를 하게 된다.

WEF의 국가경쟁력 평가는 〈표 8-3〉에서 보는 바와 같이 ① 기본요인, ② 효율성 증진, ③ 기업혁신 및 성숙도 등 3대 분야로 구분되고, 또 각 분야에는 2~6개로 다시 구분돼 12개 세부 부문, 110개 항목(통계 32개, 설문 78개)에 대해 평가하여 결과를 발표하고 있다. 12개 세부 부문에는 기술수용 적극성, 시장규모, 기업혁신, 노동시장 효율성, 금융시장 성숙도, 제도적 요인 등이 포함되어 있다.

(3) 세계은행

세계은행(World Bank)은 2003년부터 각국의 기업환경에 대한 연례보고서인 'Doing Business'를 발간해 오고 있다. 세계은행 산하에 있는 국제금융공사(IFC: International Finance Corporation)는 각국을 대상으로 국가별 기업환경을 ① 창업, ② 건축관련 인허가, ③ 고용·해고, ④ 재산권등록, ⑤ 대출, ⑥ 투자자보호, ⑦ 세금납부, ⑧ 국제교역, ⑨ 채권회수, ⑩ 퇴출 등 10개 지표로 나눠 기업활동에 대한 규제정도를 파악하고 종합·부문별 평가결과를 매년 발표하고 있다.

평가방식은 세계은행이 대상국의 법령·제도를 분석, 국가·연도별 비교가 용이하도록 일정한 기준을 상정해 체크리스트를 작성하게 된다. 조사・평가에 있어서는 세부지표를 포함한 체크리스트를 대상국 전문가에게 송부・검증 후, 지표별 수치에 따라 순위를 산정하게 된다.

연습문제

1. 비교우위와 경쟁우위의 차이점을 기업 또는 제품의 예를 들어 설명하시오.
2. RCA지수와 시장점유율 변동지수의 차이점은 무엇인가?
3. 국제경쟁력의 분석기법 중 가치사슬과 경험곡선을 이용하는 이유는?
4. 국제경쟁력의 원천을 국가와 기업의 관점에서 어떻게 다른지 설명하시오.
5. 국내 자동차회사의 CSI점수를 조사하시오.
6. IMD와 WEF의 국제경쟁력 평가방법의 차이점은 무엇인지 설명하시오.

09 Chapter

국제협상전략

1. 국제협상전략의 의의
2. 국제 M&A 협상
3. 국제소유권협상

학습목표

국제협상전략이 왜 중요한가에 대하여 살펴본다. 구체적으로 최근 증대되고 있는 국제M&A협상, 국제소유권협상에 대하여 장·단점 및 사례를 중심으로 학습한다.

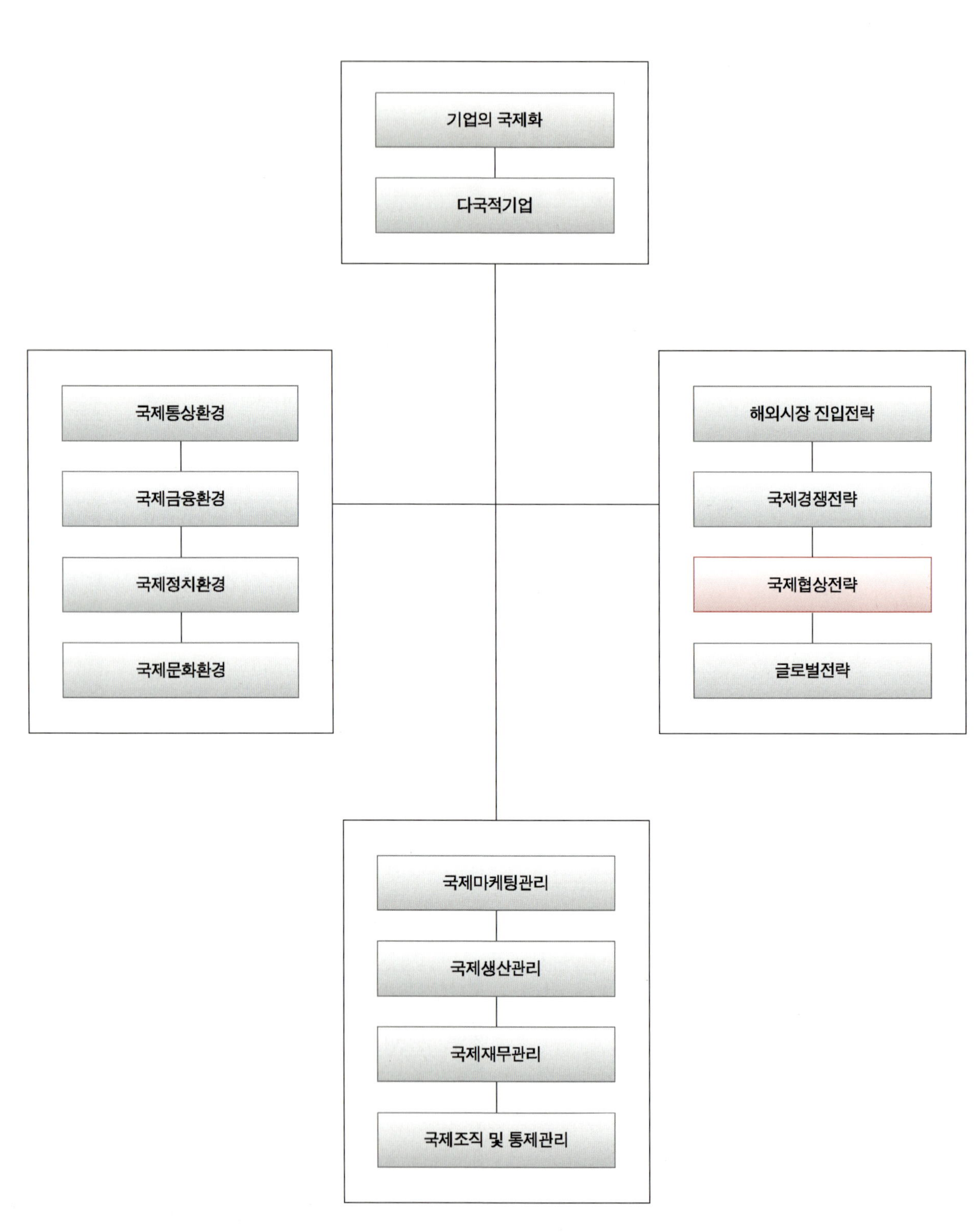

기업의 국제화
다국적기업
국제통상환경
국제금융환경
국제정치환경
국제문화환경
해외시장 진입전략
국제경쟁전략
국제협상전략
글로벌전략
국제마케팅관리
국제생산관리
국제재무관리
국제조직 및 통제관리

TPP협상은 끝난 게임…

한국이 미국을 중심으로 12개국이 진행 중인 환태평양경제동반자협정(TPP) 협상에서 출범 멤버로 참여하기 어려운 것으로 알려졌다. 한국이 지구상 가장 큰 규모의 FTA(자유무역협정)인 TPP에서 주도권을 못 잡는다면 무역전쟁 시대에서 주류(主流)에 끼지 못하는 것 아니냐는 우려가 나온다.

웬디 커틀러 미국 무역대표부(USTR) 대표보는 12일(현지 시각) 워싱턴DC 전략국제문제연구소(CSIS)에서 '한국의 TPP 참여'를 주제로 열린 세미나를 통해 "현재 12개국이 진행 중인 TPP 협상은 사실상 '엔드 게임(end game : 최종 단계)'"이라며 "현재 진행 중인 협상에 한국을 포함해 새로운 국가들을 참여시키기는 매우 어렵다"고 밝혔다. 커틀러 대표보는 이어 "미국이 한국과의 양자협상을 빨리 마무리하더라도 협상이 종결되기 90일 이전에 의회에 고지를 하는 등 사전 절차를 밟아야 한다"며 "현재의 시간표로 볼 때 새로운 나라가 협상에 참여하기 매우 어려운 상황"이라고 지적했다.

한국 정부는 지난달 29일 TPP에 대한 관심을 처음으로 표명했다. 2005년 협상이 시작된 지 8년 만이었다. 그동안 정부는 TPP 협상에 실익이 크지 않다고 보고 한·미 FTA, 한·EU FTA에 이은 한·중 FTA 협상을 최우선 과제로 삼아왔다. 정부 입장이 바뀐 것은 올 들어 일본이 협상에 참여한 것이 결정적이었다. TPP가 이대로 출범하면 미국 주도의 TPP에 일본이 합류하는 것이고, 결국 한국이 누려왔던 FTA 선점효과에 대한 타격이 불가피하기 때문이다.

환태평양 경제동반자협정 현황 지도도 미국은 TPP, 중국은 역내 포괄적 경제동반자협정(RCEP : ASEAN 10개국+한·중·일)을 무기로 글로벌 시장에서 영향력 확대를 꾀하고 있다. 특히 미국 입장에서는 자국 주도의 TPP에 한국이 넘어오는 것을 반길 만한데 왜 창립 멤버에 끼워주기 어렵다고 할까. 현재 G2(미·중)는 자유무역을 통해 힘겨루기를 하고 있다. 전문가들은 미국이 다른 무엇보다 TPP를 조속히 성사시키는 것을 중시하고 있는 것으로 분석한다. 미국 버락 오바마 대통령은 내년 11월 상·하원 중간선거를 앞두고 있다. 선거에 앞서 '오바마표 경제진흥 정책'을 성공시키려는 것이다. 안덕근 서울대 교수는 "USTR은 올 초부터 한국이 들어온다는 걸 그렇게 반기질 않았다"며 "우리를 반대하는 것이 아니라 일단 출범한 후 나중에 들어왔으면 좋겠다는 게 USTR의 입장"이라고 말했다.

정부와 일부 전문가 사이에선 "미국이 원론적 입장을 나타낸 것"이란 반응을 보인다. 대외경제정책연구원 김영귀 지역통상팀장은 "미국의 입장은 내년 상반기까지 TPP가 타결될 가능성이 큰데 지금 한국이 들어오면 복잡해진다는 원론적 표현으로 보인다"며 "우리도 창립 멤버가 되느냐가 중요한 게 아니라 시간을 두고 국익을 차근차근 따져봐야 한다"고 말했다.

우려도 만만치 않다. 창립 멤버가 될 경우 일본처럼 협정의 세부 상황을 조율할 수 있는 장점이 있다. 하지만 뒤늦게 협정에 참여할 경우 기존 멤버국으로부터 '입장료' 같은 것을 요구받을 것이란 우려가 나온다. 실제 커틀러 대표보는 "특히 한국은 TPP 가입에 앞서 한 · 미 FTA 이행과 관련한 우려 사항을 해결해야 한다"고 했다. 그는 "한 · 미 FTA 이행과 관련해 한국 측이 풀어야 할 과제로는 원산지 표시 문제, 금융서비스 분야의 자료 공유, 자동차 분야의 비관세장벽, 유기농 제품의 인증 문제 등이 있다"고 했다. 산업연구원 김수동 연구위원은 "일본이 TPP에 참여한 상황에서 우리도 결국 참여해야 하지만 만일 출범 멤버로 못 들어간다면 협상 이익은 줄어들 것"이라고 말했다.

• 조선일보, 2013.12.14

토의과제

1. 협상이 특히 어려운 이유는 무엇인가?
2. 위 사례에서 보듯이 협상을 성공적으로 이끌기 위해서는 어떤 노력이 요구되는가?
3. 협상관리의 단계 프로세스 중 가장 고려해야할 요소는 무엇인가?

1 국제협상전략의 의의

1.1 국제협상전략의 정의

일반적으로 협상(bargaining)이란 쌍방이 합의를 도출하기 위하여 상호작용하는 의사결정이라고 할 수 있다. 하지만 협상은 일상적, 직업적 생활에서 항상 이루어지기 때문에 그 정의를 명확하게 이해하기는 쉽지 않다. 협상은 그 동안 과학이 아닌 기술이나 사술로 인식되어 왔고, 우리나라의 경우 협상이라면 교묘한 상술에 의해서 이득을 얻는 사업이거나 정치적 술수를 연상하는 사람들이 많다.

협상의 개념에 대한 공통적인 요소로는 갈등상황이 존재해야 하고, 협상주체간의 상호작용이 있어야 하며, 동태적이고 절차적인 의사결정과정이 있어야 한다. 이러한 공통적인 요소를 기준으로 협상을 정의한다면, 둘 이상의 사람 또는 집단이 상호의 이해관계 또는 갈등을 해결하기 위해 대화라는 방법을 통해 공동결정을 내리는 과정이라고 할 수 있다. 따라서 협상을 통해 문제를 해결한다는 하는 것은 서로간의 이해관계가 존재한다는 것을 인정하면서 지속적인 대화를 통하여 서로간이 이익을 교환하고, 공동의 몫을 증진시키는 것이라고 할 수 있다.

이러한 의미에서 국제협상이란 문화적 차이가 있는 개인이나 집단의 의사결정주체들이 상호 이해를 촉진하고, 갈등을 해소하기 위하여 의도적으로 노력하는 상호작용 및 그 과정으로 정의 할 수 있다.

1.2 국제협상전략의 구성요소

국제협상전략은 몇 가지 핵심이 되는 구성요소를 가지고 있다. 이러한 요소들은 협상을 다른 사회적 현상과 구별시키는 기준이 되기도 하고, 협상구조나 과정을 분석하여 처방하는 데 유용한 분석대상이 된다. 국제협상전략에서는 일반적으로 다음과 같은 몇 가지 요건이 필요하다.

첫째로, 협상은 둘 이상의 의사결정주체나 당사자를 요소로 갖는다. 당사자가 개인이든 조직이든 간에 내부에는 역동적인 관계가 있고, 외부적으로는 둘 이상의 당사자가 있다. 둘째로, 협상당사자 상호간에 가치, 이해, 요구 등의 사안들이 집단적으로 선택되어야 한다. 셋째로, 협상당사자간의 협상결과는 상대방에 의존하는 결과의존적이라는 성질을 가지고 있다. 넷째로, 협상과정을 불완전한 정보 속에서 동시적으로나 순차적으로 상대방의 입장을 탐색하는 정보의존성을 갖는다. 다섯째로, 협상당사자간 상호작용에 있어 자신의 이해함수에 관한 정보를 통제하고, 상대방이 자신이 의도한 방향으로 관련 가치를 평가해 나가도록 유도하는 힘이 협상타결에 큰 영향을 준다.

1.3 국제협상전략의 유형

국제기업이 무역, 계약방식, 해외직접투자 등의 방법으로 해외에 진출하고자 할 때 크고 작은 협상을 수행하게 된다. 예컨대 M&A협상, 투자협상, 소유권협상, 매각협상, 제휴협상, 기술이전협상, FTA협상 등 다양한 형태의 협상을 하게 되는데 이를 정리하면 다음과 같다.

① **수출협상** : 간접수출, 직접수출, 지사 및 현지법인 설치, 기타

② **국제계약협상** : 국제기술이전계약, 프랜차이징, 서비스계약, 경영관리계약, 건설공사계약, 플랜트 및 턴키계약, 계약제조, 공동생산계약, 기타

③ **국제투자협상** : 국제간접투자, 해외직접투자(단독투자, 합작투자, 신규건설, 기존기업인수)

2 국제 M&A 협상

2.1 인수합병의 개념

(1) 인수합병의 의의

기업의 합병 및 인수(M&A: merger and acquisition)라 함은 둘 이상의 기업이 하나로 통합되어 단일기업이 되는 합병(mergers)과, 한 기업의 자산 또는 주식을 취득하여 경영권을 취득하는 인수(acquisition)가 결합된 개념으로서, 기업인수는 M&A의 과정적 측면을, 기업합병은 M&A의 결과적 측면을 나타낸다고 할 수 있다.

합병은 법률상의 합병과 사실상의 합병으로 나눌 수 있는데, 전자는 법률상 정해진 절차에 따라 청산과정 없이 단일한 회사로 되는 것이며, 후자는 당사자 간의 계약에 따라 해산, 청산, 현물출자, 영업양도 및 주식취득 등의 방법에 따라 행해지는 것이다.

인수가 단순히 자산을 부분적으로 매수하는 것과 다른 점은 인수의 목표가 인수대상기업의 경영권을 획득하는데 있다는 점이다. 그리고 인수 후에도 인수대상기업이 개별기업으로 계속 존속한다는 점에서 합병과도 차이가 난다.

(2) 인수합병의 성장배경

M&A는 자본주의가 급격히 성장하던 19세기 말엽부터 미국에서 성행하기 시작하였다. 최근까지도 M&A는 주로 미국과 영국에서 일어났으며 프랑스와 독일 등에서는 별로 그 수효가 많지 않았기 때문에 이를 앵글로색슨족의 독특한 기업문화로 여겨왔다. 시대의 경제적 상황에 따라 그 모습을 달리해 온 M&A는 1980년대 미국에서 레이건 행정부의 규제완화와 새로운 금융기법의 발달에 따라 불붙기 시작하여 유럽과 일본 등 전 세계로 확산되는 추세를 보이고 있다.

M&A가 최근 증가추세를 나타내게 된 배경을 살펴보면 다음과 같다. 첫째, 기업의 지속적 성장과 더불어 산업사회의 성숙으로 투자기회는 적어지는 반면, 기업의 여유자금은 풍

부해져서 투자기회를 찾는 기업의 수가 많아졌다. 둘째, 각종 금융기관이나 기금 또는 개인투자가 등이 보유하고 있는 자금의 규모가 커졌기 때문이다. 셋째, 1980년대 미국에서의 주식가격의 장기침체국면으로 신규사업 시작보다는 M&A에 의한 것이 더 효율적인 것으로 여겨졌다. 넷째, EC통합(현재의 EU)을 앞둔 유럽의 경우 거점확보를 위한 국제간 M&A가 활발하였다. 다섯째, 일본의 경우 증가하는 국제수지의 흑자로 심화되는 무역마찰을 피하기 위하여 해외진출전략으로서의 해외 M&A가 증가하고 있다. 여섯째, 2천 년대의 무한경쟁시대에 생존하기 위하여 경쟁기업과도 과감하게 협력하는 분위기가 1990년대에 들어와서 활성화되고 있다.

2.2 인수합병의 유형

인수합병은 거래형태, 결합형태, 합의정도, 인수수단 등에 따라 다양하게 구분되는데, 여기서는 〈표 9-1〉과 같이 분류하여 설명하기로 한다.

(1) 합병의 형태

합병은 거래형태에 따라 흡수합병과 신설합병으로 구분된다. 그리고 결합형태에 따라 수평적 합병, 수직적 합병, 복합적(다각적) 합병으로 구분되며, 합의정도에 따라 우호적 합병과 적대적 합병으로 구분할 수 있다.

〈표 9-1〉 인수합병의 유형

	인수합병의 유형	
합 병	거래형태에 따른 분류	· 흡수합병 · 신설합병
	결합형태에 따른 분류	· 수직적 합병 · 수평적 합병 · 복합적 합병
	합의정도에 따른 분류	· 우호적 합병 · 적대적 합병
인 수	인수수단에 따른 분류	· 주식인수 · 자산인수

가) 흡수합병과 신설합병

흡수합병(merger, statutory)이란 2개 이상의 기업이 결합할 때 그 중 한 기업이 법률적으로 존속하여 다른 기업을 인수하고, 인수되는 기업은 소멸되는 형태의 합병을 말한다. 신설합병(consolidation)이란 결합하려는 기업들이 모두 해산되고 새로운 하나의 기업이 설립되어 이 신설기업이 합병에 참여하는 모든 기업의 권리, 의무를 이전 받는 형태의 합병을 말한다.

신설합병은 흡수합병에 비해 첫째로 해산하는 회사가 보유하고 있는 인・허가 등이 신설회사에 승계되지 않는다는 점, 둘째로 합병회사 주주 전원에게 신설회사 주식을 발행해야 한다는 제약이 있는 점, 셋째로 해산회사가 상장회사인 경우에도 신설회사는 그 지위를 승계하지 못하는 점 등 단점이 있다. 이처럼 신설합병은 절차가 복잡하고 세무적으로나 법률적으로 불리한 점이 많기 때문에 일반적으로 흡수합병의 방식이 주로 이용된다.

나) 수평적 합병, 수직적 합병, 복합적 합병

수평적(horizontal) 합병은 서로 경쟁관계에 있는 기업간에 이루어지는 것으로 생산설비의 효율적 활용, 규모의 경제실현으로 인한 생산비용 감소, 중복투자 배제 등의 경제적 효과를 가져올 수가 있다. 반면, 수평적 합병은 시장에서의 경쟁을 제한하는 결과를 초래할 수가 있어 독점규제법의 규제를 받을 수도 있다. 대표적 예로는 규모의 확대 및 시장지배력 향상을 위한 독일 벤츠자동차의 클라이슬러 인수와 은행 간의 합병을 들 수 있다.

수직적(vertical) 합병은 원자재 또는 제품의 생산과 판매관계에 있는 기업간에 이루어지는 것으로 생산의 효율화, 원자재의 수급불균형 해소, 유통경로의 단축, 재고관리비용의 절감 등의 경영효율화를 위해 시행된다. 예컨대 우리나라의 진도가 미국의 퍼볼트를 인수한 것은 모피 유통산업으로의 수직적 합병이다.

복합적(conglomerate) 또는 다각적 합병은 전혀 다른 사업에 속한 기업, 즉 전략적 연계성이 별로 없는 기업을 인수하는 것으로 최근에 다른 유형에 비해 그 사례는 많지 않다.

다) 우호적 합병, 적대적 합병

우호적(friendly) 합병은 인수기업과 피인수기업의 합의에 의해 인수가 이루어지는 경우를 말하며, 적대적(hostile) 합병은 피인수기업의 의사에 관계없이 강제적으로 기업을 인수해버리는 경우를 말한다. 해외인수합병의 56% 정도가 관련사업 분야로의 진출을 위한 수평적 합병이 차지하고 있고, 93% 이상이 우호적인 방법으로 이루어지고 있다.

(2) 인수의 형태

인수는 인수수단에 따라 크게 주식인수(stock acquisition)와 자산인수(asset acquisition)로 구분할 수 있다.

가) 주식인수

주식인수는 주식의 매수를 통해 경영권을 획득하는 것을 말한다. 즉, 주식인수는 인수기업이나 그 지배주주가 인수대상기업의 지배주주로부터 직거래를 통해 주식을 취득하거나, 불특정 다수의 주주로부터 공개매수 방법을 통해 인수대상기업의 주식을 취득해 기업을 지배하는 방법이다.

주식인수는 이미 발행된 주식의 인수와 새로 발행되는 주식의 인수 등 두 가지 방법이 있다. 이미 발행된 주식의 인수는 인수대상기업의 대주주로부터 양수받는 방법, 주식시장에서 주식을 집중적으로 매입하는 방법, 일정한 조건으로 매수청약을 하거나 매도청약을 권유하는 주식공개매수(TOB: take over bid or tender offer) 등이 있다.

주식인수는 인수대상기업이 인수 후에도 인수기업과 독립적인 법인으로 존재하면서, 단지 자회사나 관계회사와 같은 지배 및 피지배기업의 관계를 맺게 된다. 이러한 방식은 향후 소수주주권이 강화되면서 문제를 일으킬 가능성이 크다. 주식인수는 매도자와 매수자 측의 자유로운 계약에 따라 이루어지는 것으로 개인의 사적 재산처분으로 본다.

나) 자산인수

자산인수란 인수대상기업의 자산을 인수함으로써 기업의 경영권을 확보하는 것을 말하는데, 이러한 자산인수는 인수대상기업의 공장이나 점포, 종업원, 고객관계, 영업권 및 경영노하우 등 자산의 전부 또는 일부를 인수하는 것을 의미한다.

여기서 경영권인수를 목적으로 하지 않는 물적 재산의 부분적 인수는 제외된다. 자산의 소유권은 인수한 기업으로 귀속되기 때문에 대상기업의 자산인수는 인수대상기업의 경영지배권을 흡수하는 효과를 가져온다.

또한 자산인수는 경영진과의 합의를 통해서 이루어지므로 주식인수에서 나타나는 소수주주들의 주식매도거부의 위험을 회피하면서 경영지배권을 인수할 수 있는 반면에, 자산소유권의 이전과정에 드는 법적 비용이 클 수 있다.

2.3 인수합병의 방법 및 절차

(1) 인수합병의 방법

가) 주식공개매수

주식공개매수(TOB: take over bid)는 상대방에게 방어할 시간을 주지 않고 기습적으로 인수합병을 행함으로써 단시일 내에 승부를 낼 수 있으며, 현재의 주가보다 높은 가격으로 매수제의를 함으로써 주주에게 금전적인 혜택을 주게 되어 호응을 얻기가 쉽다. 이 방법은 인수기업이 인수하고자 하는 대상기업의 불특정 다수 주주를 상대로 장외에서 일정기간 특정가격으로 매도할 것을 권유하게 되는데, 적대적 M&A의 속성상 가장 흔히 쓰이는 방법이다.

미국에서는 인수자측이 대상기업에 방어할 시간을 주지 않기 위해 토요일 저녁 황금시간대에 TV를 통해 공개매수를 선언하는 경우가 많다. 이것을 '토요일 밤의 기습(Saturday Night Special)'이라 지칭하기도 한다. 공개매수는 선진국에서 보편화된 적대적 M&A방법으로 일정기간 동안 일정한 가격으로 원하는 수량의 주식을 매수하는 합법적인 주시매집 방법이며, 미국의 경우 M&A의 90% 이상이 공개매수에 의해서 이루어지고 있다.

우리나라는 증권거래법에서 공개매수절차와 방법에 대한 규정을 두고 있으며, 최근 들어 그 사례가 증가하고 있는 추세이다. 이러한 공개매수는 단기간에 원하는 수량의 지분을 확보할 수 있다는 것이 가장 큰 장점인 반면, 목표기업에 대한 적대적 M&A실행의 공개적 매수로 인해 기존 경영진의 방어 및 대응전략을 구사할 수 있는 기회를 제공하게 된다는 단점이 있다. 그러나 공개매수는 모든 주주를 대상으로 주식을 매수하는 것이므로 기존 대주주만이 향유하던 경영권 프리미엄을 일반 소액주주들도 함께 누릴 수 있다는 점에서 소액주주로부터의 긍정적 반응을 얻을 수 있는 장점을 가지고 있다.

나) 부채에 의한 인수

부채에 의한 인수(LBO: leveraged buy-out)는 M&A의 거래에 있어서 목표기업(업계에서는 보통 'target'라 하며 인수완료시에는 'newco'라고 함)의 자산을 담보로 제공하거나 신용을 이용하여 자금을 조달함으로써 기업을 매수하는 금융기법이다. 즉, 거래가 성공할 것을 전제로 하여 목표기업의 자산이나 수익 또는 현금흐름을 담보로 금융기관에서 자금을 조달하여 기업을 매수하고, 매수 후에는 현금흐름에 의하여 채무를 상환하거나 또는 현금흐름이 부족한 경우에는 일부 자산의 매각에 의하여 채무를 변제하는 방법이다.

LBO거래는 성공하면 높은 수익을 올릴 수 있는 대신에 근본적으로 대단히 위험한 요소가 많은 투자이다. 투자측면에서의 LBO위험은 네 가지가 있다.

첫째, 과도한 외부자금을 동원하여 인수한 뒤 운영부실 등으로 현금흐름이 악화되게 되면 원리금상환이 불가능하게 되어 회사가 도산한다.

둘째, LBO 이후 금융시장에서의 이자율이 급상승하면 이자부담을 가중시킨다. 그리고 기대수익률(자본환원율)이 높아지므로 투자매력이 없어진다.

셋째, LBO 이후 증권시장이 침체되거나 폭락하는 경우 인수금액이 너무 높게 되어 나중에 다시 매각하거나 재상장시키더라도 당초에 기대한 수익을 올리지 못하게 된다.

넷째, 인수한 목표기업의 자산을 매각함으로써 과중한 부채를 상환할 것을 계획하였으나, 실제로는 매각이 용이하지 않거나 값이 너무 저렴하여 외부자금의 상환이나 투자수익의 실현이 불가능해질 수 있다.

다) 정크본드

정크본드(junk bond)라는 용어는 1970년대 후반에 생겼는데 그 의미로는 채권을 발행했을 당시에는 투자적격업체였으나, 그 후 부적격업체가 된 채권을 지칭한다. Junk Bond에는 다음과 같은 세 가지 종류의 형태가 있다.

첫째로, 최초 발행시에는 신용등급이 투자적격이었으나 그 이후 발행회사의 업적부진으로 신용등급이 변경되어 투자부적격으로 된 채권, 둘째로, 신규상장기업으로 자금수요가 왕성하지만 현재 규모가 작거나 실적이 부진하여 높은 신용등급을 받지 못한 중소기업 등의 채권, 셋째로, 기업의 매수·합병을 위한 자금조달목적으로 발행되는 채권 등이다.

1970년대 후반 미국기업의 대외경쟁력 회복과 효율성 증대를 위한 기업간의 M&A에 Junk Bond를 이용하면서 시장규모가 급신장하였다. 특히 1980년대 중반 이후 기업을 전문적으로 매수함으로써 이익을 얻으려는 투기적 기업매수자들이 많이 출현한 것도 요인이 된다.

라) 종업원 지주제

미국과 우리나라에서는 종업원의 복지를 위하여 종업원 지주제(ESOP: employee stock

ownership plan)를 채택하고 있는 기업이 점증하고 있으며 대부분의 상장기업이 이를 채택하고 있다. 즉 ESOP는 종업원의 애사심을 고취하여 서비스의 향상을 이룩함과 동시에, 대외적인 광고효과도 커서 경영에 활력을 주는 제도로 환영받고 있다.

이처럼 사회복지의 측면에서 시작된 ESOP는 종업원이 자사의 주식을 취득하여 주주가 됨으로써 사기향상을 통한 생산성증가를 원래의 목적으로 하고 있다. 그러나 최근 들어 미국에서는 M&A와 관련하여 ESOP가 부실한 회사의 구제책으로 이용되기도 하고, 인수자금의 조달수단으로 이용되기도 하며, 심지어 적대적 M&A에 대한 방어책으로 이용되기도 한다. 이와 같이 ESOP가 M&A와 관련하여 널리 이용되는 이유 중의 하나는 세제면에서 ESOP 자금의 차입자인 종업원과 기업, 그리고 대출기관 모두에게 각종 혜택이 주어지기 때문이다.

마) 시장매집

공개매수가 공개적으로 단기간에 특정주식을 장외에서 매수하는 제도인 반면, 시장매집(market sweep)은 장내시장인 주식시장을 통해 목표주식을 비공개적으로 원하는 지분율까지 지속적으로 매수해 나가는 전략을 의미한다 시장매집은 공개매수에 비해 상대적으로 장기간에 걸쳐 이루어지게 된다. 그런데 증권거래법에서는 특별관계인 지분율이 5% 이상이 되거나, 그 후 1% 이상의 지분율 변동이 있을 때에는 그날로부터 5일 이내에 증권관리위원회와 증권거래소에 보고하도록 의무화하고 있는데(통상 5% rule이라 함), 이 규정을 위반할 경우에는 의결권제한 및 매각조치를 당하게 되기 때문에 시장매집에 의한 M&A는 현실적으로 많은 제약을 받고 있다.

바) 위임장대결

목표기업의 경영권을 확보하기 위해서는 결국 주주총회의 의결을 통해 매수자(공격자)가 원하는 이사회의 임원을 선임하는 것으로 귀결된다고 할 때, 앞에서 지적한 공개매수나 시장매집은 주총에서 최대주주로서의 의결권을 행사하기 위한 의결권주식의 확보방법이라 할 수 있다. 따라서 경영권확보를 위해서는 반드시 적대적 M&A를 시도하는 자가 임원선임에 필요한 지분율을 모두 보유하고 있을 필요는 없다.

불특정다수의 소액투자자 또는 몇몇 주요 주주가 M&A 추진자의 경영권확보 노력에 협조해 준다면 막대한 자금을 동원하여 주식을 매수하지 않고도 주주총회에서 매수자가 원하는 방향으로 이사회 임원을 교체할 수 있다. 즉, 적대적 M&A 추진자는 주주총회에서

[그림 9-1] 해외인수합병의 절차

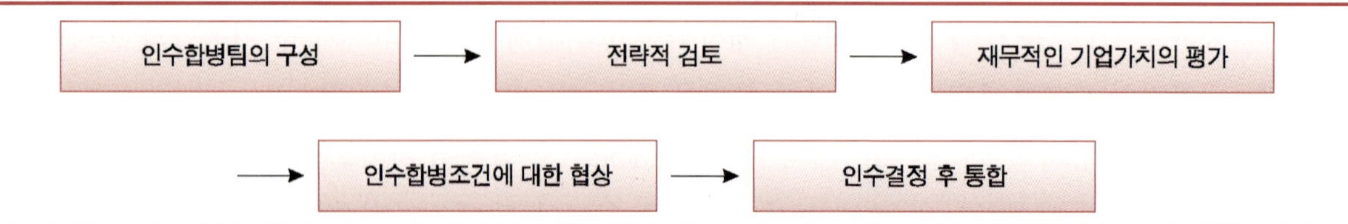

영향력을 행사할 수 있는 최소한의 지분만을 확보한 후, 주요 주주 및 일반 소액주주들을 설득하여 주주의 의결권행사에 대한 위임을 받아 주총에서 자신의 의결권과 위임받은 의결권을 이용하여 의안결정을 통제할 수 있게 된다. 이처럼 소유지분율이 아니라 다수의 주주로부터 주주총회에서 의결권행사 위임장을 확보하여 M&A를 추진하는 전략을 위임장대결(proxy fight)이라 한다.

(2) 인수합병의 절차

해외인수합병이 진행되는 절차를 살펴보면, [그림 9-1]에서 보는 바와 같이 5단계를 거치는 것이 바람직하다.

첫 번째 단계는 투자은행, 변호사, 회계사, 해당 사업부 부서장으로 이뤄진 인수합병전문팀을 구성하는 것이 필요하다. 인수합병에는 대상기업의 가치평가, 인수계약, 자본조달 등 다양한 분야의 전문가가 필요하다. 인수합병에 대한 전문가로 구성된 팀은 인수합병절차를 효율적으로 운영할 수 있게 해 준다.

두 번째 단계에서는 인수대상기업들을 검토한다. 여러 인수대상기업을 조사하여 제품별, 판매지역별 시너지가 있는지를 평가하고, 또한 이들 기업의 매각의사에 대해서도 검토해야 한다. 대상기업의 의사에 반하여 적대적 기업인수(hostile takeover)를 하는 경우에는 인수비용도 커지고, 인수 후 통합과정에서도 많은 마찰이 빚어지게 되므로 가급적이면 인수에 우호적인 기업을 선택하는 것이 바람직하다. 또한 인수 후 사용가능한 경영자원을 파악하고, 과연 그 기업을 인수하는 것이 타당한가에 대한 전략적인 검토가 필요하다. 기업의 가치를 평가하는 일이다.

세 번째로는 대상기업에 접근하여 가능성을 타진한 후 실무적으로 인수대상기업의 가치를 평가하는 일이다. 이 단계에서는 그 기업이 가진 자산을 평가하고, 기술력, 영업권 등을 평가하여 구매가격을 계산한다. 이 단계에서는 회계사와 투자은행의 도움을 받아 실사를 벌인다.

네 번째 단계에서는 구체적인 인수조건에 대한 협상을 전개한다. 인수대상기업의 가치에 대해서 판매자는 가능한 한 높이 평가하려고 노력하고, 구매자는 낮게 평가하려고 하기 때문에 구체적인 인수가격을 결정하는 데에는 실무자들의 협상이 중요하다. 또한 인수조건을 현찰로 할 것인가 또는 주식 등으로 할 것인가의 문제, 또한 부채를 어떻게 부담할 것인가의 재무적인 측면도 중요한 협상의 대상이다.

다섯 번째 단계는 인수결정이 난 후 통합을 위한 태스크포스를 구성하여 구체적인 통합 절차를 결정하게 된다.

(3) 인수합병의 방어기법

가) 지분확보

적대적 M&A에 대한 방어에 있어 대주주의 안정적 지분확보는 최우선적이라고 할 수 있다. 따라서 지분율이 10% 미만인 기업은 조속한 시일 내에 지분율을 10% 이상 확보해야 한다. 대주주 지분확보는 자금여력 등에 한계가 있으므로 우호적 지분확대에도 노력을 기울여야 한다. 대주주 지분 이외에 투자관리(IR) 등을 통해 일반주주 및 기관투자가를 우호적 지분으로 확보하고 우리사주, 종업원에 대한 스톡옵션(stock option) 부여, 전환사채 및 신주인수권부사채 발행으로 잠정적 지분을 확보해야 한다.

나) 정관변경

적대적 M&A가 시작되기 이전에 정관을 정비하여 적대적 M&A를 어렵게 하는 것도 적절한 대응방안이라고 할 수 있다. 정관변경을 통한 대표적인 방어기법으로는 임원의 만기시기를 상이하게 하고, 정관에 임원수를 정해 놓아 M&A세력들이 경영권확보를 위해 임원을 한꺼번에 교체하지 못하도록 하는 방법이 있다. 이외에도 퇴직금 누진규정, 신주의 제3자배정 등의 조항을 정관에 포함시킴으로써 적대적 M&A를 어렵게 하는 방법도 있다.

다) 주가 감시체계 구축

해당기업의 주가 및 거래량을 감시할 수 있는 체계를 기업 내에 구축하여야 한다. 이를 통해 특별한 이유 없이 거래량이 증가하거나, 주가가 지속적으로 상승하는 경우 주식의 이동사항 등을 면밀히 조사해야 한다. 일반적으로 적대적 M&A를 시도하는 측은 사전에 충분한 준비를 하는데 반해, 방어기업은 이에 대응할 시간적 여유가 없다. 하지만 주가감시체계를 구축한 기업의 경우 M&A 동향을 조기에 발견하여 이에 대응할 시간적 여유를 가질 수 있어 적대적 M&A에 효율적으로 대처할 수 있다.

라) 주력기업 자본구조 변경

그룹의 지주역할을 하는 주력기업이 M&A를 당하는 경우 타계열사의 경영권도 넘어갈 확률이 높다. 따라서 주요 계열사가 보유하고 있는 타계열사의 주식지분을 낮추는 방안을 강구해야 한다. 이와 더불어 지주회사 역할을 하는 계열사를 상장 폐지하거나, 비상장회사를 계열회사에 대한 지주회사로 만들어 적대적 M&A로부터 안전하게 보호해야 한다. 정부가 지주회사 설립을 적극 검토함에 따라 이를 이용하여 계열사의 지분을 안정적으로 관리하는 방안도 강구될 수 있다.

2.4 인수합병의 동기

국제기업들이 해외에서 인수합병을 수행하는 이유는 여러 가지가 있는데, 여기서는 〈표 9-2〉에서 보는 바와 같이 크게 경제적 동기, 재무적 동기, 전략적 동기 등 세 가지로 분류하여 설명하고자 한다.

〈표 9-2〉 인수합병의 동기

인수합병의 동기	주 요 내 용
경제적 동기	· 신속한 시장진입 · 시장지배력의 확대 · 규모 및 범위의 경제적 효과
재무적 동기	· 경영자원의 획득 · 위험분산효과 · 자금조달능력의 확대 · 자본이득의 실현 · 조세절감효과
전략적 동기	· 성숙산업에서의 시장진입 · 조직성장의 지속화 · 경영효율성의 극대화 · 세계화의 추구 · 저평가된 기업의 활용 · 첨단기술의 도입

(1) 경제적 동기

가) 신속한 시장진입

다국적기업들이 해외진출시 인수합병을 선호하는 이유는 신속한 시장진입이 가능하기 때문이다. 기업이 신설투자의 형태로 외국시장에 진출해 독자적으로 사업을 확장하는 데는 많은 시간과 노력이 요구된다. 신설투자를 할 경우 공장부지를 확보하고 생산설비를 갖추며, 종업원들을 신규채용하고 훈련시키는 데에는 많은 시간과 노력이 필요하다. 이러한 신설투자는 기업들이 자신이 필요로 하는 종업원들을 선택하여 자신이 원하는 규모로 공장을 세울 수 있다는 이점이 있으나, 모든 것을 처음부터 스스로 해야 한다는 점에서 상당히 많은 시간과 노력을 필요로 한다. 이에 반해서 인수합병의 형태로 해외시장에 진출할 경우 그 기업은 인수대상기업이 갖고 있는 공장설비, 부동산, 종업원, 브랜드, 유통망 등을 일순간에 획득할 수 있다. 따라서 인수합병을 통한 시장진출은 인수와 동시에 자동적으로 이루어지는 것이다.

인수합병은 이미 그 사업분야에서 활동하고 있는 기업을 인수하므로 그 인수대상기업이 갖고 있는 경영자원과 핵심역량을 일거에 습득할 수 있고, 시장진입에 소요되는 시간을 줄일 수 있다는 점이 가장 큰 매력이다. 이런 관점에서 볼 때 인수합병시 인수대상기업에 지불하는 인수프리미엄은 신속한 진입으로 경쟁우위를 창출할 필요가 있을 때, 이러한 시간을 단축시키는 것에 대한 대가를 지불하는 시간프리미엄으로 볼 수 있다. 특히 시장진입의 속도가 중요할 때, 인수합병은 많은 프리미엄을 지불한다 하더라도 효과적인 전략으로 볼 수 있다.

나) 시장지배력의 확대

동종기업간의 수평적 합병은 기존기업이 보유한 전문경영인, 고객관계, 판매망을 동시에 획득하여 시장구조를 독점화하여 시장점유율 및 시장지배력을 강화·확대함으로써 이익을 증대하는 것이 주요 목적이라 할 수 있다. 또한 이러한 기업규모의 확대는 생산, 판매, 연구개발, 일반관리 등에서 효율성을 제고시킬 수 있는 반면에, 시장질서와 산업조직을 저해할 우려가 있기 때문에 정부에서는 독점규제법에 따라 이러한 행위를 제한하고 있는 실정이다. 그러나 최근에는 외국인 기업에게도 적대적 M&A를 허용하는 조치가 발표되는 등 오히려 활성화되고 있다고 할 수 있다.

다) 규모 및 범위의 경제적 효과

동종기업간의 인수합병은 기업규모의 대형화로 일관된 생산설비 등 생산·판매와 관련되는 고정생산비와 유통경비 및 판매관리비 등 각종 경비를 감소시킬 수 있는 경제적 효과를 얻을 수 있다. 그러나 기업의 규모가 너무 비대해지면 오히려 규모의 비경제(diseconomy of scale)가 발생할 수 있다.

(2) 재무적 동기

가) 경영자원의 획득

해외기업의 인수합병은 또한 자신에게 부족한 경영자원의 취득을 목적으로 일어난다. 최근에 한국기업들이 미국과 유럽에서 적극적인 인수합병을 벌이고 있는 주요 목적 중의 하나는 인수대상기업이 가진 기술과 브랜드를 인수합병에 의해 획득하기 위해서다. 예를 들어 LG전자가 미국의 Zenith를 인수한 것은 Zenith가 갖고 있는 디지털신호처리 및 압축기술을 습득하여 디지털TV와 멀티미디어산업에 응용하고, 미국에서 Zenith가 갖고 있는 브랜드이미지를 획득하기 위한 것이다. 뿐만 아니라 해외기업의 인수합병은 새로운 사업에 진출하는 경우에도 활발하게 활용되고 있다. Sony는 1989년 미국의 Columbia Pictures와 CBS Records를 인수함으로써 연예·오락산업에 신규 진출하였다.

이와 같이 경영자원의 획득과 신규사업진출을 목적으로 한 인수합병의 경우, 인수합병 이후의 통합절차가 그 성패를 결정하는 주요 요인이 된다. 왜냐하면 기술과 마케팅능력 등과 같은 경영자원은 많은 경우 인수대상기업에서 일하는 직원들에게 체화되어 있는 경우가 많기 때문이다. 만일 인수 후 이러한 무형의 경영자원을 가진 종업원들이 그 기업을 떠난다면 인수기업은 원래의 목표를 달성할 수 없게 된다.

또한 기업들은 간혹 해외인수합병을 통해 규모의 경제와 범위의 경제를 실현하고자 한다. 최근 일본에서 소규모 은행들이 합병을 통해 대형화를 시도하는 현상은 규모의 경제를 활용하려는 의도이다. 한편 한국에서 소규모 유통업자들이 합병을 통해 대규모기업으로 변신하는 것도 구매와 물류에서의 규모의 경제를 이용하기 위한 전략이다. 또한 초과설비가 존재하는 산업에서의 합병은 유휴설비를 활용하여 생산시설의 효율성을 높일 수 있다.

한국기업의 해외인수합병은 1980년대 초부터 나타나기 시작하여 1990년대에 들어 큰 폭으로 증가하고 있다. 한국기업들이 해외인수합병을 하는 지역은 미국, 캐나다, 일본, 독일 등 주로 선진국을 중심으로 이루어지고 있으나 대우그룹은 과거 우즈베키스탄, 폴란드, 루마니아와 같이 개발도상국가에서도 활발한 인수합병을 벌여왔다.

나) 위험분산효과

인수합병에 있어서도 포트폴리오(portfolio)의 위험분산효과가 적용될 수 있다. 즉, 두 기업의 현금흐름의 상관계수가 1보다 작을 경우에, 두 기업을 합병하면 현금흐름을 보다 원활히 할 수 있어 재무위험(financial risk)이 감소될 수 있다. 위험분산효과는 다각적 합병의 경우 효과가 크며, 사업다각화가 이루어질 경우 현금흐름을 보다 원활히 하여 급격한 경영환경변화에 대한 적응력이 제고되어 경영위험을 감소시킬 수 있다.

다) 자금조달능력의 확대

인수합병을 통해 기업규모가 확대되고 부채비율이 낮은 기업을 인수할 경우 규모 및 양호한 재무구조를 활용하여 자금조달능력을 제고시킬 수 있다. 즉, 경영이 부실하거나 자기자금조달의 한계로 은행차입에만 의존해오던 기업이 기술과 부채비율이 낮은 잠재력이 충분한 기업을 인수함으로써, 자금조달능력이 확대되고 조달에 따른 비용도 절감하게 되어 경영이 호전될 수 있다.

라) 자본이득의 실현

인수합병이 발생하는 원인의 하나로 자본이득(capital gain)의 실현을 들 수 있다. 이는 상대적으로 저평가되고 자산이 적절히 활용되지 못하고 있는 기업을 적은 자본과 많은 부채를 동원하여 인수한 후, 정상화 절차를 거쳐서 기업가치를 증대시키는 것을 의미한다. 경영이 정상화되어 기업의 현금흐름을 증대시킬 수 있게 되면 다시 매각함으로써 대규모 자본이득을 실현할 수 있게 된다.

마) 조세절감효과

적자기업과 흑자기업이 합병을 하게 되면 세금을 절감할 수 있게 된다. 즉 피인수기업의 입장에서는 인수합병을 통해서 보유주식을 매각함으로써, 상대적으로 적은 양도소득세를 부담하고 보유주식을 현금화하는 것이기 때문에 상속세, 증여세를 부담하는 것보다 유리할 수 있어 이러한 경우 인수합병을 전략적으로 활용할 수 있다.

(3) 전략적 동기

가) 성숙산업에서의 시장진입

인수합병은 산업전반적으로 유휴시설이 많은 산업에서 선호되는 시장진입방법이다. 특히 생산시설이 포화상태에 있는 산업에 신규진출하고자 할 때, 공장을 새로 건설하여 산업 내에 과잉생산설비를 만들 필요는 없다. 이와 같은 성숙산업에서는 신규진입자에게 높은 진입장벽이 존재하기 때문에, 기존업체를 인수함으로써 산업 내에 과잉생산시설을 방지하는 것이 훨씬 더 효과적인 진입방법이 될 수 있다. 예를 들어 자본집약적이며 성숙한 시장을 갖고 있는 석유화학산업에서는 해외진출시 새로 공장을 만들기보다는 기존기업을 인수하는 경향을 보이고 있다.

나) 조직성장의 지속화

기업의 목적은 지속적인 성장이라 할 수 있으며 성장을 위해서는 시대의 변화에 적응할 수 있는 경영전략이 필요하다. 따라서 기업내부자원의 활용에 의한 성장에는 한계가 있으므로, 인수합병을 통해 경영다각화나 사업진출 등 외적 성장전략을 지속적으로 모색해야 하는 것은 기업경영상 가장 기본적이면서도 중요한 전략적 동기 중의 하나이다. 또한 경영진의 전략적 인수합병 동기는 현재의 사업분야보다 수익성이 있는 사업으로 진출하여 지속적인 성장을 도모하기 위해서라고 할 수 있다.

다) 경영효율성의 극대화

전략적으로 비효율적인 사업부문은 매각하고 기존기업이 보유한 우수한 전문경영인이나 근로자, 그리고 유망한 업종을 인수·합병하여 경영전략과 재무전략을 구사하게 되면 장기적인 관점에서 이익극대화를 실현시킬 수 있기 때문에 인수합병을 활용할 수 있다.

라) 세계화의 추구

현대의 기업은 국경 없는 무한경쟁의 세계화시대하에서 기업경영활동을 수행하고 있다. 따라서 기업이 치열한 국제적 경쟁에서 승리하려면 기술개발에 힘써야 함은 물론이고 해외지사의 구축이 필수적이다. 즉, 시장의 세계화, 제품 및 기술의 세계화 추세에 적합한 사업다각화나 해외유망사업을 보유하고 있는 현지기업과의 인수합병은 현지공장건설, 인재양성, 시장개척 등에 소요되는 시간과 비용을 감소시키는 장점이 될 수 있다.

마) 저평가된 기업의 활용

외부기업 중 경영자의 능력부족, 조직의 비능률 및 비효율성 때문에 저평가된 기업이 있는 경우, 이러한 기업을 인수하여 우수한 인력을 투입하고 조직을 활성화하여 기업을 성장시킨다면 자원의 효율적 배분측면에서 매우 유익하며, 기업성장과 발전에 획기적인 계기가 될 수 있다.

바) 첨단기술의 도입

기업은 꾸준히 경제환경 변화와 세계화시대에 대비해야 한다. 현재의 경영환경은 기술개발의 속도가 신속해지고 제품의 라이프사이클이 단축되고 있기 때문에, 기업이 독자적인 연구개발을 통해 시장에서 경쟁력을 유지하고 이익을 실현하기에는 막대한 비용과 시간이 소모된다. 따라서 이러한 연구개발에 소요되는 막대한 비용과 시간을 절약하기 위해서 첨단기술들을 보유한 기업을 인수・합병하는 것은 매우 효과적이라고 할 수 있다.

2.5 인수합병의 성과

인수합병에 대한 성과를 살펴보면 전반적으로 성공보다는 실패가 더 많음을 알 수 있다. 여기서는 먼저 M&A에 대한 그동안의 연구개황이 어떻게 나왔는지를 살펴보고, 다음으로 미국, 일본, 한국 등의 M&A 성과에 대해서 알아보기로 한다.

(1) 개 황

Business Week의 조사에 따르면 1990년과 1995년 사이에 이루어진 많은 인수합병 결과, 50% 이상의 기업이 그 주식의 가치가 하락하였으며 34%는 미세한 성과를 얻었고 약 17% 정도만 높은 성과를 얻었다고 한다.[1)] 비즈니스위크가 지적한 M&A의 실패요인은 ① 과도한 인수금액, ② 인수기업 경영자의 피인수기업에 대한 사업내용 무지, ③ 경영비용 절감차원에서 행해지는 피인수기업의 근로자 및 해외영업망 축소, ④ M&A 이후 비용절감 및 시너지효과에 대한 환상, ⑤ 적절치 못한 합병추진 등이다.

Singh과 Montgomery의 연구에 따르면 미국에서 관련사업부분에서의 기업인수의 성과는 높으나 비관련사업부분에서의 기업인수합병의 성과는 훨씬 취약하게 나타난다.[2)] 또한

1) *Business Week* (1995. 10. 30), pp.56−69.

Porter의 연구결과에 따르면, 미국에서 일어난 기업인수합병의 경우 약 70% 정도는 실패하여 그 결과 약 5년 사이에 다시 매각된다고 한다.[3] 한편 Scherer와 Ravenscraft는 인수합병으로 기업을 인수하였다가 다시 매각한 많은 경우들을 심도 있게 연구한 결과, 대부분의 기업들이 인수합병을 통해 새로운 가치를 창출하는데 실패하였다는 것을 보여 주었다.[4]

McKinsey사의 기업인수합병에 관한 연구에 따르면, 서로 지역시장별, 기술적 중복이 많은 경우 훨씬 더 성공할 확률이 높다고 한다. 즉, 서로 지역별, 제품별, 기술별 중첩이 많을수록 이 중첩된 부분을 결합하여 범위와 규모의 경제를 활용할 수 있기 때문에 새로운 가치를 창조할 확률이 높다고 한다. 또 다른 Mckinsey사의 연구에 의하면 인수한 기업과 인수대상기업간에 보유한 핵심역량을 서로 이전할수록 성과가 더 높이 나타난다고 한다.

네덜란드 틸부르크대학 경제학과 한스 셍크교수는 1960년대 이후 M&A를 단행한 기업들을 연구하였는데, 이들 기업들이 합병을 하지 않은 경쟁기업들에 비해 생산성과 수익성, 특허출연회수, 성장률 등이 약 17% 하락했다고 지적하였다. 셍크교수는 최근의 M&A 열풍을 게임이론으로 설명했는데, 한 기업이 M&A를 단행하면 경쟁기업은 단순히 경쟁에서 뒤처지지 않기 위해 M&A를 수행하여 연쇄작용을 일으켰다는 것이다.

(2) 미 국

1990년대 후반 기업의 최고의 성장전략으로 각광받던 M&A가 최근 들어 부정적인 시각이 팽배해지고 있는데, 그 주된 이유는 기업의 주장과는 달리 M&A가 별다른 성과를 발생시키지 못하고 있기 때문이라고 할 수 있다. 또한 최근 연이어 발생한 기업회계부정 사건에 따른 주식시장의 장기침체로 대규모 M&A에 대한 월가(Wall Street)의 시각이 부정적으로 변하였기 때문이다.

2000년에 초대형 M&A를 성사시킨 기업들의 50% 이상이 주가가 대폭 하락하였고, 경쟁기업보다도 낙폭이 훨씬 커 합병에 따른 시너지효과에 의문이 제기되고 있다. 톰슨파이낸셜의 조사에 따르면 2002년 상반기 미국에서 이루어진 M&A는 2,000억 달러에 불과했는데, 이는 2001년 동기에 비해 45%나 급락한 것이며 M&A가 절정에 달했던 2000년 상반기보다는 무려 77%나 하락하였다. 2000년에 기업의 M&A 비용은 34조 달러로 최고수준을

2) H. Singh and C. Montgomery, "Corporate Acquisition Strategies and Economic Performance," *Strategic Management Journal* (1987), pp.377－386.

3) M. Porter, "From Competitive Advantage to Corporate Strategy," *Harvard Business Review* (1987).

4) F. M. Scherer and D. Ravenscraft, *Mergers, Self-offs and Economic Efficiency* (Washington, 1987).

기록했는데, 이는 기업의 최고경영자들이 경쟁력을 강화하기 위해서라기보다는 고성장을 기대하는 월가의 기대에 부응하기 위해 M&A를 적극적으로 추진한데 기인하고 있다. 아울러 통신과 은행업에 대한 규제완화가 촉진제가 되어 M&A는 의약 · 자동차 · 엔터테인먼트 · 미디어 산업으로 확산되었다.

미국의 시사주간지 뉴스위크는 톰슨파이낸셜과 공동으로 조사한 자료를 소개했는데, 조사결과에 따르면 미국에서 2000년 M&A를 성사시킨 20개사 중 11개사의 합병발표 1년 후의 주가가 발표당시보다 더욱 큰 폭으로 하락하였다. 12개사의 주가낙폭은 경쟁기업보다 커 M&A 효과가 거의 없는 것으로 나타났다.

실제로 기업 간 M&A가 성공할 확률이 아주 낮다는 것이 정설이나, 최근의 M&A 실패사례들은 기업의 대형화 추세와 월가를 지나치게 의식한 CEO들의 판단착오에 기인한 점이 크다고 할 수 있다. 뉴스위크는 CEO들의 독단과 이들에게 주어지는 엄청난 M&A 성공보수도 M&A의 성공확률을 저하시키는 또 다른 요인임을 지적하고 있는데, CEO들은 M&A를 성사시킨 것만으로 성공보수를 받기 때문에 합병이후의 상황까지 책임지려는 경향이 적다는 것이다.

(3) 일 본

한국기업보다 일찍 해외인수합병에 나섰던 일본기업의 해외인수합병의 결과를 보면 대부분 큰 손실을 본 것으로 평가되고 있다. Matsushita는 1989년 미국의 영화사인 MCA를 인수하였다가 1995년 다시 매각하면서 큰 손실을 보았다. 미쓰비시는 미국 뉴욕에 있는 록펠러센터 빌딩을 사들였다가 5년 뒤에 파산신청을 하게 된 사례도 있다. Sony 역시 Columbia Pictures를 인수한 후 40억 달러의 적자를 감수하였다. 타이어업체인 Bridgestone 역시 미국의 Firestone을 인수하여 큰 손실을 겪고 있는 중이다.

일본의 경제전문잡지인 닛케이 비즈니스는 최근호에서 합병한 상당수의 기업이 시장이 기대한 만큼의 효과를 거두지 못하였다고 평가하였다. 닛케이 비즈니스는 1990년 이후 M&A를 단행한 47개 대기업을 대상으로 기업가치변화를 조사한 결과, M&A 성공도에서 마이너스를 기록한 기업이 27개나 되었다고 보도하였다.

일본의 경우 M&A로 인해 기업가치가 하락하는 이유는 대부분의 경우 인사나 구조조정 등 사람의 문제를 해결하지 못하고 합병하는 기업끼리의 화학적 결합에 실패하기 때문인 것으로 지적되고 있다. 예를 들면 인사고과시스템의 통합을 합병일까지 종료한 기업의 경우, M&A성공도가 플러스인 기업에서는 3개사였으나 마이너스인 기업에서는 1개사에 불과하였다. 근로자수를 살펴보더라도 M&A 성공기업의 인원삭감은 실패기업보다 4% 높은 28%로 나타났다.

(4) 한 국

현재까지의 한국기업의 해외인수합병 역시 많은 경우 큰 어려움을 겪고 있는 실정이다. 예를 들어 삼성전자가 인수한 AST Research는 1995년부터 1997년 사이에 총1억 달러 이상의 손실을 본 이후 결국 정리되었고, 현대전자가 인수한 Maxter도 매년 1억 달러 이상의 적자를 기록한 후 매각되었다. LG전자가 인수한 Zenith 역시 인수 후 상당기간 큰 적자를 감수하여 왔으며, 대규모 구조조정을 한 후 Zenith 브랜드와 연구개발시설만 남기고 대부분의 공장설비를 매각하였다. 삼미특수강이 인수한 캐나다의 Astra는 인수 후 적자폭이 가중되어 본사에까지 큰 부담을 주게 되었고, 결국 삼미그룹 전체가 큰 타격을 받을 정도로 그 효과가 지대하였다.

일본기업과 한국기업들의 해외인수합병이 이와 같이 성과가 나쁜 사실은 해외인수합병의 위험이 그만큼 크다는 것을 보여줌과 동시에, 인수합병에 대한 노하우가 없는 상태에서 무리하게 인수합병을 한 경우 대부분 실패할 수밖에 없다는 사실을 보여 준다. 특히 최근의 한국기업의 해외기업 인수합병이 실패한 이유로는, 반도체 등의 경기호조로 인한 여유자금의 증대와 국제화전략을 추구함에 있어서 경쟁적으로 인수합병의 방법을 선택한 것 등을 들 수 있다.

예를 들어 경쟁기업이 해외인수를 하니까 나도 한다는 식으로 인수를 추진하다 보면, 인수대상의 선정과 통합절차에 대하여 보다 구체적인 전략 없이 즉흥적 또는 경쟁적으로 인수합병을 추진하기 쉽다. 따라서 많은 기업들이 인수 후 막대한 손실을 보게 된 것이다. 이와 같이 기업들이 인수합병을 통해 새로운 가치를 창조하는데 실패하는 이유는, 크게 인수전략 자체의 실패와 통합과정의 실패 두 가지로 나누어 볼 수 있다.

2.6 인수합병의 주안점

(1) 인수합병 시 고려사항

가) 인수대상기업의 선정과 교섭

많은 기업들의 해외인수합병이 실패로 돌아가는 이유는 인수합병을 통해 새로운 가치를 창조하는데 실패하기 때문이다. 더구나 이러한 가치창조의 실패는 인수합병시 많은 프리미엄을 지불한다는 사실 때문에 더욱 심각해진다. 1994년에 5억 달러 이상의 대규모 기업인수에서 구매기업은 인수대상기업에 평균적으로 약 41%에 상당하는 인수합병프리미엄을 지불하였다.

구매기업에게 만일 평균적으로 41%의 인수프리미엄을 지불하는 경우, 인수합병을 한 후 통합된 기업으로부터 그 지불된 인수프리미엄 이상의 새로운 가치가 창출되지 못한다면 그 인수합병은 실패하게 된다. 예를 들어 LG전자가 미국의 Zenith를 인수하여 두 기업의 기술력, 유통력 및 시너지를 결합하여 지불된 인수프리미엄보다 큰 새로운 가치를 창출하지 못하면 그 인수합병은 실패하게 되는 것이다. 인수합병을 통해 창출될 수 있는 새로운 가치는 두 기업이 합쳐짐으로 인하여 얻을 수 있는 시장지배력의 증가, 범위와 규모의 경제를 통한 비용절감, 그리고 두 기업이 갖고 있는 경영자원을 결합하여 새로운 경쟁우위를 창출할 수 있는가에 달려 있다.

Haspeslagh와 Jemison은 해외기업 인수합병의 과정에 대해 자세한 연구를 하였다.[5] 이들의 연구에 의하면, 기업들이 인수합병에 실패하는 이유는 인수가격, 즉 얼마에 인수할 것인가의 가격협상에 지나치게 집착하여 과연 이 기업을 인수할 필요성이 있는가라는 근본적인 문제에 소홀해진다는 점이다. 따라서 이들은 먼저 인수합병 의사결정시에 왜 이 기업을 인수하여야 하는지에 관한 분명한 전략을 가지고 협상에 임해야 한다고 강조한다.

또한 협상과정에서 상대기업이 너무 높은 가격을 요구할 때 중간에서 자리를 박차고 나오는 용기가 필요하다고 한다. 왜냐하면 인수합병을 위한 협상이 진행되면 중간에 포기하기 어려워지게 되는 일정한 관성(momentum)이 존재하기 때문에 자기가 생각한 적정가격 이상의 가격을 지불하게 되는 경우가 많다고 한다. 이와 같은 경우에는 언제든지 협상을

5) P. Haspeslagh and D. Jemison, *Managing Acquisition: Creating Value through Corporate Renewal* (Free Press, 1991).

종결할 수 있는 자제력을 가지고 임해야 자기도 모르게 인수협상 자체에 점점 빠져드는 것을 막을 수 있다고 한다.

한편 인수협상시 기업인수합병을 전담하는 전담팀이 조직되어서 인수대상기업의 물색과 협상에 임할 전략을 항상 준비하고 있지 않는다면 협상에서 성공을 거두기가 어렵다고 한다. Haspeslagh와 Jemison은 인수합병의 성공 여부는 자신의 경영전략이 무엇이고, 그 전략을 위하여 이 기업의 인수가 과연 필요한가에 대한 의문이 가장 중요하다는 사실을 제시하고 있다. 만일 현재 그 기업이 수행하는 전략에 비추어 판단할 때 인수대상기업을 인수함으로써 그 지불된 인수프리미엄 이상으로 새로운 가치가 창출될 수 없는 경우에는 기업 인수합병을 추진하지 않는 것이 바람직하다. 따라서 인수합병 전에 자신의 전략을 검토하는 것이 필수적이다. 우리가 왜 이 기업을 인수해야 할 필요가 있으며, 우리기업의 전략에 비추어 인수된 기업이 보유한 경영자원이 얼마나 가치를 가지고 있는가를 냉철하게 계산하여 한다.

앞서 살펴본 것처럼 일본기업들의 해외인수합병이 큰 손실을 초래한 이유로 첫째, 해외인수합병시 막대한 인수프리미엄을 지불했다는 점이 지적되고 있다. 즉, 일본기업들이 해외인수합병에 실패한 이유는 인수대상기업으로부터 발생할 수 있는 시너지를 지나치게 낙관적으로 평가하여 막대한 인수프리미엄을 지불한 결과, 실제로 인수기업을 운영해 보니 시너지를 창출할 수 없거나, 기업문화의 차이로 인해 시너지를 창출하는데 실패하였기 때문이다. 이는 구체적인 전략 없이 시너지가 있으리라는 막연한 기대만으로 해외인수합병을 추진하여 막대한 인수프리미엄만을 낭비하는 결과를 초래한 것이다. 이는 곧 전략의 부재로 비롯된 실패로도 볼 수 있다.

둘째, 해외인수합병시 인수대상기업에 대한 면밀한 검토 없이 서둘러 인수한 후 인수대상기업이 갖고 있는 악성채무관계나 부정행위 등 감춰진 문제점들을 발견하게 되면서 큰 비용이 추가되는 경우도 상당수 존재한다. 따라서 해외인수합병시에는 인수합병전략에 대한 분명한 전략적인 검토와 아울러, 인수합병기업에 대한 면밀한 검토와 이에 입각한 협상이 가장 중요한 과제이다.

나) 인수 후 통합과정

인수합병시 발생할 수 있는 새로운 가치는 인수 이후 인수된 기업들을 얼마나 잘 통합하고 운용하는가에 따라 결정된다. 아무리 인수합병당사자인 두 기업이 가진 경영자원이 상호보완적이고 좋은 인수합병대상기업이라고 하더라도 실제로 인수 이후 두 기업의 통합과 운영에서 실패한다면 어떠한 가치도 창출할 수 없게 된다.

특히 두 기업이 상당히 독특한 기업문화를 갖고 있을 경우, 이와 같이 서로 다른 기업문화는 많은 갈등을 일으킬 소지가 있다. 특히 해외인수합병은 단순한 기업문화의 차이뿐만 아니라 국가간의 문화적 차이도 극복하여야 하므로 인수통합과정에서의 어려움이 더욱 크다고 볼 수 있다. 따라서 해외인수합병시에는 인수대상기업의 기업문화와 인수기업의 기업문화가 서로 상충되지 않는지를 살펴보아야 하고, 문화간의 갈등을 최소화할 수 있는 방법을 생각하여 보아야 한다.

Haspeslagh와 Jemison의 연구는 인수합병에서 더 높은 성과를 얻기 위해서 인수 이후의 통합과정이 가장 중요한 단계라고 밝히고 있다. 아울러 인수합병을 통해 규모와 범위의 경제성을 창출하기 위해서는 양 기업 간 경영자원의 공유와 핵심역량의 활발한 이전이 필요하다. 그리고 이러한 규모와 범위의 경제성을 살리려면 통합과정은 빠른 시일 내에 종결지어야 한다. 그러나 동시에 인수된 기업의 핵심역량을 보호하려면 어느 정도의 조직상의 자율성을 보장하여 주지 않으면 안 된다.

(2) 인수합병 시 유의사항

P. Haspeslagh와 D. Jemison은 해외기업 인수합병시 유의해야 할 사항들을 다음과 같이 제시하고 있다.[6)]

① 인수합병이 기업에 미치는 성과를 이해하기 위해서는 분명한 인수합병전략을 가져야 한다.

② 인수합병전략을 운용하는데 필수적인 요소는 다음과 같은 과정을 이해하는 것이다. 첫째로 모든 가치창출은 인수합병 이후에 일어나며, 따라서 인수합병 후의 통합과정이 성과에 매우 큰 영향을 미친다. 둘째로 인수합병에 관한 의사결정과정은 기업이 인수합병으로부터 가치창출 잠재력을 파악하고, 인수합병 후 성공적인 통합을 하는 데에 중요한 영향을 미친다.

③ 인수합병은 당사자들의 전략적 핵심역량을 증대시킬 때 가장 높은 가치를 창출한다.

---

6) P. Haspeslagh and D. Jemison, *Managing Acquisition: Creating Value through Corporate Renewal* (Free Press, 1991), pp.15.

그 결과 인수기업과 인수대상기업 모두 경쟁우위를 향상시킬 수 있으며, 이는 곧 그들의 재무적인 경영성과로 반영된다.

④ 인수합병의 성공은 핵심역량의 이전이 요구되는 두 기업간의 전략적 상호의존성과 인수대상기업의 핵심역량을 보존하는데 필요한 자율성간의 균형을 유지할 수 있는 경영자의 능력에 달려있다.

⑤ 이러한 두 요인간의 균형을 통해 적절한 통합방법이 결정된다. 그 방법은 크게 3가지가 있다. 첫째로 두 조직의 하나가 되는 흡수합병, 둘째로 인수대상기업이 자신의 문화적인 주체성을 보존하는 경우, 셋째로 쌍방간 적응이 요구되고 조직의 융합이 필요한 협력적인 관계 등이다.

⑥ 이러한 통합방법을 운용할 수 있는 기업의 능력은 기업 간 상호관련성을 어떻게 조정할 수 있는가에 달려 있다.

⑦ 통합방법에 따라서 차이가 있다고 해도 이러한 상호관련성을 조정하는 데에는 두 단계의 절차가 있다. 첫째로 통합단계를 결정하고 핵심역량의 이전이 일어날 수 있게끔 적절한 분위기를 조성하는 것이다. 둘째 단계는 경쟁우위를 높이며 가치를 창출할 수 있도록 핵심역량을 실제로 경영에 응용하는 것이다.

⑧ 가치창출이 실현되기 위해서는 사태의 추이를 살펴보며 통합의 속도와 방법을 조정해 나가는 진화과정으로 보아야 한다.

⑨ 인수합병은 기업들에게 새로운 전략을 추구하도록 도와 줄 뿐만 아니라 새로운 핵심역량에 대하여 배울 수 있는 기회도 제공한다.

⑩ 통합과정 이후에 기업들은 인수합병의사결정 그 자체에서 벗어나 통합된 경영활동의 네트워크를 어떻게 운영할 것인지로 초점을 바꾸어야 한다.

3 국제소유권협상

3.1 국제소유권전략의 개념

(1) 국제소유권전략의 의의

국제기업이 해외에 진출하여 현지자회사를 설립하려고 할 때 결정하여야 할 중요한 문제 중의 하나가 자회사의 소유권(ownership)에 대한 문제이다. 즉, 100% 전액 투자하여 완전소유자회사를 설립하는 단독투자를 선택할 것인가, 아니면 다른 기업과 제휴하는 합작투자를 선택할 것인가를 결정하여야 한다. 그리고 합작투자하기로 하였다면 합작비율은 어떻게 할 것인가 하는 것도 결정하여야 한다.

일반적으로 단독소유(wholly owned) 형태는 투자자가 합작소유시 발생되는 소유권 및 수익분배 등에 대한 갈등을 회피하고자 하거나, 모기업의 범세계적 경영관리조직 내에 모든 기능을 통합 · 통제하고자 할 때 선택된다. 합작투자는 단독투자가 불가능하거나 합작투자의 이익이 단독투자의 이익보다 클 때 선택된다. 일반적으로 미국계 다국적기업들이 대체로 100% 완전소유 단독투자를 선호하는 반면, 일본계 다국적기업들은 합작투자를 주로 채택하고, 유럽계 다국적기업들은 대체로 중간적인 형태를 취하고 있는 것으로 분석되고 있다.

(2) 국내소유권전략과의 차이점

국제기업의 소유권전략은 자본참여의 비중을 의미하는 투자지분(equity), 기업경영에 대한 의사결정을 좌우하는 경영통제권(control), 투자이익의 배분(allocation of economic benefits) 등에 따라 달라지는데, 국제기업의 소유권전략은 다음과 같은 점에서 국내기업의 소유권전략과 본질적으로 다르다.

첫째는 자원배분의 측면이다. 각국은 보유자원 및 자본, 기술수준, 환경 등이 상이하다. 따라서 각국은 이들의 배분에 각기 다른 우선권을 부여하게 되고, 이 때문에 국가 간 정치적 · 경제적 이해관계가 달라진다. 기업의 해외진출은 이와 같이 이해관계가 다른 현지국의 자원을 이용하는 것을 의미한다. 따라서 투자기업은 현지국이 자국의 보유자원 및 기술을 어떻게 배분하고 있는지 고려하여야 한다.

둘째는 법적인 측면이다. 소유권에 관한 법적 이념이 나라마다 상이하기 때문에 국제기업의 소유권문제는 국내기업의 소유권문제와 다른 양상을 보이게 된다. 일반적으로 사회주의 국가에서는 원칙적으로 생산수단의 사적 소유를 인정하지 않고 있어 기업의 사적 소유가 불가능하다. 사적 소유를 인정하는 자본국가에서도 특허권 · 노하우 등에 대한 법적 해석이 나라마다 차이를 보이기 때문에 소유형태가 매우 다양하다. 더욱이 최근에는 석유자원을 보유하고 있는 일부 개발도상국들은 외국기업의 권리취득을 법적으로 제한하는 경우도 발생하고 있다.

셋째는 국부의 측면이다. 국가 간 부(wealth)의 격차가 클 경우 부유하지 못한 현지국의 희소자원을 외국기업이 이용하기란 그리 쉬운 일이 아니다. 이것은 희귀자원을 보유하고 있는 현지국이 자국의 국제수지, 국가의 수입 및 공공의 수익증대, 국가의 장기적 발전과 성장, 자원분배의 영향 등을 면밀히 분석한 후 사용 여부를 허락하기 때문이다. 이러한 국가에서 완전소유를 목적으로 한 단독투자를 실현한다는 것은 거의 불가능하다.

넷째는 금융시스템 측면이다. 각국의 환율제도 및 금융시장에 대한 중앙은행의 개입 정도, 외환규제 등은 국제기업의 소유권 결정에 매우 중요하다. 특히 환율변동은 해외자회사의 영업성과를 왜곡시키기도 한다. 따라서 환율변화에 따른 위험을 제거하거나 완화할 수 있는 소유권의 형태를 취하게 된다.

3.2 국제소유권의 결정요인

로빈슨(R. D. Robinson)은 최고경영자의 태도와 이용 가능한 기업자원의 규모를 제외하면 기업의 경쟁적 지위, 해외합작선의 유용성, 법적 규제, 경영권 장악의 요건, 편익과 비용의 관계 등이 국제기업의 소유권 결정에 중요한 영향을 미친다고 주장하고 있다.[7]

7) R. D. Robinson, *International Business Management: A Guide to Decision Making*, 2nd ed. (Dryden Press, 1978), pp.378－404.

(1) 경쟁적 지위

국제기업은 소유권전략에서 합작투자를 통하여 생산·판매하려는 제품의 특성 및 기술의 경쟁적 지위 등을 고려하여야 한다. 제품이나 생산기술의 복잡성, 가공기술 및 원료성분에 대한 기업비밀의 유출방지, 경쟁우위의 유지에 필수적인 기술이나 경영노하우에 대한 보호 등의 필요성이 클수록 완전소유나 과반수소유전략을 채택하는 것이 바람직하다.

또한 거대한 규모의 국제경영활동을 수행할 수 있을 정도로 자본, 기술, 노하우 및 인적·물적 자원 등의 기업자원을 풍부히 보유하고 있거나 앞으로 이러한 자원을 이용할 가능성이 있다면, 선진국의 다국적기업들처럼 단독소유의 해외직접투자를 하거나 최소한 과반수소유의 국제합작투자전략을 선택할 수 있다. 특히 직접투자로 해외시장에 진출하고자 하는 기업의 제품이 기술적으로 복잡할 경우에는 완전소유 단독투자 내지 다수소유 합작투자로 통제권을 장악할 수 있다. 또한 국제기업은 보유한 기술적 선도력의 정도를 소유권전략에 활용할 수 있다.

만일 제품, 생산공정, 품질관리, 연구재발 등의 분야에서 뛰어난 기술적 우위를 확보하고 있다면 강력한 협상력(bargaining power)을 동원하여 해외사업에 대한 완전소유 통제권을 장악하게 된다. 여타 외부환경이나 기업내부의 여건으로 완전소유가 불가능할 경우에는 차선의 대안으로서 최소한 다수통제권은 장악하려고 한다. 그러나 제품과 생산기술이 단순하거나 표준화되어 다른 기업에게 널리 알려진 경우에는 동등소유권 내지 소수소유권전략을 택하여야 한다.

예컨대 IBM은 합작투자를 거부하고 전적으로 완전소유에 의한 단독 해외직접투자를 고집하는 회사로 유명하다. 이는 제품이 지니는 고도의 전문성에서 기인되는 것이다. 미국의 석유회사인 다우케미칼(Dow Chemical Corporation) 역시, 자신이 가지고 있는 독특한 가성소다제조법의 기밀을 유지하기 위하여 1975년 한국다우케미칼(주)을 설립할 때 100% 단독투자를 고집하였다.

(2) 합작선의 유용성

국제기업의 소유권전략에서는 현지합작선의 잠재적 역할과 이용가치를 고려하여야 한다. 현지합작선이 막강한 자본력·시장기반·유통망·생산시설 등을 보유하고 있거나, 저렴한 노동력과 원자재, 현지기업에 대한 정확한 정보 및 지식 등을 가지고 있고, 현지국

정부와 밀접한 관계를 지속적으로 유지하고 있는 경우 합작투자의 필요성이 높아지게 된다. 기업의 국제화 단계가 비교적 낮아서 해외사업에 대한 노하우가 부족하거나 비교적 소규모의 기업들은 현지의 합작파트너가 보유하고 있는 자본력, 현지기업 시스템에 대한 노하우, 현지정부와의 밀접한 관계 등을 활용하여 위험과 비용을 경감시킬 수 있기 때문이다. 그러나 현지합작선의 이러한 역할과 가치를 높게 평가하면 할수록 보다 많은 소유권을 양보해야만 한다.

국제기업이 단독으로 해외자회사를 운영하더라도 고도의 운영효율성을 실현할 수 있는 경우에만 일반적으로 완전소유 해외자회사를 운영한다. 기업의 규모가 크고 해외사업의 경험이 풍부한 기업은 현지파트너의 이용가치를 그리 중요시하지 않는다. 따라서 합작투자보다는 단독투주의 형식을 더욱 선호하게 되며, 합작투자를 한다 하더라도 다수소유의 형태를 취하는 것이 일반적이다. 이것은 현지파트너의 경영관리 노하우를 투자기업의 경영관리지침에 따라 효과적으로 통합하기 쉽지 않을 뿐만 아니라, 설사 현지국에서 경영관리상의 노하우가 절대적으로 필요하다 하더라도 합작투자를 하는 것보다는, 유능한 현지경영자를 채용하는 것이 보다 유리하기 때문이다.

해외사업을 운영하는 현지국이 선발 개발도상국이거나 유능한 현지경영인을 활용할 수 있는 개발도상국일 때에는 현지경영자를 채용함으로써, 필요로 하는 현지경영관리 노하우를 획득할 수 있다. 그러나 실제로는 일부 개발도상국을 제외하면 교육수준, 민족성, 언어, 문화 등의 수준이 낮기 때문에 투자기업에 적합할 정도의 수준 높은 현지경영자를 채용하기란 그리 쉬운 일이 아니다. 이러한 경우에는 합작투자가 불가피하다.

(3) 현지국의 투자환경

국제기업은 투자대상국인 현지국의 정치, 경제, 사회, 문화 등을 포함한 투자환경 또한 반드시 고려하여야 한다. 일반적으로 투자환경을 포함한 기업환경이 안정되어 있는 선진개발국에 대해서는 단독투자를 통하여 해외자회사를 완전소유・통제하는 전략이 선택된다. 반면에 경제개발 단계가 낮고 투자환경이 불안정한 현지국에서는 단독투자보다 합작투자 형식의 동등소유권 내지 소수소유권전략을 택하여 투자위험을 분산시켜야 한다.

그러나 투자위험의 가능성이 높더라도 이익가능성 내지 투자자금에 대한 신속한 회수의 가능성이 높을 때에는 완전소유 내지 다수소유의 전략을 택하는 경우도 있다. 또한 현지국의 민족주의적 경향이 농후할수록 일반적으로 국제기업은 합작투자를 통하여 해외자회사를 운영하는 것이 유리하다.

예컨대 1962년 걸프오일회사가 한국정부와 합작으로 대한석유공사를 설립했을 때, 한국정부가 50:50의 소유권 배분을 제의했음에도 불구하고 걸프사는 25%만의 주식을 취득했다. 이는 당시 한국의 정치・경제적 여건이 불안정했던 까닭으로 걸프사의 입장에서는 위험을 줄이고자 했던 것으로 풀이할 수 있다.

(4) 본사국 및 현지국의 법률적 규제

국제기업의 소유권전략이 아무리 합리적으로 수립되었다 할지라도 그것이 법률적으로 금지되어 있다면 실행이 불가능하다. 따라서 국제기업의 소유권전략에서는 투자국 및 현지국의 관련법규를 우선적으로 이해하여야 한다. 실제적으로 상속법, 소유권이전에 관한 법률, 기업진출의 규제, 사유재산의 허용 정도 등은 국제기업의 소유권에 직접적인 영향을 미친다. 그 밖에도 현지국별로 다양한 법률적 변수들이 소유권전략에 직・간접적으로 영향을 미치게 된다.

대부분의 개발도상국들은 외국인 직접투자에 대해 소유권비율을 법률로 제한하거나 불허하는 경우는 비교적 적은 편이다. 법률로 규제한다 하더라도 50:50의 비율까지 허가하고 있다. 그러나 현지국별로 진출분야에 따라 소수소유권만을 법률로 허용하는 경우도 있다. 만일 현지국 정부가 법률을 개정하여 소유권의 축소를 강요할 경우 국제기업의 경영관리자는 법적 조치에 순응, 현지국에서 철수, 법적 허용범위 내에서 타협, 사전예방 등의 네 가지 선택 가능한 전략적 대안이 있으나, 해외합작투자를 통하여 이와 같은 위험을 사전 예방하는 전략이 가장 바람직하다.

(5) 비용과 편익의 관계

국제합작투자시 그 소유권비율을 결정할 때에는 반드시 비용(cost)과 편익(benefit)의 분석을 실시하여 그 결과를 고려하여야 한다. 합작투자의 비용이란 [그림 9-2]에서 보는 바와 같이 합작기업에 투자되는 기업의 내부자원과 공공 이해관계 및 책임분담에 따르는 위험을 말하는 것으로, 합작파트너의 입장에서 보면 합작투자의 편익이 된다. 합작투자의 편익이란 합작기업으로부터 발생하는 수익을 말한다.

[그림 9-2] 합작투자의 비용과 편익

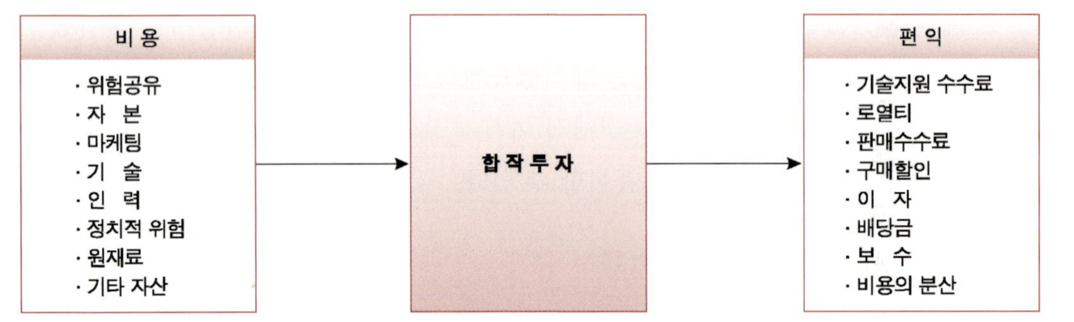

합작투자의 비용과 편익간의 흐름은 일회적인 흐름에 그치는 경우도 있고, 다수에 걸쳐 장기적으로 발생하는 경우도 있다. 합작선간의 편익과 비용의 상호관계는 계량화가 아니라 소유권=f(절대이익요인; 불확실요인; 불만요인; 갈등요인)으로 나타낼 수 있다. 이 등식에 의한 최적의 소유권전략은 불확실요인에 의해 적절하게 할인된 비율을 극대화하는 것이다. 즉, 소유권전략을 변경시켜 갈등과 불만요인의 감소가 편익보다 비용을 감소시키거나 비용보다 편익을 증가시키는 것이다.

(6) 기업의 보유자원

국제기업이 보유하고 있는 자원 내지 동원 가능한 자원 모두가 국제소유권전략에 영향을 미친다. 일반적으로 기업의 규모가 비교적 작아 보유자원이 빈약하고 국제경쟁력이 취약한 기업일수록 현지의 대기업과 합작투자하는 것이 유리하다.

만일 현지국에서 추진하고 있는 투자사업의 규모에 비하여 투자기업이 동원할 수 있는 자원이 크게 부족하다면 소수소유권만을 확보한 합작투자를 전개하게 된다. 그러나 대규모의 투자기업일 경우에는 가급적 완전소유 해외자회사를 운영하거나 다수소유권 내지 동등소유권의 합작투자를 선택하는 것이 일반적이다. 이러한 경우에는 현지합작선으로 중소규모기업을 선호하는 경향이 있다.

(7) 최고경영층의 태도

해외사업에 대한 최고경영층의 태도 역시 국제기업의 소유권에 영향을 미치는 중요한 요소이다. 만일 국제기업의 최고경영층이 해외사업에 대한 주도권을 가지고 싶어 한다면 완전소유 단독투자 또는 다수소유 합작투자를 선택하게 될 것이다.

그러나 이와 반대로 국제기업의 최고경영층이 단순히 해외활동의 참여만을 원하거나 해외사업에 대한 주도권을 원하지 않는다면, 동등소유 내지 소수소유 합작투자만으로도 가능할 것이다. 최근에는 소수소유 합작투자도 점차 증가하고 있다.

(8) 경영권장악의 요건

경영권이 주식소유지분과 반드시 정비례관계에 있는 것은 아니다. 49% 이하의 소수소유지분만으로도 경영권장악이 가능하다. 즉, 현지인의 지분을 널리 분산시키거나 무의결권주식의 발행, 가공주식 및 신탁방식의 주식관리 등을 이용하면 소수소유지분으로도 경영권을 확보할 수 있다.

따라서 소수지분일지라도 경영권을 장악한 경우에는 불완전한 경영권 장악으로 인한 합작선간의 이해대립을 완화시킬 수 있어 효율적인 기업경영이 가능해진다. 이와 같이 소수지분을 소유하더라도 기업경영권을 확보할 수 있는 경우에는 많은 위험과 비용이 수반되는 단독투자보다 합작투자를 선택하는 것이 바람직하다.

3.3 국제소유권의 형태

해외직접투자는 〈표 9-3〉에서 보는 바와 같이 소유권의 비율에 따라 단독투자와 합작투자로 대별할 수 있다. 단독투자로 자회사를 설립하는 방법에는 새로운 회사를 신설하는

〈표 9-3〉 국제소유권의 형태

	국제소유권의 형태	
단독투자	설립방법에 따른 분류	· 신설에 의한 방법 · 인수 · 합병에 의한 방법
합작투자	합작비율에 따른 분류	· 다수소유 합작투자 · 동등소유 합작투자 · 소수소유 합작투자
	파트너의 대상에 따른 분류	· 현지기업과의 합작투자 · 현지정부기관과의 합작투자 · 제3국기업과의 합작투자
	자본의 유형에 따른 분류	· 계약형 합작투자 · 소유형 합작투자

방법과, 기존의 현지회사를 인수·합병하는 두 가지 대안이 있다. 합작투자는 합작비율, 파트너의 대상, 자본의 유형 등에 따라 구분할 수 있다.

(1) 단독투자의 의의

단독투자(wholly-owned investment)는 해외사업에 투자자가 투자소요액 100%를 전액 투자함으로써 해외자회사를 완전소유·통제하는 형태로, 투자자가 합작소유시 발생되는 소유권 및 수익분배 등에 대한 갈등을 회피하고자 하거나, 모기업의 범세계적 경영조직 내에 해외활동의 모든 기능을 통합·통제하고자 할 때 선택된다.

그동안의 해외직접투자는 단독투자를 통하여 현지기업에 대한 완전소유와 통제를 추구하는 것이 일반적인 현상이었다. 특히 이러한 현상은 미국계 다국적기업의 해외직접투자에서 두드러진 현상이었다. 그 이유는 간접투자의 경우와 같이 현지기업으로부터의 이익배당이 해외직접투자의 목적이 아니라, 현지자회사를 완전 지배하여 모기업의 전략통제 내에 둠으로써 얻을 수 있는 여러 가지의 효과가 목적이었기 때문이다.

그러나 최근에는 현지의 투자자와 외국의 투자자가 소유권을 공유하는 합작투자의 형태가 점차 늘어나고 있다. 이와 같이 미국을 비롯한 선진개발국의 기업이 해외직접투자를 고려할 때 완전소유 형태에서 합작투자에 의한 간접소유 형태로의 해외투자전략이 변경된 이유는, 점차적으로 개발도상국 정부들이 경제발전에 눈을 뜨기 시작하면서 완전소유·통계보다 자국인과의 합작투자가 자국의 이익 및 경제발전에 기여도가 크다는 것을 인식하고 외국기업에 의한 단독투자를 제한하기 때문이다.

단독투자는 해외사업을 독자적으로 결정하고 운영하여야 하기 때문에 많은 비용과 위험이 수반된다. 우선 현지생산의 문제를 해결하여야 한다. 현지에서의 기업부지 확보, 기계설비의 주문, 공사시설의 의뢰, 원자재의 조달, 인적 자원의 확보, 현지노동조합과의 관계 등을 자력으로 해결하여야 한다.

환경이 이질적이고 현지에 대한 정확한 정보입수 및 상황분석이 미흡한 투자자로서는 이러한 문제해결이 용이하지 않다. 예를 들어 인적자원 확보의 경우에 현지국이 실업의 문제로 어려움을 겪고 있다면, 인적자원의 확보가 용이할 수도 있을 것이다. 그러나 그렇지 못한 경우에는 현지국 기업에 고용되고 남은 인적자원들을 고용할 수밖에 없다. 이러한 경우 고용한 인적자원의 질적 수준이 진출기업에 적합한지를 판단하여야 하는데, 이러한 문제를 진출기업이 단독으로 처리한다는 것은 그리 쉬운 일이 아니다.

이러한 문제는 자금조달의 경우에 더욱 어려워진다. 일반적으로 통화사정이 불안정하고 환율변동이 극심하여 환위험에 노출될 가능성이 높은 국가에서는 필요로 하는 자금을 현지에서 조달하는 것이 최선책이다. 그러나 현지로부터의 자금조달은 단독투자기업보다 합작투자기업이 용이할 수 있다. 따라서 단독투자의 경우에는 현지사정을 보다 잘 이해하고 자금조달능력이 충분한 기업이 추진하는 것이 바람직하며, 그렇지 못한 경우에는 세심한 주의가 필요하다.

(2) 단독투자의 방법

단독투자로 자회사를 설립하는 방법에는 새로운 회사를 신설하는 방법과, 기존의 현지회사를 인수・합병하는 두 가지 대안이 있다.

가) 신설에 의한 방법

신설(greenfield)은 생산・물류가 성패를 좌우하거나, 인수할 만한 적당한 대상기업이 없거나, 인수비용이 과다하게 들 때에 현지에 새로운 기업을 신규 설립하는 방식이다. 일본의 자동차 3사는 영국에 신규공장을 설립하여 진입하였는데, 이를 통해 최신생산기술을 이용함과 동시에 노무비・지대・세금・물류 등의 면에서 가장 유리한 곳에 입지할 수 있었다. 삼성은 영국, 멕시코, 말레이시아, 중국 등에 대규모 전자복합단지 구축을 이미 완료하였다.

인수・합병에 비해 이 방식은 입지선택의 유연성이 크므로 범세계적인 관점에서 합리화를 위한 생산 및 물류시스템의 통합 네트워크를 구축할 수 있다. 예컨대 자동차의 경우 한 지역에서 생산된 엔진과 다른 지역에서 생산된 차체를 결합하기 위해 현지시장과 지리적으로 가까운 지역에 조립공장을 신설하여 최종 조립・공급하는 것이 효율적이다.

나) 인수・합병에 의한 방법

인수(acquisition)란 한 기업이 다른 기업의 주식이나 자산 등을 매입하여 경영권을 장악하는 것을 말하며, 합병(merger)이란 독립된 기업들이 인적・물적・자본적 결합을 통하여 동일한 관리체제하에서 기업활동을 영위하는 기업결합의 한 형태를 가리킨다. 그러나 현실적으로 양자를 엄밀히 구분하기는 어려우며 보통 인수・합병(M&A)이라고 한다.

합병은 산업특성에 따라 동일산업내의 생산단계가 상이한 기업 간 결합인 수직적 합병, 동일 산업내의 생산단계가 동일한기업간 결합인 수평적 합병, 상이한 산업에 있는 기업간 결합인 복합적 합병으로 구분된다. 그리고 결합특성에 따라 두 개 이상의 기업이 합병 후 새로운 기업이 재탄생되는 신설합병과, 한 회사가 다른 회사에 흡수되는 흡수합병으로 구분된다.

인수는 크게 주식인수와 자산인수로 구분할 수 있다. 주식인수는 인수기업이나 그 지배주주가 인수대상기업의 지배주주로부터 직거래를 통해 주식을 취득하거나, 불특정 다수의 주주로부터 공개매수 방법을 통해 인수대상기업의 주식을 취득해 기업을 지배하는 방법이다. 자산인수란 인수기업과 인수대상기업의 경영진간에 영업권 양도양수계약을 체결해 인수대상기업의 주식이 아니라 유형자산을 포함한 영업권을 양수·양도함으로써 인수대상기업의 주요한 자산 전부 또는 일부에 대해 지배권을 인수하는 방법이다.

어떤 형태로든 기존 기업을 인수하여 해외시장에 진입하게 되는 동기는 대개 현지기업이 보유하고 있는 특정자산의 취득과 여기서 얻어지는 시너지효과를 통해 기업가치를 극대화하고, 사업의 다각화 또는 지역적 다각화를 통한 이익기회의 확대와 위험분산을 도모하고자 하는 것이다.

인수·합병은 독자적인 제품과 시장 및 판매망을 보유하고 있는 기존의 사업을 인수하기 때문에 장점으로 ① 목표시장에 신속하게 진입할 수 있으며 투자회수기간도 짧다는 점, ② 기존기업이 보유하고 있는 경영 및 노동인력뿐만 아니라 생산 및 판매에 대한 경험과 지식을 쉽게 흡수할 수 있다는 점, ③ 무리없이 새로운 제품라인을 추가할 수 있다는 점, ④ 기존의 시설을 인수함으로 비용을 절감할 수 있다는 점 등을 들 수 있다.

그러나 인수·합병의 단점으로 ① 적절한 인수대상기업의 선정과 평가가 어렵다는 점, ② 경영이 부실하거나 낙후된 시설을 인수할 경우 오히려 어려움 또는 추가비용이 들 수 있다는 점, ③ 현지국이나 본국의 정책이 인수·합병에 의한 시장진입을 제한할 수도 있다는 점 등을 들 수 있다.

LG전자가 미국의 제니스(Zenith)를 인수한 것, 일본의 거대기업들이 영화산업 진출을 위해 미국의 유명 미디어회사들을 인수한 것, 독일의 폭스바겐(Volkswagen)이 체코의 자동차제조업체인 스코다(Skoda)를 인수한 것, 일본의 스즈키(Suzuki)가 헝가리의 오토콘체른(Autokonzern)을 인수한 것, GE가 헝가리의 전구제조업체인 텅스람(Tungsram)을 인수한 것 등은 모두 인수·합병에 의해 해외시장에 진입한 경우이다.

(3) 단독투자의 장 · 단점

합작투자와 비교한 단독투자의 장점으로는 ① 모든 기업활동을 투자기업의 경영방침에 따라 자주적으로 운영 · 변경할 수 있기 때문에 다른 기업과의 의견충돌이나 불필요한 마찰을 회피할 수 있다는 점, ② 투자기업의 기술, 노하우 및 기타의 기업기밀이 누설되는 것을 방지할 수 있으며, ③ 기업활동에 필요한 의사결정을 신속히 하여 해외사업을 기민하게 추진할 수 있다는 점 등을 들 수 있다.

반면에 단점으로는 ① 거액의 자금이 소요되는 대규모 사업은 단독으로 추진하기 어려울 뿐만 아니라 만일 이러한 사업을 단독으로 추진하다 실패할 경우에는 그에 따른 손실을 혼자 감당하여야 하기 때문에 위험이 매우 크며, ② 투자기업이 현지국에 대한 각종의 정보획득 및 특혜이용이 용이하지 못하다는 점 등을 지적할 수 있다.

(4) 합작투자의 의의

합작투자(joint venture)는 상이한 국적을 지닌 2개 혹은 그 이상의 합작선들이 영구적인 기반 위에서 특정의 기업체를 설립하여 운영에 참여하는 해외사업의 한 형태이다. 즉 사업에 소요되는 투자액을 공동출자하여 공동으로 자회사를 소유 · 통제하는 형태이다. 따라서 합작투자의 가장 중요한 본질적 특성은 공유(sharing)이다. 합작투자기업을 설립하여 운영한다는 것은 자본 · 자산 등의 기업자원 투입을 공유할 뿐만 아니라 경영관리와 이익 또는 적자나 위험 등도 합작선들이 공유하여야 한다.

한편, 합작투자는 다음과 같은 몇 가지 특성을 지니고 있다.

첫째로 합작투자는 영리를 위한 공동목적성을 지니고 있다. 즉, 합작투자는 각 합작선들의 이윤추구라는 본래의 목적을 위하여 공동으로 형성된다. 따라서 공공복리를 위한 시설투자나 단순한 이자수입을 목적으로 하는 사업은 합작투자라고 할 수 없다.

둘째로 합작투자는 공동계산의 특징을 지니고 있다. 즉, 합작투자는 공동출자에 의한 기술적, 경제적 협력관계이므로 사업활동의 결과인 이익처분은 각 합작선들의 출자에 비례하거나 협약에 따라 공동으로 계산하여 분배한다.

셋째로 합작투자는 공동운영에 의해 이루어진다. 즉, 합작투자의 가장 큰 특징은 합작선들이 공동출자에 의해 직접 사업을 운영하여 경영활동상의 위험을 동시에 부담한다는 점이다. 따라서 기술제공이나 기술도입에 의한 로열티(royalty)의 수수만을 목적으로 하는 국제계약에 의거한 활동은 합작투자라고 볼 수 없다.

(5) 합작투자의 형태

국제합작투자는 합작비율에 따라 다수소유, 동등소유, 소수소유, 특수소유 합작투자로 구분할 수 있으며, 파트너의 대상에 따라 현지기업 또는 정부기관, 제3국기업과의 합작투자로 분류할 수 있다. 그리고 투자자본의 유형에 따라 계약형, 소유형 합작투자로 구분할 수 있다.

가) 다수소유 합작투자

다수소유(majority ownership)는 외국합작선이 51%에서 99%를 투자한 경우로서, 여타의 조건이 모두 동일하다면 현지의 합작투자기업에 대한 경영통제권은 소유권비율에 의하여 과반수소유의 합작선이 차지하게 된다. 따라서 외국합작선 과반수소유권의 형태는 해외합작투자기업의 경영통제권을 원칙적으로 외국합작선에게 주는 소유형태로 외국합작선에게 유리한 형태이다.

그러나 반드시 외국합작선이 경영통제권을 장악하는 것만도 아니다. 예를 들어 외국합작선이 해외합작투자기업의 경영통제권을 현지합작선에게 위임하는 조항을 담은 경영관리계약(management contract)을 체결하는 경우에는, 현지합작선이 비록 소수소유권을 차지하고 있더라도 합작투자기업에 대한 경영통제가 가능하다. 또한 현지합작선이 정부일 때 현지국의 이해관계와 상반되는 사업활동에 대하여는 과반수의 소유권을 가지고 있다 하더라도 이를 기업경영에 반영하기는 어렵다.

나) 동등소유 합작투자

동등소유(equal ownership)는 외국합작선과 현지합작선이 합작기업의 소유권을 동등하게 50%씩 차지하는 소유권의 형태로서, 여타의 조건이 모두 동일하다면 양 합작선이 동등한 경영통제권을 행사하여야 한다. 만일 양 합작선이 기업경영과 관련된 모든 문제에 대하여 항상 완전한 합의를 도출한다면 합작투자기업은 양 합작선에게 다 같이 유리할 것이다.

그러나 양 합작선간에 견해와 판단차이로 합의가 잘 이루어지지 않아 분규가 자주 발생하거나 의견충돌이 빈번하다면 결단성 있는 의사결정이 어렵게 되고, 결국 합작투자기업은 분명한 목표나 전략수립마저도 불가능하게 될 것이다. 그러므로 동등소유권 형태를 선택하는 경우에는 합작선의 일방에게 결정적인 경영통제권을 부여하는 경영관리계약을 양자간에 체결하는 것이 일반적이다. 이 경우에는 협상력(bargaining power)이 상대적으로 강한 합작선이 경영통제권을 장악하게 된다.

다) 소수소유 합작투자

소수소유(minority ownership)는 외국합작선이 50% 미만을 투자한 경우로, 이 형태는 합작투자기업의 경영통제권을 원칙적으로 현지합작선에게 줌으로써 현지합작선에게 유리한 소유권 형태이다. 외국합작선의 입장에서는 기업의 조정이나 운영에 대한 절대적인 권한은 없다. 그러나 외국합작선이 통제력을 가질 수 있는 25% 이상의 지분을 소유하면 합작투자기업의 정책에 간접적으로 영향을 미칠 수 있다.

특히 현지합작선이 경영통제권을 외국합작선에게 위임하는 경영관리계약을 체결하는 경우에는 외국합작선이 경영통제권을 장악할 수도 있다. 한편 현지합작선이 정부일 경우 합작투자기업은 공기업이 되거나 국가에 의해 경영되므로 기업의 효율성이 저하된다. 따라서 정부나 그 산하기관이 과반수소유의 합작선이 되는 경우는 매우 드물다.

라) 특수소유 합작투자

특수한 합작누자의 형태에는 현지합작선과 외국합작선이 각각 49%의 소유지분을 차지하고 나머지 결정적인 주식비율을 독립적인 제3자가 소유하는 형태와, 한 합작선이 일단 일정 비율의 소유권을 차지한 후 일정 기간이 경과되면 다른 합작선에게 지분의 일부 혹은 전부를 구입할 수 있도록 선택권(option)을 부여하는 형태로 크게 나눌 수 있다.

전자는 합작투자기업의 의사결정이 합작선의 어느 한편에만 유리하지 않도록 하는 동시에, 충돌이 발생하지 않도록 하기 위하여 양 합작선이 다 같이 과반수소유권에 미달하는 49%씩 소유하고, 나머지 2%의 결정적인 주식비율을 제3자가 소유하도록 함으로써 독립적이고 객관적인 의사결정을 내릴 수 있게 하여 합작기업의 이익을 보호하고 증진하려는 형태이다. 이러한 소유권 형태는 논리적으로 매우 이상적인 형태이나 현실적으로는 별로 활용되지 않고 있다.

후자도 매우 드물게 활용되는 형태로, 민족주의에 의한 현지국의 자국화 정책에 순응하며 합작투자하여 신속히 투자목적을 달성한 후, 자기 소유의 지분을 매각・철수하려는 사전적인 전략 아래 이용될 수 있는 형태이다.

그 외에도 합작선 일방이 투자자본 전액을 제공하고 상대방이 기술이나 노하우・인력・장비・설비 등을 제공하는 방식, 즉 자본과 실물간의 합작투자도 있다.

마) 현지기업과의 합작투자

투자국기업이 현지국의 사기업체와 합작투자의 형태를 이룬 것으로 생산시설, 시장, 유통기구, 노동력, 경영층 및 대정부관계 등에 쉽게 익숙해질 수 있다는 유형무형의 이점을 얻을 수 있고, 투자위험과 현지국의 파트너에 대한 불확실성을 감소할 수 있다.

바) 현지정부기관과의 합작투자

투자국의 기업이 현지정부 또는 정부소유의 기업과 합작투자의 형태를 이룬 경우이다. 이러한 합작투자는 현지국 정부가 경제성장을 위한 정책적 목적으로 합작투자에 직접 참여할 때 형성된다. 정부가 합작투자의 파트너로 나서는 것은 현지국의 국내자본이 부족한데다 국내기업들은 투자회수가 빠르고 수익성이 높은 소비산업에만 투자하는 경향이 높기 때문이다.

이 형태의 합작투자는 전략산업의 촉진, 재정조달 및 조직화. 민간투자가의 이익기회 확대 등에 그 목적이 있기 때문에 중공업분야 및 그 국가 경제발전에 기본이 되는 기간산업분야에 많으며, 산업구조를 개선하고 균형된 경제발전을 이루는데 기여한다.

예컨대 1962년 한국정부에서는 제1차 경제개발 5개년 계획의 중점사업인 정유산업을 일으키기 위하여 정부가 직접 합작파트너가 되어 미국의 걸프오일 회사(Gulf Oil Corporation)와 공동으로 대한석유공사를 설립한 바 있다.

사) 제3국기업과의 합작투자

투자국의 기업이 현지국 이외의 외국자본과 결합함으로써 합작투자의 형태를 이룬 기업이다. 이는 대규모 프로젝트나 국가위험이 큰 나라에 투자할 때 자주 이용되는 것으로 위험을 분산시키기 위하여 2개국 또는 그 이상의 국가자본이 결합한 복수소유(multiple ownership)의 형태를 취하는 것이다.

그 구체적인 예로서 유공, 한국석유개발공사, 삼환기업 및 현대종합상사 등 4개사는 유전개발을 위하여 북예멘에 진출할 때 미국의 헌츠오일회사(Hunts Oil Co.)와 합작투자의 형태를 취하였다(한국측 투자비율 24.5%). 다만 이 경우 경영철학, 조직구조 등의 이질화로 일관성 있는 경영관리가 어렵게 될 위험이 크다.

아) 계약형 합작투자

계약형 합작투자(contractual joint venture)는 계획경제를 신봉하는 사회주의국가와 같이 기업활동이 이루어질 현지국의 법률상 사유재산개념이 인정되지 않는 국가의 경우에 많이 이용되는 합작투자형태로 영속성이 결여되어 있다. 이 형태에서는 투자국의 기업이 현지국정부 또는 출자자에게 자본, 장비, 공업소유권, 기술지원 및 노하우 등을 제공하고 그 대가로 생산, 판매, 이윤 또는 기타 조건에 따라 로열티를 받게 된다.

자) 소유형 합작투자

소유형 합작투자(equity joint venture)는 개발도상국에 있어서의 외국인 직접투자를 포함한 대부분의 합작투자기업이 이 형태이다. 이러한 소유형 합작투자기업에는 둘 또는 그 이상의 출자자가 기존기업의 자본에 참여하는 경우도 있으나, 각 출자자가 자본의 일정비율을 출자하여 새로운 기업을 설립하는 경우가 대부분이다.

(6) 합작투자의 장점

가) 일반적 장점

① 관료 및 기업인을 포함한 현지국의 정치적 혹은 이해관계자 집단을 중화시킬 수 있다.
② 현지자본의 유입은 해외경영의 위험을 감소시킨다.
③ 현지기업인은 현지시장 및 제품정보를 제공하고 정부정책 및 노동조합의 활동에 관한 정보의 원천이 된다.
④ 합작자금을 절약하기 위한 경우 유리하다.
⑤ 위험을 분산하고자 할 경우 유리하다.
⑥ 상대국 국민감정을 완화시키고자 할 경우 유리하다.
⑦ 상대기업의 경영능력, 판매능력, 자금능력, 노동력 등을 활용함으로써 현지 특수사정에 쉽게 적응할 수 있다.
⑧ 상대국의 각종 특혜관계를 고려해 볼 때 단독투자기업 형태보다는 국제합작기업 형식을 택하는 것이 유리할 때 선택할 수 있다.
⑨ 절대적인 경영권은 아니더라도 실질적인 경영권만으로도 만족할 경우에 유리하다.

한편 비자본참가(non-equity participation)와 비교하여 갖는 합작투자의 장점은 다음과 같다.

① 로열티 수입에 한정되지 않고 자본참가로 인한 잠재적인 수익을 기대할 수 있다.

② 생산 혹은 마케팅에 대한 통제를 강화할 수 있다.
③ 현지시장으로부터 좋은 반응을 얻을 수 있다.
④ 국제마케팅에 대한 전략과 경험을 축적할 수 있다.

나) 정치적 장점

① 현지국 정부의 외국기업체에 대한 차별적인 장벽을 현지기업과의 합작투자에 의하여 제거할 수 있다.
② 합작투자를 통하여 현지국과 협력관계를 유지할 수 있다.

다) 경제적 장점

① 현지국이 특정 산업이나 자산의 매입을 금지할 때 국제합작투자형식을 통하여 목적물을 취득할 수 있다.
② 국제합작투자를 통하여 그 나라 파트너의 기존판매량과 거래처를 새로운 투자 없이 활용할 수 있다.
③ 기술자와 노동력 등 인적 자원을 얻는 데 현지합작선의 힘을 빌릴 수 있다.
④ 현지판매(point of sale)와 현지소비서비스(point of consumption service)를 필요로 하는 제품을 판매하는 경우 현지합작선의 판매원에 의하여 효과적으로 이루어질 수 있다.
⑤ 투자자본을 절약할 수 있으며 경영활동상의 위험을 경감할 수 있다.
⑥ 많은 개발도상국이 국제합작투자기업에 대하여 자본조달 차관의 보증, 세금 및 이익상환 등의 면에서 각종 혜택을 부여하고 있다.

라) 사회적 장점

① 현지에서 국제합작투자를 함으로써 사회적으로 기업에 대한 이미지를 개선시키고 종업원의 사기를 높이며 공중관계를 향상시킨다.
② 노사협의에 있어 완전소유와는 달리 외국기업에 대한 반감을 감소시킬 수 있다.
③ 국제합작투자는 현지기업으로서 본국과 현지에서 지불하는 임금, 취업혜택 등에 대한 비교자료를 제출하도록 압력을 받지 않는다.
④ 국제합작투자기업의 현지에서 채용된 종업원의 사기는 완전소유의 자회사 종업원의 사기보다 높다.

(7) 합작투자의 단점

가) 일반적 측면

① 완전소유에 의한 진출시 독점할 수 있는 이익을 현지파트너와 함께 나누어야 한다.

② 현지의 자본동원 능력이 뒤떨어진다.

③ 현지파트너의 목표 및 욕구가 상이하여 갈등이 야기된다.

④ 로열티 내지 기타 수수료의 형태로 기술 및 경영서비스에 대해 보다 많은 대가를 모기업에게 지불해야 한다.

⑤ 투자기업의 범세계적 유통경로(global distribution channels)에 접근하기 어렵다.

⑥ 국제기업은 자체의 범세계적 마케팅전략 보호를 위해 소수소유 국제합작투자기업의 수출결정 및 유통패턴에 대해 합작투자기업에게 불리한 통제를 가할 수 있다.

⑦ 합작투자기업에 대해서는 노하우 및 상호의 사용을 특정 지역으로 제한한다.

⑧ 합작투자기업은 다국적기업에서 구입되는 중간재에 대해서는 완전소유 자회사보다 저가를 지불하나, 노하우, 상호, 경영 및 서비스 그리고 기타 간접비에 대해서는 보다 높은 비용을 지불함으로써 이전가격에서 언어지는 이득이 상쇄되어 버린다.

⑨ 합작투자기업은 현지파트너의 재무자원(financial resources)을 이용하고 현지의 신용원천(credit sources)으로부터 투자에 필요한 자금을 끌어냄으로써 현지국의 산업이 이용할 수 있는 자본의 양을 감소시킨다.

나) 관리적 측면

① 외국합작선을 세계적으로 많이 거느리고 있는 경우, 외국합작선은 여러 나라에 분산되어 있는 관련기업들의 활동과 조정하기를 바라는 반면, 현지합작선은 자국 내의 이익기회만을 고려한다.

② 세금의 문제를 고려할 때 외국합작선은 투자국 정부와 현지국 정부 모두에 대하여 납세의무를 가지게 되지만, 현지합작선은 현지국 정부에 대한 납세만을 고려한다.

③ 여러 국적의 경영자가 합작투자기업에 참여할 때 각 경영자는 서로 상대방에 대하여 자신의 의사결정과 행동을 설명하고 정당화시키려고 하는 경향이 있다. 이것은 합작투자기업의 이익을 위한다기보다는 투자국 본사의 지시에 의한 경우가 많기 때문이다.

다) 이익의 측면

① 합작선 중 어느 일방은 이익을 주주에게 배당할 것을 주장하는 반면, 다른 합작선은 재투자를 통한 기업성장을 주장할 수 있다.

② 합작선 일방이 자신의 투자분 이상으로 기업의 이익 및 성장에 기여하는 반면, 다른 파트너는 그렇지 못하면서 이익을 소유권비율대로 취득할 경우 갈등이 생길 수 있다.

라) 현지파트너의 측면

현지파트너의 입장에서 합작투자기업을 완전소유 자회사와 비교할 때 불리한 점을 살펴보면 다음과 같다.

① 합작투자기업은 완전소유 자회사의 경우보다 본사에 로열티와 기타 수수료의 형태로 기술 및 경영서비스에 대해 더 큰 대가를 지불하는 것이 보통이다.

② 합작투자기업은 일반적으로 완전소유 자회사보다 본사의 범세계적 유통경로(global distribution channels)에의 접근이 용이하지 않다.

③ 다국적기업은 자체의 범세계적 마케팅전략 보호를 위해 소수소유 합작투자기업의 수출결정 및 유통패턴에 대해 합작투자기업에게 불리한 통제를 가할 수 있다.

④ 합작투자기업에 대해서는 노하우 및 상호의 사용을 특정지역으로 제한한다.

⑤ 합작투자기업은 다국적기업에서 구입되는 중간재에 대해서는 완전소유 자회사보다 저가를 지불하나 노하우, 상호. 경영 및 서비스, 그리고 기타 간접비에 대해서는 보다 높은 비용을 지불함으로써 이전가격에서 얻어지는 이득이 상쇄되어 버린다.

⑥ 합작투자기업은 현지 파트너의 재무자원(financial resources)을 이용하고 현지 신용원천(credit sources)으로부터 투자에 필요한 자금을 끌어냄으로써 현지국의 산업에 가용한 자본의 양을 감소시킨다.

(8) 합작투자시의 유의사항

딤자(W. A Dymza)는 국제합작투자전략은 어디까지나 여러 가지 사항을 고려하면서 탄력적으로 전략이 수립・진행되어야 한다고 주장하고 있다. 기본적으로 합작투자에의 참여는 기업의 목표달성에 기여하여야 하며, 장기적으로는 민족주의의 영향을 고려하면서 기업의 여타 전략과 조화를 이루어야 한다는 것이다.[8)]

합작투자전략에서는 합작투자의 대상이 되는 지역과 국가・기업이 원하는 소유권의 정도, 구하고자 하는 합작선의 유형, 현지자금 조달, 현지경영인 및 합작대상 기업의 요구조건 등을 명확히 하여야 한다. 또한 투자기업은 소유권의 정도에 있어서도 탄력적이어야 하며 합작투자와 관련하여 관리계약이나 기술협정을 활용할 수 있도록 하여야 한다. 그리고 투자기업은 자사의 경험에 비추어 각국 환경변화에 대응할 수 있는 탄력적인 합작투자 전략을 수립하여야만 한다.

최근에는 국제기업이 탄력적인 합작투자를 모색하기 위하여 전략적 파트너십(strategic partnership)이라고 일컬어지는 전략적 제휴의 방법을 많이 선택하고 있다. 전략적 제휴란 주로 상호 경쟁관계에 있는 다수의 국제기업들이 동맹관계를 형성하는 것을 말한다. 전통적인 합작투자는 국제기업과 현지합작선과의 결합이었다. 따라서 합작투자는 주로 보호주의적인 현지시장에 침투하기 위한 수단으로 많이 이용되었다.

그러나 국제기업간의 결합인 전략적 제휴는 범세계적 경영활동을 영위하는데 있어서 제휴기업 상호간에 도움을 주기 위한 것이다. 즉, 국제기업 상호간의 기술획득, 연구능력 증가, 공동생산을 통한 원가절감, 시장에 대한 접근기회 확대 등을 공동으로 모색하기 위한 것이다. 이러한 전략적 제휴는 미국, 일본 및 유럽의 다국적기업들에 의하여 텔레커뮤니케이션, 컴퓨터, 로봇, 생명공학 등의 첨난산업분야에서 급속히 확대되고 있다. 이것은 전략적 제휴가 경제적 협동의 논리를 띠고 있어 기업전략에 따라 매우 탄력적으로 운용될 수 있으며 단기적으로도 제휴기업 상호간에 상당히 이익이 되기 때문이다.

현실적으로 소유권과 통제권을 현지인과 공유하지 않는 한 해외경영활동의 전개는 더욱 어려워진다는 사실을 국제기업은 인식할 필요가 있으며, 합작투자는 이와 같은 목표를 달성하고 현지국과 일체화하는 효과적인 방법임을 인식하여야 한다.

8) W. A. Dymza, *Multinational Business Strategy* (McGraw-Hill, 1972), pp.214－215.

연습문제

1. TOB와 LBO의 차이점은 무엇인가?
2. 최근 국제기업들이 해외에서 인수합병을 수행하는 이유는 무엇인가?
3. 해외에서 행한 한국기업의 인수성과에 대하여 조사하시오.
4. 국제기업의 소유권 결정에 영향을 미치는 요인에는 어떤 것이 있는가?
5. 단독투자와 합작투자의 장 · 단점은 무엇인가?
6. 국제소유권협상에서 유의해야할 점은 무엇인가?

10

Chapter

글로벌전략

1. 글로벌전략의 개념
2. 글로벌전략의 과제
3. 글로벌전략의 모형
4. 글로벌전략의 수립

학습목표

글로벌전략이란 무엇이며 왜 중요한가에 대하여 알아본다. 다음으로 글로벌전략의 주요과제와 선택 가능한 모형에 대해서 살펴본 후, 글로벌전략의 수립과정에 대하여 학습한다.

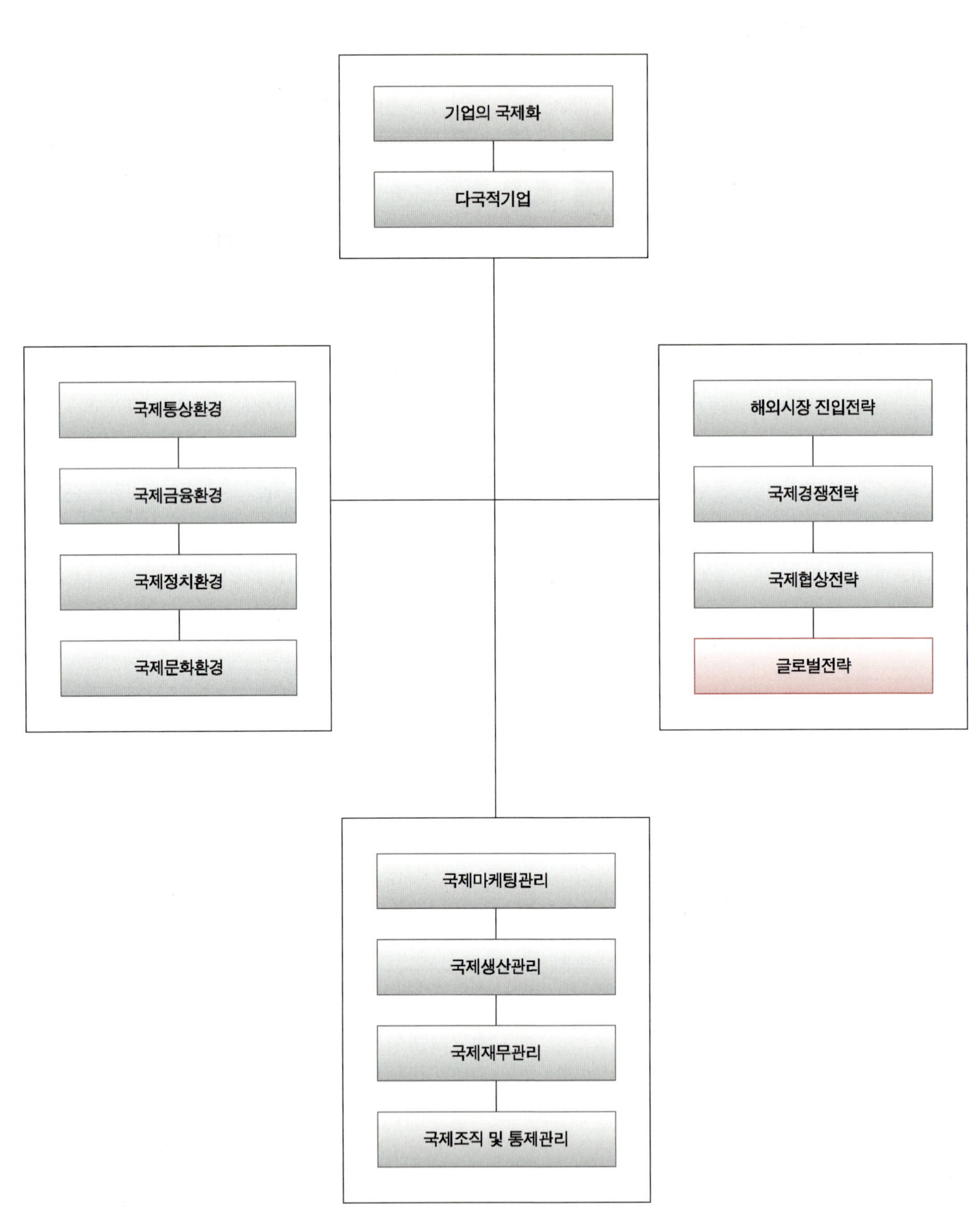

기업의 국제화
다국적기업
국제통상환경
국제금융환경
국제정치환경
국제문화환경
해외시장 진입전략
국제경쟁전략
국제협상전략
글로벌전략
국제마케팅관리
국제생산관리
국제재무관리
국제조직 및 통제관리

잠들지 않는 동대문의 글로벌전략

지난달 29일 오후 9시쯤 서울 동대문의 '유어스(U:US)' 쇼핑몰. 이날 중국 쓰촨(四川)성 청두(成都)에서 날아온 판위안전(翻遠珍 · 24)씨는 5만원권 현금 다발(800만원 상당)을 들고 쇼핑몰 곳곳을 제집처럼 돌아다녔다. 청두에서 7평 규모의 의류매장을 운영한다는 판씨는 "한 달에 세 번은 동대문에 와서 가게에서 팔 물건을 사들인다"고 말했다. 판씨는 능숙하게 여성복 매장을 훑으며 외투와 니트 등을 사서 일부는 자신이 들고, 커다란 짐은 중국어로 주소를 써서 매장 주인에게 건넸다. 배편으로 중국으로 짐을 보내 달라는 주문이었다. 판씨는 "동대문은 도매시장이면서도 디자인이 감각적이고 백화점만큼 품질이 우수하다"고 말했다.

서울 종로구와 중구에 걸쳐 있는 동대문디자인플라자(옛 동대문운동장) 주변 58만5700㎡ 부지. 3만5000여개 점포에 관련 종사자 15만 여명이 몰려 있는 이곳을 사람들은 '동대문시장'이라고 부른다. 과거 내수용 의류 도매시장이던 동대문 상권(商圈)은 이제 글로벌 패션 종사자들이 주목하는 '월드와이드(worldwide) 패션 마켓'으로 변신했다. 동대문패션타운관광특구협의회는 "연간 250만명 이상의 외국인이 동대문을 방문하고, 외국인 대상 매출이 30억달러(3조1350억원)가 넘는다"고 밝혔다. 동대문 상권에서 발생하는 연 매출은 15조원 정도다.

동대문 상권의 최대 강점은 패션 디자인부터 의류 생산, 유통과 판매 등 모든 공정이 '원스톱'으로 이뤄진다는 것이다. 신평화시장에서 여성복을 파는 홍운표(59)씨는 오전 9시에 출근해 디자이너가 골라온 원단과 액세서리 등을 놓고 디자인 시안을 점검한다. 회의를 마치면 디자이너가 샘플 제작용 원단 · 부자재를 사서 오후 2시쯤 서울 후암동 공장으로 향한다. 완성된 샘플은 오후 7시면 택배 차량에 실려 동대문 매장에 도착한다. 동대문의 큰 의류상들은 이런 방식으로 디자이너를 3~4명씩 고용해 매주 신상품을 7~8개씩 선보인다. 홍씨는 "요즘 동대문은 다품종 소량생산이 대세"라고 말했다.

동대문 브랜드들은 쉴 새 없이 신상품을 출시하고, 단기 시장 반응에 따라 인기 상품은 키우고 비인기 상품은 과감히 정리한다. 1961년 평화시장에서 창업한 권종열 뱅뱅어패럴 회장은 "다양한 디자인으로 소비자 반응에 빨리 대응하는 힘이 동대문의 핵심 경쟁력"이라고 말했다.

이런 '동대문 시스템'은 자라 · 유니클로 · H&M 등 글로벌 SPA(제조 · 유통 일괄 의류회사) 브랜드의 '원조'라고 할 수 있다. SPA 브랜드가 소비자 트렌드를 빠르게 반영하는 '패스트패션(fast fashion)'이라고 하지만, 속도 경쟁에서는 동대문을 따라가지 못한다. SPA 1위 브랜드인 자라 관계자는 2008년 한국 진출에 앞서 시장조사차 동대문을 방문했다가 하루 만에 신상품이 나오는 시스템을 보고 "자라의 원조가 여기에 있다"며 감탄하기도 했다.

동대문 상인 출신인 노정호 신세계인터내셔널 상무는 "디자인부터 시작해 의류 제조 · 유통의 전 과정이 반경 5~10㎞ 이내에서 이뤄지는 곳은 전 세계에 동대문뿐"이라고 말했다. 제일평화시장에서 여성복 도매를 하는 서흥석(50)씨는 "4명의 디자이너를 두고 샘플실을 운영하는 데에만 한 달에 1000만원 정도가 든다"고 했다. 1인 디자이너 매장이나 소규모 매장 상인들은 동대문 일대에 퍼져 있는 프리랜서 디자인 사무소나 패턴실에서 샘플을 제작한다.

원단이나 단추 · 지퍼 등 부자재는 인근 동대문종합시장에서 장만한다. 700여개 봉제공장이 몰려 있는 창신동을 비롯해 신당동 · 사근동 · 장위동 등 동대문의 '배후 생산단지'는 오토바이로 10분 정도면 갈 수 있다.

숙련된 봉제공장의 기술력도 동대문 경쟁력의 일부이다. 서울 중랑구 면목동에서 봉제공장을 운영하는 권기태(51)씨는 "봉제 기술만큼은 어디에도 뒤지지 않을 자신이 있다"며 "간단한 디자인의 옷은 서너 명이 함께 하루에 600~700장을 거뜬히 만든다"고 말했다. 동대문 3년차 디자이너라는 김경미(28)씨는 "수십년 경력의 봉제공장 사장님은 어설픈 디자인 스케치나 사진만 들고 가도 알아서 제품으로 만들어준다"고 말했다.

과거 동대문 패션은 '가격은 저렴하지만, 품질은 떨어진다'는 평가를 받았다. 그러나 이제는 최고급 백화점이 동대문 브랜드를 들여놓고, 해외 바이어들은 "중국산과 달리 품질이 뛰어나다"며 동대문 제품을 사들인다. 빠른 상품 회전 등 기존의 강점을 유지하면서 '싸구려' 이미지를 제거해 경쟁력을 높인 덕분이다. '일레모아'라는 남성 캐주얼 브랜드를 운영하는 김한준 디자이너는 "저가의 SPA 브랜드, 대기업의 획일화된 상품과 차별되는 디자인을 원하는 고급 패션 수요를 공략하고 있다"고 말했다.

• 조선일보, 2014.1.8

토의과제

1. 동대문 시장의 장점 및 성공요인은 무엇인가?
2. 성공적인 글로벌전략의 핵심가치는 무엇인가?
3. 향후 성공적인 글로벌전략을 위해서 기업은 어떤 노력을 기울여야 하는가?

1 글로벌전략의 개념

1.1 글로벌전략의 정의

글로벌전략에 대한 정의는 아직 일반화되어 있지 못하다. 힐(C. W. L. Hill)은 글로벌전략을 경험곡선과 입지경제로부터 발생하는 비용절감을 통해 이익증대를 도모하는 전략으로 정의하고 있다. 포터(M. Porter)는 글로벌전략을 가치활동의 집중배치, 세계 여러 곳에 분산되어 있는 가치활동의 조정, 또는 이 두 가지를 동시에 추구하는 방식으로 세계 여러 국가시장에 진출해 있는 기업들이 이를 통해 경쟁우위를 얻고자 하는 전략으로 정의하고 있다. 입(G. S. Yip)은 글로벌전략을 국제전략의 한 유형으로 규정하고, 여러 국가 및 지역을 가로질러 통합된 접근으로 정의하고 있다.

이상의 글로벌전략에 대한 정의에서 우리는 두 가지의 공통적인 속성을 발견할 수 있다. 하나는 글로벌전략이란 경쟁우위를 얻고자 하는 전략이라는 점과, 다른 하나는 여러 국가 및 지역에서 이루어지고 있는 사업활동을 조정하고 통합하는 전략이라는 점이다. 결국 글로벌전략이란 경쟁범위를 여러 국가시장으로 하는 국제전략으로서, 여러 국가시장에서 전개되는 사업활동을 조정하고 통합하여 경쟁우위를 얻고자 하는 전략이라고 규정할 수 있다.

1.2 글로벌전략의 배경

글로벌전략은 1980년대 이후 다국적기업의 세계에서 유행처럼 논의되고 있는 전략이다. 하버드비즈니스 리뷰(Harvard Business Review)나 포춘지(Fortune Magazine)와 같은 경영 관련 학술잡지들은 글로벌전략을 실시하는 다국적기업의 사례를 자주 소개하고 있다. 글로벌전략은 다음과 같은 배경에서 관심이 높아지고 있다.

첫째는 글로벌산업이 확대됨에 따라 이에 부합되는 전략이 요구되고 있다. 1980년대에 발표된 전략연구는 대부분 산업조직론에 이론적 바탕을 두고 있다. 산업조직론적 관점의 전략연구는 기업내부요인보다는 환경요인을 더 중시하고 있다. 특히 산업조직론적 관점에서 전략연구를 선도한 포터(M. Porter)의 영향으로 산업구조를 가장 중요한 환경요인으로 고려하고 있다. 산업조직론 관점을 수용하는 경우 기업경영자들에게 남겨진 과제는 주어진 환경에 부합하는 전략을 수립하는 것이다. 그 동안에 발표된 글로벌전략에 관한 연구들도 대부분 산업조직론적 관점에 기반을 두고 있다. 글로벌전략은 세계 여러 국가에서의 경쟁지위가 서로 연계되어 있을 때 필요한 것으로 주장되고 있다.

둘째로 글로벌전략은 다국적기업들이 최근에 직면하고 있는 전략적 과제에 부합한다. 기업의 전략적 과제는 해당 기업의 국제화단계에 따라 다르다. 기업국제화의 1단계는 해외시장으로의 진입단계이다. 해외시장 진입을 도모하는 기업의 경우 어떤 국가시장에 진입할 것인가, 어떤 진입유형으로 진입할 것인가, 어떤 시기에 진입할 것인가, 그리고 어떤 순서로 진입할 것인가를 선택하는 것이 중요하다.

기업국제화의 2단계에서는 현지시장의 개발에 중점을 둔다. 이를 위해 기업들은 현지시장에 적합한 신제품을 개발하거나 제품수정을 시도한다. 그러나 현지시장 중심의 제품개발과 전략개발은 전 세계의 시장을 지나치게 세분화하는 결과를 가져온다. 또한 여러 국가에서 전개되는 사업들은 서로 조정되지 않은 채 각 시장별로 서로 다른 제품과 마케팅전략을 수행한다. 이와 같은 현지시장 중심의 체제는 여러 가지 비효율성을 유발한다.

먼저 업무의 중복에 따른 비효율성이 있다. 다른 하나는 자회사간에 의사교환이 활발하게 이루어지지 않은 관계로 잠재적인 시너지효과를 활용하지 못하는 경우이다. 이러한 비효율성은 산업의 글로벌화가 진행되면서 여러 국가시장에서 수행되는 사업을 조정하게 하는 압력으로 작용한다. 조정이 글로벌산업에서 중요한 경쟁우위 원천으로 작용하기 때문이다. 범세계적인 합리화의 추진은 기업국제화의 마지막 단계에 위치한 기업들에게 있어 중요한 전략적 과제이다. 글로벌전략은 범세계적인 합리화를 추구하는 기업들이 채택할 수 있는 수단을 제공한다.

1.3 글로벌전략의 특징

글로벌전략은 국제전략의 한 유형으로서 〈표 10-1〉에서 보는 바와 같이 국가별전략과는 달리 다음과 같은 특징을 지니고 있다.

〈표 10-1〉 글로벌전략과 국가별전략

	글로벌전략	국가별전략
시장선택	주력시장 중심	국가시장의 잠재력
제품특성	전 세계적으로 표준화된 제품	국가시장에 적응된 제품
가치활동의 입지	가치활동을 일부 입지에 집중	국가시장별로 모든 가치활동 입지
마케팅접근	전 세계시장을 일괄적으로 지향	현지국가시장 지향
경쟁방식	국가시장을 가로질러 통합	국가시장별로 경쟁

자료 : George S. Yip, "Global Strategy: In a World of Nations?" *Sloan Management Review*, Vol.29 (1989).

(1) 시장선택

국가별전략을 수행하는 기업은 진입하고자 하는 국가시장을 오직 그 시장이 갖고 있는 잠재력에 근거하여 선택한다. 반면, 글로벌전략을 수행하는 기업의 경우 진입하고자 하는 국가시장은 그 시장이 기업 전체의 이익에 공헌하는 정도에 기초하여 선택된다. 이는 국가시장 그 자체의 잠재력이 다른 시장에 비해 낮다고 하더라도 전 세계적으로 기업전략을 수행하는데 있어서 전략적으로 중요한 시장에 진입할 수 있음을 시사한다. 글로벌전략을 수행하는 기업에게 있어 전략적으로 중요한 시장은 글로벌경쟁자의 본국시장, 글로벌경쟁자의 주력시장, 글로벌고객의 본국시장, 시장규모가 큰 국가시장, 그리고 산업혁신을 주도하고 있는 국가시장 등이다.

(2) 제품특성

국가전략을 수행하는 기업의 경우 각 국가시장에 제공되는 제품은 현지시장의 기호에 부합하도록 적응된 제품이다. 반면, 글로벌전략을 수행하는 기업은 최소한의 현지적응이 요구되는 표준화된 핵심제품(core product)을 제공한다. 핵심제품이란 최종제품과는 다른 것으로 기업의 탁월한 강점을 물리적으로 갖고 있다. 시장에서 소비자를 대상으로 판매되는 것이 최종제품이라면 핵심제품은 최종제품의 가치증대에 실질적으로 기여하는 부품이나 중간재를 의미한다. 예를 들어 혼다(Honda)의 핵심제품은 엔진이다. 혼다는 엔진을 핵심제품으로 하는 자동차, 모터사이클, 잔디깎기 기계 등의 최종제품을 판매하고 있다.

글로벌전략을 수행하는 기업의 제품전략은 보잉사의 보잉 737기 판매와 관련한 사례를 통해 그 특성을 이해할 수 있다. 1970년대 초 보잉사는 새롭게 개발한 보잉 737기를 판매하기 시작하였다. 그러나 보잉 737은 개도국시장의 특성에는 적합하지 않은 것으로 나타났다. 개도국의 경우 활주로가 짧고, 지반이 약하고, 조종사의 전문적인 기술능력이 떨어지는 관계로 비행기가 착륙할 때 튀어 오르는 경향이 있었다. 이로 인해 비행기가 착륙할 때 제동장치가 훼손되는 경우가 자주 발생하였다. 보잉사는 이런 문제를 해결하기 위해 제품디자인을 수정하였다. 엔진추진력을 확대하였고, 날개와 랜딩기어를 다시 디자인하였으며, 공기압이 낮은 타이어를 장착하였다. 이와 같은 표준화된 핵심제품에 대한 수정으로 보잉 737이 개도국시장에서 크게 호평 받는 계기가 되었다.

(3) 가치활동의 입지

기업은 가치활동으로 구성된 가치사슬(value chain)로 이해될 수 있다. 가치활동은 일차적인 활동과 보조적인 활동으로 구분된다. 일차적인 활동에는 제품을 생산하고, 제품을 소비자에게 판매하고, 그리고 제품을 구입한 소비자에게 지원과 A/S를 제공하는 활동이 포함된다. 일반적으로 생산과 마케팅이 일차적인 활동을 대표한다.

반면, 보조적인 활동은 일차적인 활동이 원만하게 진행될 수 있도록 하는 가치활동이다. 연구개발은 신제품이나 신공정의 기술개발을 통해 일차적인 활동을 지원한다. 인적자원관리는 일차적인 활동을 효과적으로 실행하는데 필요한 인재를 적절하게 공급하는 기능을 한다. 자재관리는 생산 및 마케팅과정에서 필요한 자재의 흐름을 통제한다. 정보체계는 기업의 효율성을 극대화하는데 필요한 정보를 입수할 수 있게 한다. 또한 조직구조, 기획, 재무 등의 조직하부구조도 가치창출에 도움을 주는 보조적인 활동들이다.

글로벌전략을 수행하는 기업은 이들 가치활동을 서로 다른 나라에서 수행한다. 물론 각각의 가치활동을 서로 다른 나라에 배치하는 것은 가장 극단적인 예이다. 일반적으로 글로벌전략을 수행하는 기업들은 가치활동의 일부를 특정 국가에 집중배치하고, 다른 일부의 가치활동을 여러 국가에 분산배치하는 방식을 따른다. 반면, 국가별전략을 수행하는 기업은 거의 모든 가치활동을 각 국가시장에 중복적으로 배치한다.

(4) 마케팅접근

국가별전략을 수행하는 기업은 각 국가시장에 적응된 마케팅을 실시한다. 국가별전략에서는 마케팅믹스의 내용이 국가시장에 따라 서로 다르게 나타나는 경향이 있다. 반면, 글로벌전략을 수행하는 기업은 세계 여러 국가시장에서 동일하거나 유사한 마케팅믹스를 사용한다. 마케팅믹스의 요소들인 제품디자인, 제품포지셔닝, 상표명, 포장, 가격, 광고,

촉진 등은 모두 글로벌전략의 대상이 된다.

(5) 경쟁방식

국가별전략의 경우 한 국가시장 내에서 경쟁기업들 간에 전개되는 경쟁전략은 다른 국가에서 전개되는 경쟁전략과는 별개이다. 반면, 글로벌전략의 경우 경쟁기업들 간의 경쟁전략은 여러 국가에 걸쳐 통합되어 있다. 이는 한 국가시장에서 경쟁기업으로부터 공격을 받은 기업은 다른 국가시장에서 경쟁기업을 공격하는 방식으로 처음의 공격에 대응하는 것이 가능하다는 점을 시사한다.

경쟁방식에 있어서 글로벌한 접근의 예로서 미국의 스키장비업체인 살몬(Salmon)의 사례를 소개해 보자. 오스트리아의 티롤리아(Tyrolia)는 살몬의 경쟁기업이다. 티롤리아는 살몬의 주력시장인 미국시장에 진입하여 시장확대를 도모하였다. 티롤리아로부터 공격을 받은 살몬은 미국시장 대신 티롤리아의 주력시장인 독일과 오스트리아시장에서 시장확대를 도모하는 방식으로 티롤리아의 공격에 대응하였다. 살몬은 한 국가시장 대신 전 세계를 경쟁의 장소로 인식한 것이다.

1.4 글로벌전략의 주요 요소

글로벌전략을 수립하는데 있어서 중요하게 고려하여야 할 요소로는 첫째로 전 세계에 기업활동을 어떻게 배치할 것이며, 둘째로 이렇게 배치된 기업활동을 어떻게 통제하고 조정할 것인가의 두 가지 문제로 집약된다.

(1) 기업활동의 세계적인 배치

기업활동의 세계적인 배치에는 자사의 경영자원이 국제적으로 이전가능한가의 문제, 생산활동의 세계적인 배치문제, 진입시장의 선택문제, 각국에 진출할 때의 진입방법의 문제 등 네 가지 요소를 글로벌전략 차원에서 고려하여야 한다.

가) 핵심역량의 해외이전

핵심역량(core competence)이란 기업이 보유하고 있는 우월적 내부역량으로서 경쟁기업과 차별화될 뿐 아니라 경쟁우위를 창출할 수 있는 능력을 의미한다. 이러한 능력은 본질적이고 근원적인 것이기 때문에 이를 전사적 차원에서 이용할 뿐만 아니라 새로운 기술, 제품, 서비스 등에 연계시켜 새로운 역량을 창출하고 새로운 사업으로의 확대를 가능하게 한다.

이러한 핵심역량을 축적하기 위해서는 장기간의 지속적이고 의식적인 노력이 필요하기 때문에 여기에 바탕을 둔 경영자원은 경쟁자가 쉽게 모방할 수 없는 기업특유의 경쟁우위(competitive advantage) 원천이 된다. 따라서 해외에 진출할 때 과연 자신의 핵심역량이 무엇인가를 파악하는 것은 기업들이 수행해야 할 가장 중요한 전략적 과제가 된다.

예컨대 Sony사의 소형화 능력, Toyota사의 JIT 생산시스템, Electrolux사의 인수합병능력 등은 이들이 가지고 있는 차별화 우위로서 그 조직단위에 체화되거나 통합된 능력이나 기술이라고 할 수 있다. 〈표 10-2〉는 세계 여러 나라의 기업들이 갖고 핵심역량의 예를 정리한 것이다. 글로벌전략에서 핵심역량을 고려해야 하는 이유는 기업이 아무런 경쟁우위도 없이 해외시장진출을 시도하는 것은 실패를 자초하는 무모한 짓이기 때문이다. 해외

〈표 10-2〉 기업의 핵심역량

분 야	핵심역량	기 업
경영관리	효과적인 재무관리시스템 전문지식 경영조정 인수합병 관리능력 리더십	Hanson, ExxonMobil GE, ABB Shell Electrolux Wal-Mart, Fedex
경영정보	효율적인 MIS	American Airline, Sabre
연구개발	기초연구능력 신제품개발 속도	AT&T, Sony, 3M Canon, Honda
생산	생산효율성 제조공정의 향상능력 유연성	Toyota Nucor Benetton
제품디자인	디자인능력 브랜드관리 판촉활동 시장흐름에 대한 반응	Apple Pepsi-Cola Mercedes Benz Gap
판매와 유통	판매량증대 신속한 물류 서비스품질	Microsoft, Glaxo Fedex Walt Disney

자료 : R. Grant, *Contemporary Strategy Analysis*, Blackwell (2002), p.147.

에 진출하려는 기업은 무엇보다 먼저 자신이 가지고 있는 핵심역량이 과연 무엇이며, 그것이 세계적인 경쟁자와 비교하여 지속적 경쟁우위를 창출할 수 있는지를 검토해야 한다. 이는 기업이 자국시장에서 지니고 있는 핵심역량을 해외시장에서도 활용할 수 있을 때 글로벌전략을 성공적으로 수행할 수 있을 것이기 때문이다.

이처럼 핵심역량에 입각한 글로벌전략에는 글로벌기업이 지니고 있는 핵심역량을 해외시장에 이전가능하다는 것이 전제되어야 한다. 물론 기업의 해외진출은 부족한 경영자원을 보충하거나 자신의 핵심역량을 개발하고 축적할 수 있는 기회를 제공하기도 한다.

나) 가치사슬의 배치

가치사슬(value chain)이란 컨설팅회사인 McKinsey가 개발한 경영시스템을 포터(M. E. Porter)가 1985년에 훨씬 정교한 분석틀로 발전시킨 것이다. 포터는 국제경쟁력은 상대적인 저원가와 차별화에 따른 경쟁우위에서 비롯된다고 하였다. 이러한 경쟁우위의 원천은 연구 및 개발, 생산, 물류, 마케팅, 지원활동 등 기업이 수행하는 개별기능의 활동으로부터 나온다고 할 수 있다. 따라서 기업을 전체적으로 놓고 경쟁우위를 도출하는 것은 불가능하며, 기능별 활동의 연쇄관계 및 상호작용을 체계적으로 나타내는 가치사슬(value chain)의 분석을 통해서 파악할 수 있다는 것이다.

포터가 제시한 기업의 가치사슬모델은 기업의 전반적인 경영활동을 주활동(primary activity)과 보조활동(support activity)으로 나누어, 기업의 구매 및 자재관리에서부터 생산, 물류, 판매, 애프터서비스 단계에 이르기까지 각각의 활동부문에서 비용이 얼마나 들고, 소비자들에게 얼마나 부가가치를 창출할 수 있는가를 분석해 주는 틀이다.

가치사슬에서 주활동은 제품을 생산・판매하고 판매한 제품에 대해 지원과 애프터서비스를 제공하는 활동이 포함된다. 주활동은 일반적으로 경영기능에서 라인활동(line activity)에 속하는 생산과 마케팅이 해당된다. 반면, 보조활동은 주활동이 원만하게 진행될 수 있도록 지원해 주는 활동으로 R&D, 인적자원관리, 정보시스템, 조달지원활동 등이 해당된다.

이처럼 가치사슬을 통하여 기업의 활동을 분석하면 개별활동 분야에서 각 기능을 어느 국가에 배치하는 것이 가장 효과적인가를 파악할 수 있다. 가치사슬의 주요활동을 세계 어느 지역에 배치할 것인지는 중요한 전략적 의사결정이다. 글로벌기업은 자사의 핵심역량만 본국에 남겨 놓고 기타 활동들을 여러 지역에 분산・배치함으로써, 글로벌 효율성과 현지 적응력을 동시에 달성할 수 있다. 이러기 위해 기업은 글로벌 차원에서 가치사슬을 분석하고, 어느 지역에서 개별활동들을 가장 잘 수행할 수 있을지를 파악하여, 범세계적으로 가치사슬의 최적배치가 이루어지도록 해야 한다.

다) 진출시장의 선정

기업들이 새롭게 진출할 시장을 선정할 때는 특정국가만을 고려하는 편협된 시각에서 벗어나, 그 기업이 글로벌전략을 추구하는데 차지하는 위상과 영향을 고려하는 것이 필요하다. 글로벌전략을 추구하는 기업들이 일부 국가에만 집중하는 전략은 바람직하지 못하며, 시장의 중요도에 따라 전 세계적으로 골고루 퍼져서 매출액의 균형을 이루는 것이 더욱 바람직하다. 이와 같이 균형있게 시장에 참여하게 되면 전 세계시장에서 소비될 수 있는 글로벌제품의 개발이 가능하게 되고, 또한 전 세계적인 마케팅프로그램의 표준화가 가능하다. 한편 부품조달, 생산, 제품개발, 국제물류 등 국제생산네트워크의 관리에 있어서도 지리적 시장의 균형은 필요하다.

이와 같은 고려하에 해외에 있는 각 시장에 진출을 검토할 때 기업들은 크게 두 가지 요소를 생각해야 한다. 첫째로 기업은 현지시장의 전략적인 중요성을 평가해야 한다. 이는 그 기업이 추구하는 글로벌전략의 성패에 중요한 영향을 미치는 시장을 의미한다. 둘째로 현지시장에서 그 다국적기업이 갖고 있는 경쟁우위를 객관적으로 평가해야 한다. 이는 글로벌전략의 수립에 중요한 요소인 핵심역량의 관점에서 그 기업의 상대적 경쟁우위를 살펴보는 것을 의미한다. 전략적으로 중요성을 갖고 있는 시장은 다음과 같은 면에서 평가될 수 있다.

첫째, 전략적 시장이란 시장규모가 크고 그 시장에서 이익을 얻을 수 있는 가능성이 높은 시장이다. 주요 시장에서 성공하면 그만큼 규모의 경제를 활용할 가능성이 높아지고, 또한 신규시장 진출을 위한 재원마련에도 크게 도움이 된다. 따라서 주요시장, 즉 우리가 흔히 큰 시장으로 알고 있는 미국, 일본, 그리고 유럽시장에서 성공하는 것이 글로벌전략을 추구하는데 큰 도움을 준다. 이러한 규모가 큰 시장을 확보하지 못한 기업은 이 시장을 확보한 기업에 비해 비용면에서 불리함을 감수해야 한다. 또한 전략적 시장을 차지하고 있는 기업도 그 시장에서 얻은 재원을 활용하여 다른 시장에서 덤핑전략을 활용할 수 있기 때문에 전략적 시장을 보다 효과적으로 공략하는 것이 필요하다. 예를 들어 일본기업들이 무역장벽으로 철저하게 보호된 일본 내수시장을 중심으로 해외시장 개척에 필요한 엄청난 재원을 확보할 수 있었던 것에 비해, 과거 미국기업들은 엄청나게 큰 내수시장에

만족하여 해외시장 개척을 게을리하였다. 그 결과 일본기업들이 보호된 내수시장에서 얻은 수익을 바탕으로 미국시장에 덤핑공세를 가할 때 미국기업들은 속수무책으로 당했던 경험이 있다. 또한 지역적인 관점에서 특정지역 내에서 시장규모가 큰 국가도 전략시장으로 평가할 필요가 있다. 예를 들어 브라질은 남미시장에서 가장 규모가 크고 천연자원이 풍부하기 때문에 남미시장 진출에 교두보가 되는 중요한 시장이다.

둘째, 글로벌고객을 상대하는 기업은 전 세계적으로 사업활동을 하는 고객에게 효과적인 서비스를 제공하기 위해서 고객의 모국과 그 고객이 활동하는 주요 국가에 진출하고 있어야 한다. 따라서 글로벌고객의 모국이 전략적 시장이 된다. 예를 들어 Citi Bank는 주요 고객들인 다국적기업이 전 세계를 중심으로 운영되므로 이들을 위하여 많은 점포를 해외에 두고 있다. 또한 기업들이 자신의 고객인 다국적기업을 통해서 상품개발의 아이디어를 얻는 경우가 많기 때문에 그들이 진출한 나라에 연구개발법인을 설립할 필요가 있다.

셋째, 경쟁기업의 내수시장은 가장 중요한 전략적 시장이다. 경쟁기업을 가장 효과적으로 견제할 수 있는 방법은 그 경쟁기업의 가장 중요한 시장을 공략하는 방법이다. Caterpillar는 Komatsu의 본고장인 일본시장에서 미쓰비시중공업과 합작투자를 하여 Komatsu를 견제하였다. 만일 Caterpillar가 일본시장에서 Komatsu를 견제하지 않았다면 Komatsu는 일본시장에서 얻은 수익을 바탕으로 미국 내수시장에 덤핑을 가할 수 있기 때문에, Caterpillar가 Komatsu를 가장 효과적으로 견제할 수 있는 방법은 Komatsu의 모국인 일본시장에 진출하는 것이었다. 또한 경쟁기업의 본국만이 아니라 이들 글로벌경쟁기업이 주력하고 있는 시장에 진출하여 이들을 견제하는 것이 효과적인 경쟁수단이 될 수 있다.

넷째, 기술혁신이 많이 일어나는 시장은 전략적 시장의 역할을 한다. 기술혁신의 본거지에 위치하는 것은 뛰어난 기술력을 확보함과 동시에 경쟁기업의 움직임을 포착하는데 크게 도움이 된다. P&G는 일본시장에서의 신제품도입이 가장 활발하게 일어난다는 점에 착안하여 일본에 R&D센터를 위치시키고 기술혁신의 본거지로 삼았다. 이와 같은 시장으로의 진출은 기술혁신과 기업의 경쟁력 확보에 큰 도움을 준다.

라) 진입방식의 선택

기업이 해외시장에 진입하는 방식은 일반적으로 수출, 라이센싱, 해외직접투자의 세 가지 유형이 있다. 이 가운데 해외직접투자와 관련해서는 다음의 세 가지 다양한 의사결정

차원에 주의를 기울여야 한다.

첫째로 해외직접투자를 하는데 있어서 신설할 것인지 아니면 현지의 기업을 인수할 것인지에 대한 선택문제, 둘째로 합작투자의 경우 소유권비율의 문제, 셋째로 시기에 따른 진입전략의 선택문제가 그것이다.

첫째로 해외직접투자에 있어서의 신설 혹은 인수에 대한 선택과 관련하여서는 다른 기본적인 고려요인 외에도 경쟁구조에 대한 영향이 고려되어야 한다. 예컨대 현지기업을 인수할 경우에는 기존의 경쟁구조에 별다른 영향을 미치지 않는 반면, 신설의 경우에는 전체적으로 생산능력이 증대하는 결과로 인해 경쟁구조에 중대한 변화가 생기게 된다.

둘째로 글로벌소유전략은 해당 해외시장에 선호되는 소유형태의 선택과 관련되는 것이다. 소유형태는 해외활동에서 자원이 어느 정도 투입되어 묶이게 되는지를 결정하는 중요한 변수이다. 그러므로 시장진입방식은 예상되는 투입자원의 종류와 정도에 따라 체계화되며, 자원의 개입 정도에 따라 각 진입방식의 국제화수준과 순위가 결정된다.

셋째로 범세계적 맥락에서 시기와 관련된 진출전략에 대한 분석은 다양한 의사결정 차원을 지니고 있다. 이러한 진입시기에 대한 전략적 문제는 개별국가뿐만 아니라 범세계적 관점에서 고려되어야 하며, 기업의 최고경영층의 경영철학과 국제화지향성 및 태도에 따른 국제화전략과도 밀접한 관련을 지니고 있다.

(2) 통제와 조정

글로벌기업들은 글로벌전략을 수립하는 과정에서 기업활동의 세계적 배치와 아울러 이들에 대한 통제와 조정을 결정하여야 한다. 조정이란 정보의 공유와 책임, 권한의 할당을 의미하는데, 전 세계에 배치된 기업활동 및 가치창출활동에 적절한 통제와 조정이 이루어질 때 기업은 비로소 기업전체 차원에서 시너지를 효과를 창출할 수 있을 것이다.

성공적인 글로벌전략의 수행에 결정적인 영향을 미치는 것은 바로 기업조직상의 특성이다. 일반적으로 글로벌경영에는 의사결정의 중앙집권화가 필요한 것으로 주장되기도 하지만, 이보다도 성공적인 글로벌전략을 수립하기 위해서는 본사와 자회사들 간에 오케스트라 연주와 같은 용의주도한 공동작업이 요구된다.

의사결정권한의 집중화는 현지자회사의 경영층으로부터 반대에 부딪칠 수 있다. 이러한 반발은 대개 자회사의 자율권과 의사결정권한이 점차 제한된다는 인식 때문이라고 할 수 있다. 그리고 이것이 글로벌전략을 추진하는 데에서 발생하는 다양한 갈등원인으로 작용한다. 예컨대 개별시장국의 중요성이나 자회사의 비중이 본사로부터 달리 인식되고, 이에 따라 의사결정참여권한이나 자원의 배분에 대해 자회사가 불만을 갖게 되는 경우가 있을 수 있다. 더 나아의 구성원들은 경영이나 마케팅기법과 관련하여 가장 새로운 경험과 지식을 지니고 있다고 믿는 반면, 자회사의 임직원들은 본사가 현지시장의 시장상황을 거의 모르고 있고, 따라서 전략 및 활동에 대해 현지국 자회사에 불리하게 작용하는 그릇된 판단과 결정을 내릴 수 있다고 생각한다.

이러한 점들을 고려할 때 글로벌전략에는 무엇보다 세계지향적인 기업의 정체성과 결부되는 조직형태와 기업문화를 필요로 한다. 이러한 조직형태는 본사와 자회사간에 긴밀한 협력과 상호동참이 보장되는 방향으로 구성되어야 할 것이다. 그리고 기업문화는 기업구성원들이 자회사를 둘러싸고 있는 개별국 문화의 영향에서 벗어나 독자적인 기업의 정체성을 나타내는 세계지향적 철학과 가치관을 지닐 수 있도록 형성되어야 한다. 이러한 기업문화를 통해 전 기업구성원은 전체가 부분의 합보다 더 크다는 인식하에 우리라는 공동체의식과, 하나의 통합적이고 세계지향적인 사고와 행동양식을 지니게 된다. 이러한 기업문화는 세계적 경쟁에 독특한 이미지 부각에도 기여할 것이다.

1.5 글로벌전략의 장 · 단점

(1) 글로벌전략의 장점

글로벌전략을 수행하는 기업이 누릴 수 있는 이점은 첫째, 글로벌전략은 비용을 절감할 수 있는 기회를 제공한다. 여러 국가시장에서 개별적으로 수행되는 가치활동을 조정함으로써 규모의 경제를 가질 수 있다. 가치활동을 가장 저렴하게 수행할 수 있는 국가로 이전함으로써 요소비용을 절감할 수 있다.

비용절감은 신축성의 활용을 통해서도 가능하다. 여러 국가시장에 생산시설을 두고 있는 기업은 시기별로 가장 유리한 조건으로 생산이 가능한 지역에서 생산규모를 확대하고, 생산여건이 불리한 지역에서의 생산규모를 축소하는 방식으로 신축성을 가질 수 있다. 생산에 있어 신축성을 갖고 있는 기업은 공급업자, 노동자, 현지정부에 대한 협상력을 강화할 수 있어 이를 통한 비용절감도 가능하다.

둘째, 글로벌전략은 제품 및 프로그램의 질을 개선하는 데 도움을 준다. 국가별전략을 수행하는 기업에 비해 글로벌전략을 수행하는 기업은 더 적은 수의 제품 및 프로그램에 자원을 집중시킨다. 자원의 집중적인 사용은 제품 및 프로그램의 품질을 개선할 수 있게 한다.

셋째, 글로벌전략은 고객의 충성도를 제고하는데 도움을 준다. 세계 어느 곳에서도 제품을 구입할 수 있고, 서비스를 지원받을 수 있다면 그 제품에 대한 고객의 선호도는 향상되기 마련이다. Coca-Cola 같은 청량음료나 McDonalds 같은 패스트푸드 회사들은 글로벌전략을 통해 고객의 충성도를 제고하고 있으며, Dell같은 컴퓨터 제조업체들도 글로벌전략을 통해 제품에 대한 고객의 선호를 제고하고 있다.

넷째, 글로벌전략은 경쟁압력에 대응하는 데 있어서 여러 가지 대안을 가질 수 있도록 하여준다. 한 국가시장에서 경쟁지위를 개선하고자 하는 기업은 그 국가시장에서 경쟁기업을 공격하는 것과 아울러, 제3국시장에서 경쟁기업을 공격하는 것도 효과적일 수 있기 때문이다.

(2) 글로벌전략의 단점

글로벌전략은 장점과 아울러 몇 가지 단점도 지니고 있다.

첫째, 글로벌전략은 관리비용의 확대를 가져온다. 이는 여러 국가시장에서 전개되는 사업을 조정해야 될 필요성이 증가하고 전략의 수행을 위해 더 많은 관리요원이 충원되어야 하기 때문이다.

둘째, 글로벌전략은 각 국가시장에 위치한 사업의 효과성을 약화시킬 수 있다. 글로벌전략의 수행에 따라 나타나는 지나친 집권화는 현지자회사들의 동기유발을 억제하고 사기를 떨어뜨릴 수 있기 때문이다.

셋째, 글로벌전략은 표준화에 따른 문제를 야기한다. 표준화된 제품은 다른 국가시장의 소비자 요구에 부합하지 않을 수 있다. 특히 이런 문제는 국제화의 초기단계에 있는 기업들에서 자주 발견된다. 국내시장에서 판매되고 있는 표준화된 제품을 현지시장에서 그대로 판매하는 경우 시장확대에 어려움을 겪을 수 있다. 또한 전 세계시장을 목표시장으로 하여 개발된 표준화된 제품은 어느 국가의 소비자도 만족시키지 못하는 제품이 될 위험을 내포하고 있다.

2 글로벌전략의 과제

2.1 표준화와 현지화의 문제

(1) 국제마케팅의 표준화

국제마케팅의 표준화(standardization) 또는 글로벌화(globalization)란 모든 국제시장에 차별 없이 동일하게 마케팅정책을 수행하는 것을 말한다. 이는 소비자들의 생활영역이나 습관·전통·문화 등이 서로 다르더라도 그들의 기본적인 욕구는 세계적으로 동일하다는 가설에 근거를 두고 있다. 세계시장이 동질화되어 가고 있는 이유로는 기술혁신에 따른 교통통신의 발달, 세계적인 공업화추세, 그리고 국가간의 경제적인 교류 등을 들고 있다.

국제마케팅의 표준화를 주장하는 학자로는 레비트(T. Levitt)가 있는데, 그는 세계가 동질화되고 있기 때문에 표준화전략을 택하지 않는 국제기업들은 사라지고 전 세계적으로 동일한 전략을 수행하는 기업이 등장해야 한다는 극단적인 표준화전략론을 펴고 있다. 그는 맥도날드의 프랑스와 일본에서의 성공, 코카콜라의 바레인에서의 성공, 펩시콜라의 모스크바에서의 성공 등은 상업적인 측면에서 시장의 범세계화(globalization of markets)를 확인해 주는 증거라고 하였다.

국제마케팅 표준화의 장점은 ① 상표·광고·포장·제품·판매촉진·판매훈련·애프터서비스 등을 표준화함으로써 비용을 절감할 수 있고 관리가 용이하다는 점, ② 생산과 재고관리에 있어서 규모의 경제를 누릴 수 있으며 세금절감과 국제적 부품조달 및 이전가격 조작 등의 기회를 이용할 수 있다는 점, ③ 제품의 실패위험이 다양한 지역시장으로 분산되어 있어 투자를 조기에 회수할 수 있다는 점, ④ 통일성 있는 마케팅전략을 사용하게 됨으로 더욱 질서 있게 국제마케팅계획을 세우고 통제할 수 있다는 점, ⑤ 국제마케팅기법이 더욱 정교해질 수 있으며 유능한 인재를 세계 어느 시장에서나 필요한 곳에서 제약없이 활용할 수 있다는 점, ⑥ 각국의 소비자들에게 일체감을 조성할 수 있다는 점 등을 들 수 있다.

(2) 국제마케팅의 현지화

국제마케팅의 현지화(localization) 또는 적응화(adaptation)란 각국의 상황이나 소비자들의 특성에 따라 국제마케팅전략을 각 시장에 맞게 적응화하는 것을 말하는데, 이를 지지하는 학자로는 홀(E. T. Hall), 그린(R. T. Green)과 커닝햄(I. C. Cunningham), 더글라스(S. P. Douglas)와 윈드(Y. Wind) 등을 들 수 있다.

홀은 국가마다 문화가 다르므로 한 국가에서 성공한 전략을 다른 국가로 이전하는 데에는 많은 장애요인이 존재한다고 주장하였으며, 그린과 커닝햄은 미국과 베네수엘라에서 가족의 구매결정방식에 차이가 있음을 알고 국제기업으로 하여금 두 시장에서 목표고객을 달리 선정해야 한다고 주장하였다. 더글라스와 윈드는 세계욕구의 동질화, 소비자행동의 유사성, 규모경제의 실현, 세계 공통의 목표시장 존재, 내외적인 규제조치 철폐, 세계적 표준화에 수반되는 시너지효과의 발생가능성 등이 있는 경우에만 표준화가 이루어진다고 주장하였다.

국제마케팅 현지화의 가장 큰 장점은 각국의 특수한 사정을 충분히 고려하여 각 시장에 알맞은 독특한 전략을 세우고 이를 집행함으로써 마케팅프로그램의 효과를 극대화할 수 있다는 점이다. 그러나 단점으로는 지나치게 현지화 할 경우 비용이 엄청나게 소요된다는 점이다. 따라서 현지화전략의 채택여부는 현지화로 얻을 수 있는 시장의 이익(gain or benefit)과 비용(cost) 요건에 따라 결정되는 것이다. 현지화로 소요되는 비용보다 얻을 수 있는 시장의 이익이 크다면 현지화전략은 타당성을 갖게 된다.

2.2 표준화와 현지화간의 조화

전 세계시장을 무대로 경쟁하고 있는 글로벌기업들은 서로 상반된 압력에 직면하고 있다. 즉, 글로벌기업들은 한편으로는 비용측면에서의 경쟁우위를 갖기 위하여 한 곳에 생산시설을 집중하고, 규모의 경제를 이용하여 대량생산을 하여 낮은 비용으로 전 세계시장에 수출하는 방식의 전략을 추구할 필요성을 느낀다. 이를 위해서는 세계에서 가장 낮은 비용으로 생산할 수 있는 입지에 위치하여야 하고, 규모의 경제를 활용하기 위하여 전 세계 소비자들의 수요가 동질적인 것으로 가정하고 표준화된 상품을 생산・판매해야 할 필요성을 느낀다.

[그림 10-1] 표준화와 현지화의 압력

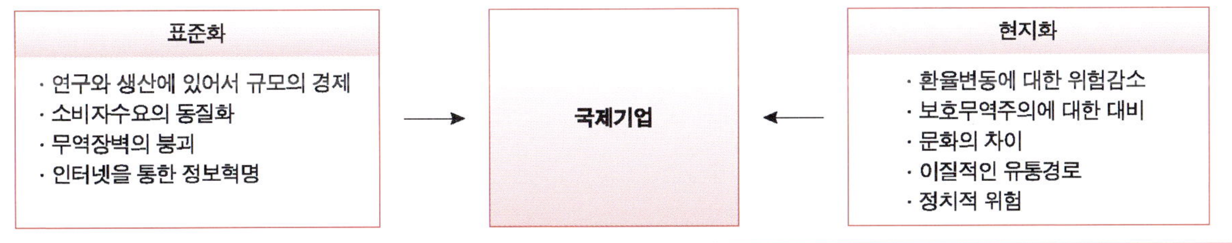

자료: C. K. Prahalad and Y. Doz, *Multinational Mission*, Free Press, 1987.

또 다른 한편으로 글로벌기업들은 각국의 서로 다른 지역적 · 문화적 특성에 맞추어 차별화된 제품을 생산해야 할 필요성도 느낀다. 또한 생산시설을 한 지역에 집중하게 되면 환율의 변동에 취약하기 때문에 생산기지를 세계 여러 곳으로 분산시킴으로써 환율변동에도 대비하고 보호무역장벽을 우회할 필요성도 크게 느낀다.

이와 같이 글로벌기업들에게는 [그림 10-1]에서 보는 바와 같이 글로벌화(글로벌통합)와 동시에 현지화(현지적응)를 달성해야 하는 상반된 목표가 동시에 존재한다. C. K. Prahalad와 Y. Doz는 이와 같이 글로벌화해야 하고 현지화해야 하는 당위성이 동시에 요구되는 것이 다국적기업이 갖는 근본적인 갈등이라고 지적하였다.

(1) 표준화에 대한 압력

다국적기업이 표준화(글로벌화)의 압력을 느끼는 이유는 산업과 경쟁이 글로벌화하는 추세에 따른 것이다. 산업과 경쟁의 글로벌화의 요인으로서는 연구개발과 생산에 있어서 규모의 경제가 점차 중요해지고 있으며, 전 세계적으로 소비자의 수요가 점차 동질화되어 가는 추세에 있고, 또한 GATT와 WTO체제하에서 무역장벽이 무너지고 있음을 들 수 있다.

글로벌화의 필요성이 더욱 강조되는 산업은 표준화된 제품을 대량생산하는 산업이다. 예를 들어 CD플레이어는 이미 성숙단계에 접어든 제품이기 때문에 각국마다 서로 다른 CD플레이어를 만들 필요성이 크게 존재하지 않는다. 즉, CD플레이어는 세계 어느 곳에서나 동일한 제품인 것이다. 메모리용 반도체 역시 전 세계에서 동일한 제품을 소비하는 글로벌제품이다. 자동차도 과거에는 각국별로 소비자의 기호가 큰 차이를 보였으나 점차 전 세계적으로 소비자의 기호가 동질화됨에 따라 표준화된 제품이 되어가고 있다. 이와 같이 각국마다 소비자의 기호가 동질화됨에 따라 기업들은 표준화된 제품들을 대량생산하여 규모의 경제를 활용할 수 있기를 기대한다.

이처럼 표준화된 상품을 중심으로 대량생산체제를 통하여 낮은 가격으로 경쟁하는 산업에서는 기업들이 치열한 경쟁을 벌인 결과 많은 군소기업들은 도산하고 소수의 글로벌기업들만 살아남기 쉽다. 특히 일상재화된 산업에서는 이러한 경향이 더욱 두드러지게 나타난다. 메모리형 반도체산업은 전형적인 글로벌산업으로서 전 세계적으로 소수의 기업들이 치열한 가격경쟁을 벌이고 있다. 또한 이들 산업은 경기변동에 취약하여 때로는 공급과잉을 유발하기도 하여 기업들이 막대한 손실을 입기도 한다. 타이어산업에서도 역시 차별화되지 않은 일상재의 성격 때문에 전 세계적으로 많은 기업들이 도산하거나 합병·인수되어 이제는 소수의 기업들이 살아남아 극심한 가격경쟁을 벌이고 있다.

또한 생산과 연구개발에서 규모의 경제효과가 큰 산업일수록 글로벌화해야 하는 필요성이 더욱 강조되고 있다. 자동차산업에서는 신제품을 개발하는데 막대한 연구개발비가 들고 생산설비를 갖추는데도 엄청난 투자자금이 소요된다. 이와 같은 산업에서는 한 곳에 대형공장을 만들고 대량생산을 통한 규모의 경제를 활용하여 비용을 낮추는 것이 필요하다. 이와 같은 저비용생산기지에서 생산된 제품을 세계 각국에 수출함으로써 규모의 경제를 최대한도로 활용할 수 있는 것이다.

또한 GATT와 WTO체제하에서 각종 관세 및 비관세장벽이 무너지고, 지역내 경제통합현상이 가속화됨에 따라 표준화된 상품의 대량생산을 통하여 비용우위를 확보하려는 글로벌화의 압력은 더욱더 가중되고 있다. 더욱이 최근 폭발적인 성장을 보이는 인터넷은 전 세계의 경쟁자, 공급업체, 딜러, 소비자 등과 순간적으로 정보를 공유하게 해준다. 이와 같은 인터넷 기술의 발전은 궁극적으로 소비자수요를 동질화하고 경쟁을 보다 글로벌하게 만든다.

(2) 현지화에 대한 압력

다국적기업이 현지화해야 하는 첫 번째 필요성은 환율변동으로 인해 국제경쟁력이 약해지는 것을 피하기 위해서이다. 환율변동은 한 지역에 생산시설을 집중하는 글로벌기업들에게 커다란 위험요소로서 작용한다. Caterpillar는 1980년대 초반에 미국의 달러화가 고평가됨에 따라 상당한 어려움을 겪었고, Komatsu 역시 1980년대 후반 엔화가 고평가됨에 따라 상당한 어려움을 겪었다. 아무리 소비자수요가 동질화되고 무역장벽이 철폐되며 규모의 경제의 중요성이 크다고 해도 환율이 급변할 경우에는 한 지역에 생산시설을 집중하여 규모의 경제를 활용하려는 단순한 글로벌경영방식은 위험한 전략일 수밖에 없다. 따라서 다국적기업들은 이러한 환위험을 회피하기 위해서 적극적인 현지화전략을 펴야 할 필요성을 느낀다.

또한 국제무역장벽이 계속적으로 낮아지는 추세에 있다 하더라도 각국간에 무역분쟁이 발생할 가능성이 아직도 상당히 크다. 특히 수출형태로 해외사업을 운영하는 기업들에게는 각종 무역분쟁이 큰 어려움으로 작용할 수 있다. 예를 들어 유럽연합은 아직까지는 통합 후 역외국에 대해 무역장벽을 세울 조짐은 보이지 않으나, 한국에서 수출하는 상품에 대해서 반덤핑제재를 취하거나 수출자율규제와 같은 조치를 취할 경우, 한국에서 생산하여 수출하는 형태로 해외사업을 운영하는 기업들은 제품의 판로가 순식간에 막혀버릴 수도 있다. 실제 2003년 미국과 유럽연합은 한국의 은행들이 Hynix에게 부채를 출자전환해주고 이자를 경감한 것을 일종의 보조금이라 간주하여 30% 이상의 고율의 상계관세를 부과하였다. 이와 같은 보호무역주의에 대한 근본적인 대책은 역시 해외각지에 생산기지를 두어 현지화하는 방법이다.

더욱이 각국간의 정치적 · 문화적 환경의 차이는 다국적기업들에게 현지화의 필요성을 더욱 절실하게 느끼게 한다. 예컨대 동유럽에 진출한 기업들은 크게는 국유화될 위험이 존재하며 각종 행정 · 법률의 불확실성, 뇌물요구와 개인적인 신변위협에 이르기까지 크고 작은 다양한 정치적 위험을 안고 있다. 이와 같은 정치적 위험을 회피하는 방법은 그 기업이 적극적으로 현지화하는 길이다. 또한 국가 간에 서로 다른 문화적 차이는 각국별로 다양한 소비자의 수요를 만족시키기를 요구하고 있으며, 이 같은 소비자의 요구를 충족시키기 위해서 기업들은 적극적인 현지화전략을 취해야 할 필요성이 있다. 앞서 인터넷이 소비자수요의 동질화와 경쟁의 글로벌화를 촉진한다고 설명하였으나, 각국의 문화적 차이는 쉽게 해소되지 않을 것이다.

문화의 차이는 구체적으로 국가간에 서로 다른 유통망으로 나타날 수 있다. 각국마다 오랜 역사적 배경 하에 발달된 유통채널은 그 시장에 진출하려는 다국적기업에게 새로운 접근방법을 요구한다. 또한 각국별로 서로 다른 산업표준으로 인해 생산을 각국별로 조절할 필요성을 느낀다. 예를 들어 미국은 아직도 모든 가전제품의 전압이 110V이며 유럽에서는 220V가 표준이다. 따라서 미국과 유럽에 동일한 제품을 수출하고자 하는 기업은 미국과 유럽에 서로 다른 전원공급장치를 장착해야 한다. 그리고 영국과 일본에서는 자동차의 핸들이 오른쪽에 달려 있고, 그 밖의 나라에서는 왼쪽에 달려 있기 때문에 서로 다른 차를 만들어야 할 필요성이 존재한다. 이상에서 살펴본 바와 같이 국제기업은 글로벌화와 현지화라는 서로 상반된 목표를 두고 적절한 조화를 이루어야 하는 필요성을 느낀다.

3 글로벌전략의 모형

3.1 통합－적응모형

통합-적응모형(integration-responsiveness framework)은 국제적으로 경쟁하는 기업의 경우 두 가지의 서로 상반되는 압력에 동시에 직면하고 있다는 점을 전제한다. 하나는 여러 국가시장에서 동시에 사업을 하고 있기 때문에 이용기회가 있는 각국의 시장불완전성을 활용해야하는 것이고, 다른 하나는 다국적기업의 경우 여러 국가시장에서 사용을 하고 있기 때문에 각 국가시장의 요구에 적응해야 하는 압력이다. 일반적으로 전자를 글로벌통합 압력으로, 후자를 현지적응 압력으로 지칭한다.

글로벌통합 압력과 현지적응 압력은 국제경쟁을 하는 기업들이 직면하는 환경이다. 환경의 측정과 관련하여 객관적 환경과 인지적 환경은 구별된다. 객관적 환경이란 기업외부에 실재하며 객관적으로 측정가능한 환경의 특성을 말한다. 반면, 인지적 환경은 기업의 경영자가 인식하는 환경을 말한다. 통합-적응 모형에서는 글로벌통합 압력과 현지적응 압력을 인지적 환경으로 다룬다. 같은 산업에서 서로 경쟁하는 기업들 간에도 환경을 서로 다르게 인식하는 경우 서로 다른 기업전략이 수립될 수 있음을 시사한다.

[그림 10-2] 통합-적응모형

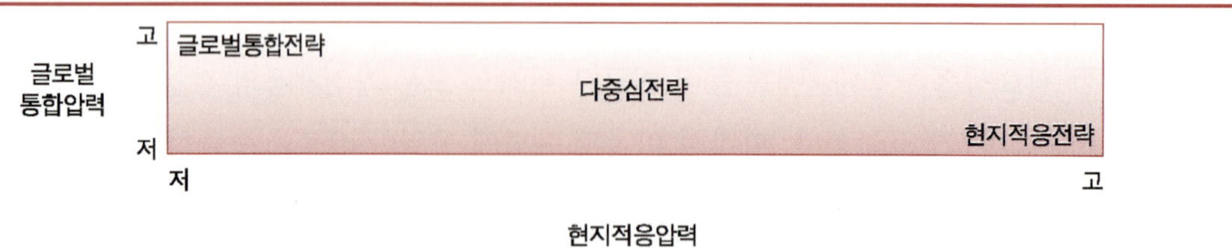

자료 : Kendell Roth and Allen J. Morrison, "An Empirical Analysis of the Integration–Responsiveness Framework in Global Industries," *Journal of International Business Studies*, 4th Quarter (1991), p.544.

통합-적응모형에서는 산업압력에 대한 기업의 대응을 세 가지 유형으로 분류하고 있다. [그림 10-2]에 제시된 바와 같이 글로벌통합전략(global integration strategy), 현지적응전략(locally responsive strategy), 그리고 다중심전략(multifocal strategy)이 이에 해당한다.

첫째, 범세계적 통합전략은 다국적기업의 여러 자회사가 본사에 의해서 직접적으로 지휘・통제를 받으며 특히 생산이나 판매 면에서 자회사들간에 긴밀한 상호의존성을 갖는 경우의 전략을 말한다. 통합의 필요성은 비용절감과 투자의 효용극대화이며 이를 위해 임금이 싼 국가에 공장을 설립하여 타국시장으로 선적하고, 규모의 경제를 실현하기 위해 대규모의 전문화된 공장을 건설한다. 이 전략은 보통 중앙집권적 조직구조를 가진다. Ford나 IBM과 같이 규모의 경제를 달성하기 위해서 대규모의 전문화된 공장을 설립하는 경우가 이 전략에 해당된다.

둘째, 현지적응전략은 개별국가의 환경에 맞추어 마치 그 나라의 기업처럼 현지국에서 자율적으로 활동하도록 하는 것을 말한다. 따라서 자회사는 현지의 경쟁사나 소비자의 요구에 대응하여 독자적으로 자원의 실행결정을 내리게 된다. 따라서 현지적응전략은 주로 분권적 조직구조를 요구하게 된다.

셋째, 다중심전략은 글로벌통합전략과 현지적응전략 간의 중간에 위치하는 전략으로서 공장규모나 기술과 같은 전략은 중앙집권으로 관리하고, 제품인도나 각 시장의 경쟁상황과 각 지역별 고객에 대한 서비스는 지역별로 대응하는 것이다. 따라서 이 전략에서는 글로벌 통합과 현지적응의 필요성이 동시에 고려된다. 이는 자회사들 간의 독자적인 자율경영원칙 하에서 각 지역의 자회사간 조정과 상호협력을 촉진하는 것을 의미한다. 즉, 연구개발의 우선순위를 조정하고 범세계적 소비자에 대한 가격결정을 조정하며 본사에서 자회사로 혹은 자회사간에 기술이전을 촉진하는데 그 특징이 있다. 이 전략은 자회사들에게 차별화된 목표를 할당하는데 이는 경쟁능력을 개발하기 위한 것이다.

통합-적응모형은 국제적으로 경쟁하는 기업들의 전략을 탐색하는 연구들에서 널리 수용되고 있다. 왜냐하면 산업압력과 이에 대한 기업의 전략적 대응간의 상황적인 연계성을 잘 나타내고 있기 때문이다. 그러나 통합-적응모형은 서로 다른 산업압력의 패턴에 적합한 전략유형을 제시하고 있지만, 전략의 내용에 대해서는 구체적으로 제시하지 못하는 한계를 보이고 있다.

3.2 배치 - 조정모형

(1) 배치-조정모형의 개념

배치-조정모형(configuration-coordination framework)은 기업의 경쟁력의 원천은 R&D, 생산, 마케팅, 애프터서비스 등의 주요 부가가치활동의 효율성을 제고하는데 있음을 강조하고, 저원가와 차별화라는 경쟁우위를 달성하기 위해 각 기능들의 활동을 범세계적으로 배치하고 조정하는 모델이다.

앞서 본 통합-적응(IR)모형은 외부적 요인들에 대한 기업의 대응전략으로서 글로벌통합과 현지적응의 두 가지 압력에 따라서 기업의 전략을 결정짓는 것이지만, 이 모형은 자사가 가지고 있는 내부적 활동의 배치와 조정을 통하여 기업의 경쟁우위를 창출할 수 있는 전략을 세부적으로 구분하여 보여 주고 있다.

가치활동의 배치(configuration)라는 개념은 전 세계를 대상으로 수행되는 가치사슬 내의 각 활동들이 얼마만큼 특정국에 집중되어 있는가 또는 분산되어 있는가를 의미하고, 가치활동의 조정(coordination)이란 개념은 각 국가에서 수행되는 가치사슬간의 상호조정 정도를 의미한다.

따라서 가치사슬의 집중은 본국을 중심으로 소수지역에 각 가치활동을 집중배치하는 것을 의미하며, 분산은 각 기업의 가치활동을 분산시켜 극단적으로는 모든 진출지역에 본사와 동일한 가치사슬(value chain)을 갖는 자회사를 두는 것을 의미한다. 그리고 높은 조정수준이라는 것은 높은 통제를 추구하는 중앙집권식 경영을 말하며, 낮은 조정수준은 높은 자율성을 추구하는 분권화된 경영방식을 시사한다. 예를 들면 한국, 미국, 영국에 세 개의 생산공장을 가지고 있는 기업의 경우 세 개의 공장을 각각 완전히 자율적으로 운영할 수도 있고, 아니면 똑같은 생산방식과 부품 등을 사용하게 함으로써 본사에서 철저하게 통제할 수도 있다.

배치-조정모형은 [그림 10-3]에서 보는 바와 같이 글로벌산업에서 발견할 수 있는 국제전략의 개념적인 유형을 네 가지로 제시하고 있다. 수평축은 오른쪽으로 갈수록 가치활동의 세계적인 배치가 지역적으로 한 곳에 집중되어 있는 모습을 나타내고 있고, 왼쪽으로 갈수록 가치활동이 세계적으로 여러 지역에 넓게 펴져 있는 상태를 나타낸다. 수직축은 가치활동을 얼마만큼 조정할 수 있는가를 표시한다. 위로 올라갈수록 조정의 강도가 높아

[그림 10-3] 배치-조정모형

가치활동의 조정		분산	집중
	고	고도의 해외직접투자전략	단순글로벌전략
	저	국가중심전략	수출중심전략

가치활동의 배치

자료 : M. E. Porter, "Competition in Global Industries," Harvard Business Review (1986), p.28.

짐을 의미한다.

첫째, 단순글로벌전략(simple global strategy)은 어느 한 국가에 가능한 한 많은 가치활동들을 집중시키고 이곳을 중심으로 전 세계시장에 진출하며, 소비자와 가까운 곳에 위치해야 하는 가치활동들을 표준화를 통해 철저하게 조정하는 유형의 국제전략이다. 이 전략의 예로는 Toyota, Komatsu 같은 일본의 다국적기업이나 국제화의 초기단계에 있는 한국기업을 들 수 있다. 일본이나 한국기업들은 미국과 유럽을 중심으로 한 주요 국가에 자신의 자회사를 설립해 두고, 이런 소수의 자회사를 일본이나 한국 본사에서 강력하게 통제하는 방식으로 조정의 기능을 행사하고 있다.

둘째, 국가중심전략(country centered strategy)은 가치활동이 국제적으로 분산배치되어 있고 서로 다른 국가에 위치한 가치활동이 서로 조정되지 않는 전략유형이다. 즉, 각국에 자회사를 설치해 두고 자회사의 운영은 자회사에게 일임함으로써 본사와 자회사간의 긴밀한 협조관계가 없는 형태이다. 이 전략의 예로는 유럽이나 미국의 전통적인 다국적기업이 해당된다. GM사는 세계 여러 국가에 별개의 제조공장을 두었을 뿐만 아니라 심지어 지역에 따라서 서로 다른 상표명을 사용하는 현지국 중심의 국제경쟁전략을 구사한 바 있다.

셋째, 고도의 해외직접투자전략(high FDI strategy)은 가치활동이 국제적으로 분산배치되어 있지만 이들 가치활동들의 조정을 강화하는 전략유형이다. 이 전략은 대부분의 가치활동을 각국에 분산배치하는 면에서 앞서 설명한 국가중심전략과 유사하나, 분산된 가치활동의 조정측면에서는 철저한 중앙통제 및 조정을 행하는 점에서 다르다. 이 전략을 수행하는 기업은 초국적기업(transnational corporation)이라 할 수 있는데, 이 경우 대부분의 기업들은 세계 여러 지역에 직접투자를 통하여 자회사를 설립한 후 강력한 통제로서 이들을 하나의 기업으로 묶는 방법을 택하고 있다. Xerox는 가치활동을 전 세계적으로 분산시켰지만 상표나 마케팅기법과 같은 가치활동은 엄격하게 조정하는 전략을 택했다.

넷째, 수출중심전략(export based strategy)은 한 국가에 가치활동을 집중배치하고 이곳을 중심으로 여러 국가시장에 제품을 공급하는 방식의 전략유형이다. 수출중심전략의 경우 특히 마케팅은 각 국가시장의 요구에 대응하는 방식으로 운영된다. 이러한 전략을 추구하는 기업의 예는 과거의 수출지향적인 한국기업이라고 볼 수 있다. 과거의 한국기업은 한국에서 생산한 후 자신의 브랜드 없이 주로 주문자상표부착방식(OEM)으로 수출하는 형태로 해외영업을 하였다.

(2) 배치-조정모형의 선택

배치-조정모형의 네 가지 유형을 살펴볼 때 주의해야 할 점은 어느 유형의 전략이 다른 유형보다 반드시 우수한 것은 아니라는 점이다. 기업이 글로벌전략을 추구할 것인가, 또는 국가중심전략을 추구할 것인가는 그 기업이 속한 산업의 특성 및 기업이 가지고 있는 능력 등에 따라 좌우된다.

예를 들어 자동차용 윤활유산업은 국가마다 운전기준, 기후, 법률상황 등이 다르기 때문에 윤활유의 기본적인 합성비율과 첨가된 혼합물이 상이하다. 또한 각국의 유통경로도 상이하기 때문에 대부분의 경우 자동차용 윤활유산업은 개별 국가중심전략을 추구하는 경우가 많다. 이에 비해 선박용 윤활유는 글로벌산업의 성격을 갖고 있다. 왜냐하면 배는 세계 어느 곳이든 자유롭게 다닐 수 있으며, 정박하는 곳 어디에서라도 같은 윤활유를 구할 수 있어야 하기 때문이다. Shell과 Exxon과 같이 선박용 윤활유사업에서 성공한 기업들은 순수글로벌전략을 추구하고 있다.

또 다른 예로 호텔산업은 각 국가마다 소득수준이 다르고 문화적 차이가 존재하기 때문에 개별 국가중심전략을 추구하는 경우가 많다. 그러나 특급호텔의 경우는 주요 고객들이 전 세계를 여행하며 활동하는 기업고객이기 때문에 전 세계 어디를 가더라도 동일한 수준의 서비스를 제공할 수 있어야 한다. Hilton, Sheraton, Intercontinental 등과 같은 특급호텔들은 전 세계적인 예약시스템을 갖추고 세계 어디서나 같은 수준의 서비스를 제공할 수 있는 세계적인 체인망을 갖춘 호텔들이다. 이러한 특급호텔산업은 순수글로벌전략을 취한다고 볼 수 있다.

하지만 여러 산업에서 나타나고 있는 공통적인 현상은 산업이 글로벌화 됨에 따라 기업들도 점차 국가별전략에서 글로벌전략으로 경쟁전략을 바꿔간다는 사실이다. 예를 들어

Toyota와 Honda같은 일본의 자동차기업들은 예전에 수출위주의 마케팅전략에서부터 시작하여 최근까지 단순한 글로벌전략을 추구해 왔다. Toyota와 Honda는 일본에서 생산하여 수출하는 형태로 미국시장에 진입했다. 그러나 점차 보호무역주의가 심화되고 엔화의 강세로 가격경쟁력이 떨어짐에 따라 적극적인 해외직접투자를 통해 미국과 유럽을 비롯한 전 세계로 생산공장을 늘려가고 있다.

이에 반해 Ford와 GM으로 대표되는 미국의 자동차기업들은 전통적으로 국가별전략을 추구해 왔다. 이들은 세계 여러 나라에 많은 생산공장을 설립했으나 자회사들간에는 긴밀한 조정・협조체제가 없이 운영되었다. 최근 Ford와 GM은 가격경쟁력이 없는 불필요한 공장들을 점차 폐쇄하고 해외공장의 수를 축소하는 한편, 각국에 있는 생산공장들을 통합적으로 운영하도록 효과적인 조정능력을 배양하고 있다. 따라서 Ford와 GM은 점차 기업활동의 세계적인 배치를 축소하는 한편, 조정능력을 증가시키는 쪽으로 발전해 오고 있다고 할 수 있다.

이와 같은 변화는 가전산업에서도 볼 수 있다. 예를 들어 Sony나 Matsushita와 같은 기업들은 Toyota와 Honda처럼 단순한 글로벌전략을 추구해 왔다. 이에 반해 유럽의 Philips는 전통적으로 국가별전략을 수행해 왔다. 최근에 Sony와 Matsushita는 세계 여러 나라로 생산기지를 넓혀 가고 있으며 Philips는 자회사간의 조정기능을 점차 확대해 가고 있다.

결국 배치와 조정의 매트릭스 내에 있는 전략 중 어떤 것을 선택하여 실행하는가 하는 것은 어떤 전략이 자사의 국제적인 경쟁우위를 확보하는데 효과적인가에 따라서 결정된다고 할 수 있다. 따라서 자사에게 가장 유리한 전략을 선택하기 위해서는 가치활동의 지역적 집중에 따른 장단점과, 분산된 가치활동의 조정 및 통제에 따른 장단점을 이해해야 한다. 이러한 장단점을 잘 인식하고 기업 및 산업특성에 알맞게 가치활동을 전 세계에 배치 및 조정하여 글로벌전략을 수립하는 것이 중요하다.

4 글로벌전략의 수립

4.1 글로벌전략의 수립절차

글로벌전략을 수립하는데 있어서 중요한 점의 하나는 글로벌전략의 수준을 적절하게 유지하는 것이다. 먼저 글로벌전략의 수준을 산업의 글로벌화 잠재력에 부합하게 하는 것이 중요하다. 만약 산업의 글로벌화 잠재력이 상당한데도 불구하고 전략의 글로벌수준이 낮을 때 해당기업은 글로벌전략을 통해 누릴 수 있는 이점을 상실하게 된다. 반대로 산업의 글로벌화 잠재력은 낮은 데도 불구하고 전략의 글로벌수준이 높은 기업의 경우에는 현지시장에 적절하게 적응하지 못한 관계로 현지시장에서 전략적으로 불리한 입장에 처할 수 있다.

그러나 글로벌전략의 수준은 산업의 글로벌화 잠재력에 의해서만 좌우되는 것은 아니

[그림 10-4] 글로벌전략의 분석절차

자료 : George S. Yip, *Total Global Strategy* (Prentice-Hall, 1992), p.243.

다. 전략수립에 있어서 기업외부환경과 아울러 기업내부환경도 영향을 미치기 때문이다. 기업이 보유한 자원의 한계, 현지자회사를 서로 독립적으로 운영해온 오랜 역사, 조직내부의 변화에 대한 저항 등은 글로벌전략의 선택에 어려움을 줄 수 있다.

[그림 10-4]는 기업이 글로벌전략을 실제적으로 수립하고 분석할 때 적용할 수 있는 절차를 나타내고 있다. 이 그림에 제시된 절차는 기업 전체뿐만 아니라 광의의 사업이나 협의의 사업에 대한 글로벌전략의 분석에도 이용될 수 있을 것이다.

(1) 글로벌팀의 구성

글로벌전략의 성공을 위해 절대적으로 필요한 것은 서로 다른 기능부서나 지역에서 근무하는 경영자를 전략수립과 분석과정에 참여시키는 일이다. 글로벌팀의 구성은 다음에 열거한 사람들로 구성하는 것이 바람직하다. 특히 글로벌전략의 경우에는 이들 중에서도 지역이나 국가를 대표하는 경영자들의 참여를 더 중시하여야 할 것이다.

① 전 세계적인 사업을 책임지고 있는 경영자

② 시설이나 인원을 공유하고 있는 관련사업의 상급경영자

③ 기업의 고위경영자

④ 주요 지역이나 국가의 총책임자

⑤ 핵심 기능부서의 책임자

(2) 사업의 정의

글로벌전략 수립에 있어 사업정의는 중요한 과정이다. 글로벌전략 분석은 사업전반을 대상으로 하는 경우보다는 사업의 일부분을 대상으로 할 때 더 효과적이다. 전통적으로 사업정의는 제품, 이용기술, 고객의 3개 차원에서 주로 이루어졌다. 그러나 글로벌전략 수립의 경우에는 여기에 지역이 한 차원으로 추가되어야 한다. 사업정의를 할 때 지역차원을 추가함으로써 어떤 사업이 글로벌한 과제에 직면하고 있고, 이를 해결하기 위해 글로벌전략을 필요로 하고 있는가를 확인할 수 있다.

(3) 주요 시장의 확인

글로벌팀은 시간과 비용상의 제약 때문에 사업활동이 이루어지고 있거나, 앞으로 이루어질 수 있는 모든 국가에 대해 정보를 수집하고 분석하는 것은 어려움이 있다. 이런 어려

움을 줄이는 하나의 방법은 단계별 접근이다. 1단계에서는 지역별로, 2단계에서는 국가별로 정보를 수집하고 분석하는 방식이다. 글로벌전략의 경우 주요 시장에는 시장규모가 큰 국가, 해당 기업이 큰 규모의 사업을 운영하고 있는 국가, 그리고 전략적으로 중요한 국가가 포함된다.

이런 평가기준에 의해 주요 시장이 확인된 후 글로벌팀은 각각의 국가시장에 대해 다음 사항에 관한 정보를 수집할 필요가 있다.

① 시장규모
② 제품수명주기 단계
③ 글로벌경쟁자의 수
④ 지역단위 경쟁자의 수
⑤ 현지경쟁자의 수
⑥ 산업별 수출비율
⑦ 산업별 수입비율
⑧ 현지부품사용 의무비율
⑨ 노동비
⑩ 정부구매의 비중
⑪ 현지 및 외국기업에 대한 세율
⑫ 외국인 지분의 허용비율

(4) 주요 경쟁자 확인

글로벌팀은 주요 경쟁자를 중심으로 경쟁기업을 분석할 필요가 있다. 특히 글로벌팀이 중점을 두고 분석해야 하는 경쟁자는 글로벌경쟁자, 글로벌경쟁자는 아니지만 주요 시장에 본사를 두고 있는 대규모 경쟁기업, 그리고 잠재적인 글로벌경쟁자들이다. 글로벌팀은 이들 경쟁기업들의 시장점유율, 가격, 원가, 품질에 대한 정보를 수집하고 분석하여 비교표를 작성한다.

(5) 핵심전략에 대한 체크

글로벌전략을 분석하는데 있어서 글로벌팀이 사업의 핵심전략을 알고 있어야 도움이 된다. 특히 지역 또는 국가단위로 사업의 핵심전략을 체크하는 것은 지역 또는 국가별 핵심전략의 차이를 비교하는데 도움을 준다. 핵심전략의 구성내용은 다음과 같다.

① 사업정의
② 사업방향
③ 재무적인 성과목표
④ 경쟁우위의 원천
⑤ 가치활동별 전략의 본질
⑦ 가치활동의 입지
⑧ 경쟁전략

(6) 국가선택에 대한 체크

전통적으로 진입시장의 선택은 진입시장 그 자체의 매력도를 평가기준으로 하여 이루어졌다. 그러나 글로벌전략을 분석하는 경우 국가시장 그 자체의 매력도뿐만 아니라 그 국가시장이 글로벌전략에 있어서 차지하는 전략적 중요성과 사업간의 시너지효과에 대한 잠재력도 평가기준에 포함되어야 한다. 글로벌팀은 다음의 절차에 따라 국가선택을 평가하는 것이 도움이 될 것이다.

① 분석대상의 국가 및 지역 확인
② 국가매력도, 전략적 중요성, 시너지효과의 측정항목의 개발
③ 각각의 측정항목에 대한 가중치 부여
④ 측정항목별로 국가 및 지역의 점수 부여
⑤ 지역 및 국가별 총 점수 계산
⑥ 국가위험에 대한 조정 후 지역 및 국가별 총 점수 계산

(7) 산업의 글로벌 장재력 평가

글로벌팀은 산업의 글로벌화 잠재력의 평가를 2단계에 걸쳐 실시할 필요가 있다. 1단계에서는 산업의 글로벌화 잠재력을 평가하는 항목을 개발하고 집단논의를 통해 잠재력을 평가한다. 2단계에서는 해외자회사나 기능부서의 책임자들이 이를 확인할 수 있도록 문서화한다. 또한 글로벌팀은 산업의 글로벌화 잠재력이 어느 수준의 글로벌전략을 가능하게 하는가를 확인해야만 할 것이다. 산업의 글로벌화 잠재력을 평가하는데 이용될 수 있

는 주요 측정항목은 다음과 같다.

① 전 세계적으로 소비자 욕구가 유사한 정도
② 전 세계시장규모에 대한 최소 효율생산규모의 비율
③ 누적생산에 따른 단위생산비용의 하락률
④ 최고 원가생산국과 최저 원가생산국간의 생산원가의 차이
⑤ 신제품의 총 개발비용
⑥ 제품의 시장수명주기
⑦ 관세부과 전후 판매가격의 차이
⑧ 수입시장이 봉쇄되어 있는 전 세계시장의 비율
⑩ 전 세계시장규모에 대한 수출비율
⑪ 전 세계시장규모에 대한 수입비율
⑫ 글로벌경쟁자의 본국이 속한 지역의 수
⑬ 경쟁자의 글로벌전략 수행수준

(8) 글로벌전략의 가능성평가

글로벌전략의 가능성에 대한 평가는 실제적인 면에서 뿐만 아니라 잠재적인 면에서도 이루어져야 한다. 글로벌전략의 잠재적인 가능성을 평가하는데 있어서 다음의 세 가지 측면이 기본적으로 고려되어야 할 것이다.

① 글로벌전략의 수행에 따라 발생하는 잠재적인 이익에 대한 분석
② 산업의 글로벌화에 영향을 미치는 요인에 대한 분석
③ 경쟁기업이 수행하고 있는 전략에 대한 분석

한 예로서 제품표준화의 경우를 생각해 보자. 제품표준화 여부를 결정하기 위해서는 제품표준화에 따라 나타나는 잠재적인 비용절감에 대한 분석이 이루어져야 할 것이다. 만약 어떤 기업이 전 세계적으로 판매되는 제품의 수를 33%까지 줄였을 때 절약되는 비용이 매출액의 10%에 해당한다고 가정해 보자. 세금부과 전 마진율이 8%인 이 기업의 경우에는 제품표준화를 실행하는 것이 무방하다고 볼 수 있다.

(9) 조직능력의 평가

조직 및 관리요인은 글로벌전략이 얼마나 잘 수립되고 수행되는가에 있어서 상당한 영향을 미친다. 따라서 글로벌전략의 분석에 있어서 조직의 능력(organizational capability)에 대한 평가는 필수적이다. 글로벌전략에 부합하는 조직특성을 요인별로 살펴보면 다음과 같다.

① 조직구조

- 전 세계적으로 권한의 집중화
- 국내와 해외를 구분하지 않음
- 지역이나 기능부서보다는 사업에 우선순위

② 관리과정

- 광범위한 조정과정
- 기술의 전 세계적인 공유
- 글로벌전략 정보시스템
- 글로벌전략 기획, 예산편성, 성과평가, 보상

③ 인재

- 여러 국가 근무경력
- 빈번한 해외여행
- 본사의 외국인 채용

④ 조직문화

- 글로벌 아이덴티티(identity)
- 지구중심적 사고
- 상호의존적인 문화

(10) 글로벌 프로그램의 개발

글로벌전략 분석의 마지막 절차는 글로벌 프로그램에 대한 수행계획을 상세하게 규정하는 단계이다. 앞서의 분석절차들은 글로벌 프로그램을 확인하는 과정이기 때문에 이를 수행에 옮기기 위해서는 각각의 글로벌 프로그램에 대한 세부계획이 개발되어야 한다. 글로벌 프로그램에 대한 세부계획에는 프로그램의 책임자, 프로그램의 수행마감일자, 프로그램의 수행에 따른 잠재적인 이익과 비용, 목표, 세부전략 등이 포함되어야 할 것이다.

4.2 글로벌배치전략

(1) 글로벌배치우위전략

기업의 경영기능을 어디에 배치시키고, 각각의 배치에서의 경영기능을 어떻게 조정하느냐 하는 것은 글로벌전략에 있어서 매우 중요한 선택이다. 연구개발, 생산, 고객 서비스에 이르기까지 부가가치창출을 위한 기업 내 각각의 기능적 활동은 모두 글로벌화의 대상이 된다.

전통적으로 다국적기업은 활동배치의 선택에 있어 두 가지 대안을 가지고 있다. 하나의 대안은 다국적기업이 다양한 국가에서 동일하고 서로 중복되는 활동을 수행하는 것이다. 이것은 가장 고전적인 다국적기업의 전략형태로서 동일한 생산공장을 여러 나라에 중복적으로 세우는 것이다. 다른 하나의 대안은 다국적기업의 활동을 본국에 집중시키는 것이다.

가) 연구개발활동의 글로벌배치

글로벌연구개발 전략은 개별국가 시장보다 전 세계시장을 염두에 두고 수립되어야 한다. 과거 대부분의 다국적기업은 연구개발활동을 수행함에 있어서 전 세계시장을 염두에 두었다기 보다는 본국 시장이나 특정 외국시장을 주된 목표로 하였다. 연구개발활동의 배치와 관리는 연구개발의 글로벌기능을 어떻게 잘 수행하느냐에 중요한 영향을 미친다. 많은 최고 경영자들이 연구개발활동을 최종소비시장에 배치시킴으로써 그 시장에 가장 적합한 활동을 할 수 있을 것으로 생각한다. 그러나 글로벌전략의 관점에서 이러한 생각은 다음과 같은 몇 가지 다른 필요성과 균형을 맞출 필요가 있다.

① 글로벌연구개발은 지구상의 어떤 곳이든 필요한 정보와 지식을 얻을 수 있는 곳에 배치해야 한다.

② 글로벌연구개발에 있어서는 필요한 지식이 연구개발활동의 본부에 효과적으로 전달될 수 있어야 한다.

③ 연구개발활동의 본부는 이러한 지식이 적재적소에 활용되도록 해야 한다.

④ 지리적 근접성의 이유에서가 아니라 전략적 필요에 의해 우선순위를 결정하는 절차

가 있어야 한다. 그렇지 않으면 연구요원들은 멀리 떨어진 경영자보다 그들이 자주 접하는 경영자를 위한 연구과제에 우선순위를 두게 된다.

⑤ 글로벌연구개발에 있어서는 주요 국가시장의 고객수용에 부합하는 글로벌제품을 개발할 능력을 갖추어야 한다.

이상의 글로벌연구개발에 대한 요구들은 최소한의 규모를 달성해야 한다는 필요성과 균형을 이루어야 하는데, 물론 이러한 규모의 경제는 산업에 따라서 차이가 있다. 따라서 각 산업에 있어서 규모의 경제 등 글로벌화의 유인을 분석하고, 이러한 요구들에 부합하기 위해서 연구개발활동의 배치를 어떻게 정하고 관리해야 할 것인가를 결정해야 한다.

나) 제조활동의 글로벌배치

제조활동은 제품 및 공정기술의 개발, 생산시설 및 공장설비의 건설, 제조정보시스템의 유지, 원자재의 유입과 유출관리, 품질 및 신뢰도수준의 유지, 생산계획, 실제 생산활동의 관리 등 다양한 활동을 포함한다. 이러한 활동은 전형적으로 서로 가까이에서 이루어져야 하기 때문에 제조활동의 배치결정은 이러한 활동을 일괄적으로 포함할 수 있도록 주어져야 한다. 그럼에도 불구하고 특정활동이 다른 활동으로부터 분리될 수 있는 한, 그 활동에 대한 배치전략은 달라질 수 있다.

해외제조활동의 유리한 점으로는 해외고객과의 관계증진, 시장에의 근접, 현지의 이동불가능한 생산요소 및 기술적 요소의 이용, 수송비의 절감, 관세 및 비관세장벽의 회피, 현지국 정부의 요구 충족, 특정국가에 특유한 위험의 회피, 경쟁의 선점 등을 들 수 있다. 한 나라가 글로벌전략적으로 중요한 제조·배치에 해당되기 위해서는 비교우위와 경쟁우위를 살릴 수 있는 다음과 같은 여건을 가지고 있어야 한다.

① 유리한 부존생산요소
② 주요 시장과의 근접성
③ 유리한 원산지효과
④ 주요 글로벌경쟁자의 제조활동 입지

저렴한 비용의 천연원료나 숙련된 노동력 등과 같은 생산요소들은 한 나라를 다른 나라에 비해 비교우위를 갖게 하는 전통적 우위요인들이다. 주요 시장에의 근접성은 수송비를 낮출 뿐만 아니라 시장요구에 신속한 반응을 가능하게 함으로써 전략우위 혹은 비교우위를 갖도록 하기 때문에 일종의 생산요소의 우위로 간주될 수 있다.

몇몇 제품의 범주에 있어서 기술혁신에 앞장서거나, 고품질의 제품을 생산하거나, 매우 까다로운 고객을 가지고 있는 나라는 대체로 원산지 효과에 있어 유리한 나라가 된다. 글로벌경쟁자들이 한 나라 안에 이미 존재할 때 서로간의 경쟁과 모방을 통해 그 나라 안에 있는 모든 경쟁자의 생산능력이 높아지는 것이 일반적이다. 따라서 가치활동의 배치라는 관점에서 글로벌전략은 한 마디로 배치우위를 확보하기 위한 전략적 결정이라고 할 수 있다.

(2) 자금 포트폴리오전략

자금 포트폴리오전략은 기업의 전사적 목표를 이루기 위해 그 기업의 다양한 사업단위에 있어서의 자원의 할당과 재분배를 행하는 전략이다. 효율적인 글로벌전략을 마련하기 위해서는 개별시장의 전략적 중요성을 평가하여야 하고, 이에 입각하여 각 시장에 대한 포트폴리오관리가 필요하다.

포트폴리오전략을 수립하는 단계는 크게 4단계로 구분할 수 있다. 첫째 단계는 기업의 사업단위를 구분하는 것으로 기업의 포트폴리오전략을 수행하는 조직적 단위체, 즉 전략사업 단위를 구분하는 일이다. 둘째 단계는 현재의 포트폴리오균형을 위험, 현금흐름, 성장과 같은 기준에 의해 평가하는 것이다. 셋째 단계는 현재 사업단위 간의 자원의 재분배, 즉 현재 사업의 철수 및 신규사업의 진입 등에 대한 미래의 포트폴리오가 바람직한 균형을 이루도록 한다. 넷째 단계는 위 세 가지 단계를 유지할 것인가, 아니면 기존의 새로운 전략사업단위 간에 자원을 재분배할 것인가를 결정해야 한다.

이러한 포트폴리오관리는 일찍이 Boston Consulting Group이 개발한 전략기법으로서, 개별시장의 전략적 중요성과 경쟁우위의 정도에 따라 [그림 10-5]에서 보는 바와 같이 크게 네 가지 범주로 구분하고 그 글로벌기업의 여러 해외자회사를 배치시켜 본 것이다.

[그림 10-5] 포트폴리오 매트릭스

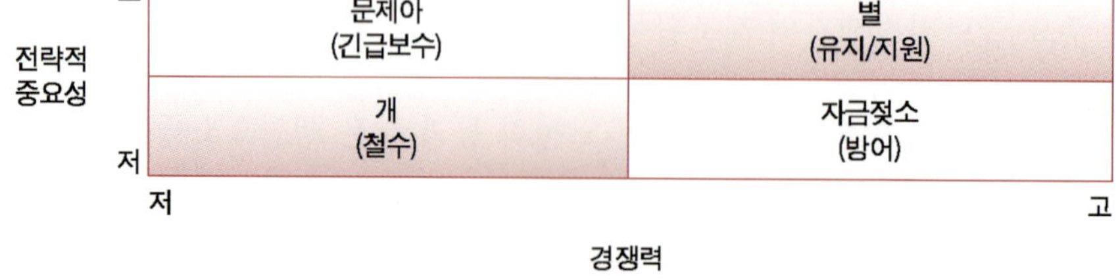

전략적 중요성	경쟁력 저	경쟁력 고
고	문제아 (긴급보수)	별 (유지/지원)
저	개 (철수)	자금젖소 (방어)

경쟁력

자금젖소(cash cow)인 시장은 현지에서의 경쟁력이 높으나 전략적 중요성 또는 성장가능성이 낮은 시장을 의미한다. 이러한 시장에서는 이미 갖고 있는 제품을 활용하여 매출액을 증대시키고 수익을 증가하는 것이 최선의 방법이다. 이에 비해 현지에서 경쟁우위도 강하고 현지시장의 중요성이 강한 시장은 이른바 별(star)로서 이 시장에는 계속적으로 투자하여 경쟁력을 유지하는 것이 필요하다. 한편, 경쟁우위도 낮으며 전략적 중요성이 낮은 시장은 개(dog)로서 이 시장에서는 철수를 검토하여야 한다. 또한 전략적 중요성이 높은 시장이나 현지에서의 경쟁우위가 없는 문제아(problem child)의 경우에는 이에 적극적으로 투자하여 경쟁우위를 높이는 방법을 고려하여야 한다.

결론적으로 이러한 글로벌포트폴리오 전략의 선택과정은 기업사명의 달성을 위해 한정된 자원을 어디에 투입하는 것이 좋을지를 결정하는 것이다. 즉, 어느 대안이 자원의 활용에 있어 가장 유리하며 장기적이고, 전반적인 기준에서 가장 많은 유효성을 지니고 있는지를 평가하는 것이다. 뿐만 아니라 이러한 전략은 실행가능성을 원칙으로하여 환경변화에 따른 적합성과 적시성을 지니고 있어야만 한다.

4.3 글로벌시장진입전략

(1) 진입시점에 따른 전략

해외시장에 진입할 때 국제기업은 자사의 경쟁력을 경쟁기업과 비교하여 경쟁위치를 결정하게 된다. 이 경우에는 선점전략, 대응전략, 적소전략의 대안이 있다.

선점전략은 선도자우위를 획득하기 위하여 경쟁이 발생하기 전에 시장에 진입함으로써 지배적 위치를 선점하는 것을 목표로 한다. 이는 새로이 진입하려는 기업들에게 진입장벽으로 작용하게 된다. 선점전략은 대량소비재와 같이 유통채널의 확보가 시장침투의 관건이 되는 산업에서 특히 유용하다. 또한 제품이나 서비스가 경쟁자로부터 크게 차별화되어 있는 혁신제품일 경우 선점전략은 바람직한 시장진입전략이 될 수 있다.

대응전략은 주요 경쟁자가 이미 진출해 있는 시장에 진출할 때 현지에서의 시장지배력 확보를 위해 적극적으로 선도기업을 공격하는 것을 목표로 한다. 특히 이러한 대응전략은 기업들의 글로벌전략의 일환으로 세계적 시장지배력의 구축을 위해 대규모시장, 경쟁기업의 모국, 기술혁신이 발생하는 시장 등 전략시장으로의 진출을 위해 이용된다.

적소전략은 경쟁이 치열하지 않은 시장에 먼저 진출함으로써 경쟁을 회피하면서 장기적으로는 주요 경쟁자에 대응하기 위한 경험을 쌓는 것을 목적으로 한다. 적소시장의 표적화는 소규모기업에 특히 적합한데, 이는 소규모기업의 경우 투자재원이 제한되어 있기 때문이다. 적소시장을 찾고 개발하는데 있어 풍부한 투자재원보다는 신축성이라는 요소가 보다 절실히 요구되는 점이다.

(2) 시장진입 속도에 따른 전략

주어진 예산으로 목표를 달성하기 위해서 국제사업 담당자는 상이한 시장들 간에 마케팅노력을 효율적으로 배분하여야 한다. 이러한 맥락에서 시장진입 속도에 따른 전략으로는 시장다변화전략과 시장집중화전략의 두 가지 상반된 전략으로 구분할 수 있다.

시장다변화전략은 다수의 시장에 신속하게 침투하는 것을 목표로 마케팅노력을 이러한 시장국들에 적절히 배분하는 전략이다. 시장집중전략은 초기에는 기업의 자원과 마케팅노력을 소수의 시장에 집중시키다가 새로운 시장영역으로 점진적으로 확대해 나가는 전략이다. 따라서 해외시장 진출 초기에는 시장집중전략을 취하는 기업이 시장다변전략을 추구하는 기업보다 시장의 수요가 적은 것이 보통이다.

그러나 어떠한 전략을 택하더라도 장기적인 관점에서의 최적시장의 수는 서로 비슷해질 것이다. 이는 시장다변화전략을 추구하는 회사도 수익성이 나쁜 시장에서는 결국 철수하게 되고, 반대로 시장집중전략을 채택한 회사도 단계적으로 시장의 수요를 늘려 나가게 되기 때문이다.

4.4 글로벌경쟁전략

(1) 본원적 경쟁전략

전 세계시장을 대상으로 사업활동을 영위하는 국제기업들은 격화되는 세계경쟁 속에서 자사만의 독특한 경쟁우위를 확보하는데 중점을 둔다. 포터(M. E. Porter)가 제시한 본원적 경쟁전략(generic competitive strategy)의 핵심은 'Where to play and how to win'을 파악하는데 있다. 그는 다음 질문에 답하는 과정에서 [그림 10-6]에서 보는 바와 같이 네 가지 경쟁전략이 나온다고 보았다.

[그림 10-6] 본원적 경쟁전략

경쟁범위		저원가	차별화
	광범위 시 장	원가우위전략 (cost leadership)	차별화전략 (differentiation)
	좁 은 시 장	원가집중화전략 (cost focus)	차별적 집중화전략 (differentiation focus)
		경쟁우위	

자료: M. E. Porter, *Competitive Strategy* (New York: The Free Press, 1980), p.39.

① **경쟁우위**(competitive advantage) : 낮은 비용에 바탕을 둘 것인가(원가집중화전략), 아니면 제품과 서비스를 다양화하여 비용이 아닌 서비스나 제품의 질을 바탕으로 하여 경쟁을 할 것인가(차별화전략)?

② **경쟁범위**(competitive scope) : 주요 경쟁자들과 광범위한 모든 시장에서 전면적인 경쟁을 할 것인가(원가우위전략), 아니면 안전하고 높은 수익을 올려줄 수 있는 좁은 시장에 집중하여 경쟁할 것인가(차별적 집중화전략)?

가) 원가우위전략

원가우위전략은 타사보다 저가격에 제품을 공급하는 전략으로서 규모의 경제(economy of scale)나 경험곡선(experience curve)의 활용, 독특한 기술, 유리한 원자재의 확보, 유리한 생산입지의 확보, 낮은 노무비 등을 바탕으로 원가우위를 확보할 수 있다.

그러나 원가우위전략은 한 산업 내에서 다수의 기업들이 이 전략을 실행할 경우 과다경쟁을 통한 장기적인 수익성 약화를 가져올 수 있으므로 이들 기업들간의 조정이 필요하다. 그리고 원가우위전략이라 하더라도 차별화를 무시할 수는 없다. 이는 구매자들이 자사의 제품을 다른 제품들과 동일하게 취급할 때 가격인하 자체가 차별화의 한 전략이라고 인식될 수 있기 때문이다.

나) 차별화전략

차별화요인은 경쟁기업이 쉽게 대응할 수 없는 차별화된 제품이나 서비스 제공을 통하여 고객에게 독특한 이미지를 심어줄 수 있는 기업의 원천을 말한다. 즉 뛰어난 품질, 유명한 상표명, 독자적 유통경로, 제품의 신뢰성과 혁신적인 제품 등이 해당된다.

차별화전략은 주로 소비자들의 인식에 근거를 두는 전략으로서, 구매자가 중요하다고 여기는 제품 속성을 선택해서 그 요구에 맞추어 스스로를 독특하게 차별화시키는 전략을 실행할 수 있으며, 이를 통하여 가격할증의 형태로 보상을 받는 것이라 할 수 있다.

차별화의 방법은 각 산업마다 다소의 차이가 있으며, 제품과 운송시스템, 마케팅 접근 방법과 그 밖의 다른 요소 등 광범위한 영역에서 소비자에게 차별성을 심어주면 된다. 그리고 차별화 기업이라 하더라도 원가를 무시할 수는 없는 것이며, 차별화를 추구한다 하더라도 차별화에 영향을 미치지 않는 범위 내에서 원가를 절감시키려는 노력이 필요하다.

다) 집중화전략

집중화전략은 특정 산업내의 좁은 영역 내에서 자신만의 차별화전략과 원가우위전략을 유지하는 전략을 말한다. 이는 전체산업이 아닌 목표산업 및 시장범위 내에서만 집중적인 노력을 추구하는 전략을 지칭한다. 이러한 집중화전략은 기업의 내부자원이 부족한 기업들이 자신의 우위부문에 집중투자를 통한 효율성을 추구하는 전략이라 할 수 있다.

원가집중화전략은 목표시장에서 원가우위를 추구하는 것으로서 세분시장 내에서 원가행동의 차이를 이용하는 전략을 의미한다. 차별적 집중화전략은 목표시장 내에서 자신만의 차별성을 추구하는 것으로서 세분시장내의 구매자의 특별한 욕구를 이용하는 전략을 말한다.

(2) 경쟁범위에 따른 전략대안

경쟁범위는 기업이 경쟁하는데 있어서의 활동 폭을 의미하는데, 포터(M. E. Porter)는 [그림 10-7]에서 보는 바와 같이 지리적 범위와 시장의 범위에 따라 네 가지 전략을 제시하고 있다. 지리적 범위에는 전 세계를 대상으로 경영활동을 수행할 것인지(범세계적), 아니면 특정지역의 특정국가에서 수행할 것인지(개별국가 중심)로 구분할 수 있다. 시장의 범위에

[그림 10-7] 경쟁범위에 따른 글로벌경쟁전략

시장 범위		범세계적	개별국가 중심
	다수의 세분시장	범세계적 저원가전략/차별화전략	보호된 시장침투전략
	소수의 세분시장	범세계적 세분화전략	현지시장 적응전략
		지리적 범위	

자료: M. E. Porter, *Competition in Global Industries* (Boston: Harvard Business School Press, 1986), p.46.

는 해당산업에 존재하는 모든 세분시장에 제품을 제공할 것인지(다수의 세분시장), 아니면 특정세분시장에만 제품을 제공할 것인지(소수의 세분시장)로 구분할 수 있다.

가) 범세계적 저원가전략/차별화전략

범세계적 저원가전략/차별화전략(global cost leadership or differentiation)이란 광범위한 제품라인에 걸쳐 국제기업들과 경쟁하기 위해 기업가치활동을 지역적으로 집중하며 또한 가치활동을 강력하게 통제하는 형태의 전략이다. 즉, 개별시장을 독립된 개개의 시장으로 보지 않고 하나의 범세계적 시장으로 보고 전략을 수립한다. 이는 범세계적 관점에서 경쟁 및 시장기회를 파악하며 표준화를 통한 규모의 경제, 범위의 경제를 추구하고 글로벌소싱(global sourcing)도 추구한다. 예를 들면 광범위한 제품을 출하하면서 Toyota처럼 저원가전략에 의존하는 기업도 있고, IBM과 같이 차별화전략에 의존하는 기업도 있다.

나) 범세계적 세분화전략

범세계적 세분화전략(global segmentation)이란 자동차산업의 Mercedes Benz와 특정 세분시장을 대상으로 하여 범세계적 경쟁전략, 즉 기업의 자원이 한정되어 있을 경우 범세계적 시장의 특정시장을 목표시장으로 하는 전략이다. 이 전략은 보통 글로벌화 초기단계에서 수행되는데 비교적 자원능력이 제약된 소규모의 다국적기업에 적합한 전략일 뿐만 아니라, 대개 순수국내기업이 장차 범세계적 저원가 또는 차별화전략을 추구하는 세계기업으로 도약하기 위한 첫 번째 단계에 해당한다.

다) 보호된 시장침투전략

보호된 시장침투전략(protected markets)이란 관세, 쿼터, 수출자율규제, 보조금 등을 통하여 정책적으로 보호를 받는 산업 내에서 광범위한 세분시장을 대상으로 경쟁하는 전략이다. 이 전략은 각 나라 안에서의 경쟁이 서로 독립적인 산업, 즉 한 국가 안에서의 경쟁이 여타국가에서의 경쟁에 무관한 식품산업과 같은 산업에서 수행된다. 경쟁우위를 유지하기 위해서는 정부로부터의 지속적인 보호가 필요한데, 범세계적 경쟁이 현지정부의 정책적 간섭으로 인해 개별국가적 경쟁으로 변화되었기 때문에 일종의 지역적 적소전략이라고도 할 수 있다.

라) 현지시장 적응전략

현지시장 적응전략(national responsiveness)은 현지국의 독특한 시장상황으로 인하여 생겨나는 세분시장에 선별적으로 진출하는 전략이다. 즉, 각국의 현지시장의 불규칙한 수요에 부응하여 한정된 자원을 특정시장에 집중하는 전략이다. 특정국가 내의 특정수요가 어느 정도 클 때 그리고 제품, 유통경로, 마케팅 등의 면에서 국별 차이가 상당히 존재할 때 추구되는 제품별 적소전략이다.

(3) 시장점유율에 따른 전략대안

국제화된 산업에서 기업들은 자신의 강점을 활용하고 약점을 보완할 수 있도록 시장점유율에 중점을 두거나, 적소시장 침투에 중점을 두는 등 추구하는 목적에 따라 경쟁전략을 수립한다. 즉 범세계적으로 생산・판매하는 효과가 클수록, 국제적인 이미지와 평판이 높을수록, 자사 네트워크 내에 기술과 경험 등을 이동시킬 능력이 클수록 기업들은 시장점유율을 높이는 전략을 채택한다.

반면에 전문화를 통해 경쟁우위를 확보할 수 있는 경우에는 적소전략을 선택하게 된다. 그리고 국지적으로 경쟁범위를 한정하여 개별국가 특성을 최대한 활용할 수 있는 경우에는 국지적 전략을 사용하게 된다. 레온티아드(J. C. Leontiades)는 [그림 10-8]에서 보는 바와 같이 시장점유율과 경쟁범위에 따라 네 가지 글로벌경쟁전략을 제시하고 있다.

가) 범세계적 시장점유율 제고전략

시장이 범세계화 되고 있는 산업에서는 누가 빨리 시장점유율을 높이느냐에 따라 성패가 좌우되기 때문에 범세계적 시장점유율 제고전략(global high share strategy)이 매우 효과적이다. 예를 들면 RCA와 모토롤라와 같은 미국기업들이 TV산업을 형성하고 발전시켰지만 오늘날 미국에는 제니스(Zenith)를 제외하고는 미국계 TV생산기업은 하나도 없고 일본, 한국, 대만 등의 외국기업이 미국 TV시장을 장악하고 있다.

[그림 10-8] 시장점유율에 따른 글로벌경쟁전략

경쟁범위		시장점유율 고	시장점유율 저
	범세계적	범세계적 시장점유율 제고전략	범세계적 적소전략
	국지적	국지적 시장점유율 제고전략	국지적 적소전략

자료 : J. C. Leontiades, *Multinational Corporate Strategy* (Lexington, Mass.: Lexington Books 1987), p.53.

이는 미국기업이 자국시장에 안주하여 해외시장 개척을 등한시한데 비해, 일본기업들은 범세계적인 규모의 경제를 일찍이 간파하고 미국과 동남아를 비롯한 해외시장 개척에 역점을 두고 전 세계적인 시장점유율을 높였기 때문이다. 규모의 경제효과에 따라 일본 기업들은 제품단위당 원가를 저하시킬 수 있었고, 또한 시장점유율을 향상시킬 수 있었던 것이다.

세계적으로 시장점유율을 제고시키고자 노력하고 있는 기업들은 해당산업을 선도하고 있는 기업, 예를 들면 석유산업의 Shell, 컴퓨터산업의 IBM, 자동차의 GM, 가전산업의 Matsushita 등이라고 할 수 있다. 이들 기업은 시장점유율을 유지・제고시키기 위해 전 세계적으로 경영활동을 전개하고 있는데 그 특징을 살펴보면 다음과 같다.

① 전 세계시장을 대상으로 가격, 제품, 유통 등의 마케팅 계획이 수립되어 있으며, 특히 표준화를 지향한다.
② 해당산업을 전 세계적으로 리드하고 있으나 보통 다른 기업들과의 제휴보다는 독자적으로 사업을 운영하고자 한다.
③ 전 세계적인 네트워크를 형성하고 생산, 연구개발, 마케팅 등의 가치활동을 최적의 국가에 배치함으로써 단위당 원가를 최소화시킨다.
④ 절대적인 연구개발 및 마케팅 투자규모가 여타기업에 비해 월등히 높지만 시장점유율이 높기 때문에, 즉 판매규모가 절대적으로 크기 때문에 단위당 투자비용은 오히려 낮다.

나) 범세계적 적소전략

범세계적 시장점유율 제고전략을 채택할 수 있는 기업은 소수에 불과하므로, 범세계적 산업 내에서 활동하는 기업들은 대부분 특화된 세분시장을 목표로 하는 범세계적 적소전략(global niche strategy)을 추구한다.

특정세분시장을 목표로 범세계적 적소시장전략을 택하게 되면 현지시장을 목표로 하는 현지기업보다도 경쟁우위가 크다. 이는 시장이 세계화되면 적소시장 규모도 커져 규모의 경제 및 경험곡선효과가 크기 때문이다. 또한 범세계적 시장점유율 제고전략을 구사하는 거대기업들과도 직접적인 경쟁을 회피할 수 있을 뿐만 아니라, 세분시장에 대한 전문화를 통해 경쟁우위를 확보할 수 있다. 범세계적 적소전략의 특징을 살펴보면 아래와 같다.

① 시장규모가 큰 거대기업과의 정면대결을 회피하면서 특화된 세분시장에 집중한다.

② 일반적으로 가격경쟁이 민감하지 않은 전문영역을 선택한다. 예를 들면 기술, 제품, 지역, 생산단계, 제품수명주기, 고객 등에 따라 특화하여 경쟁우위를 유지한다.

③ 가치활동들의 각 부분에서 다른 기업과의 제휴를 광범위하게 추구함으로써 경쟁우위의 향상을 도모한다.

다) 국지적 시장점유율 제고전략

국지적 시장점유율 제고전략(national high share strategy)은 현지국가에 기초한 경쟁우위를 통해서 그 나라의 시장점유율을 높이는 것이 목표이다. 외국경쟁자들에 비해 낮은 비용으로 많은 양을 판매하기 위해 현지실정에 맞추어 마케팅 프로그램이 계획되고 수립된다.

이 전략을 추구하는 기업이 현지국가에서 이룩해 놓은 위치가 국가차원에서 규모의 이익을 얻는데 도움을 주고 있기는 하지만, 여전히 범세계적 기업과의 경쟁에는 취약하다. 따라서 관세 및 비관세장벽과 같은 국가적 진입장벽, 현지정부의 보조와 지원, 현지시장 정보에 대한 차단, 현지의 특수한 필요에 대한 신속한 대응 등을 최대한 이용함으로써 세계 경쟁자들과 대적한다.

라) 국지적 적소전략

국지적 적소전략(national niche strategy)은 세계적 및 국지적 경쟁자 모두에 대항하기 위하여 특정국가내에서의 전문화 이점을 활용한다. 특히 표적시장의 크기는 직접적인 경쟁자를 끌어들일 만큼 크지 않아야 한다. 이 전략을 추구하는 기업들 또한 국지적 시장점유율 제고전략을 구사하는 기업들과 마찬가지로 위에서 언급한 여러 진입장벽과 지원을 적극 활용한다. 따라서 국가시장 크기가 작을수록, 그리고 국가장벽이 높을수록 국지적 적소전략을 이용하게 된다.

4.5 글로벌소싱전략

(1) 글로벌소싱의 개념

소싱(sourcing)이란 토지 · 건물 · 기계 · 공구 · 비품 등 설비의 구입, 원재료 및 물품의 매입, 노동력 및 자본의 조달 등 경영자원의 구매활동을 말한다. 그러나 기계설비의 구입은 생산관리의 대상이 되고, 노동력의 조달은 노무관리의 대상이 되며, 자본의 조달은 재무관리의 대상이 되므로, 순수한 의미의 소싱은 원재료 및 물품의 구매활동이라고 할 수 있다. 아울러 소싱은 생산에 필요한 원재료 및 물품을 유리한 가격으로 필요한 시기에 적당한 공급자로부터 합리적으로 구입하기 위한 구매관리를 의미한다.

국제기업은 제품생산을 위해 필요한 원료 및 부품을 어떻게 조달할 것인가를 결정해야 한다. 기업들은 원가를 절감하고 품질을 향상시키는 방향에서 글로벌소싱을 추진한다. 재료비가 제조원가에서 차지하는 비중이 큰 제조업체의 경우 조달비용이 가장 저렴한 지역에서 원자재를 조달하는 것은 당연하다. 또한 인건비가 큰 비중을 차지하는 의류나 신발과 같은 노동집약적 업종들은 임금이 낮은 지역에서 부품이나 반제품을 조달하는 것이 유리하다.

GM사는 르망승용차를 생산하는데 있어서 단순화, 표준화, 전문화를 유지하면서 각종 부품을 자사의 해외자회사 또는 관계회사에 분업생산하여 상호 구매 및 공급하였으며, 포드사는 한국에서 자동차 부품을 구매하고 미국 내의 공장에서 이를 조립하여 미국이나 멕시코에 판매하였다. 이와 같이 글로벌화된 국제기업은 한 제품을 생산하기 위해 여러 곳의 공장을 이용하는 다국적 소싱전략을 취함으로써 경쟁우위를 견지해 나가고 있다.

오늘날 국제기업의 원부자재의 조달 · 생산 · 판매활동은 범세계적 차원에서 이루어지는데, 이들 활동을 합리적으로 관리하는 것은 글로벌경영을 성공으로 이끄는 중요한 요소가 된다. 그러나 글로벌소싱은 공급라인이 길어지고 재고수준이 높아지며 환율변동으로부터 영향을 받는다는 위험이 있기 때문에 주의를 요한다. 아울러 글로벌소싱은 언어, 거리, 문화, 관세 등을 고려하여야 한다.

(2) 글로벌소싱 시스템

글로벌소싱과 관련된 중요한 개념으로서 적시조달시스템(JIT: just-in-time system)이 있다. 이것은 부품을 미리 구매하여 대량으로 쌓아두던 종전의 방식과는 달리, 부품이 적시에 생산공정에 도달하게 하는 방식을 말한다. 이 제도를 통해 기업은 유휴재고를 줄여 자금부담 및 재고관리비용을 감소시킬 수 있다. 이 제도는 조달된 부품의 불량률이 매우 낮아야 하고 부품의 조달시간도 정확해야 한다는 전제조건을 필요로 한다.

그러나 해외로부터의 조달은 그 과정이 길어서 예기치 못한 사고로 인해 이 제도의 적용가능성이 희박해진다. 즉, 이 제도는 오히려 기업으로 하여금 재고부족 현상을 가져오게 한다. 보통 이 제도는 재고가 없는 것을 의미하지만 글로벌소싱은 위험을 해소하기 위해 재고수준을 높인다. 예를 들면 환율은 일반적으로 불확실한 요인을 갖고 있고 원가에도 직접 영향을 미치지만, 일정한 범위 내에서 기업은 안정된 공급원의 확보와 공급업자의 장기적인 관계유지를 위해 환율변동을 무시하기도 한다.

최근에는 운송기술의 발달, 고객중심의 서비스 제고, 로지스틱스(logistics) 개념의 활성화로 이 제도가 점차 확산되고 있다. 더글러스사(Douglas Aircraft Corp.)는 1985년부터 1991년까지 6년에 걸쳐 MD-82 항공기 25대를 중국에서 조립·생산할 때 이 제도를 이용하여 좋은 성과를 거두었다.

(3) 글로벌소싱 전략적 대안

글로벌소싱의 전략적 선택은 현지국의 수요, 입지상의 요인, 수송비, 규모의 경제, 정부의 규제 및 기타 요인에 의하여 현지공장의 생산을 결정할 필요가 있다. 이때 해외 현지의 제조 자회사가 직면하고 있는 구매상의 주요한 전략적 이슈로서 자체생산 혹은 타사구입의 결정문제(make or buy decision), 현지소싱 대 해외소싱의 문제(local sourcing versus overseas sourcing) 및 단일소싱 혹은 복수소싱의 문제(single sourcing versus multiple sourcing) 등 세 가지 차원에서의 기본적인 의사결정이 있다. 그리고 임차 대 매입(leasing versus buying), 소싱시기(purchases timing) 등의 제반영역에 걸쳐서 원재료, 부품 및 완제품의 범세계적 조달에 관한 전략적 선택을 필요로 하고 있다. 다국적기업의 소싱전략은 여러 가지 요인의 복합적 작용에 따라서 다음과 같은 선택대안을 제시할 수 있다.

가) 내부소싱과 외부소싱

내부소싱(in-house sourcing)은 원재료, 부품 및 중간재를 다국적기업의 공장에서 직접 제조하는 것이고, 외부소싱(out-sourcing)은 기업외부의 공급원으로부터 구입하는 것을 말한다. 이와 같은 내부소싱과 외부소싱, 즉, 부품이나 완제품의 자사제작 혹은 타사구입의 문제는 경쟁적 원가, 공급의 신뢰성, 품질의 균일성, 경험곡선과 규모의 경제, 장기적 기대수준, 고용문제, 잠재적 경쟁가능성, 생산설비의 전용성, 투자규모, 현지정부와 노동자 및 일반대중의 태도 등과 같은 제반요인에 의하여 결정된다.

나) 해외소싱과 현지소싱

해외소싱(foreign sourcing)은 원재료 부품 및 중간재를 본사를 비롯한 해외공급원으로부터 구매하는 것이다. 이와 관련하여 다국적기업과 현지국 정부 간에는 이해상충으로 인한 분쟁과 갈등을 일으키고 있다. 특히 국산화율의 문제를 둘러싼 양자 간의 상반된 태도는 여러 가지 장애요인이 될 수도 있다. 현지생산자회사는 품질향상과 코스트절감 등을 위하여 주요 원재료, 부품 및 기계류 등을 본국에서 수입하려고 할 것이다. 본국의 모회사 역시 그 자신의 수출증대를 위하여 이들 제품의 수출을 도모할 것이다. 반면에 현지국 정부는 자국의 부품산업육성과 국제수지개선을 위해서 다국적기업이 소요원자재 조달액의 일정 비율 이상을 현지공급원으로부터 조달해 주도록 요구하게 될 것이다.

다) 단일소싱과 복수소싱

단일소싱(single sourcing)이란 하나의 공급업체로부터 구매하는 것이고, 복수소싱(multitple sourcing)은 여러 공급업체로부터 구매하는 것을 말한다. 이와 같은 영역의 결정문제는 산업구매자의 목표, 공급자의 목표, 양자 간의 관계, 가격요건, 계약범위 및 기간, 구매자의 협상력, 구매자의 내부 및 외부소싱 구조 등에 따라서 전략적으로 결정되어야 할 것이다.

연습문제

1. 글로벌전략의 중요성에 대하여 설명하시오.
2. 표준화와 현지화의 압력에 대한 해결책은 무엇인지 설명하시오.
3. 통합-적응모형과 배치-적응모형의 차이점은 무엇인지 설명하시오.
4. 자금 포트폴리오전략의 핵심이 무엇인지 관련제품을 예로 들어 설명하시오.
5. 선점전략, 대응전략, 적소전략의 특징에 대하여 설명하시오.
6. M. E. Porter가 제시한 본원적 경쟁전략의 핵심은 무엇인지 설명하시오.

PART 4 국제기업의 관리

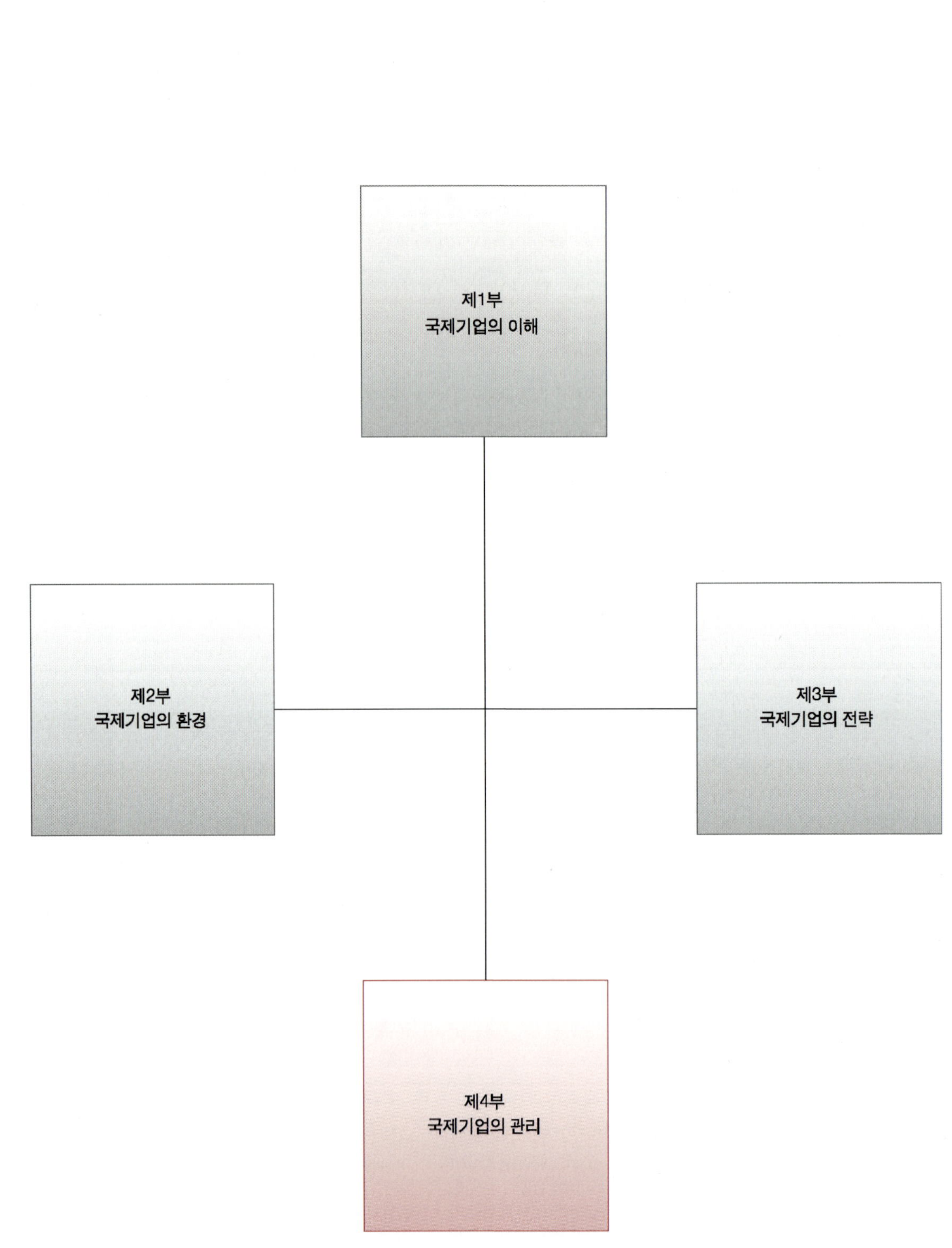
제1부
국제기업의 이해
제2부
국제기업의 환경
제3부
국제기업의 전략
제4부
국제기업의 관리

11 Chapter 국제마케팅관리

학습목표

국제마케팅의 개념에 대해 알아보고, 국제마케팅조사의 필요성, 주요 선택사항인 표준화와 적응화에 대하여 살펴본다. 다음으로 국제마케팅믹스관리와 국제인터넷마케팅에 대하여 학습한다.

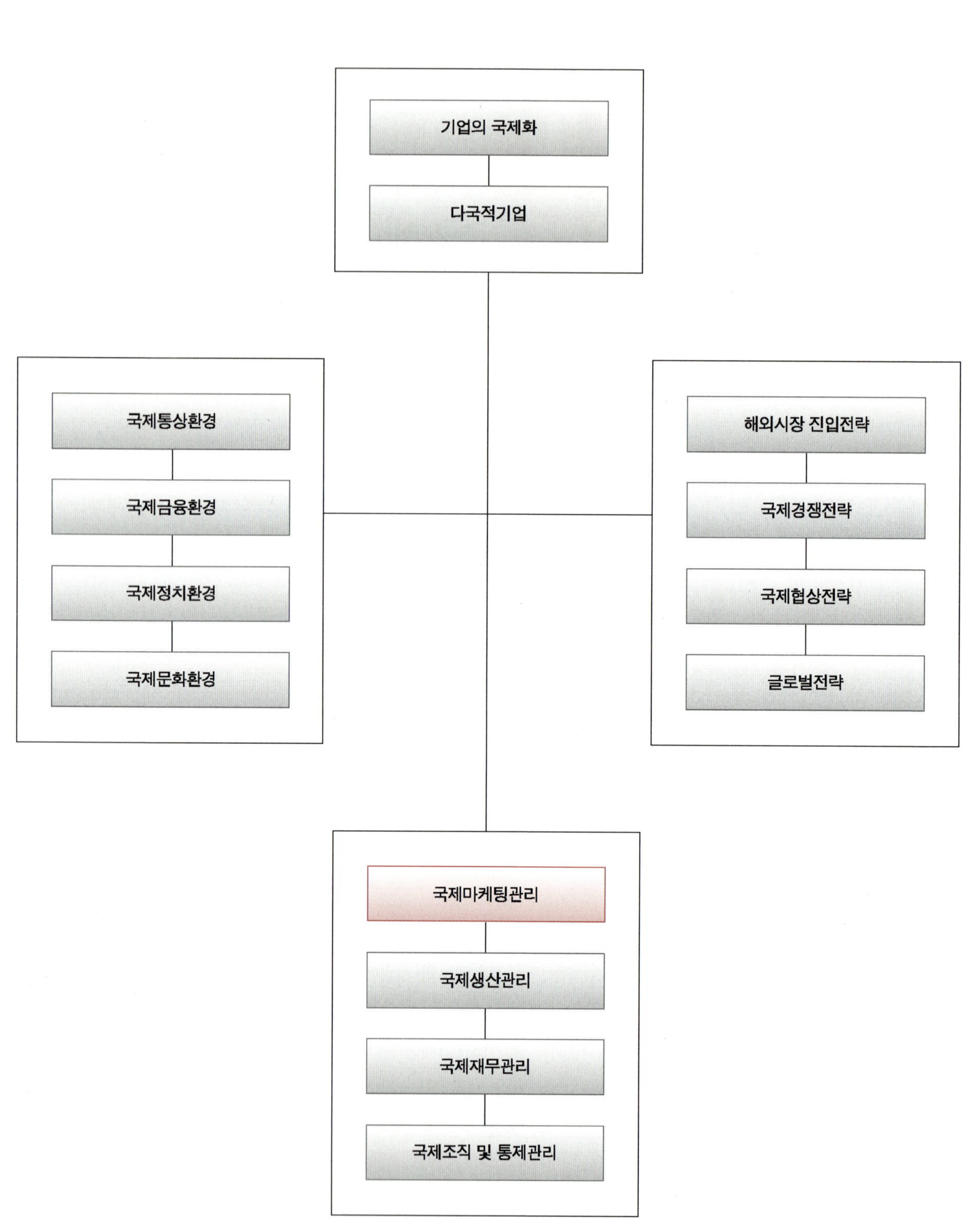

기업의 국제화
다국적기업
국제통상환경
국제금융환경
국제정치환경
국제문화환경
해외시장 진입전략
국제경쟁전략
국제협상전략
글로벌전략
국제마케팅관리
국제생산관리
국제재무관리
국제조직 및 통제관리

한국기업의 중국진출

지난 1일 중국 난징(南京) 올림픽스타디움에서 열린 삼성전자 폴더형 스마트폰 '신시톈샤(心系天下)-W2014' 공개 행사엔 5만명이 넘는 인파가 몰렸다. 이 제품 모델인 월드스타 청룽(成龍)을 포함해 중국의 장량잉, 대만의 차이이린(蔡依林), 싱가포르의 쑨옌즈(孫燕姿) 등 중화권 톱스타들이 총출동했다. W2014는 폴더형이지만 1300만 화소 카메라 등 최신 사양으로 무장한 스마트폰이다. 신시톈샤 시리즈는 작년 모델 가격이 2만위안(약 350만원) 정도로 초고가 제품이지만, 중국 사회지도층을 상징하는 아이콘으로 인식돼 품귀 현상이 빚어질 정도이다.

• 중국 사회지도층 공략하는 삼성 휴대폰

지난달 31일 오후 중국 상하이(上海) 중산베이루(中山北路)에 있는 초대형 쇼핑몰 '글로벌 하버(環球港)'. 사람들이 가장 많이 왕래하는 1층 북문 입구로 들어서자마자 '삼성전자 대형체험점'이 나왔다. 최신 스마트폰 제품인 '갤럭시노트3' 주변에 모여 기기를 직접 조작하며 구매 문의를 하는 쇼핑객으로 북적였다. 갤럭시노트3 판매가격은 5399위안(약 95만원)으로 중국 내 일반 대졸 초임(월 2000~4000위안)을 훌쩍 뛰어넘는다. 판매사원 투청씨는 "삼성 스마트폰은 고급 제품이라는 이미지가 강해 가격에 대해 거부감을 느끼는 손님은 거의 없다"고 말했다.

삼성전자도 1990년대 후반에는 저가(低價)의 중국 가전제품에 밀려 고전했다. 이때 시장점유율을 고집하지 않고, 고급 제품을 고가(高價)에 파는 프리미엄 전략을 택한 것이 이후 흐름을 바꿔놓았다. 특히 휴대폰은 중국 내에서 팔리는 각 회사 제품 중 최고가를 유지했다. 이런 전략은 수년 전부터 빛을 발하기 시작했다. 중국에서 휴대폰 업계 1위를 달리던 노키아를 무섭게 추격한 삼성은 지난해 스마트폰의 선전에 힘입어 처음으로 중국시장 휴대폰 시장점유율 1위 업체의 자리에 올라섰다.

• 프리미엄 이미지로 상하이 최고 명당 꿰찬 이랜드

'그랜드 게이트웨이(港匯廣場)'는 상하이 서부 도심인 쉬자후이(徐家匯) 지역에 즐비한 쇼핑몰 중에서 최고급으로 꼽히는 곳이다. 이 쇼핑몰 안에는 국내 의류업체 이랜드 브랜드 매장 13곳이 몰려 있다. 이랜드가 인수한 이탈리아 명품 수제화 브랜드 '수토 만텔라시'에서는 수제 악어가죽 구두를 7만 9000위안(약 1375만원)에 팔고 있었다.

이랜드는 지난 9월 푸둥(浦東) 금융가의 랜드마크 쇼핑몰인 정다광창(正大廣場) 8층에 1400㎡ 규모의 패밀리 레스토랑 '애슐리'도 열었다. 상하이 최고 관광지로 꼽히는 와이탄(外灘) 전경이 한눈에 들어오는 쇼핑몰 내 최고 '명당(明堂)' 자리를 꿰찬 것이다. 이랜드 중국법인 김만수 이사는 "중국 내 패션사업에서 다져놓은 프리미엄 이미지 덕분에 최고급 쇼핑몰에서도 가장 좋은 입지에 자리를 잡을 수 있었다"고 말했다.

국내에서 중·저가 브랜드인 이랜드가 중국에서 고급 브랜드로 자리를 잡는 데는 10년 이상이 걸렸다. 2000년대 초반부터 상하이의 최고급백화점에 매장을 열고, 고급 브랜드 이미지를 쌓은 전략이 주효했다. 2003년 중국 내 매장이 132개뿐이었지만, 현재는 40여개의 패션 브랜드를 운영하며 중국 전역에 6700여개 매장을 운영하고 있다. 지난해 중국에서 올린 매출만 2조원에 이른다. 최근에는 외식과 명품 브랜드로 사업을 다각화하고 있다.

• 파리바게뜨도 프리미엄 전략으로 성공 길 닦아

국내 최대 베이커리 체인인 SPC의 '파리바게뜨'도 중국에서 프리미엄 전략으로 성공한 기업에 속한다. 중국 전역에 124개 점포를 두고 있다. 파리바게뜨는 2004년 1호점부터 상하이의 최고급 주택가이자 외국인 밀집 지역인 구베이(古北)를 택했다.

매장 인테리어도 한국 업체에 맡겨 고급스럽게 하고, 빵 가격도 경쟁업체에 비해 10~20% 비싸게 책정하고 있다. 이런 전략 덕분에 파리바게뜨는 중국 내에서 스타벅스, 하겐다즈에 맞먹는 고급 브랜드 대우를 받고 있다.

유진석 삼성경제연구소 수석연구원은 "오리온 초코파이·락앤락·신라면 등 중국에서 성공한 한국 브랜드는 해당 제품군에서는 최고의 품질을 앞세운 프리미엄 제품"이라며 "첨단 기술과 최정상급의 서비스 역량을 발휘해야 중국 소비자의 마음을 얻을 수 있다"고 말했다.

• 조선일보, 2013.11.18

토의과제

1. 한국기업들이 중국시장에서 성공할 수 있었던 배경은 무엇인가?
2. 삼성, 이랜드, 파리바게뜨가 추구한 국제마케팅전략의 핵심은 무엇인가?
3. 향후 한국기업들이 중국시장에서 성공하기 위해서는 어떤 차별화전략이 필요한가?

1 국제마케팅의 개념

1.1 국제마케팅의 정의

국제마케팅의 개념을 이해하기 위해서는 먼저 국내마케팅, 즉 마케팅의 개념에 대한 이해가 필요하다. 왜냐하면 국제마케팅의 체계와 기본원리가 마케팅에서 비롯되었기 때문이다.

마케팅에 대한 정의는 학자에 따라 다양하지만 미국마케팅협회(American Marketing Association)의 정의에 의하면 마케팅이란 '개인 및 조직의 목표를 충족시키는 교환을 창출하기 위해 아이디어, 재화, 용역의 개념화, 가격, 촉진 및 유통을 계획하고 수행하는 과정'이다.

이러한 정의에 기초하여 국제마케팅의 개념을 정의하여 보면 국제마케팅(international marketing)이란 '개인 및 조직의 목표를 충족시키는 교환을 위해 해외시장에 개입하고 아이디어, 재화, 용역의 개념화, 가격, 촉진 및 유통을 국제적으로 계획하고 수행하는 과정'이다.

1.2 국제마케팅의 유형

국제마케팅은 기업의 해외시장개입 수준과 해외시장진입방식에 따라 수출마케팅, 해외마케팅, 다국적마케팅, 범세계적 마케팅 등 다양하게 분류된다.

(1) 수출마케팅

수출마케팅(export marketing)은 국제마케팅의 가장 원초적인 활동으로서 재화 및 용역의 국제간 이동을 주 대상으로 삼는다. 상품생산의 주요 기반은 국내에 있으며 다만 판매시장이 외국일 뿐이다. 기업은 적극적으로 기존제품의 해외판매를 추구하는 한편 해외판매자의 요구조건에 맞게 제품 및 마케팅절차 등을 조정한다.

(2) 해외마케팅

해외마케팅(foreign marketing)은 수출마케팅보다 진일보한 개념으로서 기술제휴, 합작투자 등 주로 해외시장에서의 현지생산 · 현지판매에 관련된 해외사업활동에 초점을 맞춘다. 따라서 국제마케팅관리자는 현지의 마케팅환경을 면밀히 분석하고 이에 적합한 마케팅전략을 수립하여 집행해야 한다.

(3) 다국적마케팅

다국적마케팅(multinational marketing)은 합작투자는 물론 단독투자에 이르기까지 세계전역을 통한 마케팅활동을 수행한다. 즉, 국제기업이 복수의 해외시장을 대상으로 수행하는 마케팅활동을 강조한다. 다국적마케팅관리자는 모든 국가의 마케팅프로그램을 하나의 효과적이고 통합적인 다국적마케팅활동으로 조정하는 업무를 수행한다. 다국적기업의 경영자는 국제마케팅활동의 통합과 조정을 통한 규모의 경제효과를 추구하게 된다.

(4) 범세계적 마케팅

범세계적 마케팅(global marketing)은 해외시장개입의 수준이 매우 높은 범세계적 기업의 마케팅활동에 초점을 맞추고 있다. 범세계적 기업은 본국시장과 외국시장의 구별이 없이 전 세계시장을 하나의 동질적인 시장으로 간주하고 표준화된 제품을 강조한다. 따라서 이 경우에는 다차원적인 기업조직과 경영철학이 요구된다.

1.3 국제마케팅의 특성

국제마케팅은 국내마케팅과는 달리 다음과 같은 특성을 지니고 있다.

첫째로 국제마케팅은 국경을 초월해서 기업활동을 수행한다는 점이다. 따라서 재화, 용역, 자본, 인력, 기술 등을 어떻게 효율적으로 이동시키느냐 하는 문제가 대두된다.

둘째로 해외시장에서 기업활동을 수행한다는 점이다. 따라서 국내시장 환경과는 상이하므로 해외시장 환경에 대한 분석과 아울러 외국소비자에 대한 연구가 필요하다.

셋째로 동질적이 아니라 이질적인 2개 이상의 해외시장에서 마케팅활동을 수행한다는 점이다. 따라서 시장간의 상호작용에 기초하여 마케팅전략의 국제간 조정과 통제가 필요하며, 이른바 글로벌전략을 구축하여야 한다.

결국 국제마케팅은 한 나라 안에서 마케팅활동을 수행하는 국내마케팅보다 더 많은 복잡성, 다양성, 위험성, 난이성 등이 존재한다고 할 수 있다.

2 국제마케팅조사

2.1 국제마케팅조사의 개념

국제마케팅조사(international marketing research)란 해외시장의 환경 및 동향에 대한 모든 자료를 수집 · 분석 · 평가하는 활동이다. 즉, 국제마케팅조사는 해외진출이나 해외자회사의 각 부문별 경영활동에 대한 광범위한 조사자료를 수집 · 분석하게 된다.

국제마케팅조사는 국제마케팅전략의 의사결정과정에서 보면 시장기회를 확인 · 평가하고 각 시장계층을 비교분석하는 단계에서부터 시작하여, 목표설정 · 시장참가 · 전체마케팅전략의 수립에 이르기까지 각 단계마다 의사결정전략의 수립 이전에 반드시 수행되어야 할 단계이며, 각 시안의 실행과 전체마케팅 효과분석에 따라 그 성과를 평가한 다음, 피드백단계에 이르기까지 반복해서 수행되어야 할 단계이다.

국제마케팅조사는 수시로 국제기업의 모든 조직을 통하여 연속적으로 정보가 수집 · 분석되어야 하기 때문에 본사에는 거대한 국제마케팅조사를 위한 전담기구가 설치되어야 한다. 따라서 국제기업 내에는 국경을 초월하여 각종 정보가 신속하게 상호교류되어 본사와 자회사의 의사결정전략을 뒷받침해 주어야 한다.

2.2 국제마케팅조사의 과제

국제마케팅조사의 핵심적인 과제는 [그림 11-1]에서 보는 바와 같이 해외시장 진출 여부, 해외시장 진출 및 방법의 선택, 국제마케팅믹스전략 등과 관련된 정보를 주로 수집하고 분석하는 것이다.

[그림 11-1] 국제마케팅조사의 과제

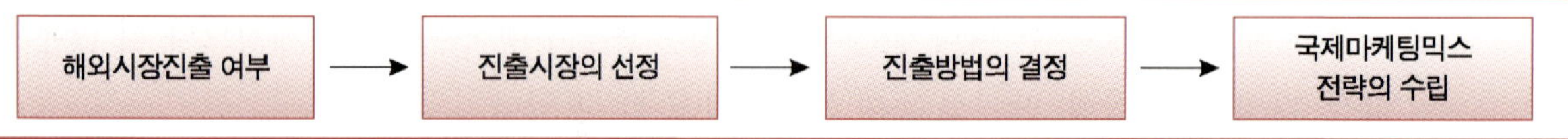

(1) 해외시장 진출 여부

국내경쟁의 격화, 국내시장의 포화, 국내시장 기회의 한계로 해외시장 진출을 시도할 경우 필요한 정보를 수집·분석하는 것으로서, 산업 및 기업의 국제경쟁력, 해외시장 진출기회 및 위협 등을 평가하여 해외시장 진출 여부와 진출수준을 결정하기 위한 조사가 이루어진다.

(2) 진출시장의 선정

현지시장진입 및 확대를 위해 필요한 조사를 행하는 것으로서 진출가능한 국가의 잠재수요, 현지시장에서의 경쟁구조, 현지국의 정치·경제상황 등에 대한 정보를 조사하게 된다. 즉, 대상제품의 수출입자료, 현지국의 생산과 소비, 현지국의 고급자와 경쟁자, 현지국의 정치안정도 등과 같은 자료를 수집·분석하여 최적진출시장 선택을 위한 정보를 수집한다.

(3) 진출방법의 결정

수출, 라이센싱, 단독·합작투자, 전략적 제휴 중 어떤 형태로 진출할 것인가를 결정하기 위해 표적시장의 규모, 관세 및 비관세장벽의 유무, 해외투자에 대한 현지정부의 혜택 및 규제조건, 정치적 성숙도 등을 조사한다.

(4) 국제마케팅믹스전략의 수립

국제마케팅믹스전략을 효율적으로 수행하기 위해 제품, 가격, 유통경로, 판매촉진 등 4P에 대하여 특정시장국을 대상으로 조사한다.

2.3 국제마케팅조사의 대상

국제마케팅조사시 파악하여야 할 대상은 다음과 같은 것들이 있다.

(1) 시장조사

① **정치** : 정치사정, 정치체제, 정치의 안정성, 정치형태

② **경제** : 경제사정, 경제체제, 경제의 안정성, 경제개발계획, 경제성장률, 경제조직, 주요 산업, 주요자원, 노동 및 고용사정, 경제 및 산업정책, 금융세제, 물가, 국민총생산, 1인당 국민소득, 통화의 안정성

③ **사회** : 인구수, 인구증가율, 인종별분포, 인구동태, 구매력인구, 생활수준, 종교, 문화, 언어분포, 교육수준, 수도・전력・가스 등의 사회공공시설, 노동력공급, 노동의욕, 사회보장제도, 국토면적, 기후, 풍토

④ **무역** : 국제수지, 수출입총액, 국별수출입통계, 주요상품별 수출입통계, 무역수지, 수출입제도, 허가방식, 외환관리제도, 수입국조세제도, 항만사정, 통상협정, 통상무역정책, 환시세, 무역관습

⑤ **상업** : 판매조직, 상품유통조직, 상업도덕, 조세윤리, 금리, 상품규격, 상표, 특허제도, 물품세, 판매세

(2) 고객조사

① **고객층의 조사** : 소비자의 지역별・소득별・계층별 분포, 구매능력

② **고개의 이미지조사** : 상표, 브랜드, 품질, 가격 등에 대한 이미지조사

③ **고객의 동기조사** : 제품구입, 기술도입, 기업합작 등에 대한 동기조사

④ **거래선의 조사** : 수입업자, 판매업자, 딜러, 실수요자, 기술제휴자, 플랜트제공자, 기업제휴자

(3) 상품조사

① 당해상품의 현재의 수요와 전망

② 당해상품의 특허 및 공업소유권관계

③ 당해상품의 시황, 환시세 등의 움직임

④ 현지국의 생산량 · 수입량 · 수출량 현황 및 전망
⑤ 현지국의 기존수입선의 수량별 현황 및 전망
⑥ 현지국의 생산품과 수입품의 품질비교
⑦ 현지국의 주요제품의 색상, 디자인, 규격, 포장
⑧ 경쟁품, 대체품, 유사품의 유무와 품질

(4) 가격조사

① 당해상품의 가격추이
② 현지생산품과 수입품의 가격비교
③ 시장별 · 소득계층별 가격구조
④ 관련상품과 대체상품의 가격
⑤ 계절, 유행에 따른 가격변동 추이

(5) 유통경로조사

① 시장기구조사
② 거래관습조사
③ 서비스조사
④ 직접 · 간접거래관계조사

(6) 판매촉진조사

① 경쟁사정 및 판매원조사
② 해외시장광고조사

2.4 국제마케팅조사의 과정

국제마케팅조사의 과정은 [그림 11-2]와 같은 절차로 진행되는데 조사가 효율적으로 수행되기 위해서는 각 단계별로 효과적인 관리가 이루어져야 한다.

[그림 11-2] 국제마케팅조사의 과정

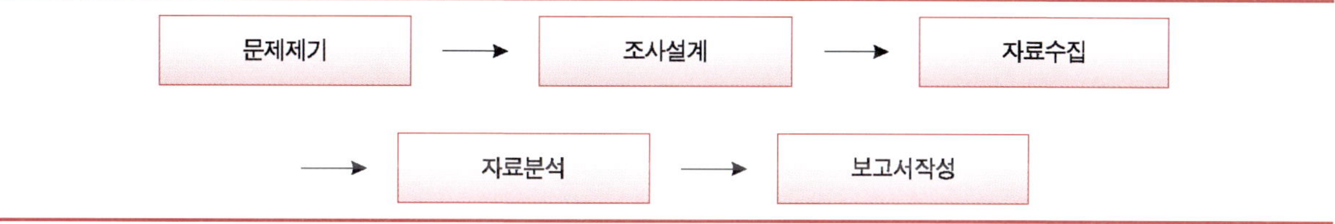

(1) 문제제기

문제의 제기는 국제마케팅조사의 방향을 제시하는 단계로서, 마케팅활동을 수행하는데 발생하는 문제점을 해결하고 기회를 포착하기 위해서 매우 중요한 단계이다. 문제제기를 잘못하게 되면 완벽한 조사를 실시하였다고 하더라도 조사결과는 국제마케팅관리에 아무런 도움도 주지 못할 뿐만 아니라 새로운 문제점을 야기시킨다.

따라서 올바른 문제제기를 위해서는 조사를 통하여 해결하여야 할 마케팅문제 자체와 그러한 마케팅문제가 야기된 배경에 대한 분석이 병행되어야 한다. 배경분석을 위해서는 상황분석, 문헌조사, 전문가의 의견조사, 사례연구들이 자주 이루어진다.

(2) 조사설계

조사설계는 규정된 문제에 대한 검토, 조사방법, 정보수집의 원천, 표본추출, 자료수집절차, 자료분석기법, 조사일정, 예산편성, 조사설계에 대한 평가과정 등을 실시하는 단계이다. 조사설계는 시간과 비용을 절약하고 조사의 효율성을 높이는데 주안점을 두어야 한다.

문제의 검토란 조사목적, 연구문제, 연구가설 등에 대한 검토를 말하며, 예산과 조사일정은 인원 · 시간 · 비용을 고려하여 의사결정에 도움을 줄 수 있도록 계획되어야 한다. 평가란 조사설계의 신뢰성, 타당성, 결과의 일반화 등의 기준을 통하여 이루어지는데, 이는 조사절차와 기법들을 실제상황이나 모의상황에 적용시켜 봄으로써 평가하게 된다.

(3) 자료수집

조사자료는 1차자료와 2차자료로 구분되는데, 1차자료는 조사자가 직접 수집하여야 할 자료이며, 2차자료는 조사자가 아닌 다른 주체에 의해서 이미 수집된 자료이다. 2차자료는 비용과 시간을 절약할 수 있으므로 이를 잘 이용하면 매우 효과적이다. 그러나 2차자료만으로는 문제의 해결이 불가능한 경우가 많으므로 조사자는 신뢰성과 정확성을 바탕으로 1차자료를 수집하여야 한다. 1차자료의 수집방법에는 관찰조사, 면접조사, 설문조사, 실험조사, 현지조사 등이 있다.

1차자료의 수집방법이 결정되고 나면 의사결정에 도움이 되는 정보를 획득하기 위한 설문지를 작성하여야 한다. 설문지의 작성은 조사대상자와 자료수집방법을 고려하여 분량과 질문방법을 달리해야 하며 가능한 한 측정오류를 줄일 수 있도록 작성되어야 한다.

설문지가 작성되고 나면 구체적인 조사대상자를 선정하여야 한다. 조사대상자의 선정방법에는 조사대상자 전체를 조사하는 전수조사와 일부를 뽑아서 조사하는 표본조사가 있는데, 어느 것을 택할 것인가는 조사결과로부터 얻어지는 정보의 정확성과 시행상 드는 비용과 시간을 고려하여 결정하여야 한다.

표본을 선정한 후에는 실제조사가 이루어지게 된다. 실사는 바로 결과를 도출할 자료를 수집하는 과정이므로 전체조사에서 차지하는 비중이 매우 높다. 이를 위해 우선 실사를 담당할 조사원들을 통제하고 문제점들을 해결해야 하는 책임 있는 실사담당자가 선발되어져야 한다.

(4) 자료분석

자료의 분석은 수집된 자료의 편집 및 코딩과정을 거친 후 회귀분석 · 분산분석 · 판별분석 · 요인분석 · 군집분석 · 다차원척도법 · 컨조인트분석 등의 통계적 기법을 이용하여 이루어진다.

편집은 완전하고 일관성 있는 자료를 확보하기 위한 것으로 자료의 정정, 보완, 삭제 등이 이루어진다. 코딩은 자료의 분석을 용이하게 하기 위해서 관찰된 내용에 일정한 숫자를 부여하는 과정이다. 통계적 분석은 조사목적과 자료를 얻기 위해 이용한 표본추출방법, 자료수집방법, 측정방법 등을 고려하여 선택한다. 통계적 분석방법은 그에 맞는 자료의 형태가 요구되므로 조사설계를 계획할 때부터 수집할 자료의 성격과 분석방법을 일관성 있게 결정하여야 한다.

자료의 분석이 행해진 후에는 이러한 결과에 대한 의미 있는 해석이 이루어져야 한다. 이때 주의할 점은 분석자의 통계기법에 대한 이해의 차이나 분석관점의 차이에 따라 결과가 달라질 수 있으므로 분석자의 통계기법과 경영문제애 대한 명확한 이해가 선행되어야 한다.

(5) 보고서작성

조사보고서는 조사결과를 마케팅의사결정에 활용하기 위해서 정리해 놓은 것이다. 여기서 주의할 사항은 의사결정자와 조사담당자 사이에 의사소통이 원활하게 이루어져야 한다는 점이다. 조사내용과 결과가 아무리 좋아도 실제로 정보이용자가 이해하지 못하면 아무런 효과가 없으므로 보고서는 이용자의 이해도와 지식정도에 맞추어 작성되어야 한다.

3 국제마케팅의 표준화와 적응화

3.1 국제마케팅의 표준화

(1) 국제마케팅 표준화의 개념

국제마케팅의 표준화(standardization)란 모든 국제시장에 차별 없이 동일하게 마케팅정책을 수행하는 것을 말한다. 이는 소비자들의 생활영역이나 습관 · 전통 · 문화 등이 서로 다르더라도 그들의 기본적인 욕구는 세계적으로 동일하다는 가설에 근거를 두고 있다. 세계시장이 동질화되어 가고 있는 이유로는 기술혁신에 따른 교통통신의 발달, 세계적인 공업화추세, 그리고 국가간의 경제적인 교류 등을 들고 있다.

국제마케팅의 표준화를 주장하는 학자로는 레비트(T. Levitt)가 있는데, 그는 세계가 동질화되고 있기 때문에 표준화전략을 택하지 않는 국제기업들은 사라지고 전 세계적으로 동일한 전략을 수행하는 기업이 등장해야 한다는 극단적인 표준화전략론을 펴고 있다. 그는 맥도날드의 프랑스와 일본에서의 성공, 코카콜라의 바레인에서의 성공, 펩시콜라의 모스크바에서의 성공 등은 상업적인 측면에서 시장의 범세계화(globalization of markets)를 확인해 주는 증거라고 하였다.

국제마케팅 표준화의 장점은 ① 상표 · 광고 · 포장 · 제품 · 판매촉진 · 판매훈련 · 애프터서비스 등을 표준화함으로써 비용을 절감할 수 있고 관리가 용이하다는 점, ② 생산과 재고관리에 있어서 규모의 경제를 누릴 수 있으며 세금절감과 국제적 부품조달 및 이전가격 조작 등의 기회를 이용할 수 있다는 점, ③ 제품의 실패위험이 다양한 지역시장으로 분산되어 있어 투자를 조기에 회수할 수 있다는 점, ④ 통일성 있는 마케팅전략을 사용하게 됨으로 더욱 질서 있게 국제마케팅계획을 세우고 통제할 수 있다는 점, ⑤ 국제마케팅기법이 더욱 정교해질 수 있으며 유능한 인재를 세계 어느 시장에서나 필요한 곳에서 제약 없이 활용할 수 있다는 점, ⑥ 각국의 소비자들에게 일체감을 조성할 수 있다는 점 등을 들 수 있다.

(2) 국제마케팅 표준화의 결정요인

국제마케팅 표준화에 영향을 미치는 주요 요인을 살펴보면 다음과 같다.

① **국적** : 국가 간 제반환경이 동일하지 않는 한 각국기업의 경영방식은 차이가 날 수밖에 없다.

② **국제경험** : 국제경영경험이 일천한 국제기업은 현지경영에 익숙해질 때까지 본국시장에서 채택한 경영전략을 현지시장에 연장하게 되지만, 국제경영경험이 풍부한 국제기업은 세계시장조건에 빨리 적응할 수 있기 때문에 차별적인 전략을 쉽게 택할 수 있다.

③ **조직구조** : 국제기업의 조직구조에 있어서 현지지향적 국제기업은 차별화된 전략수행 가능성이 높지만, 본국시장 지향적 · 지역시장 지향적 · 세계시장 지향적 국제기업은 표준화전략을 쉽게 택할 수 있다.

④ **국제경영활동의 비중** : 자사의 경영활동 중 국제경영활동을 중시하는 국제기업은 현지 시장의 환경에 적합한 경영전략을 추진할 것이나, 그렇지 않은 기업은 본국시장에서 채택한 전략을 해외시장에 그대로 연장할 것이다.

⑤ **의사결정권한의 위임정도** : 국제기업은 본사와 자회사의 국제활동을 통일적이고 계획적으로 수행해나가기 위해 중요한 전략에 대해서는 본사차원에서 통제하지만, 현지 사정을 고려하여 부문별로 현지자회사에 그 결정권한을 위임하기도 한다.

⑥ **제품의 유형** : 소비재보다 산업재의 경우 국제마케팅전략의 표준화 가능성이 높고 소비재의 경우에는 내구재가 비내구재보다 표준화의 가능성이 높다.

⑦ **제품의 포지셔닝** : 국제기업이 해외시장에서 본국시장과 똑같이 제품포지셔닝을 시킨다면 마케팅프로그램의 표준화가능성이 높아진다. 여건이 상이한 시장에서도 주요 제품이 소비자에게 동일하게 소구될 수 있다면 표준화가능성은 높아진다.

⑧ **문화 · 사회적 환경의 차이** : 문화 · 사회적 환경이 모든 시장에서 유사하다면 전략의 차별화정도를 어느 정도 줄일 수 있다.

⑨ **소비자행동의 차이** : 소비자행동이나 태도가 유사한 시장에는 표준화된 마케팅프로그램을 채택할 수 있지만, 상이한 시장에서는 현지적응적인 전략수행이 바람직하다.

⑩ **제품수명주기단계** : 제품의 수명주기가 시장마다 동일하다면 전략의 변경이 필요없지만, 차이가 있다면 각 시장의 수명주기단계에 적합한 마케팅전략을 차별적으로 수행하는 것이 바람직하다.

⑪ **정부규제** : 각국 정부의 여러 가지 규제는 마케팅프로그램의 현지적응화를 자극 혹은 표준화를 저해하는 요인으로 작용한다.

⑫ **경쟁** : 현지시장의 경쟁이 치열할 경우 국제기업은 현지시장에 적합한 제품을 제공함으로써 경쟁자에 대해 우위를 확보하려 하므로 현지적응적인 마케팅프로그램을 택하게 된다.

3.2 국제마케팅의 적응화

(1) 국제마케팅 적응화의 개념

국제마케팅의 적응화(adaptation)란 각국의 상황이나 소비자들의 특성에 따라 국제마케팅전략을 각 시장에 맞게 적응화하는 것을 말하는데, 이를 지지하는 학자로는 홀(E. T. Hall), 그린(R. T. Green)과 커닝햄(I. C. Cunningham), 더글라스(S. P. Douglas)와 윈드(Y. Wind) 등을 들 수 있다.

홀은 국가마다 문화가 다르므로 한 국가에서 성공한 전략을 다른 국가로 이전하는 데에는 많은 장애요인이 존재한다고 주장하였으며, 그린과 커닝햄은 미국과 베네수엘라에서 가족의 구매결정방식에 차이가 있음을 알고 국제기업으로 하여금 두 시장에서 목표고객을 달리 선정해야 한다고 주장하였다. 더글라스와 윈드는 세계욕구의 동질화, 소비자행동의 유사성, 규모경제의 실현, 세계 공통의 목표시장 존재, 내외적인 규제조치 철폐, 세계적 표준화에 수반되는 시너지효과의 발생가능성 등이 있는 경우에만 표준화가 이루어진다고 주장하였다.

(2) 국제마케팅 적응화의 결정요인

국제마케팅의 적응화를 촉진시키는 제반 요소를 살펴보면 다음과 같다.

가) 사용조건상의 차이

같은 제품이라 하더라도 국가마다 사용조건은 다를 수 있다. 예컨대 같은 비료라 하더라도 토양의 차이 때문에 각국마다 성분이 약간씩 달라져야 한다. 아프리카지역에서는 습기가 많으므로 냉장고나 에어컨에 발생하는 곰팡이 문제를 해결하기 위한 방안이 강구되어야 하며, 중동지역에서는 모래와 염분이 많으므로 수선·유지문제가 중요하다. 자동차의 경우 추운 지방에서는 난방장치가 완벽해야 하고, 더운 지방에서는 냉방장치가 충분해야 한다.

나) 시장여건의 차이

각국마다 소득수준이 다른데 이는 내구성소비재나 포장식품의 규격과 특성에까지 영향을 미친다. 예컨대 선진국의 소비자들은 제품구입에 따른 번거로움 때문에 대형포장제품을 구매하는 경우가 보통이나, 후진국에서는 구매력의 차이로 포장규격이 작은 제품을 선호한다. 한편 유통시스템의 차이도 국제마케팅의 적응화를 촉진시키는 요인이 된다. 예컨대 일본의 유통망은 몇 단계의 도매상을 거쳐야 하는데, 이것은 일본시장 진출을 어렵게 하는 요인이 된다.

다) 정부의 영향

국가에 따라 특허권·상표권·반독점법·재판매가격제도·조세·관세 등에 관한 법률이 다르다. 어떤 국가는 특정제품의 수입을 금하고 현지생산만 허가하는가 하면, 국제기업의 현지생산시 일정 비율 이상을 자국의 부품을 의무적으로 사용하도록 요구하는 경우도 있다. 일본의 경우 약품에 있어서 다른 국가의 법률에 의해서 이루어진 시험 및 검정결과는 인정하지 않는다.

라) 소비자의 특성차이

국가마다 소비자의 기호는 매우 다양하다. 예컨대 승용차의 경우 프랑스인들은 4-door형을 선호하는 반면, 독일인들은 2-door형을 선호한다. 색상에 있어서도 국가마다 차이가 있다. 브라질에서는 자주색이 죽음의 색이나 서구에서는 검은색이다. 태국에서는 노랑색이 질투를 나타내며, 이집트에서는 녹색이 국가색이어서 포장용으로 사용되는 것을 꺼린다.

마) 기업의 국제적 경험

국제적 경험이 풍부한 기업은 그렇지 않은 기업보다 훨씬 제품의 현지적응이 용이하다.

바) 경쟁환경의 차이

국가가 다르고 경쟁환경이 다르면 국제마케팅전략도 수정되어야 한다. 예컨대 네슬레는 일본의 커피시장에서 60%이상을 달성하였으나, 미국에서는 30%미만의 점유율에 지나지 않았다. 이는 미국시장의 경우 강력한 경쟁기업인 제너럴후드와 경쟁을 해야 하기 때문이다.

사) 매체의 이용가능성 차이

예컨대 TV광고가 스웨덴 · 노르웨이 · 덴마크에서는 금지되어 있으며, 영국의 공영방송은 비공개경매를 통하여 결정되기 때문에 광고일정에 차질을 초래할 수 있다. 미국에서는 술에 대한 TV광고가 금지되어 있다.

아) 수송 · 통신의 차이

전화시스템 · 도로망 · 우편제도 등의 차이로 국제마케팅의 차별화가 요구된다. 예컨대 미국에서는 우편주문제도가 성행하는데 비해, 이탈리아에서는 전혀 이용되지 않고 있다.

3.3 국제마케팅 표준화와 적응화의 전략적 대안

국제마케팅의 표준화와 적응화전략을 제품과 커뮤니케이션의 믹스만을 고려하여, 특정한 제품시장기반을 가지고 있는 기업이 여타의 지역시장으로 확대하는데 활용할 수 있는 전략적 대안을 살펴보면, 기본적으로 다음과 같은 네 가지를 들 수 있다.

(1) 제품확장+커뮤니케이션 확장

제품 및 커뮤니케이션 모두 수정하지 않고 본국에서와 같은 방법으로 해외시장을 침투하는 전략이다. 즉, 기존제품을 가지고 본국에서 사용하는 광고 및 판매촉진전략을 현지시장에 그대로 사용하는 방법이다. 이 방법은 규모의 경제와 비용절감의 효과를 얻을 수 있다. 예컨대 펩시콜라는 전 세계적으로 동일한 제품, 동일한 광고메시지로 성공하였다.

(2) 제품확장+커뮤니케이션 적응

제품은 수정하지 않고 커뮤니케이션, 즉 메시지의 내용만을 변경시키는 방법이다. 제품의 기능이나 사용조건은 본국과 비슷하지만 제품의 용도가 약간 다른 해외시장에서 커뮤니케이션만을 변경함으로써 제품전략을 효율적으로 수행할 수 있다. 예컨대 자전거나 오토바이의 경우 선진국에서는 레저용으로 사용되고, 동남아국가에서는 수송용으로 사용되므로 광고메시지는 달라져야 한다.

(3) 제품적응+커뮤니케이션 확장

본국에서 개발된 기본적인 커뮤니케이션을 큰 변화 없이 확장시키는 한편, 제품은 해외시장에 알맞도록 일부 수정하는 전략이다. 예컨대 엑손(Exxon)사는 해외시장의 기후조건에 따라 자사의 휘발유제품을 차별화 시켰으나, 광고메시지는 전 세계적으로 동일하게 "Put a Tiger in Your Tank"를 사용하여 크게 성공하였다.

(4) 제품적응+커뮤니케이션 적응

시장환경과 제품의 기능이 본국과 큰 차이가 있을 때 제품과 커뮤니케이션 모두 수정하는 전략이다. 예컨대 미국의 카드회사들은 유럽시장에 진출할 때 미국과 유럽의 카드에 대한 수행역할 및 사용기회가 다름을 고려하여 유럽시장에 맞게 제품 및 광고 메시지를 수정하여 크게 성공하였다.

4 국제마케팅믹스전략

국제마케팅믹스전략(international marketing mix strategy)이란 국제기업이 국내외의 통제불가능한 환경변화에 대응하기 위해 국제기업내부에서 통제가능한 모든 요소들을 유기적으로 조정 · 통합하는 활동을 의미한다. 통제가능한 요소로는 [그림 11-3]에서 보는 바와 같이 제품(product), 가격(price), 촉진(promotion), 유통(place) 등 이른바 4P이다.

[그림 11-3] 국제마케팅믹스전략

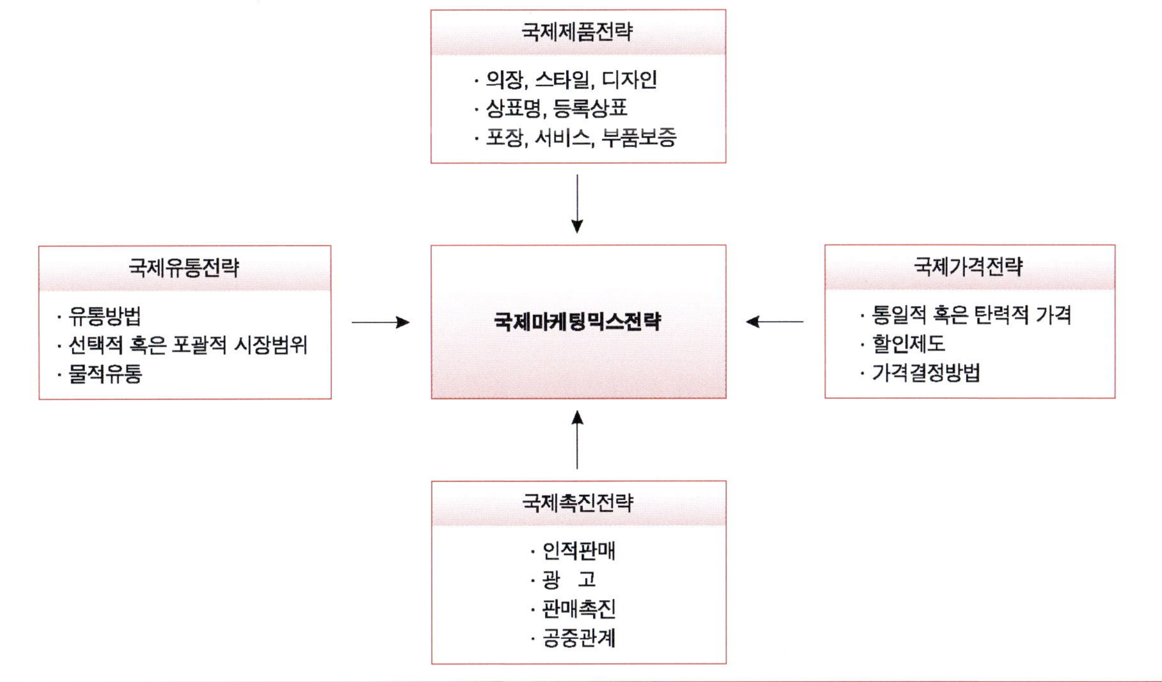

4.1 국제제품전략

(1) 국제제품의 개발방식

국제기업이 택할 수 있는 제품개발방식은 다음과 같이 네 가지로 나눌 수 있다.

가) 국내개발

국제기업들이 가장 많이 사용하는 마케팅전략으로 본국시장에서 개발한 상품을 그대로 해외시장에 적용하는 것이다. 이 전략은 규모의 경제와 연구개발비용의 절감을 이룰 수 있다. 또한 다른 시장에 판매하기 전에 본국에서 시장테스트를 거치므로 실패의 위험을 줄일 수 있다.

나) 순차적 개발

제품의 기능이나 사용조건 등이 본국과 비슷한 해외시장에 순차적으로 진입하고, 제품을 그 지역의 조건에 맞게 일부 수정하는 방식이다. 이 방식은 현지 소비자의 기호에 어느 정도 적응하면서 동시에 제품개발 비용을 줄일 수 있는 장점이 있다.

다) 현지개발

각국 시장에서 제품의 사용조건이나 기능에 큰 차이가 존재할 때, 각 국별로 각기 다른 상품을 개발하여 현지시장에 적합한 제품을 개발하는 방식이다. 이 전략은 현지시장 기호에 맞는 제품을 생산할 수 있는 장점이 있으나, 디자인과 연구시설의 중복으로 규모의 경제면에서 제한을 받게 된다.

라) 다국적개발

개발초기부터 다수의 국가를 대상으로 시장환경에 적합한 상품을 개발하는 유형으로서, 다수국에 대해서 제품을 표준화하는 방식이다. 이 방식은 규모의 경제에 의한 비용절감이 큰 장점이 되지만, 다양한 소비자들의 기호를 반영하지 못하는 단점이 있다.

(2) 국제제품의 표준화와 적응화

가) 국제제품의 표준화

국제제품의 표준화(standardization)란 국내에서 판매하던 제품을 그대로 해외시장에 판매하거나, 세계시장에 적합한 표준화된 신제품을 개발하여 판매하는 것을 말한다. 국제기업이 제품을 표준화하는 이유는 ① 규모의 경제, ② 연구개발의 경제성, ③ 마케팅의 효율성, ④ 소비자의 상표충성도, ⑤ 생산국 및 기업체의 이미지, ⑥ 기술의 영향, ⑦ 해외진출방법 등이 있기 때문이다.

나) 국제제품의 적응화

국제제품의 적응화(adaptation)란 해외시장의 고객기호, 소득수준, 기타환경 등에 알맞게 국내제품을 수정하는 것을 말한다. 해외생산의 경우 기존시장에서의 제품과 다르게 만드는 것도 적응화로 볼 수 있으나, 이 경우는 차별화(differentiation)와 같은 의미로 해석된다. 국제기업이 제품을 적응화하는 이유는 ① 사용조건의 차이, ② 시장여건의 차이, ③ 정부의 영향, ④ 기업의 역사와 국제경영경험 등을 들 수 있으며, 적응방법으로는 ① 제품의 외형적 적응, ② 질적 적응, ③ 포장과 표찰의 적응, ④ 상표의 적응, ⑤ 보증과 서비스의 적응 등을 들 수 있다.

(3) 국제제품의 상표전략

국제기업이 사용할 수 있는 상표는 ① 자사의 고유상표, ② 도입상표, ③ 주문자상표 등이 있다.

가) 자사의 고유상표

기업이 자체적으로 개발한 상표로서 기업 및 상품을 차별화 할 수 있는 강력한 수단이 되며, 국제적으로 알려지기까지는 상당한 기간의 투자와 노력이 요구된다.

나) 도입상표

사용료를 지급하고 타사의 세계적인 유명상표를 자사제품에 부착하여 해외시장에 판매하는 경우이다. 이미 세계적으로 널리 알려져 있기 때문에 광고비용을 줄일 수 있으며 시장진입이 용이하지만 회사이미지를 구축하기가 어렵다.

다) 주문자상표

해외의 제조업체가 제공한 기술명세서에 따라 하청업체가 생산한 제품에 해외제조업체의 상표, 즉 OEM상표(original equipment manufacturer's brand)를 부착하여 공급하는 경우이다. 주문자상표의 장점은 첫째, 상대기업의 현지마케팅채널을 활용함으로써 추가비용이 없어도 현지판매력을 보완할 수 있다는 점, 둘째, 자사상표에 비해 수출이익률이 낮긴 하지만 대량주문에 따른 대량생산 및 판매가 가능함으로써 생산시설의 가동률제고에 따른 생산비절감효과와 판매증대효과를 기대할 수 있다는 점, 셋째, 현지기업의 상표로 판매함으로써 제품이미지가 좋다는 점 등을 들 수 있다.

주문자상표의 단점은 첫째, 주문기업이 철저하게 낮은 가격을 요구하기 때문에 채산성이 낮으며 수요변동에 따른 위험이 OEM수출업자에게 전가되어 수출업자의 경영이 불안정해질 소지가 크다는 점, 둘째, 현지소비자와 직접적으로 접촉하지 않기 때문에 현지시장의 정보 축적이 어려워 수요량의 변동이나 소비자의 기호변화에 적절히 대응하지 못하고 무리한 시설투자를 행할 우려가 높다는 점을 들 수 있다.

4.2 국제가격전략

(1) 수출가격의 결정요인

수출가격을 결정하는 데에는 다음과 같은 요인에 의해 영향을 받는다.

① **기업의 목표** : 국제기업의 목표가 시장침투, 시장대응, 단기적 이익, 시장점유율, 특정 제품계열의 판매촉진, 현상유지 등에 따라 가격결정은 달라진다. 예컨대 시장침투목적일 때는 낮은 가격을 책정하여 목적을 달성할 수 있다.

② **마케팅믹스** : 수출가격의 결정은 제품, 유통, 촉진 등의 다른 마케팅믹스의 요소들에 의해서 영향을 받는다.

③ **원가** : 원가는 다른 요인들보다 측정이 상대적으로 용이하고 가격의 하한선을 제공해주기 때문에 가격결정도구로 매우 유용하다고 할 수 있다.

④ **수요** : 수요는 기업이 판매하고자 하는 제품에 대한 소비자들의 지불능력과 직결된다는 점에서 가격결정의 상한선을 어느 정도 시사해 준다.

⑤ **경쟁** : 원가와 수요가 가격의 하한선과 상한선을 제시하여 주는데 비해, 해외시장의 경쟁조건은 이러한 상한선과 하한선의 중간 어느 점에서 결정되어야 하는가를 제시해줄 수 있다.

⑥ **법적규제** : 각국정부는 기업의 지나친 가격조작을 규제하기 위한 법적인 조치를 강구하고 있다. 예컨대 반덤핑규제조치, 공정거래법 등 다양한 방법으로 규제를 가하고 있는데, 이러한 요인들은 수출가격결정시 영향을 미치게 된다.

⑦ **물가상승률** : 높은 인플레이션은 원가상승의 요인이 되기 때문에 제품의 가격결정시 고려하여야 한다. 이때에는 본국은 물론 현지국의 인플레이션까지 고려하여 가격결정에 반영하여야 한다.

⑧ **환율** : 환율은 외국화폐 한 단위와 자국화폐의 교환비율을 말하는데, 국제제품은 환율의 변화에 따라 가치가 변하므로 가격결정시 고려하여야 한다.

⑨ **조직구조** : 기업 내의 조직구조에 따라 가격결정이 달라질 수 있다. 예컨대 소규모기업의 경우에는 마케팅부서나 판매부서보다는 최고경영자가 가격을 직접 결정한다.

⑩ **시장점유율** : 제품의 시장점유율이 높은 기업은 낮은 생산비용과 마케팅비용으로 규모의 경제를 달성할 수 있기 때문에 수출가격을 인하시킬 수 있다.

(2) 수출가격의 결정방법

가) 원가중심의 수출가격

원가중심의 수출가격은 수출가격결정의 가장 단순한 방법으로 제품에 관련된 총비용에 일정한 표준이익을 가산하여 책정하는 방법이다. 이 방법에는 원가가산법과 이윤가산법이 있다. 원가가산법(cost plus pricing)은 건축물과 같이 사전에 총원가를 알 수 없을 때 추후에 확정된 총원가에다 일정률의 이윤을 가산하여 결정하는 방법이다. 이윤가산법(mark-up pricing)은 사전에 확정된 원가에다 일정률의 이윤을 가산하여 가격을 결정하는 방법이다.

원가중심의 수출가격은 판매자의 입장에서 수요보다 원가의 측정이 쉽고 확실성이 높다는 점, 동종산업 내의 모든 기업들이 이 방법을 사용한다면 가격이 비슷해져 가격경쟁이 축소될 수 있다는 점, 비교적 가격책정이 쉽고 사회적으로 공정하다는 장점이 있어 널리 사용된다. 그러나 경쟁기업의 가격 및 수요구조를 고려하지 않았다는 점, 정확한 원가의 산정 및 배분이 어렵다는 점, 이윤가산율도 산업과 기업에 따라 다르며 결정기준도 일정하지 않다는 점, 가격이라는 마케팅변수를 고정시킴으로서 다른 전체적인 마케팅전략의 목표를 등한시하였다는 단점이 있다.

나) 목표중심의 수출가격

목표중심의 수출가격은 국제기업이 해외시장에서 추구하고자 하는 목표에 따라 수출가격을 결정하는 방법인데, 여기에는 침투가격전략(penetration pricing)과 초기고가전략(skimming pricing)이 있다.

침투가격전략은 해외시장진입시 저가격정책을 사용하여 많은 소비자를 흡수하면서 급속히 시장점유율을 확대하는 방법이다. 이 전략이 유리한 경우는 경쟁자가 나타날 가능성이 있을 때이다. 제품에 대한 높은 수요가 있을 때는 특히 경쟁자가 나타날 가능성이 많은데, 이런 경우 저가격전략을 택하면 경쟁자를 쉽게 뿌리칠 수 있다. 일본기업과 대부분의 개도국기업들이 국제시장에서 이 전략을 널리 채택하고 있다. 일본의 반도체 제조기업과 한국의 현대자동차가 미국시장을 공략할 때 이 방법을 사용하여 좋은 성과를 거두었다.

초기고가전략은 해외시장진입시 가능한 최고가격을 책정하여 고소득층을 흡수하고 점차 가격을 낮추어 저소득층을 파고드는 전략이다. 이 전략의 기본적인 목적은 제한된 수량의 판매를 통해 단지 수익을 극대화하는데 있다. 이 전략이 유리한 경우는 제품의 질과 이미지가 좋을 때, 수요의 가격탄력성이 비탄력적일 때, 거액의 생산비를 조기에 회수하려 할 때, 제품이 특허로 보호를 받던가 모방이 어려울 때이다. 일본의 Sony가 베타맥스비디오로 미국시장에 침투할 때 이 방법을 사용하였다.

다) 경험곡선에 의한 수출가격

경험곡선가격결정법(experience curve pricing)은 제품의 단위당 생산비가 누적생산량에 따라 일정비율로 하락하는 경험곡선효과를 바탕으로 기업의 추정된 단위당 원가에 맞추어 수출가격을 책정하는 방법이다. [그림 11-4]에서 보는 바와 같이 특정제품의 단위당 생산비는 제품의 생산량이 누적됨에 따라 일정비율로 하락하기 때문에 수출초기에 단위당 원가보다 낮게 수출가격을 결정하는 방법이다.

이 방법에 의하면 초기에는 원가보다 낮게 가격을 책정함으로써 경쟁자들에 비해 상대적으로 시장점유율을 확대할 수 있으며, 확대된 시장점유율은 판매량과 생산효율성의 증대를 가져와 원가를 감소시킬 수 있게 된다. 결국 누적생산량이 일정한 수준에 도달하면 단위당 원가는 제품가격보다 낮아지게 되며, 이런 과정이 반복되어 기업은 경쟁자보다 낮은 가격수준을 유지하는 가운데 적당한 이윤을 누릴 수 있게 된다.

[그림 11-4] 경험곡선에 의한 가격결정

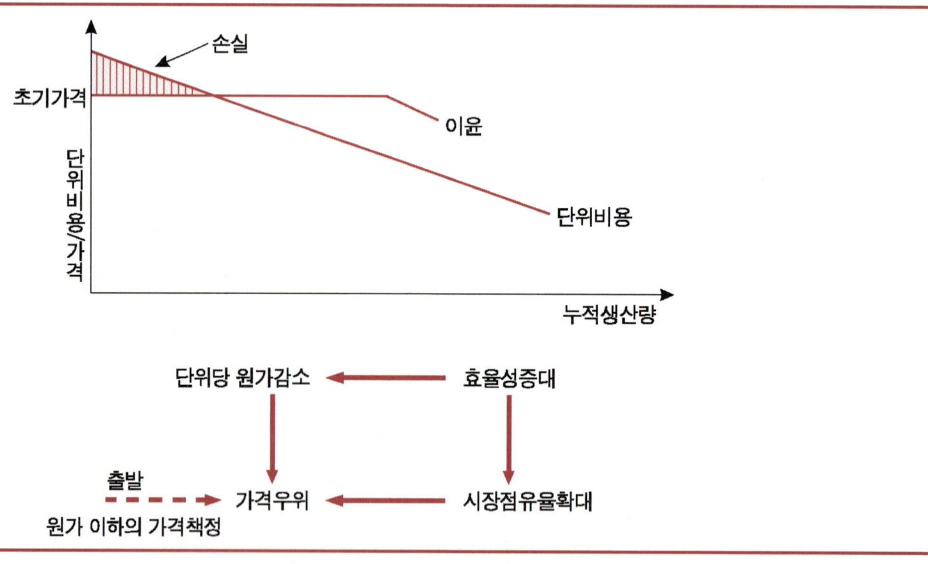

자료 : J. C. Leontiades, *Multinational Corporate Strategy* (Lexington Books, 1985), p.91.

(3) 수출가격의 덤핑

덤핑(dumping)이란 일종의 가격차별로서 유사시장내에서 동일제품의 가격을 서로 다르게 책정하는 것을 말한다. 일반적으로 국내가격보다 낮은 가격으로 판매하는 경우 덤핑으로 규정하고 있다. 이와 같은 덤핑으로 인해 각국은 자국산업의 피해를 방지하기 위해 덤핑마진율을 계산하여 이를 수입관세와 별도로 반덤핑관세 등을 부과하고 있다. 따라서 국제기업은 자사제품에 대한 해외시장국의 덤핑규제를 피하기 위해 사전대책 또는 사후대책을 강구해야 한다.

사전대책으로는 국내시장과 현지시장에서 판매되는 제품을 차별화하여 덤핑규제의 근거를 주지 않도록 한다. 수입국의 중간유통상에 비해 비가격적 유인을 제공하여 가격이 인하된 것과 같은 효과를 올리는 것이다. 현지법인에서의 생산・판매를 통해 덤핑제소를 피하거나 일단 제소의 움직임이 보일 경우 외국관계기관 및 제소자측과의 적극적인 교섭으로 사전에 타협을 보는 방법이다.

사후대책으로는 덤핑제소에 의한 피해를 극소화시키는 것이다. 이를 위해 회사 내의 유능한 인력을 동원함과 아울러 변호사를 선임하는 것이다. 덤핑조사시 질문서에 대한 답변서는 회사의 제반 자료들과 서로 모순되지 않도록 작성하여 제출하여야 한다.

(4) 국제이전가격

이전가격(transfer price)이란 외부시장메커니즘을 통한 제3자간의 거래시 형성되는 정상적인 가격과는 달리, 특정기업의 제조부서와 국제부서, 본사와 해외자회사, 해외자회사간의 기업내부거래에 적용되는 가격을 의미한다.

기업이 수출활동에서 벗어나 해외직접투자를 통한 현지 마케팅자회사, 현지 제조공장의 설립, 라이센싱 등으로 국제개입수준이 확대되고 거래가 다양화됨에 따라 국제이전가격의 결정문제는 더욱 어려운 과제로 대두된다. 왜냐하면 이전가격수준의 결정에 따라 본사와 해외자회사의 영업성과가 크게 영향을 받기 때문이다.

이전가격결정의 근본적인 목표는 본사와 자회사간의 일관된 목표의 추구, 자회사의 자율성 부여, 기업전체의 이익에 대한 공헌 등이라고 할 수 있다. 그 외에도 이전가격의 조작을 통해서 국제기업은 세금의 극소화, 관세의 극소화, 송금규제의 회피, 환위험의 회피, 각국의 인플레이션의 조정, 신용도의 개선, 정치적 불안정의 회피 등 매우 다양하게 국제마케팅의 최상목표를 실현할 수 있다.

이전가격의 조작을 통해서 국제기업은 본국이나 현지국의 각종 세금을 교묘히 회피하여 영업외 수익을 올리고 있지만, 각국정부는 국제기업들의 이러한 활동을 방지하기 위하여 여러 가지 제도적 장치를 마련하고 있다. 즉, 대부분의 국가들은 세법의 관련규정을 정비하여 세무당국의 조사권과 소득수정권한을 강화하는 한편, 정상가격을 판정하기 위한 지침을 마련하고 있다.

4.3 국제유통전략

(1) 국제유통경로의 기능

국제유통경로의 기능은 일반적으로 해외소비자들에게 제품을 전달하는 것 이상으로 다음과 같은 기능을 가지고 있다.

① 제조업자와 소비자를 연계시켜 교환을 가능하게 해주고, 운송·보관 등을 통해 재화나 서비스의 실체를 이동시켜 주며, 광고·정보수집·위험부담 등을 통하여 기업의 마케팅활동을 보조한다.

② 기업들이 외국에서 접하게 되는 이질적인 문화나 환경에 적응할 수 있도록 해주고, 각국 소비자들에게 당해 기업들을 홍보해 주는 역할도 수행한다.

③ 소비자들에게 제품을 적절한 시기에 제공함으로써 제품의 시간효용을 증대시키고, 소비자들에게 제품을 쉽게 구할 수 있도록 적절한 위치에 있게 함으로써 제품의 공간효용을 증대시킨다.

(2) 국제유통경로의 유형

가) 직접유통경로

직접유통경로는 자사의 판매회사나 판매요원을 통해 소비자에게 직접 전달하는 형태이다. 일반적으로 판매규모가 크고 시장이 집중되어 있는 경우 수익성과 안전성을 확보하기 위하여 이 형태를 취한다.

나) 간접유통경로

간접유통경로는 중간상과 대리상을 거쳐 소비자에게 전달하는 형태이다. 중간상은 자기의 명의와 계산으로 판매활동을 하므로 구입가격과 판매가격의 차이가 곧 영업이익이 되며, 대리상은 제조업자나 수출 및 수입업자의 위탁을 받아 당해 위탁자의 명의와 계산으로 거래를 하며 판매대금의 일정비율을 수수료형태로 수취하게 된다.

중간상(merchant middlemen)에는 특정국에서의 독점적 판매권을 향유하며 해외의 제조업체와 긴밀한 유대관계를 맺고 있는 유통업자(distributor), 특정제품의 매매에 있어서 공급업자와 지속적인 관계를 유지하면서 산업재 또는 내구성 소비재를 소비자에게 판매하는 딜러(dealer), 보다 낮은 단계의 유통경로 구성원들에 대한 재유통이나 최종소비자를 대상으로 하는 도・소매상 등이 있다.

대리상(agent middlemen)에는 일차산품이나 음식료품을 주로 취급하면서 그 대가로 일정액의 중개수수료를 취득하는 중개업자(broker), 특정국의 도시・지역・시장에서 제조업체의 제품에 대한 판매권을 향유하는 대리점, 해외의 제조업자 또는 수출업자가 맡긴 제품의 판매알선과 함께 구매자의 지급보증업무까지 수행하는 팩터(factor) 등이 있다.

(3) 회색시장

세계시장에 표준화된 제품을 동시에 마케팅하고 있는 국제기업들은 해외시장국의 수가 증가함에 따라 이른바 회색시장(grey market)이란 국제유통경로상의 특수한 문제에 봉착하게 된다. 회색시장이란 해외시장국들간의 가격차이를 이용하여 특정기업의 제품을 저가시장에서 구입한 다음, 이를 고가시장에 싸게 판매하여 이익을 추구하는 비공식적인 유통업체들로 구성된 시장을 말한다.

회색시장의 문제는 합법적인 유통경로에 의한 매상을 떨어뜨리는 한편, 기업의 유통 및 가격전략에 혼란을 초래하게 된다. 회색시장에서 취급하는 제품도 처음에는 카메라・시계・향수 등에 한정되었으나, 최근에는 자동차・타이어 등에 이르기까지 매우 다양하다.

이러한 회색시장이 날로 확산되고 있는 이유는 ① 세계제품의 증대, ② 환율변동, ③ 가격차별정책, ④ 초과공급 등에 의해서 나타난다. 이를 해결하기 위해서 국제기업은 ① 이를 문제삼지 않고 수수방관하거나, ② 합법적으로 법에 호소하거나, ③ 마케팅전략을 수정하는 등의 대책을 세워야 할 것이다.

4.4 국제촉진전략

(1) 국제촉진의 특징

국제촉진은 마케팅 커뮤니케이션이라는 점에서는 국내촉진과 같지만 문화적・사회적 환경이 다른 해외시장에서의 커뮤니케이션이라는 점에서 다음과 같은 특성을 지니고 있다.

가) 커뮤니케이션 장벽

국제촉진은 국내촉진과는 달리 언어의 차이, 비언어적 차이, 정부의 규제, 매체의 활용 가능성, 경제적 차이, 소비자의 기호 및 태도, 구매과정의 차이 등을 들 수 있다. 이러한 장벽들은 각각 독립적인 효과를 가지면서 동시에 상호작용을 통하여 마케팅 커뮤니케이션에 많은 장애를 일으키고 있다.

나) 커뮤니케이션 효과의 불확실성

국제촉진은 메시지전달의 불확실성, 메시지해석의 불확실성, 메시지효과의 불확실성 등으로 인해 국내촉진보다 커뮤니케이션 효과면에서 불확실하다.

다) 전략조정의 문제

국제촉진은 국내촉진과는 달리 촉진프로그램의 국제이전 및 표준화 문제가 대두된다. 예컨대 광고의 경우 내용, 매체 중 무엇을 어느 정도 국제간에 이전시킬 것인가 하는 것이 문제가 된다. 또한 광고프로그램을 전 세계시장에 표준화할 것인가, 아니면 개별해외시장에 적응화할 것인가 하는 문제가 뒤따르게 된다.

(2) 국제촉진의 고려요소

문화적・사회적 환경이 상이한 여러 해외시장에서의 국제촉진은 국내촉진에 비하여 여러 장애요인이 많으므로 국제마케팅관리자는 다음과 같은 점을 고려하여야 한다.

가) 법적 규제

특정시장국의 법적 제도는 촉진활동의 유형을 결정하는 중요한 요인이 되기 때문에 국제마케팅담당자는 이를 고려하여야 한다. 국가에 따라 특정제품에 대한 광고가 법적으로 제한되어 있으며, 광고내용에 대한 규제도 국가마다 다르며, 국가에 따라 판촉행사를 규제하고 있다. 예컨대 독일에서는 최상급의 광고표현이나 경쟁사와의 비교광고를 금지하고 있다.

나) 언어장벽

언어의 차이는 광고를 통한 효율적인 커뮤니케이션에 있어서 심각한 장애요인 중의 하나이다. 나라마다 언어가 다를 뿐만 아니라 한 나라 안에서도 많은 방언이 존재하기 때문에 국제마케팅담당자는 언어적 차이에 대한 충분한 지식이 있어야 한다. 예컨대 포드자동차의 피에라(Fiera)는 스페인어로 '추하고 늙은 여자'를 뜻함으로 어려움을 당했다.

다) 문화적 차이

각 나라마다 문화적으로 상이하고 다양하기 때문에 국제마케팅담당자는 이를 극복하고 효율적으로 의사소통을 할 수 있는 안목이 필요하다. 예컨대 흰색은 유럽에서 순결의 의미로 인식되지만, 아시아에서는 죽음의 의미로 인식된다.

라) 매체의 제한

국가에 따라 매체의 발달정도나 활용가능성이 다르기 때문에 국제마케팅담당자는 이를 고려하여야 한다. 예컨대 어떤 국가는 많은 신문들이 세분시장을 점령하고 있어서 광고주가 적정한 가격에 만족할 만한 수준의 시장커버리지를 기대하기가 어려운 경우도 있다.

마) 수신자의 반응

메시지가 매체를 통하여 전달되었을 때 수신자의 반응을 예측하는 것은 국제촉진전략의 필수적인 고려요소라고 할 수 있다. 이를 위해서는 특히 해외고객의 정보탐색, 태도형성, 구매결정 등에 관한 충분한 지식이 필요하다.

즉, 해외고객들이 구매의사결정을 위하여 언제 어떤 종류의 정보를 탐색하며 그들의 주요 정보원천은 무엇인가, 특정제품의 구매결정에 있어서 누가 · 언제 · 어디서 · 어떻게 · 왜 결정하는가, 해외고객들이 여러 제품 및 서비스를 어떻게 평가하고 특정제품에 대한 태도를 어떻게 형성하는가를 알아야 한다.

(3) 국제광고

국제광고란 매체를 통하여 기업, 제품, 서비스 등에 대한 각종 정보를 제공하고 제품과 서비스의 수요를 촉진시키는 비인적 및 유상적 커뮤니케이션 활동이다. 이러한 광고활동을 수행하기 위해서 국제마케팅담당자는 다음과 같은 의사결정을 수행하여야 한다.

가) 광고예산의 결정

국제광고의 예산편성방법은 이용할 수 있는 자금 전액을 광고비로 책정하는 가용자금기준법(affordable method), 매출액의 일정비율을 광고비로 책정하는 매출액비율법(percentage-of-sales method), 경쟁사의 광고비 수준에 맞추어 광고비를 책정하는 경쟁평가법(competitive parity method), 광고목표를 설정한 다음 그에 소요되는 비용을 광고비로 책정하는 목표과업법(objective-and-task method) 등의 네 가지 방법이 있다. 따라서 국제기업은 기업의 특성, 제품의 특성, 광고의 효과 등을 고려하여 바람직한 예산편성이 요구된다.

나) 광고대행사의 선정

국제기업이 활용할 수 있는 광고대행사는 전 세계에 걸쳐 사무소를 갖고 있는 국제광고대행사와 각 시장국에 있는 현지광고대행사가 있다. 국제광고대행사를 이용하면 광고활동비용을 절감할 수 있다는 점, 집중적인 통제가 가능하다는 점, 세계시장에 동일한 이미지를 심어줄 수 있다는 점 등의 장점이 있다. 현지광고대행사를 이용하면 현지시장의 고객을 대상으로 차별적인 서비스를 제공할 수 있다는 점, 현지기업으로서의 이미지를 높일 수 있고 촉진활동에 책임을 질 수 있다는 점, 국제광고대행사가 촉진프로그램을 국제적으로 조정하지 못할 경우 이를 해결할 수 있다는 점 등의 이점이 있다. 따라서 국제기업은 광고대행사의 수행능력, 광고대행사의 시장커버리지 정도, 기업의 특성 등을 고려하여 광고대행사를 선정하는 것이 바람직하다.

다) 광고메시지의 선정

국제광고의 메시지는 구매자의 소비패턴, 구매동기, 언어의 다양성, 시장차별화정도 등을 고려하여 세계적으로 표준화할 것인가, 아니면 시장국별로 적응화할 것인가를 결정하여야 한다. 광고메시지를 표준화할 경우 비용의 절감, 국제이미지의 창출, 통제와 조정의 용이 등을 들 수 있으나, 제품의 속성, 소득수준, 시장구조, 경제 · 사회 · 문화적 여건 등이 국가마다 다를 수 있기 때문에 현지적응화도 필요하다.

라) 광고매체의 선정

국제광고매체의 선정을 위해서는 광고매체의 활용가능성, 비용, 커버리지 등을 고려하여야 한다. 국제광고시 활용가능한 매체로는 신문 · 잡지 등의 인쇄매체, 라디오 · TV 등의 방송매체, 그리고 기타 광고매체로 옥외광고 · 우편광고 · 영화광고 · 구매시점광고 등이 있다. 인쇄매체는 적은 광고비용으로 빠른 광고효과를 기대할 수 있으나 문맹률이 높은 후진국 시장에서는 활용도가 떨어진다. 방송매체는 인쇄매체보다 역할면에서 낮은 비중을 점하고 있는데, 그 이유는 후진국의 경우 TV보급률이 낮으며 TV와 라디오가 국영으로 되어 있어 상업광고를 허용하지 않기 때문이다. 그러나 최근 생활수준의 향상으로 이용도가 점차 증가하고 있다.

마) 국제협력광고

국제기업이 현지자회사 또는 현지마케팅법인을 이용하여 국제마케팅활동을 수행할 수 있다면 자체적인 광고에 의한 효과를 기대할 수 있지만, 현지시장의 여건상 현지유통업체에게 판매를 전담시키고 있다면 국제협력광고의 필요성이 증대된다. 현지국 유통업체와의 국제협력광고는 광고비를 절감함은 물론 강한 광고효과를 기대할 수 있으며, 현지유통업체로 하여금 촉진활동을 더욱 진작시킬 수 있으며, 현지유통업체가 보유하고 있는 노하우나 명성을 활용할 수 있는 이점이 있다. 그러나 현지유통업체에게 광고를 맡길 경우 저질광고의 가능성과 국제기업이 배정한 만큼의 광고비를 실제로는 사용하지 않을 수가 있다.

5 국제인터넷마케팅

5.1 국제인터넷마케팅의 의의

국제인터넷마케팅(international internet marketing)이란 컴퓨터가 제공하는 통신환경인 사이버스페이스(인터넷)라는 가상공간에서 수출상과 수입상의 관계형성 및 실시간(real time) 상호작용이 가능한 쌍방향 커뮤니케이션을 통해서 무역활동을 하는 것을 말한다. 국제인터넷마케팅에서는 문자뿐 아니라 음성, 화면, 동영상 등 다양한 멀티미디어를 이용하여 정보를 제공할 수 있다. 또한 수출상은 불특정 다수의 수입상을 대상으로 거래가 가능하며, 당사자간 접촉방식도 대인적인 직접접촉에서 기술정보시스템을 이용한 비대인적 거래방식으로 전환된다.

국제인터넷마케팅의 장점은 공간적 제한이 없다는 점, 시간적 제한이 없다는 점, 고학력의 구매력 있는 정보탐색형 고객으로 표적집단에 대한 접근이 용이하다는 점, 광고비가 저렴하다는 점, 쌍방향 커뮤니케이션(communication)이 가능하다는 점, 광고분량에 제한이 없다는 점 등을 들 수 있다.

5.2 국제인터넷마케팅의 종류

(1) 다이렉트마케팅

다이렉트마케팅(direct marketing)은 대리점이나 중간상 같은 중간단계를 인터넷이 대신하는 것을 말한다. 다이렉트마케팅은 수출상이 인터넷을 통하여 소비자에게 직접 제품이나 서비스를 제공하거나 제품에 대한 문의도 직접 받을 수 있다. 다이렉트마케팅은 특히 소량무역에 접합하다.

(2) 인터랙티브마케팅

인터랙티브마케팅(interactive marketing)은 자사의 웹사이트를 찾아온 고객에게 상품과 서비스에 관한 정보를 제공하고 사용자는 제품에 대한 질문, 상품주문 등을 실시간으로 처리한다. 인터랙티브마케팅은 무엇보다도 정보의 갱신이 쉽다는 장점이 있다. 즉, 신상품이 나오거나 상품의 기획・가격 등이 바뀌면 웹관리자가 변경된 내용을 다시 웹에 수정하여 재입력하기만 하면 되기 때문에 시간과 비용이 획기적으로 단축된다. 또한 고객과의 대화창구가 전자메일과 전자게시판을 이용하여 쉽게 만들어져서 고객의 의견을 신상품에 개발에도 도입할 수 있는 쌍방향성 마케팅이라는 장점이 있다.

5.3 국제인터넷마케팅의 전략

(1) 4P전략

가) 제품전략

국제인터넷마케팅전략에서는 먼저 전자상거래에 적합한 제품이 무엇인지를 파악하여야 한다. 전자상거래에 적합한 제품의 유형은 정보재, 유형재 및 서비스재로 나누어 생각해 볼 수 있다.

① **정보재** : 정보재는 전통적 마케팅에서는 거의 대상이 되지 아니하였던 제품으로서 인터넷 판매효과는 다른 유형의 제품에 비해 매우 크다고 할 수 있다. 특히 인터넷 탐색정보나 컴퓨터 프로그램과 같은 정보재의 경우에는 전 세계에 파손 등 품질변형에 대한 위험이 없으므로 순식간에 소비자에게 전달될 수 있고, 고도의 내용을 포함하고 있을 뿐만 아니라 그 내용 또한 매우 다양하여 인터넷판매에 아주 적절한 재화가 된다.

② **유형재** : 전통적 마케팅의 주 대상이 되는 유형재는 대부분 국제인터넷마케팅의 대상이 된다. 국제인터넷마케팅에 적합한 유형재는 수송비가 저렴하고, 배달 중에 발생할 수 있는 제품변형에 대한 위험이 적으며, 제품사용법을 쉽게 이해할 수 있는 중·소형의 제품으로서 파손위험이 적은 소비재이다.

③ **서비스재** : 인터넷에 적합한 서비스재는 병원, 보험, 은행이나 호텔의 이용 및 이벤트 행사나 비행기 탑승 등에의 예약과 같은 서비스재가 국제인터넷마케팅의 대상제품이 된다. 특히 이들의 지점망이 국제적으로 많으면 많을수록 국제인터넷마케팅의 이용가치는 그만큼 더 커지게 된다.

나) 가격전략

인터넷가격전략의 핵심은 기존의 유통망을 가지고 제품을 판매하고 있는 기업에 비하여 가격이 매우 저렴하다는 점이다. 인터넷에서 제품을 판매하고 있는 기업의 대부분은 저렴한 가격으로 제품과 서비스를 판매하고 있다.

제품이나 서비스의 가격이 저렴한 이유 중에 가장 먼저 고려할 수 있는 것은 중간상을 생략하였다는 것이다. 이는 중간상이 갖게 되는 유통마진을 소비자에게 직접 전달할 수 있으므로 가격이 저렴할 수밖에 없다. 그러나 인터넷에서는 저렴한 가격만으로는 네티즌들을 만족시킬 수 없다. 365일 24시간 저렴한 가격으로 제품이나 서비스를 제공함과 동시에 다양한 가격이나 옵션 및 결제방법을 제시함으로써, 소비자들을 만족시키고 그 결과 기꺼이 대가를 치르게 하는 것이 가격전략의 목표가 된다.

다) 유통전략

국제인터넷마케팅은 제조업체가 중간에 있는 유통상의 개입없이 소비자에게 직접 마케팅행위를 하는 직접마케팅의 한 방식이다. 즉, 인터넷에 올려진 기업의 제품을 소비자는 인터넷으로 제품을 주문하기 때문에 제품구입을 위해 소비자가 소매점 등의 유통상까지 갈 필요가 없다는 점이다. 또한 제품운송에 있어서 소비자가 주문한 제품에 대해 기업은 운송기관을 통해 소비자가 원하는 곳으로 택배를 하되, 이를 인터넷망을 이용하여 정보를 추적할 수 있다는 점이다.

즉, 기업이나 물류센터를 떠나 소비자가 원하는 곳으로 운송되고 있는 제품의 위치를 인공위성위치추적시스템(GPS: global positioning system), 지리정보시스템(GIS: geographical intelligence system) 및 주파수공용통신(TRS: trunked radio system)을 이용하여 파악할 수 있어서 물류에 있어서 가장 중요한 적시공급(JIT: just in time) 운송을 국제적으로 가능하게 할 수 있다. 뿐만 아니라 국제인터넷마케팅에서는 국내 및 국제적으로 제품운송과 관련한 모든 문서에 대해 표준화하고 실시간으로 전달하여 주는 EDI방식을 가능하게 한다.

라) 촉진전략

촉진전략이란 인터넷이라는 매체를 통하여 소비자로 하여금 제품에 대해 구매를 촉진하도록 하는 방법이다. 이의 특징은 기업과 소비자간의 상호작용, 즉 쌍방향 의사소통이 가능하다는 점이다. 소비자들은 대부분 기업에서 제공하는 정보를 소비자들이 찾아와서 얻어가고 그 정보에 대한 반응을 보임으로써 전통적 마케팅의 일방적 정보제공과는 다르다. 따라서 인터넷촉진전략에서는 소비자들이 기업의 홈페이지를 스스로 찾아 들어오도록 유도하는 것이 제일 중요하다.

기업은 홈페이지상에 소비자들이 원하는 것을 얻을 수 있도록 해주어야 하며, 이로 인해 인터넷 광고노출자가 제품이나 서비스의 구매행위를 할 수 있는 요인까지 제공하여야 한다. 이를 위해 홈페이지 디자인을 차별화하여 기억에 오래 남을 수 있도록 하여야 하고, 회원제를 도입하여 회원서비스를 강화하고 관련산업에 관한 총체적 정보제공자로서의 역할을 하는 것 등이 필요하다.

(2) 국제인터넷마케팅 전략의 요소

국제인터넷마케팅의 전략요소는 일반적으로 1998년 초 포털서비스가 등장하면서 제시된 6C, 즉 contents, community, commerce, communication, customization, connection을 기반으로 하고 있다. 모든 인터넷업체들의 지향점은 6C에서 벗어나지 않고 있다고 할 수 있는데, 사이트 운영업체는 고객에게 보다 나은 6C서비스 제공을, 솔루션 업체들은 보다 나은 6C를 가능케 하는 기술개발을 목표로 하고 있다. 6C는 그 출발이 포털서비스인데서 알 수 있듯이 서로 독립적이고 객체지향적인 성격의 것이 아니라, 전통적인 마케팅의 전략적 요소인 4P의 그것과도 같이 상호 유기적이고 보완적인 관계이다.

가) 콘텐츠(contents)

인터넷에서 콘텐츠란 웹사이트에서 전달하고자 하는 정보 및 내용을 기술적 요소와 결합시킨 것으로서, 모든 멀티미디어적인 형태가 곧 콘텐츠가 될 수 있다. 콘텐츠전략은 6C 중에서 가장 중요하고 그만큼 어려운 기획작업으로서 웹사이트 구축시 콘텐츠의 내용 및 질이 성공의 키포인트이다. 콘텐츠의 중요한 세 가지 속성은 유용성, 독창성, 갱신성을 들 수 있다.

나) 커뮤니티(community)

인간은 대부분 소속감과 유대감을 느끼고 싶어 사이버공간에서도 사이버공동체에 소속되어 있는 구성원이 되고 싶어 한다. 국제인터넷마케팅에 있어 성공의 열쇠는 결국 고객과의 관계형성 또는 강화에 달려있는데, 커뮤니티전략은 이익관계 형성 및 강화를 위한 효과적인 전략이다. 커뮤니티 운영전략은 차별화, 콘텐츠와 커뮤니케이션의 통합, 회원에 의해 제공된 콘텐츠의 재창출, 경쟁자와 공급자의 정보소유, 상업화목표 등을 들 수 있다.

다) 커머스(commerce)

마케팅의 기본 목적은 부가가치를 창출하는 것이다. 커머스전략은 인터넷을 통해 부가가치를 창출하기 위한 수입전략이다. 여기에는 인터넷 상품판매, 광고수입, 정보 및 서비스와 같은 콘텐츠의 유료화, 회비, 중개수수료 등의 수익모델이 있다.

라) 커넥션(connection)

국제인터넷마케팅에서는 창조적인 파트너와의 협력관계가 아주 중요한데, 통상 전략적 제휴를 통해 이루어진다. 전략적 제휴의 목적은 ① 전체역량 강화를 통한 시장확대 및 매출증대, ② 약점을 보완하고 서로의 강점을 공유함으로써 시너지효과 발생, ③ 신규시장 진입에 따른 위험요소를 감소시키며 초기비용을 절감, ④ 회원공유를 통해 회원 수 증대를 통한 마케팅 비용절감, ⑤ 공동전선 구축을 통해 예상경쟁자의 실제적 또는 심리적 부담 가중을 통한 진입장벽 강화 등이다.

마) 커뮤니케이션(communication)

인터넷의 특성중 하나는 상호작용성, 멀티미디어, 쌍방향 커뮤니케이션 등을 들 수 있다. 따라서 기술을 매개로 한 효과적인 커뮤니케이션전략을 모색하여야 한다. 커뮤니케이션전략은 게시판 등의 활용, 고객과의 대화, 관계형성을 모색하는 것으로 다른 국제인터넷마케팅 전략요소를 보조하는 역할을 수행한다.

바) 고객화(customization)

고객화전략은 단골고객을 만드는 것이다. 단골고객을 만들기 위해 고객의 취향이나 기호 및 습관 등을 파악하여 이를 DB화함으로써 개인에게 특화된 상품 및 서비스의 정보를 제공하는 전략이다. 즉, 일대일(one to one)마케팅이 바로 고객화전략이다.

5.4 국제인터넷마케팅의 방법

국제인터넷마케팅의 방법으로는 다음과 같은 것을 들 수 있다.

① **검색엔진에 등록** : 검색엔진에 자사가 구축한 사이트를 등록한다.
② **해외 유명사이트에서의 배너광고** : 사이버무역을 하는 업체는 많은 네티즌들이 찾아올 만한 유명사이트에 자사를 알리는 광고를 한다.
③ **거래알선 웹사이트에 등록** : 무역인들이 자주 보는 거래알선에 관한 웹사이트에 등록한다.
④ **유즈넷에 게재하기** : 유즈넷 동호인들의 모임에 자신의 정보를 게재한다.
⑤ **메일링리스트 등록과 게재** : 자신이 원하는 영역의 메일링리스트를 선택하여 게재한다.
⑥ **전자메일 이용** : 전자메일리스트를 활용하면 상대방에 대한 정보를 한손에 쥐고 적극적으로 전자메일을 보냄으로써 시간절감은 물론 거래성사 효과도 극대화 할 수 있다.

연습문제

1. 국제기업이 현지유통업체를 효과적으로 관리할 수 있는 방법은 무엇인가?
2. 매스미디어를 이용하지 않은 국제촉진전략에 대하여 설명하시오.
3. 제품 및 커뮤니케이션 믹스전략에 대하여 설명하시오.
4. 일반마케팅전략과 인터넷마케팅전략의 차이점은 무엇인가?
5. 회색시장이 존재하는 이유는?
6. 침투가격전략과 초기고가전략을 제품의 예를 들어 설명하시오.
7. 국제마케팅의 표준화와 적응화를 기업 또는 제품의 예를 들어 설명하시오.
8. 국제마케팅조사를 행하는 이유는 무엇인가?

12
Chapter

국제생산관리

1. 국제생산관리의 개념
2. 국제생산입지의 선정
3. 국제분업생산
4. 현지구매관리
5. 국제로지스틱스
6. 국제품질관리

학습목표

국제기업이 해외생산을 할 때 고려해야 할 주요 이슈에 대하여 알아보고, 해외공장 입지선정의 중요성, 글로벌소싱의 필요성, 그리고 국제로지스틱스의 종류 및 효과에 대하여 학습한다.

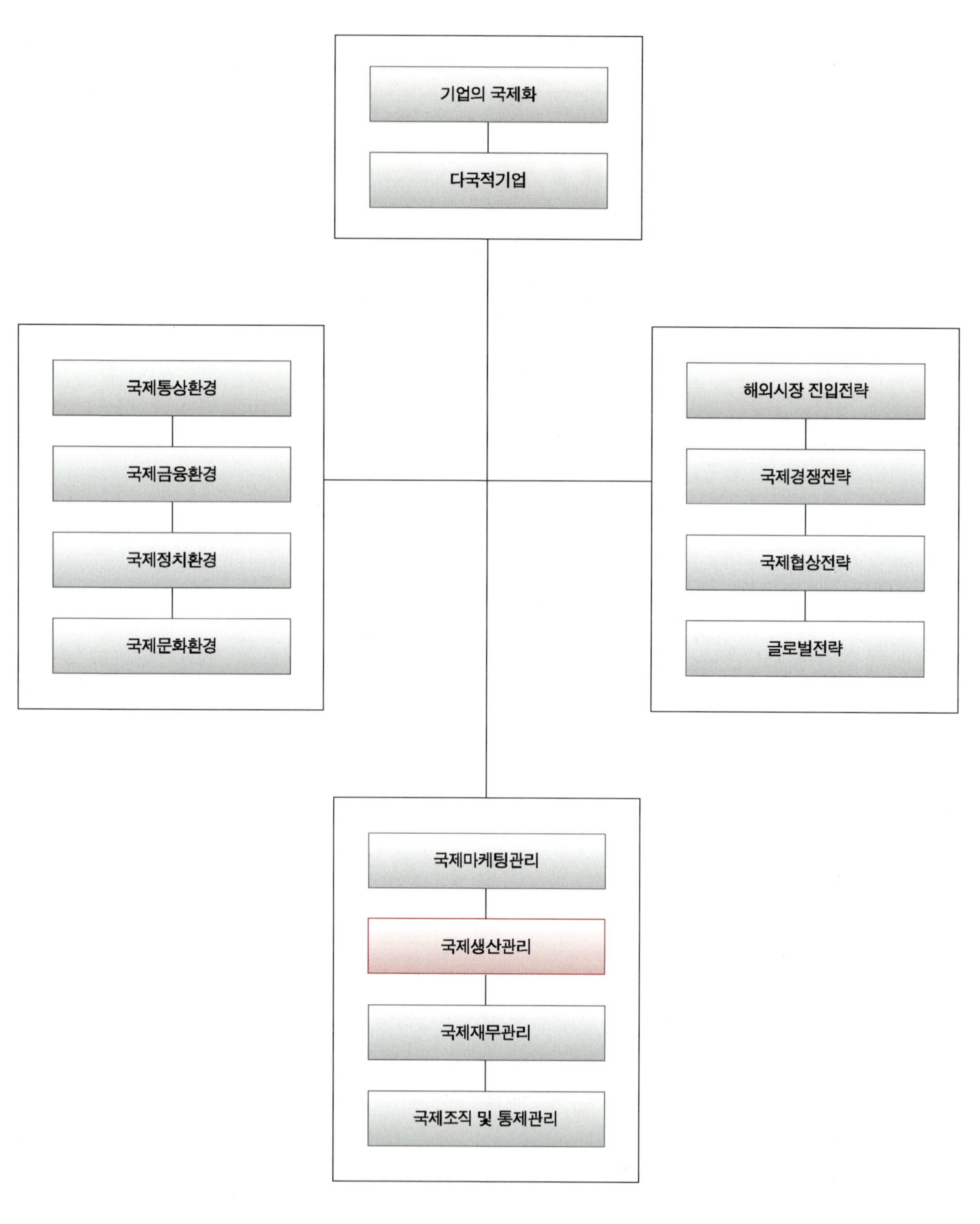
기업의 국제화
다국적기업
국제통상환경
국제금융환경
국제정치환경
국제문화환경
해외시장 진입전략
국제경쟁전략
국제협상전략
글로벌전략
국제마케팅관리
국제생산관리
국제재무관리
국제조직 및 통제관리

'Made With China'시대에 맞춰 변화하라

중국에 진출해 성공을 거둔 기업들의 공통점은 철저한 사전준비와 현지화다. 그렇다면 현지화란 과연 무엇일까? 현지화의 가장 큰 문제는 중국적 특징이 무엇인가를 파악하는데 있으며 이는 업종별로, 지역별로, 분야별로 조금씩 다르다. 외국기업이 중국에 진출하려면 이제는 Made in China를 넘어 Made with China의 인식을 가져야 한다.

SPC 파리바게트, 스타벅스를 비롯한 식음료 외식체인 업체들은 어떠한 노력을 기울여 까다로운 중국 현지인들의 입맛을 공략해 성공할 수 있었을까? 이들은 현지인들의 입맛과 성향을 고려한 '중국화'전략을 모색 중이다.

스타벅스 차이나 벨린다 웡 대표는 "그 동안 스타벅스는 더 큰 시장을 잡기 위해 해당국의 문화적 특성을 적용하는 현지화 전략을 견지해 왔다"면서 "미국에서는 출근하는 직장인들의 '테이크아웃' 수요에 맞춰 단순하고 작은 매장이 통했지만, 이와 달리 중국 소비자들이 생각하는 커피숍은 오후에 휴식을 취할 수 있는 편안한 공간이라는 교훈을 얻었다"고 설명했다. 이어 스타벅스는 "중국인들이 넓은 공간과 대화를 나눌 수 있는 편안한 소파를 선호하고 좋아하는 커피메뉴도 제한되어 있다"면서 "일부 신규 매장 면적을 350㎡까지 확대하고 레드빈 프라푸치노 같은 중국식 메뉴를 집중 개발할 것"이라고 현지화 전략을 소개했다.

스타벅스에 대항해 중국시장에서 빠르게 세를 넓혀가고 있는 한국기업이 있다. 바로 SPC의 파리바게뜨다. 파리바게뜨는 중국 진출을 위해 1990년대 중반부터 현지에 직원들을 파견, 수년 동안 식음료 · 외식시장은 물론 주요 상권 분석까지 마친 후에야 2004년 상하이에 점포를 내며 첫 진출을 했다. 또한 중국에 국내 업체로는 처음으로 단독투자 형태로 진출했다. 본사가 직접 관리해 시장을 효과적으로 공략하고 신속하고 확실한 물류시스템을 갖추기 위한 전략이었다. 파리바게뜨는 이를 기반으로 상하이를 시작으로 화동, 화북지역을 중심으로 상권을 구축했다. 단순한 제품 개발뿐만 아니라 다양한 마케팅활동 및 사회공헌활동 등으로 중국인에게 브랜드 인지도를 넓혀 나갔다. 이를 위해 파리바게뜨는 케이크 만들기 교실을 진행하고, 또 HSBC국제골프대회, F-1경기대회 등 대형행사의 파트너로 참여해 지속적으로 브랜드의 인지도를 높이기 위해 노력했다.

오리온은 브랜드 네이밍 및 제품 네이밍을 중국인의 마음을 사로잡기 위해 철저히 현지화 했는데, '好丽友, 好朋友(오리온, 좋은 친구)'라는 광고 카피라이트로 중국 소비자들에게 보다 친근하게 다가갈 수 있었다. 그리고 초코파이의 상징인 '정(情)'은 중국 현지의 문화와 더 밀접한 '인(仁)'으로 교체해 중국인에게 친숙한 식품으로 인식될 수 있었다.

빙그레는 후발주자의 단점을 극복하기 위해 유통채널 확보를 위해 도매상, 소매상을 거치는 방식이 아닌 중국 현지 편의점을 집중 공략하여 단시간에 중국 진출의 소기 목적을 달성할 있었다.

1994년 생산 지사를 설립하면서 중국 무대에 처음 진출한 이랜드는 중국 내 매출 10조원 달성을 목표로 쾌속 질주하고 있다. 이랜드의 성공비결은 중국 정부측과의 상호 신뢰, 표준화된 매뉴얼 관리, 이익에 따른 투명한 세금납부, 지역환원 등을 꼽을 수 있다. 중국 진출 초기부터 구매력을 갖춘 상위 10%를 겨냥해 백화점으로 진출했다. 제품력 유지와 이미지 관리를 위해 모든 매장은 100% 직영이다. 또한 중국 12개 지역 3,000명의 빈곤학생을 지원하고 있고 12년째 나병원 자원봉사, 장애인 의족지원 사업, 백혈병 지원사업을 하며 중국인들의 마음을 얻었다.

2004년 중국에 진출한 락앤락은 '현지화'라는 기업적 용어 대신 '중국화'라는 용어를 쓰면서 중국사회에 완전히 융화된 대표적 기업이다. 락앤락은 중국사업이 회사 전체매출의 절반 가량을 차지할 정도로 성장했다. 이는 22개 도시에 지사, 3개 도시에 공장을 차리고 거점별 망을 구축하며 다져온 영업망과 홍보 · 마케팅 노하우에서 기인한다. 또한 중국내 100여개의 직영매장을 비롯해 백화점과 할인점, TV홈쇼핑 등 7천여개에 이르는 유통채널을 통해 판매가 이뤄지고 있다. 락앤락은 지난해 RI리서치의 설문조사 결과 밀폐용기 부문 브랜드 인지도 1위를 차지했으며, 2007년부터는 나이키, 필립스와 함께 5년 연속 상하이 인기브랜드로 선정되기도 했다.

중국은 이제 과거의 수출 전진기지가 아니라 세계 최대의 내수시장으로 변모하면서 기업들의 중국시장 진출 움직임도 가속화되고 있다. 앞으로 중국시장에서 점유율을 넓히기 위해 각 업체들은 적절한 매장위치 선정은 물론 영업망 확대, 매장 운영 등 전방위 경쟁을 벌일 것이다. 하지만 중국시장의 매력과 기대치에 비해 성공확률은 그리 높은 편은 아니다. 이같이 변화하는 환경에 맞게 '중국에서 중국을 위하여'라는 철학으로 비즈니스에 집중하고 중국 인재와 함께 정직한 경영활동을 해나가야 할 것이다.

• 조선일보, 2014.1.2

토의과제

1. 위 사례에서 중국에 진출한 기업들의 현지화전략은 무엇인가?
2. 위 기업들이 중국에 투자한 이유는 무엇인가?
3. 위 기업들이 중국 현지화를 통해 얻은 성과는 무엇이며, 향후 어떤 노력이 필요한가?

1 국제생산관리의 개념

1.1 국제생산관리의 의의

생산관리란 기업의 제품이 일정계획에 따라 생산될 수 있도록 합리적으로 생산활동을 계획·조정·통제하는 것을 의미한다. 이러한 생산관리는 인사, 마케팅, 재무, 회계관리 등과 유기적인 관계를 맺으면서 이루어져야 하며 단독적으로 이루어져서는 안된다.

국제생산관리는 고객의 욕구를 충족시킬 수 있는 제품을 생산해 내기 위해 기본적으로 자본, 노동, 원자재, 에너지 등과 같은 생산요소를 투입하여 생산활동을 전개하는 점에서는 국내생산관리와 별 차이가 없다. 그러나 정치, 경제, 사회, 문화적 환경 등이 국내와는 상이하기 때문에 국제생산관리는 국내생산관리보다 복잡하고 어려운 점이 있다.

그러므로 해외생산을 하려는 국제기업에게 있어서 생산입지의 선정, 생산규모 및 기술, 분업생산을 위한 공장의 배치와 네트워크, 조달(sourcing), 로지스틱스(logistics) 등은 매우 중요한 과제가 아닐 수 없다. 따라서 국제기업은 해외생산시 현지환경이 반영된 생산전략을 수립하고 구체적인 프로그램을 개발한 다음, 기업목표에 맞추어 생산활동을 전개해야 한다.

1.2 국제생산관리의 성공요인

현지생산을 원활히 계획하고 실행하기 위해서 기업은 해외직접투자를 통하여 자사의 기업특유의 자산에 대한 우위를 바탕으로 제품라인과 제조공장을 해외생산기지에 내부화함으로써 입지우위의 경쟁력을 가질 수 있다. 이러한 현지생산의 성공은 적합성, 생산배치, 조정과 통제를 핵심요인으로 한다.

(1) 적합성

적합성(compatability)이란 해외투자결정과 기업의 경쟁전략 간의 일관성 정도를 나타내는 말이다. 기업의 국제생산관리 성공요인은 다음과 같은 사항을 충분히 고려하여야 한다.

① **효율성/비용** : 제조비용의 감축
② **의존성** : 제품납기와 가격책정에 대한 기업의 신뢰정도
③ **품질** : 정성과 신뢰도, 서비스 질, 신속한 납기, 제품품질의 유지보수
④ **유연성** : 여러 종류의 제품을 생산하고 산출량을 조절할 수 있는 생산공정 능력
⑤ **혁신** : 새로운 제품과 아이디어를 개발할 수 있는 능력

(2) 생산배치

기업의 경영자는 생산시설의 배치에 관련된 전략을 결정할 필요성이 있다. 이러한 기본적인 다국적기업의 생산배치(manufacturing configuration)에는 다음과 같은 네 가지 기본 전략이 있다.

① 생산시설의 집중과 표준을 제공함으로써 저가 제품을 다른 시장에 제공하는 것이다.
② 생산시설을 배치하기 위해서는 해당 국가의 내수시장 규모가 일정수준 이상이어야 하며 수출경쟁력이 있어야 한다.
③ 특정 지역내에서 즉, 현지에서 고객/공급자들에게 현지생산시설을 이용할 수 있도록 배치하는 것이다.
④ 경영활동을 하고 있는 기업이 모든 국가에 생산시설을 갖출 필요가 없다면 반드시 기업은 생산과 수출활동을 조합하여야 한다.

(3) 조정과 통제

조정과 통제는 함께 실행되어야 하는데, 조정은 단일화된 생산시스템에 연계하는 것을 말하고, 통제는 생산활동의 통합을 말한다. 이러한 활동은 구매에서 보관, 생산, 선적에 이르는 전 과정에서 행해진다. 따라서 공급자관계와 물류활동을 조정하는 일은 쉬운 일이 아니며, 특히 생산배치활동이 정상화되어 있지 않은 경우에는 더욱 어렵다.

2 국제생산입지의 선정

2.1 국제생산입지선정의 의의

국제생산입지의 적절한 선정은 기업의 성패에 중대한 영향을 미친다. 왜냐하면 일단 생산입지가 결정되면 자연적·경제적·지리적·사회적 조건은 변경하기 어려우며 수송비, 노무비, 동력비, 용수비 등은 지역에 따라 차이가 많기 때문이다. 따라서 국제기업은 경영활동을 효율적으로 수행할 수 있는 지역에 생산시스템을 배치하여야 한다.

국제생산입지의 선정에 있어서 중요한 문제는 그 투자효과가 가급적 장기적으로 지속될 수 있어야 하고, 위험부담이 적어 공장을 운영하는데 안정성이 보장되어야 한다. 특히 생산효율성 투자인 경우 입지선정의 문제는 더욱 중요한 의미를 가지게 된다.

2.2 국제생산입지선정 시 고려요소

국제생산입지를 선정하는데 있어서 고려하여야 할 요소를 살펴보면 다음과 같다.

① **자연적·지리적 여건** : 강우량·강설량·온도·습도, 지형·지질·면적, 공업용수·음료수 등의 자연적·지리적 여건은 현지생산에 영향을 미친다.

② **경제적 여건** : 지가, 원재료, 수송시설, 시장, 노동력, 외주공장, 경쟁회사, 전력·연료, 부산물의 처리, 고정자산세, 화재보험료 등의 경제적 여건은 현지생산에 영향을 미친다.

③ **사회적 여건** : 소음, 진동, 매연, 폐기물, 악취, 유독가스, 이용 가능한 공공시설, 국토계획·도시계획, 풍속·습관 등의 여건은 현지생산에 영향을 미친다.

④ **정부의 정책** : 예컨대 중국의 경우 사회주의 국가로서의 불투명한 정치적 상황과 제도적 변화는 투자성과에 영향을 미친다.

⑤ **기술적 요인** : 공장규모, 기계, 공정, 제품설계 등 현지국의 기술적 요인은 기업의 해외생산에 영향을 미친다.

[그림 12-1] 국제생산입지의 선정과정

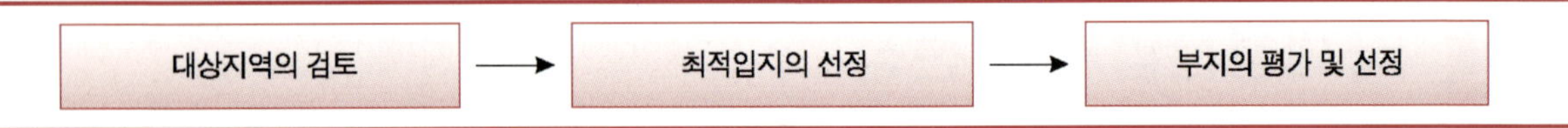

⑥ **정부의 지원** : 예컨대 선진국에서 현지생산을 하면 지원산업이 발달하여 공급업체로부터 원자재, 부품 등을 원활히 공급받을 수 있다.

2.3 국제생산입지의 선정과정

국제생산입지를 선정하는 과정은 [그림 12-1]에서 보는 바와 같이 일반적으로 세 단계를 거쳐 최적입지를 결정하게 된다.

(1) 대상지역의 검토

국제생산입지를 선정하는 첫 번째 단계는 대상지역을 검토하는 것이다. 이 단계에서는 제품의 특성이나 생산투입요소를 고려하여 공장이 들어설 지역이나 국가를 조사한다. 특히 생산시스템의 투입과정, 생산공정 및 산출과정에 있어 어떤 요소들이 중요한지를 살펴보는 것이다. 예컨대 석유화학이나 철강 등은 원자재를 중요시하는데 비해, 섬유나 신발은 노동력을 중요시한다.

입지요인에 있어서 최근에는 그 기준이 변하고 있다. 경제적 생산요소로서 과거에는 비용측면을 중요시했으나, 최근에는 각 요인들의 이용가능성, 확보용이성, 접근성, 시설의 구비여부 등과 같은 요인들을 더욱 중요시 하고 있다. 예컨대 교통요인의 경우 원료와 완제품의 운송비보다는 교통시설 및 운송수단의 이용가능성을 더욱 중요시 하고 있다. 노동력의 경우 노동비나 임금수준보다는 양질의 숙련노동자・전문기술자・관리자 등의 확보가능성, 노동생산성, 노조활동 등을 중요시 하고 있다. 시장측면에서는 판매량과 관련된 시장의 규모, 시장으로의 접근과 시장개척을 위한 입지가 중시되고 있다. 원료 및 부품의 조달에서도 운송비보다는 원산지의 접근, 부품의 조달확보 등이 중시되고 있다.

(2) 최적입지의 선정

입지대상지역에 대한 검토가 끝나면 이제 특정지역을 최적입지로 결정하는 단계이다.

이 단계에서는 ① 대안이 되는 지역을 평가하기 위한 기준을 정하고, ② 이와 관련된 주요 입지요인을 확인하며, ③ 제시된 입지요인과 조건을 만족시키는 지역을 선정한 후, ④ 선정된 대안을 집중적으로 평가하고 입지를 선정한다. 최적입지를 평가하는 데에는 주로 계량적 입지결정모델이 이용된다.

(3) 부지의 평가 및 선정

특정지역이 선정되면 다음단계는 공장을 세울 구체적인 장소, 즉 부지를 선정하여야 한다. 부지를 평가하는 데에는 토지가격, 지형, 넓이, 배기 및 배수, 도로 건설비용, 관련법규 등이 검토된다. 보통 업종의 성격에 따라 공장부지의 검토요인이 다른데, 예컨대 철강공장의 경우 지반이 강해야 하는 반면, 염색・도금・주물 등의 공해유발업종의 경우는 배수처리가 용이해야 한다.

2.4 국제생산입지의 선정방법

국제생산입지를 선정하는 방법으로는 노동력의 질, 공해규제의 정도 등과 같이 계측하기 힘든 질적요인에 의한 방법보다는 총비용비교법, 손익분기도법, 요인평정법, 수송계획법 등과 같이 계측이 가능한 양적요인에 의한 방법이 널리 이용된다.

(1) 총비용비교법

총비용이란 입지결정과 관련되는 현실적 비용은 물론 추상적 비용 및 기회비용까지 포함한 모든 비용을 말한다. 이러한 비용들은 모두 측정할 수 있다면 총비용이 최소가 되는 곳에 생산입지를 정하는 것이 바람직하나, 추상적 비용은 현실적으로 파악하기가 어려우므로 대개는 재료비, 수송비, 노무비 등의 비용만으로 입지를 선정한다. 그러나 합리적인 입지결정은 이러한 양적요인만으로 평가하기는 힘들며 질적 요인이 고려되어야 한다. 비용이 최소가 되는 지역이라도 노동력이 부족하거나 원재료의 수송이 불편하고 지역주민의 반발이 심하면 좋은 입지가 되지 못한다.

(2) 손익분기도법

이 방법은 조업수준의 변화에 따라 고정비와 변동비의 변화를 나타내는 손익분기도법을 이용하여 입지결정을 하는 것이다. 생산량의 크기와 관계없이 발생하는 고정비로는 토지, 건물 및 공장이전비용, 세금, 보험료, 용수비 등을 들 수 있다. 조업수준의 변화에 민감한 변동비로는 원료비, 수송비, 노무비 등을 들 수 있다.

(3) 요인평가법

이 방법은 입지요인별로 가중치를 부여하고 요인별 점수가 높은 곳을 선정하는 방식이다. 예컨대 입지선정의 결정지표를 시장규모 및 생산요소로 대별한 경우 시장규모에는 인구밀도·인구증가율·가구당 가처분소득 등을 지표로 삼고, 생산요소에는 노동인구·교육수준·시간당 임금·실업률·전기료·건축비 등을 지표로 삼아 이들 지표에 상대적인 중요도에 따라 가중치를 부여하여 각 후보지별로 점수를 계산하여 입지를 선정하는 방식이다.

(4) 수송비법

이 방법은 수송비를 최소로 하기 위해 어느 공장에서 어느 시장으로 제품을 얼마나 수송해야 하는지를 중심으로 복수공장의 입지결정을 위해 개발된 기법이다. 이것은 선형계획법 중의 하나이며 수송비 최소화가 목적이 된다.

3 국제분업생산

3.1 국제분업생산의 의의

국제기업은 가능하면 다국적 분업생산 시스템을 채용하는 것이 좋다. 즉 양질의 원자재를 저렴한 지역에서 조달하고, 생산원가가 낮은 지역에서 생산하여, 판매가격이 높은 시장에 판매하는 것이 이상적이다. 국제분업생산이란 복수의 해외공장을 상호 연계시켜 보완적인 생산활동을 전개하는 것으로서, 크게는 한 제품의 공정을 분담하는 공정간 분업과 제품의 종류에 따라 분업하는 제품간 분업이 있다.

공정간 분업은 노동집약적 공정과 자본집약적 공정을 각각 다른 지역의 자회사에서 수행하는 것으로, 구미의 반도체 메이커가 조립공정은 말레이시아, 태국 등 노동비가 저렴한 곳에서 수행하고, 반도체의 디자인 및 웨이퍼 가공공정은 자국에서 행하는 것이 그 좋은 예가 된다.

한편 제품간 분업은 고급기술이 요구되는 고가품은 선진국에서, 그리고 표준기술로 생산가능한 저가품은 개도국과 자회사에서 생산하는 방식이다. 이와 같은 기업 내 분업은 본사와 자회사간은 물론 자회사 상호간에도 분업이 일어나게 되며, 그들 상호간에 상당량의 부품, 자재 등의 교역이 일어나게 된다.

이러한 생산의 국제분업화는 본국시장의 규모가 작고 부존자원도 빈약한 스위스나 베네룩스 국가들에서 두드러진다. 지금까지 현지생산・현지판매 패턴을 유지해 오던 미국기업과, 해외생산보다는 수출을 선호해 왔던 일본기업도 현재는 국제분업생산을 시도하고 있다.

효율적인 국제분업생산을 위해서 기업은 특별히 수요, 입지, 규모의 경제 및 각종 정부정책과 환경적 제약 등을 고려하여 공장별로 제품의 전문화를 시도해야 한다. 또한 저가생산 또는 외주여부를 결정하고 원자재, 부품, 완제품의 세계적 조달전략을 수립하고 이행해야 한다.

더불어 여러 공장의 효율을 높이기 위해, 기업은 가급적 원자재, 부품, 완제품 등을 표준화시키고 부품의 호환성을 증대시켜야 한다. 특히 자본재 또는 내구성 소비재를 생산・판매하는 기업은 부품과 완제품을 표준화시킴으로써 규모의 경제에 의한 원가절감을 실현할 수 있고, 동시에 균일한 품질의 제품을 공급할 수 있기 때문이다. 아울러 국제분업생산에 걸맞은 로지스틱스 시스템도 함께 추진되어야 한다.

3.2 국제분업생산의 이점

국제분업생산을 통해 기업이 얻을 수 있는 이익으로는 ① 비용의 중복을 피할 수 있고, 규모의 경제를 통해 원가를 절감할 수 있다. ② 시장별로 생산공장을 입지시키는 것보다, 제품 및 생산 프로그램의 수를 줄여 특화함으로써 품질의 향상을 꾀할 수 있다. ③ 고객관리면에서 서비스의 향상을 통해 간접적으로 소비자 선호도를 향상시킬 수 있고, 네트워크를 잘 활용함으로써 자원을 보다 효율적으로 활용할 수 있다.

그러나 현지정부, 시장수요 및 공급조건, 사회・문화적 요소, 기술수준 등의 차이로 인해 국제기업이 최적시스템을 운영하는 데에는 제약요인이 적지 않다. 국제기업은 EU 및 NAFTA 등 비교적 자유로운 경제블록에서는 그런대로 합리적인 분업생산이 가능하다. 그러나 국제기업이 최적의 다국적 분업생산 시스템을 운영하는 것은 하나의 이상에 머물고 현실적으로는 어려움이 많다. 그 이유는 다양한 통제불능의 현지 환경요소들이 다국적 분업생산 시스템에 영향을 미치기 때문이다.

3.3 국제분업생산의 방법 및 효과

(1) 국제분업생산의 방법

국제기업의 분업생산 시스템은 ① 본국시장은 본사공장에서 공급하고, 시장규모가 큰 주요 해외시장에 한하여 현지생산하여 공급하며, 나머지 시장에 대해서는 본사공장이나 해외공장으로부터 공급하는 방안, ② 다수의 현지공장을 설립하여 공급하는 방안, ③ 본국, 현지국 또는 제3국에 위치한 타기업을 통한 하청생산에 의해 공급하는 방안 등이 선택대안으로 활용되고 있다.

기업은 이들 대안 중에서 ① 원부자재 조달비용, ② 제품생산비용, ③ 국제간 물류비용, ④ 조달-생산-유통(수출 및 다국적 마케팅)에 따르는 규모의 이익, ⑤ 복수시장 진입에 소요되는 비용 등을 감안하여 가장 합리적인 방안을 선택하여 활용한다. 국제기업은 이러한 결정을 할 때에 다국적 분업생산 전략을 소싱 및 로지스틱스 전략과 연계시킬 뿐만 아니라 재무전략 등 타분야와도 상호 연계시켜 결정한다.

(2) 국제분업생산의 효과

해외생산시 공장을 분산배치하면 다음과 같은 효과를 기대할 수 있다.

① **장기적 기업활동의 유지** : 이는 해외생산을 통해 그 나라에서 장기적 기업활동을 전개할 수 있고, 현지소비자의 욕구파악 등을 통해 보다 가까이 접근할 수 있다.

② **현지의 생산요소 활용** : 풍부한 부존자원의 효율적 활용을 위해 진출하는 경우이다. 노동력이 풍부한 동남아시아에 우리나라의 노동집약산업이 진출하는 경우가 이에 해당한다.

③ **수송비의 감소** : 원자재 및 완제품의 부피나 중량이 커서 수송상의 어려움이 많고 물류비가 과대한 경우이다. 시멘트 및 합판공장 등이 대표적인 예이다.

④ **현지국 정부의 유인책** : 외국기업을 유치하기 위해 조세감면, 저렴한 공장부지, 노조활동의 억제 등 현지국 정부가 제공하는 각종 유인책에 끌려 현지에 공장을 건설하는 것이다.

⑤ **위험분산** : 환율변동 또는 정치적 불안정 등의 위험을 분산하기 위해 공장을 각 지역에 분산하는 경우이다.

그러나 국제적으로 분업효과를 높이기 위해서는 무엇보다도 효율적인 생산의 배합과 조정을 통해 공장간의 시너지(synergy) 효과를 거둘 수 있어야 한다. 분산된 생산시설을 가진 기업은 각각의 공장을 독립적으로 운영하기보다는 상호 연계시켜 운영·조정함으로써 시너지 효과를 높일 수 있다.

따라서 오늘날 국제기업의 경쟁력은 해외공장망의 통합 및 조정력에 있다고 해도 과언이 아니다. 복수의 현지공장을 상호 보완적인 관계 속에서 운영하고 그 관계를 유기적으로 잘 조화시켜 나갈 수 있느냐에 기업의 성공여부가 좌우된다. 해외공장간에 통합적 네트워크가 형성되면 기업은 하나의 상품을 경쟁기업에 비해 훨씬 싼 가격으로 출시할 수 있게 될 것이다.

가령 갑국에서 만든 A라는 부품과 을국에서 제조한 B라는 부품을 병국에서 조립하여 C라는 완제품으로 생산해 내는 것이 통합네트워크의 한 형태가 될 수 있다. 그리고 효율적인 공장간의 배합 및 조정을 위해서는 전체적인 총괄생산계획의 수립이 무엇보다 중요하다.

4 현지구매관리

4.1 글로벌소싱

(1) 글로벌소싱의 개념

소싱(sourcing)이란 토지 · 건물 · 기계 · 공구 · 비품 등 설비의 구입, 원재료 및 물품의 매입, 노동력 및 자본의 조달 등 경영자원의 구매활동을 말한다. 그러나 기계설비의 구입은 생산관리의 대상이 되고 노동력의 조달은 노무관리의 대상이 되며 자본의 조달은 재무관리의 대상이 되므로 순수한 의미의 소싱은 원재료 및 물품의 구매활동이라고 할 수 있다. 아울러 소싱은 생산에 필요한 원재료 및 물품을 유리한 가격으로 필요한 시기에 적당한 공급자로부터 합리적으로 구입하기 위한 구매관리를 의미한다.

국제기업은 제품생산을 위해 필요한 원료 및 부품을 어떻게 조달할 것인가를 결정해야 한다. 기업들은 원가를 절감하고 품질을 향상시키는 방향에서 글로벌소싱을 추진한다. 재료비가 제조원가에서 차지하는 비중이 큰 제조업체의 경우 조달비용이 가장 저렴한 지역에서 원자재를 조달하는 것은 당연하다. 또한 인건비가 큰 비중을 차지하는 의류나 신발과 같은 노동집약적 업종들은 임금이 낮은 지역에서 부품이나 반제품을 조달하는 것이 유리하다.

GM사는 르망승용차를 생산하는데 있어서 단순화, 표준화, 전문화를 유지하면서 각종 부품을 자사의 해외자회사 또는 관계회사에 분업생산하여 상호 구매 및 공급하였으며, 포드사는 한국에서 자동차 부품을 구매하고 미국 내의 공장에서 이를 조립하여 미국이나 멕시코에 판매하였다. 이와 같이 글로벌화된 국제기업은 한 제품을 생산하기 위해 여러 곳의 공장을 이용하는 다국적 소싱전략을 취함으로써 경쟁우위를 견지해 나가고 있다.

오늘날 국제기업의 원부자재의 조달 · 생산 · 판매활동은 범세계적 차원에서 이루어지는데, 이들 활동을 합리적으로 관리하는 것은 글로벌경영을 성공으로 이끄는 중요한 요소가 된다. 그러나 글로벌소싱은 공급라인이 길어지고 재고수준이 높아지며 환율변동으로부터 영향을 받는다는 위험이 있기 때문에 주의를 요한다. 아울러 글로벌소싱은 언어, 거리, 문화, 관세 등을 고려하여야 한다.

(2) 글로벌소싱 시스템

글로벌소싱과 관련된 중요한 개념으로서 적시조달시스템(JIT: just-in-time system)이 있다. 이것은 부품을 미리 구매하여 대량으로 쌓아두던 종전의 방식과는 달리 부품이 적시에 생산공정에 도달하게 하는 방식을 말한다. 이 제도를 통해 기업은 유휴재고를 줄여 자금부담 및 재고관리비용을 감소시킬 수 있다. 이 제도는 조달된 부품의 불량률이 매우 낮아야 하고 부품의 조달시간도 정확해야 한다는 전제조건을 필요로 한다.

그러나 해외로부터의 조달은 그 과정이 길어서 예기치 못한 사고로 인해 이 제도의 적용가능성이 희박해진다. 즉, 이 제도는 오히려 기업으로 하여금 재고부족으로 사져오게 한다. 보통 이 제도는 재고가 없는 것을 의미하지만 글로벌소싱은 위험을 해소하기 위해 재고수준을 높인다. 예를 들면 환율은 일반적으로 불확실한 요인을 갖고 있고 원가에도 직접연향을 미치지만, 일정한 범위 내에서 기업은 안정된 공급원의 확보와 공급업자의 장기적인 관계유지를 위해 환율변동을 무시하기도 한다.

최근에는 운송기술의 발달, 고객중심의 서비스 제고, 로지스틱스(logistics) 개념의 활성화로 이 제도가 점차 확산되고 있다. 더글러스사(Douglas Aircraft Corp.)는 1985년부터 1991년까지 6년에 걸쳐 MD-82 항공기 25대를 중국에서 조립·생산할 때 이 제도를 이용하여 좋은 성과를 거두었다.

4.2 공급자관계 관리

(1) 공급자관리

다국적기업이 장기적으로 현지생산의 안정성을 도모하고 이윤을 극대화하기 위해서는 현지 공급업체들과 지속적으로 관계를 증진하고 상호 협력하는 것이 매우 중요하다. 바람직한 공급자관계는 회사의 가치를 증가시키는 가치증가 파트너십(value-adding partnership)이라고 할 수 있다. 가치증가 파트너십이란 독립적인 기업집단이 서비스나 상품의 공급을 부가가치체인에 의해 서로 협력함으로써 파트너들의 가치를 증가시키는 협력관계를 의미한다.

이를 위해서 비용을 줄이고 질적 향상에 기여할 수 있는 공급자를 확보하고, 그 숫자를 줄여 소수의 공급자들과 친밀한 관계 형성을 통해 공급자들의 이익발생을 도모하는 것이 필요하다. 가치증가 파트너십은 다음과 같은 구매정책을 수반할 때 더욱 효과적이다.

① 장기적인 계약 2~3년 단위로 계약
② 구매자 집단의 집중화
③ 국제구매
④ 지속적인 공급자의 확보

(2) 공급사슬관리

원래 공급사슬관리(SCM: supply chain management)는 공급자, 생산자, 유통업자, 고객이 자재 및 정보의 흐름을 상하 양방향으로 이루어지도록 하는 시스템을 지칭한다. 광의의 공급사슬관리는 고객서비스 요구사항, 공장과 유통센터의 네트워크 디자인, 재고관리, 외주와 제3자 물류관계, 핵심고객과 공급자 관계, 비즈니스 프로세스, 정보시스템, 조직디자인과 교육 요구사항, 성과 매트릭스, 성과 목표 등과 같은 요소를 포함한다.

공급사슬의 통합관리는 그 자체로서 고객만족수준의 증대와 수익성개선을 실현할 수 있다. 뿐만 아니라 공급사슬관리의 통합은 공급사슬 내에서 조직학습효과를 가져오고 이를 통해 관계몰입과 고객지향성에 중요한 영향을 미친다. [그림 12-2]는 재고의 흐름과 정

[그림 12-2] SCM 통합모형

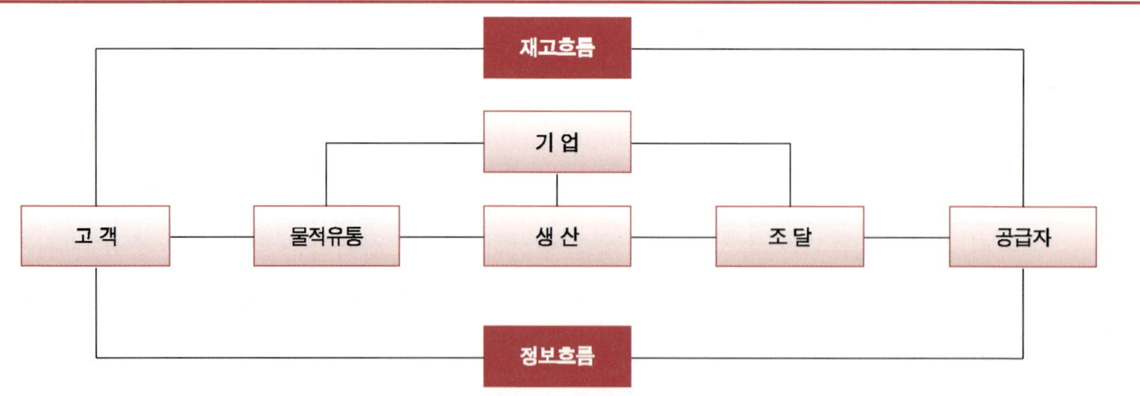

자료 : G. Tomas, M. Hult, "Global Organizational Learning in Supply Chain: A Low Versus High Learning Supply," *Journal of Marketing*, Vol.8, No.3, 2000, 일부수정.

보의 흐름을 통하여 기업이 고개, 유통, 생산, 조달, 공급자에 대한 통합모형을 제시하고 있다.

공급사슬관리의 통합모형이 적절히 실행되기 위해서는 조직학습에 영향을 미치는 다음과 같은 요인들을 고려하여야 한다.

① **팀지향성**(team orientation) : 사슬활동의 수행과 의사결정을 위한 협력, 공급사슬 내의 참여자간 협력 등은 통합 공급망 관리에 대한 조직의 학습효과를 높이는데 중요한 역할을 한다.

② **시스템지향성**(system orientation) : 공급사슬내 참여자들이 사슬내의 활동이 특정한 틀에서 이루어지는 통합공급사슬관리 모형처럼 일정하게 구축된 시스템 내에서 모든 활동이 순조롭게 이루어지도록 하는 노력이 필요하다.

③ **학습지향성**(learning orientation) : 공급사슬내 참여자들이 공급사슬의 장기적인 이익을 위한 학습가치에 역점을 두고 이들이 적극적으로 학습할 수 있는 동기를 제공한다.

④ **메모리지향성**(memory orientation) : 공급사슬내 참여자들이 공급사슬에 의한 정보와 지식의 유통과 참여자간의 의사소통 정도를 원활히 하고 활성화시킨다.

5 국제로지스틱스

5.1 국제로지스틱스의 개념

국제로지스틱스(international logistics)란 국가간에 행해지는 물류활동으로서 기본적으로 수송, 하역, 포장, 보관, 정보의 다섯 가지 기능으로 이루어진다. 국제로지스틱스는 2개국 이상에 걸쳐 행해진다는 점에서 수송이 주체가 되고, 여기에 하역, 포장, 보관, 정보의 제반 활동이 수송기능을 강화하는 형태로 행해지고 있다.

국제로지스틱스의 최적화를 위해서는 수송, 보관, 포장 등 각 기능의 합리화는 물론 이들의 기능을 통합한 토털로지스틱스 시스템을 구축하여 출발점에서 도착점에 이르기까지 일관되고 총체적인 합리화를 도모하는 것이 중요하다.

기업의 국제화가 진전됨에 따라 해외에서의 제조, 판매, 부품 및 원자재의 조달이 큰 비중을 차지하고 있으며, 이에 따라 국제로지스틱스의 역할도 점차 증대되고 있다. 따라서 국제기업은 제품이나 서비스가 해외시장에 적절히 도달할 수 있도록 최적의 로지스틱스의 시스템화가 절실하다고 할 수 있다.

5.2 국제로지스틱스의 기준

국제기업은 다국적 소싱을 원활히 수행하기 위해 국제로지스틱스전략을 필요로 한다. 이 경우 일반적으로 다음과 같은 사항을 고려하여 효율적인 국제로지스틱스전략을 수립해야 한다.

① 관리시스템이 지역별 · 시장별로 분산되어 있는가, 집중되어 있는가?
② 글로벌소싱인가, 현지소싱인가?
③ 현지공장이 세계시장을 목표로 하는가, 현지시장을 목표로 하는가?
④ 해외자회사에 원자재, 기계, 부품, 완제품 등을 어떻게 공급할 것인가?
⑤ 특정시장에 대해 수출로 공급할 것인가, 현지마케팅을 할 것인가?
⑥ 재고센터를 얼마나 어디에 둘 것인가?
⑦ 생산공정을 공장별로 수직적으로 통합할 것인가, 각 공장의 생산공정을 전문화시키고 상호교역을 통해 주요 부품을 조달할 것인가?

5.3 국제로지스틱스 시스템

국제로지스틱스 시스템은 기본적으로 국내로지스틱스 시스템과 동일하나, 그 운영관리에 있어서는 국내에 비해 특수한 면이 많고 복잡하다. 즉, 국제로지스틱스는 시스템은 [그림 12-3]에서 보는 바와 같이 국제환경분석, 전략계획의 설정, 국제로지스틱스 조직의 구축, 국제로지스틱스 운영계획의 수립, 국제로지스틱스 실행상황의 관리, 결과의 평가 및 개선 등과 같은 일련의 과정에 따라 이루어진다.

국제로지스틱스 시스템은 제품이 생산되어 최종소비자에 이르기까지 경로와 그 도달방법에 따라 크게 보관시스템, 통과시스템, 직송시스템, 다국간 창고시스템 등 4가지 형태로 분류된다.

[그림 12-3] 국제로지스틱스 시스템

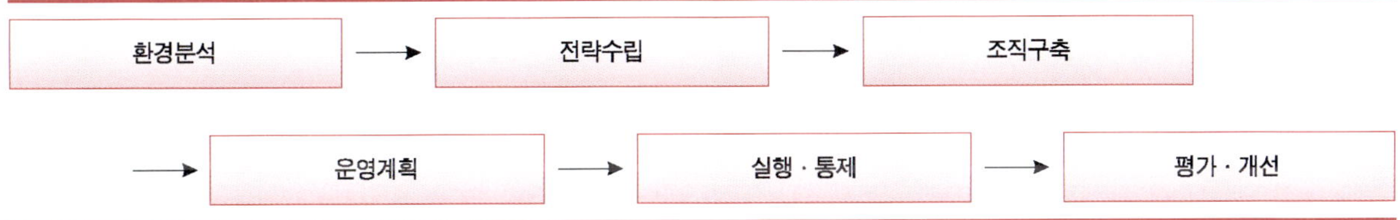

(1) 보관시스템

보관시스템(warehouse system)은 해외자회사의 창고에 대량으로 비축해 두었다가 그 곳에서 다시 고객에게 배송되는 형태이다. 이 시스템은 대량으로 제품이 출하됨에 따라 저렴한 수송, 혼재수송의 가능, 서류작성의 간소, 관세의 절감, 안전한 재고관리 등의 장점이 있다. 그러나 보관비 등으로 비용이 많이 드는 단점이 있다.

(2) 통과시스템

통과시스템(transit system)은 보관시스템과 비슷하지만, 이 경우 자회사의 창고는 단지 통과센터로서의 역할만을 수행한다. 즉, 자회사의 창고에 보관된 제품은 단시간 내에 다음 단계의 유통경로로 이동된다는 점에서 보관시스템과 차이가 있다. 이 시스템은 자회사 단계에서의 보관비가 절감된다는 장점이 있으나, 제품의 출하가 빈번함으로 하역 · 출하 · 통관비용 등이 증가한다는 단점이 있다.

(3) 직송시스템

직송시스템(direct system)은 제품이 생산공장으로부터 해외의 고객에게 직접 배송되는 형태이다. 따라서 해외자회사는 상거래유통에는 밀접하게 관여하지만 화물유통에는 직접 관여하지 않는다. 이 시스템은 모든 재고를 출하지의 한 창고에 집중하게 되어 보관비가 다른 어떤 시스템보다 적게 든다는 점과, 자회사단계에서의 하역비, 창고비, 수송비 등이 발생하지 않는다는 장점이 있다. 그러나 출하빈도와 수송비용 및 관세가 높아지며 통관수속이 복잡해지고 공급라인이 연장된다는 단점이 있다.

(4) 다국간 창고시스템

다국간 창고시스템(multi-country warehouse system)은 제품이 먼저 생산국의 공장으로부터 주요 거점지역에 입지한 다국간 창고로 수송하고, 그곳에서 다시 각국의 자회사 창고 또는 고객에게 수송되는 형태이다. 이 경우 다국간 창고의 입지는 일반적으로 지리적 서비스범위 이외에 수송의 편리성에 의해 결정된다. 따라서 파나마 · 홍콩 등과 같은 교통중심지, 그리고 자유무역지대가 물류센터로 적합하다. 이 시스템의 단점은 지리적인 제약과 다국간 창고의 운영 및 이에 따른 관리비 부담을 들 수 있다.

5.4 국제로지스틱스 사례

국제로지스틱스와 관련하여 미국 및 일본기업들은 종래의 형태를 탈피하여 분산된 생산거점 및 해외의 배송거점을 통합한 국제로지스틱스 시스템화를 추구하고 있다. 즉, 세계적으로 분산된 생산거점들을 글로벌 로지스틱스로 연결하여 원재료, 부품, 제품 등의 글로벌 네트워크를 구축하고, 각 생산거점간의 유기적인 상호의존성을 높여감으로써 매출액 증대와 국제로지스틱스 비용을 절감하고 있다.

NEC사는 각지에 산재해 있던 물류시설을 통합하여 도쿄항 배후지에 물류센터를 설치하고 일체의 출하업무를 일원화함으로써 시간의 단축 및 비용의 절감을 이룩하였다. 또 미국 서해안에 배송센터를 설치하고 집적운송을 통해 고객에 대한 서비스 제고는 물론 재고관리의 적정화 및 비용절감 등 종합적 국제로지스틱스 합리화를 이룩하였다.

Honda사는 세계각지에 생산공장을 두고 그에 걸맞은 국제로지스틱스 시스템을 구축 · 운영하고 있다. 특히 미국 현지공장의 많은 부품들이 일본에서 공급되고 있다. 본사에는 해외공장 부품공급 전담부서가 있어 자사제조 부품 및 계열 하청업체로부터 납품 받은 부품을 미서안의 시애틀 → 타코마 → LA → 롱비치항 → 내륙의 공장까지 복합운송을 하여 국제로지스틱스 합리화를 이룩하였다.

6 국제품질관리

6.1 전사적 품질관리

종합적 품질경영은 1985년경 미국에서 발생한 새로운 품질운동이다. 전사적 품질관리(TQM: total quality management)는 품질을 관리하고 보증하는 것을 의미할 뿐만 아니라 품질을 계획하고, 조직하고, 감독하고 통제하는 모든 기능을 포함한다. TQM은 품질향상을 위한 전사적 노력이다. 이는 품질향상을 위해 조직의 모든 이해당사자를 포함하고자 하는 개념이라고 할 수 있다.

TQM은 궁극적으로 불량률 감소와 원가절감 그리고 자본장비 구매개선을 통하여 고객만족에 이르는 총체적 품질관리활동이다. 이하에서는 TQM의 중요한 요소들을 설명한다.

(1) 고객중심

품질의 현대적 정의는 고객기대의 충족 내지는 초과만족에 모아지고 있는데, 이는 고객이 품질을 평가하는 주체라는 것을 의미한다. 고객과 관련하여 일반적으로 기업은 다음 세 가지 목표를 가지고 있다.

첫째, 고객을 만족시킨다. 둘째, 경쟁자보다 더 높은 고객만족을 달성한다. 셋째, 오랫동안 고객으로 남게 한다. 기업은 품질을 보증함에 있어 제품을 구입하는 외부고객 못지않게 내부고객도 중요하다는 사실을 인식해야 한다. 기업 내에서 어떤 종업원이 다른 종업원의 고객이 되기도 하고 다른 종업원에 대한 공급자이기도 하다. 이 사실을 안다면 고객의 요구를 가장 효과적으로 달성하기 위해 최종제품에 종업원 각자가 어떻게 기여해야 할지에 대해 책임감을 느끼게 될 것이다.

(2) 종업원 참여와 팀워크

종업원 참여에 있어서 중요한 요소는 각 작업자가 자기가 수행하는 작업 또는 제품의 품질을 검사할 책임을 갖는다는 것이다. 불량품이 발생하면 생산현장에서 이를 만든 작업자가 바로 시정해야 한다. 이는 원천적 품질관리로서 이러한 철학은 작업자를 넘어 그룹, 모든 부서, 납품업자에게 확대 적용되어야 한다.

TQM의 또 다른 요소는 팀워크인데, 이는 고객/공급자 관계를 강조하고 전종업원의 참여를 조장하여 기능부서간의 장벽을 무너뜨리는 역할을 한다. 전통적 조직은 수직적 구조를 이루어 기능부서간 의사소통이 두절되었으나, TQM에서는 부서간 수평적 상호작용을 강조하여 팀구성을 필수요소로 하고 있다. 예를 들면 설계, 엔지니어링, 제조, 판매 등을 담당하는 사람들이 하나의 팀을 이루어 고객의 요구를 설계와 제조과정에 반영토록 한다.

(3) 지속적 품질개선

지속적 개선(CI: continuous improvement)은 제품과 공정의 개선에 있어서 점진적으로 작은 성과를 달성하는 끝없는 과정이며, 또한 이를 위한 경영철학이라고 할 수 있다. 원래 지속적 개선을 위한 프로그램은 20세기 초 테일러(F. Taylor)의 과학적 관리법 이후 미국기업에서 생성·발전되어 왔으며, 이 철학은 일본의 생산관리의 초석이 되었다. 지속적 개선은 TQM을 실행하는 기업에서 채택하는 필수적인 과정이다. 개선은 다음과 같은 형태를 취한다.

① 새로이 개선된 제품과 서비스를 통해 고객에게 더 많은 가치를 부여한다.
② 실수, 불량, 낭비 등을 감소시킨다.
③ 자원을 생산적이고 효과적으로 사용한다.
④ 반응시간을 단축한다.

6.2 ISO 9000 인증제도

ISO 9000 인증제도란 조직이 ISO 9000 패밀리 규격에 적합한지 여부를 제3자인 인증기관이 객관적이고 독립적으로 공급자의 시스템을 평가하여 동 규격에 적합여부를 보증해주는 제도를 말한다.

ISO(International Organization for Standardization)는 상품 및 용역의 국제적 교환을 촉진하고 지적, 학문적, 기술적, 경제적 활동 분야에서의 협력증진을 위하여 국제표준화 및 관련 활동의 발전을 촉진시키는데 그 목적을 두고 설립된 국제기구이다. 이러한 목적을 위하여

〈표 12-1〉 ISO 품질인증 규격

ISO 9001	제품설계 및 개발에서부터 제조, 설치, 서비스에 이르는 품질경영체제
ISO 9002	설계 · 개발 부문의 품질시스템이 존재하지 않는 품질경영체제
ISO 9003	최종검사 및 시험에 관한 품질경영체제

ISO는 표준 및 관련활동의 세계적 조화를 촉진하고, 국제규격을 개발 · 발행하며, 회원기관과 관련 국제기구와의 협력을 도모한다. ISO 9000 시리즈는 대상부문에 따라 9001부터 9003까지 3종류의 규격이 있으며, 기업의 품질시스템의 특성에 따라 〈표 12-1〉의 규격으로 인증이 가능하다.

ISO 9004는 품질시스템에 대한 개선가능성과 발전가능성에 관한 자문을 대상으로 한 규격이다. 위와 같은 품질경영시스템 규격을 선택 · 적용하기 위해서 다양한 가이드라인(지침)이 제정되어 있는데, 이것들을 총칭하여 ISO 9000 패밀리 규격이라고 말하고 있다.

이 품질경영시스템 규격은 제조업뿐만 아니라 건설업, 서비스 등 모든 업종에 적용가능하고, 현재는 제조업은 물론 건설업, 정보기술분야, 호텔 · 레스토랑, 일반서비스업, 의료, 사회복지, 공공단체 등 광범위한 분야로 확대되어 적용되고 있다. 이 규격은 경영자가 공표하는 품질방침에 따른 P(plan), D(do), C(check), A(action)의 경영사이클을 규정하고 있다.

우리나라에서는 이 품질경영시스템 규격이 산업표준화법에 의한 한국표준규격인 KSA 900시리즈로 번역되어 제정되어 있다.

연습문제

1. 국제기업이 글로벌소싱을 행하는 이유는?
2. 해외생산입지를 선정하는데 있어서 고려하여야 할 요소는?
3. 국제분업생산의 장점에 대하여 설명하시오.
4. 재고관리를 위한 JIT에 대하여 설명하시오.
5. 국제로지스틱스 시스템이 국내로지스틱스 시스템과 다른 점은 무엇인가?
6. 국제로지스틱스의 최근 사례를 조사하시오.
7. SCM과 TQM의 중요성에 대하여 설명하시오.
8. ISO의 전망에 대하여 설명하시오.

13

Chapter

국제재무관리

1. 국제재무관리의 개념
2. 국제자본예산
3. 국제자금조달
4. 국제운전자본관리
5. 환위험관리

학습목표

국제기업이 국제경영환경에서 부의 극대화를 실현하기 위하여 어떻게 자금조달 및 운용하는가에 대하여 알아본다. 그리고 환위험에 어떻게 대처하는 것이 바람직한가에 대하여 학습한다.

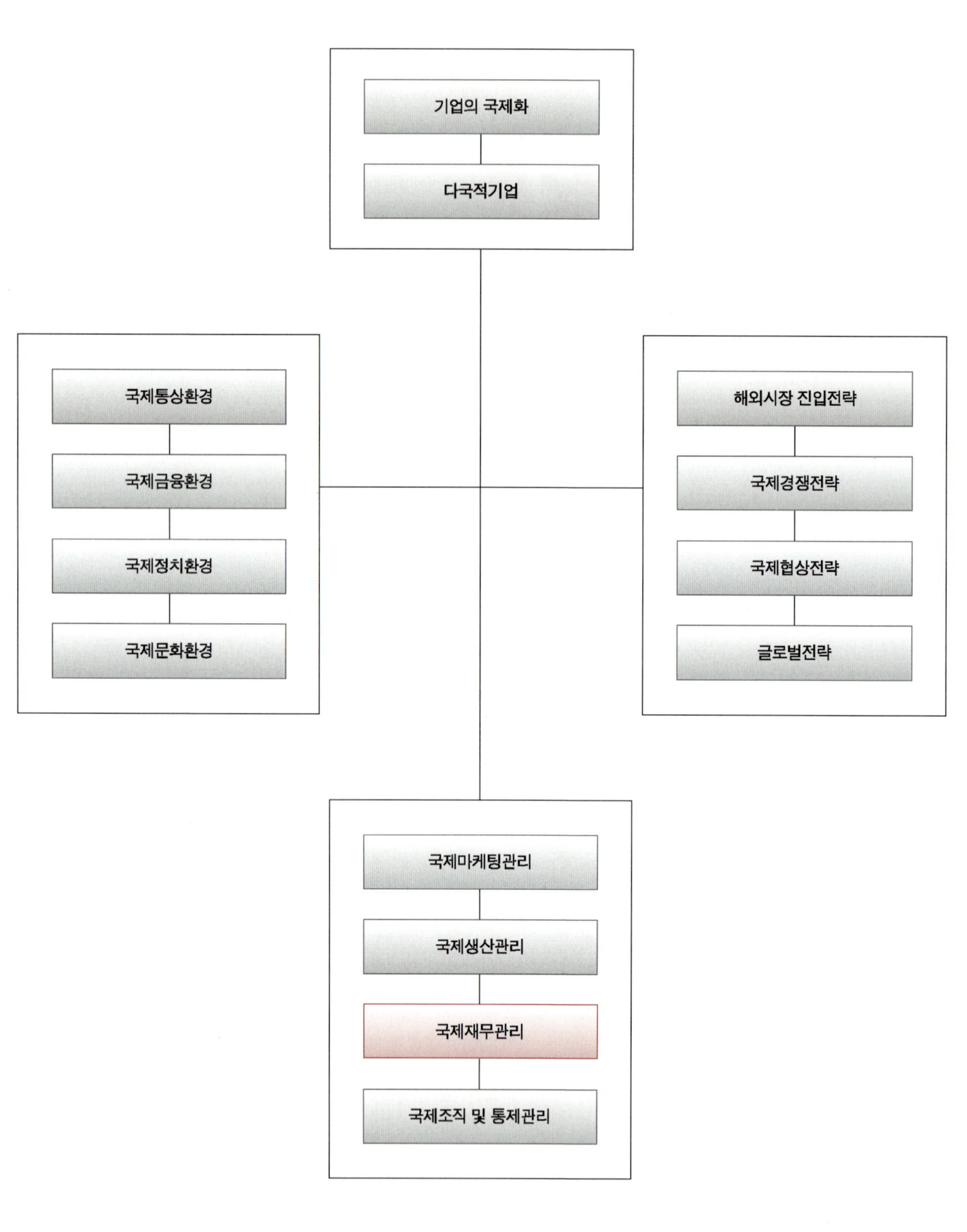
기업의 국제화
다국적기업
국제통상환경
국제금융환경
국제정치환경
국제문화환경
해외시장 진입전략
국제경쟁전략
국제협상전략
글로벌전략
국제마케팅관리
국제생산관리
국제재무관리
국제조직 및 통제관리

그래도 테이퍼링(Tapering)이다

금융시장 종사자들이 올해 하반기에 가장 많이 들었던 영어단어 중 하나가 아마 '테이퍼링(Tapering)'일 것이다. 지난 5월과 6월 벤 버냉키 미 연방준비제도이사회(FRB) 의장이 양적완화 축소를 시사하는 발언을 하고, 뒤이어 축소 계획을 발표하면서 '테이퍼링'은 기존 양적완화 정책의 축소라는 의미로 쓰이기 시작했다. 지난 8월 제2의 아시아 외환위기 설이 대두되면서 금융인들의 머리 속에 각인됐다.

9월 미 연방공개시장위원회(FOMC)가 양적완화 정책을 유지하기로 결정한 뒤 내년 3월로 연기될 것이라는 공감대가 형성되며 테이퍼링 논란은 잠잠해진 듯 했다. 그러나 이후 미국 경제지표의 호조로 연내 축소 가능성이 고개를 들며 다시 시장을 흔들었다. 지난 18일 FOMC에서 100억 달러를 테이퍼링하기로 결정하자 국제금융시장은 불확실성 해소로 오히려 안도하는 모습을 보였다.

서울 금융시장 또한 이러한 국제금융시장의 안도감에 동조하며 주요 지표들은 테이퍼링이 연내 이뤄질 것이라는 논란이 나오기 전인 이달 초반으로 되돌아가는 양상을 보이고 있다. 1050원선에서 하락 압력을 받았던 달러화 대비 원화 환율이 1060원선으로 올랐고 8월 이후 최저치까지 밀렸던 선물환마진 및 통화스왑금리(통상 시장의 불확실성이 커질 경우 내려가는 경향을 보임)이 반등했고 코스피지수는 2000선으로 복귀했다.

이제 시장 참가자들은 시장을 이끌 다음 재료를 찾는데 주력하며 내년도 전략을 구상하고 있다. '루머에 사고 뉴스에 팔아라' 식의 고전적인 시장 격언이 적용된다면 이번 FOMC 결정으로 테이퍼링 이슈는 수면 아래로 가라 앉았고 다음 재료가 떠오르는 것이 맞을 것이다. 하지만 시장안정에 초점을 맞춘 FOMC의 결정에도 불구하고 테이퍼링 이슈에는 그 격언이 적용되지 않을 것으로 보인다. 루머는 끝났지만, 아직 뉴스는 끝나지 않았기 때문이다.

이번 FOMC 테이퍼링 결정 이후 향후 금융시장 전망에 대한 수많은 보고서들이 쏟아지고 있지만, 그 어느 것도 믿기 힘들고 신뢰가 가지 않는다. 그 이유는 추가적인 테이퍼링 규모가 앞으로 발표될 경제지표에 따라 신중하게 결정될 것이라는 버냉키의 발언 때문이다. 현재 시점에서 어설픈 전망에 따른 '미스터리 해법 식(10월1일자 필자 칼럼 "퍼즐과 미스터리" 참조) 전략' 수립보다는 향후 경제지표들이 말해주는 경기회복의 강도에 주목해야 한다. 또 그 강도에 따라 결정될 추가적인 테이퍼링의 규모와 빈도에 따른 시장 반응을 추종하는 '퍼즐 해법 식 전략'이 유효하다.

현재 여느 때보다 변수는 많은 상황이다. 신흥국 중 위기 가능성 높은 이른바 'F5(Fragile

Five: 브라질, 인도, 인도네시아, 터키, 남아프리카공화국)'와는 차별화를 보이고 있는 한국이 언제까지 차별화를 보일 수 있을 지, 달러화 공급우위의 장세로 하향 압력을 받고 있는 원화환율에 대해 외국인들의 차익실현 욕구가 되살아 나며 달러화 이탈현상이 재개되지는 않을 지, 미국의 테이퍼링 실시 이후 부각되고 있는 일본의 양적완화 지속정책으로 예상되는 엔화 약세에 대한 원화의 상대적 강세의 부정적 영향을 정부가 얼마나 방어할 수 있을 지, 미국의 경기호전의 영향을 한국이 제대로 수혜할 수 있을 지 등이다. 이런 가운데 시장을 가늠할 수 있는 가장 유일한 잣대는 테이퍼링의 진행과정이다.

재즈 트럼펫으로 유명한 미국의 음악가 마일즈 데이비스가 이런 말을 한 적이 있다. "먼저 연주를 하고 무슨 곡이었는지 알려주겠소?" 무슨 곡인지는 모르겠으나, 일단 그 미지의 곡을 받아들일 준비가 되어 있다라는 뜻으로 해석된다. 이 명언은 다음 금융시장의 방향성에 대해 답답한 투자자들에게 이제 갓 시작한 양적완화 축소라는 미지의 세계를 받아들일 준비를 하라는 뜻으로 읽힐 수 있지 않을까 싶다. 그래도 테이퍼링인 이유이다.

• 조선일보, 2013.12.25

토의과제

1. 테이퍼링(Tapering)의 의미는 무엇이며, 왜 중요한가?
2. 금융위기를 해결하기 위해 어떤 노력이 필요한가?
3. 우리나라의 경우 금융안정을 위해 어떤 노력이 필요한가?

1 국제재무관리의 개념

1.1 국제재무관리의 의의

국제재무관리(international financial management)는 국제기업이 현지법인을 경영하는데 필요한 자금을 조달하고 조달된 자금을 운용하고, 또 여기에서 생긴 이익을 관리하는 기업의 활동을 다룬 것으로 현지기업을 조정·통합하기 위한 중요한 수단이 된다.

기본적으로 재무관리에서 다루어지는 기능은 투자, 자금조달, 운전자금운용의 세 가지 기능이다. 국내재무관리는 기업활동이 영위되고 있는 환경과 동일한 금융환경 하에서 자국통화를 매개로 전개된다. 그러나 국제재무관리는 국제금융시장에서 국제통화로 이루어진다. 따라서 국내재무관리에서는 별로 영향을 미치지 않던 환율, 환위험, 정치적 위험, 국제금리, 국제금융시장의 금융거래관행 등이 매우 중요한 변수가 된다.

특히 변동환율체제하에서 국제재무관리는 그 기능을 수행함에 있어 이종통화표시의 거래를 수반함으로써 국내재무관리보다는 환율변동에 따라 기업의 자산·부채가치나 수익·비용의 영향을 받게 되므로 수시로 변동하는 환위험 관리문제를 내포하고 있다. 따라서 국제재무관리의 일차적인 목표는 환율의 예상치 못한 변동으로 초래될 위험을 극소화하여 보유자산의 가치를 안정적으로 보전하는 것이며, 적극적으로는 환차익의 실현을 통해 투자자산의 수익을 극대화하는데 있다. 이와 관련하여 국제재무관리에서는 국제통화제도, 외환시장에서의 환율결정 및 예측, 그리고 환위험의 관리 등의 주제를 다루게 된다.

또한 국제금융혁신을 배경으로 금융시장의 세계적 통합화 현상이 가속화되고 금융증권화 현상이 새로운 금융상품의 출현과 함께 급속히 전개되면서 최근의 국제재무관리는 세계적인 자산·부채관리전략으로서의 성격을 갖게 되었다. 이와 관련하여 국제재무관리에서는 국제금융시장에서의 자금조달 전략 및 운용에 대한 주제를 다루게 된다.

다음으로 국제재무관리는 해외직접투자나 국제금융시장에서의 주식, 채권투자 등 간접투자과정에서 각국의 법규나 정치·사회적 요인에 영향을 받게 된다. 따라서 국제재무관리는 해외 직·간접투자의 과실송금규제, 예금동결, 원리금의 상환중지, 그리고 외환시장의 폐쇄 등과 같은 예상치 못한 규제조치로 인하여 해외자산운용에 초래될 수 있는 손실이나 불이익, 즉, 컨트리리스크문제를 주요 관리대상으로 한다.

1.2 국제재무관리의 목표

국제재무관리의 목표는 환율과 금리의 불확실성, 외환 및 금융제도상의 제약, 기업신용도 및 시장접근성 등의 금융 및 비금융환경의 제약조건 하에서 기대수익률과 위험을 적절

[그림 13-1] 국제재무관리의 목표

국제재무관리의 제약조건

· 환율, 금리예측의 불확실성
· 정보처리, 국제금융기법의 성숙도
· 외환, 금융, 조세제도 등 규제적 환경
· 컨트리 리스크 및 거시경제 전망
· 기업의 신용도
· 금융시장에의 접근용이성 등

국제재무관리의 목표와 기능

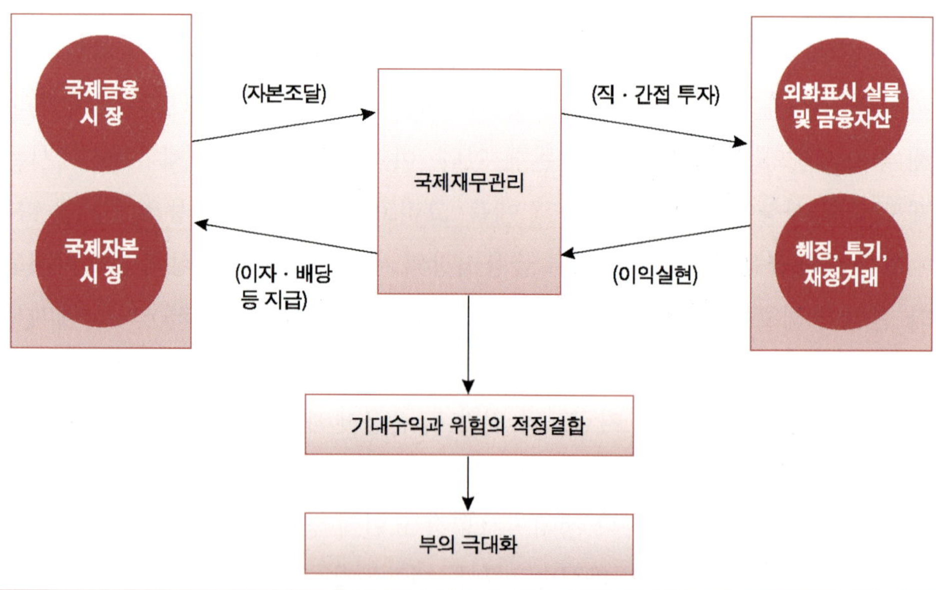

히 조합하여 기업가치를 극대화하는데 있다.

이를 위하여 국제재무관리자는 기업이 필요로 하는 자금을 어떤 형태로, 어느 금융시장에서, 어떤 통화로, 어느 시기에 조달하여야 자본비용을 극소화시킬 수 있는지 결정하여야 한다. 그리고 일정한 위험수준 내에서 투자수익을 극대화시키기 위해서는 기업이 보유하고 있는 외화자산을 어떠한 형태로 운용할 것인가도 결정하여야 한다. 이러한 국제재무관리의 목표를 그림으로 나타내면 [그림 13-1]과 같다.

2 국제자본예산

2.1 국제자본예산의 의의

자본예산이란 이용가능한 자원의 제약 속에서 기업의 가치를 극대화하기 위하여 장기투자안들을 평가・선택하는 과정을 말한다. 자본예산은 장기에 걸친 기업의 전면적인 투자계획활동으로 재무관리에서 가장 중요한 의사결정 중의 하나이며, 그 의사결정의 결과가 장기적인 기업현금흐름에 영향을 미친다.

국제자본예산(international capital budgeting)을 다루는 해외투자의 경우에는 국내투자의 경우보다 고려해야 할 위험요인이 많기 때문에 해외투자에 대한 적절한 자본비용의 결정이 힘들다. 또한 해외투자는 단기적인 수익성보다는 시장의 확보, 원료의 안정적 확보 등의 장기경영전략상의 동기가 더 크기 때문에 자본예산 수립이 용이하지 않다. 따라서 경제성에 대한 철저한 분석이 뒤따라야 한다.

2.2 국제자본예산의 특수성

해외투자에 대한 자본예산은 국내투자와는 달리 환율변화, 상이한 조세환경, 정치적 위험 등 국제환경에 영향을 받게 되므로 추가적으로 다음과 같은 사항들을 고려하여야 한다.

첫째, 현금의 흐름을 본사의 입장에서만 볼 것이 아니라 자회사의 입장에서도 고려하여야 한다. 현지에 파트너가 있는 경우에는, 특히 파트너가 정부일 경우 이는 조세제도의 차이, 과실송금의 제한, 송금방식의 차이 등에 의하여 현금흐름이 자회사와 본사 간에 이익이 크게 차이가 날 수 있기 때문이다.

둘째, 본사의 입장에서 볼 때 현금유출입에는 독특한 내용이 포함된다. 배당, 이자, 기술 및 경영이전의 대가, 원료나 시설재의 판매로부터 발생하는 초과이윤, 수출에서 발생하는 초과이윤 등이 현금유입항목이 되고, 현금유출항목에는 대개 최초 및 추가투자액이 포함된다. 특히 현지국의 조세제도, 송금에 대한 법적 또는 정치적 제약 등에 의해 영향받기 쉬운 배당, 이자, 기술료, 관리비 등 자회사에서 본사로 흐르는 자금관련항목들이 명확하게 분석되어야 한다.

셋째, 각국의 인플레이션의 차이 및 변화를 감안해야 한다. 인플레이션의 차이는 기업의 경쟁력에 변화를 일으켜 미래 현금흐름에 영향을 주게 된다.

넷째, 정치적 위험과 환위험의 영향을 감안해야 한다. 위험을 반영하는 데에는 할인율을 조정하는 방법과 현금유출입 자체를 조정하는 방법이 있는데, 이론적으로는 후자가 더 우수하나 전자가 훨씬 더 손쉽기 때문에 많은 외국의 다국적기업의 경우에는 전자를 많이 사용한다.

다섯째, 현지국 정부에서 제공하는 특혜금융이나 세제상의 특전이 있다면 이를 반영시켜야 한다. 이는 투자안의 경제성 분석시 이용하는 할인율 계산이나 자본구조정책에 영향을 미칠 수 있기 때문이다.

2.3 국제자본예산의 기법

국제기업은 투자안의 경제성을 분석하기 위하여 해외투자에 따르는 정치적 위험, 환위험, 인플레이션 위험 등 투자위험을 고려하여 국제자본예산기법을 사용하여야 한다. 일반적으로 많이 사용되는 국제자본예산기법으로는 투자된 자본의 회수기간을 조정하는 회수기간법과, 투자안으로부터 기대되는 현금흐름을 해외투자에 따른 위험조정 자본비용으로 할인하는 위험조정할인율법, 그리고 해외투자로부터 기대되는 미래 순현금흐름을 직접 조정하는 현금흐름조정법 등이 있다.

(1) 회수기간법

회수기간법(PP: payback period method)은 최초의 현금지출을 회수하는데 걸리는 연수를 계산하여 회사가 정한 목표기간과 비교하여 투자안의 채택여부를 결정하는 자본예산기법이다. 회수기간법은 다음 식에서 보는 바와 같이 이해하기 쉽고 간편하기 때문에 기업 현장에서 자주 쓰인다.

회수기간 = 총투자 비용 / 과세 후 연간 순현금 유입액

예컨대 100억을 투자하면 1년째 20억이 들어오고, 2년째 30억, 3년째 40억, 4년째 50억, 5년째 60억……로 예상되는 프로젝트가 있다고 하자. 이때 100억 투자액을 되찾는 데는 3.2년이 걸린다. 왜냐하면 3년째까지 총90억이 들어오고, 4년째 벌어들일 액수 50억의 1/5인 10억만 더 들어오면 되므로, 1년을 1/5로 나누면 0.2년, 따라서 3.2년이 된다. 회수기간법에 의해 투자안을 채택할 것인가 말 것인가 결정하는 기준은 특별히 없다. 개별기업의 선택에 달려있다. 투자 후 4년 안에 투자액을 회수하기 원한다면 위 투자안의 경우 회수기간이 3.2년이므로 채택한다. 회수기간을 길게 잡는 것은 그만큼 더 리스크를 안겠다는 의미이다.

회수기간법은 위와 같이 간단하게 계산해 볼 수 있는데다가 현금흐름을 감안한 투자안 평가방법이며, 리스크가 고려된 방법이라는 장점을 갖는 대신, 화폐의 시간가치가 고려되지 않고 있다는 점과 회수기간 이후의 현금흐름에 대해 고려하지 않는다는 단점이 있다. 똑같이 투자액 10억, 회수기간이 10년인 두 프로젝트일지라도 매년 1억씩 들어오는 프로젝트와 10년 후에 10억이 들어오는 프로젝트의 가치는 많이 다르지만 회수기간법으로는 둘 다 10년으로 똑같다. 또한 회수기간 이후의 현금흐름을 고려하고 있지 않기 때문에 위의 프로젝트가 6년째 140억의 적자가 나는 것이더라도 투자안 채택 쪽으로 결정될 수 있다. 반대로 6년 이후에도 계속 로열티가 지급되는 어떤 프로젝트의 경우는 6년째 이후 부분을 감안할 수 없다.

(2) 회계적 이익률법

회계적 이익률법(ARR: accounting rate of return method)은 평균이익률법이라고도 하는데, 자본예산에 있어서 투자안 평가를 위한 의사결정기준의 하나이다. 이것은 자본수익률

(ROA: return on assets) 또는 투자수익률(ROI: return on investment)과 거의 비슷한 개념으로 다음과 같이 계산된다.

회계적 이익률 = 연평균순이익 / 연평균투자액

단일 투자안의 경우 회계적 이익률이 기업이 미리 선정한 목표이익률보다 높으면 채택하고, 다수 투자안의 경우 회계적 이익률이 큰 것을 먼저 선택하게 된다. 이 방법은 간단하고 이해하기 쉽다는 점, 예산편성시에 작성되는 회계자료를 바로 이용할 수 있다는 장점이 있다. 그러나 이 방법은 화폐의 시간가치를 고려하고 있지 못한다는 점, 투자안의 평가를 현금흐름에 두고 있지 않다는 점, 적절한 목표 평균회계이익률의 선정이 자의적이라는 단점이 있다.

(3) 현금흐름할인법

현금흐름할인법(DCF: discounted cash flow method)은 화폐의 시간적 가치를 고려하여 투자안들을 평가하는 것으로 여기에는 순현가법, 내부수익률법, 수익성지수법 등이 있다.

가) 순현가법

순현가법(NPV: net present value method)은 투자의 결과 발생하는 현금유입(cash inflow)의 현가에서 현금유출(cash outflow)의 현가를 차감한 것, 즉 순현금유입(net cash flow)의 현재가치의 합계를 의미한다. 순현가법은 다음 식에서 보는 바와 같이 미래 일정시점의 가치를 현재가치로 환산하여 평가한 다음 투자원금을 차감하는 방법이다.

$$NPV = \sum_{i=1}^{n} \frac{CF_t}{(1+k)^t} - IC$$

CF_t: t시점의 현금유입
IC: 현재 투자소요액
k: 필요수익률

여기에서 특정 프로젝트안의 NPV값이 0보다 크면 채택하게 되고, 만약 두 개 이상의 투자안이 고려되는 경우에는 높은 쪽을 채택하게 된다.

나) 내부수익률법

내부수익률법(IRR: internal rate of return method)은 투자의 결과 발생하는 현금유입의 현가와 현금유출의 현가를 같아지게 하는 할인율로서 장기투자안의 평균투자수익률을 의미한다. 내부수익률법은 다음 식에서 보는 바와 같이 투자에 대한 미래현금흐름 유입의 현재가치와 현재 투자액의 현재가치를 같게 만들어 내부수익률을 구하는 방법이다.

$$\sum_{i=1}^{n} \frac{CF_t}{(1+r)^t} = IC$$

이때 r이 구하고자 하는 내부 수익률이다. 구해진 r값이 투자가가 요구하는 필요수익률보다 클 때 투자를 하게 된다. 순현가법이 단순한 투자수익의 절대액만을 나타내므로 단위당 수익률을 알 수 없는데 비해, 내부수익률법은 이러한 단점을 해결해주고 있다. 예를 들면 1,000만 달러 투자에 100만 달러의 순현가수익을 나타내는 프로젝트와 500만 달러의 투자에 80만 달러의 순현가수익을 나타내는 프로젝트를 비교할 때, 1,000만 달러 투자의 경우가 순현가수익이 크지만 상대적인 수익률은 500만 달러 투자의 경우가 더 높다.

NPV법과 IRR법은 분명 같은 공식에서 나온 개념이지만 여러 가지 면에서 NPV법이 IRR법보다 더 합리적이고 유용한 이유가 몇 가지 있는데, 첫째로 IRR법은 여러 개 존재할 수 있다는 점, 둘째로 NPV법은 할인율을 객관적인 자본 비용에 의거해서 구하는 반면, IRR법은 시장상황과 관계없이 같은 곳에 재투자하는 것을 가정하고 있으므로 자본의 기회비용을 고려하고 있지 못하다는 측면에서 덜 합리적이라는 점, 셋째로 IRR법은 가치 가산성의 원리(value additivity principle)가 성립하지 않는다는 점, 넷째로 투자 규모가 현격하게 차이가 나는 경우 IRR법은 이를 제대로 반영하지 못한다는 점 등이 있다.

다) 수익성지표법

수익성지표법(PI: profitability index method)은 편익/비용 비율(benefit/cost ratio)이라고도 불리는데, 투자로 인하여 발생하는 현금유입의 현가를 현금유출의 현가로 나눈 비율이다. 수익성지표법은 순현가법의 결점을 보완하기 위한 방법으로 다음과 같은 수익성지수를 사용하고 있다.

$$PI = 현재가치의\ 이익 / 비용 = \frac{\sum_{i=1}^{n} CF_i/(1+k)^t}{\sum_{i=1}^{n} CO_i/(1+k)^t}$$

CF_t: t시점의 현금유입
CO_t: t시점의 현금유출

위 식이 의미하는 바는 투자로부터 기대되는 현금유입의 현가를 현금지출액의 현가로 나누는 것으로서 PI가 1보다 큰 투자안이 채택되게 된다. 즉, PI=1은 NPV=0과 같다. 마찬가지로 여러 개의 안을 고려할 때는 PI값이 큰 쪽을 채택하게 된다.

3 국제자금조달

3.1 국제자금조달의 의의

현지법인의 경영에 소요되는 자금을 조달하는 것은 매우 중요한 문제이며, 효과적인 경영을 위하여 중장기 자금의 조달원과 조달방법에 관한 전략을 결정하여야 한다. 자금조달에 있어서 부채와 자본의 비율인 자본구조를 고려하여 가장 낮은 비용으로 조달할 수 있도록 해야 하며 자금의 가용성, 각국에서의 조달형태, 조세, 환율, 정부통제의 차이, 평가절하의 위험, 인플레이션 등 여러 요인을 고려해야 한다.

3.2 국제자금조달원

현지법인이 가용할 재원은 다음과 같이 나누어 생각할 수 있다. 즉, 사내와 외부, 부채와 자본, 현지국과 해외로 분류된다. 사내재원은 감가상각과 유보이익에서 얻어지며 외부재원은 부채 또는 자본의 형태로 조달된다. 가용자금의 양, 형태, 비용은 나라마다 다른데, 선진국의 경우 상업금융기관을 비롯한 금융기관과 자본시장이 잘 발달되어 외부자금원이 풍부하다. 이에 반해 개도국의 경우 금융제도와 자본시장이 덜 발달되어 외부조달은 제한되어 있으며 조달비용도 비싸다.

다음은 현지국내와 해외로 나눌 수 있는데, 현지법인의 경영에 소요되는 자금은 가급적 현지에서 충당해야 한다는 현지조달의 원칙에 따라 본사로 부터의 송금은 감소되고 현지조달비율이 늘어나고 있다. 이는 재무적인 위험은 최소한으로 하며 최대한의 이익을 확보할 수 있도록 한다는 것인데 현지국이 개도국인 경우 어려움이 뒤따른다.

또 기업의 규모에 따라 자금조달전략이 달라지기도 하는데, 소규모기업인 경우 현지경영자에게 본사의 지시 없이 재무결정을 하도록 폭넓은 권한을 주며, 현지경영자는 비교적 복잡하지 않은 재무정책을 활용한다. 중규모기업인 경우에는 보다 더 많은 자금원을 활용하며 낮은 비용의 자금을 찾고 본사가 현지법인에 대출하는 등 비교적 복잡한 재무정책을 취한다. 대규모기업인 경우는 국제금융기관이나 또는 국제자본시장, 특히 유로커런시시장(Eurocurrency market)이나 오프쇼어금융센터(offshore financial center) 같은 곳에서 자금을 조달할 수 있다.

4 국제운전자본관리

4.1 국제운전자본관리의 의의

운전자본이란 유동자산과 유동부채의 차이를 가리키며, 따라서 운전자본관리란 현금 및 예금, 외상매출금, 재고자산 그리고 단기부채의 관리를 포함한다. 국제운전자본관리(international working capital management)는 스톡(stock) 및 플로우(flow)의 두 가지 관점에서 볼 수 있는데, 스톡의 관점에서는 운전자본의 각 항목별로 현금관리, 외상매출금관리, 재고자산관리 등을 다루게 된다. 이는 주로 많은 국가에 자회사를 운영하고 있는 선진국의 다국적기업에 해당하며 한국기업에게는 별로 해당되지 않는다. 플로우 관점에서의 운전자본관리는 본사와 자회사간의 자본이전관계를 다루므로 해외투자를 하고 있는 한국기업에게 있어 중요한 관심사가 된다.

4.2 국제운전자본관리의 원칙

국제운전자본관리는 해당 기업 또는 은행의 성격 및 설립목적에 따라 다소 상이할 수 있으나, 일반적으로 안전성, 유동성, 및 수익성의 3대 기본 원칙에 입각하여 운용하여야 한다.

(1) 안전성

안정성의 원칙은 신용분석 및 여신조사를 강화하여 신용상태가 우량한 고객과 증권에 여신 또는 투자함으로써, 회수불능채권 및 불량자산이 발생하지 않도록 하여 원리금 상환을 확실하게 함과 아울러, 환율 및 금리변동에 따라 환차손 또는 금리차손을 예방하여 투자원금의 가치를 보호하는 것이다.

(2) 유동성

유동성의 원칙은 자금을 조달 및 운용함에 있어서 현재 및 장래 채무에 대한 적절한 지급준비자산을 유지할 수 있도록 보유자금의 일부를 필요시 언제든지 사용할 수 있는 가용성, 즉 시장성과 교환성 및 이체성이 확보된 자산형태로 운용하는 것을 말한다.

(3) 수익성

수익성의 원칙이란 조달비용은 극소화시키는 반면, 이자 및 자본소득의 증식을 통하여 운용수익을 극대화시킬 수 있도록 자금을 조달 또는 운용하는 것을 말한다.

4.3 국제운전자본관리의 내용

(1) 현금관리

전 세계에 기업기반이 분산되어 자회사들이 각국에 분산되어 있을 때, 각 자회사들은 만일의 유동성 애로에 대비하여 적정수준의 초과자금을 항상 보유하려고 한다. 이러한 초과자금의 합이 크면 클수록 기업 전체의 입장에서는 기회손실의 증대 등으로 자금운용의 효율성을 감소시키는 결과를 가져오게 된다. 이와 같은 이유에서 다국적기업들은 현금관리의 중앙집권화를 시도하게 된다. 현금관리가 집권화되면 서로 다른 자회사간에 자금의 대출과 차입으로 인해 대차관계가 형성되었을 때 불필요한 자금의 이동을 막을 수 있으며, 이로 인해 수수료와 기회손실을 줄일 수 있다.

현금관리집중은 현재의 현금잔고와 미래의 예상치를 비교하여 자금의 적절한 동원을 가능하게 한다. 이것을 중앙자금동원시스템이라고 한다. 중앙관리자는 정보에 따라 출초를 보이는 곳에 추가자금을 보내고, 입초의 자회사로부터의 자금은 다른 곳에 투자하는 식의 의사결정을 내리는 것이다. 이것은 기업 전체의 입장에서 불필요한 자금동원을 방지하는 역할을 할 뿐만 아니라 시기적절한 자금동원을 가능하게 한다.

(2) 외상매출금 및 재고자산관리

외상매출금은 대금수령이 연기되는 것이지만, 판매량의 확대가 기업에 유리한 경우, 또는 경쟁자에게 잠재고객을 뺏기지 않으려면 경영전략상 기업으로서는 피할 수 없는 것이다. 그러나 대손과 대금회수의 지연이 잦고 유동성이 취약한 기업이 과도한 외상매출을 한 경우 흑자도산 등의 위험이 상존하며, 특히 다국적기업들은 환율변동에서 오는 위험까지 안게 된다. 따라서 적절한 외상매출과 대금회수의 합리적인 신용정책을 취해야 한다.

다음으로 유동자산항목 중 하나인 재고자산은 보통 원료공급과 상품매출의 안전성확보를 위해 보유하게 되는데, 이러한 재고는 불확실성이 높은 다국적기업의 경우에 있어서 과다 보유하는 경향이 있다. 또한 다국적기업은 새로운 주문을 발주할 경우 환율변동과 그에 따른 국제가격의 변동 등을 면밀히 검토하여야 한다.

(3) 내부자금이전관리

전 세계적으로 많은 자회사를 지니고 있는 세계지향기업은 시스템적 접근방법(system approach)을 사용하여 전체의 이윤을 극대화하는데 초점을 둔다. 본사와 자회사 또는 자회사들 사이에 발생되는 거래를 관리하는 데는 그 내용에 따라 이전가격, 배당 및 이자, 로열티 및 수수료 등으로 구분할 수 있다.

가) 이전가격

이전가격(transfer pricing)의 조작은 본・지사 간에 실물거래가 있는 경우에 가능하다. 본사가 수출을 하는 경우에는 이전가격을 높게 책정함으로써 자금을 본사로 이전시킬 수가 있고, 반대로 지사가 본사에 수출을 하는 경우에는 이전가격을 낮게 책정함으로써 같은 효과를 보게 된다. 그러나 이전가격의 결정은 단순히 자금의 이전이라는 목적만을 달성하기 위한 것이 아니고 법인세 및 관세부담의 감소, 인플레이션 및 환리스크의 감소, 자금이전의 규제에 대한 대응책, 합작투자인 경우 파트너의 입장, 시장경쟁관계, 자회사의 평가기준과 상충하는 문제, 정부의 개입 등을 고려해야 한다.

나) 배당 및 이자

배당(dividend)은 지사가 본사로 송금할 때 많이 사용하는 방법인데 현지정부의 정치적 요인, 조세제도, 환위험, 합작투자의 경우 파트너의 입장 등을 고려해야 한다. 배당을 통한 자금이전시 종종 문제가 되는 경우는 특히 대외채무가 많거나, 외화가 부족한 후진국 정부에서 과다한 배당송금에 대해서는 항시 경계를 하며 수시로 통제나 압력을 가해 올 수 있다는 것이다. 이때 배당에 대한 자금이전에 제약이 적은 이자를 이용할 수 있다. 이는 자회사에 대한 투자자금 공급시점에서 주식과 부채의 비율에 의하여 조정되기 때문이다. 일반적으로 자회사에 추가로 자금이 소요될 때 주식보다는 부채가 선호되는 경향이 있는데, 이는 부채이자 송금이 주식배당 송금보다 현지국의 거부감이 적으며 이자는 대개 세제상 소득공제를 받을 수 있는 등의 이점이 있기 때문이다.

다) 로열티 및 수수료

로열티(royalty)는 특정기술이나 특허, 상표 등의 소유자에게 사용대가로 지불되는 것이며, 수수료는 전문적 경영자문서비스나 기술의 제공에 대한 대가로 지불되는 것이다. 로열티나 수수료는 가격설정시 대개 근거가 되는 시장가격이 형성되어 있지 않으므로, 자의성이 개입될 여지가 많아 본・지사간 계획적인 자금이전을 목적으로 이용될 수 있다. 사피로(A. C. Shapiro)의 조사에 의하면 중남미에 진출해 있는 국제기업이 현지국의 외환통제를 피하기 위해 빈번히 사용된 수단이 로열티, 기술제공료, 경영자문수수료 등으로 나타나 있다.[1)]

---

1) A. C. Shapiro, *Multinational Financial Management* (Allyn and Bacon Inc., 1986), p.325.

5 환위험관리

5.1 환위험의 개념

환위험(foreign exchange risk)이란 기업이 외화로 표시된 자산, 부채, 수익 및 비용을 소유하고 있거나 해외직접투자 활동을 하는 경우, 환율변동으로 인해 해외영업활동 성과나 해외법인의 가치 등이 하락하거나 부채가 증가되는 등의 손실을 입을 가능성을 의미한다.

환노출(foreign exchange exposure)은 환위험을 계량화한 것으로서 환율변동으로 인해 기업의 수익성이나 순 현금흐름, 시장가치 등의 변화정도를 측정한 것이다. 오늘날 국제재무 관리자들의 중요한 역할 중 하나는 기업의 순 현금흐름이나 수익성, 시장가치 등을 극대화하기 위해 환노출을 측정하고 이를 적극적으로 관리해나가는 것이다.

5.2 환위험의 종류

환노출은 [그림 13-2]에서 보는 바와 같이 노출시점에 따라 환산노출, 거래노출, 경제적

[그림 13-2] 환위험의 종류

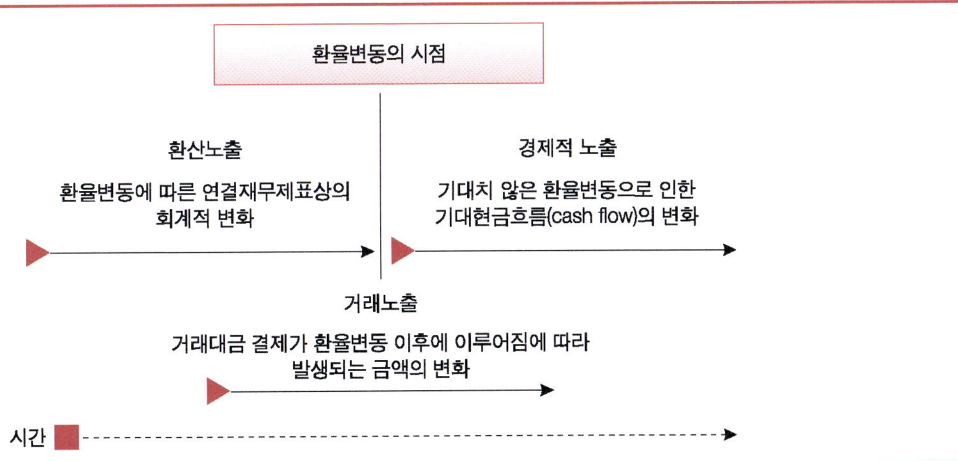

자료 : D. K. Eiteman, M. H. Moffh and A. I. Stonehill, *Multinational Business Finance*, 9th ed., Addison-Wesley Publishing Co., 2000, p.153.

노출로 구분된다.

(1) 환산노출

환산노출(translation exposure)은 회계노출(accounting exposure)이라고 하는데, 범세계적인 회사가 연결재무제표를 작성할 때 발생하는 환노출을 가리킨다. 외화로 표시되어 있는 자산, 부채, 수익과 경비 등은 연결재무제표를 작성할 때에 자국통화로 환산하여야 한다. 그러나 거래의 발생시점과 연결재무제표작성 시점이 다르기 때문에 어떤 시점의 환산율, 즉 환율을 적용하느냐가 문제가 된다. 현지통화로 표시되어 있어 자국통화로 연결재무제표를 작성하기 위해서는 외화표시계정을 자국통화표시로 환산하여야 한다. 이 경우 자국통화와 현지통화 간에 환율변동이 있으면 환산손익이 발생하는데, 이러한 환율변동에 따른 연결재무제표의 회계수치 변화를 환산노출이라고 한다.

(2) 거래노출

거래노출(transaction exposure)은 환율변동에 따라 외국통화로 표시된 채권, 채무가 거래시점의 환율과 상이한 환율에 의하여 결제될 때 발생하는 것이다. 그리고 환율변동 이전에 거래가 발생하였으나 환율변동 이후에 결제가 이루어지는 외화표시거래에 있어 거래노출이 발생하는데, 이러한 거래에는 외화표시의 외상매입, 매출, 외화대출, 차입 등이 포함된다. 이것은 외환의 매입 또는 매도에서 발생하는 것은 아니며 외화표시로서 거래의 약정시점에서 발생하고 외환의 매입 또는 매도가 실제로 행해지는 시점에서 위험은 소멸된다. 따라서 거래의 약정시점에서 결제시점까지의 기간이 길면 길수록 그 위험도는 높아진다.

(3) 경제적 노출

경제적 노출(economic exposure)이란 예상하지 못한 환율변동으로 인하여 장래에 기대되는 현금 흐름의 순 현재가치, 즉, 기업가치의 변동가능성을 말한다. 환율의 변동은 장래에 기업의 매출액, 제품가격 및 제조원가(재료비 · 노무비 · 제조간접비 등) 등 실질영업성과에 영향을 미치게 되고, 이는 장래 현금흐름의 변동을 통하여 결국 기업의 장래수익에 영향을 미치는 경제적 노출로 나타난다. 이는 환율변동으로 말미암아 현재 및 미래의 기업의 미래 이윤창출능력, 그리고 현금흐름에 미치는 영향을 가리킨다. 외화표시 수입과 지출에서 발생하는 환노출을 주로 측정한다.

5.3 환위험의 관리

환위험에 대처하는 데에는 여러 가지 방법이 있을 수 있는데, 그 중 어떠한 방법을 택하느냐 하는 것은 기업의 재무적 목표가 무엇이냐에 따라 달라진다. 즉, 기업의 재무적 목표가 장기적으로 기업의 부를 극대화시키는 것이라면 경제적 환노출을 분산시키는데 중점을 둘 것이고, 반면에 단기적으로 보고되는 회계적 이익을 극대화시키는 것이라면 환산노출 및 거래노출을 분산시키는데 중점을 두게 될 것이다.

(1) 환산노출의 관리

환산노출을 관리하는 기법에는 전통적 관리기법과 대차대조표 헤지(balance sheet hedge)가 있다. 전통적 관리기법은 향후 강세가 전망되는 통화에 대해서는 자산을 늘리고 부채를 줄이며, 이와 반대로 약세가 전망되는 통화에 대헤서는 자산을 줄이고 부채를 늘리는 방법이다. 만약 환율이 예상대로 변동하면 이익을 얻을 수 있는 적극적 전략이다. 그러나 환율이 예상과 반대로 변동하면 손실을 입게 된다.

대차대조표 헤지는 소극적 환위험 관리전략으로 동일한 외화로 표시되어 있는 화폐성 자산과 부채의 규모를 일치시키는 방법이다. 즉, 환율변동으로 인한 외화자산의 평가손익을 외화부채의 평가손익으로 상쇄시켜 환위험을 제거하는 방법이다. 그렇게 되면 순 환산노출액이 영이 되어 그 특정 외국통화의 가치가 변한다 할지라도 환손실이나 환이익이 발생하지 않는다.

대차대조표 헤지를 하게 되는 경우 대차대조표상의 항목들의 표시통화를 변경해야 하는데 사실상 이것은 그리 쉬운 일이 아니다. 대차대조표상의 항목들의 표시통화를 바꿈으로써 환산노출은 관리할 수 있게 되겠지만, 때로는 자금 차입비용 또는 영업활동의 효율성 측면에서 부담이 될 수 있다.

(2) 거래노출의 관리

거래노출에 대한 관리방법은 크게 대내적 환노출관리방법과 대외적 환노출관리방법으로 나눌 수 있다.

대내적 환노출관리방법이란 환노출을 본원적으로 감소 및 제거시키기 위해 기업내부적으로 사용하는 방법으로 네팅(netting), 매칭(matching), 리딩(leading), 래깅(lagging) 등을 말한다. 네팅이란 다국적기업의 본사 및 현지 자회사들 간에 발생하는 채권과 채무의 차액만을 일정한 기간마다 결제하는 방법을 말하는 반면, 매칭은 다국적기업의 사내거래뿐만 아니라 제3자와의 거래에도 이용할 수 있는 것으로서 통화별로 현금흐름의 수급금액 및 시기를 의도적으로 일치시키는 방법을 말한다. 그리고 리딩과 래깅이란 최종 대금 지급시기를 앞당기거나 지연시키는 것을 말한다. 예컨대 한국 본사와 해외 자회사간의 결제과정에서 원화가치 하락이 예상되면 한국 본사에서 해외 자회사에게 대금지급을 앞당기고, 반대로 원화가치 상승이 예상되면 대금지급을 늦추는 전략이다.

대외적 환노출관리방법이란 외환시장 및 국제금융시장을 통한 거래를 행함으로써 환노출을 제거시키는 방법을 말하는데, 그 대표적인 예로 선물환시장, 금융시장 또는 옵션시장을 통한 헤지방법 등이 있다. 선물환시장을 통한 헤징은 미리 정해진 환율로 한 통화를 다른 통화로 교환하기로 하는 선물환계약을 체결함으로써 환율변동으로 인한 위험을 제거시키는 방법이다. 금융시장을 통한 헤징은 예컨대 외국통화를 차입하여 자국통화로 바꾸어 자국의 금융자산에 투자를 함으로써 환율변동에 따르는 위험을 피하는 방법이다. 옵션시장을 이용한 헤징은 미래 일정시점에서 일정환율로 외국통화를 사거나 팔 수 있는 옵션을 매입함으로써 환율변동에 따르는 위험을 제거하는 방법이다.

(3) 경제적 노출의 관리

경제적 노출을 관리하는 목적은 예상치 못한 환율변동이 기업의 미래 현금흐름에 미치는 효과를 예측하여 이에 적절히 대응하는데 있다. 그러기 위하여 기업의 경영진은 시장에서 환율불균형 상태가 발생하는 경우 이것을 즉시 발견하여 적절한 대응을 할 수 있도록 준비를 하여야 한다.

이러한 목적을 달성하기 위한 한 가지 효과적인 방법은 기업의 영업활동 및 자금 조달원천을 국제적으로 다변화시켜 위험을 분산시키는 것이다. 영업활동의 국제적 다변화는 생산 및 판매시설이나 원료공급원 등을 국제적으로 분산시키는 것을 말하며, 자금조달원의 국제적 다변화는 여러 국가의 자본시장에서 여러 가지 통화로 자금조달을 하는 것을 말한다.

위와 같은 국제적 다변화 전략을 사용하는데 있어서 외환시장, 자본시장, 실물시장의 불균형으로 인한 기회에 적극적으로 대응할 것인가 하는 문제는 궁극적으로 경영자의 위험선호 정도에 달려 있다. 이러한 정책은 경영자가 얼마나 금융시장 불균형의 유무 및 그 시기를 정확히 예측할 수 있느냐에 따라 결과가 달라진다.

연습문제

1. 국제자본관리의 내용에 대하여 설명하시오.
2. 국제자본예산기법으로는 어떤 것이 있는지 각각에 대하여 설명하시오.
3. NPV법과 IRR법의 차이점은 무엇인지 설명하시오.
4. 환위험의 종류에는 어떤 것이 있으며 어떤 관리방법이 있는가?
5. 국제기업들이 주로 행하는 내부자금이전관리 방법은?

14
Chapter

국제조직 및 통제관리

1. 조직의 개념
2. 조직의 형태
3. 통제의 개념
4. 통제의 정도

학습목표

국제기업의 조직구조에는 어떤 것이 있으며, 어떤 조직구조를 채택하는 것이 바람직한가에 대하여 알아본다. 또 국제기업이 해외자회사를 어떻게 통제하는가에 대하여 학습한다.

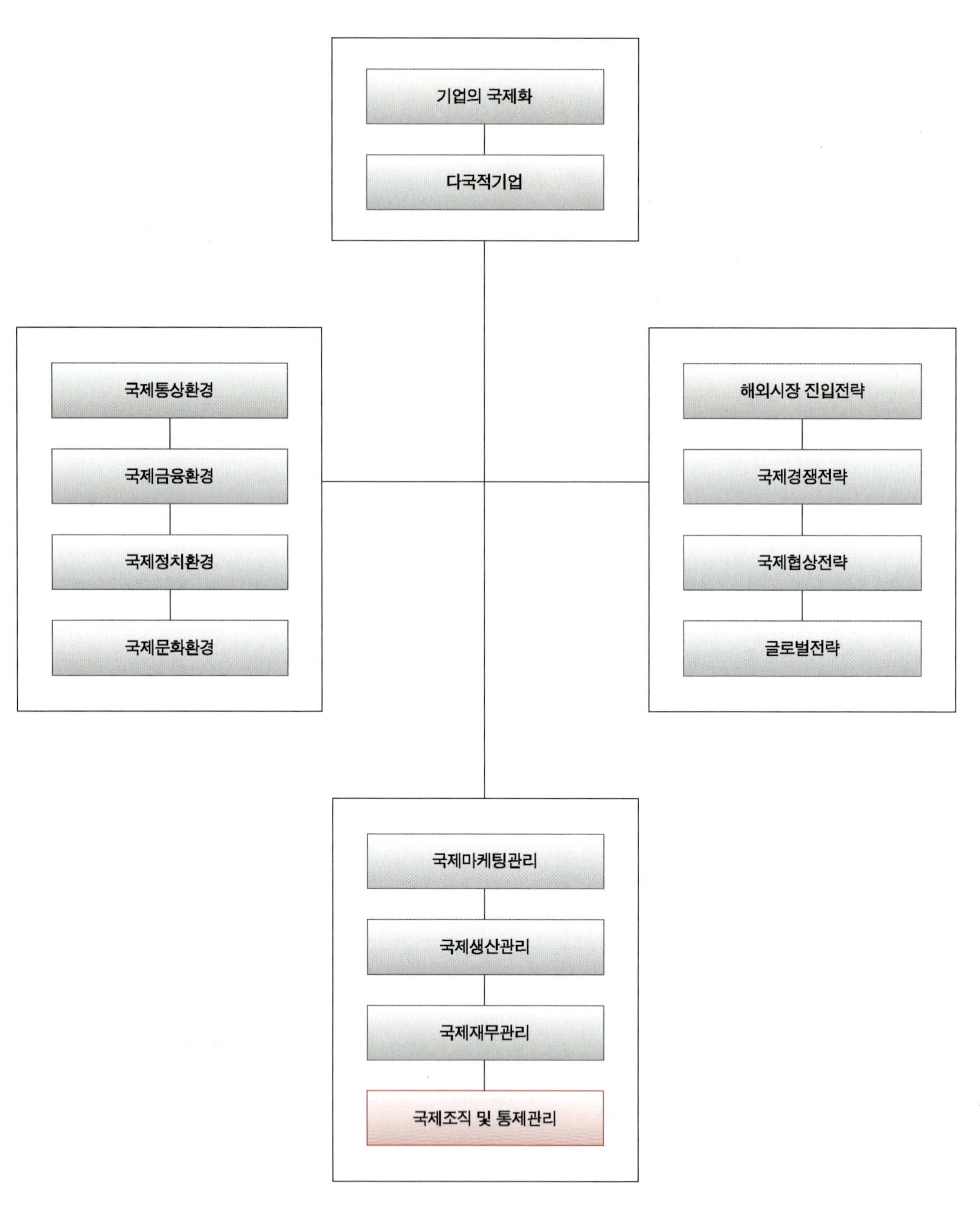
기업의 국제화
다국적기업
국제통상환경
국제금융환경
국제정치환경
국제문화환경
해외시장 진입전략
국제경쟁전략
국제협상전략
글로벌전략
국제마케팅관리
국제생산관리
국제재무관리
국제조직 및 통제관리

눈앞 성과에만 급급해선 창조가 없다

IMF 위기 이래 기업은 물론, 비영리 공공기관까지 우리나라 대부분 조직에서 성과주의가 급속히 확산됐다. 그 결과 소니 · 모토롤라 · 도요타 같은 일류기업들마저 위기를 겪고 있는 21세기 초경쟁환경에서 우리는 상대적으로 높은 성과를 달성할 수 있었다. 그럼에도 불구하고 우리 경제에 심각한 위기가 오고 있다. 성과주의가 왜곡돼 근시안적 단기 성과 지상주의를 발생시켰기 때문이다.

더 높은 성과를 지향하는 성과주의는 경영의 핵심 본질이다. 각 기업이 자율적으로 성과 향상을 계속 시도하고, 그 중 더 높은 성과를 창출한 기업이 시장에서 더 큰 보상을 받음으로써 사회가 지속적으로 발전하는 것이 자유시장경제의 원리다. 이 성과주의 대원칙은 자유시장경제를 믿는 사람이라면 논란의 여지가 없다. 그러나 구체적 실천방안에 이르면 성과는 결코 단순한 개념이 아니다. 특히 성과 향상을 위한 제도가 효과를 볼지 여부는 극도로 모호하다. 성과는 수익성만 따져봐도 자산수익성, 투자수익성, 매출수익성, 주가수익성 등 종류가 매우 다양한데, 이들은 서로 충돌하는 경우가 많다.

성과 유형 간 불일치가 가장 심각한 것이 바로 단기 성과와 장기 성과 간 충돌이다. 단기 성과를 극대화하려면 불확실한 미래지향적 투자를 없애고 현재 강점을 가진 사업이나 역량을 선택 · 집중해야 한다. 그러나 이 경우 장기 성과의 기반을 상실해 결국 위기를 맞게 된다. 반대로 장기 성과를 높이는 과감한 미래지향적 창조 혁신은 불확실성과 실패 위험이 커 단기 성과에 부담을 준다. 따라서 이상적 경영은 장단기 균형을 유지하는 것이다. 그러나 단기 성과는 효율성과 선택 집중, 장기 성과는 창조와 혁신이라는 정반대 논리를 가지고 있어 두 가지를 동시에 달성하는 기업은 드물다.

효율성과 규모의 경제가 경쟁의 룰이던 20세기 대량생산 시대는 대부분 단기 성과 극대화에 치중했다. 당시에는 환경변화가 예측 가능하고 느렸으므로 성과를 창출하기 충분했던 것이다. 모델 T만 20여년간 1500만대 이상 생산했던 포드가 예이다. 그러나 환경이 예측 불가능한 방향으로 늘 급변하는 21세기 초경쟁 환경에서 단기 성과주의는 치명적 위기의 원인이 된다. 끊임없이 새로운 강점과 경쟁우위를 남보다 먼저 만들어내야 하는 상시 창조적 혁신의 시대이기 때문이다. GM 등 20세기를 대표하던 기업들이 최근 갑자기 무너지고 애플 · 구글 · 페이스북 등 신세대 기업들이 단숨에 정상에 오른 이유다.

그런데 우리가 최근 시도해온 성과주의 개혁들이 대부분 20세기형 단기 성과주의에 치중돼 있다. 산업이나 직종을 가리지 않고 확산된 단기 성과주의 임금제도가 대표적 예다. 매년 실제

창출한 성과에 따라 보상과 처벌을 결정하는 한국형 연봉제는 주어진 현재 과업만 기계적으로 수행하는 양적 성과에 집중돼 있다. 불확실성과 실패 위험이 크지만 미래 경쟁력에 꼭 필요한 창조적 혁신을 이끌지 못한다. 우리 조직들의 현 상황이다.

단기 성과주의 임금제도는 포드가 20세기 초 고안했다. 당시의 단순 반복작업에는 주어진 작업 분량 달성에 성공하면 보상하고, 실패하면 처벌하는 성과급제도가 효과적이었다. 또 이를 위해 물샐 틈 없는 치밀한 평가와 감시, 상벌제도가 시행됐다. 그러나 한두 푼에 일희일비하며, 실패하지 않는 데 급급한 20세기형 단기 성과주의로는 창조적 혁신이 절대 불가능하다. 반대로 21세기형 기업들은 실패를 오히려 권장하는데, 웰치는 GE의 실패처벌금지를 공표했고, 구글은 아예 실패의 장인 구글랩스를 만들었으며, 3M에서는 심지어 회사에서 실패축하파티도 열어준다. 실패회피에 급급한 인간형을 양산해온 한국형 단기 성과주의가 애플 · 구글 · 페이스북을 못 따라잡는 이유다.

• 조선일보, 2014.1.2

토의과제

1. 조직을 효율적으로 관리하기 위해서는 어떤 요건들이 필요한가?
2. 포드가 고안한 단기성과주의의 문제점은 무엇인가?
3. 성공한 기업과 그렇지 못한 기업간에는 조직구조측면에서 어떤 차이점이 있는가?

1 조직의 개념

1.1 조직의 의의

(1) 조직의 의미

기업을 사람으로 비유한다면 조직(organization)은 마치 뼈와 같은 부분으로서 매우 중요한 위치를 차지하고 있다고 할 수 있다. 따라서 조직이 없거나 허약한 기업은 쉽게 무너지기 쉬운 반면, 조직이 튼튼한 기업은 무한한 성장가능성을 지니고 있다고 할 수 있다. 조직은 기업의 국제화전략을 추구하는데 있어서도 매우 중요한 부분을 점하고 있는데, 이때 조직은 전략의 성격에 따라 규모 · 체계 · 강도가 적절히 배합되어 결정되어야 한다. 즉, 조직은 전략을 수행하는데 있어서 너무 빈약해서도 안 되고 방대해서도 안 되는 합당한 조직이어야 한다.

조직은 또 기업의 국제화가 확대됨에 따라 그 구조가 변화되어야 하는데, 이 경우에는 기업의 장기목표와 제품 · 시장특성에 맞도록 변화시켜야 한다. 아울러 권한과 책임, 정보의 전달, 감독폭의 결정 등 개인적인 위치와 권력관계의 변화도 고려하여 매우 조심성 있게 변화시켜야 한다.

(2) 조직의 목표

국제시장을 기반으로 기업의 장기적 이윤을 극대화하는 것이 국제경영활동의 주된 목적이라 한다면, 조직은 그러한 목적을 달성하기 위한 수단이 된다. 따라서 조직은 국제경영의 환경변화에 부합되도록 적절하고 효율적인 구성이 이루어져야 한다. 또 그러한 조직을 바람직하게 운영하여 조직목표에 도달하도록 하는 것이 중요하다.

따라서 조직의 목표는 현지자회사, 관련회사, 합작회사를 포함한 해외사업장의 활동을 최대한으로 발휘함과 동시에, 이것을 유기적으로 결합하여 국제기업체로서 하나의 세계적 활동으로 통합하여 종합화하는 것이라 할 수 있다.

1.2 조직의 결정요인

조직을 구성하는 데에는 기업의 과거 업적이나 규모, 기업의 발전단계 등에 의하여 결정되는 것이 보통이나 일반적으로 다음과 같은 요인이 작용한다. 이들은 개별적으로도 영향을 미치지만 복합적으로도 영향을 미치게 된다.

(1) 국제경영의 장기적 목표

국제경영의 장기적 목표를 어디에 두느냐에 따라 조직의 형태도 달라진다. 예컨대 합작기업에 있어서는 상대기업과 해외사업에 대한 장기적 목표가 일치하여야 하며 당사자의 어느 쪽도 소수주주가 되어서는 안된다.

(2) 해외영업활동의 비중

기업 내에서 해외영업활동의 비중이 어느 정도인가에 따라서 조직형태가 달라질 수 있다. 해외영업활동의 비중이 큰 경우 제품별조직 또는 지역별조직의 형태가 가능하고, 해외영업활동의 비중이 작은 경우 국제사업부조직의 형태가 가능하다.

(3) 경영진의 능력과 질

국제경영활동의 전개에 필요한 경영진의 능력이나 질에 따라 조직의 형태가 달라질 수 있다. 즉, 최고경영자를 주축으로 스태프부문에 이르기까지 기업 내에서 이용 가능한 인원수, 그 각각의 능력이나 기술은 국제경영활동에 관한 의사결정을 하는 경우에 중대한 영향을 미치므로 사업수행을 위한 조직구성에도 중요한 영향을 미치게 된다.

(4) 제품의 폭

기업이 취급하는 제품의 폭에 따라서 조직형태가 달라질 수 있다. 제품계열이 다양한 국제기업은 지역별조직보다는 제품별조직구조를 택하는 것이 바람직하다. 적은 수의 비슷한 제품계열을 가지고 있는 국제기업은 제품계열 사이의 상호의존성이 비교적 높기 때문에 제품별조직은 비효율적이다.

(5) 현지 자회사의 환경

기업이 진출하고자 하는 현지의 환경에 따라 조직구조가 달라질 수 있다. 본국과 비슷한 환경을 가지고 있는 지역에 자회사를 두고 있는 경우 표준화된 제품촉진이 가능하므로 지역별조직 구조를 택하지 않는 것이 바람직하며, 현지환경이 본국과 다르고 현지의 환경변화가 중요한 경우 지역별조직 구조를 택하는 것이 바람직하다.

(6) 경제블럭

국제기업의 활동영역이 특정지역 경제블럭권에 해당된다면 이를 조직을 구성하는데 고려하여야 한다. 이러한 경우는 무역장벽을 피하기 위해서 지역별조직 구조를 택하여 운용하는 것이 바람직하다고 할 수 있다.

2 조직의 형태

국제기업의 조직은 독립된 단일체가 아니고 기업과 국제환경과의 상호의존하는 시스템이기 때문에 조직형태를 결정하는 원칙을 정하기는 어렵다. 즉, 일정한 제품과 시장의 특성을 가지고 있는 국제기업에게 적합한 조직이라 하더라도 타기업에게 적합하다고는 할 수 없으며, 일정시점에서 적합한 조직형태가 다른 시점에서 적합하지 않을 수 있다.

그렇다면 국제경영활동을 수행하는데 가장 적합하고 능률적인 조직구조는 무엇인가? 국제사업을 통한 이윤극대의 목적달성을 위한 효과적인 조직구조는 무엇인가? 그러나 그 어디에서도 이에 대한 확답은 구하기 어려우며 일정불변한 조직구조는 존재하기 힘들다. 딤자(W. A. Dymsza)는 전 세계의 국제기업들이 취하고 있는 조직구조를 종합해 본 결과, ① 기능별 조직, ② 제품별 조직, ③ 지역별 조직, ④ 국제사업부 조직, ⑤ 매트릭스 조직 등 5가지 형태를 제시하고 있다.

2.1 조직의 유형

(1) 기능별 조직

기능별 조직(functional organization)은 제품의 종류가 적고 생산 또는 판매지역의 범위가 좁을 때 취하는 형태이다. [그림 14-1]에서 보는 바와 같이 이 조직은 사장 밑에 생산・판매・총무・재무・인사 등의 기능에 따라 부서가 나누어지는 형태이다.

기능별 조직은 원래 상당히 표준화된 제품라인을 가진 회사나, 또는 원래의 창업자와 그 가족경영체제에서 비롯된 전통적이고 비공식적인 관리체제를 가진 회사들에 의해서 이루어진 조직형태이다. 이 조직구조는 회사의 제품이 극히 소수의 규격제품에 한정되어 있고, 지금까지 그 제품계열에 따라 국내경영을 조직화해 온 회사에게는 매우 적절한 조직유형이라 할 수 있다.

결국 기능별 조직은 생산・판매 등의 부문별 기능이 중시될 때 장점을 발휘할 수 있으나 각 기능별 부서간에 협조가 안 될 경우 난관에 부딪치는 단점이 있다. 또 지역별・국가별 전문지식을 활용하는데 있어서도 어려운 점이 있다. 디어(Deere)사는 세계적인 영업활동을 기능별로 조직화하고 있다. 제조와 마케팅을 위하여 세계적 경영책임을 가진 광범한 라인사업부(line division)를 두고 있으며, 상급 부사장들이 이들 제조 및 마케팅을 담당한 경영자들이 되어 미국 및 캐나다와 해외지역을 위한 라인 매니지먼트(line management) 활동을 병행하고 있다. 본사에는 두 사람의 부사장이 있는데, 이들은 각각 국내 및 국외활동을 통솔한다.

[그림 14-1] 기능별 조직

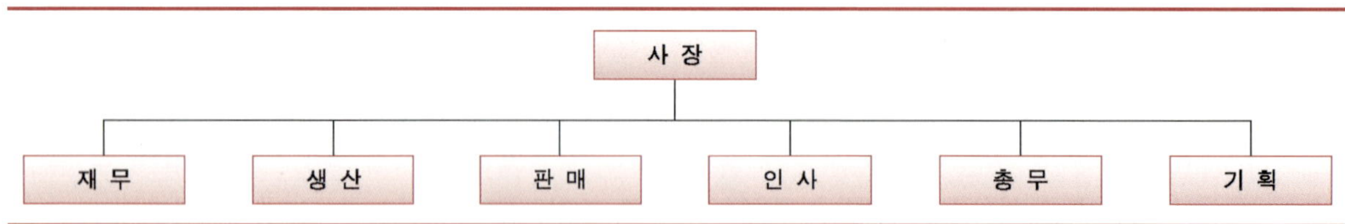

(2) 제품별 조직

제품별 조직(product organization)은 제품의 종류가 다양하고 성격・기술 등이 차이가 많

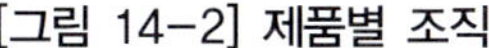
[그림 14-2] 제품별 조직

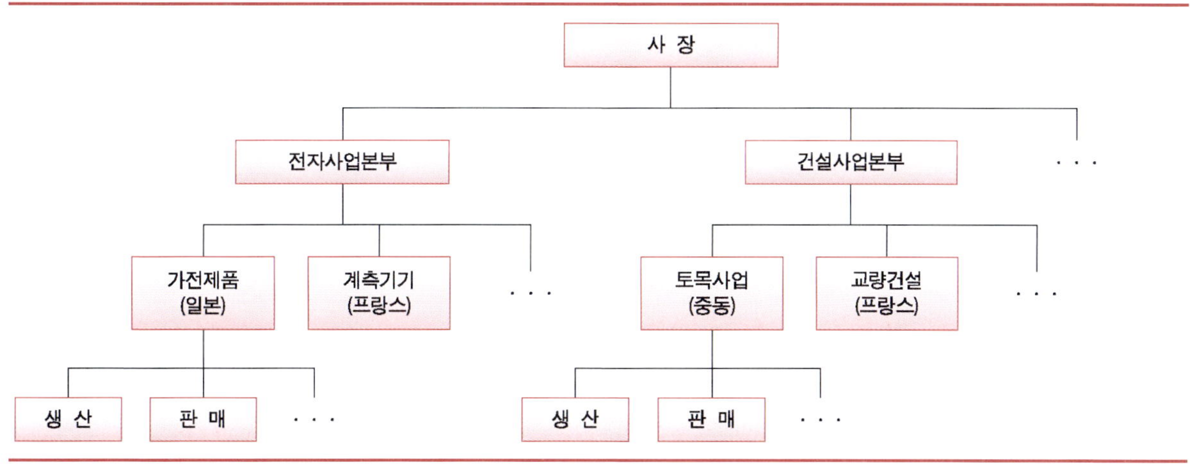

은 경우 채택하는 형태이다. [그림 14-2]에서 보는 바와 같이 이 조직은 사장 밑에 제품별로 각각 하나의 사업본부를 구성하고, 그 부서 밑에 제품에 따라 기능이 통합되어 있는 형태이다.

제품별 조직에 있어서 해외의 자회사들은 경영활동 내용을 각각 자기가 속해있는 제품사업본부에 보고하게 된다. 그러므로 경우에 따라서는 같은 지역에 있는 두 개 이상의 사회사가 각각 해당 제품사업본부에 보고하게 된다. Johnson & Johnson, Westinghouse 등의 회사가 이런 형태를 택하고 있으며 우리나라 경우는 아직 없다.

제품품별 조직은 다양한 제품을 최종소비자에게 판매하는 국제적인 기업에게 적합한 조직으로서, 회사가 다른 제품라인을 추가하려고 할 경우 현재의 조직을 혼란시키지 않고 새로운 제품라인을 추가시킬 수 있기 때문에, 제품을 여러 가지로 확대하려고 하는 기업에게는 융통성을 제공해 주는 이점이 있다. 이러한 관점에서 볼 때 이 조직구조는 기업이 제품별로 급속한 성장을 추구할 경우 적합한 조직형태라고 할 수 있다.

한편 제품별 조직의 단점은 ① 세계의 어느 특정지역에서 제품그룹을 통제하고 협조시키는 데 문제가 있다. 각 제품그룹이 저마다 방향을 달리할 경우 본사의 전반적인 조정이 어렵게 되며 지역별로 전문적인 지식이 부족하다는 점을 들 수 있다. ② 제품별로 전 세계를 상대로 하여 사업활동을 하게 되기 때문에 관리책임자들이 전 세계적인 시야를 필요로 하는 국제적인 사업경험을 쌓을 수 없게 된다는 점을 들 수 있다.

[그림 14-3] 지역별 조직

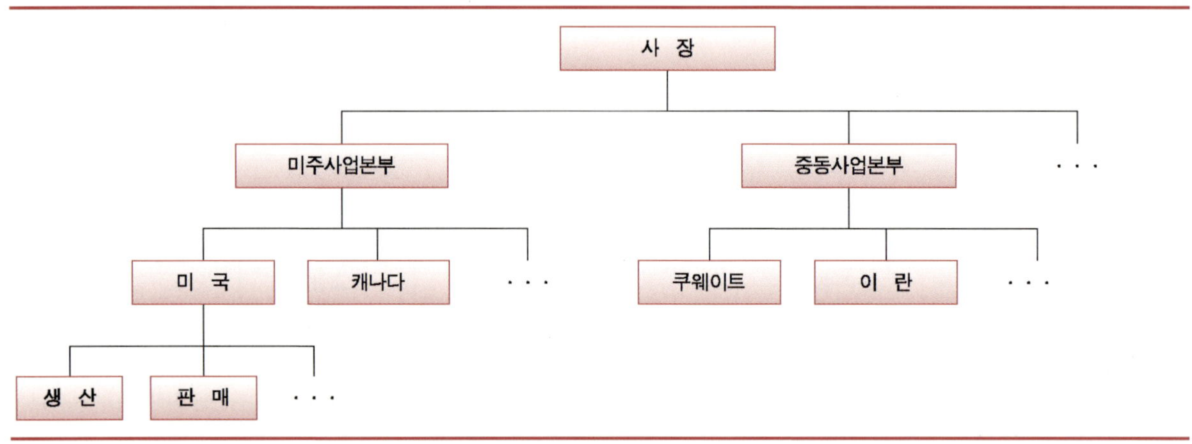

(3) 지역별 조직

지역별 조직(regional organization)은 생산 · 판매 등이 여러 지역에서 이루어져 있고 여러 지역의 특성이 다양한 경우 취하는 형태이다. [그림 14-3]에서 보는 바와 같이 이 조직은 사장 밑에 지역별로 하나의 사업본부를 구성하고, 그 부서 밑에 지역에 따라 기능이 통합되어 있는 형태이다.

지역별 조직은 제품라인이 비교적 단순한 국제기업이 주로 택하고 있는데 Mobil Oil, Unilever, Dow Chemical 등의 회사가 이런 형태를 택하고 있으며 우리나라 경우는 아직 없다. 지역별 조직의 장점은 특정한 국가 또는 지역별로 시장특성의 차이에 중점을 둠으로써 일정지역에 정통한 매니저에게 할당된 지역 내의 모든 사업활동에 대한 책임을 부여할 수 있다는 점이다. 또한 전 세계에 산재해 있는 지사와 본사간의 연락관계를 더욱 용이하게 해줌으로써 책임과 권한의 체계를 확립시키는데 도움을 준다. 그리고 경영책임자들에게 광범위한 경영상의 경험과 훈련을 제공해 준다는 이점도 있다.

한편 지역별 조직의 문제점은 기업이 다양한 시장특성의 여러 제품라인을 가지고 있는 경우인데, 이 경우 운영상의 책임이 생산시설에서 시장까지 지역별로 이루어져 있기 때문에 지역적인 범주를 벗어나 타지역으로 새로운 경험이나 아이디어를 전파시키는 것이 매우 힘들다는 점이다. 이런 문제점을 극복하기 위해서 몇몇 기업들이 본사에 제품관리인을 따로 임명하여 지역별사업부 책임자에게 권한행사를 할 수 있도록 제품라인에 대한 책임을 부여하고 있다.

(4) 국제사업부 조직

국제사업부 조직(international division organization)은 기업의 해외영업활동이 확대됨에 따라 기업 조직 내에 다른 제품사업부와 같이 하나의 독립된 사업단위로 운영하는 형태이다. [그림 14-4]에서 보는 바와 같이 이 조직은 사장 밑에 국내사업부와 동급의 국제사업부를 구성하고, 그 부서 밑에 제품에 따라 기능이 통합되어 있는 형태이다.

국제사업부 조직은 유럽의 기업들보다 미국의 국제기업들이 많이 채택하고 있는데, 그 이유는 유럽 국가들의 국내시장이 비교적 소규모이기 때문에 국내사업활동과 국제사업을 구태여 구분하지 않고 초창기부터 직접 세계를 상대로 하는 제품별 또는 지역별 사업부조직으로 발전시켜 왔기 때문이다. GM, IBM, Coca-Cola, Philip Morris, Bendix 등의 회사가 이런 형태를 취하고 있으며, 우리나라 경우에는 몇몇 대기업 건설회사들이 택하고 있다.

다우케미컬(Dow Chemical)社는 지역별, 제품별, 기능별 책임이 중복된 조직구조를 채택하고 있으며 팀 경영을 하고 있다. 이 회사는 지역별로 조직화되었으나 범세계적 규모의 제품 및 기능을 강조하고 있으며, 의사결정에 있어서 라인과 스태프 쌍방의 관리자가 정기적으로 참가하는 위원회와 팀경영의 활용이 일상화되고 있다. 상층조직에는 이사회, 회장, 사장, 집행담당 부사장, 그리고 중복된 책임을 지고 있는 경영위원회가 있다. 또 중복된 책임, 복수의 관리자 및 팀 경영이라는 일반원칙이 본사로부터 해외관련회사에 이르는 조직 전체에 침투되어 있다. 그리고 지역별로 지역담당관리자를 두고 있지만, 동시에 제품관리자와 기능별 스태프에게 세계적 책임을 부여하고 있다. 이 회사는 기업경영에 있어

[그림 14-4] 국제사업부 조직

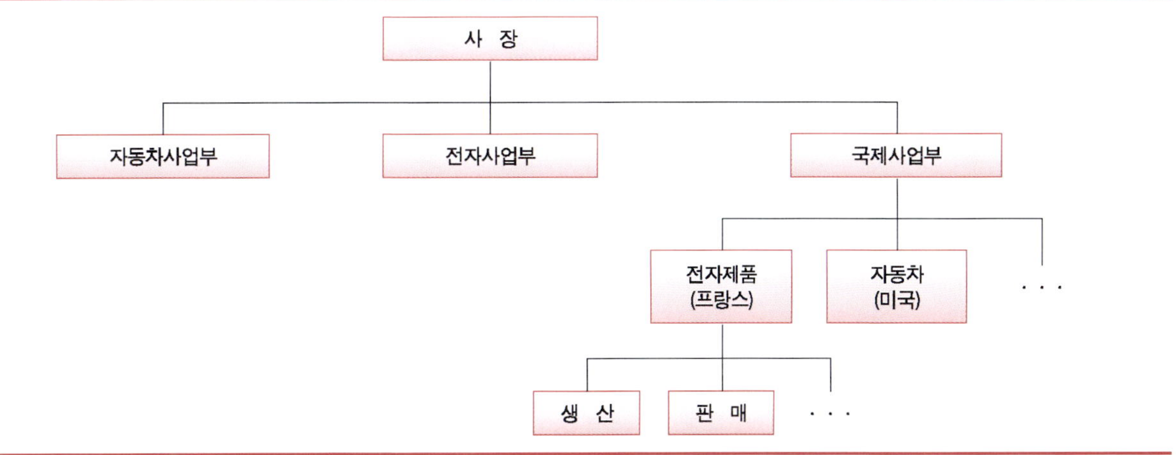

서 복잡하고 중복된 책임을 중시한 나머지 조직도에는 별로 관심을 두고 있지 않다.

국제사업부 조직의 장점으로는 ① 기업의 국제적 사업활동이 국내사업활동과 더불어 큰 비중을 점하고 있는 경우, 국제적 사업활동이 국내사업활동에 관한 명확한 책임한계를 설정해 주고 복잡다양한 국제사업활동에서 효과적인 대응책을 강구할 수 있다는 점이다. ② 국제적인 사업문제에 있어서 전문지식을 개발시켜 주며 스태프의 기능을 전 세계적인 영역으로 확대시켜 준다는 점이다.

한편 국제사업부 조직의 단점으로는 ① 국내사업부와 국제사업부가 각각 독립성과 자치성을 지닌 조직단위이기 때문에 전사적인 계획의 수립에 어려움이 있다는 점이다. ② 국제사업부와 국내사업부간의 협력이 잘 이루어지지 않을 경우 상호간의 충돌이 야기될 수 있다는 점이다. 이러한 점 때문에 국제사업부는 통상 전 세계적인 안목에 기초를 둔 조직구조로 발전하게 된다. ③ 국제사업부 조직에서는 연구개발분야가 본사 차원에서 통제되는 경향이 있다는 높다는 점이다. 이러한 조직구조 아래에서는 기본적인 연구개발의 방향이 주로 국내시장을 초점으로 해서 이루어지며, 해외업무를 위한 연구개발은 단지 현지시장의 환경에 맞게 제품을 변경하는 정도에 머무르게 된다.

따라서 국제사업부 조직이 필요한 경우는 ① 그 조직구조가 분권적일 때, 즉, 약간의 본사기능을 남겨 놓고는 각 사업부에 대폭적인 권한위양이 행해지고 있을 경우이다. ② 각 사업부가 독립된 계산단위이며 책임단위일 때, 즉, 각 사업부는 이익센터(profit center)로서 독립채산적으로 관리될 경우이다. ③ 그 기업이 어느 정도 이상의 규모를 지녔을 때, 즉 사업부가 독립해서 효율적인 운영을 행하기 위해서는 최소한의 분권제의 이점이나 규모의 이점이 갖추어져야 할 경우이다. ④ 각 사업부가 소위 기피선언권을 지니고 있을 때 즉, 이익책임단위로서의 사업부는 타사업부와의 사내거래에 있어서도 가격이나 품질에 관한 거부권을 지니며 조건이 맞지 않을 때 사외에서 구입하는 권한도 지니고 있을 경우이다. ⑤ 각 사업부의 장은 마치 독립기업의 책임자처럼 의사결정을 하는 권한을 지녔을 때이다.

(5) 매트릭스 조직

매트릭스 조직(matrix organization)은 그리드 조직(grid organization)이라고도 하는데, 앞에서 살펴본 제품별 · 기능별 · 지역별 조직이 다차원적으로 중첩된 형태이다. [그림 14-5]에서 보는 바와 같이 이 조직은 사장 밑에 있는 경영자들이 기능 · 제품 · 지역을 결합한

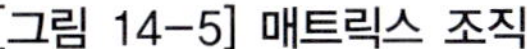
[그림 14-5] 매트릭스 조직

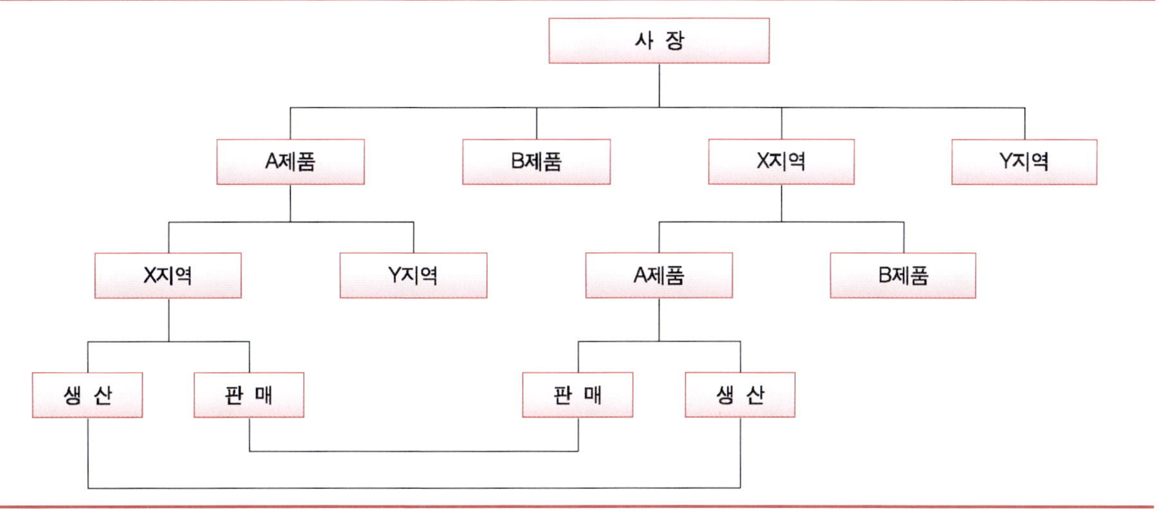

여러 문제에 대하여 책임을 진다.

매트릭스 조직의 장점은 어느 한 기본단위에서 체크하지 못한 운용상의 문제점들을 다른 조직단위에서 지적해 냄으로써 업무상의 과실을 줄일 수 있으며, 동시에 단위조직 간의 견제와 균형을 유지하여 기업의 효율적인 경영활동을 전개해 나갈 수 있다는 점이다.

반면에 매트릭스 조직의 단점으로는 조직구조가 복잡하고 기본조직단위들 간의 갈등이 심화될 수 있다는 점이다. 즉, 기업의 경영에 있어서 다른 조직단위의 권한이 강화되는 것을 막거나, 업무에 대한 책임을 전가하기 위하여 다른 조직단위에서 올라온 보고에 대해 불필요한 제동을 걸어 조직 간의 충돌을 불러일으킴으로써 신속한 업무 추진을 어렵게 만들 수 있다. 또 기본조직들간의 권한이 균형되어 있지 못하고 어느 기본조직단위의 관리자가 막강한 권한을 행사하게 되면 기업전체로 볼 때 환경의 변화에 적합하지 못한 전략이 수행될 위험성이 있다. 따라서 매트릭스 조직구조 아래에서는 최고경영진이 기본조직 간의 갈등요인을 어떻게 조정 관리할 수 있을 것인가가 중요한 과제가 된다. 결국 매트릭스 조직은 제품・기능・지역별 조직의 단점을 보완한 것으로, 이론적으로는 매우 이상적이라 할 수 있으나 실제 운용하는 데에는 문제점이 많다고 할 수 있다.

2.2 조직의 변천과정

기업이 국제화전략을 추진해 나감에 따라 조직구조도 그 전략에 맞추어 변화시켜야 한다. 국제화단계를 〈표 14-1〉에서 보는 바와 같이 5단계로 나눌 때, 이에 따른 조직의 변천과정을 살펴보자.

1단계로 기업이 국내의 수출대행업자를 통한 간접수출이 주가 되는 경우 영업부내에 2~3명의 직원이 수출업무를 담당하면 되므로 특별히 조직의 변화는 생기지 않는다.

2단계로 본격적인 직접수출이 되기 시작하면 국내영업부와 대등한 위치의 수출부 내지는 해외영업부가 조직되게 된다. 즉, 국내마케팅 담당자가 지휘하는 조직체제를 갖추게 된다.

3단계로 수출규모가 매우 커져 기업 내에서 수출이 차지하는 비중이 높아지고 더 나아가 해외투자나 기술계약까지도 포함하게 되면 해외영업부는 국제사업부(international division)로 변모하게 된다. 그러나 이 단계까지의 조직은 국내기업의 일반형태라 할 수 있는 기능별 조직의 범주를 벗어나지 못한다. 다만 여러 제품의 수출을 취급하는 종합무역상사(general trading company)의 경우는 제품별 조직의 형태를 갖게 된다.

4단계로 해외사업의 규모가 더욱 커지고 기업 내에서의 위치도 점차 증대되어 해외사업부에는 여러 참모조직이 보강되면서 해외사업본부가 조직된다. 이에 따라 각 지역을 단위로 한 독립부서가 형성되면 점차 조직형태는 기능별 조직에서 지역별 조직으로 변화하

〈표 14-1〉 조직의 변천과정

국제화 단계	조직형태	관 점	책임자
소규모 수출	기능별 조직 (수출과)	국내지향	과장
본격적 수출	기능별 조직 (수출부 또는 해외영업부)	국내→해외지향	부장
해외투자 시작	기능별 조직→제품별 조직 (국제사업부)	해외지향	이사
해외투자 증가	지역별 조직 (해외사업본부)	현지지향	부사장
범세계적 활동	매트릭스 조직	세계지향	해외담당임원이 따로 없고 전사가 관련됨

자료 : W. A. Dymsza, Multinational Business Strategy (McGraw-Hill, 1972), p.22.

[그림 14-6] 조직형태의 변화

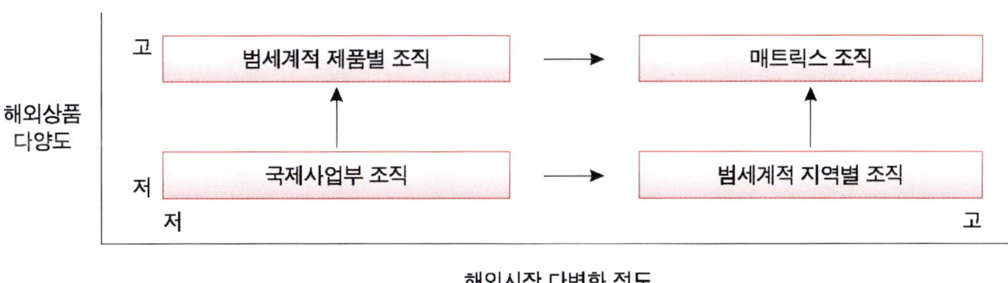

자료 : J. C. Leonitiades, *Multinational Corporate Strategy* (Lexington Books, 1985), p.199.

게 된다.

5단계로 기업의 국제활동이 다각적으로 이루어져 자연히 기업은 범세계적인 안목을 갖게 되면서 조직도 세계지향적인 구조를 형성하게 된다. 즉, 전 세계에 걸쳐 제품과 지역 그리고 기능을 연결한 매트릭스 조직형태가 나타난다. 이렇게 되면 해외담당사업본부와 담당임원도 따로 없게 되며, 다만 특정지역이나 국가의 책임경영자만이 있게 된다.

한편 해외시장의 다변화정도와 해외상품의 다양성에 의해 국제기업의 조직형태가 변화한다는 주장이 있는데, 이를 그림으로 나타내면 [그림 14-6]과 같다.

소수의 제품계열에 특화하고 해외시장다변화 정도가 낮은 기업은 국제사업부 조직을 채택하는 경향이 있는데 비해, 해외시장다변화 정도가 낮지만 다양한 제품계열을 취급하는 기업은 일반적으로 제품별 조직을 선호한다. 다수의 해외시장에서 활동하지만 소수의 제품계열에만 특화하는 기업은 해외시장의 중요성 때문에 지역별 조직을 택하려고 하는데 비해, 해외시장의 수도 많고 취급하는 제품계열도 다양한 기업은 효율적인 해외활동을 위해 매트릭스 조직이 적합하다.

결국 처음에 국제사업부제로 영업활동을 전개하는 국제기업은 점차 취급제품이 다양해지면서 조직구조를 제품별 조직으로 바꾸고 나아가서 해외시장이 다변화되면 매트릭스 조직을 택하게 된다. 또 취급하는 제품계열이 다양하지 못한 기업은 지역별 조직을 채택하다가 새로운 제품계열이 추가되면서 조직형태를 매트릭스 구조로 바꾸게 된다. 그러나 국제기업이 궁극적으로 선택하게 되는 조직구조는 기업이 처해 있는 독특한 경영요소에 바탕을 둔다. 따라서 아무리 동일업종에 속한 기업들이라도 그들을 둘러싼 경영환경은 다르기 때문에 똑같은 조직구조를 택한다는 보장은 없다.

2.3 조직의 집권화와 분권화

조직의 형태를 일반적으로 기능별·제품별·지역별·국제사업부·매트릭스 조직의 다섯 가지 유형으로 나누지만 거시적인 관점에서는 ① 집권적 조직과 ② 분권적 조직으로 나눌 수 있다. 즉, 권한의 배분정도 여하에 따라 권한의 배분이 집중되어 있는 경우 집권적 조직이라 하고, 권한의 배분이 분산되어 있는 경우 분권적 조직이라 한다. 여기서 주의할 점은 집권 또는 분권이 어떤 조직의 틀을 뜻하는 것이 아니라 권한배분의 정도나 경향을 나타내는 것이므로 완전한 집권화 및 분권화는 어렵다는 점이다.

(1) 집권적 조직

기업의 모든 해외영업활동에 따른 의사결정권한이 중앙집권적으로 통합되어 관리되는 경우 집권적 조직(centralized organization)이라 한다. 집권적 조직의 전형은 앞서 살펴본 네 가지 형태 중 기능별 조직이 여기에 속한다. 여기서 유의할 점은 집권적 조직의 형태를 취한다고 하더라도 해외영업활동의 모든 면을 실제적으로 집중화시키지 않는다는 점이다. 해외사업체의 성장이 큰 경우 금융·자원·연구개발 등에서 주로 집권화가 이루어지고 나머지는 어느 정도 분권화를 시킨다는 점이다.

집권적 조직의 장점으로는 ① 개인적 리더십을 용이하게 하며, ② 통합화와 행위의 통일성을 촉진하며, ③ 긴급한 사태의 대응을 용이하게 한다는 점이다. 반면에 단점으로는 ① 모든 의사결정권이 중앙에 집중되어 권한의 라인계열이 너무 길어짐으로써 신속하고 탄력적인 기업활동이 곤란해진다는 점이다. ② 의사결정을 담당하는 최고경영층과 현장관리층과의 거리가 길어져서 의사소통이 잘 되지 않을 뿐만 아니라 정보전달과 의사결정에 너무 시간이 오래 걸린다는 점이다.

(2) 분권적 조직

기업의 모든 해외영업활동에 따른 의사결정권한이 어느 정도 분산된 경우 분권적 조직(decentralized organization)이라 한다. 분권적 조직의 전형은 앞서 살펴본 네 가지 형태 중 제품별 조직과 지역별 조직, 그리고 국제사업부 조직이 여기에 속한다고 할 수 있다. 분권적 조직의 장점으로는 ① 최고 간부의 부담을 경감시키며, ② 경영의 다각화와 제품 및 시장의 강화를 가능하게 하며, ③ 관리자의 교육과 동기부여를 개선하게 하는데 있다고 할 수 있다.

결국 분권적 조직이 필요한 경우는 ① 최고경영층의 부담이 과중하여 기업전반에 걸친 종합적 · 장기적인 마케팅계획과 통제가 행해질 수 없을 때이다. ② 경영의 다각화나 제품 품종의 다양화라는 조건이 증대될 경우이다. 이럴 경우 각기 다각화분야나 제품에 관한 관리나 운영방법이 극도로 상이해짐으로써 이를 최고경영층만이 통일적 · 집중적으로 관리 · 운영하기가 매우 곤란해진다. 따라서 각각의 분야나 제품에 대한 독자적 관리를 부문경영층이나 현장관리층에 위양하지 않을 수 없게 된다. ③ 생산과 판매의 라인활동을 특히 강화할 필요가 있을 경우이다. 즉, 제조 · 판매의 라인부문을 분권화시켜 이에 라인활동의 책임을 부여시킨다는 것은 그 라인활동을 강화시키게 되는 것을 의미한다고 할 수 있다.

(3) 조직의 선택

해외활동의 조정과 조직구성에 있어서 집권적, 혹은 분권적 조직 중 어떤 것을 택할 것인가에 대한 판단기준은 없으나 관찰, 경험 및 납득할 만한 고려에서 두 조직 간의 차이를 나타내는 특징을 얻을 수 있다. 일반적으로 집권적 조직의 선택이 유리한 경우는 ① 전사업영역에 있어서 해외사업부분이 미미한 경우이다. ② 각 해외시장에 제공하는 제품과 기술 등이 서로 비슷하거나 동일할 때이다. ③ 해외시장에 공급하는 제품의 기술이 시간이 경과해도 불변인 경우이다. ④ 경영진의 인적자원이 불충분한 경우이다.

반면에 분권적 조직의 선택이 유리한 경우는 ① 전사업영역에서의 제품생산프로그램이 상호 이질적일 때이다. ② 일부의 사업영역에서만 해외사업활동을 할 경우이다. ③ 각각의 사업영역에서 적용되는 기술이 각기 서로 상당한 차이가 날 때이다. ④ 각각의 사업영역에서 적용되는 기술이 자주 바뀌어서 적응과정이 계속 필요할 때이다. ⑤ 판매액이나 시장에서의 위치에 의해 평가된 해외사업의 의미가 증가할 경우이다.

이상에서 두 조직 중 유리한 경우를 살펴보았는데, 각각의 조건이 동시에 나타날 수도 있으므로 두 조직의 선택을 촉진한다든가, 혹은 두 조직 간의 변화시기 등에 관한 문제가 남게 되므로 선택결정규칙은 많은 검토를 요한다. 이와는 달리 조직의 선택은 일반적으로 해외 및 국내의 시장점유율의 비율과도 일정한 관계가 있으므로 이에 연관하여 선택결정규칙을 정립할 수도 있다. 즉, 해외판매액이나 해외시장점유율이 국내시장 판매액이나 점유율을 능가할 경우에는 분권적 모델의 선택이 유리하다는 것 등이 일례가 된다. 이러한 결정규칙은 해외활동의 판매액이나 시장점유율에 대한 일방적인 설명이라는 단점도 배제

[그림 14-7] 조직모델 결정격자

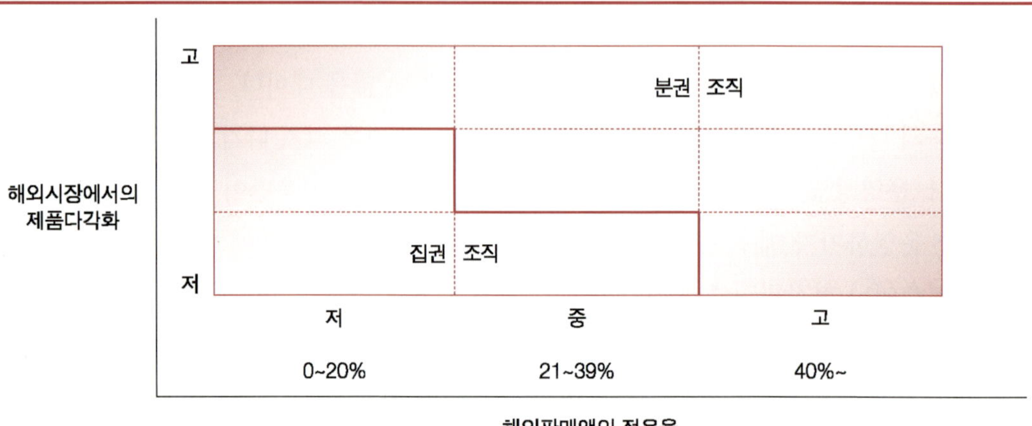

자료: J. M. Stopford and L. T. Wells Jr., *Managing the Multinational Enterprise* (New York: 1972), p.64.

할 수 없다.

스토포드와 웰스(J. M. Stopford & L. T. Wells Jr.)는 [그림 14-7]에서 보는 바와 같이 해외시장에서의 제품다각화와 해외판매액의 점유율에 의거하여 조직형성 기본모델에 대한 결정격자를 창출했다.

그들에 의하면 해외시장에서의 제품다각화 및 해외 판매액의 점유율이 높아짐에 따라 분권적인 조직으로 조직이 변형되고, 그 반대의 경우는 집권적인 조직으로 변형된다는 것이다. 해외판매액의 증가는 제품을 통한 수요자의 욕구를 충족시킴으로써 가능한데, 제품의 성숙기나 성장기의 유지 및 연장을 위한 제품의 차별화와 제품의 품목 또는 제품계열의 확충을 통한 다각화 등의 전략이 있겠다. 또한 그들은 성장하는 기업의 규모보다는 제품다각화의 정도가 조직적 기본구조의 변화를 야기시킨다고 시사한다. 그러나 혹자는 다른 의견을 표명하는데, 예를 들면 조직의 기본구조 변화는 기업의 규모에 달려 있으며 집권적 모델의 효용성은 대기업과 소기업간에 차이가 난다는 견해 등이다.

제품별 조직과 지역별 조직의 선택에 있어서도 많은 갈등이 생긴다. 스토포드의 실증적 연구에 의하면 세계적이고 제품별 조직 위주로 한 사업영역의 형성은 주로 외국에서의 판매액이 적은 경우와 생산프로그램의 이질성이 심한 경우에 선택되곤 한다. 그 반대로 지역적 사업영역의 형성은 외국에서의 판매액이 많은 경우와 생산프로그램의 이질성이 적은 경우에 선택된다고 한다. 사업영역의 지역적 기본구조에 있어서는 어떻게 제품이나 기능에 따라 조정되어질 것인가 하는 질문이 생긴다. 더 나아가서는 전사업영역에 대한 새로운 조정문제가 등장한다. 이러한 조정문제는 지역적 기본구조와 이중적인 매트릭스 조직을 합친 형태를 가진 사업영역의 조직으로 해결된다.

이와 비슷한 모델로서 스토포드에 의하여 제안된 전 세계적이며 제품지향적인 기업영역과 지역적인 기업영역의 혼합형태가 있다. 이 형태에서는 상호간에 각각 지시권이 있게 된다. 즉, 각 기능부분은 전 세계적으로 참모진에 의하여 조정된다. 이러한 조직모델은 매우 이질적인 생산프로그램과 외국에서의 판매액의 비중이 높은 기업체들이 잘 선택한다. 이 밖에도 다중심적인 조직형태는 기업이 성장함에 따라서 계속되는 분권적인 조직형태의 임시적 종료를 나타낸다. 이러한 형태의 조직에 있어서는 각 사업영역의 경영진 위에는 항상 조정역할을 하게 되는 집권적인 기업의 경영진이 상위부서로 되어 있다. 그에 비하여 다중심기업의 조정역할은 평등집단의 원칙에 따른다.

3 통제의 개념

3.1 통제의 의의

(1) 통제의 정의

국제기업은 본국 모기업의 기업시스템 하에서 해외자회사를 하위단위로 여러 국가에 형성하고 있다. 따라서 범세계적 환경에 시스템 전체가 대처하는 단일 조직이면서, 한편으로는 지리적으로 떨어진 개별 국가환경에서 운영되는 일련의 조직으로 구성되어 있다. 조직 자체가 갖고 있는 이러한 속성으로 인해 국제기업은 이중의 압력에 직면하고 있다. 현지의 제도적 환경에 동화되어야 할 뿐만 아니라 전체 조직 내의 일관성도 필수적이다. 그러므로 해외자회사를 본국 모회사의 하위조직으로 관리하기 위해서는 권한의 행사가 수행되는 일련의 통제과정이 있어야 한다.

따라서 통제(control)란 기업목표 혹은 기업목표를 위해 수립된 계획이 의도대로 수행될 수 있도록 성과를 평가하고 수정하는 기능이라고 할 수 있다. 통제는 경영계획 및 경영조직과 완전히 독립된 기능을 수행하는 것이 아니라 경영계획과 조직에 이어지는 유기적이면서도 연속적인 관리기능이라고 할 수 있다. 이러한 통제기능의 기본적인 원리는 국내경영과 국제경영에 있어서 거의 차이가 없다. 단지 국제경영통제는 국내환경과는 다른 국제환경 속에서 이루어지기 때문에 여러 가지 복잡한 문제에 직면하게 된다.

(2) 통제의 특징

오늘날 국제기업들이 해외자회사를 통제하는데 있어서 사용하고 있는 통제시스템의 특징은 다음과 같다.

첫째로, 국제기업들이 해외영업활동을 통제하기 위해 활용하는 통제의 기법은 국내영업활동을 통제하기 위해 활용하는 기법과 거의 비슷하다는 점이다. 예컨대 국제기업들은 본사국의 국내운영에 활용하는 예산책정 및 재무기법을 해외운영에도 그대로 적용할 뿐만 아니라 원래 국내운영을 평가하는데 목적을 두고 개발한 통계적 통제방법과 통계적 표준을 거의 그대로 해외자회사들에게 부과하고 있다.

둘째로, 국제기업들은 재무통제를 대단히 강조하고 있다. 국제기업들이 해외자회사들에 대하여 재무통제를 강조하는 이유 중의 하나는 대체적으로 본사가 해외자회사들에게 기여하는 기업자원 중에서 가장 중요한 것이 자본이기 때문이다. 본사는 해외자회사들에게 자본을 기여했으므로 그들이 자본을 어떻게 활용하고 있는가를 파악하려는 자연적 성향이 많다. 그러한 본사의 성향은 해외자회사들이 재무성과에 중점을 두도록 만든다. 국제기업들이 재무통제를 강조하는 또 다른 이유는 관련된 경영자들이면 누구나 이해할 수 있는 계수 등으로 재무통제의 내용을 서로 멀리 떨어져 있는 본사와 해외자회사들 간에 의사소통하기가 쉽기 때문이다.

셋째로, 국제기업의 본사 최고경영층은 국내운영을 통제하는데 개입하는 것보다 해외운영을 통제하는데 훨씬 많이 개입하고 있다.

넷째로, 국제기업들은 해외자회사들을 손익센터로 취급하는 경향이 있으며, 해외자회사 실적에 대한 평가기준으로서 이익과 투자회수를 강조하는 경향이 높아지고 있다.

(3) 통제의 요건

해외자회사들의 경영실적을 계속 모니터하고 평가하는데 목적을 두고 설계한 관리통제시스템이 진실로 효과적이기 위해서는 최소한의 필수요건을 갖추어야 하는데, 이를 정리하면 다음과 같다.

첫째로, 관리통제시스템의 일환으로서 활용하는 통제절차와 기법은 해외자회사 사장이 이해할 수 있고 수락할 수 있는 것이어야 한다. 그리고 통제기법은 자회사들의 내부환경 및 외부환경에 맞게 마련해야 한다.

둘째로, 해외자회사 사장들은 통제절차와 기법을 공식적으로 책정하는데 능동적으로 참여해야 한다.

셋째로, 각 해외자회사의 내부환경 및 외부환경을 고려하여 각 자회사에게는 현실적인 목적을 부여해야 한다. 그리고 자회사들을 에워싸고 영향을 미치는 환경변수들이 변경되는 것에 맞추어 관리통제시스템 역시 변경하고 개선시켜야 한다.

넷째로, 해외자회사들의 실적을 평가할 때는 이익 등 재무기준과 비재무기준을 다 같이 동시에 활용해야 한다. 그리고 자회사사장을 평가할 때는 그가 통제권을 행사할 수 있는 분야의 실적만을 바탕으로 해서 평가해야 한다.

다섯째로, 관리통제시스템은 자회사들의 계획에 편차가 생기는 즉시 또는 이전에 발견하고 보고해야 한다. 그리고 그러한 정보는 해당되는 본사 경영자들과 자회사 사장들에게 즉시 전달되어야 한다. 아울러 본사 최고경영층은 자회사 사장들이 달성한 실제실적과 그들에게 지급하는 보수를 직결시켜야 하며, 뛰어난 실적에 대해서는 물질적으로 보상해 주어야 한다.

(4) 통제의 필요성

국제마케팅을 수행하는 국제기업은 해외영업활동을 수행하는데 있어서 다양한 시장여건과 경영환경에 접하게 되는데, 이러한 조건에 효과적으로 대응하기 위해서는 적절한 통제가 필요하다. 국제기업이 해외자회사를 통제하는 이유를 살펴보면 다음과 같다.

가) 공동목표의 달성

효과적인 해외자회사 통제시스템이 있어야만 국제기업의 전사적 사명과 목적의 달성이라는 공동목표를 향하여 최고경영층은 여러 해외자회사들의 활동을 조정하고 선도하기가 쉽다. 만일 해외자회사 통제시스템이 존재하지 않든지 존재하더라도 유명무실할 때는 해외자회사들이 제각기 자회사 목적만을 극대화하기 때문에 오히려 국제기업의 전사적 목적을 저해할 수도 있다. 그러나 효과적인 해외자회사 통제시스템을 갖춘 국제기업은 해외자회사들의 임의적이고 개별적인 활동을 사전에 방지할 수 있을 뿐만 아니라, 전략적 계획에 입각하여 그들의 활동을 조정하고 통합할 수 있어서 전사적 목적을 극대화할 수 있다.

나) 전략적 계획의 수립과 이행

효과적인 해외자회사 통제시스템이 있어야만 최고경영층은 전사의 전략적 계획을 합리적으로 평가할 수 있으며, 전략적 계획을 수립할 당시에 전제한 가정과 조건이 변하였으면 전략적 계획 그 자체를 합리적으로 변경시킬 수 있다. 국제기업의 운영에 영향을 미치는 세계기업환경은 항상 다이내믹하게 변하고 있다는 사실은 우리 모두가 알고 있다. 해외자회사 통제시스템은 그러한 환경변화가 각 해외자회사에 대해 미칠 수 있는 잠재적 영향에 대한 정보를 최고경영층에게 제공해 줌으로써, 최고경영층으로 하여금 각 해외자회사 계획 및 전사의 전략적 계획에 미칠 잠재적 영향을 사전에 평가할 수 있게 한다. 그러한 평가에 의거하여 최고경영층은 각 해외자회사 계획 및 전략적 계획을 변경없이 계속 추진할 수 있고, 필요하다면 변경할 수도 있다.

다) 현지경영자의 평가기준

효과적인 해외자회사 통제시스템이 있어야만 최고경영층은 해외자회사 사장들에 대한 올바른 실적평가를 할 수 있다. 기업환경은 시장국별로 상당히 이질적이기 때문에 비교적 좋은 환경조건하에서 해외자회사를 운영하는 사장이 있는가 하면, 그 반대의 경우도 있을 수 있다. 그렇기 때문에 각 해외자회사가 당면하고 있는 환경적 문제점은 그러한 통제시스템을 통해서 최고경영층에게 전달되어야 하며, 최고경영층은 해외자회사 사장들에 대한 실적평가를 할 때 반드시 환경조건의 차이를 고려해야 한다. 그러한 평가과정을 통해서 능력이 뛰어나다고 평가를 받은 해외자회사 사장들은 최고경영충의 관심을 끌게 되고, 지역본부회사나 본사의 중요한 직책을 담당할 인재로서 추천을 받고 경륜을 쌓게 된다.

라) 환경변화의 대응

기업의 규모가 커짐에 따라 조직도 복잡하게 편성된다. 이에 따라 최고경영진이 모든 부서에 관여하기란 힘들므로 마케팅부서의 운영에 대해서도 이전보다 관심도가 떨어진다. 그러므로 마케팅활동에 대한 통제와 분석과정이 더욱 어려워져 과거보다 효과적인 통제의 필요성이 대두되었다. 환경의 변화에 얼마만큼이나 신속하게 대처하는가 하는 것이 기업의 성공을 좌우하기 때문에, 국제기업은 해외자회사에 대한 강력한 통제를 행사함으로써 확고한 경영체제를 구축하여 환경의 변화에 대한 적응력의 시차를 극복할 수 있다.

마) 공동시장의 출현

공동시장은 회원국들간에 관세나 비관세장벽을 제거하여 자유무역을 보장하는 경제통합 형태이다. 따라서 국제기업은 시장확대를 위해 공동시장 내에 공장을 재배치하고 유통 및 마케팅기능을 재조직한다. 그러나 이러한 시장확대는 공동시장 내에서 국제기업이 일관된 경영전략을 채택하도록 요구함으로써 자회사에 대한 통제의 필요성을 불러일으킨다.

바) 자회사의 질적 향상

해외자회사의 경영성과가 불만족스러울 때 이를 바로 잡기 위해 본사의 통제가 필요하다. 물론 해외자회사의 경영실패는 현지경영자의 무능력 때문일 수도 있으나, 그 원인이 무엇이든지 간에 통제는 계획된 성과기준을 개선시키는데 필요하다.

3.2 통제의 과정

국제기업은 전략적 차원에서 계획을 수립하고 해외시장에 적합한 조직구조를 결정한 후, 경영활동이 기업의 목표에 따라 충실하게 이루어질 수 있도록 지속적이고 정기적인 통제시스템을 갖추어야 한다. 이에 대해 카테오라(P. R. Cateora)는 [그림 14-8]에서 보는 바와 같이 몇 가지 통제과정이 필요하다고 언급하고 있다.

(1) 통제목표의 설정

국제기업의 경영자들은 해외영업활동이 전개되는 초기에 장・단기적인 기업목표를 명확하게 설정해야 한다. 확실한 목표가 설정되어야만 경영자들은 구체적으로 목표를 달성하기 위해 어떠한 자원이 필요하며, 또 어떤 이익이 기대되는지를 예측할 수 있다.

기업의 목표는 시장점유율, 매출액, 이익 등과 같이 구체적으로 수치로 표시할 수 있는

[그림 14-8] 통제의 과정

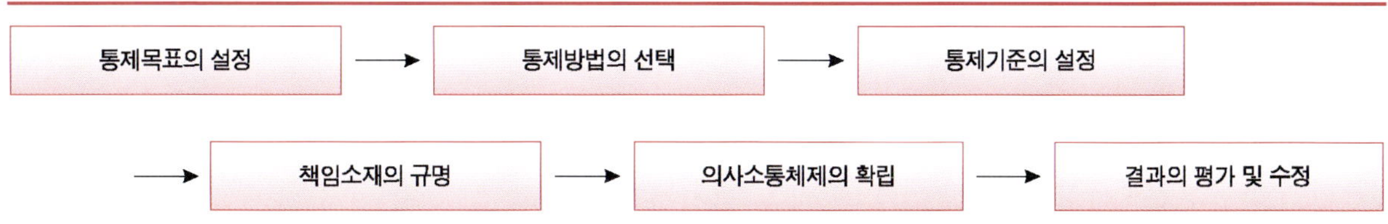

자료 : P. R. Cateora, *International Marketing*, 5th ed. (Richard D. Irwin, Inc., 1983), p.721.

것뿐만 아니라, 제품 인식도의 증대, 유통구조의 개발, 기업 이미지의 개선과 같은 질적인 것도 포함된다. 이러한 목표의 설정이 뚜렷하지 않으면 경영활동을 평가하는 기준의 설정도 무의미하며 계획적인 통제나 조정은 어려워진다.

(2) 통제방법의 선택

국제기업의 경영자들은 장・단기적인 통제목표가 설정되면 이질적인 시장환경에 맞는 통제방법을 선정해야 한다. 해외영업활동에 대한 통제방법은 크게 직접적 통제와 간접적 통제로 구분할 수 있다. 직접적 통제는 계약체결과 소유권 비율 등과 같은 직접적이고 적극적인 통제를 말하며, 간접적 통제는 현지국에서의 의사소통이나 경쟁에 의한 통제를 의미한다. 그런데 세계시장환경은 계속적으로 급격한 변화를 겪고 있을 뿐만 아니라 기업내부에서도 변화가 이루어지고 있기 때문에 통제방법은 기업의 특성과 시장환경에 맞추어 선택되어야 한다.

(3) 통제기준의 설정

통제를 효과적으로 수행하기 위해서는 경영성과를 명확하게 측정・평가할 수 있는 기준의 설정이 필요하다. 통제기준은 전반적인 재무 및 비용뿐만 아니라 현지국에서 영업활동이 잘 전개되고 있는지에 대해서도 구체적으로 설정되어야 한다. 영업활동의 성과측정 기준으로는 이익, 매출액, 유통경로의 확립, 해외시장에의 진출 등을 들 수 있다. 이러한 성과기준은 실제 성과와의 비교를 위해 이용할 수 있는 지표가 되기도 하며 통제의 기준으로 활용되기도 한다.

해외시장에서의 영업성과를 평가하는 기준에 있어서 일반적으로 기업은 지출경비를 과소평가하는 반면, 기대수익은 과대평가하는 경우가 많은데 합리적으로 예산이 설정되어야만 정확한 평가・분석을 위한 기준으로 활용할 수 있다. 이와 같은 성과기준은 전사적인 해외영업활동을 수준별로 설정되어야 하며 실시중인 기준에 대해서는 정기적으로 평가해야 한다.

(4) 책임소재의 규명

국제기업의 해외영업활동은 매우 복잡하기 때문에 그 조직 역시 다차원적으로 복잡하게 편성되는 것이 일반적이다. 따라서 해외영업활동 성과에 대한 궁극적인 책임소재를 판단하기란 매우 어렵다. 해외영업활동에 대한 최종적인 책임이 어디에 있는가를 밝히는 것은 최고경영진에서 수행하게 될 조정의 단계에서 행해져야 하는데 이 단계에서 각 부서간의 기능과 권한의 한계를 명확하게 구분함으로써 부서간의 책임회피를 막을 수 있다. 효율적으로 영업활동을 전개하기 위해서는 각 부서의 책임과 권한을 가진 관리자에게 최종책임을 지게 하는 통제체제가 바람직하다.

(5) 의사소통체제의 확립

기업은 기술에 대한 정보교환, 경영관리자간의 의사소통, 사원 상호간의 의사소통, 그리고 소비자와의 의사소통을 원활하게 이루어야만 경영활동을 성공적으로 수행할 수 있게 된다. 그러므로 기업은 전략적 차원에서 전사적인 의사소통체제를 확립하려고 노력한다. 특히 해외영업활동에서는 국가 간의 언어 등의 여러 환경 차이로 인해 의사소통이 어렵기 때문에 국제기업에 있어서의 정보수집과 전달체계는 영업활동영역 중에서 매우 중요한 분야이다.

국내영업활동에서는 비공식적인 의사소통이 많이 이용될 수 있지만 해외영업활동에서는 지속적으로 자료의 소집이 본사에 집결되어야 하므로 체계화된 의사소통체제는 필수적이다. 기업의 규모에 비해 과중한 정보의 수집이나 전달체계는 오히려 낭비일 뿐만 아니라 통제의 실패를 가져올 수도 있으므로 국제기업은 자사의 능력에 적합한 의사소통체제의 확립이 바람직하다.

(6) 결과의 평가 및 수정

통제과정의 최종단계에서는 영업성과에 대해 평가하고 잘못된 계획을 수정하는 과정이 이루어진다. 이질적인 문화권에 진출한 국제기업은 정치, 법률, 국민성, 소비자의 기호수준 등의 차이를 완전히 극복하기는 어렵지만 시행착오를 거치게 되면 보다 개선된 통제체제를 이룰 수 있다. 따라서 국제기업은 실제 영업활동에서 얻어진 결과를 당초의 경영목표와 비교하여 기대치에 미치지 못했으면 그 원인에 대해 철저히 분석해야 한다. 국제경영자들이 예측하기 어려운 해외시장환경에 신축적으로 대응해 나가기 위해서는 영업계획을 수립할 때부터 탄력적인 통제체제를 구축하여 주기적으로 개선・보완하는 것이 바람직하다.

3.3 통제의 분야 및 방법

(1) 통제분야

국제기업의 경영자들이 해외자회사를 통제하는 분야는 기업의 특성과 현지국의 상황에 따라 차이가 있지만, 〈표 14－2〉에서 보는 바와 같이 네 가지 영역에서 이루어진다.

가) 연례적 계획통제

연례적 계획통제(annual plan control)는 계획된 결과의 성공여부를 파악하기 위해서 실시하는 경우로서 주요 책임자는 최고경영자 또는 중간관리자가 된다. 분석도구로는 판매분석, 시장점유율분석, 판매량 대 비용비율, 소비자태도 추적 등이 있다.

나) 수익성통제

수익성통제(profitability control)는 기업의 각 부문별 손익여부를 파악하기 위해서 실시하는 경우로서 주요 책임자는 마케팅담당자가 된다. 분석도구로는 제품별 수익성, 지역별 수익성, 시장세분화별 수익성, 유통경로별 수익성, 수주규모별 수익성 측정 등이 있다.

〈표 14－2〉 통제의 분야

통제의 분야	주요책임자	통제의 목적	접근도구
연례적 계획통제	최고경영층 중간경영층	통제된 결과의 성공여부의 파악	판매분석 시장점유율분석 판매량 대 비용비율 기타 비율 소비자태도 추적
수익성통제	마케팅 콘트롤러	기업의 부문별 손익여부의 파악	제품별 수익성 지역별 수익성 시장세분화별 수익성 유통경로별 수익성 수주규모별 수익성
효율성통제	라인과 스태프 마케팅 콘트롤러	효율성과 마케팅비용의 평가	인적판매, 광고, 판촉, 유통 등의 효율성
전략적 통제	최고경영층 마케팅감사 담당자	기업이 시장, 제품, 유통경로와의 관련 하에 최상의 마케팅기회여부의 파악	마케팅감사

자료: P. Kotler, *Marketing Management* (Prentice-Hall, 1984), p.744.

다) 효율성통제

효율성통제(efficiency control)는 경영의 효율성과 마케팅비용을 평가하기 위해서 실시하는 경우로서 주요 책임자는 라인과 또는 마케팅담당자가 된다. 분석도구로는 인적 판매, 광고, 판촉, 유통의 효율성 측정이 있다.

라) 전략적 통제

전략적 통제(strategic control)는 기업이 시장, 제품, 유통경로와 관련하여 최상의 마케팅기회 포착여부를 파악하기 위해서 실시하는 경우로서, 주요 책임자는 최고경영층 또는 마케팅감사담당자가 된다. 분석도구로는 마케팅감사가 있다.

(2) 통제방법

국제기업이 해외자회사를 통제하는 방법은 기업에 따라 다르겠지만, 일반적으로 다음과 같은 방법으로 통제한다.

가) 계획에 의한 통제

국제기업의 전략적 목표는 계획과정에서 결정되는데 철저한 계획을 수립함으로써 영업활동을 수행하면서 발생할 수 있는 문제에 대한 대비책을 모색할 수 있다. 즉, 면밀한 계획을 통해 통제체제의 업무를 효율적으로 진행시킬 수 있는 동시에 성과를 측정할 수 있는 기준을 전략에 맞추어 설정할 수 있다. 또한 계획과정에서는 현지시장에서 타기업과 경쟁하여 우위를 점할 수 있도록 제반 설계가 세부적으로 이루어져야 한다.

나) 조직에 의한 통제

조직의 근본적인 목적은 통제를 원활하게 하기 위한 것이다. 국제기업의 조직구조는 각 부서간 혹은 본사와 자회사간의 관계를 명백하게 보여줌으로써 효율적인 통제를 가능하게 해준다.

다) 예산에 의한 통제

예산을 통한 통제는 대부분의 국제기업들이 많이 이용하는 방법이다. 즉, 기업은 예산수립을 통해 경영활동을 확대할 것인가, 혹은 축소할 것인가를 결정함으로써 전사적인 경영전략의 수행과정을 효과적으로 통제할 수 있다. 예산에 의한 통제방법은 기업의 과도한 지출을 막을 수 있다는 장점이 있는 반면에, 한정된 예산으로 인해 경영활동이 제약을 받는다는 단점이 있다. 더욱이 해외에서 활동 중인 자회사가 독립채산제로 운영되고 있을 경우 예산을 통한 통제는 어렵게 된다.

라) 독립채산제를 통한 통제

본사에 있는 최고경영진의 통제기능 부담을 줄이기 위한 방법 중의 하나는 현지자회사들이 독립된 이익센터의 역할을 수행하는 것이다. 이 방법은 의사결정권한이 본사로부터 자회사에게로 분산된 형태의 통제체제라고 할 수 있는데, 주로 미국계 국제기업들이 해외자회사의 업무수행에 많이 적용하고 있다. 독립채산제 방법은 본사의 통제부담을 줄이고 현지 자회사의 자치권을 보장한다는 장점이 있기는 하지만, 현지 자회사들이 우선적으로 단기적인 이익극대화만을 추구하려 하기 때문에 장기적인 전략측면에서 오히려 위험한 통제수단이 될 수 있다는 단점이 있다.

마) 긴밀한 협조를 통한 통제

국제기업은 본사와 자회사간에 밀접하고도 상호의존적인 관계를 형성함으로써 효율적인 통제를 이룰 수 있게 된다. 본사와 자회사간의 밀접한 관계는 서로의 사정을 이해함으로써 공통된 목표를 추구해 나갈 수 있는 여건이 된다. 또 현지 자회사가 원자재 등을 자급자족하지 않고 본사로부터 조달할 때 상호의존관계는 더욱 긴밀해진다. 이 경우 본사는 영업활동을 원만하게 통제할 수 있다.

바) 국제판매량 조정에 의한 통제

앞서의 통제방법들은 각각의 해외자회사들에 대한 통제방법이라고 한다면, 국제판매량 조정에 의한 통제는 여러 국가에서 동시에 영업활동을 벌이는 국제기업이 판매량을 조정하여 자회사들을 통제하는 방법이다. 해외자회사들이 이익극대화를 위해 해외시장에서 과열경쟁을 할 가능성이 있기 때문에 국제기업은 범세계적인 관점에서 이윤을 극대화시키기 위해 지역별로 적정수준의 판매량을 배정하여 자회사들을 통제한다. 지역별 판매량의 조정 · 통제는 국제기업의 전략적 특성에 맞추어 이루어져야 한다.

3.4 통제의 결정요인 및 문제점

(1) 통제의 결정요인

국제경영통제는 직접적이고 정기적으로 수행되지만 복잡한 해외시장의 환경 때문에 다음과 같은 여러 요인들에 의해 영향을 받는다.

가) 국내경영관례

효율적이고 성공적인 경영방식은 모든 기업에 있어서 중요한 자산이 된다. 만약 어떤 기업의 국내경영활동이 효과적인 통제체제를 통해 성공할 수 있었다고 평가되었다면, 이는 곧 그 기업이 국제경영 통제체제를 수립할 때 중요한 기준이 된다.

나) 의사소통체제

과학의 발달과 더불어 급속한 발전을 거듭한 통신수단은 신속하고 정확하게 자료들을 세계 각지에 전달할 수 있게 함으로써 국제기업의 범세계적인 경영활동을 가능하게 해주었다. 따라서 국제기업은 통신수단을 이용하여 쉽게 해외자회사의 경영에 대해 통제할 수 있다.

다) 지리적 거리

일반적으로 본사와 자회사의 거리가 멀수록 해외자회사의 자치권이 강화된다. 물론 통신수단의 발달로 인하여 지리적 거리만으로 자치권이 부여되는 경우가 줄어들기는 했지만, 본사와 자회사간의 지리적 거리 차이는 국제경영활동 통제에 영향을 미친다.

라) 환경의 차이

모국과 현지국 사이의 제반 환경차이가 클수록 본사는 현지환경을 고려하여 현지경영인에게 권한을 위임하기 때문에 해외자회사에 대한 통제가 약해진다. 반면, 두 시장간의 환경차이가 적으면 자회사에 대한 본사의 통제는 강해진다.

마) 정치적 안정성

현지국의 정치가 불안하면 국제기업은 철수를 고려하여 자회사에 많은 권한을 위임하는 반면, 정치적 환경이 안정되어 있으면 지속적인 운영이 가능하므로 본사에서 의사결정 권한을 행사하려 한다.

바) 자회사의 성과

현지 자회사의 성과가 좋으면 본사의 통제가 약한 반면, 경영성과가 나쁘면 본사가 자회사의 경영에 대해 적극적으로 개입하려 한다. 즉, 목표와 성과의 차이가 심한 자회사에 대해서는 본사가 직접 나서서 문제의 원인을 규명하여 바로잡고, 차후에 문제가 재발되지 않도록 자회사의 경영활동에 강력한 통제력을 행사하게 된다.

사) 국제경영활동의 규모

현지 자회사의 규모에 따라 본사의 통제정도가 달라진다. 현지 자회사의 경영규모가 클 경우 본사는 현지 시장담당 스태프를 두고 자회사에 대한 통제를 강화한다. 이와는 반대로 국제기업은 규모가 작은 현지 자회사를 별로 중시하지 않기 때문에 자회사에 많은 권한을 위임한다. 결국 국제기업은 지금까지 설명한 요인들을 범세계적 전략차원에서 고려하여 해외자회사에 대한 통제를 강화할 것인가, 아니면 자회사에 권한을 위임할 것인가를 결정하게 된다.

(2) 통제의 문제점

국제기업이 해외자회사를 관리적으로 통제하는 것은 그에 따르는 특수한 문제점 때문에 대단히 복잡하고도 어려운 과업에 속한다. 그 가장 큰 이유는 국제기업의 본사와 해외자회사 사이에 오가는 정보흐름에 큰 영향을 미치는 다음과 같은 주요 국제변수가 작용하고 있기 때문이다.

가) 지리적 거리와 언어장벽

국제기업 본사와 해외자회사간의 지리적 거리는 국제통신의 발달에도 불구하고 아직도 특수한 문제점을 지니고 있다. 자회사가 본사로부터 떨어져 있는 거리가 멀수록 커뮤니케이션 왜곡이 발생할 확률은 높아진다. 본사가 해외자회사에게 내리는 지시 및 해외자회사가 본사에 피드백하는 보고 등은 왜곡되는 경우가 많은데, 그 이유는 아이디어를 정확한 언어로 표현하지 못하거나 사고의 틀이 서로 다른데서 기인한다.

그러한 커뮤니케이션 왜곡 문제는 대단히 심각할 수가 있는데, 특히 해외자회사 사장들과 경영자들이 본사에서 사용하는 언어가 아닌 다른 모국어를 일상적으로 사용할 때는 더욱 그렇다. 이와 같이 지리적 거리와 언어장벽에서 비롯되는 커뮤니케이션 왜곡은 해외자회사를 통제하는데 특수한 문제점을 안겨 준다.

나) 준거틀의 차이

본사와 해외자회사 사이의 커뮤니케이션 왜곡은 두 조직단위가 활용하는 준거의 틀이 다른데 서도 발생한다. 국제기업 본사의 최고경영층과 경영자들은 각 해외자회사를 전체 자회사망을 형성하는 단순한 일부로 보고, 각 자회사의 문제나 사항을 범세계적이고 전사적인 관점에서 해결하고 결정하려는 경향이 농후하다. 그러나 각 해외자회사 사장은 반드시 그렇지 않은데, 그는 자회사의 문제를 현지국 내지 지역의 관점에서 보고 해결하려는 경향이 높기 때문이다.

이와 같이 본사 최고경영층 및 해외자회사 사장이 서로 다른 관점과 준거의 틀에 입각하여 커뮤니케이션을 할 때 커뮤니케이션이 효과적으로 이루어지기는 어렵다. 그 결과로 국제기업이 해외자회사를 통제하는데 특수한 문제점이 발생한다.

다) 문화적 가치관의 차이

본사와 해외자회사 사이의 커뮤니케이션 왜곡은 시장국간에 존재하는 문화적 가치관의 차이에 의해서도 발생한다. 예컨대 어떤 문화권에서는 근로자들의 노동조합운동을 정상적이고 당연한 것으로 받아들이는가 하면, 다른 문화권에서는 이를 배척하고 오히려 적대시하기까지 한다. 그러므로 국제기업의 본사가 위치한 나라의 문화적 가치관과 해외자회사가 위치한 현지국의 문화적 가치관이 서로 다를 때, 본사의 최고경영층이 본사국의 문화적 가치관에 입각하여 해외자회사 사장에게 어떤 명령・지시를 내렸다면, 상사・부하 기관에 있는 해외자회사 사장은 비록 그 명령・지시가 현지국의 문화적 가치관에 어긋난다 하더라도 일단은 받아들일 수밖에 없다.

그러나 해외자회사 사장은 본사 최고경영층의 명령・지시를 현지국에서 시행하게 되면 분명히 효과가 없다는 것을 알기 때문에 겉으로만 시행하는 척하고 실제로는 명령・지시를 무시해 버리는 경우가 생길 수도 있다. 한편 해외자회사 사장은 본사 최고경영층이 탐탁지 않게 생각하거나 듣기 싫어하는 정보를 왜곡하거나 감출 수도 있다. 그러한 예의 결과로 국제기업의 본사와 해외자회사들간에는 문화적 가치관의 차이로 인하여 정보의 흐름이 차단되든지 왜곡되어 본사가 해외자회사를 통제하는데 특수한 문제점을 안겨 줄 수 있다.

라) 본사 및 현지국이 부과하는 제약

국제기업의 해외자회사 사장들은 전사의 권익을 보호・증진시키는데 중요한 위치를 점하고 있음에도 불구하고 융통성 있게 행사할 수 있는 충분한 의사결정권한을 갖고 있지 못한 것이 일반적이다. 그것은 본사가 부과하는 제약과 현지기업환경이 부과하는 제약 때문인데, 이는 곧 해외자회사를 합리적으로 통제하기 어려운 문제점을 발생시킬 수밖에 없다.

먼저 국제기업의 본사에 의해 해외자회사 사장들이 충분한 의사결정권한을 행사할 수 없는 경우를 살펴보자.

① 본사의 최고경영층과 경영자들은 해외자회사 사장들의 능력이 상대적으로 뒤떨어진다고 믿는 경향이 있다.

② 국제기업 본사의 최고경영층과 경영자들은 자회사에게 가장 많은 편익을 주는 의사결정은 전사의 편익을 극대화시키는 것이 아닐 수 있다는 식의 생각을 갖고 있다.

③ 국제경영의 비중이 큰 국제기업의 해외자회사 사장일수록 그 중에서도 특히 매출액 등 운영규모가 큰 해외자회사 사장일수록 의사결정을 할 때 본사의 제약을 상대적으로 많이 받는다.

④ 본사에 대한 충성심이 의문시되는 사람이 해외자회사 사장으로 선발되었다면 본사 최고경영층과 경영자들은 해외자회사의 운영에 대해 상대적으로 많은 공식적 통제를 부과한다. 이상과 같은 경우에 해외자회사 사장들의 의사결정권한은 그만큼 제약을 받게 된다.

다음으로 현지국의 기업환경에 의해 해외자회사 사장들이 충분한 의사결정권한을 행사할 수 없는 경우를 살펴보자.

① 현지정부는 국제기업의 자회사에게 반드시 현지국에서 생산되는 원자재와 부품을 생산공정에 사용하도록 법에 규정하는 경우가 많다.

② 공장의 확장 및 현대화와 같은 자회사의 운영능률과 직결되는 의사결정에도 현지정부는 강력한 영향력을 행사한다.

③ 현지국정부는 원칙적으로 합작투자에 한하여 외국인 투자를 허가하고, 그것도 외국인의 지분이 50%이하일 때만 허가하는 경우가 많다.

이상과 같은 여러 제약조건으로 인하여 국제기업의 해외자회사들은 그들의 잠재성만큼 합리적으로 운영할 수 없게 된다. 그러므로 국제기업 본사의 최고경영층은 해외자회사들 하나하나가 어떠한 제약 속에서 운영해야만 하고, 그러한 제약이 어느 정도의 영향을 미치고 있는가를 면밀히 검토해야 한다.

4 통제의 정도

국제기업의 자회사에 대한 통제정도, 다시 말하면 의사결정권한이 어느 수준에서 결정되는가에 대한 문제는 매우 중요하다고 할 수 있다. 일반적으로 ① 본사에 권력을 집중하느냐 아니면, ② 해외자회사에 목적의 수행을 떠맡기느냐에 관한 문제가 바로 그것이다. 국제기업의 입장에서 본사와 자회사간의 효율적인 통제를 위해서는 반드시 이러한 양자택일적인 의사결정의 문제에 직면하게 된다.

4.1 집권화와 분권화

국제기업의 의사결정이 어느 위치에서 이루어지느냐에 따라서 본사에서 내려질 경우 집권화(centralization)라 부르고, 자회사의 관리자에게 주어질 경우 분권화(decentralization)라 부른다.

그렇다면 의사결정시 어느 경우에 집권화 또는 분권화하는 것이 바람직한가를 생각할 수 있는데 이에 대해서는 많은 논란이 있다. 양쪽에 장・단점이 있기 때문에 회사의 규모, 회사의 기본적인 철학, 조직구성원의 능력과 상황 등을 고려해서 정책이 결정되어야 할 것이다. 집권화 또는 분권화를 선택하는데 영향을 주는 변수들을 살펴보면 ① 현지의 여건, ② 현지관리자의 능력, ③ 기업의 경험과 규모, ④ 의사결정의 중요도와 비용 및 시간, ⑤ 표준화를 통한 경제성, ⑥ 자원이전과 같은 중요한 사항, ⑦ 세계적인 경쟁전략 등 많은 변수들이 있다.

이와 같이 의사결정에 영향을 주는 여러 변수들이 있는데, 여기서 주의할 점은 집권화 또는 분권화가 어떤 통제의 틀을 뜻하는 것이 아니라 권한배분의 정도나 경향을 나타내는 것이므로 완전한 집권화・분권화는 어렵다는 점이다. 왜냐하면 어떠한 국제기업도 의사결정을 본사 또는 자회사에서 전적으로 결정하지 않으며 어느 정도 혼합된 형태를 지향하고 있기 때문이다. 따라서 집권화와 분권화는 연속선상의 개념으로 파악하는 것이 바람직하다고 할 수 있다. 예컨대 지역사업본부와 같이 본사와 자회사 사이의 중간의사결정점도 있을 수 있고, 권한의 위양을 공식적으로 하지는 않았지만 본사와 자회사간의 이해와 신뢰를 통해서 비공식적으로 의사결정을 하는 경우도 있다.

4.2 통일화와 분산화

훼어웨더(J. Fayerweather)는 집권화와 분권화를 통일화(unification)와 분산화(fragmentation)라는 말로 사용하고 있다. 그는 집권화와 분권화의 양자택일 문제를 통일화를 지향하는 힘과 분산화를 지향하는 힘과의 충돌이라고 보고 있다. 따라서 두 가지 힘의 대립이 [그림 14-9]에서 보는 바와 같이 제품정책, 물적유통, R&D, 재무흐름 시스템, 운영방법, 소유권 방식 등과 같은 전략을 결정함에 있어서 매우 중요한 것이라고 지적하고 있다.

분산화를 지향하는 힘은 경영자로 하여금 각 국가에서의 운영을 경제, 사회, 문화, 민족주의, 기타 현지의 특성에 결합·작용하게 한다. 즉 현지사회와 효율적 관계는 현지환경에 일치하는 정책에서 유지될 수 있다는 것이다. 이에 대해 통일화를 지향하는 힘은 모회사의 기술·생산·관리능력, 기업능력의 상호교환, 외국의 제반환경과 경영방식에 나타나는 변화 등이 있다. 이와 같은 통일화를 지향하는 힘은 국제기업 존립의 기본적 근거가 되며 경쟁우위의 주요 원천이 된다.

[그림 14-9] 통일화와 분산화

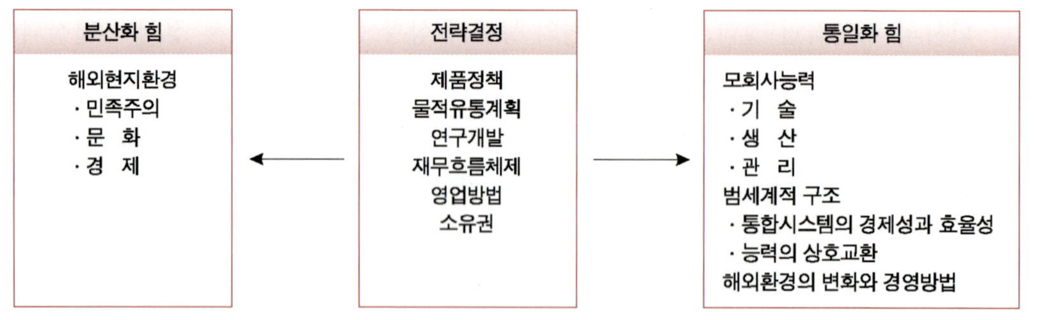

자료: J. Fayerweather, *International Business Strategy and Administration* (Cambridge, 1982), p.210.

4.3 개방화와 폐쇄화

브루크와 레머즈(M. Z. Brooke & H. L. Remmers)는 집권화와 분권화를 폐쇄(close)와 개방(open)이라는 말로 사용하고 있다. 즉, 자회사에 대한 중요한 의사결정이 국제기업의 본사에서 이루어지면 폐쇄관계라 하고, 반대로 해외자회사에서 이루어지면 개방관계라 한다. 이 개념의 특징은 [그림 14-10]에서 보는 바와 같이 경우에 따라서 표준선(normal line)을 중심으로 통제정도가 움직인다는 점이다. 즉, 제아무리 분권적인 조직구조와 통제 하에 있는 본사라고 하더라도 때에 따라서는 폐쇄방향으로 움직이고, 반대로 제아무리 집권적인 본사라고 하더라도 경우에 따라서는 개방방향으로 움직인다는 것이다.

예컨대 본사가 자회사에 혁신에 의한 신기술을 이전하려 해도 자주성이 부여된 자회사가 이를 받아들이려고 하지 않을 때, 애써 개발된 신기술에의 기회가 상실되기 때문에 개방관계는 표준선을 넘어서 폐쇄관계의 방향으로 크게 움직이게 된다. 또 폐쇄관계에 있어서는 본사의 과도한 통제가 자회사에 작용하게 되면, 자회사를 맡은 관리자의 자발성이 상실되거나 종업원이 다른 기업으로 이동하기도 한다. 이럴 때 이를 방지하기 위해서는 하는 수 없이 표준선을 넘어 개방관계의 방향으로 움직이기도 한다.

이러한 개방관계와 폐쇄관계로 제각기 움직이게 하는 여러 가지 압력요인들을 살펴보

[그림 14-10] 개방과 폐쇄

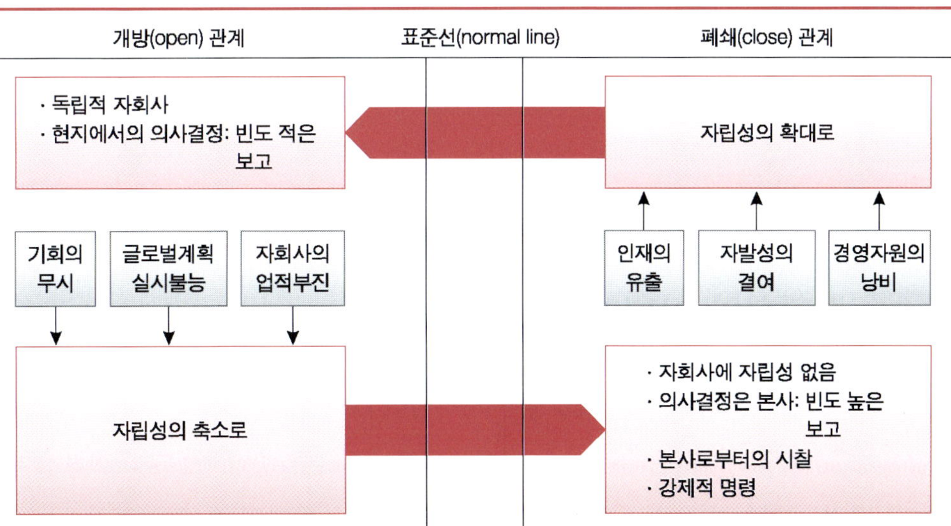

자료 : M. Z. Brooke & H. L. Remmers, *The Strategy of Multinational Enterprise*, 2nd ed. (London: Longman, 1978), p.75.

〈표 14-3〉 개방관계와 폐쇄관계의 압력요인

구 분		개방관계에 대한 압력		폐쇄관계에 대한 압력
현지국	①	· 현지감정과 정치적 압력 · 상대적으로 높은 생활수준 · 직원에 대한 배려	④	· 상대적으로 낮은 생활수준과 교육수준
자회사	②	· 좋은 성과와 성공적인 계획 · 상대적으로 높은 고도화 · 경영자의 손실 · 문제의 봉쇄	⑤	· 낮은 성과와 불만족한 계획 · 이익기회포착의 실패 · 현지경영개발목표와 기업 내 여타부문 목표와 배치
본 사	③	· 지역별 조직 · 마케팅지향 · 위임능력	⑥	· 제품별 조직, 기술지향 · 범세계적 전략의 중점 · 업무안내서의 이용 · 전기능에 있어서 최신기술의 개발 · 국제적 합리화

자료 : M. Z. Brooke & H. L. Remmers, The Strategy of Multinational Enterprise, 2nd ed. (London: Longman, 1978), p.231.

면 본사, 현지국, 자회사 모두에 존재하고 있는데, 〈표 14-3〉에서 보는 바와 같이 ① ② ⑥의 요인들이 크게 작용하며, 그 중에서 특히 ⑥에 해당되는 제품별 조직, 기술지향, 전 세계적 전략의 강한 전개, 국제적 합리화 등의 요인들이 강한 압력으로 작용한다.

이상의 내용을 정리하여 보면 ① 힘의 작용요소에 있어서 훼어웨더는 현지국 환경적응과 본사 통제를 통한 경쟁우위 확보가 절대적인 것으로 보고 있지만, 브루크와 레머즈는 현지국 · 본사 · 자회사 각각에서 보다 분산화시키고 있다. ② 힘의 작용방법에 있어서 훼어웨더는 역의 대립적 방향으로 벗어나려는 경향이 있다고 보고 있지만, 브루크와 레머즈는 원을 그리면서 작용한다고 보고 있다. 브루크와 레머즈의 이러한 주장은 국제기업은 끊임없이 집권화–분권화–재집권화의 순환과정을 밟고 있다는 것이라 할 수 있다.

4.4 통합화와 차별화

로렌스와 로쉬(P. R. Lawrence & J. W. Lorsch)는 집권화와 분권화의 개념을 통합화(integration)와 차별화(differentiation)라는 말로 사용하고 있다. 그들은 외부환경에 대처하는 전반적 성과는 하위시스템이 관련하고 있는 세부환경의 요구에 일치하는 하위시스템간에 차별화정도와, 전체환경의 요구와 일치하는 통합화정도와 관련이 있다고 주장하고 있다. 그들의 견해는 전체조직 성과를 보장하기 위해 필요한 조정과 통제를 획득하기 위해서는 여러 가지 공식·비공식적 통합장치들이 개발된다고 하였다. 그래서 환경이 높은 정도의 하위시스템 차별화와 높은 정도의 통합화를 요구할 때 통합장치들이 나타나는 경향이 있게 된다고 주장하였다.

이러한 주장은 본사와 자회사의 관계에 있어서 자회사는 그들의 관련 하위환경을 성공적으로 조정하기 위해서 높은 정도의 차별화를 요구한다는 데에 있다. 또한 전체기업시스템 성과는 기업의 전체환경의 요구와 일치하는 통합화 수준뿐만 아니라 특별한 국가환경의 요구와 일치하는 하위시스템내의 차별화정도와 관련이 있다고 볼 수 있다. 게다가 이러한 기업이 높은 정도의 통합화를 필요로 하는 특성이 있을 때 통합적 장치가 나타나는 경향이 있다는 것이다.

연습문제

1. 조직의 형태에는 어떤 것이 있으며 각각의 장·단점에 대하여 설명하시오.
2. 조직의 집권화와 분권화의 차이점에 대하여 설명하시오.
3. 조직모델 결정격자에 대하여 설명하시오.
4. 국제기업이 해외자회사를 통제하는 방법에는 어떤 것이 있는가?
5. 국제기업이 해외자회사를 통제하는데 있어서 어려운 점은 무엇인가?
6. 국제기업의 통제방법 중 집권화와 분권화의 장·단점에 대하여 설명하시오.

국문색인

영문색인

[저자약력]

■ 박 길 상

• 경 력

경영학박사(고려대학교)

한국국제통상학회 이사

한국인터넷전자상거래학회 이사

무역협회(KITA) 무역아카데미 교수

YMCA 이사

CCC 부이사장

미국 University of Washington 초빙교수

영국 Oxford University 객원교수

상지대학교 경상대학장

상지대학교 대학원장

현 상지대학교 무역학과 교수

• 최근논문

다국적기업의 경영전략에 관한 연구

다국적기업에서의 Human Right 분쟁에 관한 연구

MNC의 구조적 특성 및 경영성과에 관한 연구

한국 섬유산업의 해외직접투자에 관한 연구

WTO 체제하의 우리나라 국제통상전략

한국기업의 해외직접투자에 관한 연구

개도국의 해외직접투자에 관한 이론적 고찰

한국기업의 지적재산권보호에 관한 연구

해외직접투자기업의 소유권전략에 관한 연구

해외직접투자의 환경요인과 성과에 관한 실증적 연구

해외직접투자기업의 마케팅전략에 관한 연구

한국기업의 기술이전 전략에 관한 연구

한국기업의 중국 서비스산업 진출방안 외 다수

• 주요저서

국제경영(공저), 학현사

무역학개론, 법문사

국제경영, 법문사

국제기업과 해외투자, 무역경영사

국제마케팅, 비앤엠북스

인터넷마케팅, 비앤엠북스

국제기업론

2014년 2월 25일 1판 1쇄 인쇄
2014년 3월 5일 1판 1쇄 발행

저 자 박 길 상
발행인 류 재 식 · 조 승 옥
발행처 도서출판 북 넷

서울시 용산구 효창동 5-3 대신빌딩 2층
등 록 2010년 6월 7일(제2010-000069호)
전 화 (02) 395-2341
팩 스 (02) 395-2303

정가 29,000원

ISBN 978-89-98581-15-2 e-mail : book2341@naver.com